# Max Weber
# Zur Politik im Weltkrieg

## Schriften und Reden 1914–1918

Studienausgabe
der Max Weber-Gesamtausgabe
Band I/15

herausgegeben von

Wolfgang J. Mommsen

in Zusammenarbeit mit

Gangolf Hübinger

J. C. B. Mohr (Paul Siebeck) Tübingen

*Zitiervorschlag:*
MAX WEBER, Der Sozialismus, MWS I/15, S. 304ff.

*CIP-Titelaufnahme der Deutschen Bibliothek*

*Weber Max:*
Studienausgabe der Max-Weber-Gesamtausgabe / Max Weber. –
Tübingen: Mohr
Abt. I, Schriften und Reden.
NE: Weber, Max: [Sammlung]

Bd. 15. Zur Politik im Weltkrieg: Schriften und Reden 1914–1918
/ hrsg. von Wolfgang J. Mommsen in Zs.-Arb. mit Gangolf
Hübinger. – 1988
ISBN 3-16-845036-7
NE: Mommsen, Wolfgang J. [Hrsg.]



Druck von Gulde-Druck GmbH in Tübingen. Einband von Heinrich Koch KG in Tübingen.

Printed in Germany

# Zu dieser Ausgabe

Die *Max Weber-Studienausgabe* (MWS) will die Schriften und Reden Max Webers auf der gesicherten Textgrundlage der *Max Weber-Gesamtausgabe* (MWG) allgemein zugänglich machen, unter Verzicht auf den editorischen Apparat. Doch ist sie so angelegt, daß dem Benutzer der Rückgriff auf die MWG jederzeit möglich ist. Deshalb folgt die Studienausgabe in Textkonstitution und Anordnung der Texte durchgängig der MWG. Um dem Leser darüber hinaus das Aufsuchen von Fundstellen zu erleichtern, sind am Fuß jeder Seite die entsprechenden Seitenzahlen der MWG angegeben. Außerdem wird auf die gängigen Ausgaben verwiesen, die bisher in der Sekundärliteratur gebräuchlich sind. Dabei werden in diesem Band die folgenden Abkürzungen verwendet:

MWG I/15 = *Max Weber-Gesamtausgabe,* Abt. I: Schriften und Reden, Bd. 15: Zur Politik im Weltkrieg: Schriften und Reden 1914–1918, hrsg. von Wolfgang J. Mommsen in Zusammenarbeit mit Gangolf Hübinger, Tübingen 1984.

GPS[3] = *Gesammelte Politische Schriften,* 3. Aufl., hrsg. von Johannes Winckelmann, Tübingen 1971 – und folgende Auflagen.

GASS = *Gesammelte Aufsätze zur Soziologie und Sozialpolitik,* hrsg. von Marianne Weber, Tübingen 1924.

Der Herausgeber gibt in einem *Nachwort* eine Übersicht über die Tätigkeit Max Webers als Politiker und Publizist. Er erläutert den zeitgeschichtlichen Kontext der Schriften dieses Bandes, die durchweg aus einem tagespolitischen Anlaß heraus entstanden sind und auf die politische Entwicklung unmittelbar Einfluß zu nehmen suchten.

Der *Anhang* bietet ausführliche Informationen über die Textgrundlage dieser Ausgabe und über die Entstehung der einzelnen Schriften. In einem besonderen Abschnitt *Zur Textkonstitution* werden die editorischen Grundsätze der MWG dargelegt und ihre für die Studienausgabe notwendigen Ergänzungen. Insbesondere wird mitgeteilt, wann und in welcher Weise Emendationen an den Texten vorgenommen wurden. Dem Kapitel *Zur Entstehung und Überlieferung der Texte,* das eingehend über den historisch-politischen Kontext der einzelnen Schriften und deren quellenkritischen Status berichtet, folgen Verzeichnisse und Register.

# Inhalt

## *I. Schriften*

## *II. Berichte über Reden und Diskussionsbeiträge*

# [Erfahrungsberichte über Lazarettverwaltung]

## *[Bericht über Disziplinarfragen]*

Heidelberg, den 11. Nov. [19]14

An das
stellv. Sanitätsamt
XIV. Armeekorps,
*Karlsruhe i[n]/B[aden]*

Zunehmend werden wir darüber unterrichtet, wie schwierig sich die Erhaltung der Disciplin dann gestaltet, wenn Lazarettinsassen vorwiegend aus dem gleichen Ort oder aus der nächsten Umgebung des Orts stammen, in welchem das Lazarett gelegen ist.

Einerseits scheint der Umstand, daß sie zwar in steter Berührung mit ihrer Familie, dennoch aber im Lazarett festgehalten sind, die Haltung solcher Leute nachteilig zu beeinflussen. Andererseits finden sie bei jeder Art von Auflehnung gegen die Lazarettdisciplin speziell gegen die Unteroffiziere besonders leicht die Sympathien und Unterstützungen der Ortsbevölkerung. Durch die massenhaften Überweisungen in Heimatlazarette mehrt sich die Zahl dieser Leute fortwährend.

Wir haben daher neuerdings den Vereinslazaretten anempfohlen, nur nach vorheriger Feststellung, ob die Führung des Mannes besonders gut gewesen sei und die Familie Garantien biete, ihre Bereitwilligkeit zur Aufnahme eines überwiesenen Ortsangehörigen auszusprechen, sind aber jetzt, anläßlich eines Einzelfalles und auf eine direkte Anregung eines höheren Beamten sowie der Vorstände von Vereinslazaretten hin sogar veranlaßt gewesen, eine massenhafte Fortverlegung von transportfähigen ortsansässigen Kranken in andere Lazarette anzuordnen.

In der Voraussicht, daß über solche Maßregeln an zuständigen (und vielleicht auch an unzuständigen) Stellen Klagen einlaufen und dann vielleicht an das Stellv. Sanitätsamt weitergeleitet werden könnten, haben wir nicht verfehlen wollen, über die Gründe schon jetzt Mitteilung zu machen.

Reserve Lazarett Commission
i. A.
Max Weber

*[Eingabe betreffend die Erhaltung der Disziplin in Militärlazaretten, nebst Anlagen]*

Heidelberg, den 28. November 1914

Dem
Kgl. stellv. Generalkommando
XIV. A[rmee] K[orps]
*Karlsruhe i[n]/B[aden]*

überreichen wir:

1) den Entwurf einer für die Lazarette des Bezirks außerhalb Heidelberg bestimmten Verfügung nebst

2) Entwurf eines Anschreibens, durch welches wir dieselbe eventuell den Großh[erzoglichen] Bezirksämtern mitteilen werden, ferner

3) Abschrift des vom Kgl. Garnisonkommando, hier für den *Stadt*bezirk Heidelberg erlassenen Befehls.

Wir beantragen: uns zum Erlaß der Verfügung zu 1) und zur Versendung des Schreibens zu 2) ermächtigen zu wollen.

Zur Begründung berichten wir:

Angesichts der schweren Übelstände, welche der Alkoholgenuß für die Disciplin der in ihrer Widerstandskraft gegen Alkoholwirkung geschwächten Verwundeten mit sich bringt, scheint uns die Maßregel unaufschiebbar und auch als Ergänzung des vom Kgl. Garnisonkommando hier schon erlassenen Verbotes ein Interesse der Gleichmäßigkeit der Behandlung in Stadt und Land notwendig. Für das platte Land und die kleineren Städte aber müßte sie u. E. auch auf Entgegennahme von Alkoholspenden von *Privat*personen *ausgedehnt* werden, da hier gerade diese letzteren bei der unglaublichen Unvernunft des Publikums ganz besonders gefährlich und gerade auf dem platten Land und in den kleinen Städten überaus verbreitet sind. In Übereinstimmung mit erfahrenen Beurteilern, insbesondere Oberamtmännern auf dem platten Lande, würden wir es für gefährlich halten, das Verbot des Alkoholgenusses zu überspannen und damit in seiner Durchführung zu gefährden. Wir glauben daher, die unter N 3 des Entwurfs vorgeschlagene Einschränkung beifügen zu sollen, dagegen würden wir es für dringend erwünscht halten, wenn für unseren Bezirk *durch das Kgl. Generalkommando* den Wirten ebenso wie Privatpersonen, *unter Strafandrohung* untersagt würde, ohne spezielle schriftliche Erlaubnis des Arztes für den Einzelfall, den Verwundeten *irgend welchen* Alkohol zu verabfolgen.

Die Bezirksämter erklären sich zum Erlaß einer derartigen Polizeiverordnung für nicht kompetent; nur in Wertheim scheint eine solche erlassen worden zu sein; doch ist zu befürchten, daß im Fall der Anfechtung von Strafbefehlen das Schöffengericht die Gültigkeit nicht anerkennen würde. Dagegen würden die Bezirksämter eine entsprechende Anordnung des *Generalkommandos* zu vollstrecken verpflichtet sein. Dies wäre dringend erwünscht, weil eine wirksame

Kontrolle des Wirtshausbesuches durch die Polizeiunteroffiziere ganz unmöglich ist.

Reserve Lazarett Commission
i. A.
Max Weber

*Entwurf*
[einer Verfügung betr. den Alkoholgenuß]

Mit Genehmigung des Königl. stellv. Generalkommandos XIV. A[rmee] K[orps] wird bestimmt:

1) Das Betreten von Wirtschaften, welche alkoholische Getränke irgend welcher Art führen, ist sämtlichen verwundeten Mannschaften und Unteroffizieren aller Grade verboten einerlei ob es zum Zwecke des Genusses von Alkohol erfolgt oder nicht. Wirte, welche irgend welche alkoholischen Getränke führen, dennoch aber Verwundeten den Besuch ihrer Lokale gestatten, sind alsbald hierher zu melden.

2) Jeder Verkehr mit Personen, auch Verwandten, welche von nun an den verwundeten Mannschaften und Unteroffizieren alkoholische Getränke entgeltlich oder unentgeltlich anbieten, ist diesen untersagt und wird bestraft. Noch so geringe Quantitäten Alkohol dürfen von Seiten der Verwundeten nur auf Grund ausdrücklicher Anordnung oder Zulassung des Lazarettarztes entgegengenommen werden.

3) Ausschließlich dem leitenden Lazarettarzt steht es zu, durch besondere schriftliche, an die Polizeiunteroffiziere gerichtete Anordnungen für bestimmte einzelne Gelegenheiten, oder für nicht mehr als zwei Wochentage einen die übliche Krankenration übersteigenden, von ihm dem Maß nach zu bestimmenden gemeinsamen Alkoholgenuß im Lazarett oder einem sonst zur Verfügung stehenden Raum zu gestatten, oder einzelnen Leuten für einzelne Gelegenheiten Alkoholgenuß gegen Vorzeigung einer von ihm auszustellenden schriftlichen, die Person und den Tag bezeichnenden Erlaubnis, jedoch nur außerhalb von Wirtschaften zu erlauben.

Leute schlechter Führung sind davon auszuschließen.

Reserve Lazarett Commission

*Entwurf*
[des Anschreibens zur Verfügung betr. den Alkoholgenuß]

An die Großh[erzoglichen] Bezirksämter:
Heidelberg, Wiesloch, Weinheim, Eberbach, Sinsheim, Mosbach, Buchen, Hardheim, Adelsheim, Boxberg, Tauberbischofsheim, Wertheim.

Großh[erzoglichem] Bezirksamt übersenden wir in der Anlage ergebenst eine von uns mit Genehmigung des Kgl. stellv. Generalk[omman]dos XIV. A[rmee] K[orps] an die uns unterstellten Lazarette außerhalb des Stadtbezirkes Heidelberg erlassene Verfügung betreffend den Wirtshausbesuch und das Verabfolgen von Alkohol an Verwundete zur gefl. Kenntnisnahme. Für die Stadt Heidelberg hat das Kgl. Garnisonkommando hier ein Wirtshausverbot erlassen und allen hiesigen Lazaretten, Privatpflegestätten und Genesungsheimen zustellen lassen. Inwieweit das Großh[erzogliche] Bezirksamt sich in der Lage befindet, uns in der Durchführung dieser dringend erforderlichen Maßregel durch geeignete Mittel zu unterstützen, müssen wir dortiger Erwägung anheimstellen. Wir würden darauf natürlich das größte Gewicht legen.

### *[Bericht über Disziplinarangelegenheiten in den Lazaretten der Reserve-Lazarettkommission in Nordbaden]*

Heidelberg, den 6. Januar 1915

An das
Königl. stellv. Generalkommando
XIV. Armeekorps
*Karlsruhe*

berichten wir in Gemäßheit der Auflage in der Verfügung vom 7.XII.[19]14, Abt. IV N 32804:

Im Ganzen hat sich die Verteilung der Disziplinarsachen derart, daß Herr Oberleutnant Freiherr von Eynatten dieselben für die hiesigen *Vereins*lazarette bearbeitet, vom diesseitigen Standpunkt aus bewährt. Einige zunächst bestehende Zweifel über die Art der Verteilung der Zuständigkeit sind durch persönliches Eingreifen des Herrn Garnisonältesten stets leicht gelöst worden:

Diesseits wurde von der irrigen Annahme ausgegangen: daß durch die Kommandierung eine zweite selbständige Unterinstanz unter dem Königl. Garnisonkommando geschaffen sei. Das Königl. Garnisonkommando steht jedoch mit Recht auf dem Standpunkt, daß Herr Oberleutnant Freiherr von Eynatten dem Herrn Garnisonältesten als dessen Organ zugeteilt sei und die Disciplinarsachen lediglich auf dessen Befehle, nach Vortrag der Sache, vollziehe. Dankenswerter Weise hat aber das Königl. Garnisonkommando unsere Bürobeamten von den betreffenden Schreibarbeiten entlastet, indem es auch die Veranlassung der Vollstreckung der von dem Disciplinaroffizier „a[uf] B[efehl]“ des Garnisonkommandos verhängten Strafen auf seine eigene Verwaltung übernahm. Die Verfügung und die Disciplin über die Polizeiunteroffiziere und alles, was damit oder mit solchen Angelegenheiten, welche die Stellung des Herrn Reservelazarettdirektors oder unsere Kassenverwaltung berühren können, zusammenhängt, mußte den diesseitigen Stellen verbleiben. Es hat sich ein im Ganzen zweckmäßig verlaufendes Untereinanderwirken entwickelt, welches durch in Anregung gebrachte öftere Rücksprache weiter entwickelt werden wird.

Eine gewisse Besserung der hiesigen disciplinaren Verhältnisse war allerdings schon vor der Kommandierung des Herrn Oberleutnant Freiherrn von Eynatten, wie s. Zt. berichtet, eingetreten. Dieselben haben sich aber seitdem unzweifelhaft weiter verbessert. Schwierig bleiben sie nach wie vor, teils aus den in mehreren anderweiten Berichten unsererseits schon hervorgehobenen allgemeinen Gründen, teils aber auch infolge der Einrichtung der orthopädischen und der Beobachtungsstationen (innere, chirurgische und psychiatrische) hierselbst. Denn es sind nicht nur an sich sehr oft schwierige, zur Simulation neigende oder abnorm veranlagte Elemente, welche in diese Stationen eingewiesen werden und unsere Lazarette füllen. Sondern die auswärtigen Lazarette neigen auch unwillkürlich dazu, uns Leute, die ihnen disciplinäre Schwierigkeiten machen als besonders geeignete Objekte, sei es der „Beobachtung" sei es der „medicomechanischen Behandlung" zuzuweisen, wie sich aus entsprechenden Bemerkungen in den Papieren gelegentlich ganz zweifelsfrei ergab. Naturgemäß und in Übereinstimmung mit den darüber bestehenden Bestimmungen belasten sie vor allem die Reservelazarette, von denen einzelne dadurch in die Gefahr geraten, geradezu zu Strafkolonien zu werden, welche auch die oft noch sehr jugendlichen und ungefestigten besseren Elemente in Mitleidenschaft ziehen. Bei der totalen und unverbesserlichen Unbrauchbarkeit eines Teils der Krankenwärter, namentlich der ungedienten, wird dadurch die Aufrechterhaltung der Ordnung dauernd eine nicht ganz einfache Aufgabe bleiben.

Die Übertragung der Disciplin in den Vereinslazaretten an den besonders dafür bestimmten Offizier, welcher vom Königl. Garnisonkommando zugleich mit der Aufsicht über die Privatpflegestätten, Genesungsheime und die militärische Ordnung überhaupt betraut ist, bleibt uns daher sehr willkommen, während wir andererseits auch jetzt der Ansicht bleiben, daß die Disciplin innerhalb der *Reserve*lazarette von der Verwaltung nicht ohne Schaden abzutrennen wäre und daher, entsprechend der genehmigten Ordnung, besser mit dieser bei uns verbleibt.

Reserve Lazarett Commission
i. A.
Max Weber
Militärisches Mitglied

## *[Abschließender Erfahrungsbericht über die Lazarettverwaltung]*

### *I. Allgemeines*

Die hiesige Lazarettverwaltung begann als eine nahezu reine *Dilettanten*-Verwaltung. Diesen Charakter hat sie endgültig erst abgestreift, nachdem die bisherige Reservelazarett-Kommission, welche zuletzt aus zwei Nicht-Berufs-Militärs bestand, durch Ernennung eines militärischen Chefarztes ersetzt ist. Die Darstellung der Entwicklung der Lazarette ist daher eine Darstellung des Übergangs von einer rein dilettantischen freien zu der geordneten bürokratischen Verwaltung.

Bei Meldung des Unterzeichneten auf dem Büro des Garnisonlazaretts waren an gedienten Militärs dort außer dem ärztlichen Mitglied nur: Sergeant L., welcher acht Tage vorher hierher versetzt war. Er sollte zugleich als Chef des Büros, Schreibkraft und Inspektor des Garnisonlazaretts dienen. Denn Schreibkräfte waren nicht vorhanden. Ordonnanzen fehlten. Als ökonomisches Mitglied der Kommission war Herr Oberinspektor H. bestimmt. Er erschien auch tatsächlich nach einigen Tagen. Allein nicht nur war er damals gesundheitlich nur mit der allergrößten Anstrengung imstande, Arbeit zu leisten. Sondern vor allem war er in erster Linie von der Garnisonverwaltung derart in Anspruch genommen, daß er für uns zunächst nur stundenweise verfügbar war. Die als Inspektoren der einzurichtenden Lazarette eingezogenen Herren trafen ein, als die planmäßig am 10. Mobilmachungstag zu eröffnenden Lazarette längst in voller Einrichtung waren. Noch viel länger dauerte es natürlich, bis diese Herren auch nur notdürftig in die Geschäfte eines Lazarettbetriebes wie des hiesigen eingearbeitet waren. Eigentlich erst mit der *endgültigen* Organisation des Büros der Zentralverwaltung und der Verteilung der Lazarette auf die Beamten als Inspektoren, welche etwa sechs Wochen nach Kriegsbeginn vorgenommen wurde, konnte ihre Kraft nutzbar gemacht und ein einigermaßen normaler Betrieb begonnen werden. Auch diese Kräfte aber waren im Zivilleben Beamte, Verwaltungsbeamte, Fabrikanten usw., jedenfalls aber mit Militärverwaltungsgeschäften nicht befaßt gewesen. Mit welchen Körpern ist der Betrieb und vor allem die Einrichtung der Lazarette bis dahin in Szene gesetzt worden?

1. Als Schreibkräfte hatten, neben dem kalligraphisch gänzlich minderwertigen Unterzeichneten, die Beamten, nachdem sie da waren, und bis dahin der Rechnungsführer Sergeant L. zu dienen. Alle Bestellbriefe und die ganze Korrespondenz mit den zahlreichen Unternehmern ohne Ausnahme wurden von dem Unterzeichneten erledigt und liefen durch kein Journal. Alle wichtigen Zuschriften der Unternehmer sind, nach Firmen geordnet, vom Unterzeichneten gesammelt und gesichtet, also vorhanden. Alles andere wurde durch Bleistiftnotizen des Unterzeichneten soweit nötig festgehalten. Ein andrer Modus war undenkbar, denn es ist unerfindlich, wer diese Briefe hätte schreiben und allenfalls journalisieren sollen.

2. Alle Ordonnanzdienste, namentlich die Stadtbriefbestellung, für welche damals keine Portofreiheit bestand, wurden durch Schulkinder freiwillig getan, teils zu Rad, teils durch die Elektrische Bahn, auf welcher damals jeder, der einen Ausweis hatte, Freifahrt erhielt. Später hat die betreffende Gesellschaft zwar, in der für Heidelberg charakteristischen Popularitätshascherei, den Verwundeten Tausende von Freifahrtkarten gespendet, mit denen diese nutzlos in der Stadt und Umgegend umherfuhren, unsern Beamten und Ordonnanzen aber, die schwer zu arbeiten hatten, sie zuerst gänzlich verweigert, dann auf einige Dutzend beschränkt. – Die Bestellung der Briefe auf jenem Wege hat natürlich dazu geführt, daß ein Postbuch oder Briefquittungsbuch für die derart bestellten Sendungen nicht existierte und auch manche Briefe nicht richtig ankamen. Nach Wiederbeginn der Schule blieben die Schüler aus, und es mußten nun Krankenwärter als Ordonnanzen verwendet werden, bis das Bezirkskommando in der Lage war, solche (jedoch in *sehr* bescheidenem, absolut unzulänglichem Umfang) zu stellen. Gerade in der allerersten Zeit aber darf die

Zahl der täglich wachsenden kurzen Zuschriften wohl auf etwa 500 pro Tag geschätzt werden.

Im übrigen hat der Unterzeichnete die Wege zu den Lieferanten und Lazaretten persönlich gemacht, soweit er die ersteren nicht – was infolge des gewaltigen Dranges der Geschäfte nur ganz ausnahmsweise der Fall war – in das Lazarett bestellen konnte. Fuhrwerke waren in den ersten Tagen gar nicht, nachher zunächst nur höchst unsicher erhältlich, bis Herr R. Sch. der Kommission sein Automobil zur Verfügung stellte.

3. Die Einrichtung der Lazarette, die je 3 Kilometer auseinanderlagen, konnte unmöglich anders als mit Zuziehung freiwilliger Kräfte erfolgen, da die Beamten teils noch nicht da waren, teils erst die Geschäfte kennen lernen mußten. Infolgedessen wurde in jedem Lazarett ein freiwilliger „Zivilinspektor" bestellt. Diese Herren, vorwiegend Professoren, in Gemeinschaft mit dem Unterzeichneten, mit Schulkindern, andern freiwilligen Helfern, dann mit den allmählich eintreffenden Krankenwärtern und Polizeiunteroffizieren, schließlich den Beamten, nahmen die Lieferungen in Empfang und disponierten provisorisch, soweit der Unterzeichnete nicht anwesend sein konnte, nach eignem Ermessen, sonst nach den vom Unterzeichneten gemachten Einzeichnungen, über die Aufstellung der Betten und Geräte. Sie halfen, da die ersten Verwundetenzüge bei kaum vollendeter Fertigstellung der Lazarette eintrafen, den Ärzten bei der Unterbringung und sorgten ferner durch Sammlung von Liebesgaben aller Art für die Beschaffung aller denkbaren Bedürfnisse. In der ersten Zeit hatten diese unoffiziellen freiwilligen „Zivilinspektoren" die tatsächliche Autorität in der Hand; das Personal fügte sich ihnen, weil zunächst eine andere Gewalt einfach nicht da war, und weil der Unterzeichnete als Autorität hinter ihnen stand. Formell wurden sie nur insoweit legitimiert, als praktisch unvermeidlich: es wurde ihnen die Vollmacht zur Quittung über abzugebende Lieferungen erteilt. Dies war schlechthin bestimmungswidrig. Aber, wenn die Lazarette fertig werden sollten, unvermeidlich. Jedoch es hat den großen Nachteil gehabt, daß über die Ablieferungen zum großen Teil keinerlei korrekte Liste geführt wurde, und daß, da schon während der, in Ermangelung von Rohstoffen und Arbeitern durchweg sich verzögernden Einlieferung Verwundete eintrafen, telephonische Umdispositionen an der Tagesordnung waren. – Sie wurden dann schleunigst durch allerhand freiwillige Hilfskräfte (Schulkinder) erledigt, daher war auf *keinerlei* Art mehr Ordnung in unsre Wäschelisten zu bringen. Der Unterzeichnete, welcher als Dilettant in diese Stellung berufen wurde, *übernimmt die volle und ausschließliche Verantwortung für diese nachher nie wieder,* trotz aller Bemühung, *auszugleichen gewesenen Unstimmigkeiten der Liste.* Verwahrung ist insbesondere dagegen einzulegen, daß etwa die *Beamten* dafür verantwortlich gemacht werden könnten. Sie waren zur Zeit der ersten Ablieferungen noch gar nicht da, waren später zunächst nicht in der Lage, die Abnahme zu kontrollieren und fanden auch nachher nicht die Möglichkeit, bei den täglich sich hetzenden Umdispositionen bezüglich der Wäsche, überhaupt deren Verbleib wirksam zu kontrollieren. –

Allmählich wurde dann diese unoffizielle und unverantwortliche Verwaltung durch die bestimmungsgemäß geordnete Beamtenverwaltung ersetzt. Es hat aber bis etwa in den November gedauert, bis dies wirklich in allen Zweigen geschehen war. Seitdem waren die bis dahin fungierenden „Zivilinspektoren“ mit ihren Hilfskräften entweder zugleich ausgeschieden, oder aber sie hatten sich in „Liebesgabenverwalter“ verwandelt, denen von uns lediglich 1. ein bescheidener Raum eingeräumt, 2. das *ausschließliche* Recht verliehen wurde, Liebesgaben anzunehmen und darüber nach vorgeschriebenem Muster zu quittieren. Denn es führt zu den schwersten Mißständen, wenn Liebesgaben vom Publikum beliebig in den Lazaretten an irgendwelche unlegitimierten, nachher nicht nachweisbaren Personen abgeliefert werden, wie es zunächst geschah. Es schien unbedingt geraten, die amtliche Verwaltung der Lazarette nicht mit diesen Geld- und Naturalgaben zu befassen und ihr dadurch die Verantwortung aufzubürden, welche sie gar nicht tragen konnte.

Diese Liebesgabenverwaltungen haben für die Lazarette ganz Unersetzliches geleistet, was durch die offizielle Verwaltung nach der Natur anderer Aufgaben niemals geboten werden konnte. Einerseits rein menschlich, durch persönlichen Zuspruch, Beschaffung von Lektüre, Beschäftigungsgelegenheit, private Berufsvermittlung für die Verwundeten. Die praktische Bedeutung tritt in dieser Hinsicht darin hervor, daß die *Zahl der Arreststrafen* in ganz offensichtlichem Abhängigkeitsverhältnis zu dem Fehlen einer solchen Liebesgabenverwaltung stand und dort am stärksten war, wo sie fehlte, und die Leute auf die Öde und den Müßiggang des Lazaretts angewiesen waren. Andererseits an dem Zusammenbringen von Mitteln für Bedürfnisse, welche teils gar nicht, teils nicht in dieser Qualität oder Quantität von der Lazarettverwaltung gedeckt werden konnten. Die Mittel, welche durch diese „freiwilligen Lazarettverwaltungen“ (Liebesgabenverwaltungen) aufgebracht wurden, sind, gemessen an den Aufwendungen des Militärfiskus und den Mitteln des Roten Kreuzes, bescheiden. Allein die im ganzen über 20000 Mk., welche im Lauf eines Jahres unter der Hand, vornehmlich von Mitgliedern des Lehrkörpers der Universität, aber auch von hiesigen Privaten den Liebesgabenverwaltungen der verschiedenen Lazarette zur Verfügung gestellt wurden, wiegen insofern weit schwerer als etwa die Mittel des Roten Kreuzes, weil jegliche denkbare Chance der Befriedigung persönlicher Eitelkeit, an welche das Rote Kreuz zur Erlangung seiner Mittel anzuknüpfen vielfach direkt gezwungen ist, dabei vollständig fehlt. Denn von der Persönlichkeit dieser Spender, welche in keiner Art hervortreten kann, wurde niemandem als den betreffenden Chefs der Liebesgabenverwaltung etwas bekannt. Es sind aus diesen Mitteln, welche übrigens durch sehr reichliche, in ihrem Wert ganz unabschätzbare Naturalgaben ergänzt wurden, nicht nur Zigarren, einfache Genußmittel, Spiele, Unterhaltungsmittel, Rohstoffe für Flechtarbeiten, Mittel, die Zimmer durch Dekorationen wohnlicher zu gestalten, Bücher, Kräftigungsmittel aller Art, bessere Weine für Geschwächte beschafft, und die sachlichen Kosten von Unterricht und Vorträgen bezahlt worden, sondern auch z.B. Liegehallen und Liegestühle, Ergänzungen der ärztlichen Instrumentarien, therapeutische Mittel, nicht etatsmäßige Wäsche und Gebrauchsartikel aller Art, welche zu bewilligen die Kgl. Intendantur nach der üblichen Praxis gar nicht oder nur schwer in der Lage gewesen wäre. Es ist ferner möglich gewesen, schöne Weihnachtsfeiern und Weihnachtsbescherungen in den Lazaretten zu veranstalten, ohne dafür irgendwie bei dem Roten Kreuz in Kost zu gehen. Eine pekuniäre Abhängigkeit der Reservelazarette von dessen reichen Mitteln – die herzugeben es übrigens nicht gezögert hat – wäre uns als nicht recht passend erschienen, so daß wir nach Möglichkeit vermieden haben, mehr als unvermeidlich und nötig, uns an diese Quelle zu wenden. Es ist dies in erheblichem Maß erst in den letzten Monaten der Verwaltung des Unterzeichneten, und dann für Naturalien, nicht für Geld, durch einige Lazarette geschehen.

Die Liebesgabenverwaltungen haben sich ferner in starkem Maß an der Organisation von *Unterricht* für die Verwundeten beteiligt. Die Heranziehung der Verwundeten zum Unterricht im Korbflechten, das Ausschneiden und Kleben aus Pappbogen, die Knüpferei, die in möglichst weitem Umfang ins Werk gesetzte, stundenweise Beschäftigung der Leute bei Innungsmeistern, deren Qualität und Bedingungen vorher geprüft wurden, die höchst verdienstvollen Versuche des Roten Kreuzes, Beschäftigung für Verwundete in Werkstätten zu finden, die bloßen Unterhaltungsveranstaltungen aller Art, – all dies hat, dem Wert nach, doch nur eine bescheidene Bedeutung erlangt. Namentlich von der Arbeitsgelegenheit, selbst bei gutem Lohn, haben nur ganz wenige Leute Gebrauch gemacht.

Während ein erheblicher Teil von ihnen jeglichem Interesse geistiger Art fremd blieb und nur nach Kolportagelektüre Bedarf an den Tag legte, gab es eine zahlenmäßig immerhin sehr beträchtliche und vor allem wertvolle Minderheit, welche den erzwungenen Müßiggang in den Lazaretten nicht ertrug und einerseits empfänglich für Anregung und geistige Beschäftigung, andrerseits beim Ausbleiben solcher der Gefahr disziplinärer Ausschreitungen ausgesetzt war. Um ihretwillen wurde der Unterricht organisiert. In einigen Lazaretten lag er ganz in der Hand der Chefs der Liebesgabenverwaltungen. Der Unterricht war teils Fachunterricht (Stenographie, Französisch, Buchführung), teils allgemein bildend (Geschichte, Kriegsgeographie, Wirtschaftsverhältnisse). Dieser letztere Unterricht wurde aus Gründen der Disziplin als *militärische Instruktion* obligatorisch, zu festen Stunden, unter Einführung und Kontrolle durch Unteroffiziere in den Unterrichtslokalen eingerichtet. Es beteiligten sich wesentlich eine große Anzahl von Herren, namentlich Mitglieder des akademischen Lehrkörpers und Volksschullehrer, gelegentlich und helfend auch die Mitglieder der Reservelazarettkommission, und zuweilen geeignete und dazu geneigte Lazarettkranke. Die Aufmerksamkeit der Leute in den Wintermonaten mit ihren langen Abenden war im ganzen anerkennenswert, für den Sommer schlugen die Lazarette vor, den Unterricht zu unterbrechen, weil das gute Wetter der Sommerabende ein zu übermächtiger Konkurrent war, und die Lehrer die fühlbare Unlust der Teilnehmer zu unangenehm empfanden. Der fakultative Unterricht fand meist nachmittags statt. Die obligatorischen Unterrichtsstunden betrugen zwischen 4 und $6^1/_2$ wöchentlich und lagen in den Abendstunden, meist nach dem Abendessen, um die ärztlichen Visiten und den hygienisch notwendigen Ausgang nicht zu stören. Disziplinär hat der Unterricht – wie die Abnahme der im Herbst stark angeschwollenen Arreststrafen während des Winters zeigte – *sehr gut* gewirkt, und nur auf diese Wirkung war es abgesehen.

Es konnte nicht ausbleiben, daß mit der zunehmenden Einschulung der eingezogenen Beamten der zunehmenden Versorgung mit militärischem Personal und dem allmählichen Übergang des Lazarettbetriebs aus dem improvisierenden Übergangszustand der ersten Monate in den normalen Dauerbetrieb, die amtlich geordneten Instanzen, vor allem die Lazarettinspektoren, zunehmend ihre Rechte in Anspruch nahmen und den freiwilligen Helfer und seinen Einfluß als lästige Konkurrenz empfanden. Es hat an Reibungen nicht gefehlt; im ganzen hat jedoch der Takt von beiden Seiten das langsame Zurücktreten der freiwilligen Helfer, aus ihrer anfänglich zuweilen fast den ganzen Betrieb beherrschenden, in diejenige nur aushelfende Tätigkeit, welche die „Liebesgabenverwaltungen" entwickelten, sich glatt vollziehen lassen.

Mit zunehmender Monotonie des Betriebs verschwand eine „unoffizielle" Figur nach der andern, bis schließlich der Unterzeichnete, der persönlich so wenig wie irgend möglich zur Wirtschaftlichkeit und Ordnung qualifiziert, in seinem Zivilleben an die Studierstube gefesselt ist, als letzter Rest der anfänglichen fast reinen Dilettantenwirtschaft übrig blieb.

Auf Dilettantenarbeit war zunächst auch ein erheblicher Teil der Krankenpflege gegründet. Bei Beginn des Kriegs herrschte hier die Vorstellung, daß Krankenschwestern nicht zuständig seien. Daher wurden Berufsschwestern hier zunächst nicht angestellt, sondern den Ärzten, welche nachdrücklich erklärten, einen Verletzten und Leidenden keinesfalls den ungeübten Händen eines beliebigen Wärters anvertrauen zu können, anheim gestellt, sich nach bestem Vermögen selbst zu helfen. Dies geschah, soweit die Ärzte davon Gebrauch machten, durch Gewinnung freiwilliger Hilfen aus Bürgerkreisen der Stadt. Die Zahl war in den einzelnen Lazaretten verschieden. Nachdem dann die Agitation der Berufsschwestern den Erfolg hatte, daß die Mindestzahl von 6—8 Schwestern auf 100 Betten vorgeschrieben und die Anstellung von ausgebildeten, tunlichst staatlich anerkannten Berufsschwestern eingeführt wurde, wendete sich der Unterzeichnete an die einzelnen Organisationen mit der Bitte um Stellung von solchen. Es zeigte sich, daß diesem Verlangen, der Zahl und Qualität nach, nicht genügt werden konnte. Die brauchbaren Kräfte waren fast alle bereits anderweit, insbesondere im Operations- und Etappengebiet, verwendet. Dem offiziell festgestellten Mindestbedarf (bei 1500 Betten 90—120 Schwestern) entsprach die Zahl der gestellten Kräfte in keiner Weise. Deshalb begnügte man sich vielfach mit Dilettantenschwestern. Namentlich im Reservelazarett II konnten umfassende Erfahrungen mit ihnen gemacht werden, sie waren dort 7 Monate lang völlig unentgeltlich und erst nach Ablegung des staatlichen Notexamens im Frühjahr gegen volle Schwesterngebührnisse tätig. Im wesentlichen läßt sich folgendes darüber sagen:

Unzweifelhaft bedeutet die Zugehörigkeit zu einer festen, auch im Frieden weiterbestehenden Organisation und die Ausübung der Krankenpflege als dauernden Beruf eine gewisse Garantie der Tüchtigkeit und auch eine solche für ein passendes Verhalten der Schwestern. Bei Verstößen gegen Takt und Lässigkeit in der Pflichterfüllung schreitet der Verband im Interesse seines Renommées ein, und die einzelne Schwester ist schon in ihrem materiellen Interesse darauf hingewiesen, einen Konflikt mit ihrer Organisation zu vermeiden. Dem hat die typische Dilettantenschwester, welche erst unter dem Eindruck des Krieges sich der Krankenpflege zuwendet, zunächst nur ihren persönlichen Idealismus und ihre im Durchschnitt stärkere Schulung durch eine bessere Kinderstube und bessere Allgemeinbildung gegenüberzustellen. Denn es versteht sich, daß in erster Linie (wenn auch keineswegs ausnahmslos) nur Mädchen von einem erheblichen Bildungsniveau die Chance hatten, bei der Auslese des freien Schwesternpersonals mit den Berufsschwestern gleichgewertet zu werden. Im allgemeinen ist nichts sicherer, als daß *auf die Dauer* hier wie überall der bloße ideale Schwung der Hingabe an die Schwesterntätigkeit *nicht* genügt, um die berufliche Einschulung in nüchterne sachliche Berufsarbeit zu ersetzen. Als praktisch sehr wichtiges Gegenmoment steht dem gegenüber: daß es wesentlich leichter ist, eine untüchtige freie Einzelschwester zu maßregeln als eine Berufsschwester, da dabei leicht ein Konflikt mit dem Verband eintreten kann (dies gilt namentlich für die Orden und andre Verbände mit hochgestellten Protektoren). Dieser Vorzug konnte im Einzelfall wieder dadurch abgeschwächt werden, daß Ärzte sich scheuten, mit Dilettantenschwestern ebenso rein sachlich und rücksichtslos zu verfahren wie mit Berufsschwestern. Allgemein gesprochen, ist diese Gefahr freilich nicht sehr ins Gewicht fallend, da die deutschen Ärzte, verglichen mit denen anderer Länder, ein sehr erhebliches Gewicht auf die, auch formelle, Betonung ihrer Autorität legen.

Unter den Reflektantinnen auf dilettantische Schwesterntätigkeit ließen sich zwei Arten von Persönlichkeiten ziemlich deutlich unterscheiden. Einerseits das typische deutsche „junge Mädchen" mit seiner meist sehr ehrlichen Begeisterung, seiner Sentimentalität und seinem unbewußten Sensationsbedürfnis. Dieser Typus ist für Lazarettpflege ungeeignet, ist stets der Neigung zur Verweichlichung der Lazarettkranken und nicht selten der Gefahr erheblicher Entgleisungen ausgesetzt. Auf der andern Seite die entweder intellektuell oder durch berufliche Arbeit geschulten Mädchen und Frauen. Sie sind im Durchschnitt in hohem Grade geeignet, überaus oft im gleichen und nicht selten in höherem als der Durchschnitt der im Kriegsfall im Inland verbleibenden Berufsschwestern. Und zwar kommt anscheinend sehr wenig darauf an, in welchen Berufen oder durch welche Mittel sie sich jene Gewöhnung an *Sachlichkeit* in der Auffassung solcher Aufgaben angeeignet haben, an welcher allein alles hängt. Die denkbar günstigsten Erfahrungen wurden sowohl, was die reine Leistung als die Sicherheit im Verkehr mit den Kranken anlangt, unzweifelhaft mit reiferen, d.h. etwa 25—35 Jahre alten, fein gebildeten Mädchen gemacht, die in ganz heterogenen Berufen (z.B. als Violinistin oder Schriftstellerin) tätig gewesen waren, oder streng fachliche Schulung irgend welcher Art (hygienisches Turnen, Massage) möglichst mit eigner Berufsausübung, oder ernste Lebensschicksale und entschlossenen Kampf mit schwierigen Verhältnissen hinter sich hatten. Was derartige Persönlichkeiten an ununterbrochener Arbeit während einer $^{5}/_{4}$jährigen Kriegszeit zu arbeiten vermochten war durchaus unerwartet und stand nach Überwindung der Anfangsschwierigkeiten sicherlich *mindestens* auf gleicher Höhe wie die Leistung einer besonders gut geschulten Berufsschwester, übertraf aber den Durchschnitt der Leistungen einer solchen durch die meist weit weniger schematische, individuell auf die Kranken eingehende Art, deren nicht nur hygienische und physische, sondern auch rein menschliche und geistige Interessen zu befriedigen, ohne daß die erforderliche Distanz verloren ging. Dies setzt einen ziemlich erheblichen Bildungsgrad, Überlegung und Verantwortlichkeitsgefühl voraus.

Wenn die Leistungen der freien Schwestern im allgemeinen recht befriedigend waren, so in fast ausnahmsloser Regel auch ihr persönliches Verhalten. Es sind in bezug auf die, von den Ärzten als Helferinnen gewonnenen, freien Schwestern nur zwei wirklich unzweifelhafte Mißgriffe vorgekommen, die in geeigneter Form repariert wurden, und übrigens hat es, wie begreiflich, auch an Berufsschwestern nicht gefehlt, deren Verhalten zu beanstanden war. Besonders beachtenswert erschien die außerordentliche Beharrlichkeit der freien Schwestern. Nur ein sehr kleiner Bruchteil von ihnen und dieser durchweg infolge zwingender anderweitiger Pflichten, ist im Laufe der 14 Monate dauernden Beobachtungszeit ausgeschieden. Die Lust und Liebe zur Sache, welche sich darin ausspricht, wäre in gleichem Maße sicherlich *nicht* vorhanden gewesen, wenn die freien Schwestern nur als subalterne Helferinnen von Berufsschwestern, denen sie ja an Bildung durchschnittlich überlegen waren, verwendet worden wären, wie dies bei wörtlicher Auslegung der Bestimmungen hätte geschehen müssen.

Es sei schließlich nicht unerwähnt gelassen, daß die Beschäftigung dieser Pflegerinnen eine immerhin erhebliche Ersparnis bedeutete. Zunächst, bis zu ihrer staatlichen Anstellung, an Geldlohn für jede, dadurch unnötig werdende, besoldete Vollschwester 100 Mk. pro Quartal, in den 9 Monaten dieses Zustandes bei 25—26 dadurch ersparten Schwestern also 7500 Mk. Dazu – da ein Schlafen aller etatsmäßigen Schwestern im Lazarett, wie es bei Berufsschwestern stattfindet, für die Pflege unnötig ist, – dauernd 20 Betten mit Zubehör = ca. 1500 Mk. bei Einrechnung der Bettwäsche. Ferner das Essen und das entsprechende Geschirr: in 9 Monaten rund 8000 Mk. (die Beköstigung zu Mk. 1.40 Selbstkosten berechnet). Im ganzen also bis zum Termin des Examens (1. Mai 1915) ca. 16000 Mk. Die ersparten Betten konnten als Krankenbetten verwendet, die vorhandenen Räume vollständiger ausgenutzt werden. Nach der Anstellung als staatlich geprüfte Vollschwestern blieb die Ersparnis an Betten und Bettwäsche weiter bestehen, während nunmehr ein erheblich größerer Bruchteil der Schwestern Kost in Anspruch nahm, so daß die Gesamtersparnis bis 1. Oktober 1915 auf etwa 18000 Mk. zu veranschlagen ist, ohne Einrechnung der besseren Ausnutzung der Lazaretträume. Hierzu ist indessen zu bemerken: daß es nach aller Erfahrung dienstlich im höchsten Grade wünschenswert erscheinen muß, *bewährten* Helferinnen künftig durchweg, wenigstens die während des Arbeitstages fällig werdende Kost zu gewähren. Also für alle: der Anspruch auf Mittagskost und Nachmittagskaffee, für die jeweilig wachthabenden aber die volle Kost. Es ist zu hoffen, daß die bestehenden Bestimmungen entsprechend geändert werden.

Die Entwicklung innerhalb unsrer Lazarette schob naturgemäß die freiwilligen Dilettantenschwestern, die anfänglich ausschließlich vorhanden waren, der relativen Zahl nach, zunehmend in den Hintergrund. Einerseits in Ausführung der darüber höheren Orts gegebenen Bestimmungen, dann weil viele Ärzte das Arbeiten mit Oberschwestern und Berufsschwestern bequemer fanden und vor allem zum Anlernen von freien Hilfskräften keine Zeit und Kraft hatten, endlich auch weil das Angebot solcher Kräfte aus der bürgerlichen Bevölkerung allmählich nachließ.

Diese Dilettantenwirtschaft hat gewiß auch sonst einige Vorzüge gehabt. Sie hat die Individualität der hiesigen Lazarette wenigstens mitbestimmt, und namentlich die Liebesgabenverwaltungen taten dies sehr zu deren Vorteil. Ihre Schwächen lagen wesentlich auf dem Gebiet der nicht unwichtigen ökonomischen Ordnung. Keiner der Beteiligten, am wenigsten der Unterzeichnete, kannte die maßgebenden Bestimmungen oder hatte, bei der sehr starken Arbeitsüberhäufung, die Zeit und Kraft, sich ihren Inhalt abends, nach der Arbeit, welche Wochentags und Sonntags durchging, zu eigen zu machen. Keiner hatte vor allem die geringste Vorstellung von der Art der Listenführung, Meldungen usw. Die Vorschriften über diese Dinge, so unvollkommen und veraltet sie hie und da sein mögen, haben aber ihren guten Sinn. Sie sind Niederschlag langer Erfahrung und werden nicht ungestraft vernachlässigt.

## *II. Die Disziplin in den Lazaretten*

1. Strafdisziplin. Die Straffälligkeit, als dienstliches äußerliches Merkmal der soldatischen Qualität der Lazarettkranken, war im allgemeinen recht hoch. Es gab Zeiten, wo wochenlang an jedem Tag durchschnittlich eine Arreststrafe verhängt wurde, eine Zahl, die bei einer aktiven Truppe (bei 3–4000 Mann) unerhört wäre. Die Zahl hat charakteristische Schwankungen durchgemacht. Die Disziplin etwa der ersten 2 Monate war durchweg gut. Es hat geraume Zeit gedauert, bis überhaupt erstmalig zu Arreststrafen gegriffen werden mußte. Dann, im Spätherbst 1914, steigerte sich die Straffälligkeit. In der zweiten Hälfte des Winters nahm sie merklich ab, schwoll im Frühjahr 1915 wieder an, nahm während des Sommers wieder etwas ab, um sich mit Eintritt des Herbstes wieder zu steigern. Die Gründe für diese Schwankungen lagen in folgenden Umständen:

1. Zunächst verschlechterte sich die Disziplin durch die fortschreitende Gesundung der Leute an sich, welche die Leute mit wiedererwachendem Kraftgefühl zu Ausschreitungen befähigter und geneigter machte und sie die Festhaltung im Lazarett und seiner Öde zunehmend widerstrebend empfinden ließ.

Das nächst dem hygienischen zentralste Problem aller Lazarettfürsorge ist ohne Zweifel der Schutz der Lazarettkranken gegen die psychischen Folgen des erzwungenen Müßigganges der Rekonvaleszenten im Lazarett. Er gefährdet die militärische Disziplin und ebenso die künftige Berufsbrauchbarkeit auf das schwerste. Viele der endlosen, 5—6 Monate dauernden orthopädischen Kuren von Leuten, die sich fast gesund fühlen, aber im Lazarett gefüttert werden, um am Tage im ganzen einige halbe Stunden an Apparaten zu turnen, schaden sicherlich der psychischen Berufsqualifikation mindestens ebensoviel, wie sie die physische – möglicherweise! – heraufsetzen. Allen Bemühungen ungeachtet ist es hier *nicht* gelungen, wirklich wirksame Abhilfe zu gewähren. Die ärztliche Tageseinteilung setzt der Verwendung der Lazarettkranken *außerhalb* des Lazaretts, die ja auch disziplinär nicht ganz einfache Probleme stellt, große Schwierigkeiten entgegen; auch ist die gewerbliche Entwicklung hier nicht kräftig genug, um reichliche Beschäftigungsmöglichkeiten zu schaffen. Die Bemühungen, Arbeit innerhalb der Lazarette zu schaffen, scheiterten an der Schwierigkeit wirklicher Arbeitskontrolle, die unentbehrlich ist, wenn die Unternehmer Materialien zur Verarbeitung in die Lazarette geben sollen, außerdem an räumlichen Schwierigkeiten. Das Problem der Beschäftigung in den Lazaretten ist einer voll befriedigenden Lösung schwerlich fähig. Immerhin könnte eines geschehen: Die weit ausgedehntere Überweisung von Rekonvaleszenten in *Genesenenkompagnien* der Ersatztruppenteile. Jeder Truppenteil hat eignen Arbeitsbedarf, während im Lazarett jede Arbeit unter dem unvermeidlichen Odium steht: nur um der Beschäftigung willen, ohne sachliche Nötigung gefordert zu werden. Der Truppenteil hat ferner die Kräfte für die militärische Beaufsichtigung der Arbeit, welche den Lazaretten völlig fehlen. Sobald eine *tägliche* lazarettärztliche Behandlung nicht mehr erforderlich ist, ist der Lazarettaufenthalt unbedingt vom Übel und sollte, wo irgend möglich, abgekürzt werden. Denn der Versuch, innerhalb der Lazarette etwas dem Exerzieren entsprechendes einzuführen, ist schwerlich durchführbar. Selbst eine eigentlich militärische Instruktion setzt einen *Vorgesetzten* voraus, der dafür Zeit hat. Ein lazarettkranker Unteroffizier ersetzt das nicht.

2. Zu der Wirkung des Müßiggangs als solchem trat das törichte Verhalten des hiesigen Publikums. Das natürliche Gefühl der Dankbarkeit verband sich mit dem Sensationsbedürfnis und dem Wunsch, dieses und zugleich den eignen „Pseudo-Patriotismus“ auf billige Art zu betätigen. Die Leute wurden in die Familien eingeladen, dort und in den Wirtshäusern mit Speise und Trank regaliert, insbesondere zum Alkoholgenuß, dem sie entwöhnt und nicht gewachsen waren, verleitet, zum Schwatzen und Renommieren provoziert, ihre bedauernswerte Lage in den Lazaretten kritisiert und dadurch ihre Unzufriedenheit und Renitenz erweckt. Während in der ersten Zeit die Kranken des Lobes über die Lazarettbeköstigung voll waren, begann nun ein ewiges Schelten darüber, anonyme Briefe und Klagen aller Art häuften sich, ohne daß – wie zweifelsfrei festgestellt werden konnte – die Qualität des Gebotenen sich irgend geändert hatte. Es ist, da über die Zuständigkeit, wie sich zeigte, beim Kgl. Generalkommando sowohl wie bei der Zivilbehörde Zweifel obwalten, dringend zu wünschen, daß für die Zeit des Kriegszustands und des Übergangs der vollziehenden Gewalt auf die Militärgewalt deren Befugnis, den Wirten sowohl als auch (was ebenso wichtig ist) Privatpersonen, die Verabfolgung von Alkohol und andern Genußmitteln bei Strafe zu verbieten, durch Gesetz zweifelsfrei festgestellt wird. Einem entsprechenden Antrag des Unterzeichneten konnte wegen jener Zweifel nicht Folge gegeben werden. Das vom Garnisonskommando Heidelberg und für die auswärtigen Reservelazarette an die Verwundeten erlassene Wirtshausverbot genügte nicht, wie die Erfahrung zeigte.

3. In der ersten Zeit waren fast nur Norddeutsche und Bayern in den Lazaretten, also nicht hier beheimatete Leute. Das änderte sich teils durch zahlreiche Überweisungen in Heimatlazarette, teils durch zunehmende Zuweisung badischer Verwundeter in badische Lazarette. Parallel damit ging eine rapide Verschlechterung der Disziplin. Ganz erklärlicherweise: der landesfremde Lazarett-

kranke fühlte sich hier nicht zur Landesbevölkerung, sondern zum Verband des Heeres gehörig, ähnlich wie im Felde und verhielt sich entsprechend. Das Landeskind fühlte sich als ein verdienstvoller und daher anspruchsberechtigter Bestandteil der einheimischen Bevölkerung, deren Neigung zur Verhätschelung sich ihm naturgemäß besonders stark zuwendete. Es ist nicht zu verkennen, daß diese schweren Nachteile für die Militärdisziplin andern Gesichtspunkten unversöhnbar entgegenstehen können. Der Lazarettkranke befriedigt, selbst wenn er keine eigne Familie hat, seine sexuellen Bedürfnisse in der Heimat im Durchschnitt in menschlicherer, weniger verrohender und im ganzen auch hygienisch unbedenklicherer Art als in fremden Orten, wo er auf die Prostitution angewiesen ist. Er ist in der Lage, seiner Familie mindestens durch Beratung, eventuell auch durch ein gewisses Maß von Mitarbeit ökonomisch zu helfen. Er kann, wenn er voraussichtlich dauernd untauglich bleibt, die nötigen Schritte zum Übergang in einen geeigneten Beruf leichter tun. Indessen die militärische Disziplin und solche Gesichtspunkte bürgerlicher Moral und Fürsorge stehen sich hier prinzipiell unvereinbar gegenüber. Daß der Leichtverletzte, voraussichtlich bald wieder Dienstfähige möglichst dicht hinter der Front belassen und nur eventuell vor der Wiedereinstellung kurz nach Hause beurlaubt und alle voraussichtlich dauernd Dienstuntauglichen so bald als möglich der Heimat und Familie zugeführt werden sollten, ist wohl jetzt allgemein anerkannt. Für die dazwischen liegenden Fälle ist eine eindeutige Antwort nicht möglich.

Zwei Kategorien machten disziplinär besondere Schwierigkeiten und erklärten das Wiederanschwellen der Straffälligkeit im Frühjahr 1915: die Geschlechtskranken, welche aus hygienischen Gründen gänzlich in Klausur genommen werden mußten (gut 200), und die *orthopädisch* Behandelten (rund 4—500). Beide Kategorien umfaßten objektiv kräftige und subjektiv sich kräftig fühlende junge Leute von disziplinär überaus schwierigen Qualitäten. Über die orthopädisch Behandelten insbesondere scheinen einige Bemerkungen am Platze.

Bekanntlich hängt das außerordentliche Prestige der Orthopädie eng zusammen mit der zunehmenden Bedeutung der *Renten*, infolge vor allem unsrer sozialpolitischen Gesetzgebung. Selbst sehr bedeutende Aufwendungen für Orthopädie rentieren sich für die rentenpflichtigen Verbände glänzend, wenn dadurch eine allgemeine Herabdrückung der massenhaften Renten um 10—15% erzielt wird. Der mit maschinellen Hilfsmitteln arbeitende Orthopäde leistet diesen Dienst und ist kraft der Position, welche er dadurch erlangt, in die Lage versetzt, zunehmend Operationen, zunächst Nervennähte und andre seinem Fach naheliegende, dann aber auch andre und schließlich fast die ganze Extremitätenchirurgie in den Bereich seiner Tätigkeit zu ziehen. Nicht nur ökonomische, sondern auch ideelle Interessen legen ihm dies nahe: die bloße Kontrolle der mechanischen orthopädischen Apparate und des Hantierens der Kranken an ihnen, ist ziemlich geisttötend und befriedigt ihn erfahrungsgemäß selten. Auch hier am Ort lag daher die tatsächliche Kontrolle und Leitung der orthopädischen Übungen in den Händen orthopädisch nicht geschulter jüngerer Ärzte oder des Personals. Schon die große Zahl der orthopädischen Betten, außerdem die Reisen, die Prothesenfragen und daneben die allgemeinen Interessen der

Orthopädie als Fach schloß eine intensive persönliche Durcharbeitung des Krankenmaterials für den anfänglich leitenden Orthopäden aus. Es war die einstimmige Klage aller dem Unterzeichneten persönlich bekannten, gebildeten, orthopädisch Behandelten, daß sie an den Apparaten im wesentlichen sich selbst überlassen seien und im Gegensatz zu der Massagebehandlung keinen rechten Fortschritt verspürten. Die Einsichtnahme in die Hauptkrankenbücher bestätigte die Wahrnehmung, daß die Behandlung sich oft endlos ausdehnte und Leute festhielt, welche zum mindesten zur Garnisondienstleistung längst befähigt gewesen wären. Ob es nicht künftig zweckmäßiger wäre, einen großen Teil solcher Leute Truppenteilen am Ort zuzuweisen und neben dem Dienst orthopädisch üben zu lassen, und ob nicht in vielen anderen Fällen der Übergang zu einer körperlichen Berufsarbeit zweckmäßiger wäre, ist vielleicht der Erwägung wert. Jedenfalls waren diese Leute nicht Lazarettkranke im gewöhnlichen Sinn, konnten sich auch nicht als solche fühlen, sondern gewissermaßen als in Pension eingelagert, und machten disziplinär, wenn man sie an die Lazarettordnung binden wollte, die größten Schwierigkeiten. Mit Zunahme der orthopädischen Betten stieg daher die Straffälligkeit.

4. Die Abnahme der Strafen im Winter steht wohl mit der damals ermöglichten Durchführung des Unterrichts im Zusammenhang, die Zunahme im Frühjahr außer mit den schon erwähnten Umständen mit der gesteigerten emotionellen (sexuellen) Erregung und der notgedrungenen Einstellung des Unterrichts.

5. Die Erhöhung der Krankenlöhnung im Herbst 1915 hat die Disziplin verschlechtert. Die Leute benutzten das Geld vielfach nur, um sich Alkohol zu verschaffen. Vom disziplinären Standpunkt aus erscheint fraglich, ob diese Erhöhung der individuellen Geldbezüge, welche bei 3000 Kranken im Jahr rund 200000 Mk. baren Mehraufwand bedeutete, nicht zweckmäßiger durch Bereitstellung dieser Mittel als Fonds für Kollektivzwecke (materiell: Verbesserung der Abendkost, ideell: Schaffung von geeigneter Beschäftigung) verwendet worden wäre.

6. Steigende Schwierigkeit der Disziplin bedingte endlich auch die immer erneute Nachmusterung der Polizeiunteroffiziere, welche schließlich fast alle körperlich kräftigen und energischen Persönlichkeiten den Lazaretten entzog, zusammen mit der maßlosen Überlastung der Unteroffiziere durch Listenführungen aller Art.

# [Zur Frage des Friedenschließens]

Der Friedensschluß einer europäischen Macht in unserer geographischen Lage, welche auch künftig „Weltpolitik“ zu treiben beabsichtigt, hat von der Tatsache auszugehen, daß außer uns noch sechs andere Mächte vorhanden sind, welche das gleiche zu tun willens sind und von denen einige der stärksten an unseren Grenzen auch die Macht dazu haben. Daraus folgt, daß trotz eines noch so vollständigen Sieges jene Absicht für uns unausführbar ist. Weltpolitik ist für uns nicht zu führen, wenn wir die Chance haben, bei jedem Schritt auch in Zukunft stets erneut auf die gleiche Koalition zu stoßen, wie sie diesmal gegen uns sich zusammengefunden hat. Es muß die Möglichkeit für uns offen gehalten werden mit einer der stärksten von ihnen eine feste Verständigung auf lange Sicht hinaus zu erzielen. Dies muß keineswegs sofort geschehen, wohl aber dürfen die Friedensbedingungen nicht so gestaltet werden, daß sie jene Möglichkeiten dauernd ausschließen. Dies wäre der Fall, wenn Annexionen nach *beiden* Fronten, auf jeder von ihnen uns Gegner schaffen würden, welche durch die Interessen ihrer eigenen Sicherheit genötigt wären, jedem Feind, der gegen uns in die Schranken tritt, die Hand zu reichen. – So aber wäre die Lage Englands und Frankreichs, wenn Belgien durch Deutschland ganz oder überwiegend annektiert oder in einer Art dauernd „angegliedert“ würde, welche einer Verwandlung der belgischen Seeküste in eine maritime Operationsbasis gegen England, der belgischen Südgrenze in eine territoriale Operationsbasis gegen Frankreich gleichkäme.

Die Annexion Elsaß-Lothringens hat jeder Macht, welche in Gegensatz zu unseren weltpolitischen Interessen geriet, gestattet, bedingungslos und ohne alle Gegenleistung auf die Hilfe Frankreichs gegen uns zu zählen, ohne daß die geringste Chance für uns bestand, durch Verständigung mit Frankreich diese Lage zu ändern, weil die *Ehre* den Franzosen verbot, die Annexion als definitiv anzuerkennen, solange die Elsässer selbst dies zu tun zum erheblichen Teil abgeneigt waren, und solange die politische Lage des Elsaß den Stempel des Provisoriums an sich trug. Wir sind dadurch weltpolitisch vollkommen gelähmt und sowohl Rußland wie England gegenüber zur Ohnmacht verurteilt worden. Eine Annexion oder dauernde widerwillige „Angliederung“ von Belgien an uns innerlich anzuerkennen, verbietet Frankreich und England nicht nur die Ehre, sondern die elementarste Rücksicht auf die eigne Sicherheit ganz ebenso, wie unsere Sicherheitsinteressen uns verbieten würden, die Angliederung Belgiens an eine jener beiden Mächte zu dulden. An ein innerliches Sichabfinden mit der deutschen Herrschaft von seiten der Belgier selbst ist vollends unter gar keinen wie immer gearteten Verhältnissen jeweils zu denken. Alle gegenteiligen Vorstellungen sind – auch hinsichtlich der Flamen – große Selbsttäuschungen. Aber auch abgesehen davon steht fest: jede Macht, die uns künftig bedrohen könnte, insbesondere also *Rußland,* würde im Fall der Annexion nunmehr die vollkommene Sicherheit haben, nicht nur wie jetzt: Frankreich, sondern: Frankreich und England auf seiner Seite zu haben. Und nicht nur diese Militärmächte allein, sondern alle jene ideellen Mächte in der ganzen Welt, welche nun einmal durch das Schauspiel der dauernden Vergewaltigung und Unterjochung eines Volkes mit (formell) erstklassiger Zivilisation in Bewegung gesetzt würden. Die Stimmung, welche diesmal in Amerika und Italien von Kriegsbeginn an gegen uns bestand, und deren Folgen politisch und auch militärisch nicht gleichgültig gewesen sind, bestände dann dauernd auch im Frieden. Denn so hoch man die ältere und technisch weit überlegene englische Nachrichtenorganisation und vor allem die Angst dieser Länder vor der überlegenen englischen Seemacht als Gründe ihrer feindlichen Stellungnahme gegen uns einschätzen mag, so kann über die gewaltige Bedeutung des Eindrucks unseres Einmarsches in Belgien dafür doch kein Zweifel bestehen. Die urwüchsige Solidaritätsempfindung der lateinischen ebenso wie der angelsächsischen Bevölkerung der Erde ist an sich in ihrer Bedeutung für die Stellungnahme Italiens und Amerikas von uns zu niedrig eingeschätzt worden. An ihrer Erweckung ist der Eindruck von deutschen Eroberungs- und Invasionsplänen in Belgien und auf dem Weg über Belgien ganz wesentlich beteiligt.

Haben wir mit einer dauernden und wachsenden Gefährdung unserer nationalen Unabhängigkeit durch Rußland in Zukunft zu rechnen, so gebieten uns zwingende Gründe weltpolitischer Art, nicht an unserer Westgrenze einen Zustand zu schaffen, welcher für alle Zukunft die Feindschaft eines großen und – mögen wir annektieren was wir wollen – sehr mächtig bleibenden Teils der Welt zur Folge haben *muß.* Daß wir mit jener Bedrohung durch Rußland zu rechnen haben werden, unterliegt nicht dem geringsten Zweifel. England kann unseren Handel abschneiden und uns Kolonien abnehmen – auf Kosten eigener materieller Interessen, wie selbst dieser Krieg gezeigt hat, Frankreich könnte uns im Fall eines Sieges eine Provinz abnehmen. Keine der beiden Mächte und auch nicht beide zusammen könnten jemals unsere Existenz als Nation und Großmacht wirklich dauernd vernichten. Die einzige Macht, von welcher uns etwas Derartiges drohen kann, ist aus geographischen und nationalpolitischen Gründen Rußland, und zwar bis zum Eintritt eines (relativen) populationistischen Sättigungsgrades, der noch in weiter Ferne liegt, in steigendem Maße. Rußland wird auch, wenn wir die gegenwärtige Linie unserer Orientpolitik fortsetzen, unbedingt dazu genötigt sein, mit allen Mitteln nach der Vernichtung unserer Machtstellung zu trachten. Nicht nur der durch ökonomische und soziale Motive bedingte Expansionsdrang der russischen Bauernschaft, sondern die Abschneidung vom offenen Meer und von den historisch und kulturlich bedingten nationalen Aspirationen aller Jahrhunderte zwingt jede russische Regierung in Zukunft zu einer vor allem darauf gerichteten Politik. Es scheint nicht klug, dieser Politik in Gestalt der Heere und der ökonomischen Mittel von Frankreich und England Helfer zu verschaffen, welche durch ihr eigenes Interesse genötigt sind, ihr bedingungslos dauernd zur Verfügung zu stehen.

Die durch den ungeheueren Lärm, mit welchem wir unsere wahrlich bescheidene Übersee-Expansion in Szene setzten, verursachte Vorstellung, daß wir das ebenso aussichtslose wie nach geographischen Bedingungen sinnlose Ziel verfolgten: 1. eine deutsche Expansion in Westeuropa vor Englands Toren, 2. die Eroberung des indischen und ägyptischen Kolonialreichs und 3. die Vernichtung des national-britischen Weltreichs durchzusetzen, hat der russischen Politik schon bisher diesen Dienst geleistet. Die beginnende Umsetzung des zuerst genannten Ziels (Expansion in Westeuropa) in die Tat würde für die russische Politik die gleichen Chancen für alle Zukunft verewigen. Die beiden anderen Ziele würden aber beim Versuch der Umsetzung in die Tat alsbald als Utopien erkannt werden – im Gegensatz zu der äußerlich möglichen Annexion Belgiens. Daß der Gedanke ein auf nationaler Grundlage ruhendes Weltreich wie England mit Kanada, Australien und jetzt auch Kapland zu zersprengen für uns Unsinn ist und durch keine Niederlage Englands in die Tat umzusetzen wäre, hat der Krieg wohl erwiesen. Nur innere ökonomische und soziale Zersetzung könnte es zerfallen lassen. Gegen den Versuch, eine deutsche Herrschaft an die Stelle der englischen zu setzen, fände es sich sofort wieder zusammen, genau so wie jetzt die Anglo-Amerikaner zum alten Mutterland halten. Über den Ungedanken einer deutschen Herrschaft in Indien ist wohl kein Wort zu verlieren. Eine etwaige Überspannung des direkten Aktionsradius der deutschen Orientpolitik bis nach Syrien und Ägypten bedeutete die dauernde solidarische Feindschaft Frankreichs und Italiens mit England gegen uns und ist aus geographischen Gründen für uns militärisch nicht durchführbar.

Es wird politisch durchaus nützlich sein, wenn der Verlauf des Kriegs in England den Eindruck hinterläßt, daß wir über Mittel verfügen, die naturgegebenen und unvermeidlichen Orientinteressen dieses Landes ernstlich zu schädigen, wenn Englands Politik unseren eigenen Kolonialinteressen so wie bisher ohne Notwendigkeit schikanös in den Weg tritt. Sicher aber ist, daß der Krieg, einerlei wie er im übrigen ausgeht, bei uns wie in England den Beweis liefern wird, daß eine *Verdrängung* der englischen Macht speziell in Ägypten zu unseren eigenen Gunsten politisch nicht in Betracht kommt, und daß es also notwendig und auch sehr wohl möglich ist, mit England über die beiderseitigen nordafrikanischen und Orientinteressen zu einem beide Teile befriedigenden Abkommen zu gelangen. Eine politische Mittelmeermacht können wir nun einmal aus geographischen Gründen nicht werden. Wenn so diese utopischen Ziele, welche der Zorn gegen England und die Phantastik politischer Publizisten anläßlich der Siege unserer Heere hie und da auftauchen ließ, sich von selbst durch die Gewalt der Tatsachen erledigen werden, so steht es infolge der militärischen Okkupation Belgiens und Nordfrankreichs anders mit dem Ziel der westeuropäischen Expansion. Der Gedanke einer solchen hat vor dem Krieg wohl auch dem verantwortungslosesten Bierstubenpolitiker ganz ferngelegen. Unser militärischer Aktionsradius, der im Orient selbst bei den überschwenglichsten Siegen seine festen Grenzen haben wird, reicht, wie sich zeigt, selbst in der jetzigen unerhörten Lage dieser Koalition gegenüber weit genug, um – wenn nichts zur Zeit Unvorhergesehenes geschieht – Belgien und Nordfrankreich wenigstens äußerlich militärisch in der Gewalt zu behalten. Die Frage ist: ob wir es sollen.

Was haben wir uns von diesem Besitz zu versprechen? Zunächst 1. *keine* „deutsche Rheinmündung“, ein Kanal nach Antwerpen ist nur durch holländisches Gebiet möglich, ebensowenig 2. selbst im Fall des Hinzunehmens von Dünkirchen, Calais und Boulogne einen Kriegshafen für Schlachtschiffe. Dafür müßte schon Cherbourg mitannektiert werden, und dann wäre die deutsche Hochseeflotte, falls England in der Themsemündung einen Flottenstützpunkt schafft, in zwei strategisch getrennte Hälften zerschnitten. Also nur 3. einen Stützpunkt für Unterseeboote und also die Möglichkeit einer Sperrung der Themsemündung, wenn dieses Kampfmittel genügend weiterentwickelt wird und wir es rücksichtslos insbesondere ohne Rücksicht auf die Neutralen gebrauchen. Aber die Ungunst unserer militär-geographischen Lage zur See wäre damit nur wenig gebessert, denn diese beruht darauf, daß die quer vorgelagerten britischen Inseln die fast vollständige Sperrung aller Nordsee- und Kanalhäfen für England sehr leicht machen, während die Sperrung Liverpools, auf die alles ankäme, dann ebensowenig wirklich durchführbar wäre, wie sie es jetzt gewesen ist. Dem freien Ozean wären wir in einem praktisch wirklich entscheidenden Grade nur dann näher gerückt, wenn wir auch die Häfen der Bretagne besäßen; ohne diese wird eine wirkliche Hinderung von Truppentransporten von England nicht möglich, und sie wird auch dann nur in unerheblichem Grade möglicher werden als diesmal, wo sie trotz des Besitzes von Zeebrügge und Ostende *nicht* gelang. Die Flankenlage der Häfen der britischen Seeküste bliebe bestehen. Die (in dem diesmaligen Kriege) völlig utopische Invasion nach England hinein wäre auch in Zukunft nur im Fall des Besitzes von Calais und der Nachbarhäfen eine ernsthafte Möglichkeit. Eben deshalb aber wäre die dauernde Besetzung benachbarter belgischer Küstenstriche durch uns nur das Mittel, England und Frankreich zu einem dauernden Schutz- und Trutzbündnis gegen uns direkt zu zwingen, also der russischen Politik in die Hände zu arbeiten. So wehrlos wie diesmal gegenüber einer wirklich gelungenen Invasion werden wir England künftig nicht wieder finden. Die Notwendigkeit ständiger Munitions- und Proviantnachschübe macht übrigens auch jede gelungene Truppenlandung, wenn nicht die feindliche Torpedo- und Unterseebootsflotte in jeder Hinsicht absolut unterlegen ist, zu einem reinen Abenteuer. Ob endlich unserer eigenen Unterseebootmacht für die Schädigung des englischen Handels und der englischen Truppentransporte künftig etwas mehr als die diesmalige, weitmehr durch den in dieser Art nicht leicht wiederholbaren, moralischen Eindruck als in wirklich militärisch wichtigen Erfolgen sich äußernde Bedeutung beschieden sein wird, hängt von der heute nicht übersehbaren Frage ab, ob nicht vielleicht zunehmend wirksamere technische Mittel zur Unschädlichmachung der Unterseeboote geschaffen werden. Andererseits auch davon, wie sich der Aktionsradius und das Aktionstempo der Unterseeboote selbst entwickelt. Diese letzteren Umstände werden auch darüber entscheiden, wieviel oder wie wenig der Unterschied des Besitzes von Kanalstützpunkten gegenüber den Nordseehäfen für die Verwertung der Unterseeboote gegen England künftig bedeuten wird. Daß die Chance, dem englischen friedlichen und militärischen Schiffsverkehr im Kriegsfall Verlegenheiten zu bereiten, mit dem Besitz von Kanalhäfen steigt, soll mit alledem natürlich nicht bestritten werden. Ganz unsicher sind nur alle Faktoren für die Berechnung, wie *stark* diese Steigerung künftig militärisch ins Gewicht fällt. Politisch wird die *ideelle* Bedrohung: das gewaltig gesteigerte subjektive Bedrohtheits*gefühl* der englischen Bevölkerung uns gegenüber, das einzig sichere Ergebnis sein. Es scheint, daß manche Politiker sich eben davon günstige Wirkungen versprechen. Gerade dies aber geschieht mit dem denkbar zweifelhaftesten Recht. Gelänge es *jetzt* etwa Calais zu besetzen und zu behaupten, so wäre ein guter Friede mit England gewiß wahrscheinlich, – dann nämlich, wenn England dabei gegen andere Konzessionen die *Beseitigung* dieser (wesentlich ideellen) Bedrohung, also unseren *Verzicht* auf die Kanalküste eintauschte. Würde man aber darauf bestehen, im *Frieden* Kanalhäfen oder auch nur dem Kanal naheliegende Gebiete zu behalten, dann wäre die einzige politisch denkbare Wirkung: dauernde Todfeindschaft zwischen England (und Frankreich) einerseits und andererseits die Verewigung der jetzigen Koalition mit Rußland ausdrücklich oder stillschweigend, also: die günstigsten Zukunftschancen für Rußland gegen uns.

Gewiß ist es ein nationales Unglück, daß unsere mittelalterliche Geschichte und dann das 16. Jahrhundert die Mündungsgebiete des Rheins von uns trennte. Aber selbst wenn es möglich wäre die Fehler von acht Jahrhunderten durch Annexionen wieder zu reparieren, so liegt doch eins auf der flachen Hand: nicht Belgien, welches an uns mit rein französischen Landesteilen grenzt, sondern – wie schon angedeutet – *Holland* müßte dann das Objekt unseres westeuropäischen Expansionsstrebens sein. Jede Karte zeigt und jeder ehrliche Politiker sollte zugeben, daß *hier* die politisch-geographische Verstümmelung Deutschlands liegt, welche durch jenes geschichtliche Verhängnis herbeigeführt wurde. Nun gibt es freilich hie und da Politiker, welche meinen, wenn wir Belgien uns zwangsweise „angliedern", so wird Holland sich uns „freiwillig erschließen". Es gehört ein unglaubliches Maß von Unkenntnis der holländischen Eigenart und Interessenlage dazu, um das zu glauben. Nur durch militärische Gewalt oder durch Vergewaltigung (gleichviel mit welchen Mitteln) könnte jetzt und künftig Holland zu irgend etwas, was einer Aufgabe seiner Selbständigkeit ähnlich sieht, veranlaßt werden. Es bleibe dahingestellt, ob eine indirekte, etwa durch ökonomische Mittel, ins Werk zu setzende Vergewaltigung leicht durchführbar wäre. Die Erfolge der österreichischen ökonomischen Zwangspolitik gegen Serbien sind nicht ermutigend. Jedenfalls wäre die Chance sehr groß, daß Holland alle Mittel dagegen in den Kauf nehmen würde, auch das: sich seinerseits zum Einfallstor Englands gegen uns und schlimmstenfalls selbst zu einem „Bündnis" nach Art Portugals herzugeben. In jedem Fall aber würde ein schwerer, auch für den Kriegsfall immerhin nicht gleichgültiger Haß der – seit der Annexion Hannovers – ohnehin tief mißtrauisch gewordenen holländischen Bevölkerung gegen Deutschland die Folge jeder als solcher fühlbaren Vergewaltigung der Selbständigkeit des Landes sein. Eine etwaige militärische Besetzung aber, die nicht so einfach ist wie die Landkarte dem Landesunkundigen vortäuscht, würde England lediglich Anlaß geben, die holländischen Kolonien in „Verwahrung" zu nehmen, ohne daß wir dies hindern könnten.

Es ist eine ganz andere Frage, ob es etwa auf dem Gebiet unserer Verkehrspolitik Mittel gibt, den Holländern einzelne bestimmte, auf gegenseitigen Konzessionen ruhende Abmachungen vorteilhaft erscheinen zu lassen, welche dann zu intimeren Beziehungen der beiden Länder und Völker führen können, als sie bisher bestanden. Je sorgsamer dabei die unbedingte Selbständigkeit des Landes unsererseits geschont wird, desto möglicher kann dies erscheinen, und desto mehr wird auch politisch das Interesse Hollands, so wie bisher gegen jedermann, auch gegen England seine Selbständigkeit zu wahren, zugunsten einer engeren Freundschaft mit uns ausschlagen. Die „Angliederung" Belgiens aber und ein fühlbarer Druck unsererseits auf Holland würde das vorhandene Mißtrauen nur steigern.

Jegliche Annexions- und Vergewaltigungspolitik an der Westgrenze führt uns in eine Verwicklung von Todfeindschaften, welche unsere Macht für die Lösung der Probleme des Ostens dauernd lähmen. Glauben wir trotzdem, aus welchen Gründen immer, über das hinausgehen zu müssen, was das absolute Minimum an *Sicherung* der Grenzen unserer Rheinprovinz erfordert, nämlich 1. Herstellung des Zustands von vor 1867 in Luxemburg und 2. eine Behandlung des belgischen Problems, welche eine zukünftige Versöhnung mit dem belgischen Volke nicht ausschließt und welche uns lediglich die *ohne* Annexionen oder annexionsartige „Angliederung" erreichbaren relativ optimalen Garantien gegen plötzliche Überfälle auf unser westliches Industriegebiet gibt – wollen wir also *Expansions-* und nicht bloße Sicherungspolitik im Westen treiben –, dann wäre eine vorbehaltlose Verständigung und d.h. ein festes Bündnis mit *Rußland* absolute Voraussetzung. Anderenfalls gibt es durchaus keine Mittel, den Fortbestand der jetzigen Koalition und die Erneuerung des gleichen Krieges in einem dem Gegner gelegeneren Zeitpunkt zu vermeiden, weil beides absoluten Lebensinteressen der Westmächte entspricht. Wir würden dann unsere Gegner in West und Ost geradezu nötigen, auf nichts anderes als die Vorbereitung dieses Zukunftskrieges hinzuarbeiten, selbst unter Preisgabe von anderen wichtigen (asiatischen und anderen außereuropäischen) Interessen, die sie schon im Lauf der letzten beiden Jahrzehnte lediglich aus Angst vor uns in auffallendem Maße zurückgestellt haben. Es steht aber dann auch bei noch so ausschließlicher Berücksichtigung rein militärischer Gesichtspunkte bei einem siegreichen Friedensschluß keineswegs fest, ob nicht die innerösterreichische und die Balkansituation sich bis dahin so verschoben und ob nicht die Entwicklung der englischen und russischen Wehrkraft und die technische Vervollkommnung der Gegner bis dahin solche Fortschritte gemacht haben, daß die Lage dennoch für uns weit schwieriger wäre als diesmal.

Abgesehen von diesen Zukunftschancen aber wird ein direkt greifbarer Effekt jeder, eine aufrichtige Verständigung mit den Westmächten doch für die Zukunft ausschließenden Annexionspolitik im Westen unvermeidlich der sein: *den jetzigen Krieg ins Unabsehbare zu verlängern,* gleichviel welche äußeren militärischen Erfolge wir erzielen. Unsere Gegner können aus finanziellen Gründen in absehbarer Zukunft einen Krieg gegen uns nur wagen, *wenn England will.* Sie können den jetzigen Krieg nur solange fortführen, *wie England will.* England muß den Krieg gleichviel um wie viele sonstige Opfer fortsetzen, und wenn das Versagen eines Bundesgenossen etwa den Frieden erzwingt, die künftige Erneuerung der Koalition wollen, solange nicht feststeht, daß unsere Politik im Westen den Standpunkt der reinen *Sicherungs*politik (im obigen Sinn) festhält. Das Fortbestehen und stete Wiedererstehen der gleichen Koalition in der Zukunft würde unsere Weltpolitik dauernd lähmen. Wir werden, wenn wir mit keiner der jetzt gegen uns verbündeten Mächte zu einem wirklichen Vertrauensverhältnis gelangen, auch künftig auf Schritt und Tritt, in Afrika, im Orient und wo es sei, auf ihre gemeinsame Gegnerschaft stoßen. Und es wäre ein ganz gewaltiger Irrtum zu glauben, daß uns dann immer erneut das Mittel des Krieges zur Verfügung stände, um sie zu beseitigen. Es wäre ferner ein schwerer Irrtum zu meinen, daß die Nation seinerzeit etwa in einen Krieg wegen Marokko ebenso hineingegangen wäre wie in den jetzigen. Ein noch schwererer Irrtum, daß wir bei solchen Kriegen um kolonialpolitische Objekte der Mithilfe Österreich-Ungarns schlechthin sicher wären, mögen wir mit dieser Monarchie Verträge schließen, welche immer. Wir haben die Wahl: *Weltpolitik* oder eine sämtliche Weltmächte gegen uns zusammenschließende europäische, insbesondere – da die Gegnerschaft Rußlands naturgegeben ist – *westeuropäische* Expansionspolitik zu treiben.

Die unabsehbare Verlängerung des Kriegs aber hat noch andere Folgen. Zunächst lohnt es freilich nach ihren *Gründen* zu fragen. Daß unterderhand Verhandlungen aller Art stattgefunden haben, auch abgesehen von den bekannten fehlgeschlagenen Versuchen im Haag, dürfte kaum zweifelhaft sein. Indessen ist davon nichts bekannt. Sicher scheint nur, daß jeder Versuch einer eigentlichen „Vermittlung" von neutralen Staaten auf unabsehbare Zeit als aussichtslos unterlassen wird, gleichviel was sich im Felde ereignen möge. Es fragt sich: warum dies aussichtslos erscheint. Bei unseren Gegnern zunächst und vor allem: weil sie trotz allem an eine Wendung des Kriegsglücks glauben und an diesem Glauben solange festhalten werden, bis 1. auch der letzte der noch in Betracht kommenden Staaten seine Macht in die Wagschale geworfen haben und 2. sich gezeigt haben wird, ob nicht doch Rohstoffmangel und erlahmende Finanzkraft einen unabweisbaren Druck auf uns ausüben. Aber daneben wird aus anderen innerpolitischen Gründen, auch im Fall größter Unwahrscheinlichkeit einer Änderung der Lage, an der Fortsetzung festgehalten aus dem Grunde, weil der Entschluß zum Frieden nicht gefunden wird. Innerpolitische Befürchtungen spielen dabei in Rußland, Frankreich, Italien unzweifelhaft die entscheidende Rolle, weniger in England. In allen gegnerischen Ländern sind von seiten der für den Krieg verantwortlichen Leiter maßlose Versprechungen gemacht worden. Die Enttäuschung und der Zorn nach einem Frieden, der diese Hoffnungen unerfüllt läßt, bedroht die russische und italienische Dynastie und die französischen führenden Staatsmänner zu sehr. Wie steht es damit bei uns? Bei uns ist wenig versprochen worden, es ist aber dennoch eine ähnliche Situation entstanden. Es sind bei uns der „Burgfriede" und das Verbot der Erörterung der „Kriegsziele" der Sache nach so gehandhabt, daß alldeutschen Phantasten und den Kriegslieferanteninteressen einseitig die Freiheit des Wortes zugestanden, allen anderen aber unterbunden wurde. Es ist ferner unterlassen worden von Anfang an und stets erneut zu erklären: daß das okkupierte belgische und französische Gebiet für uns lediglich die Bedeutung eines *Pfandes* habe, daß wir es also bei anderweitigen Garantien für das Aufhören der Kriegsbedrohung von Westen her und gegen geeignete Abgrenzung unserer Kolonial- und weltwirtschaftlichen Interessensphäre jederzeit herausgeben würden. Die Folge ist, daß, wenn jetzt oder künftig ein Frieden auf Grundlage einer solchen Herausgabe zustande kommt, im Ausland und Inland der Anschein entstehen kann, als ob wir diese Gebiete wieder hergeben, nicht weil wir wollen, sondern weil wir müssen. Die weitere Folge ist: daß in breiten Schichten der Bevölkerung und des Heeres die Vorstellung entstanden ist: nur die Annexion dieser Gebiete sei ein würdiges Kriegsziel, jede Form der Herausgabe aber ein nach unseren Siegen ganz unbegründetes Eingeständnis von Feigheit oder Schwäche. Die Fortsetzung des Krieges ist auch bei uns höchst wesentlich nicht durch sachlich-politische Erwägungen, sondern durch die Angst vor dem Frieden bedingt. Man fürchtet einerseits die außenpolitischen Wirkungen jedes Anscheins von Schwäche und Nötigung Frieden schließen zu müssen. Noch weit mehr aber fürchtet man die innerpolitischen Wirkungen jener Enttäuschungen, welche angesichts der törichten Erwartungen, die nunmehr ins Kraut geschossen sind, in jedem Fall eintreten müssen. Irgendwelche schwere Enttäuschungen nun werden unvermeidlich eintreten. Sie und ihre Folgen werden aber wesentlich akuten Charakters und zugleich (relativ) vorübergehende sein, wenn sie nur darauf beruhen, daß die politischen Friedensbedingungen, insbesondere die „Angliederungen" hinter den Forderungen der annexionistischen Presse zurückbleiben. Sie werden dagegen chronische und schwere Folgen nach sich ziehen – selbst bei den ausgiebigsten Annexionen –, wenn der Güterverbrauch des Krieges rein als solcher die Steigerung der Schuldzinsen und die Festlegung der Vermögen in Rentenpapieren die Anlage suchenden Kapitalien derart dezimiert haben wird, daß die Masse der heimkehrenden Krieger keine oder doch keine ihren Ansprüchen und Selbstgefühl ökonomisch und sozial entsprechende Arbeitsgelegenheit findet. Diese Folgen werden mit zunehmender Länge des Krieges rein an sich immer unvermeidlicher und schwerer. Sie sind durch keinerlei Annexionen zu kompensieren, und es steht auch rein ökonomisch völlig fest, daß eine Kriegsentschädigung so phantastischen Umfangs, um dagegen überhaupt ins Gewicht zu fallen, niemals von irgendeinem Gegner zu erlangen sein würde.

Die bloße Verlängerung des europäischen Krieges bis zur Ermattung aller Beteiligten bringt rein an sich die Folge mit sich, daß die außereuropäischen Nationen, insbesondere Nordamerika, die industrielle Suprematie an sich reißen und uns für alle Zeit ins Hintertreffen drängen. Dies ist die unvermeidliche Folge einerseits eines Hineingleitens in Papierwirtschaft mit ihren bekannten Folgen, andererseits der Aufzehrung der Inlandskapitalien durch die zunehmende Anlage in fest verzinslichen öffentlichen Anleihen. Diese letztere bedeutet zunächst Minderung der für die Industrieanlagen verfügbaren Mittel, also erstens Stillstand der Inlandsentwicklung der Industrie und zweitens Fehlen der für die Erschließung der uns etwa beim Frieden zufallenden Interessensphäre erforderlichen Kapitalien. Was das erste für unsere Zukunftskaufkraft bedeuten kann, ist an sich klar. Das zweite aber kann die Folge haben, daß in den uns zufallenden Interessensphären fremde Kapitalisten die ökonomische Herrschaft gewinnen, weil wir nicht mehr die Mittel haben, sie uns zu sichern. Abgesehen aber hiervon bedeutet jede Zunahme der Anleihewirtschaft rein an sich eine gewaltige Steigerung des Rentnertums – es sind schon jetzt jährlich eine Milliarde Kriegsanleihezinsen an Rentner zu zahlen – und vor allem die Züchtung der Rentner*gesinnung,* welche ökonomische „Sekurität" sucht.

Deutschland verliert dann mit dem ökonomischen Wagemut auch die ökonomische Expansionskraft zugunsten in erster Linie der Amerikaner. Es dürfte ein sehr bescheidener Trost für uns sein, daß auch England und Frankreich ein ähnliches Schicksal gegenüber Amerika droht. Aber selbst dieser Trost ruht auf nicht ganz sicherer Grundlage. Es ist richtig, daß im Krieg, wenigstens diesmal und vorerst, die finanzielle Lage Englands und Frankreichs im Verhältnis zu uns relativ schwächer war, als man nach der Weltstellung ihrer Börsen in Friedenszeiten vielleicht erwartet hat. Aber es wird sich zeigen, daß im Frieden das Land des Zweikindersystems und das Mutterland der angelsächsischen Handelssprache, Handelstechnik und Handelsbeziehungen erheblich schneller als jetzt angenommen wird, und weit schneller als wir es für uns – der Krieg möge ausgehen wie immer er wolle – erwarten können, wieder in die Reihe der Geldgeber der Welt werden eintreten können, und daß dies künftig ebenso wie bisher die bekannten politischen Folgen haben wird.

# Bismarcks Außenpolitik und die Gegenwart

## *I. Dreibund und Westmächte*

Äußerlich angesehen war Bismarcks Außenpolitik: Dreibundpolitik. Aber die innerliche Lockerung, welche er selbst durch den Rückversicherungsvertrag mit Rußland hineintrug, beweist, daß er sogar dem bedingten Bund mit Österreich-Ungarn schon während seiner Amtsführung nur den gleichen historisch bedingten Wert beimaß, wie in den „Gedanken und Erinnerungen". Vollends über Italien dachte er wohl sehr skeptisch. Die italienische Angst vor der englischen Seemacht freilich, welche Italien veranlaßte, nach Gründen zu suchen, sich der aktiven Teilnahme im Bündnisfalle zu entziehen, konnte Bismarck unmöglich in seine Rechnung einstellen. Aber das Bündnis mit Italien hatte noch andere schwache Punkte. Bismarck hatte gleich zu Beginn die Forderung eines Verzichts auf die „Irredenta" gestellt, den er selbst doch schwerlich als dauernd einschätzen konnte. Rein sachlich wäre eine rechtzeitige Verständigung darüber, wie die Wiener Angebote dieses Frühjahrs zeigten, nicht so schwer gewesen, wie sie jetzt geworden ist. Der schwierigste Punkt: Triest, hatte vor dem Kriege langsam an Bedeutung für Italien verloren. Aber nachdem die Unterschätzung der Kraft und des Zusammenhalts der Doppelmonarchie und das bei dem eigenen Verhalten Italiens ja leider subjektiv recht begreifliche, eben deshalb aber für den Gegenpart höchst verdächtige und verletzende Mißtrauen in die Loyalität Österreich-Ungarns die Verhandlungen zerschlagen hatte, ist jetzt ein Bund gebrochen und Blut geflossen und sind die auf keinerlei nationales Interesse Italiens mehr zu gründenden Forderungen italienischer Straßenpolitiker öffentlich erhoben worden. Das alles ist jetzt erschwerend hinzugetreten. Daß ein Entgegenkommen von Anfang des Bündnisses an nur aus Österreich-Ungarns alleiniger Initiative und nur bei stärkeren und dauerhafteren Garantien möglich war, als sie die stets aus Gründen der Entstehungsart des modernen Italien gegenüber der Macht der Straße unsicher im Sattel sitzende italienische Dynastie und Regierung bieten zu können schien, war klar. Vor allem aber war etwas Derartiges nur gelegentlich einer Ausdehnung der österreichisch-ungarischen Machtsphäre nach anderen Richtungen hin überhaupt möglich. Und da lag nun die Schwäche des Dreibundes in dem, was vom Standpunkt der Erhaltung des Friedens sein Vorzug war: in seinem reinen Defensivcharakter. Aus einem solchen Bund entsprangen keine Chancen für ein politisches Ausdehnungsbedürfnis Italiens. Auch die allgemeine Zusage eventueller Kompensationen im Falle der Ausdehnung des Nachbars ist erst nachträglich, und zwar in gleichem Schritt mit einer Lockerung der italienischen Verpflichtungen, mithin als ein Bestandteil dieser Lockerung, nicht aber als einer der positiven Zwecke des Bundes in den Vertrag aufgenommen worden.

Diese Eigenart des Dreibundes folgte aus allgemeinen Eigentümlichkeiten der in jedem Sinn „konservativen" Bismarckschen Politik. Sie war in keinem Sinn eine Politik eines „größeren Deutschlands".

Der Erwerb von Siedelungsland zur Erweiterung der Gebietsgrundlage unseres Volkstums wäre angesichts der Auswanderungsziffern in den 70er Jahren naheliegend gewesen. Nachdem wir jetzt längst ohne eine Millionenziffer fremder Arbeitskräfte im Lande nicht mehr auskommen, ist er nach meiner Ansicht überholt. Die Hinzufügung neuer, mit dem geschlossenen Körper des Deutschtums nicht zusammenhängender Fetzen deutschen Bauernlandes im Osten würde angesichts der dortigen, ohnehin ungünstigen Gestaltung unseres Siedelungs- und Sprachgebiets Bismarck in keinem Fall in Betracht gezogen haben, auch wenn er mit der jetzigen Lage jemals zu rechnen gehabt hätte.

Auch dem Gedanken überseeischer Erwerbungen stand er bekanntlich innerlich fremd gegenüber. In dieser Frage schob der Verächter der öffentlichen Meinung dieser die Initiative zu. Für eine solche mangelte damals jegliche kapitalistische Interessengrundlage.

Zufällige geschäftliche Einzelunternehmungen in West-Afrika, zufällige Pioniertaten einzelner in Ost-Afrika bestimmten dann die Richtungen überseeischen Erwerbs dort. Unsere sonstige koloniale Ausdehnung kam vollends verspätet und blieb nach Art und Umfang dürftig. Man braucht die großen Kolonialgebiete, welche andere Staaten: Rußland, England, Frankreich, Belgien, im letzten Menschenalter neu annektierten, nur mit unseren eigenen Erwerbungen zu vergleichen, um zu sehen, daß diese Kolonialpolitik rein sachlich niemandes Eifersucht zu erregen geeignet war. Weil historische wirtschaftliche Interessensphären für uns fehlten, vollzog sich unsere Überseeausdehnung als ein Streuerwerb in aller Welt, der nur für einen künftigen Austausch gegen möglichst geschlossene Interessengebiete Sinn haben konnte. Inzwischen aber hatte dieser Streuerwerb den Nachteil, uns angesichts des Geräusches, welches er erregte, in Reibung mit aller Welt zu bringen und unser Wollen, beim Fehlen historischer Interessensphären, als unsachlichen Ehrgeiz erscheinen zu lassen. Er engagierte uns auch an Punkten, wohin unsere Machtmittel nicht reichten. Ostasiatischen Besitz hätten wir in keinem Fall eines Krieges mit einer dortigen Großmacht wirksam verteidigen können.

Einen Grund zum ernstlichen Konflikt mit *England* hat dieser Überseeerwerb nicht gebildet. Im Gegenteil: in gewissem Maße hatte jeder deutsche Kolonialbesitz für England den Wert eines „Pfandes". Denn selbst bei gleicher Flottenmacht wäre für uns die geographische Lage Englands als eines Riegels vor der Nordsee und die Lage von Liverpool durch nichts auszugleichen (selbst nicht durch die Eroberung aller Kanalhäfen!). Allein dieser Umstand hat Bismarck offenbar nicht davon abgeschreckt, schließlich doch Kolonien zu erwerben. Mit Recht. Objektiv auch für heute mit Recht deshalb, weil wir andererseits Machtmittel auch gegen England besitzen, welche nach den Erfahrungen dieses Krieges, den England mit der stärksten überhaupt möglichen Koalition gegen uns führt, für künftig steigend ins Gewicht fallen werden. Und nach jetzt 1½

Jahren sind die wichtigsten deutschen Besitzungen noch immer nicht ganz erobert. Andererseits ist das Ideal eines möglichst sich selbst genügenden Reichs für uns eine offenbare Utopie. Alle Textilstoffe und wichtige Metalle werden dauernd vom Ausland bezogen, also durch Außenhandel verdient werden müssen. Ob aber Kolonien oder Handelsschiffe und Handelsverbindungen das „Pfand" bilden, ist gleichgültig. Zu Bismarcks Zeit konnte nicht als wahrscheinlich gelten, daß die englische Politik jemals das Interesse haben würde, sich, wie sie zu tun im Begriff steht, ohne Not in uns einen Todfeind für alle Zukunft zu schaffen. Auch nicht, daß es erst eines Krieges mit uns bedürfen würde, um englischen Politikern zu zeigen, was ein Konflikt mit uns auch für England bedeute. Auch nicht, daß in England Theorien entstehen würden, wonach „jeder Engländer reicher sein würde", wenn Deutschland aufhörte zu existieren. Wie diese Rechnung steht, weiß jeder ökonomisch Gebildete. Gesetzt aber, sie wäre richtig, so würde das, was sich England auf unsere Kosten an Seehandelsprofit (zu 10 Prozent des Umsatzes) günstigenfalls aneignen könnte, nicht ganz ein Drittel dessen ausmachen, was von ihm an Schuldzinsen und Mehrausgaben für das Heer zur Durchführung einer Politik blinden Neides jährlich mehr aufzuwenden wäre. Es ist rein sachlich ein Irrtum anzunehmen, daß eine dauernde Verständigung und selbst ein festes Bündnis beider Mächte aus diesen Gründen unmöglich gewesen wäre. Ein Bündnis kam aber für Bismarck nicht in Frage, weil die damalige Tradition der englischen Politik feste Bündnisse ablehnte, teils weil es als unzulässig für eine Parteiregierung galt, die künftige Regierung der Gegenpartei zu binden, teils aus der überlieferten Politik der freien Hand heraus, welche damals als dem Interesse an dem berüchtigten „Gleichgewicht der Kräfte" allein entsprechend galt. Wäre es aber in Frage gekommen, so würden teils innerpolitische Antipathien, teils und entscheidend aber die überlieferten Beziehungen zu Rußland es für Bismarck ausgeschlossen haben. Als später die englische Politik bündnisreif wurde, geschah dies aus Angst vor uns und um sich *gegen* uns zu wenden. Dafür gab aber nicht unser dürftiger Kolonialbesitz und auch nicht in erster Linie unser gelegentlich lästiger Handelsaufschwung den Ausschlag, sondern: die vermeintliche Bedrohung in der Nordsee. An die Tatsache einer *relativ* steigenden Seemacht *aller* anderen Mächte wird sich England schon infolge der bevorstehenden Entstehung einer amerikanischen Flotte ersten Ranges endgültig gewöhnen müssen. Für den Umfang unserer eigenen Rüstung aber haben eine Reihe unsachlicher und deshalb unkluger Rücksichtslosigkeiten der englischen Politik den Ausschlag gegeben. Sie behandelte im Ärger über unseren Flottenbau auch unsere kolonialpolitischen Interessen in allzu augenfälliger Art unfreundlicher als diejenigen Frankreichs mit seiner damals weit größeren Flotte. Wir gewannen dadurch den Eindruck, daß England bei allen überseeischen Chancen Deutschlands, auch wo wichtige englische Interessen gar nicht bedroht wurden, dennoch stets gegen uns Partei nehmen würde. Bei diesem sachlich nicht gebotenen Verhalten war die Angst vor uns ein schlechter Berater. Es liegt vor Augen, welche Zukunftsinteressen die englische Politik mit ihrer Wendung gegen uns und Österreich-Ungarn diesem Gespenst geopfert hat und, wenn sie sich nicht ändert, noch wird opfern müssen.

Die Bismarcksche Politik konnte diese Entwicklung nicht voraussehen und ging von der Annahme aus, daß wir auf Englands Neutralität mindestens für den Fall eines Zusammenstoßes mit Rußland sicher rechnen dürften. Allerdings hatte Bismarck auch keine ganz zutreffende Vorstellung von den militärischen Verhältnissen, welche im Fall einer doch immerhin möglichen Feindseligkeit Englands gegen uns eintreten könnten. „Die Engländer jagen wir mit ein paar Landwehrregimentern in die Nordsee", lautete seine Antwort an die Staatsmänner, welche ihn in Friedrichsruhe aufsuchten, um (vergeblich) seine Sympathie für den Flottenbau zu gewinnen. Es ist heute jedermann klar, welche Tragweite für die Möglichkeit, zur See überhaupt einer Großmacht würdig aufzutreten, der Besitz von Helgoland hat. Damit vergleiche man die darauf bezüglichen Bemerkungen der „Gedanken und Erinnerungen". Nüchtern zog Bismarck es vor, dies für unser heutiges Empfinden verletzende deutsche Gibraltar lieber in – wie er annahm – neutraler Obhut bestehen zu lassen, als die Verpflichtung zu übernehmen, diesen „Steinfelsen" künftig unsererseits gegen die französische Flotte (die er allein in Betracht zog) verteidigen zu müssen. Die geringfügigen Leistungen der Franzosen zur See 1870 ermöglichten es ihm, die Marine als subaltern zu behandeln. In den 70er Jahren wäre der Bau einer ausreichenden deutschen Flotte schwerlich als Bedrohung Englands empfunden worden, sondern als eine selbstverständliche Ehrenpflicht, unsere einer Großmacht nicht würdige Ohnmacht zur See gegenüber Frankreich auszugleichen. In starkem Maße innerpolitische Antipathien bestimmten Bismarcks verhängnisvolle ablehnende Stellung zur Flotte, für welche, wie er sagte, „sogar der Abgeordnete Rickert" Sympathie habe. Das damals Unterlassene wurde später schwer und daher mit einem Geräusch nachgeholt, welches Mißtrauen erwecken konnte.

Was an der heutigen Praxis der englischen Seeherrschaft das für uns Unerträgliche ist, weiß jedermann. Dem allein durch England gestützten Seebeuterecht hat die Initiative Englands heute ein noch weit gehässigeres Landbeuterecht zur Seite gestellt. Die Willkür der Konterbandebegrenzung bekommt jeder neutrale Staat zu fühlen. Wir unsererseits würden in jedem Kriege Englands gegen den Versuch einer solchen Kontrolle und Vergewaltigung, wie sie gegenüber anderen Mächten, auch Großmächten, jetzt geübt worden ist, um unserer Ehre willen Gewalt haben anwenden müssen. Die englische Politik wird über die wirkliche Wirkung ihres Verhaltens auf die Stimmung der Welt erst nach dem Kriege ihre Erfahrungen zu machen haben, wenn die Augenblickskonstellation der Interessen sie nicht mehr verschleiert. Entscheidend wird dann wohl die Erfahrung wirken, daß alle diese Vergewaltigungen und die sittenlose Gehässigkeit eines krämerhaften Wirtschaftskriegs gegen uns nutzlos gewesen sind. Aber nur, wenn die Schlüsse daraus von England schon im Friedensvertrag voll gezogen werden, kann dieser die Pforte zu einer Verständigung werden.

Die Racheabsicht der *Franzosen* hat Bismarck nach 1870 als etwas für alle Zukunft in unsere Rechnung Einzustellendes angesehen. Welche Momente bei einer solchen Auffassung ihn eigentlich zur Herausgabe von Belfort veranlaßten, wissen wir heute ebensowenig, wie wir die Stellung der damaligen militärischen Autoritäten zu diesem Schritt kennen. Bismarck begann dann in Ermangelung anderer Möglichkeiten eine Politik der Isolierung Frankreichs, welche von ihm selbst unmöglich auf unbegrenzte Zeit berechnet sein konnte. Gleichzeitig machte er seine bekannten Versuche der Ablenkung der Franzosen auf koloniale Erwerbungen in der Erwartung, sie würden, auf diesem Gebiet von uns unbehelligt und loyal gefördert, die kontinentalen Gegensätze schließlich vergessen. Zunächst enttäuschte der Sturz Ferrys diese Politik, die aber dennoch fortgesetzt wurde. Sie war kontinentalpolitisch völlig verständlich. Weltpolitisch aber hat sie auch einige bedenkliche Folgen gehabt. Worüber wir uns in letzter Zeit mit Grund beschwerten, war bekanntlich: daß Frankreich und andere Mächte unsere Existenz bei Fragen der Verteilung von Interessensphären einfach ignorierten. So England bei seiner südafrikanischen, Frankreich bei seiner nordafrikanischen Politik. Keine Großmacht darf sich ungestraft immer wieder vor vollzogene Tatsachen stellen und über sich zur Tagesordnung übergehen lassen. Eben jene Haltung der Bismarckschen Politik hatte aber Frankreich und die Welt daran gewöhnt, die Vorgänge in Überseegebieten als Dinge anzusehen, bei denen eigentlich Deutschland nur aus Anmaßung mitzureden beanspruche. Der nüchterne Standpunkt des „do ut des" war ausgeschaltet. Als er von unserer Seite aufgenommen wurde, stand das entstehende Geräusch zu unseren wahrlich bescheidenen Ansprüchen außer allem Verhältnis, und wir gerieten dadurch in eine auch innerlich ungünstige Position. Denn es ist klar, daß ein Krieg mit Frankreich wegen „kapitalistischer" Interessen in Marokko nicht jener unbedingten innerlichen Hingabe des deutschen Volkes sicher gewesen wäre, welche selbstverständlich war, als Frankreich, von uns unbedroht, als russischer Vasall uns angriff. Eine frühzeitigere und stärkere kolonialpolitische Betätigung Deutschlands hätte jedenfalls die Kriegsgefahr Frankreich gegenüber nicht gesteigert. Für diese blieb allein entscheidend die französische Vorstellung, daß die Zugehörigkeit des Elsaß zu uns ein Provisorium sei. Diese Ansicht erhielt freilich durch das Provisorium seiner staatsrechtlichen Stellung im Reich stets neue Nahrung. Es gab daher in Frankreich eine nicht ganz unerhebliche Strömung für ein schweigendes Nebeneinander, aber keine für eine offene Verständigung mit uns. Eine Politik des Ignorierens ist aber gegenüber einer Großmacht friedlich nicht durchführbar. Darüber war auch die französische Politik nicht im Zweifel. Sie konnte aber den Entschluß zu etwas anderem nicht finden. Und seitdem sie den gebildeten Klassen des Landes auf Verlangen Rußlands die dreijährige Dienstzeit zugemutet hatte, mußte sie positiv entschlossen sein, den Krieg gegen uns baldmöglichst zu führen. „Wir werden Barbaren, wenn wir drei Jahre in der Kaserne liegen müssen; entweder wir vernichten Deutschland und brauchen das dann nicht mehr, oder – es lohnt nicht mehr", war das entscheidende Argument, welches man von gebildeten Franzosen zu hören bekam. Nachdem entgegen der Annahme vieler von uns, welche unser eigenes Heer noch mit der dritten Jahresklasse kannten, die zweijährige Dienstzeit sich bei uns so glänzend bewährt hat, wird auch in Frankreich künftig jenes Argument an Gewicht verlieren. Die Erfahrung, daß auch diese Koalition Elsaß-Lothringen nicht wieder bringt, und die zu erwartende endgültige Regelung von dessen Stellung in Deutschland kann manches ändern. Wie schnell und viel, wissen wir nicht.

Für den Augenblick liegt zwischen uns und den beiden Gegnern im Westen vor allem das *belgische Problem*. Der deutsche Standpunkt zu Belgien ist nicht unbekannt, aber nicht immer zutreffend formuliert. Belgiens Selbständigkeit war von Frankreich bedroht, von Bismarck gestützt. Den Kongostaat hat Bismarcks Politik dem König der Belgier schaffen helfen. England hat diesen Besitz so lange bedroht, bis Belgien sich ihm politisch und militärisch willfährig zeigte. In den Irrsinn, dieses von jeher in seinen beiden Nationalitäten gleich stark an seiner Unabhängigkeit hängende Volkstum aus gleichviel welchen Gründen uns jemals zwangsweise angliedern zu wollen, sind vor dem Kriege weder kluge noch törichte deutsche Politiker je verfallen. Was konnte es uns auch nützen, wenn dadurch das uns stammverwandte *Holland* dazu getrieben würde, „Einfallspforte" der Gegner zu werden? Nicht daß Belgien, wohl aber daß das holländische Volkstum und mit ihm das Rheinmündungsgebiet sich national von uns geschieden hat, ist beklagenswert. Aber die Versäumnisse unseres Mittelalters sind heute nicht mehr rückgängig zu machen, und es ist bedauerlich genug, daß Hannovers Verhalten 1866 zur Einverleibung in Preußen zwang und durch diesen Eindruck das historische Vertrauensverhältnis Hollands zu uns getrübt ward. Dies zu verschärfen bestand und besteht kein Grund. Die Schwierigkeiten in den Beziehungen zu Belgien waren und sind rein militärischer Art.

Ein Mittelstaat, welcher lediglich die gegen Deutschland gerichtete Grenze wirklich befestigte, seine Seegrenze gegen England und seine Landgrenze gegen Frankreich aber in völlig verteidigungsunfähigem Zustand ließ, welcher ein zur Abwehr eines Durchmarsches unzulängliches Heer hielt und sein Verteidigungssystem letztlich auf die Behauptung einer von jenen beiden verteidigungslosen Grenzen möglichst entfernt liegenden Festung zuschnitt, – ein solcher Staat konnte, militärisch und politisch betrachtet, unmöglich als *effektiv* neutral gelten. Seine Neutralität war in der Tat „Papier". Vollends nachdem jahrelang in seinen führenden Blättern und in spontanen Kundgebungen seines Parlaments immer wieder, und zwar ohne jeglichen Anlaß unsererseits, die Parteinahme für unsere Gegner zum Ausdruck gebracht worden war. Wirtschaftliche Momente: die Stellung des französischen Kapitals in sehr vielen unter belgischer Flagge gehenden Unternehmungen, begünstigt durch die fast absolute rechtliche Freiheit des Börsenverkehrs und der Aktiengründungen in diesem Eldorado der Bourgeoisie, sprachen bei dieser sonst ganz unverständlichen Haltung entscheidend mit. Auch nicht die allergeringste Gewähr bestand daher dafür, daß dieser Staat nicht im Ernstfall seine Neutralität genau so betätigen würde, wie Griechenland jetzt unter dem Zwang unserer Gegner hat tun müssen, d. h. also: unter formalem Protest den Durchmarsch unserer Feinde geschehen lassen würde. Zum Überfluß war erinnerlich, daß England die Versetzung der holländischen Seeküste in verteidigungsfähigen Zustand fast wie einen Akt der Feindseligkeit gegen sich behandelt und zu hintertreiben gesucht hatte, um den Einbruch durch holländisches Gebiet nach Deutschland offen zu halten. Hollands Neutralität wurde von uns ebenso peinlich respektiert wie die der Schweiz. Das gleiche wäre selbstverständlich im gleichen Fall Belgien gegenüber geschehen. Wie man in Deutschland darüber dachte, war denen, die es anging, nicht verborgen. Belgien aber versagte uns jene Flankendeckung gegen Überfälle über sein Gebiet, welche die Schweiz durch ihre effektive Neutralität ebenso uns wie unseren Gegnern gewährte. Dabei war die deutsche Westgrenze bereits durch die Änderung des bis 1867 zu beiderseitiger Zufriedenheit in Luxemburg bestehenden Zustandes höchst ungünstig beeinflußt. Bismarck hatte das Besatzungsrecht ausschließlich um des Friedens willen Napoleon gegenüber aufgegeben. Der Krieg von 1870 blieb uns aber dennoch nicht erspart.

Das nur aus unbeglaubigten Gerüchten bekannte angebliche Projekt des jetzigen Königs der Belgier, einen Bund der neutralen Mittelstaaten zusammenzubringen, hätte die Lage vielleicht verschieben können. Freilich: nur in dem leider äußerst unwahrscheinlichen Fall, wenn dabei etwa in erster Linie an eine feste militärische Verbindung Belgiens mit Holland zum Zweck der gemeinsamen Verteidigung ihrer Neutralität gegen *jede* Antastung, also vor allem auch: zur Herstellung eines verteidigungsfähigen Zustandes der Süd- und Seegrenzen Belgiens, gedacht gewesen wäre. Mit solchen effektiven Neutralitätsgarantien hätte Deutschland sich zufrieden geben können, und es wäre uns dann der trotz aller zwingenden Gründe für das Empfinden jedes Deutschen peinliche präventive Durchmarsch durch Belgien erspart geblieben, den vermeiden zu können auch Bismarck sicher mit allen Mitteln angestrebt hätte. Ob etwa jene vagen Möglichkeiten künftig jemals praktische Bedeutung gewinnen könnten, ist bei der Stellung der beteiligten Nationalitäten zueinander durchaus problematisch und hängt jedenfalls nicht von uns ab. Nachdem das Geschehene einmal geschehen mußte und nachdem inzwischen die Emigrantenregierung in Havre ausdrücklich die Forderung von Gebietserweiterungen Belgiens angemeldet hat, ist die Lage stark verändert. Greifbare Garantien sind geboten. Daß diese jeder gewissenhafte deutsche Politiker nach Art und Zeitdauer gern auf das unentbehrliche Mindestmaß beschränken möchte, weiß jedermann. Denn es besteht keinerlei Interesse Deutschlands daran, sich Todfeinde zugleich jenseits der Grenze und im eigenen Land zu schaffen und seine Politik auf lange Zeit gänzlich gegen die West-mächte festzulegen. Klar ist aber, daß die Art jener Garantien von der politischen „Gesinnung" abhängen muß, deren wir uns von unseren Nachbarn im Westen und jenseits der Nordsee künftig zu versehen haben werden, dann nämlich, wenn die Leidenschaften des Kriegs verflogen sind. Über „Gesinnungen" überhaupt und vollends über Zukunftsgesinnungen ist durch Friedensverträge nichts auszumachen. Die Garantien, wie immer sie aussehen mögen, müssen also mindestens für so lange Zeit gelten, bis sich voraussichtlich klar übersehen läßt, woran Deutschland mit jenen Nachbarn sein wird. Zurzeit sind leider ihre Gesinnungen die denkbar ungünstigsten für die Erwartung: daß wir künftig dort Ruhe haben werden. Wenn selbst jetzt noch Minister der Westmächte (auch Englands!) von Abtrennungen deutschen Gebiets reden, über die Deutschland, wie sie wissen, auch dann nicht verhandeln würde, wenn bei Köln und Heidelberg statt bei Arras und Reims gekämpft würde, so kann allerdings von ernsthaften Friedenserörterungen keine Rede sein. Angesichts dessen werden vielmehr diejenigen deutschen Politiker sich im Recht fühlen, welche die Ansicht vertreten, daß bei der Gesinnung unserer Gegner ein Friede in jedem Falle nur ein Waffenstillstand, und daß es also militärisch unklug sein werde, irgend ein Stück besetztes Land herauszugeben. Müßte man diesen Eindruck gewinnen, dann freilich bliebe nichts übrig, als das Faustpfand festzuhalten und die Gegner einfach so lange gegen die deutschen Linien anrennen zu lassen, als sie wollen und abzuwarten, bis sie für diesmal aufhören müssen. Das deutsche Heer kann das. Das Schicksal möge die europäische Kulturwelt, uns selbst eingeschlossen, davor bewahren, daß es geschehen müßte. Dies hängt jedoch nicht von uns ab, und die bekannten Worte des Reichskanzlers gaben dieser Lage den zutreffenden Ausdruck.

## *II. Dreibund und Rußland*

Durch die Ereignisse überholt ist die Bismarcksche Politik im *Osten*. Infolge unserer eigentümlichen Lage dort war sie nicht ganz frei von widersprechenden Möglichkeiten. Man konnte innerlich nicht wohl gleichzeitig ein dauerndes Verfassungsbündnis mit Österreich- Ungarn für wünschenswert halten und den Rückversicherungsvertrag mit Rußland abschließen. Letzten Endes war aber auch schon nicht recht abzusehen, was Deutschland für ein Interesse daran hatte, den Berliner Kongreß zu arrangieren und den unvermeidlichen Haß enttäuschter Hoffnungen auf sich zu nehmen, wenn diese Probleme uns wirklich „Hekuba" waren. Eine Festsetzung der Russen in Konstantinopel hätte nach Bismarcks späteren Erklärungen ihm nicht nur für die deutschen, sondern auch für die österreichisch-ungarischen Interessen unter gewissen Bedingungen als unschädlich und direkt nützlich gegolten. War dies wirklich seine letzte Meinung, dann freilich war nicht recht ersichtlich, aus welchem Grund gerade wir der damaligen englischen Politik zu Hilfe kamen. Es kann, solange nicht triftige Gründe dagegen vorliegen, nicht als unwahrscheinlich gelten, daß auch später eine langfristige Verständigung unserer beiden östlichen Nachbarn über die Zerlegung des Balkangebietes in Interessensphären durch Vermittlung des Kanzlers möglich gewesen wäre, wie sie der damaligen, inzwischen gründlich veränderten Lage entsprach. Das Desinteressement Rußlands an den Gebieten zwischen der Adria und der bulgarischen Grenze war noch bis in weit spätere Zeit alles, was Österreich im Interesse seiner Existenz verlangen mußte. Darauf einzugehen, hat sich Rußland erst später durch sein Engagement in Serbien außerstande gesetzt. Sich aus gefühlspolitischen Motiven an Punkten zu engagieren, bis zu welchen aus politisch-geographischen Gründen die eigenen Machtmittel nicht mit Sicherheit reichen, führt sehr leicht zu solchen für das Prestige bedenklichen Fehlschlägen, wie wir sie bei unserer Burenpolitik erfuhren und wie sie den Russen für ihre Serbenpolitik jetzt im größten Maßstab zuteil werden. Nicht nur und letztlich nicht einmal vornehmlich die Entstehung starker wirtschaftlicher Interessen Deutschlands in Kleinasien und Mesopotamien, sondern sehr wesentlich dies rein politische Hinausdrängen Rußlands über seinen natürlichen Aktionsradius hat Gegenaktionen Deutschlands im Orient und jetzt die für Rußland so peinliche Kampfgemeinschaft mit der Türkei und Bulgarien ins Leben gerufen. Über die rein wirtschaftlichen Interessen wäre eine Verständigung gerade mit Rußland nicht schwer gewesen. Das starke politische Engagement, welches jetzt das aus politischen Motiven entstandene Bündnis für uns mit sich bringt, hat alle Voraussetzungen der Bismarckschen Politik endgültig verschoben. Diese und ihre scheinbaren Widersprüche beruhten auf der Annahme, daß 1. wirkliche Interessengegensätze zwischen uns und Rußland nicht vorliegen, daß vielmehr 2. Interessengemeinschaft zwischen Rußland und uns infolge der Teilung Polens bestehe und immer bestehen werde. Das polnische Problem war einer der Angelpunkte seiner Politik. Es beherrschte seine Außenpolitik gegen Osten durchweg und seine innere Politik im Kulturkampf und auch sonst in sehr entscheidender Art. Die Polen waren ihm die Landesverräter schlechthin kraft unausrottbarer Eigenart, wie sie es für die Russen seit Nikolaus I. gewesen waren. Auch wer dieser Ansicht absolut fern stand und die von Anfang an ganz verfehlte antipolnische Sprachenpolitik in Preußen ablehnte, konnte unter den früheren Verhältnissen schwer umhin, für die preußische Siedelungspolitik im Osten und gegen die Zulassung der polnischen Arbeiter in Deutschland einzutreten. Die unvermeidliche Konkurrenz der Nationalitäten und nationalen Kulturen im Osten wollte man nicht dem Prinzip der billigsten Hand im Kampf um Bodenbesitz und Arbeitsmarkt unterstellt sehen. Das Verschwinden des loyal preußischen Beamtentums polnischer Herkunft war eine unangenehme Begleiterscheinung der Art, wie seit Bismarck der Kampf geführt wurde.

Diese Lage ist völlig verändert. Zunächst durch eine Entwicklung im deutschen Polentum, welche es nicht mehr zuläßt, nur von der „billigeren Hand" zu reden. Dann durch die jetzt entstandene politische Lage Deutschlands gegenüber den Polen. Nicht nur darf eine deutsche Regierung unter gar keinen Umständen öffentliche Versprechungen gemacht haben, die nicht zur Wahrheit werden, wie dies in Rußland nach dessen Eigenart immer wieder unvermeidlich geschehen wird. Sondern vor allem weist die Gewalt der Tatsachen beide Nationen für die Zukunft aufeinander hin. Während England unseren Handel und Überseebesitz, Frankreich die Integrität unseres Landbesitzes bedrohen kann, ist Rußland die einzige Macht, welche im Fall des Sieges, wie die polnische, so auch die deutsche Nationalität und politische Selbständigkeit in ihrem ganzen Bestande zu bedrohen in der Lage wäre. Das wird in Zukunft vermutlich in steigendem Maße der Fall sein. Die Frage, wie die Verständigung mit den Deutsch-Polen in den bisherigen Streitpunkten gestaltet werden kann (z.B. etwa: Abgrenzung von lokalen Siedelungsgebieten für jede Nationalität), kann jetzt und hier nicht behandelt werden. Sicher ist nur, daß die Aufgabe vor uns steht. Erst recht nicht könnte die künftige Politik den außerdeutschen Polen gegenüber hier erörtert werden. Sicher ist nur, daß dies die wichtigste aller zwischen uns und Österreich-Ungarn zu regelnden Fragen ist, und daß darüber vor Eintritt in die Friedensverhandlungen Einigkeit erzielt sein muß. Die Bismarck'sche Staatskunst würde sicherlich Nachdruck darauf gelegt haben, 1. daß eine Umgebung Schlesiens durch das Gebiet eines einheitlichen, sei es auch noch so fest befreundeten Staatswesens wirtschaftlich und politisch-geographisch nicht annehmbar sei, außer bei Herstellung solcher Beziehungen, welche jegliche Zwiespältigkeit der beiderseitigen Wirtschafts- und Gesamtpolitik dauernd ausschließen würden, – 2. daß wenigstens im Nordosten die technisch-militärische Sicherung einer etwaigen neuen Grenze Mitteleuropas gegen Rußland durch Garnisonen und strategische Verkehrsmittel nur in unserer eigenen Hand liegen könne. Anderenfalls würde sie es abgelehnt haben, die Feindschaft des russischen Nachbars von dessen anderen Gegnern ab- und auf uns allein zu ziehen, wie es jetzt geschieht. Welche Formen Bismarck etwa hätte vorschlagen können, um die von ihm in allgemeinen Wendungen befürwortete Umwandlung des Bündnisvertrages in eine verfassungsmäßige Verbrüderung durchzuführen, kann man nicht wissen. Den bloßen formalen Akt einer Genehmigung durch die Parlamente kann der Verächter des Parlamentarismus schwerlich im Auge gehabt haben, obwohl er nur davon spricht. Das Bündnis als solches steht auch ohne einen solchen Formalakt fest genug. Denn eine Bedrohung der Großmachtstellung Österreich-Ungarns wird auch in Zukunft uns veranlassen, das Schwert zu ziehen. Es sei denn, daß dessen eigene Politik uns jemals das Gegenteil direkt aufzwingen sollte. Ein solcher Selbstmord ist nicht zu gewärtigen. Das Interesse unseres Bundesgenossen an der Erhaltung unserer Machtstellung bleibt jedenfalls dauernd ebenso stark, wie das entsprechende Interesse bei uns.

Die Stellung der Deutschen und der westslawischen Kulturvölker zueinander wird durch die politischen Folgen des Krieges von Grund aus umgestaltet werden müssen und einer solchen Umgestaltung auch fähig sein. Erstmalig ist erst jetzt diesen Völkern bewiesen worden, daß es gegenüber der ihnen allen drohenden Verwandlung in russische Fremdvölker überhaupt eine Macht gibt, die im Verein mit ihnen selbst ihre nationale Selbständigkeit gegen Rußland zu garantieren in der Lage ist. Eine der Grundlagen ihres bisherigen Verhaltens war der fatalistische Glaube an die Unvermeidlichkeit einer Entfaltung der russischen Macht ins Grenzenlose. Es wird nun darauf ankommen, ihnen auch die Sicherheit beizubringen, daß sie statt der russischen keine deutsche Vergewaltigung zu befürchten haben. Unser Interesse gestattet und fordert ihre unbedingte Kulturselbständigkeit auf dem Boden zweckmäßiger Abgrenzung nationaler Wirkungsgebiete nach rein sachlichen politischen Gesichtspunkten und das heißt: unter Ausschaltung nationaler Eitelkeit unsererseits. Soweit dabei andere Nationalitätenfragen als die polnischen in Betracht kommen, sind diese formell eine innere Angelegenheit unserer Verbündeten. Ihre möglichst schleunige Lösung ist allerdings auch für unsere weitere Politik von entscheidender Wichtigkeit, ohne daß wir ihnen doch irgendwie hineinzureden hätten. Eine Annexion polnischer oder anderer slawischer Gebietsteile durch uns hätte Bismarck sicherlich abgelehnt.

Was *Rußland* selbst anlangt, so weiß jeder: daß die vorläufig kaum überbrückbare Gegnerschaft, in welche wir zu diesem Land geraten sind, von unserer Seite durchaus unfreiwillig war. Es ist Bismarcks Lebensarbeit trotz aller Anstrengungen nicht gelungen, ihr Entstehen zu hindern. Auch nicht durch den Rückversicherungsvertrag, der zwar den formellen Abschluß der Allianz mit Frankreich hinausschob, nicht aber die politische Haltung Rußlands uns gegenüber in ihren Grundlagen änderte. Bismarck rechnete stets nur mit der Regierung des Zaren selbst. Innerhalb weiter Grenzen natürlich mit vollem Recht.

Aber die polizeilichen Gefälligkeiten, welche der russischen Regierung im Kampf gegen ihre inneren Gegner von uns dargeboten wurden, entsprangen nicht einem eigenen sachlichen Interesse unseres Staates und waren kein Mittel, auch nur den Respekt der russischen Machthaber uns zu erhalten. Deshalb waren sie unklug. Bei den Reformpolitikern stärkten sie den Glauben: Deutschland sei der eigentliche Feind einer freiheitlichen Entwicklung Rußlands, ja sogar: es würde gegebenenfalls gegen eine solche intervenieren, zu einem ebenso unsinnigen wie schwer ausrottbaren Dogma. Zu schwach, im eigenen Hause auch nur ihre elementarsten Forderungen nach einer festen Rechtsordnung und garantierten Freiheitssphäre durchzusetzen, geriet die enttäuschte russische Intelligenz im Suchen nach einem Halt für ihr gebrochenes Selbstgefühl in den Dienst einer phrasenverhüllten, nackten Expansionspolitik. Die von ihr verabscheute, dem Sinne nach westeuropäische Agrarreform der Regierung suchte die Bauernschaft von den altnationalen Bauernidealen abzulenken und ihren Landhunger für die gleiche Politik einzuspannen. Einmal in den Krieg hineingetrieben, glaubte die Regierung des Zaren, aus Angst vor Prestigeverlust und, in dessen Gefolge, einer neuen Revolution es nicht wagen zu können, rechtzeitig mit uns einen ehrenvollen Frieden zu schließen, der sehr wohl möglich gewesen wäre. Denn wir hatten keinerlei Interesse daran, russischen Bedürfnissen da in den Weg zu treten, wo sie nicht Lebensinteressen von uns oder unseren Verbündeten: Österreich-Ungarns, der Türkei und jetzt Bulgariens bedrohten. Bei rein sachlicher Behandlung war ein Ausgleich durchaus nicht ausgeschlossen. Jetzt kann nur die Zukunft lehren, wie sich die russische Politik weiter gestalten wird. Ihr Ausdehnungsehrgeiz und der Eifer der Intelligenz für die Beglückung fremder Nationen stand und steht mit den ungelösten Kulturaufgaben im eigenen Lande in schreiendem Kontrast. Und in diesem Fall hat sich das einmal gerächt. Eine der wichtigsten Erfahrungen dieses Krieges ist es bisher gewesen: daß die bloße Masse und Zahl, so wenig sie militärisch gleichgültig ist, doch nicht entscheidet. Entgegen den Annahmen, die bei uns verbreitet waren, haben sich die zivilisierten Heere den Barbaren- und Analphabetenheeren qualitativ stark überlegen gezeigt. Bei Fortsetzung der bisherigen Politik würde Rußland wirtschaftlich dauernd außerstande bleiben, durch Zivilisierung seiner Bauernmassen die Voraussetzungen für ein Qualitätsheer zu schaffen. An einer großen Zukunft der russischen Nation zu zweifeln hat niemand, der sich mit ihrer Eigenart beschäftigt hat, Grund. Aber in der Gegenwart führt ihr Weg nicht in dieser Richtung. Die russische Intelligenz hat ihre alten Ideale über Bord geworfen. Sollte der Deutschenhaß, den der Krieg bei ihr nicht erst erzeugte, aber ins Unsinnige steigerte, dauernd fortbestehen, – und dies ist nach ihrer Haltung nicht unwahrscheinlich, – dann allerdings bleibt uns nichts übrig, als die einfache praktische Konsequenz: Suchen wir diesen Haß, im Gegensatz zu unserer bisherigen offenbar ganz nutzlosen Deferenz, wenigstens wirklich zu verdienen. Er wird in den Friedensbedingungen hoffentlich zum Anlaß genommen werden, allen russischen Deutschen das Abwanderungsrecht mit vollem Entschädigungsanspruch zu sichern.

Wenn so in zahlreichen Einzelpunkten und in der äußeren Gesamtlage die meisten Voraussetzungen der Bismarckschen Politik sehr stark verschoben sind, so können manche ihrer allgemeinen Maximen voraussichtlich für jede sachliche deutsche Politik als dauernd maßgebend gelten.

Zunächst solche formeller Art. Bismarck hat stets daran festgehalten, daß die Armee den Krieg führt, und zwar nur nach strategischen Rücksichten, daß aber den Frieden der Staatsmann macht. Unter gebührender Berücksichtigung der militärischen Erfordernisse, aber auch im Bewußtsein, daß die Interessen des Landes nach dem Kriege für vielleicht (hoffentlich!) sehr lange Zeit nur durch die friedlichen Mittel der Politik wahrgenommen werden können und sollen. Es ist unmöglich, bei jedem der zahlreichen je für sich allein nicht lebenswichtigen Interessengegensätze, die auftauchen, erneut und ausschließlich an die Waffen zu appellieren. Eine Politik, die lediglich über dieses Mittel verfügte, wäre praktisch so gut wie mattgesetzt. Für die nächste Zukunft ist nach der Erbitterung des Krieges die Fortdauer naher Beziehungen zwischen unseren Gegnern das wahrscheinlichste, so radikal entgegengesetzt ihre Lebensinteressen in vielen Punkten sind. Aber infolge dieser Gegensätze wird auch diese höchst unnatürliche Koalition das Schicksal aller ihrer Vorgänger teilen. Jede künftige Außenpolitik setzt dann ein gewisses Minimum von Bewegungsspielraum der Zentralmächte in der Wahl ihrer künftigen Stellungnahme zu den verschiedenen jetzigen Gegnern voraus. Die rein militärisch wünschbarste Lösung einer Frage ist daher nicht immer auch die politisch klügste. Aus manchen Äußerungen Bismarcks aus den Jahren 1870/71 ist zu schließen, daß er nicht immer richtig über das militärisch Zulässige und Mögliche informiert war. Er selbst hat damals ebenso wie schon 1866 seine Stellung zu den militärischen Autoritäten als einen fast beständigen unvermeidlichen Kampf aufgefaßt. Dies wird sich zweifellos nicht wiederholen.

Wenn etwas die sachlichen Ziele der Bismarck'schen Politik auszeichnete, so war es das Augenmaß für das Mögliche und politisch dauernd Wünschbare, gerade auf den höchsten Höhen berauschender militärischer Erfolge. Sein Verhalten im Jahre 1866 freilich könnte nur in schiefer Art als unmittelbar übertragbar auf die ganz andersartigen Beziehungen zu unseren jetzigen Gegnern angewendet werden, zu welchen uns die Bande der Nationalität und Tradition fehlen. Dauernd anwendbar ist aber das Prinzip. Es widerstreitet auch heute den deutschen Interessen, einen Frieden zu erzwingen, dessen hauptsächliches Ergebnis wäre: *daß Deutschlands Stiefel in Europa auf jedermanns Fußzehen ständen.* Das wäre das Ende einer sachlichen deutschen Außenpolitik sowohl innerhalb wie außerhalb Europas. Und bleibende Wahrheiten stecken vor allem auch in jenen Ausführungen der „Gedanken und Erinnerungen", welche vor dem Außerachtlassen der, in Bismarcks Redeweise: „von der Vorsehung", in der unsrigen: durch historische Schicksale, dem heutigen Deutschland mit auf den Weg gegebenen politisch-geographischen Bedingungen und Schranken und vor einer unsachlichen Politik der *nationalen Eitelkeit* warnen. Deutschlands Ehre an Punkten zu engagieren, zu denen unsere Machtmittel entweder gar nicht oder nur bei gutem Willen allzuvieler Anderer hinreichen, kann im Großen zu politisch ähnlichen Situationen führen, wie Preußen sie im Kleinen beim Abfall Neufchatels erlebte. Es bestehen unzweifelhaft starke deutsche Interessen im Orient und noch stärkere werden entstehen. Unseren jetzigen und, wie bestimmt zu erwarten ist, bleibenden Verbündeten dort wird an materiellen, technischen, geistigen Hilfsmitteln, über welche Deutschland verfügt, alles das zu Gebote stehen, was *sie selbst* für sich für brauchbar halten. Eine Politik des Aplombs aber, der Aufdringlichkeit und Eitelkeit wird deutscherseits zweifellos streng vermieden werden. Die deutsche Unterschätzung der Form erstreckte sich bei uns gelegentlich, und dann stets zum Nachteil, auch auf das Gebiet der Politik. Auch dort aber ist in hohem Maße wichtig nicht nur was geschieht, sondern auch wie es geschieht.

Bismarcks Politik hatte nicht seinen Worten, aber seinen Taten nach das Ideal des *deutschen Nationalstaats* zur Voraussetzung. Seine Polenpolitik war der Ausdruck dessen. Wenn unter dem Eindruck unserer neuen Aufgaben die Vorstellung aufgetaucht ist: die „Nationalität" sei nun in ihrer Kulturbedeutung durch den „Staatsgedanken" abgelöst oder ablösbar, so ist das ein Mißverständnis. Alle *Kultur* ist und bleibt heute durchaus national gebunden, und zwar nur immer um so mehr, je „demokratischer" die äußeren Kulturmittel nach Verbreitung und Art werden. Aber der *Staat* muß nicht notwendig ein „Nationalstaat" in dem Sinn sein, daß er sein Interesse ausschließlich an den Interessen einer einzelnen, in ihm vorwiegenden, Nationalität orientierte. Er kann den Kulturinteressen mehrerer Nationalitäten dienen, auch im eigenen wohlverstandenen Interesse der in ihm vorwiegenden Nationalität. Gemäß den veränderten Aufgaben ist heute auch im Kulturinteresse der deutschen Nationalität zu fordern, daß unser Staat sich dieser Aufgabe steigend zuwende. Wenn dann der russische Staat durch unser Verhalten veranlaßt werden sollte, den in seinem Verbande bleibenden Fremdvölkern um der „Konkurrenz" willen dasjenige Maß von „Kulturselbständigkeit" zu gewähren, welches Dragomanow und ähnlich gerichtete Politiker vor 50 Jahren an die Spitze ihrer Reformprogramme stellten, so wird dadurch Rußlands Macht gewiß nicht sinken, vielleicht aber sein von der Bürokratie und der einseitig großrussischen Legende getragener Expansionsdrang sich abschwächen. Denn die ukrainischen und lettischen Bauern werden, je mehr sie national erwachen, desto weniger die Verwendung ihres Landes zur Befriedigung des Landhungers großrussischer Bauern ertragen, und die nationalen Intellektuellenschichten dieser Völker des russischen Westgebiets werden nicht an uferlosen nackten Machtidealen hängen, welche ja nur dem Herrenkitzel der Petersburger und Moskauer Beamten zu Gute kämen.

Deutlicher als jetzt wird die Welt dann erkennen können: bei wem die „Interessen der kleinen Nationalitäten", die unsre Gegner, nachdem sie Indien, Ägypten, Nordafrika, Persien, die Kaukasusvölker, die Polen, Kleinrussen, Letten, Finnen, Gibraltar, Malta, den Dodekanes usw. geknebelt haben, im Munde führen, Rücksicht und Förderung finden.

# [Zwischen zwei Gesetzen]

Die Diskussion über den Sinn unseres Krieges (in der „Frau") wäre vielleicht durch stärkere Betonung eines Gesichtspunktes zu ergänzen, den gerade Sie sicher würdigen: *unserer Verantwortung vor der Geschichte* – ich finde nur diesen etwas pathetischen Ausdruck. Der Sachverhalt selbst ist schlicht:

Ein an Zahl „größeres", machtstaatlich organisiertes Volk findet sich durch die bloße Tatsache, daß es nun einmal ein solches ist, vor gänzlich andere Aufgaben gestellt, als sie Völkern wie den Schweizern, Dänen, Holländern, Norwegern obliegen. Weltenfern liegt dabei, natürlich, die Ansicht: ein an Zahl und Macht „kleines" Volk sei deshalb weniger „wertvoll" oder vor dem Forum der Geschichte weniger „wichtig". Es hat nur einfach als solches andere Pflichten und eben deshalb auch andere Kulturmöglichkeiten. Sie kennen Jakob Burckhardts oft bestaunte Ausführungen über den diabolischen Charakter der Macht. Nun, dies ist ganz konsequent gewertet vom Standpunkt derjenigen Kulturgüter aus, welche in der Obhut eines Volkes, wie z.B. der Schweizer, stehen, die den Panzer großer Militärstaaten nicht tragen können (und also auch nicht zu tragen historisch verpflichtet sind). Auch wir haben allen Anlaß, dem Schicksal zu danken, daß es ein Deutschtum außerhalb des nationalen Machtstaates gibt. Nicht nur die schlichten Bürgertugenden und die echte, in keinem großen Machtstaat jemals noch verwirklichte Demokratie, sondern weit intimere, und doch ewige, Werte können nur auf dem Boden von Gemeinwesen erblühen, die auf politische Macht verzichten. Selbst solche künstlerischer Art: ein so echter Deutscher, wie Gottfried Keller, wäre nie dies ganz besondere, Einzigartige, geworden inmitten eines Heerlagers, wie unser Staat es sein muß.

Die Anforderungen umgekehrt, welche an ein machtstaatlich organisiertes Volk ergehen, sind unentrinnbar. Nicht die Dänen, Schweizer, Holländer, Norweger würden künftige Geschlechter, unsere eigenen Nachfahren zumal, verantwortlich machen, wenn kampflos die Weltmacht – und das heißt letztlich: die Verfügung über die Eigenart der Kultur der Zukunft –, zwischen den Reglements russischer Beamten einerseits und den Konventionen der angelsächsischen „society" andererseits, vielleicht mit einem Einschlag von lateinischer „raison", aufgeteilt würde. *Sondern uns.* Und mit Recht. Weil wir ein Machtstaat sind, und weil wir also, im Gegensatz zu jenen „kleinen" Völkern, unser Gewicht in dieser Frage der Geschichte in die Wagschale werfen können, – deshalb eben liegt auf uns, und nicht auf jenen, die verdammte Pflicht und Schuldigkeit vor der Geschichte, das heißt: vor der Nachwelt, uns der Überschwemmung der ganzen Welt durch jene beiden Mächte entgegenzuwerfen. Lehnten wir diese Pflicht ab, – dann wäre das Deutsche Reich ein kostspieliger eitler Luxus kulturschädlicher Art, den wir uns nicht hätten leisten sollen und den wir so schnell wie möglich zugunsten einer „Verschweizerung" unseres Staatswesens: einer Auflösung in kleine, politisch ohnmächtige Kantone, etwa mit kunstfreundlichen Höfen, wieder beseitigen sollten, – abwartend, wie lange unsere Nachbarn uns diese beschauliche Pflege der Kleinvolk-Kulturwerte, die dann für immer der Sinn unseres Daseins hätten bleiben sollen, gestatten würden. Ein schwerer Irrtum aber wäre es, zu meinen, ein politisches Gebilde wie das Deutsche Reich es ist, könne durch *freiwilligen* Entschluß sich einer pazifistischen Politik in dem Sinne zuwenden, wie sie etwa die Schweiz pflegt, also: sich darauf beschränken, einer Verletzung seiner Grenzen durch eine tüchtige Miliz entgegenzutreten. Ein politisches Gebilde wie die Schweiz – obwohl auch sie, falls wir unterlägen, sofort italienischen Annexionsgelüsten ausgesetzt wäre – ist, wenigstens im Prinzip, niemandes politischen Machtplänen im Wege. Nicht nur ihrer Machtlosigkeit, sondern auch ihrer geographischen Lage wegen. Aber die bloße Existenz einer Großmacht, wie wir es nun einmal sind, ist ein Hindernis auf dem Wege anderer Machtstaaten, vor allem: des durch Kulturmangel bedingten Landhungers der russischen Bauern und der Machtinteressen der russischen Staatskirche und Bureaukratie. Es ist absolut kein Mittel abzusehen, wie das hätte geändert werden können. Österreich war der von Expansionslust sicher freieste aller Großstaaten, und *eben deshalb* – was leicht übersehen wird – der gefährdetste. Wir hatten nur die Wahl, im letzten möglichen Augenblick vor seiner Zerstörung dem Rad in die Speichen zu fallen oder ihr zuzusehen und es nach einigen Jahren über uns selbst hinweggehen zu lassen. Gelingt es nicht, den russischen Expansionsdrang wieder anderswohin abzulenken, so bleibt es auch künftig dabei. Das ist Schicksal, an dem alles pazifistische Gerede nichts ändert. Und ebenso klar ist es: daß wir *ohne Schande* der Wahl, die wir einmal getroffen hatten – damals, als wir das Reich schufen –, und den Pflichten, die wir dadurch auf uns nahmen, uns nie mehr entziehen konnten und können, auch wenn wir wollten. –

Der Pazifismus amerikanischer „Damen" (beiderlei Geschlechts!) ist wahrlich der fatalste „cant", der – ganz gutgläubig! – jemals, vom Niveau eines Teetisches aus, verkündet und vertreten worden ist, mit dem Pharisäismus des Schmarotzers, der die guten Lieferungsgeschäfte macht, gegenüber den Barbaren der Schützengräben. In der antimilitaristischen „Neutralität" der Schweizer und ihrer Ablehnung des Machtstaats liegt gelegentlich ebenfalls ein gut Teil recht pharisäischer Verständnislosigkeit für die Tragik der historischen Pflichten eines nun einmal als Machtstaat organisierten Volks. Indessen wir bleiben trotzdem objektiv genug, zu sehen, daß dahinter ein durchaus echter Kern steckt, der nur, nach Lage unseres Schicksals, für uns Reichsdeutsche nicht übernommen werden kann. –

Das Evangelium aber möge man aus diesen Erörterungen draußen lassen – *oder: Ernst* machen. Und da gibt es nur die Konsequenz Tolstois, sonst nichts. Wer auch nur einen Pfennig Renten bezieht, die andere – direkt oder indirekt – zahlen müssen, wer irgendein Gebrauchsgut besitzt oder ein Verzehrsgut verbraucht, an dem der Schweiß fremder, nicht eigener, Arbeit klebt, der speist seine Existenz aus dem Getriebe jenes liebeleeren und erbarmungsfremden ökonomischen Kampfs ums Dasein, den die bürgerliche Phraseologie als „friedliche Kulturarbeit" bezeichnet: eine andere Form des Kampfes des Menschen mit dem Menschen, bei der nicht Millionen, sondern Hunderte von Millionen jahraus, jahrein an Leib und Seele verkümmern, versinken oder doch ein Dasein führen, dem irgendein erkennbarer „Sinn" wahrhaftig unendlich fremder ist als dem Einstehen aller (auch der Frauen – denn auch sie „führen" den Krieg, wenn sie ihre Pflicht tun) für die Ehre, *und das heißt* einfach: für vom Schicksal verhängte geschichtliche Pflichten des eigenen Volkes. Die Stellung der Evangelien dazu ist in den entscheidenden Punkten von absoluter Eindeutigkeit. Sie stehen im Gegensatz nicht etwa gerade nur zum Krieg – den sie gar nicht besonders erwähnen –, sondern letztlich zu allen und jeden Gesetzlichkeiten der sozialen Welt, wenn diese *eine Welt der diesseitigen „Kultur"*, also der Schönheit, Würde, Ehre und Größe der „Kreatur" sein will. Wer die Konsequenzen nicht zieht – und das hat Tolstoi selbst erst getan, als es ans Sterben ging –, der möge wissen, daß er an die Gesetzlichkeiten der diesseitigen Welt gebunden ist, die auf unabsehbare Zeit die Möglichkeit und Unvermeidlichkeit des Machtkrieges einschließen, und daß er nur *innerhalb* dieser Gesetzlichkeiten der jeweiligen „Forderung des Tages" genügen kann. Diese Forderung lautete und lautet aber für die Deutschen Deutschlands anders als etwa für die Deutschen der Schweiz. Dabei wird es bleiben. Denn alles, was an den Gütern des Machtstaates teilnimmt, ist verstrickt in die Gesetzlichkeit des „Macht-Pragma", das alle politische Geschichte beherrscht.

Der alte nüchterne Empiriker John Stuart Mill hat gesagt: rein vom Boden der Erfahrung aus gelange man nicht zu *einem* Gott, – mir scheint: am wenigsten zu einem Gott der Güte –, sondern zum Polytheismus. In der Tat: wer in der „Welt" (im christlichen Sinne) steht, kann an sich nichts anderes erfahren, als den Kampf zwischen einer Mehrheit von Wertreihen, von denen eine jede, für sich betrachtet, verpflichtend erscheint. Er hat zu wählen, welchem dieser Götter, oder wann er dem einen und wann dem anderen dienen will und soll. Immer aber wird er sich dann im Kampf gegen einen oder einige der anderen Götter dieser Welt und vor allem immer fern von dem Gott des Christentums finden –, von dem wenigstens, der in der Bergpredigt verkündet wurde.

# Der verschärfte U-Boot-Krieg.

Einen „Weg zum Frieden“, d.h. zu einem Frieden an einem früheren als dem sonst dafür zu erwartenden Zeitpunkt, bietet der verschärfte U-Boot-Krieg nur unter der Voraussetzung, daß

entweder ein Eingreifen Amerikas aus diesem Anlaß nicht zu erwarten ist,

oder daß, wenn es stattfindet, es keine stark ins Gewicht fallende Belastung unserer eigenen Lage bedeutet,

oder endlich: daß diese Belastung sich bestimmt erst so spät fühlbar macht, daß vorher England zur Kapitulation gezwungen worden ist.

Zu diesen Voraussetzungen nun ist zu bemerken:

1. Es steht leider fest, daß Amerika bei einem Eingreifen so gut wie nichts riskiert und den Krieg zeitlich unbeschränkt führen kann. Im Bunde mit England geführt, wäre er die denkbar beste Versicherung gegen die japanische Gefahr.
2. Jeder Kenner Amerikas muß als wahrscheinlich ansehen, daß ein Krieg von ihm mit mindestens der gleichen Hartnäckigkeit geführt würde, wie bisher von England, und daß im Falle unserer Unfähigkeit, ihn durchzuhalten, wir überaus schmähliche Bedingungen annehmen müßten.
3. Falls nicht eine überaus schnelle Kapitulation Englands erzwungen wird, – eine Chance, von der noch zu sprechen ist – bedeutet das Eingreifen Amerikas eine Verlängerung des Krieges um mehrere Jahre.

Es soll hier nicht allgemein erörtert werden, wie eine derartige Verlängerung von uns auszuhalten wäre:

finanziell, –

in Bezug auf unsere Versorgung mit Rohstoffen –

im Hinblick auf die allmähliche seelische und körperliche Abnutzung unserer Truppen, –

im Hinblick auf die Chance eines Separatfriedens der Türkei, welcher bei den politisch irrationalen Bedingungen dort und angesichts des Umstandes, daß wir unsererseits Annexionen erstreben, der Türkei aber keine solche zu bieten vermögen, stets möglich, bei einer unabsehbaren Verlängerung des Krieges aber wahrscheinlich scheint (Finanzen! Feldarbeiter- und Nahrungsmittelnot!).

Fest steht jedenfalls: unsere Gegner würden durch ein nicht unbedingt verspätetes Eingreifen Amerikas materiell und moralisch auf praktisch unabsehbare Zeit zur Fortführung des Krieges befähigt. Schon die bloße Chance, daß ein

Zufall ein solches Eingreifen herbeiführen könnte, wird die Gegner, selbst schweren Mißerfolgen zum Trotz, so lange aufrecht erhalten, bis jene Chance ausgeschaltet ist.

Im übrigen ergibt sich, wenn man von der Möglichkeit einer schnellen Kapitulation Englands zunächst einmal absieht und also mit *der Verlängerung* des Krieges durch Amerikas Eingreifen rechnet, folgendes Bild:

I. *Nach* dem Kriege würde beim Ausbleiben der Zufuhr neutralen Kapitals das wichtigste Kriegsziel Englands: Vernichtung unserer Konkurrenzfähigkeit, *erreicht* sein. Es würden infolge der dann eintretenden Unmöglichkeit der Retablierung unserer Industrie die denkbar schwerste wirtschaftliche Depression und bisher unbekannte soziale Spannungen gefährlichster Art uns sicher sein. Ein gemeinsamer Krieg gegen Deutschland verflicht das amerikanische Kapital so innig mit der City von London, daß es schlechthin „feindliches" Kapital werden würde.

II. Für unsere Interessen gleichgültig wäre, daß die Schwächung Englands dabei die City in ein Anhängsel der Newyorker Finanzmächte verwandeln würde. Denn dies würde die Machtstellung des feindlich interessierten Kapitals nur weiter stärken. Unabhängig von allen Friedensbedingungen wäre damit der Krieg im Effekt wirtschaftlich *verloren.* Die unzweifelhaft schon heute, neben sozialen Beziehungen der Amerikaner zu England, starken materiellen Beziehungen gewisser Finanzkreise dort zur City haben nicht im entferntesten die dann eintretende beherrschende Tragweite.

III. Die Zeichnung unserer Kriegsanleihe würde schwer gefährdet. Die bei Verlängerung des Krieges befürchtete assignatenartige Papierentwertung und die Unsicherheit des Ausganges schrecken schon jetzt, wie zahlreiche Anfragen potenter Privatleute ergeben, Teile des Privatpublikums ab. Dies könnte sich bei Eintritt des Krieges leicht katastrophal steigern. Der bekannte „Kreislauf" als Quelle der Zeichnungspotenz hat bekanntlich zwar elastische, doch aber endgültige Schranken. Jene Haltung wäre also eine ernste Gefahr.

IV. Daß diese Befürchtungen absolut sinnlos seien, läßt sich ernstlich nicht behaupten. Dauernde Papierwirtschaft bei Abschneidung der Zufuhr neutralen Kapitals als Folge des Krieges für uns würde bedeuten, daß England sein wirtschaftliches Kriegsziel *erreicht* hätte. Ihm selbst stände schlimmstenfalls zur Retablierung seiner Währung, neben der Herrschaft über die Goldminen, die Finanzkraft Amerikas zufolge der gestiegenen ökonomischen Verflechtung zur Verfügung. Die dabei entstehende Herrschaft der Newyorker Finanzmächte über die City wäre für unser Interesse auch hier keine Wendung zum Besseren. Wir hätten unsere weltpolitische Zukunft für absehbare Zeit verspielt.

V. Falls Amerika den Krieg als Subsidienkrieg führt, so würde damit die sonst sichere Deklassierung der Währung Italiens hintangehalten, Frankreich und England die Notwendigkeit von Maßregeln, welche einer teilweisen Zahlungseinstellung gleich kämen, endgültig erspart.

Dagegen wäre von der Türkei ganz abgesehen, die endgültige Deklassierung der Währung Österreich-Ungarns absolut sicher und ebenso eine langdauernde valutarische Lähmung Deutschlands. Nach dem Kriege wären mithin alle kreditbedürftigen Staaten auf den guten Willen unserer Gegner angewiesen.

Der Krieg wäre für uns also auch bei äußerlich günstigen Friedensbedingungen im politischen Effekt *verloren.*

VI. Die Gegner könnten während des Krieges, falls sie nicht vernichtende Niederlagen erleiden, in aller Ruhe und stets erneut ihre Munitionsvorräte und Mannschaftsreserven ergänzen, unter Heranziehung des gewaltigen amerikanischen Werbungsmarktes. Denn jeder Kenner Amerikas muß es für höchst wahrscheinlich halten, daß eine überaus große, nach vielen hunderttausenden zu schätzende Anzahl gut gerüsteter und sportlich trainierter amerikanischer Freiwilligen an der Westfront erscheinen. Ganz abgesehen davon, daß die Geschäftskrisis auch in Amerika Kräfte für diese Art der Verwendung freisetzen wird. Es gibt eben in Amerika in allen Schichten der Bevölkerung Kreise, auf welche das Erleben eines Krieges, wenn er einmal Realität ist, einen mächtigen Reiz ausüben wird, und es ist ganz dringend davor zu warnen, die törichten Vorstellungen, welche über die Kriegswilligkeit der Engländer, namentlich ihrer gebildeten Schichten, vor dem Krieg bei uns herrschten, nun bei den Amerikanern erneut ihre Rolle spielen zu lassen.

Die Möglichkeit eines Bruchs mit Amerika um des U-Bootkrieges willen wäre daher unter Zukunftsperspektiven selbst dann äußerst gefährlich, wenn die Chance bestände, England zur Kapitulation zu zwingen, es sei denn, daß dies in wenigen Monaten geschehen könnte. Die Frage aber, ob eine solche ernsthafte Chance besteht, ist mit einer Anzahl politischer und ökonomischer Voraussetzungen belastet, welche keineswegs auch von noch so hervorragenden Marine-Sachverständigen endgültig beantwortet werden können. Sie bedürfen einer von jeder pathetischen und Gefühlspolitik absolut freien, *ganz nüchternen Berechnung,* ehe irgend ein Schritt geschieht.

I. Dabei ist vor allem davon auszugehen, daß England, von einer wirklichen Blockade bedroht, etwa die gleichen Maßregeln zum Zwecke des Durchhaltens ergreifen wird, und, entgegen voreiligen Vorstellungen, auch durchführen kann, wie wir. Wir müssen die Voraussetzung machen, daß unser jetziges Versorgungsmaß alsdann dort durchgeführt werden würde. (Konsumregulierung, Höchstpreis, Beschlagnahme der Handelsschiffe, Stillelegung aller nicht für absolut unentbehrliche Bedürfnisse arbeitenden Industrien, vor allem derjenigen, deren Rohstoffeinfuhr viel Tonnage beansprucht). Daneben würde die Einfuhr der Lebensmittel in der mindestvoluminösen Form (Mehl, Gefrierfleisch, Konserven) erfolgen. Im Laufe von 4–5 Monaten wäre dies, wenn auch nicht ohne peinliche Schwierigkeiten und bedeutende Kosten, ohne allen Zweifel durchführbar und würde durchgeführt werden, sobald England den Enderfolg des Krieges davon abhängig wüßte und des langsam steigenden Druckes der Hilfe Amerikas sicher wäre.

Folglich müßte berechnet werden, welche Mindesttonnage unter derartigen Voraussetzungen England absolut bedarf. Dieselbe wäre *ganz überraschend gering,* und zu ihrer Ergänzung ständen alle Werften der Welt (außer den deutschen) zur Verfügung.

Diese sehr eingeschränkte Zufuhr könnte nun aber überdies unter Benutzung südlicher Routen nach südfranzösischen, portugiesischen, spanischen, italienischen Häfen und von da an die Kanalküste mit der Bahn zur Seeverfrachtung gebracht werden. Es sei denn, daß wirklich die zunächst ganz unglaubwürdige Behauptung erwiesen würde, daß die erforderlichen Waggons hierfür auf keine Weise beschafft werden können.

II. Angesichts dessen müßte ferner festgestellt werden, welcher Grad von Absperrung der Kanalüberfahrt von Frankreich nach England zu garantieren ist. Ob auch zur Nachtzeit? (Was jetzt nicht der Fall ist.) Ob auch bei Benutzung zahlreicher kleiner Transportschiffe, welche (wie jetzt) eine wirklich umfassende Torpedierung möglichst aller Transporte unmöglich machen? Ob auch bei Schutz durch Torpedoboote des Feindes? Wie bekannt, ist für die Truppen und Munitionssendungen nach Frankreich wegen dieser Schwierigkeiten die Absperrung bisher praktisch nicht gelungen, und sie gilt, soviel bekannt, auch als nicht ausführbar. Je nach dem Grade der möglichen oder nichtmöglichen Absperrung dieses Einfalltores richtet sich aber die Chance des U-Bootkrieges. Denn es darf als unwahrscheinlich gelten, daß vermittels der U-Boote außer England selbst auch alle jene südlichen Routen kontrolliert werden können. Die technischen Möglichkeiten des U-Bootbaues in Deutschland sind ungefähr übersehbar. Ebenso ist die sehr bedeutende Mindestzeit, welche der Bau von U-Bootmotoren beansprucht, ungefähr bekannt. Daraus ergibt sich die ungefähre Zahl und die Ergänzungschance der neuen U-Boote, und wenn diese auch nur annähernd zutrifft, so muß schon eine wirkliche Blockade Englands als Utopie gelten, falls nicht ganz neue und unbekannte Rechnungsposten in Betracht kommen.

III. In Betracht ist ferner zu ziehen, daß beim Eingreifen Amerikas zunächst die konfiszierte deutsche Tonnage dem Feinde zuwächst und es vermutlich mehrere Monate dauern wird, bis zunächst einmal auch nur der jetzige Stand der für Englands Versorgung verfügbaren Schiffsräume durch Torpedierung wieder hergestellt ist.

Daß dabei England, selbst im Fall sehr starker eigener Verluste, eins seiner Kriegsziele: eine furchtbare Dezimierung unserer Handelsflotte erreicht haben, seinerseits aber zur relativ schnelleren Retablierung seiner Flotte nach dem Kriege instand gesetzt und daß Amerika billig in den Besitz eines Teils unserer Handelsflotte gelangt sein würde, dürfte immerhin auch in Betracht kommen.

Es darf wohl angenommen werden, daß alle diese Erwägungen auch von den maßgebenden amtlichen Instanzen des Reiches in Betracht gezogen sind.

IV. Die Frage, wieweit durch Convoyierung der für die absolut unentbehrliche Einfuhr nötigen Schiffe in Gruppenfahrten mittels Torpedobooten oder durch andere im Bereich des Möglichen liegende Mittel der Wirksamkeit der U-Boote Abbruch getan werden kann und daß die Handelsschiffe zu deren Bekämpfung vielleicht zunehmend wirksamer ausgerüstet werden können, dürfte ebenfalls erwogen sein. Allein in jedem Falle bleibt es höchst gefährlich, auf ein in sehr begrenzter Quantität verfügbares, nicht schnell ergänzbares, rein technisches und also technischen Umwälzungen preisgegebenes Mittel Entschlüsse von einer für unsere ganze Zukunft ungeheuren Tragweite aufzubauen.

V. Irgendwelche Erhöhung der Handelsfrachten und Versicherungsspesen, mit denen (unglaublicher Weise) in der Presse operiert wird, kommen für England im Falle des Eingreifens Amerikas selbstverständlich überhaupt nicht mehr in Betracht, zumal bei einer Beschlagnahme der Handelstonnage.

VI. Als sicher ist anzunehmen, daß die Frage der Rückwirkung des amerikanischen Drucks auf die Neutralen (Holland) erwogen worden sein wird. In Betracht zu ziehen ist dabei selbstverständlich die bei längerer Dauer sicher zu gewärtigende schärfste mögliche Form desselben und deren äußerste mögliche Konsequenzen.

VII. Es ist zu hoffen, daß einwandsfrei festgestellt ist, welche Rohstoff- und Lebensbedarf-Zufuhren trotz allem jetzt noch über neutrale Länder zu uns gelangen und im Fall des Eingreifens Amerikas fortfallen würden und welche Rückwirkung dies auf die Chancen eines noch mehrjährigen Durchhaltens des Kriegs für uns haben würde. Ganz gering sind jene Quantitäten nach allem, was bekannt ist, kaum.

Die Erörterungen in der in fast allen Parteien sich findenden Presse der sogenannten „scharfen Tonart" über die Frage des U-Bootkrieges und über die Chancen des Eingreifens Amerikas, welche sich teilweise als fachmäßig informiert hinstellen, haben unseren Interessen schon jetzt schweren Schaden zugefügt. In zwei Richtungen:

I. Sie erweckten mit der steten Frage: „Gibt es einen anderen Weg zum Frieden?" bei Freunden, Feinden und Neutralen den verhängnisvollen Anschein, daß wir materiell und seelisch außer Stande seien, die kaiserliche Parole des „Durchhaltens" so lange wirklich zu befolgen, bis der Gegner von der Aussichtslosigkeit unserer Niederwerfung überzeugt sei, daß also die deutsche militärische Leitung aus diesem Grunde zu einer Verzweiflungspolitik genötigt sei.

II. Sie haben diesen Anschein mit dem allerschlimmsten Erfolge auch bei massenhaften privaten Kreisen im Inland und selbst im Heere hervorgerufen. Das plötzliche aufgeregte, oft geradezu hysterisch anmutende Rufen nach einem „Weg zum Frieden", die aufgeregte Ablehnung des Eingehens auf sachliche Erörterung, der plötzliche Meinungswechsel einflußreicher Kreise innerhalb weniger Wochen und zwar, wie sich stets herausstellte, ohne alle und jede neuen sachlichen Informationen, waren erschreckende und objektiv höchst gefährliche Erscheinungen. Man braucht sich nur zu verdeutlichen, welcher Rückschlag erfolgen wird, wenn das verlangte einzige Mittel den in Aussicht gestellten Erfolg nicht voll erzielt. Und es muß offen gesagt werden: daß die moralische Feigheit, sich nicht als einen Flaumacher hinstellen zu lassen, dabei eine gelegentlich überaus verächtliche Rolle gespielt hat. Der Unterzeichnete hat von Anfang des Krieges an dessen Ausgang mit unbedingtem Vertrauen darauf, daß wir mit Ehren aus ihm hervorgehen werden, entgegengesehen. Zum ersten Mal angesichts solcher Erscheinungen und angesichts der Chance, daß, auf einen ganz unsicheren Einsatz hin, ein Krieg mit Amerika in den Bereich der Möglichkeit tritt, hegt er ernste Besorgnisse für das Land und evtl. für die Zukunft der Dynastie.

Es wiederholten sich in letzter Zeit bei uns diejenigen Erscheinungen, welche s.Zt. Italien gegenüber auf österreichischer Seite zu beobachten waren. Zunächst versicherten einflußreiche und angeblich gut informierte Kreise: Italien „bluffe" nur, obwohl Kenner Italiens das Gegenteil genau wußten. Nach der Entscheidung versicherten die gleichen Kreise: „der Krieg sei auf jeden Fall sicher gewesen." Daß die Unterstellung gegen eine Großmacht, welche mit Krieg droht, sie bluffe, eine tödliche Verletzung bedeutet, wurde dabei ebenso übersehen, wie: daß unsere Politik, Österreich zu Zugeständnissen zu veranlassen, zu einer unverzeihlichen Torheit gestempelt würde, wenn eine jener Behauptungen, gleichviel welche, wahr gewesen wäre. Genau ebenso wechselt jetzt die Ansicht über Amerikas Absichten bei einem und demselben Politiker. Dies muß zu genau den gleichen Konsequenzen führen, und die Verantwortung dafür ist umso schwerer, als jedenfalls diesmal unbedingt keine von beiden Voraussetzungen zutraf. Sicher ist wohl freilich, daß ein bloßes Treibenlassen und ein Hin und Her zwischen Entgegenkommen unserer Regierung und Auftrumpfen in der deutschen Presse die hysterische Erregung und die auf dieser sich aufbauende Straßen- und Tribünenpolitik schließlich auch jenseits des Ozeans derart steigern könnte, daß die maßgebenden Bosses der Parteien im Wahlkampf keine andere Möglichkeit hätten, als auf eine schwere Demütigung Deutschlands oder auf den Krieg loszusteuern. Soweit irgend erkennbar, liegen heute drüben die Dinge noch keineswegs so, so unbegründet auch der mehrfach vertretene Optimismus anläßlich der Abstimmungen im Kongreß sein dürfte. Fest steht nur das eine: daß die Situation hoffnungslos verfahren wird, wenn die deutsche Öffentlichkeit aus der Art der Erledigung dieses unter allen Umständen höchst schwierigen und komplizierten Streitfalls einen Ehrenpunkt macht und so eine Lage schafft, aus der es keinen Weg rückwärts mehr gibt. Leider muß mit solchen Möglichkeiten und also damit, daß die Geschäfte Englands bei uns durch mißverstandenen, gewiß gut gemeinten patriotischen Eifer besorgt werden, gerechnet werden.

Es dürfte nach alledem Pflicht der Parteiführer sein, soweit die Regierung sich aus naheliegenden Rücksichten zu militärtechnischen Informationen außer Stande sehen sollte, die bündige Zusicherung zu erbitten,

I. daß keinerlei Schritt erfolgt oder unterlassen wird, der den Krieg direkt oder indirekt, durch Engagement unserer Ehre, herbeiführen kann, ohne daß alle den Entschlüssen zu Grunde zu legenden *Rechnungen* mit dem absoluten Höchstmaß von Vorsicht gemacht worden sind,

II. daß *ganz eindeutig alle* diejenigen Persönlichkeiten, welche für die Richtigkeit jeder einzelnen dieser *Rechnungen* einstehen, als dafür verantwortlich aktenkundig gemacht werden, nebst den von ihnen angewendeten *Rechnungs*grundlagen und *Rechnungs*methoden. Denn stimmt auch nur ein einziger *Rechnungs*faktor nicht, so kann die größte Tapferkeit der Truppen den wirtschaftlichen Zusammenbruch im Kriege und die wirtschaftliche Agonie nach dem Kriege nicht hindern.

Die innerpolitischen Folgen einer solchen wirtschaftlichen Niederlage und eines Verlustes des Krieges infolge des Eingreifens Amerikas auf Grund eines als möglich vorauszusehenden unglücklichen „Zufalls" sind mit dem allerungünstigsten, was ohne diese Eventualität uns weiterhin widerfahren könnte, an Schwere nicht im Entferntesten zu vergleichen. Denn darauf, daß das Durchhalten zunehmend schwieriger wird, und vielleicht noch radikalere wirtschaftliche Maßregeln erfordert, ist in Deutschland heute jedermann gefaßt. Ebenso rechnet jedermann, wenn auch als mit einer sehr unwahrscheinlichen Möglichkeit, mit den Unberechenbarkeiten militärischer Ereignisse, die unsere Lage auch einmal nachteiliger als jetzt gestalten können. Dafür wird niemand die Regierung und den Träger der Krone verantwortlich machen. Wohl aber, ganz einerlei ob mit Recht oder Unrecht, für die Folgen einer Politik gegenüber Amerika, welche von breiten Teilen der Bevölkerung nachträglich, wenn sie fehlschlägt, als eine Abenteuerpolitik aufgefaßt werden wird.

gez. Professor Max *Weber*.
Heidelberg.

# Protokoll der dritten Sitzung des Arbeitsausschusses für Mitteleuropa

*Protokoll*

der dritten Sitzung des Arbeitsausschusses für Mitteleuropa, Dienstag, den 14. März 1916 nachmittags 5 Uhr in den Räumen der Deutsch-Türkischen Vereinigung, Berlin, Schöneberger Ufer Nr. 36a.

Anwesend: Dr. F. Boese, Schriftleiter W. Heile, Dr. Kallmann, Dr. W. Merton, Excellenz Freiherr von Rechenberg, in Vertretung von Herrn Dr. Roesicke Herr Dr. Gerber, Dr. Somary, Dr. Stein, Professor Weber.

Entschuldigt: für Herrn Generaldirektor Ballin Herr von Holtzendorff, Dr. R. Bosch, Reichstagsabgeordneter M. Erzberger, Prof. Dr. Jäckh, Dr. F. Naumann, Kgl. Geh. Kommerzienrat Hermann Rinkel, Prof. Dr. Rathgen, Bankdirektor Dr. H. Schacht, Abgeordneter R. Schmidt, Geh. Rat Prof. Dr. Gustav v. Schmoller, Hugo Stinnes, Oberbürgermeister Wirkl. Geheimrat Excellenz Wermuth.

1. Professor Dr. *Weber* leitet die Sitzung und begrüßt zunächst die erschienenen, neukooptierten Mitglieder Excellenz Freiherr von Rechenberg und Dr. Kallmann und teilt die erfolgte Kooptation von Professor Dr. Rathgen mit. Es werden sodann einige Vorschläge für weitere Kooptationen in den Ausschuß gemacht, über die berichtet werden wird, sobald die Zusagen der vorgeschlagenen Herren eingegangen sind.

2. Den Beschlüssen der vorigen Sitzung gemäß hatte Dr. Somary den Entwurf eines Berichtes über die Veröffentlichungen des Vereins für Sozialpolitik betreffend die wirtschaftliche Annäherung zwischen dem Deutschen Reiche und seinen Verbündeten verfaßt, der den Mitgliedern des Arbeitsausschusses zur Meinungsäußerung vorgelegt worden war. Auf Wunsch des Vertreters von Herrn Dr. Roesicke wird unter allgemeiner Zustimmung diesem Entwurf noch eine Schlußbemerkung angefügt, in der hervorgehoben wird, daß dieser Bericht die Stellungnahme der verschiedenen Berufsvereinigungen vollkommen unberührt läßt.

3. Excellenz Freiherr von *Rechenberg* und Herr Professor *Weber* hatten mit dem Reichsamt des Innern Fühlung genommen, um zu erfragen, in welcher Weise der Arbeitsausschuß sich an der Klärung der mit der mitteleuropäischen eng zusammenhängenden polnischen Frage beteiligen könne. Es ergab sich, daß dem Reichsamt des Innern vor allem eine zuverlässige Darlegung über

die Möglichkeiten einer Ordnung der Valutaverhältnisse in Polen willkommen wäre. Demgemäß richtet der Arbeitsausschuß an Herrn Dr. Somary die Bitte, auf Grund seiner speziellen Fachkenntnisse die Bearbeitung dieser Frage zu übernehmen. Dr. Somary erörtert die Voraussetzungen, unter denen ihm die Durchführung dieser Arbeit allein möglich sei, vornehmlich die Ermöglichung einer kurzen Reise nach Polen zur Ergänzung seiner Vorarbeiten durch die polnische Literatur. Der Arbeitsausschuß erklärt sich bereit, die nötigen Schritte zur Ermöglichung dieser Voraussetzungen zu tun und besonders auch den Herrn Generalgouverneur in Polen zu verständigen. Professor Weber erklärt ferner für notwendig, zur Klärung der handelspolitischen Lage Polens die produktionsstatistischen Materialien der Archive des Warschauer statistischen Komitees durchzuarbeiten, falls dies noch nicht erfolgt sei; entsprechend seinen Ausführungen wird beschlossen, an die Regierung mit der Bitte heranzutreten, Herrn Professor Ballod, der sich hierzu prinzipiell bereit erklärt hat, für eine Reise nach Warschau zu beurlauben, deren Kosten der Ausschuß übernehmen wird.

4. In der Sitzung war es als erwünscht bezeichnet worden, festzustellen, welche Kartelle in Deutschland, Österreich und Ungarn schon jetzt miteinander in Verbindung stehen, in welcher Weise weitere Annäherung der bestehenden Kartelle möglich wäre, beziehungsweise welche anderen Wege eingeschlagen werden können, um die in wichtigen Industriezweigen bestehenden Verschiedenheiten der Produktionsverhältnisse in den drei Reichen zu überbrücken. In dieser Angelegenheit haben eine Reihe von wichtigen einleitenden Besprechungen mit führenden Persönlichkeiten der Industrie stattgefunden, worüber Dr. Somary berichtet. Die Verhandlungen befinden sich noch im Flusse, sodaß eingehendere Mitteilungen über ihre Aussichten und Ergebnisse im Augenblicke sich noch nicht machen lassen.

gez. Professor Max Weber.

# Der Berliner Professoren-Aufruf

Der im Zweiten Morgenblatt vom 27. Juli abgedruckte Aufruf einiger Berliner Professoren kann *nur durch Versehen in die Öffentlichkeit* gelangt sein. Er war ein Entwurf und zur Unterzeichnung versendet, stieß jedoch auf so scharfen Widerspruch, daß seine Veröffentlichung – wie zuverlässig verlautet – aufgegeben war. Die Bedenken richteten sich gegen den gewiß nicht beabsichtigten, tatsächlich aber durch manche Wendungen ermöglichten falschen Schein, als bestehe in Deutschland irgendwo nicht die vollste Entschlossenheit durchzuhalten bis zu einem solchen Frieden, wie wir ihn im Interesse unserer Ehre und Sicherung brauchen. Der Aufruf konnte aus diesem Grunde sehr leicht – sicher entgegen dieser Absicht seiner Verfasser – ähnlich schädlich für die nationalen Interessen Deutschlands wirken, wie dies ganz unzweifelhaft jene Quertreibereien einer kleinen Klique getan haben, welche die Stellung des Reichskanzlers, dem sie zum Teil aus rein innerpolitischen Gründen gram ist, ohne die geringste Rücksicht auf die Interessen des Vaterlandes dadurch zu erschüttern sucht, daß sie ihm öffentlich „Schwäche" vorwirft. Die Nation ist dieses Treibens überdrüssig. Nächst der militärischen Führung genießt der gegenwärtige Reichskanzler bis in den letzten Schützengraben um deswillen Kredit, weil jedermann weiß, daß dieser Krieg nicht um abenteuerlicher Ziele willen geführt wird, sondern nur weil und nur solange er für unsere Existenz notwendig ist. *Diesen Kredit genießt keiner seiner Gegner.* Unsere Soldaten im Felde haben ein Recht darauf, daß diesem Umstand endlich Rechnung getragen werde.

# Die wirtschaftliche Annäherung zwischen dem Deutschen Reiche und seinen Verbündeten

## *1. [Über Mitteleuropa und die polnische Frage]*

Meine Herren, wenn man vor einer res integra stünde, und wenn ferner rein wirtschaftliche Erwägungen in dieser Frage allein sprechen könnten, so würde ich absolut auf dem Standpunkt des Herrn Eulenburg und des Herrn Diehl stehen, und ich glaube, die überwältigende Mehrheit des Vereins für Sozialpolitik würde es auch tun. Es würde, wenn gar keine politischen Fragen hineinspielten, die ganze Sache ja auch jetzt einfach schon dadurch erledigt sein, daß die Österreicher nicht in der Lage wären, uns zwei Fragen befriedigend zu beantworten, nämlich erstens: Wie wollt ihr eure Währung so weit retablieren, daß überhaupt von einem Zollbündnis die Rede sein kann? Und zweitens: Wie wollt ihr die Ungarn dazu bringen, daß sie sich auf irgendwelches ernsthafte, dauernde Übereinkommen einlassen?

Allein es ist ja nicht res integra, und obwohl hier nicht der Ort ist, über politische Dinge zu sprechen, so muß doch konstatiert werden: es besteht die Möglichkeit, daß ganz überwältigende politische Verhältnisse einfach eine solche Sachlage schaffen, daß die Frage, ob ja oder nein, überhaupt nicht mehr gestellt werden kann. Entscheidend ist da selbstverständlich in allererster Linie die brennendste Frage des Friedens, die für uns überhaupt auftauchen wird, der gegenüber alles Reden über die Wichtigkeit Belgiens für uns, ganz zu geschweigen von den patriotischen Phantasien über die Baltischen Provinzen, beinahe in nichts zerfließen, die eigentliche Lebensfrage für uns: *Polen.*

Eine deutsche Regierung, welche etwa auf der Grundlage eines Anfalles von Kongreßpolen an Österreich mit der österreichisch-ungarischen Regierung in Verhandlungen über unser Zukunftsverhältnis eintreten wollte, würde die ganze Zukunft nicht nur Deutschlands, sondern auch Österreich-Ungarns leichtfertig verscherzen, wenn sie dabei sich auf zeitlich oder sachlich begrenzte Vertragsabmachungen über die politischen oder wirtschaftlichen Beziehungen zwischen uns beschränken wollte. Denn jene politische Angliederung Polens an eine der beiden Mächte, insbesondere also an Österreich, würde ja für immer bestehen. Es wäre deshalb politisch undenkbar, sie durch kündbare Verträge in ihrer Wirkung zu kompensieren. Man braucht nur auf die Landkarte zu blicken, um die Konsequenzen eines Anfalles an Österreich für Schlesien und für unsere östliche Grenze überhaupt zu sehen. Sollte eine solche Lösung irgendwie in Betracht kommen müssen, dann wäre nicht ein Militär- und Zollbündnis auf 25 oder 30 Jahre, sondern ein politisches, militärisches, währungs- und handelspolitisches *Äternat,* eine absolute ewige unlösliche Bindung der beteiligten Staaten in allen politisch und wirtschaftspolitisch überhaupt wichtigen Beziehungen aneinander, ein ewiger Staatenbund, die unausweichliche Forderung. Nicht nur eine selbständige Außenpolitik, auch eine selbständige und also eventuell divergierende Handels- und Verkehrspolitik der beteiligten Staaten müßte dann gänzlich und für alle Zeit ausgeschlossen werden, und dafür wäre auf wirtschaftlichem Gebiet das schlechthin einzige Mittel: nicht nur Militärkonvention und Zollbund, sondern Währungs- und Bankeinheit, Festlegung einer gemeinsamen Eisenbahnpolitik, gleichen Verkehrsrechtes und gleicher Sozialgesetzgebung in den beteiligten Staaten, dies alles auf ewige Zeiten. Wenn das nicht geschaffen werden könnte, wäre jene Lösung unakzeptabel und verriete das Vaterland. Nicht nur hätten bei einem solchen Zustand fortan, so wie jetzt die Österreicher, wir das Odium aller Auseinandersetzungen mit Ungarn mit zu tragen, – was bei jeder wirklich intimen Annäherung handelspolitischer Art unvermeidlich sein wird –, sondern die Sache wäre so, daß wir 2000 gemeinsame Zollpositionen bekämen, und daß dann drei souveräne Regierungen bei der Abänderung jeder einzelnen Position, sowohl autonom wie im Falle von Handelsvertragsverhandlungen, mitzureden hätten, daß wir also tatsächlich einen Zolltarif in steuer- und verkehrspolitischer Version bekommen würden, welcher fossil bliebe, weil grundsätzliche Änderungen der Verkehrs- und Handelspolitik bei divergenten Interessen der beteiligten politischen Angehörigen nur um den Preis der allerschwersten politischen Erschütterung des Bundes zu erkaufen wären. Es wäre daher ganz ausgeschlossen, auf ein derartiges Verhältnis ohne radikale Beseitigung aller Zwischenzölle und ohne einheitliche, durch eine einheitlich geleitete gemeinsame Bank garantierte Währung sich überhaupt einzulassen. Wie freilich eine solche Gemeinschaft zwischen souveränen Staaten mit völlig getrennten Organen, bei denen aber die gemeinsame Bank alle Fehler, die der eine in seiner Wirtschaft und Gesetzgebung macht, fühlen und auf den oder die andern beteiligten Staaten zurückwirken lassen müßte, funktionieren würde, bleibt dabei dunkel. Klar ist, daß Deutschland für absehbare Zeit allein die Opfer trüge. Aber nur diese intime Verflechtung würde eine hinlängliche Gewähr dafür bieten, daß nicht jedes handelspolitische Kometenjahr den politischen Bund sprengen könnte. Ich würde, selbst mit diesen Garantien, jene Lösung der politischen Frage in unserm und auch dem österreichisch-ungarischen Interesse für höchst bedenklich halten und möchte hoffen, daß sie auch in noch so abgeschwächter Form so nicht in Betracht kommt. Indessen die Gerüchte, daß dies dennoch der Fall sei, wollen nicht verstummen und scheinen doch irgendeinen – hoffentlich einen mißverständlichen – Anhalt zu haben. –

Eine glatte Lösung der polnischen Frage, welche allen Interessen, vor allem den uns in erster Linie stehenden der Sicherheit von Deutschlands Ostgrenze genügen und dabei den Polen Befriedigung gewähren sollte, ist schwer konstruierbar. Die Erhaltung irgendeiner Interessengemeinschaft der verbündeten Großmächte an Polen bei Gewährung eines möglichen Maximums von Autonomie scheint eine ziemlich wahrscheinliche Lösung; insbesondere eine dauernd gemeinsame Einflußnahme auf die polnische Handels- und Verkehrspolitik, – im übrigen hoffentlich so wenig „Kondominium" wie nur irgend möglich.

Wie aber immer das Problem politisch gelöst werden möge, – man muß sich klarmachen, daß von da aus ein scharfer Druck entstehen kann und sehr wahrscheinlich entstehen wird in der Richtung, daß Österreich-Ungarn und Deutschland sowohl politisch wie handelspolitisch Vertragsverhandlungen nach außen in Zukunft nur gemeinsam führen, zum mindesten, solange nicht die politischen Konstellationen der Welt sich vollständig verschoben haben, – und daß deshalb dahin gestrebt werden muß, eine gemeinsame Basis dafür zu finden, die schließlich in irgendeiner Weise nur auf einem gemeinsamen Zolltarifschema und irgendwie auf einander abgestimmten Zollpositionen der beiderseitigen Tarife ruhen kann –, ein Problem, welches ich für mindestens ebenso schwierig halte wie die Beseitigung oder Herabsetzung der Zölle zwischen Deutschland und Österreich-Ungarn. Und diese gemeinsame Zollpolitik nach außen ist doch ohne ein im Effekt einer Vereinheitlichung der Wirtschaftspolitik mindestens sich annäherndes Entgegenkommen im Verkehr zwischen den beiden Staaten auch wieder kaum recht auszudenken. Denn im Gegensatze zu allen bisherigen Verhältnissen wird, wenn irgendwelche Interessengemeinschaft Deutschlands und Österreich-Ungarns an Polen durch die Art der Gestaltung der jetzigen politischen Lage aufrechterhalten bleiben sollte, – und das erscheint, wie gesagt, leider möglich –, die Zollpolitik beider Mächte gegeneinander vielleicht künftig zwingend beeinflußt werden müssen durch ihre gemeinsame Zollpolitik gegenüber Polen. Denn es wäre politisch hoch gefährlich, hier, wo es sich um Gebiete handelt, die nach drei Seiten an reichsdeutsches Land grenzen, eine ungebundene Konkurrenz der Handelspolitik einer sei es auch eng befreundeten Macht offen zu lassen. Es darf diese Möglichkeit handelspolitischer Konkurrenz um Polen zwischen den beiden Mächten nicht geduldet werden. Eine gemeinsame Orientierung der Handelspolitik mindestens mit Beziehung auf dies Objekt ist also dauernd unumgänglich, wenn nicht Polen einfach dem deutschen Zollgebiet angegliedert wird, was freilich das sicherste und wirtschaftlich auch für Polen beste wäre. Es liegen also die Dinge von der politischen Seite her so, daß wir jedenfalls auf die Möglichkeit gefaßt sein müssen: es kann der Fall eintreten, wo es nicht mehr heißt: wollen wir das nun machen oder nicht? sondern: es muß sein, – wo liegen die Hauptschwierigkeiten? – wie lassen sich diese Hauptschwierigkeiten beseitigen oder wenigstens relativ unschädlich machen? und ich gebe nun natürlich Herrn Kollegen Diehl ganz bedingungslos darin recht, daß es die Aufgabe unseres Vereins in allererster Linie, wenn nicht ausschließlich, ist, gegenüber den gefühlspolitischen Wünschen gerade diese Schwierigkeiten der Sache hervorzuheben, auch, und gerade dann, wenn man vermuten müßte, daß schließlich die Entscheidung aus politischen Gründen etwa doch in der Richtung fallen kann, die ich andeutete.

Ich leugne nicht, daß ich mich freuen würde, wenn die polnische Frage sich so lösen ließe, daß wir um die Notwendigkeit des Zollbündnisses herumkämen und beide Teile also freie Hand in ihren Entschließungen behielten. Sollte dies gelingen und schiede ferner der Gedanke einer Bank- und Währungsgemeinschaft mit all ihren weitgehenden Konsequenzen aus, dann würde meines Erachtens jede andere Lösung als die eines besonders intimen handelsvertraglichen Verhältnisses auf möglichst lange Zeitdauer aber ohne Beseitigung des Meistbegünstigungsprinzipes als der Grundlage unserer Handelspolitik abzulehnen sein. Denn der Gedanke einer rein mechanisch, also etwa nach Prozentverhältnissen, abgestuften Präferenz wäre wegen der Unmöglichkeit einer Berechnung der Wirkungen auf lange Sicht hin und wegen der Irrationalität dieses willkürlichen Schemas nicht diskutabel; seine Durchführung würde ein unerträgliches, unelastisches Hemmnis der Bewegungsfreiheit beider Teile sein. Jede formelle Präferenz anderer Art aber kompromittierte die Handelspolitik jedes der beiden Teile Dritten gegenüber ohne hinlängliches politisches Äquivalent, welches für ein solches Opfer eben nur in einem vollen Zollbund zu finden wäre. Dann kann es sich nur darum handeln, einander gegenseitig *sachlich* zu bevorzugen, durch eine solche Gestaltung des Handelsvertrages, durch solche gegenseitige Konzessionen also, welche trotz der allgemeinen Meistbegünstigung zugunsten gerade dieses Gegenkontrahenten wirken und der beabsichtigten wirtschaftlichen Intimität zwischen uns entsprechen würden, vor allem aber: durch die Beseitigung aller jener von anderen Umständen als Zollsätzen ausgehenden Hemmungen des Güterverkehrs zwischen den beiden Gebieten, deren Wirkung oft weit fühlbarer ist als die Zölle, und welche weit erbitternder wirken als ein klar und eindeutig kalkulierbarer Zoll, während umgekehrt die Beschränkung der zollpolitischen Bewegungsfreiheit dann leicht die Quelle politischer Entfremdung werden kann, wenn sie nicht zur vollen Zolleinheit führt. – Indessen, es fragt sich, wie gesagt, ob diese Entschlußfreiheit für uns bestehen wird.

Doch spricht – und da möchte ich Herrn Kollegen Pierstorff mit wenigen Worten entgegentreten – in der gleichen Richtung wie die polnische Frage auch die oft hervorgehobene Abschließungstendenz der übrigen großen Weltmächte gegen uns. Die Sache liegt doch wohl umgekehrt, als er gesagt hat. Wenn irgend etwas dazu geführt hat, daß den Russen und Engländern etwas bange geworden ist vor ihrer eigenen Gottähnlichkeit bei dem Gedanken eines gemeinsamen ewigen Zollkrieges gegen Deutschland, so war es die Beobachtung, daß wir eventuell die Karte ausspielen könnten: Zolleinigung mit unseren Verbündeten! Das gilt namentlich von den Russen, wie man aus den Pressemeldungen der letzten Zeit sehen konnte, aber nicht nur von ihnen, und ich meine, daß auch Herr Kollege Pierstorff sich jedenfalls auf den Standpunkt wird stellen müssen – ich glaube, wir sind grundsätzlich gar nicht so verschiedener Meinung (Pierstorff: Das ist ja eine ganz andere Sachlage!) – gut, dann sind wir also wohl überhaupt nicht verschiedener Meinung. – Es ist durchaus notwendig, daß in dem kommenden Friedens- und Vertragsverhandlungsspiel sowohl die deutsche wie auch die österreichisch-ungarische Regierung die Karte: „mitteleuropäische Zolleinigung" in der Hand haben, damit sie sie gegebenenfalls ausspielen können. Es muß also deutscherseits, einerlei, ob wir wünschen und glauben oder nicht, daß aus der Sache schließlich etwas wird, jedenfalls gearbeitet werden unter der Fragestellung: wie ist erstens ein gemeinsamer Zolltarif nach außen, wie ist zweitens zwischen beiden Mächten ein Maximum von zollpolitischem Mitteleuropa möglich? Nicht gerade nur an zollpolitischem Mitteleuropa; ich bin, wie gesagt, durchaus der Meinung, daß das nicht das Alleinige ist, daß vielmehr andere Dinge sogar noch wichtiger sind als die Beseitigung aller Zwischenzölle. Aber immerhin doch ein Mitteleuropa ungefähr in der Richtung, wie das Naumannsche prachtvolle, aber naturgemäß mit dem Temperament des Politikers, nicht mit der Skepsis des Fachmanns geschriebene Buch es gezeigt hat. Wo sind die schwierigsten Punkte? – wie sind sie zu überwinden? Und diese Fragen müssen, so sehr das Problem selbst ein politisch orientiertes ist – alle rein ökonomisch beantwortet werden.

Meine persönliche Stellung zu diesen rein ökonomischen Problemen nun gründet sich auf einen bisher nur engen Kreis von Beobachtungen, und ich äußere mich mit um so mehr Vorbehalten, als ich kein Fachhandelspolitiker bin.

Es hatte sich kürzlich hier unter Vorsitz von D. Friedrich Naumann ein privater „Arbeitsausschuß für Mitteleuropa" gebildet, dem ich auch beigetreten war, zunächst wesentlich aus politischem Interesse an dem polnischen Problem, nachdem ich gerüchtweise von jenen Eventualitäten gehört hatte. Es bestand für diesen Ausschuß keinerlei Bindung an ein Programm, sondern er fragte einfach: wieviel „Mitteleuropa" im Sinne des Programmes von D. Naumann wäre mit deutschen Interessen verträglich? Der Ausschuß, dessen Entstehen von verschiedenen Reichsämtern als „erwünscht" bezeichnet wurde, war selbstverständlich nicht in der Lage, von den Reichsämtern irgendwelches und insbesondere das 1911 erhobene produktionsstatistische amtliche und also vertrauliche Material zu bekommen. Er konnte sich auch keine Kenntnis der Lage der Verhandlungen verschaffen. Er konnte nicht als Vertreter oder Geschäftsführer amtlicher Stellen auftreten. Er vermied jedes öffentliche Hervortreten und also jede Konkurrenz mit anderen bestehenden Organisationen. Ob er irgendwelche nützliche Funktionen versehen könnte, hing wesentlich davon ab, ob die beteiligten amtlichen Instanzen glaubten, daß er in irgendeiner Richtung Arbeit – solche, die sie selbst aus formellen oder sachlichen Gründen nicht leisten konnten – übernehmen könne. Ob dies der Fall ist, mußte zunächst abgewartet werden. War es – was möglich erschien – nicht der Fall, so hatte der Ausschuß keinen Zweck.

Er beabsichtigte, zunächst die Frage der Währung in Polen, jetzt während des Krieges und künftig, je nach der Lösung der polnischen Frage, durch einen in Kriegswährungsfragen praktisch erfahrenen Herrn bearbeiten zu lassen. Die Art der möglichen Lösung dieser Frage ist, wie nicht weiter ausgeführt zu werden braucht, außerordentlich wichtig für alle wirtschaftspolitischen und damit indirekt politischen Zukunftsmöglichkeiten. Sie liegt gerade in dem deutschen Okkupationsgebiet zurzeit noch so gut wie ganz im argen, sehr zum Schaden der Stellung der deutschen Verwaltung zur polnischen Bevölkerung. Und es besteht die Gefahr, daß dadurch Notwendigkeiten der Zukunft präjudiziert werden können.

Des weiteren hatte der Ausschuß sich auf den Standpunkt gestellt: die Zölle zwischen Deutschland und Österreich-Ungarn würden überhaupt ein Objekt von sekundärer Bedeutung werden, falls die beteiligten Industrien sich untereinander über den Markt zu verständigen in der Lage wären. So hat man denn versucht, in privaten Pourparlers sich mit Vertretern einiger der beiderseitigen Industrien über diese Möglichkeiten zu informieren. Gerade hier würde es sich – da auch die Stellungnahme der Industriellen der Nachbarmonarchie erkundet und dann der Versuch, internationale, deutsch-österreichisch-ungarische Verständigungen der Interessen anzubahnen, gemacht werden müßte – um Verhandlungen handeln, welche die amtlichen deutschen Stellen ihrerseits nicht gut in die Hand nehmen könnten. Dafür konnte also ein solcher Ausschuß vielleicht von Nutzen sein. Auch dann, wenn er selbst nichts anderes im Kreise der maßgebenden Interessenten erreichte, als was das Naumannsche Buch in den Kreisen der Ideologen erreicht hat: ein Stimmungskapital zu schaffen, mit dem, als einem in Betracht kommenden Faktor, die Politiker arbeiten könnten.

Wenn ich unseren ungefähren ganz vorläufigen und also ganz unmaßgeblichen Eindruck von dem Verlaufe solcher Besprechungen zusammenfassen soll, so ist es der, daß immerhin einige derjenigen Schwierigkeiten, die ich für von vornherein ganz unüberwindlich gehalten habe, doch nicht unbedingt unüberwindlich zu sein scheinen. Man darf bei der Abschätzung des künftig Möglichen eben nicht einseitig die früheren Friedensverhältnisse zugrunde legen. In einer Anzahl von Industrien, bei denen eine erhebliche Umrangierung würde stattfinden müssen, liegen die Dinge so, daß schon der Krieg die bisherige Situation der Industrie so völlig geändert hat, daß eine Neuanpassung ohnehin nötig ist, und daß diese in mancher von ihnen mit Hilfe der Kriegsgewinnaufspeicherungen leichter als sonst möglich erscheint. Eine weitere Schicht von Industrien beider Länder könnte, wenn sie muß, die Zölle ganz entbehren, falls eine geeignete Kartellierung gelänge. Es ist nun nicht immer leicht, festzustellen, welche Industrien einer von diesen beiden Schichten angehören. Denn die beteiligten Interessenten verhalten sich grundverschieden je nach dem Bilde, welches sie sich von dem wahrscheinlichen Gang der Ereignisse machen. Wird ihnen bei Besprechungen von den beteiligten amtlichen Stellen gesagt: – und das sollte unseres Erachtens allerdings, weil es der Sachlage entspricht, geschehen: – „Richtet euch darauf ein, daß vielleicht, wir mögen es noch so sehr beklagen, die Zölle aus politischen Gründen fallen müssen", dann würden sie versuchen, sich in diese Eventualität zu versetzen und auf Mittel sinnen, ihr zu begegnen. Spüren sie dagegen ausschließlich an amtlichen Stellen die gewiß von den meisten von uns geteilten Bedenken, außer im Falle absoluter Notwendigkeit dem Gedanken einer Zollunion näherzutreten, so ist mit ihnen nicht zu verhandeln, denn dann scheint ihnen jene Eventualität fernliegend. Ob sich für den Arbeitsausschuß die Möglichkeit fruchtbringender Erörterungen mit den Interessenten ergibt, hängt also auch hier ganz von dem Verhalten ab, welches die amtlichen Instanzen ihrerseits für zweckmäßig halten, und welches dies sein wird, wissen wir nicht. Nutzlose oder unerwünschte Mitarbeit würde jedenfalls ich niemandem aufdrängen.

Sachlich würde der Sitz der Hauptschwierigkeiten – sowohl für die Vereinheitlichung der Sätze der beiden Zolltarife wie für die Ausschaltung der Zwischenzölle – sicherlich in den Halbfabrikatzöllen liegen, und hier sind einige Probleme, die zunächst fast unüberwindliche Schwierigkeiten zu bieten scheinen, da wenigstens, wo die weiterverarbeitenden Industrien Exportindustrien sind. Da wäre die Sache mit dem Nachweis der Kartellierungsfähigkeit der beiderseitigen Halbfabrikat- und eventuell auch Fertigfabrikatindustrien natürlich nicht abgetan. Nun ist es ja wohl überhaupt als sicher anzusehen, daß niemand mit Begeisterung an eine Forcierung der Kartellbildung in der Industrie mit ihren bekannten Konsequenzen herangeht. Diese Seite der Sache könnte freilich für manche Produktionszweige vielleicht aus *finanzpolitischen* Gründen, die ich hier nur sehr kurz berühren will, ein eigenartiges Gesicht bekommen. Die Zahl der von privaten ideellen und materiellen Interessenten aufgestellten Projekte zu Zwangssyndizierungen ist Legion. Teils um die nötigen Prämien für die Lagerhaltung kriegsknapper Rohstoffe, teils aber und vor allem um das Geld für die Anleihezinsen aus der Produktion herauszupressen werden sie ersonnen. Ob sie wirklich alle nur Papierkorbprodukte bleiben werden, ist angesichts des künftigen Finanzbedarfes immerhin fraglich, allen begreiflichen Antipathien zum Trotz. So weit solche Zwangssyndizierungen greifen würden, träten die Zollfragen ja ganz in den Hintergrund. Indessen ist anzunehmen, daß es äußerstenfalls sich doch nur um wenige Massenartikel handeln wird. Für die handelspolitische Seite aber dürfte bei allen Kartellierungsprojekten nicht unberücksichtigt bleiben, daß die ausschlaggebende Rolle die massenhaften *kleinen* Posten unserer Handelsbilanz spielen; diese und nicht die quantitativ gewiß gewichtigen Stapelartikel sind sogar das für unsere Welthandelsstellung, im Verhältnis und im Vergleich mit anderen Nationen, recht eigentlich und aus dauernd feststehenden Gründen Charakteristische, und dies ist allerdings eine Mahnung, nicht alles auf einen Interessenausgleich der allein kartellierungsfähigen Massenartikel abzustellen. Wir arbeiten intensiv mit kleiner „Marge": Das ist unser dauerndes Schicksal.

Genug. Wie denn nun sei: die Eventualität, daß von den Regierungen aus politischen Gründen ein zollpolitisches „Mitteleuropa" gemacht werden muß, muß sowohl den Interessenten wie uns stets vor Augen stehen; von der Voraussetzung, daß eine politische Situation eintreten kann, welche zur mitteleuropäischen Einigung zwingt, muß zunächst einmal ausgegangen werden, und da liegt die Grenze aller der Bedenken, die gegen die Sache selbst vorgebracht werden. Deshalb möchte ich allerdings das eine für wünschenswert halten, daß auch die Herren, welche mit vollem Recht sagen: es ist unsere wissenschaftliche Pflicht, vor allen Dingen die Gefahren und Schwierigkeiten hervorzuheben, denn wir sind dafür mit verantwortlich, daß diese nicht übersehen werden, – daß auch diese Herren nicht vergessen möchten, daß damit die politische Situation, die heute besteht, nicht beseitigt ist, und daß sie, unbeschadet ihres Standpunktes, auch an den Erwägungen mitarbeiten möchten, wie man ihr begegnen könnte. Denn sie mögen wirtschaftlich sagen was sie wollen, – die Sache kann aus politischen Gründen doch kommen, und darauf richtet man sich besser rechtzeitig ein!

### *[Zum agrarischen Aspekt eines deutsch-österreichischen Zollbündnisses]*

Ja, meine Herren, zur agrarischen Seite sprechen kann ich eigentlich nicht; und erst recht nicht qualifiziert wäre ich, im Namen irgendwelcher Agrarier zu reden.

Die deutschen landwirtschaftlichen Interessen sind immer wieder in dem Satz zusammengefaßt worden, soweit ich habe sehen können: augenblicklich täte uns die Sache nichts, anders aber, wenn Ungarn künftig einmal seine Bodenkraft voll ausnützte; dann sei wieder zu viel da, dann erzielten wir nicht die Preise, deren wir bedürfen. Wie bekannt, haben sich die beteiligten landwirtschaftlichen Interessenten dahin verständigt, daß ein dreifach, ja schließlich ein vierfach gestaffelter Tarif nötig wäre, um die Interessen auszugleichen. Es ist freilich wohl kaum zweifelhaft, daß das nicht die schlechthin endgültige Stellungnahme der deutschen Landwirtschaft sein würde, wenn politische Gründe zwingender Art eintreten sollten.

*[Ungarn und die Wünschbarkeit eines deutsch-österreichischen Zollbündnisses]*

Meine Herren, wir werden wohl alle darüber einig sein, daß die Bedenken, die einem Zollbündnis entgegenstehen, von keinem in so eindrucksvoller und gründlicher Weise hervorgehoben worden sind wie von dem Redner, den wir eben gehört haben, sowohl in dem nach meiner Meinung vortrefflichen Aufsatz in der Sammlung wie in dem, was er jetzt gesagt hat. Nun liegen die Dinge allerdings so, daß er selbst Zweifel dagegen geäußert hat, daß die Österreicher und die Ungarn aus eigener Kapitalkraft heraus die Schwierigkeiten ihrer ökonomischen Entwicklung zu heben in der Lage sind. Es ist nun nicht unsere Sache, sondern Sache unserer österreichischen Kollegen, sich darüber zu äußern, ob ein Zollbündnis die Entwicklung, die auch Herr Kollege Eulenburg für die Nachbarmonarchie als wünschenswert bezeichnet, erschwert oder erleichtert. Es könnte nämlich sein, daß der Mangel eines Zollbündnisses und das weitere Angewiesensein Österreichs auf sich allein sowie die weitere Beherrschung Österreichs durch die Kräfte, durch die es bisher beherrscht worden ist, dazu beitrüge, den bisherigen Zustand bestehen, also seine wirtschaftlichen Kräfte unentwickelt zu lassen, daß dagegen die Luft, die ein Zollbündnis in Österreich schaffen würde, das, was er selbst vom gemeinschaftlichen Standpunkt Deutschlands und Österreichs aus für wünschenswert hält: die Beseitigung der bisherigen Machtverteilung zugunsten einer modernen Verhältnissen angepaßten, beförderte. Das zu sagen, möchte aber doch wohl Sache der Herren österreichischen Kollegen sein, denn nur sie können beurteilen, ob gerade ein Zollbündnis der geeignete Weg dazu ist. –

Ich möchte nur noch einige wenige Worte über Ungarn hinzufügen. Vollständig unterschreiben möchte ich, daß die Berechtigung der ungarischen Industriepolitik vom ungarischen Standpunkt aus nicht so einfach bestritten werden kann, wie das von deutscher Seite sehr oft mit dem Bemerken geschieht: Da seien Industrien, die Treibhausprodukte darstellten, die da gar nicht ihren natürlichen Standort hätten! Die Sache lag in der Tat so, daß die Ungarn schon aus zwingenden finanzpolitischen Gründen kaum anders konnten, als zunächst auch Industrien, die ihren natürlichen Standort nicht unbedingt in Ungarn hatten, zu züchten. Ob dabei Fehlgriffe unterliefen, kann der Deutsche nicht entscheiden. Dagegen bestehen wohl doch Zweifel darüber, ob die Züchtung dieser Industrien das Mittel war, die erhebliche regelmäßige Auswanderung von slawischen und zum Teil auch magyarischen Unterschichten aus Ungarn hintanzuhalten. Diese Auswanderung ist ja doch sehr wesentlich bedingt durch die Verhältnisse der Agrarverfassung, in erster Linie durch die Abgeneigtheit und die Unmöglichkeit, geeignete Parzellierungen vorzunehmen, und durch die Art der Bewirtschaftung des Großbesitzes. Da möchte nun allerdings sehr zweifelhaft sein, ob es irgendein anderes Mittel gibt, das zu beseitigen, als eine intensive Kapitalzufuhr, und es könnte sein, daß eine wirtschaftliche Gemeinschaft mit Deutschland so weitgehender Art, wie sie ja ein Zollbund oder etwas dem Ähnliches schaffen würde, allerdings auf die Dauer vielleicht einen gewissen Anreiz auf die ungarische Volkswirtschaft ausüben könnte, eben jene Bedingungen zu schaffen, welche allein geeignet sind, der Auswanderung entgegenzuwirken. Denn kaum zu leugnen dürfte sein: daß der Zufluß deutschen Kapitals nach Österreich und Ungarn durch eine feste *dauernde* wirtschaftliche Bindung beider Reiche aneinander stark befördert werden könnte. Allerdings nur dann, wenn dabei vor allem die rechtlichen Bedingungen und faktischen Chancen des Kredits und Güterverkehrs einander angeglichen werden. Und selbstverständlich selbst durch den vollen Zollbund allein auch nicht entfernt in ähnlichem Maße, wie es durch andere Dinge, vor allem ein Währungs- und Bankbündnis, auch ohne alle Zollbindung, erzielt würde. Indessen ist es mehr als fraglich, ob eine so einschneidende Aufgabe der Selbständigkeit wie ein Bankbündnis, jemals in Frage kommen wird, außer unter dem absoluten Zwang politischer Verhältnisse. Immerhin läge für künftige Zeiten eine Verbindung der beiderseitigen Großbanken und für jetzt eine faktische Begünstigung deutschen Kapitals gegenüber sonstigem Auslandkapital wohl im Bereich des Möglichen. Für die Begünstigung der Einfuhr deutschen Kapitals liegen die Verhältnisse des deutschen zum ungarischen Standpunkt anscheinend aber jetzt noch so, daß private Erörterungen zwischen deutschen und ungarischen Politikern nach folgendem Schema etwa zu verlaufen die Tendenz haben: Ungarischerseits: „Wir haben auch andere Möglichkeiten!" Deutscherseits: „Wir auch!" Ungarischerseits: „O bitte, wir erst recht!" – So käme nun die Sache nicht weiter, wenn jeder dem andern vorzuhalten das Bedürfnis hat: wir können auch anders. Ob es nicht schließlich verständiger ist, zu sagen: wir machen es miteinander, das möchte doch zu fragen sein; indessen ist das auch Sache der Ungarn, und natürlich ist es ganz begreiflich, wenn sie sich sagen: wir wollen uns den Weg der Kapitalzufuhr von anderswoher offenhalten und nicht lediglich auf die Deutschen angewiesen sein. Das würde ja nun auch trotz aller noch so weitgehenden Annäherung ihnen offenbleiben. Allein sie scheinen darin nun einmal etwas ängstlich zu sein, und auch hier werden letztlich politische Momente allein sie bestimmen können, sich der systematischen Bevorzugung deutschen Kapitals geneigt zu zeigen. Indessen auch darüber haben nur die mit den dortigen Verhältnissen vertrauten Herren ein Urteil.

# Deutschland unter den europäischen Weltmächten

*Deutschlands weltpolitische Lage*

1. Der Friede liegt noch in weiter Ferne.
 Scharfe Ablehnung sowohl
 1) der bereits jetzt wieder auftauchenden „internationalen" Allüren (oben und unten)
 2) ebenso aber
  a) der demagogischen Einmischung in die nur von der Heeresleitung zu beurteilende Art der Kriegführung und Kriegsmittel, –
  b) der großsprecherischen Aufstellung von uferlos annexionistischen Kriegszielen durch *Daheimgebliebene*

Rein sachliche und nüchterne Erwägung unsrer Interessen hat die „Kriegsziele" zu bestimmen, nicht irgend welche noch so begreiflichen „Gefühle". Nicht über die Kriegsziele, sondern über diese *Interessen* soll gesprochen werden. Dafür ist bestimmend:

1. die geographische Lage:
 Deutschland das *einzige* Land, welches an *3* Großmächte zu Land *und* 1 Seegroßmacht zu Wasser grenzt. Folge
 a) Unentbehrlichkeit besonders starker Rüstung
 b) Unentbehrlichkeit kluger Bündnispolitik, ohne die heute *keine* Großmacht auskommt.
2. Änderung *nach* dem Krieg:
 Fortfall des Dreibunds (Italien und Rumänien). Also: Einschränkung unsrer Wahlfreiheit in den Combinationen
3. *Unverändert* nach dem Krieg:
 unser Interesse am Bestand Österreichs (weil sonst die Wahlfreiheit *noch* weiter eingeschränkt würde).

Konsequenzen:
 schon in der Art des Friedensschlusses muß Rücksicht auf diese Situation genommen werden, also auf die Frage: werden wir künftig (für absehbare

Zeit) nach Osten oder nach Westen
hin Verständigung und Interessengemeinschaft
suchen?

Hauptpunkt der ganzen Darlegungen:
Strenge Scheidung *inner*politischer Probleme von
außerpolitischen.
*Weder* aus *liberalen* Sympathien Anschluß
an den Westen
*noch* aus *konservativen* Sympathien Anschluß
nach Rußland hin.
(eingehend in allen Konsequenzen zu erörtern).
Ausschließlich nationalpolitische Interessen und
staatlich-militärische Notwendigkeiten haben darüber
zu entscheiden

Erörterung dieser Interessenlage und ihrer Konsequenzen
1. Heftigster Gegenwartsfeind: *England*
Schwerste Zukunftsgefahr: *Rußland*
2. Daher: für Verständigung mit *Rußland* (die
*jetzt* leichter möglich ist): sehr starke *dauernde*
Garantien nötig im *staats*politischen Interesse
für Verständigung mit *England* (die jetzt schwerer
möglich ist): starke *temporäre* Garantien
erwünscht im *militärischen* Interesse.
3. Damit im Einklang unsre eignen *national*-
politischen Interessen:
a) *kein* solches Interesse an *Belgien*. Sondern:
ausschließlich *militärische* Interessen (Sicherung
gegen unneutrales Verhalten nach Art
Griechenlands). Dies besteht *nur* so lange, bis
eine Verständigung mit England gelungen ist.
Natur des Interessengegensatzes mit England.
b) sehr *starkes* nationalpolitisches Interesse
im *Osten,* sowohl
für uns selbst, als
für unsre Bundesgenossen.
Centrale Punkte:
für unsre Bundesgenossen die Unschädlichmachung *Serbiens*
für uns: eine annehmbare Erledigung der
*polnischen* Frage.
(Alles Andre teils Gefühlspolitik – ~~Balten~~
teils *Utopie*): ~~Ukraine~~
1) Natur unsres Interessengegensatzes gegen Rußland
„Volksimperialismus" der Bauern in
Rußland (temporär)

Dardanellenfrage (nicht unlösbar)

2) Erörterung des *polnischen* Problems in seinem Zusammenhang mit dem Problem *„Mitteleuropa"* (Dies letztere ein rein politisches, *kein zoll*politisches Problem, wenn es richtig gelöst wird).

Resultat: Aufgabe eines deutschen Friedens:
1. *militärische Sicherung* – nicht: Annexionen
2. Erhaltung des möglichsten Maximum von *Wahlfreiheit* für die Bündnispolitik der Zukunft.

Kurzsichtigkeit *aller* „Gefühlspolitik", auch der antienglischen. Die Zukunftsorientierung unter universalgeschichtlichen Gesichtspunkten: 1) *Sicherung* im *Westen*, – 2) *Cultur[-]aufgaben:* im *Osten.*

## *Deutschland unter den europäischen Weltmächten*

Nicht als Parteimann will ich reden. Politik habe ich immer nur unter dem nationalen Gesichtspunkte angesehen, nicht nur die auswärtige, sondern alle Politik überhaupt. Danach allein orientierte ich auch meine Parteizugehörigkeit. Als ich zum erstenmal mit meinem Vater zur Wahlurne ging, gab er einen liberalen Stimmzettel ab und ich einen konservativen, – jetzt längst nicht mehr. Ich habe dem alldeutschen Verbande angehört und erhielt in der Kriegszeit ein Zirkular mit der Überschrift „Alldeutscher Verband", welches mir (wie anderen) die Brandmarkung vor der Nachkommenschaft ankündigte. Ich überlasse diesen guten Leuten und schlechten Musikanten die Sorge für unsere Unsterblichkeit, halte es aber für richtig, scharf Farbe zu bekennen.

Es herrscht jetzt viel Gerede von „innerer Einigung". Das soll doch heißen: Einigung unter dem ausschließlichen Gesichtspunkt einer nationalen auswärtigen Politik. Gut! Es hat Zeiten gegeben, wo man Sympathien für ein Zusammengehen mit England hatte, deshalb, *weil* man liberal war. Nun, das ist jetzt und für immer vorbei. Ebenso aber hat es Parteien gegeben, die Rußland würdelos umschmeichelten, *weil* sie konservativ waren. Die „Kreuzzeitung" hat über Olmütz gejubelt und den Einmarsch der Heere des Kaisers Nikolaus ersehnt. Die Polizeidienste, die wir ohne jegliches politische Entgelt der russischen Regierung leisteten, haben in Rußland uns den Haß der Liberalen und – selbstverständlich – die Mißachtung der reaktionären Kreise eingetragen, wie jeder aus der Presse sich überzeugen konnte. Ist auch diese innerpolitische Sympathie mit Rußland jetzt vorbei? Ich glaube ganz und gar nicht. Mit Eifer bieten sich manche Berliner Politiker den Russen an, obwohl die russische Presse, gerade auch die reaktionäre, diesem Liebeswerben nur Hohn und Spott entgegensetzt. Dabei sind rein innerpolitische Gründe im Spiel. Nicht *einmal,* sondern Dutzende von Malen trat mir in Berlin die Äußerung entgegen: „Keine Verständigung mit England, denn das führt zum Parlamentarismus" oder: „Wie denken

Sie sich aber die innere Politik, wenn wir wirklich Belgien räumen sollten?" Und leider haben derartige Erwägungen auch in die U-Boot-Kriegsfrage hineingespielt, wie wir alle wissen. Denn ohne dies hätte jeder sich gesagt, daß es ein Frevel ist, den schwer kämpfenden Truppen draußen vorzureden: es gebe ein Mittel, den Krieg in einigen Monaten zu beenden. Männer, die innerpolitische Antipathien in unserer Kriegs- und Friedenspolitik mitsprechen lassen, *sind für mich keine nationalen Politiker,* und von einer inneren Einigung mit ihnen kann gar keine Rede sein. Unsere besondere internationale Lage und unsere Außeninteressen allein haben unsere Außenpolitik zu bestimmen.

*Welches sind nun diese unsere Außeninteressen und welches ist unsere besondere Lage?* Davon will ich reden und mich dabei ganz kühl und akademisch nicht an das Gefühl, sondern nur an das politische *Denken* wenden.

Unsere Außeninteressen sind zum erheblichen Teil rein geographisch bedingt. Wir sind ein Machtstaat. Für jeden Machtstaat bildet die Nachbarschaft eines anderen Machtstaates ein Hemmnis in der Freiheit seiner politischen Entschließungen, weil er auf ihn Rücksicht nehmen muß. Für jeden Machtstaat ist es wünschenswert, von möglichst schwachen Staaten oder doch von möglichst wenigen anderen Machtstaaten umgeben zu sein. Unser Schicksal nun hat es gefügt, daß nur Deutschland an drei große Landmächte, und noch dazu die stärksten nächst uns, und außerdem an die größte Seemacht als unmittelbarer Nachbar angrenzt und ihnen also im Wege ist. Kein anderes Land der Erde ist in dieser Lage.

Daraus folgt erstens die Notwendigkeit besonders starker Rüstung. Auch der extremste Pazifist bei uns wird das heute nicht mehr bestreiten. Aber es folgt daraus allerdings auch, daß wir unsere Politik mit unserer geographischen Lage in Einklang bringen müssen. – Was heißt das?

Das heißt zunächst, daß wir Politik nicht – wie Bismarck sagen würde – durch Einwerfen von Fensterscheiben betreiben dürfen, daß wir, heißt es, nicht, um unsere Gefühle auszutoben, Feindschaften auf uns nehmen dürfen, um solcher Objekte willen, *für welche wir unsere Machtmittel nicht einsetzen können oder wollen.* Bei dem heute üblichen Schelten auf unsere Diplomatie wird immer das eine vergessen: daß auch die beste Diplomatie gar nichts leisten kann, wenn die Politik einer Nation darin falsch orientiert wird. Die erste lange nachwirkende, schwere und dabei ganz nutzlose Niederlage, welche die deutsche Politik sich zugezogen hat – es muß einmal daran erinnert werden – ist durch die törichte Gefühlspolitik in der Burenfrage herbeigeführt worden. Die Nation, unter der Führung ganz der gleichen Kreise, die jetzt die „Fronde" betreiben, *nicht die Diplomatie,* machte den Fehler. Es war eine ganz planlose Gefühlspolitik oder – was dafür nur ein anderes Wort ist – eine alldeutsche Politik, die uns das zugezogen hat. Und es war nur einer von zahlreichen Fällen.

Es bedeutet weiter, daß wir nur eine sachliche Politik und keine *Politik des Hasses* treiben dürfen. Ich spreche nicht gegen Haß und Zorn als solche. Man kann das Große nicht wahrhaft lieben, wenn man das Niederträchtige nicht hassen kann. Deutscher Haß, einmal fest eingewurzelt, ist nachhaltig. Gewiß wäre es von England töricht, wenn es durch Fortsetzung seiner bisherigen Politik gegen uns sich einen Todfeind auf 100 Jahre schafft. Denn in der Tat kann es dann unter Umständen für unsere Politik unmöglich werden, darüber hinwegzukommen. Aber das ist Englands Sache. Töricht wäre es jedenfalls von unserer Seite, wollten wir jetzt unsere politischen Ziele abgrenzen nicht nach politischen Gesichtspunkten, sondern aus dem Gefühl eines noch so begreiflichen Hasses. *Gegen* uns ist der Haß am stärksten in Frankreich. Bei uns dagegen richtet sich der Haß ganz ausschließlich gegen England, ganz ebenso, wie er sich in Österreich ausschließlich gegen Italien richtet. Mag er nun in beiden Fällen menschlich noch so begreiflich sein, so sind doch die einzigen wirklichen Fehler, die – vielleicht! – in diesem Kriege gemacht worden sind, aus der Unsachlichkeit eben dieses Hassens geboren worden.

Sachliche Politik bedeutet weiter: keine *Politik der Eitelkeit,* des renommistischen Redens und Auftrumpfens, sondern eine Politik des *schweigenden Handelns*. Wie aber ist bei uns Politik gemacht worden? Vergleicht man etwa den Kolonialerwerb Deutschlands mit dem anderer Staaten in der gleichen Zeitspanne, so ist er wahrhaftig lächerlich bescheiden. Denkt man aber dann an den Lärm, der bei uns diesen bescheidenen Erwerb begleitete, als wenn es sich darum handelte, die halbe Welt zu verschlingen, – und vergleicht man damit dann das ruhige Schweigen der anderen, so wirkt das politisch für uns tief beschämend. Das war ein Produkt politischer Unerzogenheit der Nation, wiederum ein alldeutsches Produkt. Genau die gleiche Erscheinung: die gleichen alldeutschen Renommistereien, bei der Flotte. Und noch jetzt im Kriege erleben wir ja genau das gleiche. Man hat von dem „Ende des englischen Weltreichs" als Kriegsziel gefabelt, – als ob das englische Weltreich auf dem Besitz etwa des Suezkanals und ähnlicher Dinge und nicht vielmehr auf der nationalen Gemeinschaft der Angelsachsen beruhte, die nun einmal mehrere Kontinente teils ganz, teils halb besiedelt haben und die doch nun einmal von dort nicht durch uns herausgejagt werden können. Oder man hat von dem Ende der englischen Seemacht geredet. Und doch liegt es auf der Hand, daß auch bei gleich starker Flotte es für uns unmöglich wäre, den Hafen von Liverpool ebenso zu blockieren, wie für England den von Hamburg. Die geographische Lage Großbritanniens rein als solche erleichtert ja die Blockade Hamburgs und behindert die von Liverpool. Und der Besitz von ein paar Kanalhäfen würde daran gar nichts ändern. „Ja, wozu brauchen wir dann unsere Flotte!" bin ich daraufhin allen Ernstes gefragt worden. Es ist ein Glück, daß die ruhmvolle Seeschlacht beim Skager Rak angesichts dieses Unsinns auch jedem Laien gezeigt hat, wofür wir Schlachtschiffe brauchen. Ohne sie hätten wir die englische Landung in Dänemark. Wir brauchen sie auch, um England im Angriffsfall so schädigen zu können, daß es sich zweimal besinnt, uns anzugreifen. Und das wird es künftig tun. „Vernichten" aber können wir einander nun einmal nicht. In England wie bei uns sollte man dies prahlerische Gerede abstellen.

Wenn wir Bismarcks „Gedanken und Erinnerungen" aufschlagen, so werden wir finden, daß zu den nicht sehr zahlreichen gesperrt gedruckten Worten im Text auch die Warnung gehört, uns zu einer Politik der „Eitelkeit" und dazu verleiten zu lassen, aus den geographischen Bedingungen unseres Daseins heraustreten zu wollen. Das gilt auch heute noch. Denn am allerwenigsten dürfen wir, in unserer geographischen Lage, eine Politik der *Erobererеitelkeit* treiben wollen. Es ist öffentlich bekannt, daß eine Denkschrift mehrerer Interessenverbände unter alldeutschem Einfluß seinerzeit die Einverleibung – oder noch Schlimmeres: die Unterwerfung ohne Gewährung von Bürgerrecht! – für ganz Belgien und Nordfrankreich bis zur Somme gefordert hat. Wenn jemand diese, nach meiner Meinung unglaublich törichte, Ansicht hatte, – nun, so war es gewiß sein Recht, sie zu vertreten. Dazu stand ihm das Mittel der Eingabe an die politischen Instanzen und daneben der Erörterung mit den politischen Parteiführern zu Gebote. Den Weg zu diesen hatten gerade diese Herren nicht weit. Was aber geschah? In so zahlreichen Exemplaren wurde die Denkschrift gedruckt verschickt, daß nach kurzer Zeit ihr Inhalt Gemeingut aller ausländischen Zeitungen war: das also waren die deutschen Kriegsziele. Ich habe es von Anbeginn an als einen Fehler des Reichskanzlers angesehen, daß er diesem Unfug nicht scharf entgegentrat und den Ausdruck „Faustpfand" für Belgien nicht alsbald stets erneut unterstrich. Alldeutsche Einflüsse stellten sich ihm in den Weg. Als sich dann für jedermann deutlich herausstellte, daß *keinerlei* deutsche Autorität hinter den Plänen jenes Machwerks stand, war infolgedessen das Echo des Auslands: „Deutschland wird billiger", es fühlt sich also wohl schwach. Aber damit nicht genug: die Demagogie dieser Eitelkeitspolitiker – ich will ganz davon absehen, daß dahinter sich zum Teil materielle Interessen verbargen – ging nun dazu über, den Ehrenpunkt auszuspielen: „Wer Belgien herausgibt, der ist besiegt". So etwas ist doch auch rein *menschlich unerträglich.* Wenn die Armee draußen sich auf den Standpunkt stellte: „Wir haben diese Gebiete erobert, wir wollen nicht, daß sie herausgegeben werden", – nun, so würden wir immer noch für uns in Anspruch nehmen zu sagen: „Bedenkt, es ist vielleicht nicht klug". Bliebe sie dann dabei – gut. Wenn aber Daheimgebliebene, im Kontor oder auf dem Katheder oder wo immer sie sitzen mögen, – wenn die unseren Truppen, die draußen für Deutschlands Ruhm und Ehre das Unerhörte getan und unvergängliches Gedenken an ihre Fahnen geheftet haben, die Freude an dem ungeheuren Erfolg zu verderben und ihnen zu sagen sich herausnehmen: „Wenn nicht die Landkarte so und so verändert wird, dann habt ihr *umsonst* gefochten", – dann kann ich nur hoffen, daß sich noch deutsche Fäuste finden, um solchen Burschen auf den Mund zu schlagen. Das sind nicht die Leute, die in ernsten Stunden der Nation das Wort zu führen haben. Und dann noch eins: wir führen einen gemeinsamen Bundeskrieg. Jeder Admiral weiß, daß er im Geschwaderverband sich nach dem langsamsten Schiff richten muß. Wenden wir das einmal auf die Politik an. Für sachliche Lebensfragen eines Verbündeten werden alle beliebig lange weiter kämpfen. Nicht aber für eitle Erobererinteressen, für ein deutsches Belgien die anderen so wenig wie wir etwa für ein österreichisches Venedig.

Unsere Politik hat sachliche Politik zu sein, auch in der Aufregung des Krieges. Was folgt nun positiv daraus?

Zunächst folgt aus unserer geographischen Lage die *Notwendigkeit weitsichtiger Bündnispolitik.* Heute kann keine Weltmacht, auch nicht Rußland oder England, der Bündnisse für die Weltpolitik entbehren. Wir noch weniger als andere. Verteidigen können wir uns gegen eine Welt von Feinden auch allein. In der Welt mitreden nicht. Denn man könnte nicht etwa wegen Samoa gegen eine Weltkoalition wie diese in einen Krieg gehen. Die Nation hätte nicht so dahinter gestanden wie jetzt. Jede Bündnispolitik aber hat eine unumgängliche sachliche Voraussetzung: die möglichste *Erhaltung der Wahlfreiheit*. Bündnisse kann man um so zweckmäßiger schließen, je mehr Möglichkeiten man sich vorher, durch seine Politik, offengehalten hat. Und da war und ist nun für uns durch unsere *historische Lage* folgendes gegeben:

Es bestand *eine* absolute Schranke unserer Wahlfreiheit schon bisher: Frankreich. Es war für jeden Gegner gegen uns zu haben, und es war niemals für uns zu haben. Unsere ganze internationale Lage seit 1871 war dadurch bestimmt.

Eine neue Schwierigkeit, das wollen wir uns nicht verhehlen, ist jetzt hinzugetreten: die Sprengung des Dreibundes, dessen ausschließlicher Sinn im letzten Jahrzehnt die Erhaltung der Wahlfreiheit war. Dadurch ist unsere Wahlfreiheit wiederum eingeschränkt. Sehr verstärkt ist dadurch die Notwendigkeit, in unserer Gesamtpolitik wählen zu müssen zwischen den beiden größten Weltmächten: England und Rußland. Nicht notwendig in der Form eines Bündnisses, – das würden wir nur bei sehr gewichtigen Vorteilen abschließen. Wohl aber in der Form der Verständigung. Absolut notwendig aber ist, um eine zweckmäßige Politik nach dem Kriege zu ermöglichen, die Fernhaltung jeder weiteren nutzlosen Beschränkung unserer Wahlfreiheit, solange dies möglich ist. Jedenfalls dürfen wir sie uns nicht durch eine unsachliche Politik einschränken lassen. Es ist gewiß nicht wünschenswert, daß wir in Zukunft etwa auch Rußland uns für immer zum Gegner machen. Ebensowenig aber, statt Frankreich allein, nun: Frankreich *und England*. Denn in diesem Fall könnte uns Rußland die Bedingungen jeder Verständigung einseitig vorschreiben. Es hätte uns in der Tasche, wir würden sein Werkzeug. Unglaublicherweise ist aber in der letzten Zeit in der alldeutsch beeinflußten Presse sogar die Parole aufgetaucht: „Wir sind für Verständigung mit Rußland, *und deshalb* für den U-Boot-Krieg". Das heißt: wir wollen die ganze Welt gegen uns in die Schranken rufen, damit Rußland uns in der Tasche hat. Solch törichtes Gerede nennt man bei uns: nationale Politik.

Jede Verständigungspolitik nach dem Kriege muß von unseren *sachlichen Interessen* ausgehen. Welches also sind diese? *Was liegt zwischen uns und unseren Feinden*, – nach Ausscheidung aller Gefühls- und Eitelkeitsfragen?

Man hat gesagt: *wirtschaftliche Gründe* haben den Krieg bedingt. Ist das wahr? Wo sind sie bei Frankreich? Wo bei Italien? Bei Serbien? Bei Rumänien? Schön, sagt man, aber bei England: Eben deshalb, weil da wirtschaftliche Gründe vorliegen, sei es unser „natürlicher Feind". Wirklich? Und Rußland weniger?

Fast jede Handelsvertragsverhandlung mit Rußland hat doch zu Kriegsdrohungen Rußlands gegen uns geführt. Gewiß: England war unsere industrielle Konkurrenz sehr im Wege. Vor allem: die Preispolitik mancher Kartelle: hohe Preise im Inland, Schleuderpreise im Ausland, das sogen. „dumping". Rußland andererseits verlangte: das Opfer unserer Landwirtschaft. In beiden Fällen ist aber aus diesen Gründen kein Krieg entstanden, wäre er nicht entstanden, und wird er künftig erst recht nicht entstehen. Denn das ist ein einfaches Rechenexempel. Nehmen wir einmal an, England könne uns wirklich 2 bis 3 Milliarden von unserem Überseehandel dauernd gewaltsam abnehmen. Nehmen wir weiter an, daß an Unternehmergewinn und reinem Arbeitslohn dabei für England 400 bis 500 Millionen mehr jährlich herauskämen, – das ist gut gerechnet. Die Verzinsung der diesmaligen englischen Kriegskosten aber wird schon jetzt mehr als 3 Milliarden jährlich betragen. So schlecht rechnet dort niemand.

Aber könnte man sagen: der Interessengegensatz im Orient: der Kampf gegen die Linie Berlin – Bagdad. War das ein rein wirtschaftliches Problem? Und war dies unausgleichbar? Die Erfahrung hat gelehrt: nein. Gewiß: wenn dadurch die Orientstellung Englands *politisch* bedroht werden sollte, dann freilich trug diese Interessenkonkurrenz den Keim des Krieges in sich. Sonst nicht. Wie aber stellt sich denn unser Interesse zu dem Rußlands? Da handelt es sich nicht um Bagdad, sondern um Konstantinopel selbst! Die Erfahrungen des tripolitanischen Krieges, die Bankerotte in Odessa, als damals die Dardanellen gesperrt wurden, haben das *wirtschaftliche* Interesse Rußlands an Konstantinopel gewaltig in den Vordergrund gerückt. Rußland ist die schlechthin einzige Macht, die an dem, was wir *politisch* nicht zulassen wollen: am Untergang der Türkei, *wirtschaftlich* interessiert ist und vorläufig bleibt. England und Frankreich dagegen hatten seit alters ganz ebenso wie wir das entgegengesetzte Interesse. Erst jetzt, aus *politischen* Gründen, haben sie sich anders gestellt. Unsere eigenen rein wirtschaftlichen Interessen in der Türkei sind bedeutend. Immerhin muß man doch bedenken: wenn man den Reinertrag der dortigen Unternehmungen für uns nach Abzug der Kosten berechnet, so könnten von den Renten vielleicht 50000 bis 60000 von den 70 Millionen Deutschen bescheiden existieren. Sehr wichtige *politische,* nicht aber wirtschaftliche Gründe bestimmen also letztlich unser Verhalten zur Türkei. Eine wirtschaftliche Verständigung mit den Westmächten über den Orient wäre wahrscheinlich sofort möglich, wenn der politische Gegensatz nicht mehr bestände. Eine Verständigung mit Rußland darüber ist politisch *und* wirtschaftlich schwer, solange nicht die unbedingte *politische* Integrität der Türkei als Grundlage anerkannt ist. Die vielberedte Ablenkung auf Persien bedeutet für Rußland keinerlei Ersatz für Konzessionen an den Dardanellen. Und was schließlich das national-türkische Interesse selbst anlangt, so muß man sich doch nüchtern klarmachen: daß nach dem Kriege die Türkei neben unserem Geldmarkt auch den der Westmächte wieder wird suchen wollen. Wir sind gewiß für die Türkei der naturgemäße, weil notwendig politisch uneigennützige Freund. Aber sie wird uns schwerlich das absolute Monopol einer wirtschaftlichen Freundschaft gewähren wollen oder auch nur können.

Und schließlich findet sich in unserer Lage gegenüber Rußland noch ein wirtschaftliches Element, welches bei den Westmächten gänzlich fehlt: der russische Volksimperialismus, wie ein österreichischer Sozialdemokrat es genannt hat: die Expansionstendenz durch den Landhunger der russischen Bauern. Der ist Folge des Kulturzustandes, er wird irgendwann schwinden, aber er wird vorläufig zunehmen.

Alles in allem also entscheidet die *wirtschaftliche* Interessen-Konstellation, rein aus sich, *keinesfalls zugunsten einer Verständigung mit Rußland.* Indessen die wirtschaftlichen Gründe waren ja nicht die wirklichen Kriegsgründe. Diese waren, wie fast immer, politischer Natur. Welche waren sie?

Zunächst für *Frankreich:* Vor allem natürlich unsere Existenz als benachbarter Machtstaat an sich. Aber Frankreich wird uns so wenig aus der Welt schaffen wie wir Frankreich. Dann ein Einzelgrund: das Elsaß. Diese Frage war vor 15 Jahren auf dem Punkt, sich allmählich von selbst zu erledigen und wäre längst erledigt, wenn nicht ein Grundfehler der Bismarckschen Politik dort einen Zustand geschaffen hätte, der in den Augen der Franzosen und auch der Elsässer selbst nur ein Provisorium bedeuten *konnte.* Es ist eine der allerwichtigsten Friedensgarantien, daß dieser Zustand unbedingt ein Ende nimmt. Nur ein großer Staat ersetzt den Elsässern Frankreich. Das Elsaß kann finanziell nur gedeihen durch Anschluß an einen Bundesstaat, der groß genug ist, um die künftig unvermeidliche jährliche Mehrausgabe von etwa 40 Mill[ionen] nicht scheuen zu müssen. Würde diese Lösung etwa durch Eifersüchteleien der Regierungen verhindert, so trügen diese die furchtbare Verantwortung, wenn in der Tat der Krieg nutzlos geführt ist. Aber in den letzten Jahren war nun ein weiterer ganz entscheidender Kriegsgrund hinzugetreten: seit Einführung der dreijährigen Dienstzeit betrachtete die gebildete Schicht in Frankreich wie ein Mann den Krieg als unvermeidlich. „Wir werden Barbaren, wenn wir alle wirklich drei Jahre in der Kaserne liegen; wir brauchen den Krieg bis aufs Messer. Entweder wir brauchen nachher die starke Armee nicht mehr, oder – sie lohnt sich nicht mehr.“ Das sagte mir ein Jahr vor dem Kriege ein gebildeter Franzose. Nun, dieser Kriegsgrund wird fortfallen. Die Finanzen der Staaten auf der einen Seite, die Notwendigkeit der Ausbildung jedes Mannes auf der anderen werden automatisch in allen Ländern die Abkürzung der Dienstzeit erzwingen. Nicht ein Bündnis, aber eine friedliche Beziehung zu Frankreich wird dann möglich sein.

Nun zu *England.* Nicht die deutsche Konkurrenz war der entscheidende Kriegsgrund, sondern die vermeintliche Bedrohung durch unsere *Flotte.* Der englische Spießbürger fürchtete die Gefahr einer Landung. Der englische Weltpolitiker aber fand den Zwang unerträglich, die ganze englische Flotte in der Nordsee zu konzentrieren; das bedeutete eine Einschränkung der weltpolitischen Handlungsfreiheit und zwang zu Opfern an andere, die England sonst nie gebracht hätte. Ist da eine Änderung möglich? Nach dem Geschehenen gewiß nicht leicht. Aber eine Verständigung ist ja seinerzeit versucht worden unter Beteiligung des Staatssekretärs v. Tirpitz. Woran scheiterte sie? Nicht an der Formel. Sondern einmal daran, daß *kein Teil dem anderen traute,* dann aber auch daran, daß sie zu *spät* versucht wurde, als England schon zu fest engagiert war. Da Deutschland nur eine Verteidigungsflotte braucht, ist künftig eine Änderung dieser Lage nicht ausgeschlossen. Vorbedingung ist freilich: einmal eine Änderung des Seerechts von Grund auf. Dazu wird sich England früher oder später ohnedies verstehen müssen, sonst droht ihm bei jeder künftigen kriegerischen Verwicklung auch der Krieg mit neutralen Großmächten. Denn niemals würden *wir* uns das gefallen lassen, was jetzt Amerika und andere Neutrale sich von England bieten lassen. Und auch Amerika wird, wenn es erst seine Kriegs- und Handels-Flotte hat, es sich nicht mehr bieten lassen.

Und ferner: daß auf kolonialpolitischem Gebiet England zu dem Grundsatz: „Leben und Lebenlassen" sich bekennt. Wir brauchen statt unseres Streubesitzes gewiß keine Welteroberung, aber eine arrondierte Interessensphäre, wie andere Länder sie auch haben, ohne daß jemand dadurch gefährdet wird. Nun ist seit dem Krieg die *belgische Frage* zwischen uns getreten. Der Kriegsgrund war unser Einmarsch in Belgien nicht, das wissen wir ja. Aber daß über Belgien ein Einvernehmen hergestellt wird, ist allerdings Vorbedingung einer ehrlichen dauernden Auseinandersetzung. Die dauernde Besetzung Belgiens durch uns in Verbindung mit unserer Flotte bedeutet für England die Notwendigkeit, außer der größten Flotte auch ein sehr großes Landheer zu halten, und das erklärt die Hartnäckigkeit des Krieges. Eine dauernde Kriegsgefahr gegenüber Frankreich *und* England, wie sie die Eroberung Belgiens bedeuten würde, hätte aber für die Zukunft die Folge für uns: daß wir uns *nicht* auf gleichem Fuß mit Rußland verständigen könnten, sondern ihm preisgegeben wären. – Wie steht es nun angesichts dessen mit unseren eigenen Interessen an Belgien?

Zunächst: Was war der Sinn unseres Durchmarsches? Eroberungsabsicht? Kein Deutscher hat an so etwas vor dem Krieg auch nur im Traum gedacht. Sondern das *Fehlen der effektiven Neutralität* auf belgischer Seite. Da waren nicht die verdächtigen Verhandlungen Belgiens mit unseren Feinden das letztlich Entscheidende. Die folgten erst aus der Lage, in welche Belgien sich gebracht hatte. Entscheidend war: daß Belgien zwar seine Grenze gegen uns verteidigungsfähig gemacht hatte, sich aber *außerstande gesetzt hatte, seine Grenze gegen Frankreich und England überhaupt zu schützen*. Das war in der Tat „papierne", nicht effektive Neutralität. Bei einem französisch-englischen Angriff befand es sich in der Lage Griechenlands. Wenn uns freilich England seine eigene Neutralität zusagte, dann war der Durchmarsch dennoch überflüssig. Das tat Herr Grey aber bekanntlich nicht, und damit war der Garantievertrag, den ja die nunmehr kriegführenden Mächte abgeschlossen hatten, ein wertloser Fetzen Papier geworden. Ein neutraler Staat wie Belgien sein wollte, hatte die Pflicht, sich in den Stand zu setzen, alle seine Grenzen verteidigungsfähig zu erhalten. Den Belgiern war diese Lage auch gut bekannt. Durch die ganze Presse war die Äußerung des Deutschen Kaisers bei den Schweizer Manövern gegangen: *„daß wir an unserer anderen Flanke" (in Belgien also) „ungedeckt" seien.* Die Schweiz und Holland schützten ihre Neutralität effektiv. Holland tat das bekanntlich gegen Englands Widerspruch. Belgien allein tat es nicht.

Welches Interesse haben wir nun jetzt, nach dem Einmarsch, an Belgien? Nach meiner Ansicht kein wirtschaftliches. Wenn man nämlich das wirtschaftliche Interesse *national* versteht *und nicht als ein Profitinteresse einzelner Unternehmer*. Antwerpen bleibt immer eine nichtdeutsche Stadt. Die belgische Industrie wird immer welsches Volkstum tragen. Wir haben kein Interesse daran, für den Profit einiger deutscher Reeder, Bankiers und Unternehmer unseren Arbeitern die Konkurrenz eines Fremdvolks auf den Hals zu hetzen. Haben wir etwa ein Interesse an einer deutschen Verwaltung Belgiens? Sie wäre ein Unding. Man braucht die Verhältnisse nur auszudenken, die entstehen würden. Sie sind jetzt trotz der Tüchtigkeit unserer Beamten nur haltbar, weil eben das Kriegsrecht dahinter steht. Und ganz undenkbar ist eine Kastration Belgiens durch eine *dauernde* deutsche Vormundschaft. Wer an so etwas denkt, unterschätzt die Wirkung des Würde- und Ehrgefühls zivilisierter Völker. Wir haben ein Kultur-Interesse daran, daß das vlamische Volkstum nicht verwelscht, ein politisches daran, daß es nicht rein französisch beeinflußt wird. Aber die Vlamen denken gar nicht daran, die deutsche Beherrschung für die französische eintauschen zu wollen. Die Revolte in Belgien würde in Permanenz sein, und wir würden im Westen niemals wieder die Hände frei bekommen. Wir wären Rußland preisgegeben.

Unser Interesse ist ein rein politisches. Belgien darf kein Einfallstor unserer Feinde werden. Daß es das werden *müsse,* wenn wir es nicht zum Klientelstaat erniedrigen, – das ist ein Irrtum. Die Belgier wollen unabhängig sein. Jetzt freilich und in der nächsten Zukunft wirkt der Haß gegen uns. Garantien sind also nötig. Welcher Art sie sein müssen, das allein ist die Frage. Wenn von „realen" Garantien die Rede ist, so heißt es wohl: militärisch wirksame Garantien. Und zwar so lange, *bis sie überflüssig werden.* Sie wären schon jetzt überflüssig, wenn ein festes Neutralitätsbündnis Belgiens mit Holland denkbar wäre. Leider ist das augenblicklich sehr wenig wahrscheinlich. Also muß die Änderung der gesamtpolitischen Situation den Zeitpunkt ergeben. Je früher, je besser.

Die englischen Minister verlangen ihrerseits „Garantien" von uns. Was sie sich darunter denken, sagen sie nicht. Was der Sinn unserer Garantien ist, wissen sie dagegen. Jedenfalls ist der Sinn beiderseits, wenn man sachliche Politik treibt: Garantien, *bis sie überflüssig werden.* Also: auf Zeit.

Demgegenüber nun *Rußland:* Die wirklichen, d.h. die politischen Kriegsgründe, waren hier einerseits das Machtinteresse der Bürokratie und der Großfürstenschaft. Andererseits die *panslawistische Legende.* Diese ist nun in diesem Kriege – das ist ein wichtiges Ereignis – durch die Haltung vor allem der Bulgaren und Polen zerbrochen worden. Und der Traum von der Zertrümmerung Österreichs und der Herrschaft der russischen Bureaukratie über alle Slawen wird nun, hoffentlich, damit ausgeträumt sein. Für uns allein wäre eine Verständigung für die Gegenwart vielleicht – ich weiß es nicht – möglich. Wir hätten freilich auch dabei zu bedenken, daß nicht die slawische Frage allein im Wege steht: auch die Ostseefrage: die Frage der Alandsinseln, liegt heute zwischen uns. Indessen die wirklichen Schwierigkeiten liegen anderswo. Zunächst und vor allem darin, daß wir *Bundesgenossen* haben und *haben müssen.* Wir haben sie nur im Osten, nicht im Westen. Im Osten, nicht im Westen fing der Krieg an. Mit großem Nachdruck muß daran erinnert werden: uns durch Annexion zu arrondieren, unsere Bundesgenossen aber an ganz entscheidenden Punkten – etwa: Armenien – Provinzen abtreten zu lassen, würde uns in die Unmöglichkeit versetzen, in Zukunft Bündnispolitik zu treiben. Wir können nur eine Verständigung annehmen, die unseren östlichen Bundesgenossen annehmbar ist.

Weiter: die Bedrohung von Osten her nimmt, infolge der Volkszunahme Rußlands, in Zukunft zu. Das ist im Westen nicht der Fall. Und vor allem: Die Bedrohung von *Rußland* her ist die einzige, die sich *gegen unsere Existenz* als nationaler Machtstaat überhaupt richtet. England kann wohl unseren Seehandel lahmlegen, – unseren gesamten Außenhandel überhaupt schon nur bei einer solchen Koalition wie jetzt. Frankreich kann uns ein Stück Land wegnehmen. Ein siegreiches Rußland kann unsere Selbständigkeit vernichten. –

Jedenfalls also: eine Verständigung mit Rußland ist nicht leicht. Sie ist, deutlich gesagt, nur möglich im Falle eines *Desinteressements Rußlands zum mindesten an der serbischen und polnischen Frage*. Denn beide sind Existenzfragen für Österreich und uns. Und sie ist nur möglich bei *dauernden* Garantien, weil die Bedrohung dauernd, und bei *sehr starken* Garantien, weil sie im Wachsen ist. –

Nun aber etwas Letztes: Rußland bedroht nicht nur unsere staatliche Stellung, sondern unsere ganze Kultur und darüber hinaus die Weltkultur, *solange* es so geartet ist wie jetzt. In dieser Art trifft das für keine andere Macht zu. Unter universalgeschichtlichen Gesichtspunkten werden künftig die Streitpunkte im Westen, wegen Belgien, als Lappalien erscheinen gegenüber den Entwicklungen im Osten, welche Weltentscheidungen bedeuten.

Und auch wir selbst: im Osten, nicht aber (nach Lösung der Vlamenfrage) im Westen, werden wir außerhalb unserer Grenzen *Kulturaufgaben* haben. Kulturaufgaben? Der moderne deutsche sog. „Realpolitiker" zuckt darüber die Achseln. Es ist eigentümlich: andere Nationen treiben Realpolitik und schwatzen nicht darüber. Der Deutsche aber muß auch aus der Realpolitik sich eine Phrase machen, an die er dann mit der ganzen Inbrunst eines – ich möchte sagen – femininen Gefühls glaubt. Wie steht es denn mit der realpolitischen Bedeutung der „Kultur"? (Wir wollen hier der Einfachheit wegen unter „Kulturgemeinschaft" jetzt einmal nur die durch die Sprache begründete Gemeinschaft verstehen, die „Nation" also im Sinne von Sprach- und Literaturgemeinschaft.) Der Krieg hat den Nimbus des *Staates* gewaltig gehoben: *„Der Staat, nicht die Nation"*, ist die Parole. Ist sie richtig? Erkundigen Sie sich bei österreichischen Offizieren einmal über die fundamentale Schwierigkeit, die dadurch gegeben ist, daß der Offizier nur 50 deutsche Kommandoworte mit seiner Mannschaft gemein hat. Wie soll er im Schützengraben mit ihr Gemeinschaft pflegen? Was soll er tun, wenn etwas Unvorhergesehenes, nicht durch jene Worte Gedecktes, geschieht? Vollends im Fall einer Niederlage? Blicken Sie noch weiter östlich auf das russische Heer, das zahlreichste der Erde: 2 Millionen Gefangene sprechen eine deutliche Sprache dafür, daß der Staat zwar vieles kann, daß er aber nicht die Macht hat, die *freie Hingabe des einzelnen* an sich zu erzwingen, ohne welche die innere Wiedergeburt Deutschlands zu Beginn dieses Krieges unmöglich gewesen wäre.

Diese Bedeutung der Kultur hat aber für uns auch *negative* Konsequenzen, die wir uns rückhaltlos klarmachen müssen. Jede Politik jenseits unserer Ostgrenze ist, gerade wenn sie Realpolitik ist, *unvermeidlich westslawische Politik*, und *nicht* deutschnationale Politik. Daß dies das Schicksal des Krieges ist, ist eine ganz zentrale Einsicht, die wir die sittliche Selbstzucht haben müssen uns nicht zu verhehlen. Auch einige hunderttausend deutscher Kolonisten in Kurland würden daran gar nichts ändern. Ihren gefühlspolitischen Wert verkenne ich nicht – realpolitisch aber bedeuten sie schlechterdings *nichts*. Würden wir im Osten deutsche Nationalitätspolitik treiben, so würden wir die 15 Millionen dazwischensitzenden Slawen für alle Zeit zu Todfeinden und Parteigängern Rußlands machen. –

Was folgt nun aus dem Gesagten? Zunächst: daß alle Friedensziele töricht sind, die jedem Hunde der feindlichen Meute ein Stück vom Schwanz abhacken würden. Das hat Bismarck 1866 weislich vermieden. Dann: daß für die Gegenwart zwar eine Verständigung mit England gefühlspolitisch und infolge des einmal bestehenden Mißtrauens schwierig ist, daß aber für die Zukunft die größere Schwierigkeit Rußland gegenüber besteht, weil es der dauernd gefährlichere Nachbar bleibt und weil es immer stärker wird. Daß wir im Westen nur zeitweilige, im Osten aber dauernde und auch stärkere Garantien brauchen als im Westen. Daß eine dauernde Verständigung mit Rußland gewiß möglich ist, aber nur bei starken Änderungen in den Grundlagen seiner Politik: Einschränkung seines Eroberungsdranges oder Änderung seines Expansionszieles. – Feststeht aber natürlich eins: *verständigen werden wir uns nach dem Krieg unter allen Umständen mit dem, der uns die besseren Garantien gibt;* es sei wer er wolle. Dem können auch wir alle denkbaren Freundschaftsgarantien geben. Unabhängig aber muß diese Frage bleiben von unsachlichen Motiven: von Haß, von Eitelkeit und unabhängig vor allem auch: von innerpolitischen Sympathien.

Ich habe bisher von unseren Gegnern allein gesprochen. Von unseren Beziehungen zu unseren Verbündeten enthält verwickelte Probleme nur unser Verhältnis zu *Österreich-Ungarn.* Eins freilich ist selbstverständlich: Solange nicht die Politik dieser unserer großen Nachbarmonarchie uns ein anderes Verhalten absolut aufzwingt – und das ist nicht zu erwarten – kann unser Interesse stets nur dahin gehen: das Bündnis immer noch inniger zu gestalten. Wir denken dabei an das glänzende Buch unseres Freundes Naumann. Seine Intuition allein hat bei uns und drüben das starke Stimmungskapital geschaffen, mit dem jetzt die Politiker diesseits und jenseits wirtschaften können. Rein sachliche politische Erwägungen müssen nun den Weg zum Ziele bestimmen. Die Schwierigkeiten sind natürlich nicht ganz gering. Wirtschaftliche Momente können auch hier nicht den Ausschlag geben. Ein „gutes Geschäft" ist die engere zollpolitische Verbindung für uns durchaus nicht sicher. Aber die entscheidenden Probleme sind natürlich auch hier politische. Die beteiligten Dynastien und auch die Völker werden ihre Bewegungsfreiheit sich nicht gern beschränken lassen. Ganz einfach ist dabei die Lage gerade für uns nicht. Ein enger Verband mit zwei souveränen Staaten belastet uns mit allen Konsequenzen von deren äußerer und innerer Politik und Wirtschaftspolitik. Und gerade der Versuch, eine *wirtschaftliche* Einigung herbeizuführen, belastet, wenn er gelingt, die gegenseitige Beziehung mit all jenen Verstimmungen, welche aus dem wirtschaftlichen Wettbewerb folgen. Man muß sich jedenfalls ganz klarmachen: daß der Inhalt der Militärkonvention für beide Teile bei weitem das Wichtigste von allem ist, weit wichtiger z.B. als alle Zollfragen. Die beiden Heere müssen, wenn die neue Entwicklung einen Fortschritt im Vergleich mit der Gegenwart bedeuten soll, in ihren inneren Einrichtungen und im Kriege im Kommando so ineinandergreifen können, als ob sie Verbände eines einheitlichen Heeres wären. Und doch muß dabei die beiderseitige Militärhoheit gewahrt bleiben. Eine solche Konvention ist schwerlich auf der Grundlage eines kündbaren Bündnisses möglich. Und jeder derartige Versuch erfordert von beiden Seiten vor allen Dingen ein ganz ungeheures Maß von Vertrauen. Beide Teile dürfen nicht enttäuscht sein, wenn er nicht sofort in allen Einzelheiten ihren Idealen entspricht. Wird er in die richtige, für alle Teile zweckmäßige Bahn gelenkt, so führt das Schwergewicht der Tatsachen weiter als der formelle Inhalt. In den siebziger Jahren kam einmal bei Bismarck die Rede auf die Verhandlungen über den Eintritt *Bayerns* in das Deutsche Reich. Schräg gegenüber dem Reichskanzler saß der bayerische Bundesratsbevollmächtigte, um beide herum Abgeordnete der nationalliberalen Partei. Die heikle Frage der bayerischen Reservatrechte, der Enttäuschung, welche sie anfänglich erregt hatten, wurde berührt. Der Reichskanzler sagte etwa: Gewiß, die Stimmung in Deutschland und auch in Bayern selbst war unter der Einwirkung des Krieges so, daß wir von der bayerischen Regierung durch einen scharfen Druck wohl mehr hätten erreichen können. „Aber", fuhr er fort, indem er die Hand über den Tisch nach dem bayerischen Gesandten hin reckte, „wenn ein Freund seine Hand in meine gelegt hat, *so werde ich sie doch nicht zerquetschen*", – und er ballte sie zusammen. Ich sprach Anwesende gleich nachher; der Eindruck war gewaltig: es war der grandiose Stil der deutschen Politik jener Tage. Ich denke: das, was Bismarck sagte, ist gehalten worden: – Bayerns Dynastie und Volk haben ihr Vertrauen nicht zu bereuen gehabt, und die Einrichtung genügte trotz ihrer Mängel. Nun ist aber freilich die Frage eines Bündnisses unter mehreren gleich mächtigen Großstaaten eine andere als die zwischen dem Norddeutschen Bunde und auch einem starken deutschen Einzelstaat. Da mußte nur Bayern das Vertrauen haben, nicht vergewaltigt zu werden. In diesem Falle müssen *beide* Teile es haben. Auch wir. Und damit komme ich denn zuletzt auf den wichtigsten Punkt, an dem sich das zeigen muß und wird. Gemeinsam erobert sind Serbien und Polen. Die Probe *unserer* Bundestreue ist: daß über Serbien nur so disponiert werden wird, wie es Österreich und Ungarn verlangen. Die Probe der Treue unserer Bundesgenossen ist: daß über das eroberte *Polen* nur so disponiert werden kann, *wie es unsere Lebensinteressen erheischen.* Die polnische Frage reicht bei uns bis vor die Tore der Reichshauptstadt. Jede Landkarte ergibt, daß das Schicksal Kongreß-Polens über Schlesien entscheidet und uns unendlich näher berührt als Österreich. Niemand wird erwarten, daß wir uns als Resultat des Krieges ein Serbien vor die Tür setzen, welches durch sein Schwergewicht die Nachbarmonarchie *gegen* uns beeinflussen könnte. Eine wirklich glatte, sowohl für uns wie für Österreich und für die Polen befriedigende Lösung der polnischen Frage *gibt es nicht.* Rein politisch war der Zustand vor dem Kriege für unser Interesse so lange erträglich, als Rußland nicht – wie es im Begriff stand – Polen als Operationsbasis gegen uns ausbaute. Jetzt ist dieser Zustand von vor dem Kriege nicht mehr möglich. Polen wurde russisches Einfallstor, die Polen selbst sämtlich Parteigänger der Einigung unter russischer Oberherrschaft. Es ist nun bekannt, daß die Polen Galiziens und vielleicht anfangs ein Teil der Kongreß-Polen die Angliederung an Österreich wünschten. Dies wäre aber allerdings nur möglich, wenn wirklich zwischen uns und Österreich-Ungarn ein ewiger unzerreißbarer Staatenbund, das heißt: neben dem ewigen Militärbündnis eine volle Wirtschafts-, Zoll-, Bank- und Währungsgemeinschaft derart geschaffen würde, daß die drei Staaten trotz ihrer Souveränität einen für alle Zeit unzerreißbaren Verband bildeten. Bloße Verabredungen tun das nicht. Für uns wäre eine Befriedigung solcher Wünsche vielleicht politisch so ratsam, daß wir sogar jenes sehr starke politische und wirtschaftliche Opfer zu bringen uns entschließen könnten: ich lasse das hier unerörtert. Denn unsere Bundesgenossen müssen zuerst entscheiden, ob *sie* das können und wollen. Die preußischen Polen und eine wachsend starke Partei Kongreß-Polens wünschen die Angliederung an uns als verbündeter, aber selbständiger Staat. Das wäre die einfachere Lösung. Wirtschaftlich brauchten wir von diesem Staate nur die Meistbegünstigung. In allen anderen Dingen wäre absolut entscheidend nur: nichts zu versprechen, was wir nicht halten können, alles loyal zu halten, was versprochen ist. Das aber können wir. Wir sind in der Lage, jene Forderungen der Polen selbst, welche sie 1905 während der Revolution an Rußland stellten, weit zu überbieten. Die Nation würde die volle Selbstregierung haben. Nur militärisch müssen wir – das verkennen die Polen selbst am wenigsten – die Garantien für unsere Nordostgrenze angesichts der russischen Übermacht in eigener Hand haben.

Nun hat man gesagt, und auch Parteiführer der Rechten haben das getan: was gehen denn uns die Polen an? Ja, ich wiederhole, die Polen reichen bis vor die Tore Berlins. Ich galt für einen Polenfeind. Ich verwahre noch einen mit Namen unterzeichneten Brief aus Lemberg von vor 20 Jahren, der das Bedauern aussprach, daß mein Urahne nicht von einem mongolischen Schwein gefressen sei – davor hätten mich die Polen bewahrt, und nun bewähre ich mich schlecht. Gewiß: gegen die Nationalitätenkonkurrenz nach dem System der billigeren Hand, Unterbieten im Arbeitslohn durch ausländische Arbeiter, habe ich mich gewendet und trat aus dem Alldeutschen Verband aus, weil er das Interesse der Großgrundbesitzer an billigeren slawischen Arbeitskräften über das der Nationalität stellte. Die alldeutsche, törichte und unwirksame Sprachenpolitik gegen die Polen habe ich niemals mitgemacht. Jetzt aber ist – innen und außen – die Lage völlig verändert, genau so, wie ich es alldeutsch beeinflußten Kollegen vor dem Kriege voraussagte. Im Innern muß eine ehrliche Verständigung mit den Polen, die wie alle anderen ihre Pflicht taten, stattfinden. Jenseits unserer Grenze aber können wir, in Polen und im Osten überhaupt, nachdem einmal dieser Krieg gekommen ist, keine großdeutsche Politik treiben. Sondern es ist unser Schicksal, daß dieser Krieg die Westslawenfrage aufrollt, und daß wir im Osten Befreier der kleinen Nationen selbst dann sein würden, wenn wir es nicht wollten. (Der inzwischen im preußischen Abgeordnetenhaus eingebrachte Antrag zur Polenfrage und die Reden der Politiker dazu sind – von anderem abgesehen – das vernichtendste Zeugnis gegen deren politische Urteilsfähigkeit oder Urteilswilligkeit; denn daß dieser Schritt bevorstand, wußten die Führer so gut wie andere mindestens seit mehreren Monaten.)

Als eine der Phrasen unserer Gegner wurde ja das Problem der „kleinen Nationen" aufgeworfen. Wenn sie wirklich auf der Grundlage des Nationalitätenprinzips Frieden schließen wollten, nun, das könnten wir – sagen wir das doch mit lauter Stimme vor der ganzen Welt! – jeden Tag. Aber: „Que Messieurs les assassins commencent!" Der Friedensvertrag hätte dann also zu besagen, daß Irland, Malta, Gibraltar, Ägypten, Indien, die Buren, Indochina, Marokko, Tunis, die Araber in Algier, die Polen, Ukrainer, Litauer, Letten, Esten, Finnländer, Kaukasusvölker, – daß, sage ich, diese 350 Millionen Fremdvölker, welche unsere Gegner ungefragt beherrschen, ausbeuten, in unsere Maschinengewehre jagen, in einer – sagen wir – durch den menschenfreundlichen Herrn Präsidenten der Vereinigten Staaten zu kontrollierenden freien Abstimmung sich zu äußern hätten, ob sie einen eigenen Staat bilden wollen oder nicht. Wir wollen dabei gern unseren Gegnern zugestehen, daß man kein Prinzip bis zum Unsinn treiben kann. Die drei rationalen Komponenten einer politischen Grenzabsteckung: militärische Sicherheit, ökonomische Interessengemeinschaft, nationale Kulturgemeinschaft, harmonieren nun einmal auf der Landkarte nicht, und solange es Staaten mit Armeen und Wirtschaftspolitik gibt, sind Kompromisse zwischen jenen Prinzipien unvermeidlich. Mehr als das militärisch Unentbehrliche besitzen an fremdvölkischem Land wir selbst weder im Westen noch im Osten, wo ja innerhalb unserer Grenzen Deutsche und Polen dörferweise durcheinander und benachbart auf demselben Boden sitzen, so daß eine Grenzziehung gar nicht möglich ist. Eine reinliche Scheidung der Nationalitäten Österreich-Ungarns in selbständige reine Nationalstaaten ist teils schon geographisch unmöglich, teils würde sie zum politischen oder wirtschaftlichen Unsinn in der Staatsbegrenzung führen. Hier ist für immer nur die Nationalitätenföderation in einem übernationalen Staatswesen möglich. Unsere Gegner aber können gar nicht daran denken, ihrerseits mit dem Nationalitätenprinzip Ernst zu machen. Das französische ebenso wie das russische und englische Weltreich wären ja damit von vornherein gerichtet. Wir dagegen *müssen* damit Ernst machen im eigenen Interesse. Nicht wir waren es, die das Prinzip des Machtstaates über die Schranken der Nation hinaustrugen. Wir besitzen keine Kolonie, deren Einwohner wie die Inder, Birmanen, Cochinchinesen, Araber, Litauer, Ukrainer, Georgier, Finnen eine eigene und zum Teil uralte Kultur und, mindestens Rußland gegenüber, eine weit *überlegene* Kultur besäßen.

Aber freilich: ein Machtstaat sind auch wir. Und daß wir das sind, *das ist der letzte entscheidende Kriegsgrund.* Gelänge es, uns zu vernichten, so hätten alle unsere Gegner für die Teilung der Welt freie Hand und brauchten dafür nur die Hälfte ihrer jetzigen Heere zu halten. *Das* ist wahr an dem Gerede über den Kampf gegen den Militarismus. *Warum sind wir eigentlich ein Machtstaat geworden?,* fragen wir also zuletzt. Sind denn Nationen, die keine großen Machtstaaten bilden, sind die „kleinen" Nationen, die Schweizer, Holländer, Dänen, Norweger, Schweden etwa um deswillen *weniger wert? Keinem Deutschen* ist es in den Sinn gekommen, derartiges zu behaupten.

Im geschichtlichen Dasein der Völker haben die Machtstaaten und die äußerlich kleinen Nationen beide ihre dauernde Mission. Ein großer Machtstaat von 70 Millionen kann gewiß vieles, was ein Schweizer Kanton oder ein Staat wie Dänemark nicht kann. Aber er kann auch in manchem weniger als diese. Auf dem Kulturgebiet sowohl, wie auch bei den ganz eigentlich politischen Werten. Nur in den kleinen Staaten, wo die Mehrzahl der Bürger einander noch kennt oder kennenlernen kann, – wo, auch wenn man nicht mehr das ganze Volk wie in Appenzell auf einem Platz versammelt, doch wenigstens die Verwaltung so von jedem übersehen werden kann, wie in einer mittelgroßen Stadt, nur da ist die echte Demokratie, nur da ist aber auch die echte, auf persönlichem Vertrauen und persönlicher Leitung ruhende Aristokratie *überhaupt möglich*. Im Massenstaat wandeln sich beide bis zur Unkenntlichkeit: die Bureaukratie statt der vom Volk gewählten oder ehrenamtlichen Verwaltung, die gedrillte Armee statt der Volkswehr wird unvermeidlich. Das ist das unentrinnbare Schicksal des im Massenstaat organisierten Volkes. Darum hat der Schweizer Jakob Burckhardt in seinen „Welthistorischen Betrachtungen" die Macht als ein Element des Bösen in der Geschichte gewertet. Jeder von uns wird es als eine Fügung des Schicksals preisen, daß einem Teil unseres Volkstums: den Deutsch-Schweizern, es vergönnt ist, die Tugenden der Kleinstaatsexistenz zu pflegen und ihre Blüten hervorzubringen. Wir jedenfalls sind objektiv genug, diese Sonderlage und den Sonderwert der Schweizer anzuerkennen, trotz so manchem recht törichten und zugleich unangenehm pharisäischen Wort aus ihrem so sorgsam „neutralen" Mund über unseren „Militarismus". Grenzenlos unverständig sind solche Reden. Denn *warum* begaben wir selbst uns in den Bann dieses politischen Machtverhängnisses? Aus Eitelkeit nicht. Sondern unserer *Verantwortung vor der Geschichte* wegen. Nicht von den Schweizern, den Dänen, Holländern, Norwegern wird die Nachwelt Rechenschaft fordern über die Gestaltung der Kultur der Erde. Nicht sie würde sie schelten, wenn es auf der Westhälfte unseres Planeten gar nichts mehr geben würde als die angelsächsische Konvention und die russische Bureaukratie. Und das mit Recht. Denn nicht die Schweizer oder Holländer oder Dänen konnten das hindern. Wohl aber wir. Ein Volk von 70 Millionen zwischen solchen Welteroberungsmächten hatte die *Pflicht*, Machtstaat zu sein. Wir mußten ein Machtstaat sein und mußten, um mitzusprechen bei der Entscheidung über die Zukunft der Erde, es auf diesen Krieg ankommen lassen. Wir hätten es selbst dann tun müssen, wenn wir hätten fürchten müssen, zu unterliegen. *Weil es uns Schande vor Nach- und Mitwelt* gebracht hätte, wenn wir uns dieser Pflicht feig und bequem entzogen hätten. Die Ehre unseres Volkstums gebot es. *Um Ehre*, nicht um Änderungen der Landkarte und des Wirtschaftsprofits – das wollen wir nicht vergessen – geht der deutsche Krieg. Er geht nicht nur um unsere eigene Existenz. Im Schatten unserer Macht leben die kleinen Nationen um uns herum. Was würde aus der Selbständigkeit der Skandinavier, was auch aus der Hollands, und was aus dem Tessin, wenn Rußland, Frankreich, England, Italien unser Heer nicht zu scheuen hätten? Nur das Gegengewicht der Großmächte gegeneinander verbürgt die Freiheit der Kleinstaaten.

Gewiß, nicht nur diese Verantwortlichkeit steht jetzt im Krieg in Frage. In der letzten Stube des letzten Arbeiters würde man noch bei unseren Enkeln es gefühlt haben, wenn wir unterlegen wären. Diese Einschränkung, diese Not, die das Durchhalten im Kriege jetzt über Hunderttausende brachte und noch bringen wird, diese selbe beengte Existenz würde dann das dauernde Schicksal der Masse der Deutschen sein. Denn die Welt wird voller, der Vorteil der Auswanderung versagt. Mit der Demokratisierung der Kultur wird die Sprachgemeinschaft auch in den Massen exklusiv, die nationalen Gegensätze notwendig schärfer, mit dem ideellen und wirtschaftlichen Interesse der Massenschriftstellerei in den einzelnen Volkssprachen fest verknüpft. Ein durch den Verlust des Krieges wirtschaftlich ruiniertes Deutschland würde deutsche Ware als Schleuderware, deutsche Arbeitskräfte als Kulis auf den Weltmarkt werfen, das würde erst die wirkliche „deutsche Gefahr", den Deutschen aber die Pariastellung bringen. Das hängt für uns am Siege.

Wollten wir diesen Krieg nicht riskieren, nun, dann hätten wir die Reichsgründung ja unterlassen und als ein Volk von Kleinstaaten weiterexistieren können. Freilich, so wenig uns der französische Besitz des Elsaß Ruhe vor den Franzosen, so wenig hätte uns das Ruhe vor dem Krieg als solchem gebracht. Den Krieg hätten wir auch dann gehabt: die einen hätten als Rheinbundstaaten für französische, die anderen als russische Satrapie für russische Interessen fechten oder dafür, wie früher stets, den Kriegsschauplatz abgeben dürfen. Nur die Weihe eines *deutschen* Krieges, die hätten wir dann nicht kennengelernt. Daß wir nun einmal nicht ein Volk von sieben, sondern von 70 Millionen sind, *das* war unser Schicksal. Das begründete jene unentrinnbare Verantwortung vor der Geschichte, der wir uns nicht entziehen konnten, selbst wenn wir wollten. Das muß man sich immer wieder klarmachen, wenn heute die Frage nach dem „Sinn" dieses endlosen Krieges gestellt wird. Die Wucht dieses Schicksals, das wir bestehen müssen, führte die Nation empor, an Abgründen und Gefahr des Untergangs vorbei, auf der steilen Bahn der Ehre und des Ruhmes, auf der es keine Umkehr gab, in die klare harte Luft des Waltens der Weltgeschichte, der sie in ihr grimmiges, aber gewaltiges Angesicht schauen mußte und durfte, späten Nachfahren zu unvergänglichem Gedächtnis.

# Deutschlands äußere und Preußens innere Politik

## *I. Die Polenpolitik*

Der monarchischen Staatsform wird die Fähigkeit besonders stetiger und einheitlicher Haltung in der großen Politik nachgerühmt. Wenn es nun irgend eine hochpolitische Frage gibt, welche besonders dringend zielbewußter Einheitlichkeit der Behandlung bedarf, so ist es die polnische. Im Winter 1916 kündigte der Reichskanzler die Wiederaufrichtung Polens an, nachdem das Problem schon seit Monaten erwogen war. Bis zur Novemberproklamation der beiden Kaiser blieb also hinlänglich Zeit für alle Instanzen, sich über die Konsequenzen klar zu werden. Daß diese vor allem auch auf dem Gebiet der *innerdeutschen* Polenpolitik liegen mußten, war selbstverständlich. Die folgenschwere Wandlung unserer Gesamtpolitik im Osten wäre sonst ein politischer Aberwitz. Ohne grundsätzliche Neuorientierung der Beziehungen zwischen den beiden Nationalitäten bedeutete sie ja die bewußte Schaffung eines „Serbien" vor unseren Toren. Die Ära, in welcher unsere Interessengemeinschaft mit Rußland auf der beiderseitigen Beherrschung polnischen Gebietes beruhte, ist geschlossen, und neue Wege müssen beschritten werden.

Eine für die Deutschen sowohl wie die Polen absolut befriedigende Lösung der zahlreichen schwierigen Interessenkollisionen ist – leider – nicht möglich. Denn solange Militärstaaten und staatliche Wirtschaftspolitik bestehen, kann die Nationalität, – deren Grenze überdies im Osten mit seinem Durcheinanderwohnen beider Völker gar nicht gefunden werden könnte, – für die Ziehung der politischen Grenzen nur *neben* 1. der militärischen Sicherheit und 2. der wirtschaftlichen Zusammengehörigkeit maßgebend sein. Aber auch eine nur irgendwie leidliche Lösung ist ausgeschlossen, wenn nicht von beiden Seiten alle jene „Prestige-" und Eitelkeitsfragen ausgeschieden werden, deren Hineintragung die Kämpfe der Nationalitäten ebenso wie die der Staaten immer unaustragbar macht. Die Frage darf nur dahin gestellt werden: was die rein sachlich-*staatlichen* Interessen des Reichs und Preußens einerseits und was das Interesse der Polen an der Entwicklung ihrer eigenen *Kultur* auf der anderen Seite als absolutes Minimum erfordern, was also z.B. auf den wichtigsten Gebieten: der Schul- und Sprachenpolitik und der Siedelungspolitik beiderseits rein sachlich 1. unentbehrlich, 2. wünschenswert, 3. erträglich ist. Die bisherige preußische Polenpolitik ist jedenfalls fortan unhaltbar. Das ist sie aber auch rein an sich.

Daß das Vordringen der Polen auf Kosten der Deutschen im Osten sich vollzog gerade infolge der größeren *Kulturarmut* der ersteren, die sich ausdrückte in geringeren Lohnforderungen der polnischen Arbeiter und geringerem Mindestbodenbedarf der polnischen Bauern, – diese fatale Beherrschung der Nationalitätenkonkurrenz durch das „Prinzip der billigeren Hand" war seinerzeit ein triftiger Grund für uns Deutsche, die *Ansiedelungs*politik der preußischen Regierung zu unterstützen. Selbstverständlich aber unter der Voraussetzung, daß gleichzeitig und vor allem die alljährliche Überschwemmung des Ostens durch Hunderttausende billiger russisch-polnischer Wanderarbeiter aufhörte, welche dazu dienten, Großgrundbesitzern eine Existenz *auf Kosten der nationalen Interessen* zu ermöglichen. Statt dessen wurde die von Bismarck durchgeführte Grenzsperre beseitigt und damit der Ansiedelungspolitik aller Wind aus den Segeln genommen, sie, trotz noch so ausgezeichneter Arbeit, zur politischen Sinnlosigkeit verurteilt. An Stelle jener nationalitäts- und siedelungspolitisch allein wirksamen Maßregel begann die bekannte Sprachenpolitik. Alle Erfahrungen darüber, daß solche Maßregeln überall und immer eine jede *nicht* mehr analphabetische, sondern mit eigener Presse und einer eigenen Literatenschicht ausgestattete Nationalität, schon durch das materielle Interesse dieser Schichten, zum äußersten, bisher noch in *keinem* Falle gebrochenen Widerstand zusammengeschlossen haben, blieben unbeachtet. Jetzt erst wurden die „Massen" innerlich beteiligt. Die wirtschaftliche Mobilmachung des Polentums folgte. Die immer weiter sich verschärfenden Gegenmaßregeln führten in logischer Konsequenz zum Enteignungsgesetz. Damit war man aber auf dem Punkt, wo Interessen der hohen Politik mitsprachen: Rücksicht auf das *österreichische Bündnis* nötigte dazu, Halt zu machen, und das Gesetz blieb ein, agitatorisch für die Polen höchst wirksamer, toter Buchstabe. Der sichtbarste Erfolg dieses Kampfes und all jener höchst fatal wirkenden „Ostmarken"-Pfründen, die er schuf, war – wie das mit amtlichem Material arbeitende Buch von Georg Bernhard drastisch schilderte: – daß die Polen in ihren Kampforganisationen sich ökonomisch so entwickelt haben, daß von einer „Konkurrenz der durch Kulturlosigkeit billigeren Hand" heute *nicht* mehr wie früher geredet werden darf.

Die jetzige Außenpolitik des Reichs in Polen aber ist mit der bisherigen innerpreußischen Polenpolitik ganz unvereinbar: *beide* müssen zu den verhängnisvollsten Konsequenzen führen, wenn nicht die innere Polenpolitik Preußens sich der hochpolitisch bedingten Stellungnahme des Reichs anpaßt.

Selbstverständliche Voraussetzung jedes Erfolgs einer neu orientierten Polenpolitik ist zunächst, daß die Regierung und daß die in Preußen maßgebenden Parteien sich mit den *Vertretern der preußischen Polen in Verbindung setzen.* Ob nicht auch im Königreich Polen der sachlich zweckmäßig erste Schritt, statt der Ausstellung einer Art von Ehrenwechsels mit unbestimmtem Inhalt und zu Gunsten eines als Verband noch nicht existierenden Adressaten, die Schaffung einer von niemand anzweifelbaren gewählten Vertretung der Bevölkerung, zunächst natürlich zu rein intern beratenden Zwecken, gewesen wäre, mit der man dann hätte verhandeln können, das soll hier unerörtert bleiben. Denn es ist unbekannt, ob nicht sachliche Gründe den jetzt beliebten Weg erzwangen. Über manche Zukunftsfrage aber, z.B. die der geographischen Begrenzung des künftigen Polen nach Osten und Nordosten, sind aus den Kreisen der preußischen Polen Ansichten vertreten worden, deren Berücksichtigung gerade eine rein „realpolitische" Vertretung deutscher Interessen weit eher in Erwägung ziehen sollte als die vielfach heillos konfusen östlichen Ideale mancher deutscher Politiker. Für die preußische *Innen*politik ist ohne streng sachliche Erörterung der Ausgleichsprobleme mit den polnischen Interessenten keinesfalls vorwärts zu kommen. Die Sprachenprobleme, Fragen, wie die Schaffung von Siedelungsrayons beider Nationalitäten in den Ostprovinzen und die Begünstigung freiwilliger Umsiedelungen deutscher Ansiedler aus dem Königreich Polen nach Deutschland und umgekehrt, können nicht einseitig ohne den ehrlichen Versuch einer vorherigen Verständigung gelöst werden. Allein wie man darüber denken mag, unter *allen* Umständen ist eins zu verlangen: daß für unbedingte *Einheit der Politik* des Reichs und Preußens in dem ganzen Komplex von Fragen, welche die kaiserliche Proklamation aufgeworfen hat, Sorge getragen werde. Ist davon irgend etwas bisher zu bemerken?

Die November- und erst recht die Januarverhandlungen des Abgeordnetenhauses gaben darauf eine negative und, wenn es dabei bleibt, für die Politik des Reiches vernichtende Antwort. Direkt provozierend, politisch gänzlich zwecklos und ohne alles Augenmaß war schon das Vorgehen der Rechts-Parteien in der Spätherbsttagung. Rein agitatorisch gebärdeten sich die auf den Ton der Kapitolsrettung gestimmten Reden so, als ob der Schritt der beiden Kaiser sie aus allen Wolken fallen lasse, obwohl die Absicht doch seit Monaten niemandem unbekannt war. Wenn man die Proklamation der beiden Kaiser in ihrer politischen Wirkung absichtlich zu durchkreuzen und zu diesem Zwecke das nun folgende Verhalten der preußischen Polenfraktion als Echo absichtlich hätte hervorrufen wollen, dann war dies freilich der Weg. Die damalige Erklärung des Ministers des Innern zeigte überdies: daß jetzt erst, endlose Monate nach der öffentlichen Ankündigung des Kanzlers, die aus der Reichspolitik folgenden Probleme Gegenstand von „Erwägungen" werden *sollten*.

Die Januartagung dieses Jahres brachte Schlimmeres: Die Etatsrede des Abgeordneten Korfanty war, so begreiflich eine gewisse Ungeduld der Polen nachgerade sein konnte, doch in der Tonart mancher Stellen gewiß keine Leistung eines verantwortungsbewußten Politikers, wie übrigens von polnischer Seite nicht verkannt zu werden scheint. Beide Teile, die Deutschen ganz ebenso wie die Polen, werden eben außer ihren alten Schlagworten nötigenfalls auch manche ihrer alten Führer über Bord werfen müssen, wenn jemals etwas Verständiges herauskommen soll. Eine Ablehnung dieser Teile der Rede war am Platze, aber gut vereinbar mit sachlicher Behandlung des Problems selbst. Indessen die Antwort des Ministers, der sich doch nicht verhalten darf wie ein bloßer (und noch dazu wie ein die Selbstbeherrschung verlierender!) Parteipolitiker, war von Sachlichkeit weit entfernt. Auf die von dem polnischen Redner erörterten Etatstitel ging er garnicht ein. Sondern nachdem er erklärt hatte, daß „Beschwerden" über seine Verwaltung nicht an die Zentralinstanz gelangt seien, fuhr er unter Hinweis auf die wirtschaftliche Blüte der Provinz Posen fort: „Sie (die Polen) sollten noch heutigen Tages Gott auf den Knieen danken, daß sie zu solcher Entwicklung gekommen sind! Sie sollten den preußischen Königen danken, die die Staatsregierung angewiesen haben, solche Wege zu gehen!"Abgesehen davon, daß es wohl besser wäre, wenn ein Minister Gott und die Könige nicht als Deckung seiner eigenen Politik verwenden würde, werden die Polen wohl der Ansicht sein, daß für die wirtschaftliche Entwicklung *ihrer* eigenen Nationalität jedenfalls in den letzten zwanzig Jahren „Gott" durch die Leiter der polnischen Genossenschaften besser vertreten war als durch die preußischen Minister. Der übliche unsachliche Prestigestandpunkt der Regierung: ein gewisses „Entgegenkommen" in der Praxis der Verwaltung wie eine Art von Gnadengeschenk an „Untertanen" zu behandeln, für welches man von diesen „Dankbarkeit" beanspruchen könne, schneidet jede sachliche Erörterung von vornherein ab. Wir könnten allmählich wenigstens eins wissen: *Wo immer* man eine auf „Dank" spekulierende Politik betrieben hat, war sie von vornherein zum Scheitern verurteilt. Angesichts der wahrlich schweren Frage, wie die bisherigen schweren Auseinandersetzungen der Nationalitäten im Osten durch einen billigen *Ausgleich* ihrer doch nun einmal *kollidierenden Interessen* in andere Bahnen geleitet werden können, wirkt es doch unglaublich oberflächlich, wenn der Minister solche Probleme von obenher mit der etwas schulmeisterlichen Bemerkung abtun zu dürfen glaubt: es sei „ungehörig" (!) einen „Unterschied zu machen zwischen polnischen und deutschen Interessen hier im Inland". Und wenn der Minister, der am 20. November die „überkommenen bisher erfüllten Aufgaben Preußens in den Ostprovinzen" als „in naher und ferner Zukunft" fortbestehend bezeichnet hatte, nunmehr gar in Aussicht stellte, die Staatsregierung werde auf Grund der Rede des Abgeordneten Korfanty *„diejenigen Entschlüsse finden,* die sie als *Konsequenz solcher Ausführungen für nötig erachtet",* so ist das nichts anderes, als eine Kriegsansage gegen die innerdeutschen Polen sowohl *wie vor allem gegen die hochpolitisch bedingte Polenpolitik des Reichs.* Denn diese wäre ja bei der angekündigten Haltung eine frevelhafte politische Leichtfertigkeit. *Eine von beiden,* die jetzige Politik des Reichs oder die Preußens, *muß jedenfalls weichen.* Schon die ungünstige Rückwirkung der rein agitatorischen Novemberreden der Rechten auf die Entwicklung der Verhältnisse im künftigen Königreich ist kaum zweifelhaft. *Diese* jetzige Regierungserklärung aber schafft eine politisch unhaltbare Lage. Es handelt sich hier nicht etwa um die Person eines Ministers, gegen den persönlich gewiß niemand etwas hat. Daß gerade er *absichtlich* die kaiserliche Proklamation zu konterkarieren versuchte, traut ihm selbstverständlich niemand zu. Der Sache nach aber hat er dies in einem Maße getan, welches die deutsche Polenpolitik in einer der ernstesten Stunden unserer Geschichte in kaum zu verantwortender Art bloßstellt und tatsächlich geeignet ist, ihr alles Vertrauen zu entziehen. Solche bedenklichen Fehler sich zu gestatten, ist Deutschland, wenn es große Politik treiben will, nicht in der Lage, und der Ministerpräsident, der zugleich Leiter der Reichspolitik ist, muß schlechterdings dafür haften, daß sie sich fortan nicht wieder ereignen. Die bürokratische Fachspezialisierung und die Stellung Preußens im Reich dürfen nicht zu einem *Zerfall der einheitlichen Leitung,* wie sie eine monarchische Staatsform zu gewährleisten beansprucht, in Satrapien führen, die mit einander im Kampfe liegen. Der letzte Grund liegt freilich nicht in der Struktur des Reichs, sondern in der Abhängigkeit der preußischen Regierung von der politisch unendlich kurzsichtigen, aber nun einmal den Landtag beherrschenden Plutokratie, der sich keine, angeblich noch so „starke“, Regierung bisher entzogen hat. *Entweder* dies findet einmal ein Ende, *oder* es ist besser, auf jede Politik jenseits unserer Ostgrenze sofort und definitiv zu verzichten. Sie könnte unter solchen Einflüssen nur zum Unheil führen.

# Deutschlands äußere und Preußens innere Politik

## *II. Die Nobilitierung der Kriegsgewinne*

Zu den erstaunlichsten Schritten der neuesten preußischen Politik gehört die Einbringung der *Fideikommißvorlage*[1]). Das Wesentliche darüber hat die Redaktion dieser Zeitung schon gesagt. Es sei aber gestattet, im Anschluß daran noch auf einige *politisch* wichtige Punkte etwas näher einzugehen.

Es besteht in Deutschland zurzeit ein starkes Ressentiment gegen „Kriegsgewinne". Je nach den Umständen, mit Recht oder mit Unrecht. Bei Kriegsgewinnen der Firma Krupp z.B. wäre doch wohl ausschließlich zu fragen: 1. waren ihre Leistungen der Nation nicht diesen Betrag (und vielleicht ein Vielfaches davon) wert? und ferner 2. verwendet sie diese Gewinne nicht in ihrem Betrieb in einer Art, welche den Interessen der Nation frommt? Und das gleiche gilt in vielen anderen Fällen. Auch den Landwirten, welchen die Kriegspreise die Abstoßung ihrer Schuldenlast ermöglicht haben, sei das gegönnt. Der bloße Neid gegen den, der Geld verdient, wäre ein schlechter und auch ein der Nation unwürdiger Berater. Etwas ganz anderes ist es freilich, wenn ein Gesetz geschaffen werden soll, welches im wesentlichen ausschließlich, und zwar auf Kosten von Lebensinteressen der Nation, der *Nobilitierung von Kriegsgewinnen* zu dienen bestimmt ist. Darum aber handelt es sich hier. Wer wird Fideikommisse gründen? Einerseits der Landwirt, den die Kriegsgewinne schuldenfrei und damit „fideikommißfähig" gemacht haben. Andererseits der Händler und Gewerbetreibende, der sein durch Kriegsgewinne vermehrtes Vermögen zum Ankauf eines Rittergutes verwendet, dessen Sohn dann den erworbenen Besitz in ein Fideikommiß verwandelt – was nach dem Gesetz schon nach dreißig Jahren, für Leute aber, die auf dem Lande Wohnung nehmen, *ohne* alle Zeitgrenze zulässig sein soll – und der dann die schlichtbürgerliche Vergangenheit des Vaters vergessen zu machen trachtet, indem er den Briefadel erwirbt. Im wesentlichen nur dazu dient die Zulassung neuer Fideikommißgründungen. Sie ist ein Instrument für die Befriedigung der allererbärmlichsten Art von Eitelkeit, die es gibt. Diese Schaffung neuer Peers, welche man im vermeintlichen Interesse der Krone und des Adels damit bezweckt, ist nichts als eine grobe und dabei ganz ungleichwertige Nachahmung englischer Gepflogenheiten. Denn in Eng-

[1]) Ich verweise auf meinen Aufsatz im „Archiv f[ür] Sozialwissenschaft" 1904 (XIX) zur damaligen Vorlage. Die Wut der Interessenten darüber hat nicht gehindert, daß die Mehrzahl der dort erhobenen Einzelbedenken jetzt beseitigt sind, die verschiedenen *grundsätzlichen* Bedenken dagegen sind natürlich den plutokratischen Interessen entsprechend geblieben.

land, außerdem in Spanien und im Orient (der Türkei), war dies Institut vornehmlich zu Hause. Und in allen diesen Ländern ist das Problem heute dies: ob und wie man seine Folgen wieder *beseitigen* könnte. Unseren historischen Adel möchte auch ich nicht missen. Aber gerade er bedarf bekanntlich keiner neuen Fideikommißgründungen. Diese dienen lediglich der Eitelkeit der *Plutokratie*. Über die Eigenart jenes Talmiadels, der auf dieser Leiter „aufsteigen" möchte, nehme ich eine gewisse Urteilsfähigkeit in Anspruch und bin der Ansicht: daß, allgemein gesprochen, unter allen Parvenüs der Erde diese Art von Briefadeligen bei weitem die wertlosesten sind. Unsere tüchtigsten Offiziere stammen ebensowenig aus diesen Kreisen wie unsere tüchtigsten Beamten. Keinerlei Staatsinteresse fordert die Vermehrung einer Schicht von Emporkömmlingen, deren nichterbberechtigte Angehörige doch geradezu darauf hingewiesen sind, ihr Adelsdiplom und ihre Konnexionen zur Jagd auf Staatspfründen zu benutzen. Denn jene „Versorgungsmasse", deren Aufspeicherung aus den Einkünften des Fideikommisses der Entwurf für diese „Enterbten" vorschreibt, wird zwar bei ihnen die Vorstellung nähren, einer alimentationsberechtigten Kaste anzugehören, ohne sie doch zu sättigen. Wir haben heute in Preußen etwa tausend Fideikommißbesitzerfamilien. Um diese Familien zu sustentieren, ist bereits jetzt *mehr als der Flächenraum einer ganzen preußischen Provinz fideikommissarisch gebunden,* was auch einem fanatischen Freund des Instituts genügen muß. Der Entwurf richtet zwar (§ 5) gegen das Umsichgreifen der Fideikommisse eine Schranke auf, die sich aber, näher hingesehen, sofort als Attrappe erweist: ein Zehntel des landwirtschaftlichen Bodens des Staatsgebiets will er den Fideikommissen preisgeben. Mehr als 10 Prozent der landwirtschaftlichen Fläche des betreffenden Kreises soll nicht gebunden werden dürfen. Aber: für Grund und Boden, der sich sechzig Jahre in derselben Familie befindet, *fällt auch dies fort,* und die schon bestehenden riesigen Fideikommißkomplexe werden überhaupt nicht angetastet. In Wirklichkeit wird also weit mehr, wohl etwa 15 Prozent des Staatsgebiets, der Eitelkeit der Parvenüs preisgegeben. Wer ein erjobbertes Vermögen in einem Rittergut anlegt, kann seinen Enkel ohne Rücksicht auf jene Schranken hoffähig werden sehen. Das ist keine ernsthafte Schranke, wie es z.B. die in Baden geltende Beschränkung auf alten Adel ist.

Was bedeutet nun die Existenz und Neuzulassung von Fideikommissen praktisch? Rein technisch-wirtschaftlich wirkt die Bindung des Grundbesitzes soweit, und nur soweit, günstig, als reiner *Waldboden* in Betracht kommt. Denn auf diesem entfalten die feudalen Instinkte ihre wirtschaftlich günstigen Seiten. Nur etwa ein Viertel des Waldbesitzes ist heute fideikommissarisch gebunden, und es wäre also reichlich Platz für ein etwaiges Bedürfnis nach unschädlicher Vermehrung der Fideikommisse. Für den *landwirtschaftlichen* Boden dagegen gelten die folgenden statistisch feststehenden Tatsachen:

1. Die Plutokratie sucht für neue Fideikommisse gerade den *guten* Boden auf, denjenigen, der für den Besitzer nicht ein bloßes Arbeitsentgelt, sondern außerdem eine *Rente* liefert. Die Bauern werden also auf die schlechteren Böden gedrängt. In den typischen Fideikommißkreisen des Ostens steht daher neben den Fideikommissen nicht etwa Mittelstand, sondern *Zwerg*besitz. Ganz natür-

lich: die Einschränkung des käuflichen Bodens steigert den Landhunger der Massen, und alle Bodenmonopole haben daher überall diese Folge gehabt.

2. *Abwanderung* und *Unstetheit* der Landbevölkerung sind, unter sonst gleichen Umständen, da weitaus am größten, wo der kompakte Großbesitz vorherrscht und natürlich am allermeisten da, wo dieser Besitz überdies gebunden ist. Die Landbevölkerung ist um so landsässiger, der Prozentsatz der im Bezirk ihrer Geburt Ansässigen um so größer, je beweglicher der Boden ist (bis erheblich über 90 Prozent im Rheinland, gegen 55 bis 63 Prozent in Schlesien). Ganz natürlich: Die Chance, sich *in der Heimat ankaufen* zu können, ist das entscheidende Motiv, auf dem Lande zu bleiben.

3. Wo der Boden frei beweglich ist und Kleinbesitz vorherrscht, ist die *Landbevölkerung* auch am *dichtesten*. Den Grund dafür kann man so ausdrücken: Die Bauern wirtschaften, um ein Maximum von Menschen mit den Erzeugnissen der gegebenen Landfläche auf dem Lande selbst zu ernähren. Der große Landkapitalist dagegen wirtschaftet, um mit möglichst *wenig* Aufwand an ortsansässigen Arbeitskräften möglichst viel für den Absatz in *die Ferne* zu erzeugen.

4. Der Mobilisierung, Verdünnung und Verdrängung der Landbevölkerung von der Scholle parallel geht bei herrschendem Großbesitz ihre Zusammendrängung in den Wohngebäuden und Wohnräumen, die auf dem Lande im Osten um ein vielfaches größer ist als im Westen (in den schlesischen Gutsbezirken 15 bis 16 Köpfe auf das Wohnhaus gegen 6 bis 7 auf dem Lande im Westen).

5. Unglaublicherweise wird nicht selten die Bindung des Bodens mit dem Interesse an der *Erhaltung des Deutschtums* in Zusammenhang gebracht. Statistisch steht aber fest: daß die Landkapitalisten am meisten mit billigen Saisonarbeitern fremder Nationalität wirtschaften, und allen voran stehen auf dem national umstrittenen Gebiet im Osten gerade die *Fideikommiß*grundherrschaften, die den Höchstbruchteil *polnischer* Arbeiter verwenden. Das Interesse der Plutokratie an billigen Arbeitern und das Interesse des Deutschtums sind unvereinbar.

6. Gerade die *mittleren* und *kleineren* gebundenen Besitzungen sind agrarpolitisch die schlimmsten Schädlinge. Ein ganz großer Standesherr kann und wird häufig eine großzügige Agrarpolitik, nach Art etwa des Mecklenburgischen Domaniums durchführen: planvolle Einteilung in rationelle Betriebsgrößen, langfristige und gesunde Pacht- oder Erbrentnerstellen, verhältnismäßig günstige Wohn- und Lohnverhältnisse der Arbeiter, planvolle Unterstützung der Pächter mit Kapital sind nur bei ihm heimisch und können es auch nur dort sein. Das Fideikommiß ist auch geschichtlich ein Institut der allergrößten Landkomplexe. Um aber dem Vorwurf zu entgehen, die „Latifundien" zu begünstigen, hat der Entwurf die Bindung landwirtschaftlichen Bodens auf höchstens 2500 Hektar beschränkt, dagegen nach unten keine andere Grenze gezogen, als die Vorschrift: daß das Fideikommiß dem Besitzer mindestens 10 000 Mark Reinertrag abwerfen müsse. Diese Demagogie ist auf die Ignoranz des Mittelstandes berechnet. Denn während ein ganz großer Grundherr mit fürstlichen Einnahmen nicht auf die Herauspressung des absoluten Höchstgewinnes aus seinem Besitz bedacht sein muß, muß ein Fideikommißherr von ein paar hun-

dert Hektaren aus Boden, Pächtern und Arbeitern herausholen, was irgend möglich ist, um „standesgemäß" zu leben und außerdem das Betriebskapital zu sammeln, welches er nicht hat. Und gelingt ihm das gut, – was wird er tun? *Land kaufen.* Denn Rente braucht er und immer mehr Rente, um zunächst geadelt, dann im Lauf der Generationen Freiherr, Graf usw. werden zu können. Denn wird einmal der Grund und Boden des Landes der Befriedigung der Parvenüeitelkeit preisgegeben, so besteht für diese keine Obergrenze. Jedes Fideikommiß ist, wie die Statistik erweist, ein naturgegebenes Zentrum von Landhunger zu Rentenzwecken. Der Entwurf freilich gebärdet sich so, als wolle und könne er dieser ganz selbstverständlichen Entwicklung Halt gebieten. Sehen wir zu wie? Da finden wir zunächst eine Attrappe: die königliche *Genehmigung* für jedes Fideikommiß und jede Erweiterung um mehr als 20 Hektar landwirtschaftlichen Bodens. Was bedeutet sie? Schlesien, in welchem die königliche Genehmigung für große Fideikommisse erforderlich war, ist deren klassischer Boden. In Hannover war die königliche Genehmigung unbekannt, und Hannover hat das Minimum an Fideikommissenentwicklung. Ganz natürlich: das Fideikommiß ist eine Angelegenheit der *Eitelkeit,* und nichts kann die Eitelkeit mehr kitzeln als der Glaube: daß die genehmigte Fideikommißstiftung den Beweis liefere, die betreffende Familie habe der Allerhöchsten Prüfung auf ihre „Würdigkeit" hin unterlegen und diese Probe bestanden. Eine wirksame *materielle* Prüfung der Zweckmäßigkeit der Fideikommißgründung ist absolut *nicht* garantiert. Die Prüfung durch die Fideikommißbehörde (Oberlandesgericht, Beschwerdeinstanz, höchst unpassender Weise, der Justizminister!) erstreckt sich lediglich auf die Verletzung formaler Rechte. Das Amtsgericht (!) und der Kreisausschuß sollen im Falle der Einverleibung früher bäuerlicher Grundstücke über die Unschädlichkeit von deren Einbeziehung in ein Fideikommiß gehört werden: eine absolut unwirksame Bestimmung, wenn einmal das Land dem Bauernareal verloren ist. Der König wird sich in solchen Fällen der Zustimmung dazu, daß das einmal gekaufte Land nun auch Fideikommißland wird, nie entziehen können. Das allermindeste, was zu verlangen wäre, ist: 1. die Vorschrift einer öffentlichen Bekanntmachung des Antrages auf Fideikommißerrichtung mit angemessener Frist zur Geltendmachung von Bedenken, die dann *öffentlich* vor einer unbefangenen Instanz zu verhandeln wären – 2. Verbot jedes Ankaufs von Land durch den Fideikommißbesitzer.

Je *kleiner* das Fideikommiß, desto kapitalärmer und schlechter die Wirtschaft des Besitzers, dem ja die Unterlage für den persönlichen Betriebskredit fehlt. Als wahre Mißgeburten haben sich daher überall die Bauernfideikommisse bewährt. Tüchtigkeit als Landwirt vererbt sich nicht mechanisch auf einen durch Gesetz oder Statut bestimmten und oft überhaupt auf keinen Sohn. Die Einführung von „Stammgütern" durch den Entwurf für selbständige Bauerngüter ist daher lediglich ein Feigenblatt für den eigentlichen Zweck: die Schaffung von Parvenüadel. Unglaublicherweise scheint aber ein Teil der Zentrumspartei in diese plumpe Falle zu gehen. Die Verbreitung der mittleren und kleinen Fideikommisse wäre eines der sichersten Mittel, die Leistung unserer Landwirtschaft herabzusetzen. Man braucht sich die Vorschriften des Entwurfs über die Aufstellung und obrigkeitliche Genehmigung eines „Wirtschaftsplans" und all die anderen Fälle, in denen der Fideikommiß- und Stammgutsbesitzer an behördliche Genehmigung gebunden ist, nur anzusehen, um sich ein Bild davon zu machen, wie wenig anpassungsfähig ein solcher Besitzer an Konjunkturen und neue Wirtschaftsmethoden ist.

Der Entwurf züchtet nicht Wirtschafter, sondern: *Rentner*. Und zwar solche von der übelsten Sorte. Ein Einkommen von 10000 Mark, wie es der Entwurf als Minimum zuläßt, genügt heute zur Führung einer schlicht bürgerlichen Existenz nach Art eines mittleren Beamten, nicht aber für eine Lebensführung von in irgend einem Sinn „aristokratischer" Art. Die Parvenüansprüche, welche in einem solchen Fideikommißbesitzer geweckt werden, verdammen ihn zu einer scheinadeligen Bettelexistenz. Jenes Interesse an der Züchtung von Rentnern aber ist das Unerhörte an dem ganzen Vorgehen gerade im gegenwärtigen Augenblick. Denn ohnehin wird der Zustand nach dem Kriege ja der sein: daß mindestens ein Fünftel unseres Nationalvermögens in Kriegsanleihen, fast ein Drittel in rententragendem Besitz aller Art angelegt sein wird. Denn wir haben dann für 60 Milliarden Kapital *neue* Rentiers und sicher für über 100 Milliarden Rentiers überhaupt. Dazu treten die Kriegsbeschädigten, Alters-, Invaliditäts- und Unfallrentner, die „privatisierenden" Hausbesitzer usw. usw. Das *Ideal der sicheren Rente* schwebt einem steigenden Bruchteil der Nation vor, und das stupide Literatengezeter gegen den „Kapitalismus" ist sein Schrittmacher. Das über unsere ganze Zukunft entscheidende Problem ist: jener *Rentnergesinnung,* die daraus entstehen muß, *wieder loszuwerden.* Gelingt das nicht, so wird Deutschland ein ökonomisch stationäres Land, weit mehr als Frankreich es ist, und unsere Zukunft in der Welt, die auf angespanntester, ökonomischer Arbeit allein ruhen kann, ist verscherzt, möge der Krieg noch so glänzend ausgehen. Und in einem solchen Moment will man diese Rentnergesinnung zu Gunsten von reinen *Eitelkeits*interessen noch verstärken und dabei nebenher die Zukunft unserer inneren Kolonisation, welcher der beste, für Bauern geeignetste Boden entzogen werden soll, über Bord werfen. Man redet viel von der Notwendigkeit, Neuland zur Besiedelung für den Nachwuchs unserer Bauern zu schaffen. Aber wo? Draußen in Kurland, wo diese Kolonisten dann im Kriegsfall als erste den Anprall der Barbaren auszuhalten haben, dabei rund umstellt von Millionen fremdstämmiger, aller menschlichen Berechnung nach ihnen, als Eindringlingen, feindlich gesinnter Nachbarn? Dabei ist aber unser eigener deutscher Osten um ein *volles Viertel dünner besiedelt* als das angrenzende kongreßpolnische Gebiet. Dieses soll durch Fideikommißbildung verewigt werden, obwohl doch unsere dringendsten militärischen Interessen für die möglichste Verstärkung der Zahl der Landbevölkerung gerade im Osten sprechen. Reichlich *zehn Armeekorps* wären aus den Bauernstellen, die innerhalb unserer Grenzen noch neu geschaffen werden könnten, in Zukunft zu rekrutieren. Im Innern das Reservoir an besiedelungsfähigem Boden zu Gunsten von Bodenkapitalisten, die den Briefadel erstreben, der Bauernsiedelung zu sperren und dafür dem deutschen bäuerlichen Nachwuchs Hoffnungen auf Boden weitab von der Heimat zu eröffnen, dieses „Ineinandergreifen" von östlicher Expansionspolitik des Reichs und Binnenpolitik Preußens eröffnet unerwartete Perspektiven. Im Ernst: etwas Maßloseres als die Zumutung dieses Gesetzentwurfs in dieser Zeit unter dem „Burgfrieden", hinter dem Rücken unserer Heere draußen, ist schwer auszudenken, und das Ganze ist eine schlimme Karikatur des Wortes: Freie Bahn jedem Tüchtigen.

*Unsere militärischen und nationalen Interessen fordern gebieterisch, daß dem sofort Einhalt geboten werde.* Zu Unrecht hat das Reich die Fideikommißgesetzgebung den Einzelstaaten und damit gerade an dem gefährdeten Punkt, den im preußischen Landtag vertretenen Interessen der *Plutokratie* an der Nobilitierung von Parvenüs preisgegeben. Mag man die Regelung der technischen Einzelheiten des Instituts den Einzelstaaten belassen. Zu verlangen aber ist, daß *für das Reich* folgende Grundsätze festgelegt werden:

1. Beschränkung der Neugründung von Fideikommissen auf absoluten *Wald*boden.
2. Beschränkung auf hinreichend *große* Komplexe (mindestens etwa 30 000 Mark sicherer Reinertrag), um keine auf die Staatskrippe angewiesenen Bettelexistenzen zu schaffen.
3. Beschränkung auf Familien, die a) seit hundert Jahren in den betreffenden Bezirken begütert sind, und b) dem historischen *Adel* angehören, – ausgenommen etwa für hervorragend verdiente Feldherren oder Staatsmänner im Einzelfall durch Staatsgesetz.
4. Verbot und Auflösung aller nach Nr. 1 und 2 unzulässigen Fideikommisse.
5. Vor allem: *hoher Fideikommißstempel und dauernde Sonderbesteuerung.* Denn was durch die Bindung des Bodens der Staatskasse durch Mindereinnahmen aus dem Immobilienstempel entgeht, muß ja durch andere Volksteile, also auch durch die Bauern, aufgebracht werden. Wie soll man es aber parlamentarisch kennzeichnen, wenn im gegenwärtigen Moment der Steuernot der Entwurf den Fideikommißstempel gerade für die schädlichsten, die mittleren Fideikommisse bis auf die Hälfte *herabsetzen* will? Ausdrücklich ist ferner auch festzustellen, daß alle Fideikommißnachfolge der *Erbschaftssteuer* unterliegt. Eine etwaige Steuerfreiheit würde sonst bei Einführung der Erbschaftssteuer für die direkte Linie von 1 Prozent eine Steuerentlastung dieses besonders steuerfähigen Großgrundbesitzes von schon jetzt etwa 8–10 Millionen Mark in jeder Generation bedeuten!

Der Gegenstand darf nie wieder von der Tagesordnung irgend einer wirklich nationalen Partei verschwinden. Die beabsichtigte Erleichterung der Nobilitierung von Kriegsgewinnen auf Kosten der Bauerninteressen gehört zu dem auch sittlich Unerträglichsten, was eine durch das plutokratische Wahlrecht an der Macht erhaltene Minderheit sich gegen die Nation herausnehmen könnte. Die überwältigende Mehrheit des preußischen Volkes, erfreulicherweise einschließlich der Nationalliberalen Partei, lehnt den Entwurf ab. Durch das Vorgehen der privilegierten Minderheit ist der Burgfriede gebrochen, und es besteht aller Anlaß, daraus sofort die Konsequenzen zu ziehen.

# Ein Wahlrechtsnotgesetz des Reichs

*Das Recht der heimkehrenden Krieger*

Der innere Burgfriede ist durch den Fideikommißentwurf gebrochen und damit der Weg frei, um dem vielen unverbindlichen Sprechen über das, was *nach* dem Kriege geschehen soll, ein Ende zu machen. Die an dieser Stelle gemachten Ausführungen über den Fideikommißentwurf haben in zahlreichen Zuschriften aus dem Inland und, was noch wichtiger ist, aus der Front Zustimmung gefunden. *Gerade aus der Front* aber ist dabei immer wieder auf ein Grundproblem hingewiesen worden, ohne dessen *alsbaldige* wenigstens provisorische Lösung in der Tat es nach dem Krieg für jeden Versuch eines „Neubaues" *zu spät* sein wird. Die eindrucksvolle Rede des Reichskanzlers ändert naturgemäß daran gar nichts, daß er zur Einlösung seiner Zusagen sich alsdann völlig außer Stand sehen wird, wenn nicht wenigstens *eines* sofort geschieht. Alle, gleichviel wie sich nennenden, wirklich nationalen Reichstagsparteien haben die Pflicht, die brennendste aller Fragen: nach der Zukunft des *einzelstaatlichen Wahlrechts* durch einen darauf gerichteten Notgesetzantrag im *Reichstag* jetzt ins Rollen zu bringen. *Von Reichswegen* zu bestimmen wäre folgendes:

> „Wer während des Krieges zum *Heeresdienst eingezogen* gewesen und im Besitz der bürgerlichen Ehrenrechte ist, erlangt mit Erreichung der Großjährigkeit dauernd das Wahlrecht für jede in dem Bundesstaat seiner Staatsangehörigkeit bestehende, aus allgemeinen Wahlen hervorgehende gesetzgebende Körperschaft am Orte seines letzten Wohnsitzes in diesem Staat, *und zwar, falls das Wahlrecht dort ein abgestuftes ist, in der bevorzugtesten Klasse oder Art.*"

Durch besondere Bestimmungen wäre dabei Vorsorge für eine rechtzeitige (nicht zu frühe und nicht zu späte) Veranstaltung dieser Wahlen nach Friedensschluß zu treffen und zugleich dafür, daß jeder nach diesem Notgesetz wahlberechtigte eingezogene Mann daran teilnehmen kann, eventuell durch Beurlaubung mit freier Fahrt.

Die absolute *Notwendigkeit* eines solchen Notgesetzes ergibt sich, wenn man das nächstliegende Beispiel: Preußen, heranzieht, aus folgenden einfachen Erwägungen:

Wie würden die jetzigen nach der Steuerleistung abgestuften *Wählerklassen*, von denen jede ein Drittel der Wahlmänner stellt, *nach dem Kriege* aussehen? Ungeheure neue Rentenvermögen und Einkommen hat der Krieg erzeugt, große Unternehmervermögen und Einkommen teils riesenhaft vermehrt, teils sie neu aus dem Boden gestampft, dagegen massenhaft mittlere und kleinere teils ganz vernichtet, teils absolut oder relativ vermindert. In der ersten Klasse würden also nach dem Kriege die ganz großen *Kriegsgewinnmacher* (die legitimen sowohl wie auch die eigentlichen Kriegswucherer) und die großen neuen Kriegsrentner in Stadt und Land ganz allein den Ausschlag geben. Bei der bekannten Eigenart der Bildung der Klassen würden sie sehr oft auch die zweite beherrschen. Annähernd die Hälfte aller Wahlmännerstimmen würden also von diesen ganz großen Vermögensinhabern beherrscht werden, *die daheimgeblieben sind.* In der zweiten Klasse würden sich, neben einigen von ihnen, solche Mittelstandselemente befinden, welche daheimgeblieben sind und denen daher die Kundschaft der nächstens drei Jahre im Feld liegenden Krieger zugefallen ist. Die dritte Klasse endlich würde nicht nur die abwesend gewesenen Arbeiter, auch die höchstqualifizierten, umfassen, welche sich neue Arbeitsgelegenheit erst suchen müssen, sondern ebenso die abwesend gewesenen Betriebs- und Ladeninhaber, die ihren Betrieb und ihre Kundschaft neu aufbauen müssen, die abwesend gewesenen Bauern, deren Frauen mühsam den Betrieb aufrecht erhielten, die in der Kriegsnot mit Schulden belasteten Hausbesitzer, mit einem Wort alle diejenigen Mittelschichten enthalten, welche in ihrer Steuerkraft *durch Militärdienst* auf längere Zeit gelähmt sind. Also: *die ganze Masse der jetzt draußen liegenden Krieger ohne Unterschied des Standes.* Es hilft gar nichts, von der „Unhaltbarkeit des preußischen Wahlrechts“ und von der „Unvermeidlichkeit eines Neubaues“ zu reden. Denn die Glückspilze, in deren Händen sich infolge des Krieges mehr als ein Drittel des Volksvermögens zusammengehäuft hat, würden dann über die Neuordnung der Dinge entscheiden, die anderen aber, die zuerst mit ihrem Blut den Staat erhalten haben, und die nun weiterhin mit ihrer *geistigen oder körperlichen Arbeit* die Zinsen für jene Kriegsrentner herauswirtschaften müssen, wären zur politischen Ohnmacht verdammt.

Das wäre an sich ein Skandal ohnegleichen. Aber es ist auch *politisch ganz unmöglich.* Denn wie denkt sich der Reichskanzler eine Neuordnung des deutschen Staats-, Finanz- und Wirtschaftslebens mit einem *nach dem Kriege* gewählten preußischen Parlament, welches die reichgewordenen Kriegsparvenüs vertritt, und mit Ministern, die diesem Parlament nach dem Munde reden? Es ist einfach lächerlich zu denken, daß er gegen diese Leute irgend etwas ausrichten könnte, nachdem er jetzt, mitten im Ernst des Krieges, nur mit Mühe sich der Intriganten aus diesen Kreisen erwehren konnte. Seit Jahrzehnten sind in Preußen Minister durch „Friktionen“ und Intrigen gestürzt worden. Dabei ist es, wie die Vorgänge im Hotel Adlon und die Vorstöße im Herrenhaus zeigten, zum mindesten der Absicht der Beteiligten nach geblieben, und gegen derartige Absichten wird *gar nichts* zu machen sein, wenn diese in ihrer Machtstellung ins Ungeheure gewachsene Plutokratie nach dem Krieg im neuen Abgeordnetenhause *ganz und gar unter sich* sein wird. *Niemals* wird diese aus dem Krieg hervorgehende neue Plutokratie von sich aus auf ihr Wahlrechtsprivileg verzichten. Nach dem Krieg, wo es an das Steuerzahlen geht, am allerwenigsten. Auch das blödeste Auge sieht ja an der unverfrorenen Behandlung der Fideikommißfrage schon durch die jetzige Mehrheit, daß die Interessenten ausschließlich darauf ausgehen, ihre Kriegsgewinnste *hinter dem Rücken des kämpfenden Heeres* in Fideikommißform ins Trockene zu bringen. Nur Scheinwerk hat bei diesen Kreisen Aussicht auf Annahme. Vollends wo es sich um Wahlreformanträge handelt. Die Vergangenheit aller dahingehenden Versuche, schon unter den bisherigen Verhältnissen, ist bekannt. Sie alle begannen seit 30 Jahren ihren Weg in gleicher Art im Königlich Preußischen Statistischen Büro mit Berechnung derjenigen Zahl zuverlässig plutokratischer Abgeordneter, welche die Reform voraussichtlich ins Parlament bringen würde. Und die betroffenen Parteien rechneten dann ihrerseits ebenso weiter. So wird es in Zukunft, wenn das neue Abgeordnetenhaus nach den bisherigen Normen gewählt wird, erst recht gehen. Die Natur der Dinge schließt jeden anderen Verlauf aus.

Der obige Vorschlag eines Reichsnotgesetzes ist dagegen von *jeglicher Parteiinteressiertheit frei.* Denn kein Mensch weiß heute, welche die politische Stellungnahme der heimkehrenden Krieger sein wird. Vielleicht eine sehr autoritäre. Zu erwarten ist nur, daß sie gleichweit von umstürzlerischen und pazifistischen Utopien wie von dem billigen Heldentum des Mundes entfernt seien, daß sie ferner Sinn für die *Realitäten, Sachlichkeit* und *Verachtung von Phrasen* jeglicher Art mitbringen werden. Darauf allein kommt es an.

Die Unterlassung eines solchen Antrags wäre eine schwere und vor allem nie wieder gut zu machende *Unterlassungssünde.* Die nächsten Wahlen nach dem Frieden würden in Preußen ein Kriegsparvenüparlament in den Sattel setzen, das über unsere Zukunft entscheiden würde, und dann wäre alles zu spät. Keine nationale Partei im Reich hat Anlaß, die Mitverantwortung dafür auf sich zu laden.

Eine dauernde Einmischung in die Verfassung der Einzelstaaten kommt bei dem föderativen Grundcharakter des Reichs nicht in Frage. Die Wirkung des Gesetzes ist eine zeitweilige. Aber: *das Reich* führt den Krieg; *das Reich* verlangt seinen Bürgern die ungeheuren Lasten ab, die er erfordert. *Das Reich* hat daher dafür zu sorgen, daß wenigstens das absolute Minimum an politischen Konsequenzen daraus gezogen werde, wenn der Fall vorliegt, daß die Regierungen der Einzelstaaten voraussichtlich durch kurzsichtige und eigensüchtige Interessenten daran gehindert werden, es ihrerseits zu tun, wie das durch die preußische Plutokratie ohne allen und jeden Zweifel geschehen wird.

Das Notgesetz bedürfte nicht der Formalien des § 78, Abs. 2, sondern nur derjenigen des § 78, Abs. 1 der Reichsverfassung. Die Stimmen zum Bundesrat werden instruiert von den Ministerien, welche sich nach geltendem Recht die Monarchen, insbesondere auch der König von Preußen, frei wählen. Der Reichskanzler, an dessen ehrlichem Wollen niemand zweifelt, ist in diesem Fall nun einmal *nicht* die Instanz, deren Stellungnahme letztlich entscheidet: Nein: auf die deutschen *Dynastien* kommt es an, und sie müssen jetzt, ehe es zu spät ist, vor die *klare Entschließung* gestellt werden: ob sie sich nach dem Kriege auf reichgewordene Kriegsparvenüs stützen zu können und zu sollen glauben oder auf das Heer, welches ihnen allen Macht und Ehre und – es ist wohl kaum zu viel gesagt – die Krone mit seinem Blut und seinem Schweiß verteidigt hat und noch verteidigt. Der endgültige Neubau mag sorgsamer Überlegung vorbehalten bleiben. Aber daß über diesen einen entscheidenden Punkt Klarheit geschaffen werde, dafür ist es jetzt schlechterdings die höchste Zeit. Die Armee selbst hat Anspruch darauf, – und die Zuschriften von der Front lassen mich schließen, daß sie diesen Anspruch auch erhebt: – endlich zu wissen, was bei den einzelnen Parteien und auch bei den führenden Staatsmännern hinter den gewiß schönen Worten zu ihrem Lob denn eigentlich an Bereitwilligkeit *zur Tat* steht. Nicht um „Dank" handelt es sich hier, sondern um eine politisch absolut notwendige Maßregel – und daneben allerdings: um eine schlichte zwingende *Pflicht des politischen Anstandes*. Das Heer, das die Schlachten schlug, soll auch die entscheidende Stimme beim Neubau des Vaterlandes nach dem Kriege haben.

Ich habe Grund zu der Annahme, daß dies nicht die zufällige Meinung eines einzelnen ist, und glaube Ihnen daher die Aufnahme dieser Zeilen zumuten zu dürfen.

gez. Prof. *Max Weber* (Heidelberg).

# Das preußische Wahlrecht

Den nachstehenden Bemerkungen sei vorausgeschickt, daß die Wahlreform selbstverständlich mit den *russischen* Vorgängen keinerlei Zusammenhang in dem Sinne hat: daß wir etwa jetzt möglichst „demokratisch" vorgehen müßten, um in eine Konkurrenz mit der neugebackenen russischen „Demokratie" zu treten. Vorläufig regiert in Rußland ein Ausschuß der nach einem krassen Klassenwahlrecht gewählten Duma. Wenn die Neutralen oder die Amerikaner sich von den Ausdrücken „Revolution", „Absetzung des Zaren", „Republik" imponieren lassen – so ist das ihre Sache. In Wahrheit handelt es sich vorläufig um einen *rein technischen* Vorgang: die *Ausschaltung* eines Monarchen, welcher den Dilettantenfehler beging, „selbst regieren" zu wollen und die Notwendigkeit, im eigensten Interesse seine Rechte mit einer starken Parlamentsmacht zu teilen, aus Eitelkeit nicht anerkannte. Gewiß weiß niemand, was jetzt als ungewollter Nebenerfolg dieser Widerspenstigkeit des Zaren herauskommt. Die Leiter der „Revolution" waren Monarchisten, Großgrundbesitzer und Offiziere, hinter den Kulissen wohl auch Großfürsten (die Verständigung zwischen dem Großfürsten Nikolai, dem Bürgerkönig in spe, und den Kadettenführern fand, wie schon Prof. *J. Haller* in seiner Schrift: Die russische Gefahr im deutschen Hause, Stuttgart 1917, S. 80, bemerkt hat, bei einer Besprechung im Juli 1914 statt). Diese durchaus undemokratischen Kreise russischer Imperialisten beseitigten das alte Regime aus rein *sachlichen* Gründen. Daß sie zu sehr radikalen Mitteln greifen mußten, haben sie sicher selbst bedauert. Aber gegen die organisierte Polizei des Zaren bedurften sie vorläufig unbedingt der Mitwirkung des Proletariats als Kanonenfutter. Sie brauchen seine Hilfe so lange weiter, bis sie sich einen eigenen zuverlässigen Herrschaftsapparat geschaffen haben, und die Frage ist nur: ob und wie schnell ihnen dies gelingen wird. Um es aber überhaupt in Ruhe vornehmen zu können, ist für sie zweierlei unbedingt nötig. Einmal müssen die *Bauern,* von denen die Gefahr einer wirklich ernsthaften Revolution: unentgeltliche Enteignung des gesamten nichtbäuerlichen Grundbesitzes und *Staatsschuldenkassierung,* droht, in den Schützengräben unter Verschluß gehalten werden. Mag auch die Lockerung der Disziplin das Heer aktionsunfähig machen, so ist doch immerhin das Einströmen der jungen kräftigen Bauernmannschaft in die Heimat verhindert, wo sich nur Greise, Kinder und Frauen befinden, die keine Revolution organisieren werden. Ferner aber bedürfen sie des *Kredits* der Banken des Inlands und Auslands, um ihre Macht zu organisieren. Dies alles ist offensichtlich nur zu erreichen bei Fortsetzung des Krieges, bis jenes Ziel der inneren Machtorganisation soweit erreicht ist, daß die Bauern ohne Gefahr heimkehren dürfen. Diese „Demokratie" ist also eitel

Humbug, und wir haben von diesem Schwindel jedenfalls für uns *gar nichts* zu „lernen". Vielleicht mit Ausnahme einer gewissen Beachtung der einen Bemerkung des bisher erzreaktionären „Nowoje Wremja": daß der Zar für die Bauern hoffnungslos dadurch diskreditiert wurde, daß er *„sein öffentlich gegebenes Wort nicht hielt"*. Das neue Regime ist im übrigen für uns vorerst das alte mit neuer Firma. Durchaus richtig und politisch klug war natürlich die Erklärung der Reichsregierung über unsere Beziehungen zur russischen Demokratie. Immer erneut sollten wir, weil es der Wahrheit entspricht, betonen, daß wir mit jeder *wirklich demokratischen* russischen Regierung uns *jederzeit leicht über einen ehrenvollen Frieden verständigen* könnten. Am leichtesten mit den Bauern, die den Frieden sehr viel mehr brauchen als die Petersburger Munitionsarbeiter oder die bürgerlichen Interessenten der kapitalistischen Expansion Rußlands.

Für unsere eigene innere Politik ergeben sich Konsequenzen nur insofern, als diese Lage in Rußland im Zusammenhang mit dem Eingreifen Amerikas praktisch bedeutet: daß der Krieg vorerst *immer noch unabsehbar weitergeht. Daraus* ergibt sich allerdings die zwingende Notwendigkeit, sofort und ohne Aufschub die preußische Wahlreform vorzunehmen, um weiter durchzuhalten ohne die schwere Gefahr furchtbarer Verbitterung. Jeder Mann in der Front weiß: so gut wie England mitten im Kriege sein Wahlrecht tiefgreifend umgestaltet, *können wir das auch*. Gerade *diese* Vorbereitung für die nach dem Frieden stattfindenden ersten Wahlen macht nicht die geringsten Schwierigkeiten. Sie ist das einzige, was wirklich „mit ein paar Federstrichen" zu machen ist. Erfolgt sie *nicht vor* dem Frieden, so würden bei den nächsten Wahlen in Preußen die gewaltigen Verschiebungen der Steuerkraft sich fühlbar machen. Kein königliches Wort würde dann gegen den Widerstand der Wahlprivileginteressenten gehalten werden können, ohne daß man entweder in Preußen zu einer formellen Oktroyierung greift oder durch den Reichstag das tun läßt, was jetzt auch schon geschehen kann. Die Ordnung dieser Angelegenheit gehört zu den absolut notwendigen Vorbedingungen für die nach dem Frieden in Aussicht genommene Neuordnung. Läßt man den preußischen Landtag eine Wahlreform nach seinem Geschmack fabrizieren, so wird eine materielle Neuordnung unmöglich. Jedermann würde also die Verschiebung dieser in wenigen Tagen zu erledigenden Gesetzgebungsarbeit als Beweis dafür ansehen: daß wieder einmal hinter der Absicht *nicht die Kraft der Durchführung steht*.

Das wichtigste von allem ist: man treibe keinen solchen *Schwindel,* wie es in Rußland 1905 geschah und jetzt voraussichtlich wieder geschieht. *Jede andere Lösung als das Reichstagswahlrecht in Preußen* würde von den heimkehrenden Kriegern – und auf diese kommt es an – *objektiv als Schwindel* bewertet werden müssen. Dabei kommt gar nichts darauf an, ob dessen Urheber es subjektiv in ihrer Art „ehrlich" meinen. *Diese* subjektive Ehrlichkeit galt auch für die Urheber des russischen Oktobermanifests und für die jetzigen bürgerlichen „Revolutionäre". Eine nicht als wirklich *abschließend anerkannte* Reform mag aussehen wie sie will, sie würde schlimmer als nur wertlos sein. Man bedenke doch: es wird ja nach dem Krieg schlechterdings nicht mehr möglich sein, der Nation einzureden, daß nur die moralische Gemeinheit der ganzen Welt es fertig gebracht hätte, gerade uns, den einzigen Tugendhelden, diese ganz unglaubhafte Koalition auf den Hals zu hetzen. Jedermann wird wissen: in den vergangenen Jahrzehnten sind unerhörte Fehler gemacht worden, Fehler, welche keine noch so vorzügliche Leitung unserer Politik in den letzten Jahren hätte wieder gut machen können. Diese Fehler kosten uns Hunderttausende der besten Männer und verschulden die endlose Dauer des Krieges. Die Möglichkeit, diese Fehler künftig auszuschalten, wird das Ziel der Neuordnung sein müssen. Darüber ist niemand im Zweifel. Der letzte Mann aus dem letzten Schützengraben kann und wird bei der Heimkehr verlangen, daß seine Stimme *gleichberechtigt* bei dem Neubau in die Wagschale falle. Es ist höchst gleichgültig, ob sich ein theoretisch „besseres" Wahlrecht ausklügeln ließe. Man erspare uns die Notwendigkeit der unausbleiblichen zornigen Abrechnung nach dem Krieg, wie sie durch Halbheiten und vor allen Dingen durch die Verschiebung dieser Erörterungen über das Wahlrechtsproblem bis *nach* dem Kriege hervorgerufen würde. Denn dann wird die Neuorientierung zu nichts anderem als einem jahrelangen haßerfüllten Schelten aufeinander führen, zumal bei den chronischen Konflikten der auf verschiedener Grundlage ruhenden Wahlrechte Preußens und des Reichs. Man mache es den heimkehrenden Kriegern und uns allen innerlich möglich: *einen Strich unter die Vergangenheit zu machen.* Nur bei einer Lösung, die als *endgültig* anerkannt wird, ist das denkbar. Es ist eine Unwahrheit, daß die preußische Wahlreform eine „innerpreußische" Angelegenheit ist. Wie die preußischen Stimmen im Bundesrat abgegeben werden, dafür ist der Reichskanzler in seiner Eigenschaft als unvermeidlich zugleich preußischer Ministerpräsident *nicht* dem Reichstage, sondern allein dem *preußischen Landtage* verantwortlich. Die preußischen Stimmen genießen gegenüber denjenigen aller übrigen Bundesstaaten, abgesehen von der gewaltigen tatsächlichen Übermacht Preußens, *formelle Sonderrechte,* insbesondere auf den entscheidenden Gebieten des *Militär- und des Steuerwesens.* Der Reichskanzler als solcher ist absolut außerstande, irgendwelche Reformen auf diesen Gebieten durchzuführen, auch wenn sämtliche übrigen Bundesstaaten, sämtliche Parteien des Reichstags und er selbst dies für nötig hält, wenn er nicht die Zustimmung des dem preußischen Landtag verantwortlichen *preußischen* Ministeriums findet. Kraft der Militärkonventionen sitzen hier bei uns in Baden ausschließlich königlich *preußische* Militärbehörden und werden alle Offiziere unter Ausschluß jeder Einwirkung, *auch des badischen Monarchen,* auf Vorschlag des preußischen Militärkabinetts vom König von *Preußen* ernannt. *Wir empfinden es als eine Frechheit,* wenn unter solchen Verhältnissen uns jemand zumutet, die Frage des preußischen Wahlrechts als eine solche anzusehen, die *uns nichts anginge.* Ist das die Meinung, dann müssen wir die Liquidation jener bevorrechtigten Stellung Preußens im Reiche verlangen.

Von den parlamentarischen Körperschaften hat sich der deutsche Reichstag, auch in bezug auf kluge Selbstbescheidung, so sehr auf der Höhe seiner Aufgabe befunden, wie kein anderes Parlament der Welt, *am allerwenigsten der preußische Landtag,* dessen plutokratische Mehrheit ohne jede Spur von Sachkenntnis aus rein parteipolitischen Gründen in Reichsangelegenheiten nicht nur, sondern in Angelegenheiten der Kriegsführung des Reichs demagogisch hineinzureden sich erlaubt hat. Es berührt uns als eine Unbescheidenheit sondergleichen, wenn die in Preußen derzeit herrschenden sozialen Schichten und alle jene Literatenkreise, welche bei den schweren Mißgriffen der Vergangenheit geschwiegen haben, sich jetzt herausnehmen, die politische „Reife" der bisher an der Herrschaft *Unbeteiligten* zu bezweifeln. Es ist zu erwarten, daß mit Rücksicht auf diese sogen. „Reife" und ihre Unterschiede alte Wahlrechtskunststücke wieder ausgegraben werden, und es lohnt deshalb immerhin, schon jetzt einigen solchen vorauszusehenden Projekten ins Gesicht zu leuchten.

Ein bei Literaten aller Art höchst beliebter Gedanke ist das Wahlprivileg der sogen. *„Bildung"*, d.h. der durch *Examensdiplom* patentierten Schichten. Ich selbst gehöre dieser Schicht an, habe ihren Nachwuchs sowohl in Berlin wie später in einem anderen Bundesstaat examiniert und kenne die Produkte unserer verschiedenen Examensfabriken. Mit dem größten Nachdruck darf ich deshalb sagen: eine politisch im Durchschnitt geringer qualifizierte Schicht *gibt es in Deutschland überhaupt nicht*, als eben diese. Schon was akademische Lehrer an Mangel an politischem Augenmaß insbesondere im Kriege geleistet haben, übersteigt bekanntlich alles Dagewesene. Und wo steht denn auch geschrieben, daß irgendein auf Universitäten oder anderen Hochschulen gelehrtes Fachwissen, etwa philologischer, maschinentechnischer, mathematischer, juristischer, chemikalischer Art, irgendeine Qualifikation für *politisches* Urteil und politische Realitäten vermittle? Das auf dem Wege der theoretischen Belehrung zu tun, ist *überhaupt unmöglich*. Der charakteristisch deutsche Glaube: daß unsere öffentlichen Bildungsanstalten Stätten politischer Schulung sein könnten, ist eines der lächerlichsten Vorurteile. *Fach*wissen sollen sie bieten, und Fachwissen qualifiziert zum *Gelehrten* oder *Beamten* oder *Techniker*, aber es macht ganz gewiß nicht den *Politiker*. Der *Berater* über sachliche und technische Fragen und die ausführende Hand des Politikers hat der Fachmensch zu sein, aber nicht: der Träger der verantwortlichen politischen Entschließungen. Diese fundamentalste Erkenntnis sollte man sich nachgerade aneignen. Ungeheuerlich ist an sich unter der Parole „freie Bahn für jeden Tüchtigen" das *Examen* politisch zu privilegieren. Schlimm genug, daß es für die Feststellung der Qualifikation zum Beamten, Arzt und anderen technischen Berufen nun einmal unentbehrlich ist! Der Ruf nach mehr Examina durchzieht nachgerade die Gesamtheit aller Berufe. Etwa aus Liebe zur Wissenschaft oder zur Bildung? Lächerlich! Die *Pfründe*, das „standesgemäße", „sichere", „pensionsfähige" Gehalt ist der Sinn, und die Erledigung des Examens nach dem „Prinzip des kleinsten Kraftmaßes" das Mittel, zu dessen Benutzung die Frequenzenkonkurrenz unserer Hochschulen den Weg darbietet. Und diese Pfründen-Interessenten sollen spezifische Träger politischen Denkens sein? Am ehesten noch die Schicht der Techniker und der anderen als Angestellte großer Privatfirmen in den freien Wettbewerb des Marktes hinausgestoßenen Schichten. Weitaus am wenigsten die Examensprodukte der Universitäten. Jeder Geschäftsmann, jeder Privatangestellte, jeder Arbeiter, alle diese spezifisch „modernen" Persönlichkeiten, die ihre Haut im ökonomischen Kampf ums Dasein zu Markte tragen und dabei die politische Struktur des Staates praktisch an sich zu spüren bekommen, haben mehr Augenmaß für politische Realitäten als die Inhaber irgendeines akademischen

Fachdiploms. Diese Schicht der – schon rein äußerlich im Verhältnis zur Nachfrage – „Viel-zu-vielen", der Pfründenanwärter mit ihrem Ressentiment gegen den nicht diplomierten Mann, der Geld verdient, mit ihren Ansprüchen, kraft des Fachdiploms nicht nur in bezug auf materiellen Entgelt, sondern vor allem auch: auf Connubium und Verkehr mit der „Gesellschaft" eine Vorzugskaste darzustellen, mit ihren konfusen snobistischen Vorstellungen von der moralischen Minderwertigkeit der wirtschaftlichen, parlamentarischen, journalistischen und jeder Art von solcher Arbeit, auf die es nun einmal heute *politisch ankommt, – diese* Schicht ist die allerletzte, der Sonderrechte bei Volkswahlen eingeräumt werden dürfen. Natürlich: im Herrenhaus, welches an den materiellen politischen Fragen des Budgets unbeteiligt ist und bleiben muß, gebührt ihnen eine starke Vertretung. In einem Kleinstaatparlament, welches dem Schwerpunkt nach fachliche Kulturaufgaben zu lösen hat, läßt sich ein Sonderwahlrecht für sie politisch wenigstens ertragen. Aber nicht in Preußen mit seiner Herrschaftsstellung im Reich. Mit einem Wahlprivileg anstellungshungriger, beförderungshungriger, gehaltshungriger Sprößlinge deutscher Examensfabriken würde sich ein Staatsmann eine Rute binden, von der sich mancher wohl keine rechte Vorstellung macht. Den Verdienst der Unternehmer, Privatangestellten, Arbeiter bestimmt *nicht* das Parlament. *Wohl aber* die Höhe des Gehalts dieser Pfründnerschicht. Soll man sie durch Wahlprivilegien in die Lage versetzen, sich ihre Gehälter selbst zu bewilligen auf Kosten der Staatskasse? So sehr wir ihre Besserstellung wünschen, *das* geht denn doch nicht an!

Pluralwahlrecht nach dem *Familienstand?* Am frühesten heiraten die untersten Schichten des Proletariats in Stadt und Land und alle Schichten mit dem Minimum von Fürsorge für die Nachfahren (im Osten: die Polen)!

Oder Pluralwahlrecht nach *Besitz* oder Inhaberschaft selbständiger *„Betriebe"? Das kommt unweigerlich den durch den Krieg begünstigten Daheimgebliebenen* zugute und vor allem: der riesenhaften Zahl durch den Krieg neugeschaffener *Rentiers.* Das Überwuchern der Rentnergesinnung, des Strebens nach der sicheren Nahrung und dem sicheren Pöstchen ist dasjenige, was wir am meisten von der Zukunft zu fürchten haben und was Deutschlands Aufstieg in der Welt am sichersten tödlich lähmen würde. Abgesehen davon wäre es eine skandalöse Deklassierung der in ihren Besitz und in ihre Stellung zurückgekommenen heimkehrenden Krieger und Quelle dauernder Verbitterung.

Oder womöglich Vorzugswahlrechte nach der *militärischen* Leistung? Ein sehr schönes Aushängeschild! Praktisch aber bedeutet es, daß die politischen Rechte der Krieger durch ihre jetzigen militärischen Vorgesetzten bestimmt werden. Das Eiserne Kreuz wird dann als ein Mittel zu politischen Zwecken diskreditiert. *Man hüte sich doch sehr,* mit solchen Gedanken auch nur zu spielen. Ich fürchte ohnehin, im Interesse der inneren Einheit, Diskussionen über diese Punkte nach dem Kriege mehr als über andere.

Endlich die neuerdings beliebte *„berufsständisch"* gegliederte Wahl. Man schaffe den Berufsvertretern Gelegenheit zur Wahl ins Herrenhaus, wo im wesentlichen innerpreußische Fragen entschieden werden. Aber für das Volksparlament, welches kraft des Budgetrechts Einfluß auf die Instruktion der preußischen Stimmen im Reich übt, möge man sich hüten, das Beispiel des früheren österreichischen Reichsrats, des Virtuosen der *Obstruktion,* zu übernehmen. Der Kampf der Klassen und Berufe gegeneinander, Hunger nach staatlichen Trinkgeldern, Feilschen und Kompromisse über sie würde dann die fast ausschließliche Beschäftigung dieses „organischen" Parlamentes werden. Die fachliche und berufliche *Spaltung* des Volkes wäre mit solchen Torheiten in aller Form zum Prinzip der politischen Meinungsbildung erhoben, nicht aber seine politische *Einheit*. Fort mit diesen unendlich dilettantischen Gedanken!

Woher stammen alle diese müßigen Projekte? Etwa aus sachlichen politischen Erwägungen? Nein, aus der ganz gemeinen *Feigheit* unserer sterilen Literatenschichten vor allem, was nach „Demokratie" aussieht. Aus der Blindheit dafür, daß die immer universellere Verbreitung dieses Wahlrechts heute historisch bedingt ist durch das Verlangen: der moderne Staat soll nach seiner Eigenart *eine* Stätte schaffen, wo der einzelne *nicht* als Besitzer von Vermögen, Stellung, Titel, Orden, Examensdiplom in Betracht kommt, sondern schlechthin: *als Staatsbürger*. Als solcher wird er in Krieg und Tod geschickt, ohne Unterschied des Besitzes und Diploms.

Man täusche sich nicht: das Verlangen nach diesem Wahlrecht wird, unerfüllt, unsere gesamte innerpolitische Entwicklung weiter vergiften. Die einzigen Schichten, die *dagegen* interessiert sind, jetzt den Abschluß zu machen, sind diejenigen, welche den preußischen Landtag beherrschen. Wie in Rußland werden sie versuchen, durch eine scheinbare „Demokratisierung" ihre Macht zu erhalten, indem sie Teilen des Kleinbesitzes Brocken davon hinwerfen. Die Folge wäre: daß die Zukunft des Reiches spießbürgerlichen *Bierbankpolitikern* in die Hände gegeben würde, ganz abgesehen davon, daß man sich über die wirkliche Stimmung des „Mittelstandes" anscheinend höchst irrige Vorstellungen macht. Die Rolle Deutschlands in der Welt wäre zu Ende, wenn unsere Politik danach orientiert werden sollte. *Man schaffe allen diesen Schichten ihren Platz im Herrenhause,* wo sie hingehören, aber keine Sonderprivilegien im Volksparlament; Enttäuschung und Ermattung, verhaltene Wut und wilder Klassenantagonismus wären die Folge solcher unhistorischer Künsteleien. Die Folgen des ganz ähnlich konstruierten Dumawahlrechts in Rußland hat man ja gesehen. Das ganze Odium eines Scheiterns der Hoffnungen, mit welchem die heimkehrenden Krieger auf das Versprechen der Wahlreform blicken, *würde die Krone zu tragen haben.* Bleibt das Wahlrecht im Reich und in Preußen zwiespältig, so muß nach wie vor der leitende Staatsmann ein doppeltes politisches Konto führen, und das Odium der Unehrlichkeit fällt auf ihn *und die Krone*. Das Reich hat für die zum Krieg Eingezogenen dafür zu sorgen, daß sie unter allen Umständen ohne Unterschied des Standes, in die Heimat zurückgekehrt, das *günstigste* überhaupt vorhandene Wahlrecht für sich vorfinden. Das ist mit einem Notgesetz des Reiches ohne formell *dauernden* Eingriff in die Souveränität der Bundesstaaten ohne weiteres zu leisten. Es ist die schmerzloseste Art, ohne irgendwelchen Zank jetzt während des Krieges zu erzwingen, was absolut notwendig ist. Nur mit Ekel kann man eine Erörterung der Frage der Wahlprivilegien innerhalb des Dreiklassenparlamentes *nach* dem Kriege als dem *ersten die ganze Neuordnungsdebatte sofort hoffnungslos vergiftenden parlamentarischen „Friedensvorgang"* entgegensehen.

MWG I/15 232-234

Dem Unterzeichneten ist „Demokratie“ niemals Selbstzweck gewesen. Die Möglichkeit einer sachlichen nationalen Politik eines starken nach außen geeinigten Deutschland ist es, was ihn allein interessiert hat und interessiert. Ihm wie so vielen anderen ist es so ergangen: daß die Art der Leitung der Reichspolitik, wie sie von Preußen her im letzten Menschenalter bestimmt wurde, ihm die Überzeugung gab: daß bei dem bestehenden Regime die deutsche Politik in der Welt *erfolglos* bleiben *werde und müsse*. Er und andere haben es daher aufgegeben, sich für ganz sterile, angeblich „nationale“ Dinge zu interessieren, bei welchen dieses Wort entweder ein Deckschild für plutokratische Interessen, oder eine Literatenphrase politischer Narren wurde. Wird durch Versäumen des jetzigen Moments abermals die ganze Kraft der Nation auf *Wahlrechtskämpfe* abgelenkt, dann ist für mich die Rolle Deutschlands als Macht ausgespielt, gleichviel wie der Krieg ausgehen möge. Denn dann muß zunächst ausschließlich für die Erziehung der Nation in der Richtung gesorgt werden, daß sie klar erkennt: *welche politischen Mächte in unserem Innern es gewesen sind,* denen die Verantwortung für die Fehler der Vergangenheit zur Last fällt. Eine *rein negative* Arbeit also, aber ganz unentbehrlich, wenn jetzt noch dem Dreiklassenlandtag gestattet werden soll, bei seinem Tode das Gift einer Spaltung der Nation in privilegierte und nichtprivilegierte Schichten als schlimme Erbschaft der Zukunft zu hinterlassen.

Denn dies ist letztlich das Entscheidende: *nur das Reichstagswahlrecht bedeutet das Ende der Wahlrechtskämpfe*. Und dieses Ende ist Vorbedingung aller sachlichen Arbeit.

Bedeutet es auch „Demokratie“? Es bedeutet zunächst etwas ganz anderes. Die Parlamente sind da, sie werden nicht verschwinden. Ein parlamentarischer *Politiker* ist, wer es vermag, das Vertrauen und die *freie* Hingabe einer politischen Gefolgschaft dauernd um sich zu scharen. Das ist eine Auslese prinzipiell anderer Art, als innerhalb des Beamtentums: heute *die einzige* Auslese *prinzipiell anderer Art* auf politischem Boden. Ein Parlamentsführer hat mit einem tüchtigen Fachmann oder Berufsvertreter nichts gemein: *davon* haben alle Wahlrechtsdiskussionen auszugehen. Ebenso alle Diskussionen irgendwelcher Art über veränderte „Auslese“ von Politikern. Heute bedarf es der freien Bühne der allgemeinen Volkswahl, um jene spezifisch *politischen* Begabungen an das Tageslicht zu bringen, die durch Diplome oder nach anderen Zensusmerkmalen nicht nur nicht erkennbar sind, sondern durch deren Privilegierung gehindert werden, in die Höhe zu kommen. Die freie gleiche Volkswahl und die Auslese im Parlament ist das einzig mögliche Gegengewicht gegen die schrankenlose Herrschaft des reinen Fachwissens. Die unvermeidliche und überlegene Macht dieses in der Beamtenschaft verkörperten Fachwissens kommt jedem wie immer gearteten Parlament gegenüber genügend und oft mehr als genügend zur Geltung. Es ist kindlich, nicht sehen zu wollen, wie gründlich, namentlich in Deutschland, durch die Verhältnisse dafür gesorgt ist, daß die Bäume der Demokratie nicht in den Himmel wachsen. Die ungeheuere sachliche Bedeutung der Fachschulung und des Beamtentums hindert dies ein für allemal. Und es handelt sich gerade darum, eine Stätte zu finden, wo den durch dies Fachmenschentum *Beherrschten* das absolute Mindestmaß von Einfluß auf die Auslese der *leitenden Politiker* gewährt ist. Denn der Politiker wird nun einmal nicht durch fachmenschliche Qualitäten und Fachwissen noch so gründlicher Art zu seiner Aufgabe qualifiziert. Das wenigstens könnten wir aus unserem Schicksal gelernt haben.

# Rußlands Übergang zur Scheindemokratie

Der Unterzeichnete beansprucht für die Gegenwart keinerlei Sachverständnis über Rußland, welches sich nicht jedermann sonst auch verschaffen könnte. Vielleicht aber hat er ein nüchternes Urteil über das, was von den jetzt ans Ruder gekommenen Männern uns gegenüber zu erwarten ist. Unbeschadet meiner von jeher sehr starken Sympathien für die russische Befreiungsbewegung muß nachdrücklich ausgesprochen werden: bei der jetzigen Zusammensetzung der russischen Regierungsgewalt kann von aufrichtig friedlichen Gesinnungen der Mehrheit der maßgebenden Männer Rußlands *gar keine Rede* sein und noch viel weniger von freundlichen Absichten gegenüber dem deutschen Volke (ich sage sehr absichtlich: „dem deutschen *Volke*" und nicht etwa nur: der jetzigen deutschen Regierung). Die, trotz der im höchsten Grade herausfordernden und geradezu kriegswütigen Äußerungen von Prof. Miljukow, von seiten der Zentralmächte abgegebenen friedlichen Erklärungen waren nicht nur ehrlich, sondern es war und *bleibt* trotz und wegen jenes Verhaltens auch politisch absolut richtig, sie erneut zu geben. Denn wir haben an die weitere Zukunft zu denken. Aber freilich müßten noch Ereignisse anderer Art als bisher oder starke Machtverschiebungen eintreten, um ihnen zum unmittelbaren Erfolg zu verhelfen.

Prophezeiungen über den weiteren Verlauf der Revolution wären wohl selbst für den bestinformierten Beobachter unmöglich. Daß ein Umsturz der Zarenmacht während des Krieges überhaupt entstehen würde, haben auch ungleich besser über die Lage orientierte Leute als ich unbedingt bezweifelt und selbst nach dem Krieg für mehr als fraglich gehalten. Die Agrarreform Stolypins hatte ja den klugen Schachzug getan, eine der sozialrevolutionären Kerntruppen, die Bauern der altrussischen Gebiete, in zwei ungleich große, aber unvermeidlich tief verfeindete Teile zu spalten: einerseits die neuen, aus dem Dorfkommunismus ausgeschiedenen Privateigentümer: die ökonomisch stärksten Elemente der Bauern also, deren neuer Besitz sie mit dem bestehenden Regime eng verknüpfte, und andererseits die im Dorfkommunismus verbliebenen proletarisierten Bauernmassen, welche die Verleihung jenes Privatbesitzes als schnödes Unrecht zugunsten der anderen empfanden. Des weiteren schien es immerhin möglich, daß ein anderer wichtiger Träger der alten sozialrevolutionären Ideen sich anders als früher verhalten könnte: das sogenannte „dritte Element". Dahin gehören die massenhaften fest aber schlecht bezahlten Angestellten der großen Selbstverwaltungsverbände, der sogenannten „Semstwos". Unter ihnen befindet sich fast die gesamte, überhaupt in der materiellen Verwaltung tätige „Intelligenz". So alles Personal der in Rußland sehr wichtigen agronomischen, der veterinären und überhaupt fast aller in unserem Sinn „volkswirtschaftlichen" Arbeit und des weltlichen Volksschulunterrichts, ebenso die, im Gegensatz zu unseren Verhältnissen, mit festem Gehalt angestellten ländlichen Ärzte. Das sind also fast alle jene Kreise der „Intelligenz", welche mit der Bauernschaft im Alltagsleben als Vertrauensleute ständig zu tun haben. Sie standen in der Zeit der vorigen Revolution zu der fast nur polizeilichen Zwecken dienenden staatlichen Verwaltung im schroffsten inneren Gegensatz und waren die Träger der sozialrevolutionären Propaganda auf dem Lande. Ebenso aber standen sie in Gegnerschaft zu den ehrenamtlichen Mitgliedern der Semstwos selbst, die dem bürgerlichen Besitz, vor allem dem ländlichen Grundbesitz, entstammten. Gewisse Änderungen in der sachlichen Richtung der Semstwoarbeit sowohl wie auch in der Zusammensetzung dieser Schicht, welche man als Folge von Maßregeln der Stolypinschen Regierung und auch der Semstwos nach der Revolution vermuten durfte, konnten immerhin die jetzige Stellungnahme dieses Elements zu einer Revolution unsicher erscheinen lassen. Durch die Proletarisierung breiter Unterschichten der Bauern und durch die neue Privateigentumsordnung war ferner zwar das landlose, mit dem Dorf nicht mehr durch Landansprüche verknüpfte Industrieproletariat stark vermehrt worden. Es war ein führender Faktor der früheren Revolution gewesen. Aber es war an Zahl begrenzt, und der Verlauf der Dinge nach dem Verfassungsmanifest hatte damals die neuerdings überall gemachte Erfahrung bestätigt: daß heute Revolutionen mit einem mehr als ganz kurzfristigen Erfolg *weder* von dem Bürgertum und der bürgerlichen Intelligenz allein, *noch* auch von den proletarischen Massen und der proletarischen Intelligenz allein erfolgreich durchgeführt werden können. Alle Generalstreiks und Putsche waren gescheitert von dem Augenblick an, als das Bürgertum und dessen in Rußland wichtigster Bestandteil, die landbesitzenden Semstwokreise, sich der weiteren Mitwirkung versagt hatten. Auch wo aufständische Massen so fähige und wenigstens teilweise uneigennützige Führer haben, wie ohne Zweifel in Rußland, fehlt ihnen eben *ein* heute nun einmal auf die Dauer grundlegend wichtiges Kampfmittel: die *Kreditfähigkeit*. Diese genießt dagegen das Bürgertum. Und auf Grund ihrer kann es sich die Geldmittel verschaffen, welche heute für die Organisation einer dauernden Verwaltung, mag sie sich auch „revolutionär" nennen, ebenso notwendig sind wie für jede Machtorganisation überhaupt. Die Menschen wollen und müssen materiell zunächst einmal existieren, und um ein Heer von noch so idealistischen Angestellten zu bezahlen und die zahlreichen materiellen Mittel einer dauernden Macht zu beschaffen, braucht man: Geld. Es kam also darauf an, wie die bürgerlichen Kreise sich zu einer abermaligen Revolution verhalten würden. Die absolut reaktionäre Haltung der wenigen Riesenunternehmer der Schwerindustrie stand auch in Rußland natürlich fest. (Sie waren so reaktionär, daß ihre Haltung Revoltestimmungen der Massen – wie bei uns – allerdings geradezu herausfordern mußte.) Über das Verhalten der Mehrheit der einst die Reformbewegung tragenden bürgerlichen Intelligenz und der Semstwokreise seit der Revolution schien aber ebenfalls kein Zweifel zu bestehen. Ihr durch die Enttäuschung ihrer innerpolitischen Machthoffnungen gebrochenes Selbstgefühl flüchtete sich um so inbrünstiger in die Romantik der äußeren Macht. Ganz begreiflich; die Angehörigen der höheren russischen Bureaukratie ebenso wie des Offizierkorps rekrutieren sich ja schließlich dort wie überall sehr stark aus diesen besitzenden Schichten. Konstantinopel und die sogenannte „Befreiung" der Slawen, das hieß praktisch: ihre Beherrschung durch die nationale großrussische Bureaukratie, ersetzten also jetzt die Schwärmerei für „Menschenrechte" und die „Konstitutante". Lebendig geblieben war ja diese imperialistische Legende und insbesondere der großrussische Herrschaftsanspruch innerhalb Rußlands selbst in der bürgerlichen Intelligenz auch während der ganzen Befreiungsbewegung. Schon ehe auch nur die allergeringste Garantie für die angeblich allein erstrebten freiheitlichen Errungenschaften erreicht war, hatten (1905) fast alle führenden Persönlichkeiten des „Befreiungsbundes" (*nicht* etwa nur der ganz zu Unrecht dafür geschmähte Herr Peter Struwe) ihre Augen nach Konstantinopel und der Westgrenze gerichtet. Die Existenz einer ukrainischen Nationalität wurde von ihnen bestritten, die polnische Autonomie lediglich unter dem Gesichtspunkt, sich für eine künftige Expansion Rußlands nach außen „Freunde an der Westgrenze" zu schaffen, behandelt, die „Befreiung" aller möglichen Völker als Aufgabe ausgerechnet gerade des Großrussentums verkündet – während doch im eigenen Haus noch schlechthin alles an „Befreiung" zu tun war. Die kleine Gruppe von Ideologen der alten Dragomanowschen Schule, welche eine Umgestaltung Rußlands zu einer wirklich gleichberechtigten Nationalitätenföderation erstrebten, waren schon damals entweder betrogene Betrüger oder vollkommen einflußlos und in steter Furcht, den großrussischen Chauvinismus ihrer Genossen nicht zu reizen. Die Frage der *Nationalitätenautonomie* innerhalb Rußlands war denn auch, wie Prof. *J[ohannes] Haller* in seiner vor kurzem erschienenen lesenswerten Schrift: „Die russische Gefahr im deutschen Hause" (Stuttgart 1917) mit Recht betont hat[1]), das wichtigste Mittel in der Hand Stolypins gewesen, durch Weckung des großrussischen Nationalismus die demokratische Opposition niederzuwerfen. Die feste Überzeugung von dem vermeintlich „unvermeidlichen" Zerfall Österreich-Ungarns und die Schwächung der Türkei im Balkankrieg schwellten die Hoffnungen dieser imperialistischen Intelligenz aufs äußerste. In der Duma wurde sie Hauptträgerin der Kriegsvorbereitungen, und im Kriege vertritt sie die Parole vom „Krieg bis zum äußersten".

[1]) Die Schrift richtet sich gegen das Buch und auch gegen die Kreuzzeitungstätigkeit des Herrn Prof. *Hötzsch*. Es ist in der Tat geradezu erstaunlich, daß ein Mann, der in Rußland wiederholt gewesen ist und dessen Buch mit beträchtlichen Ansprüchen auftritt, eine so vollständige Unkenntnis entscheidender politischer Parteigruppierungen an den Tag legt, wie es in jenem in jeder Hinsicht überaus seichten Buche geschieht, welches als politische Informationsquelle nicht in Betracht kommt. Meine eigenen seinerzeit gleichzeitig mit den Ereignissen geschriebenen Chroniken der Revolution von 1905/6 („Zur Lage der bürgerlichen Demokratie in Rußland" und „Rußlands Übergang zum Scheinkonstitutionalismus" Tübingen, Mohr, 1906) können *nur* unter dem Vorbehalt noch in Betracht kommen, daß man 1. heute natürlich auch bei uns sehr viel mehr wissen kann, als damals, und den ganz lückenhaften Berichten zu entnehmen war, 2. daß seitdem die Stolypinsche Reform unternommen wurde. Stolypins Bedeutung überhaupt war damals nicht zu erkennen. Für die Orientierung über die (seitdem teilweise verschobenen) *Parteiströmungen* in Rußland und ihre reale Unterlage können jene anspruchslosen Chroniken vielleicht auch heute noch dem gänzlich Ununterrichteten eine gewisse Stütze bieten, wenn er die Mühe des Lesens nicht (wie z.B. Herr Hötzsch tat) scheut.

Seit der von Prof. Haller (S. 80) erwähnten Rücksprache des Großfürsten Nikolaj (Juli 1914) mit den Führern der „Kadetten" waren diese Politiker höchst plötzlich in das Lager der Kriegshetzer abgeschwenkt. Sie hofften von der Fortsetzung des Kriegs eine Stärkung der finanziellen Position der Bourgeoisie. Die politisch liberale Entwicklung Rußlands, meinten Vertreter der Kadettenpartei zu Kriegsbeginn in Privatgesprächen, „komme ganz von selbst". *Wie* dies je hätte geschehen sollen, *wenn* die Autokratie und Bürokratie durch einen Sieg über uns mit ungeheuerem Prestige aus dem Krieg hervorgegangen wäre, – dies blieb im Dunkeln. Es war ja nur als Folge einer schweren Niederlage möglich, welche diese russischen Imperialisten durchaus nicht erwarteten. Eine Revolution mußte nach alledem als sehr unwahrscheinlich gelten.

Wenn sie nun dennoch gekommen ist, so war dafür nach den Erfolgen unserer Waffen das *rein persönliche Verhalten des Zaren* ausschlaggebend. Die Niederlage von 1915 benutzte er zwar zur Kaltstellung des jetzigen „Bürgerkönigs" in spe: des Großfürsten Nikolaj. Aber den Teilerfolg von 1916 benutzte er nicht, um mit einem ehrenvollen Frieden aus dem Kriege zu kommen. Die Hoffnung auf Größeres und wohl auch der bei ihm bestehende tiefe rein persönliche Haß gegen den Deutschen Kaiser bedingte das. Nach der Niederlage in Rumänien gab es noch immer den Weg der Verständigung mit der durch und durch nationalistischen bürgerlichen, monarchisch gesonnenen Mehrheit der auf Grund eines krassen Klassenwahlrechts gewählten Duma. Ihn zu betreten und damit in die Bahn des Parlamentarismus einzulenken, hinderte den Zaren aber offenbar seine verhängnisvolle *Eitelkeit*. Ob daneben leicht pathologische Züge mitspielten, wie die Art seiner „Frömmigkeit", die schließlich das Würdegefühl auch seiner besten Anhänger tief verletzt zu haben scheint, vermuten lassen könnte, kann ganz dahingestellt bleiben. Denn sein alles entscheidender Kernfehler lag ganz und gar in jenem verderblichen Irrtum: *selbst regieren zu wollen*. Dies zu tun konnte ein Monarch wie der Zar sich allenfalls dann einmal vortäuschen, wenn der Zufall es wollte, daß ein ganz ungewöhnlich begabter Staatsmann ihm den *Schein* zu wahren half. Der Zar wäre schon bei der letzten Revolution verloren gewesen, nachdem er aus Eifersucht und Eitelkeit den Grafen Witte entlassen hatte, wenn nicht wider alles Erwarten ihm in Stolypin eine der Situation gewachsene Persönlichkeit erstanden wäre, der er sich unbedingt fügte. Ohne einen solchen Anhalt blieb er notwendig ein Dilettant, dessen unvermeidlich unstetes und unberechenbares Eingreifen auch bei weit größerer Begabung alle zielbewußte Politik unmöglich machte und der um die Existenz des Landes und seiner Krone spielte. Technische Kenntnis der modernen Verwaltung konnte er, nachdem der Thron einmal in jungen Jahren bestiegen war, überhaupt nicht mehr erwerben. Aber sie war nicht das Entscheidende. Denn dafür konnten schließlich, bei der nötigen Zurückhaltung des Monarchen, tüchtige Beamte sorgen. Allein – was so gern vergessen wird – ein noch so hervorragender Beamter ist um deswillen noch kein irgendwie geeigneter *Politiker* und umgekehrt. Noch weniger aber war ein solcher Politiker der Zar. Die besonderen Qualitäten für dieses schlüpfrige Gebiet verantwortlichen Handelns, verbunden mit der strengen *Sachlichkeit*, dem sicheren *Augenmaß*, der reservierten *Selbstbeherrschung*, der Fähigkeit *schweigenden* Handelns, die es verlangt, sind keine ererbten Angebinde einer Krone. Und diese Qualitäten sich zu bewahren war für diesen, wie für jeden Monarchen in der die romantische Phantasie stark anregenden Lage eines solchen, noch ungleich schwerer als für andere. Es bedarf eben in monarchischen Staaten heute ganz fester und starker anderer Gewalten, um die *Ausschaltung* politisch unbegabter Monarchen in ihrem eignen Interesse im Fall der Notwendigkeit zu ermöglichen.

Eben dieses Problem der gegebenenfalls nötigen *Ausschaltung* des Monarchen mußte nun aber im Kriege je länger, je mehr in Rußland gerade für die tüchtigsten Schichten auch der absolut undemokratischen Imperialisten beherrschend werden. Dazu bedurfte es keiner Anzettelungen Englands. Es folgte auch für die zum Teil höchst sozialkonservativen Kreise des sogen. „Fortschrittlichen Blocks" der Duma aus der Forderung der *Sache*. Große Politik wird stets von kleinen Kreisen von Menschen gemacht. Entscheidend für den Erfolg ist aber: 1. daß ihre Entschlüsse nicht durch Einfälle eines politisch so unbegabten Monarchen, wie des Zaren, gestört werden, – 2. daß sie die *freie* Hingabe einer hinlänglich breiten mächtigen gesellschaftlichen Schicht hinter sich haben, – 3. daß sie wissen, wie Machtkämpfe da geführt werden, wo Reglement, Befehl und militärischer oder bürokratischer Gehorsam nach der Natur der Sache *nicht* die technischen Mittel ihrer Durchführung sind, – und dies ist in der großen Politik der Fall. Ein Apparat nun, einen politisch unbegabten Monarchen im eigenen Interesse und dem des Landes, da, wo es sachlich nötig ist, auszuschalten, ohne daß die politischen Institutionen umgestürzt werden, bietet *nur* eine sehr starke und breit fundierte selbständige *Parlamentsmacht* der Vertrauensmänner der Wähler. Die menschlich verständliche Eifersucht des Fachbeamtentums, die sich als „monarchistisch" gebärdende Schmeichelei plutokratischer Interessenten und der ästhetenhafte Snobismus von Bildungsphilistern und Literaten (dieser Speichellecker der jeweils als „vornehm" geltenden Mode) hat zwar diesen einfachen Sachverhalt seit Jahrzehnten verlästert. Ästhetisch wird sich niemand an einem Parlament berauschen können. Vom Standpunkt der reinen Verwaltung aus ist es nur Kräftevergeudung und Redegelegenheit eitler Menschen, denen sich jeder tüchtige Fachbeamte an Beherrschung seines Ressorts weit überlegen fühlt, die man durch kleine Vorteile und verhüllten Anteil an der Ämterpatronage ködert und eben dadurch von realer Macht und Verantwortlichkeit ausschließt. Genau diese Qualitäten eignen tatsächlich und ausschließlich jedem *machtlosen* und daher politisch verantwortungslosen Parlament, welches die großen politischen Begabungen mit ihrem sittlich berechtigten Machtehrgeiz von der Beteiligung fernhält. Das ist „Scheinkonstitutionalismus" und schädigt unweigerlich die politische Qualität der Leistung. Deutschland z.B. hat die besten und ehrlichsten Fachbeamten der Welt. Was militärische Disziplin und Beamtentüchtigkeit können, hat die deutsche Leistung in diesem Krieg gezeigt. Aber die furchtbaren Mißerfolge der deutschen Politik haben auch gezeigt: was nun einmal durch diese Mittel *nicht* zu leisten ist.

Die Parlamentsmacht verdammt – das ist ihre weitaus wichtigste positive Leistung – durch eine einfach wirkende Auslese den politisch *unbegabten* Herrscher, und nur ihn, zur Ohnmacht. Dem politisch begabten Monarchen hält sie dagegen jenen gewaltigen Einfluß offen, den z.B. Edward VII. – mehr als ein anderer Monarch eine beherrschende Figur der neuesten Zeit – ausgeübt hat. Der Zar hatte zu wählen zwischen dem *realen* Besitz jener Macht, die jedem Monarchen sein, bei politischer Klugheit und Beherrschtheit, stets überaus großer tatsächlicher Einfluß auf die Staatsleitung gewährt, und jener eitlen Romantik und Pathetik des äußeren *Scheines* der Macht, durch dessen Erstreben sein ostensibles und geräuschvolles Eingreifen für die sachliche und konsequente Führung der Politik verderblich wurde und für seine Krone gefährlich werden konnte. In Rußland war zwar (im Gegensatz zu uns) strafbar (als „Publikation eines Hofberichtes") jede *Veröffentlichung* von Reden und Telegrammen des Monarchen, welche nicht durch den zuständigen Beamten kontrolliert worden war. Allein das genügte, da dieser Beamte eben ein Hofbeamter war und keine parlamentarische Macht dem Monarchen gegenüber als selbständige Grundlage seiner Stellung hinter sich hatte, nicht einmal zur Verhinderung des Bekanntwerdens politisch unkluger Äußerungen des Zaren. Erst recht nicht setzte irgend etwas der unbegabten Unstetheit seines Eingreifens in die Politik eine Schranke. Deshalb wurden selbst die konservativsten Kreise des russischen Besitzes, und gerade sie, im Kriege Anhänger des Parlamentarismus. Der Zar dagegen optierte für die Romantik des Scheins und entschloß sich auch in letzter Stunde nicht, die formelle Macht auch nur mit den sozialkonservativen Mächten des in der jetzigen Duma vorherrschenden bürgerlichen Besitzes zu teilen. Mit der ihm im eigenen Machtinteresse unbedingt ergebenen Polizei und den angeworbenen „Schwarzen Banden" allein war aber das Land in einer Lage wie der jetzigen nicht in der Hand zu behalten. Sie hatten ihre Fähigkeit gezeigt, Attentate, Generalstreiks, Pogrome zu arrangieren, um das Bürgertum und unbequeme Minister einzuschüchtern, wie dies festgestelltermaßen geschehen ist. Sie waren eine vollständig nach eigenem Ermessen operierende und tatsächlich sehr erhebliche Macht. Aber fast die ganze materielle Verwaltung lag, dem reinen Polizeicharakter des Staats entsprechend, in den Händen eben jener dem Zaren besonders tief verhaßten Semstwokreise. Vor allem mußte daher, wenn diese Vertreter der „Gesellschaft" geflissentlich beiseitegeschoben, desorganisiert oder gar zur Obstruktion getrieben wurden, die wirtschaftliche Versorgung des Landes und der Hauptstädte völlig zum Stillstand gebracht werden. Das geschah offenbar und brachte in Verbindung mit dem Versagen des russischen Eisenbahnsystems infolge der Ansprüche des rumänischen Feldzuges die Revolte unmittelbar zum Ausbruch.

Nun wäre ohne die Gegnerschaft der *bürgerlichen* Intelligenz gegen das alte Regime jede noch so erfolgreiche Massenrevolte natürlich nach kurzer Dauer ebenso ins Nichts verlaufen und im Blut erstickt worden, wie im Winter 1905/6 und wie es etwa einem Putsch der Schwätzer unserer „Gruppe Liebknecht" ergehen würde, wenn man sie sich an Zahl um das Zwanzigfache vermehrt denkt. Aber nicht nur alle geschulten Arbeiterführer, sondern auch die führenden Schichten der bürgerlichen Intelligenz taten infolge des Verhaltens des Zaren mit. Ihre Bataillone gegen Angehörige jener Familien marschieren zu lassen, denen die Mehrzahl von ihnen selbst entstammte, hätte sich die Mehrzahl selbst der aktiven und vollends der – jetzt vorwiegenden – Reserve-Offiziere nicht dauernd bereit gefunden. Gerade den tüchtigsten unter ihnen schien überdies die Ausschaltung des unberechenbaren persönlichen Eingreifens dieses Monarchen aber *sachlich* unumgänglich, nachdem die Folgen seines Dilettantismus zutage getreten waren. Daß dann diese „Ausschaltung" wesentlich anders verlief, als wohl die Mehrzahl von ihnen es gewünscht hätte, daß sie nämlich zum Sturz der Dynastie und *nicht* zu einem Bürgerkönigtum eines Großfürsten oder zu einer Militärdiktatur führte, – dies erzwang die zunächst unvermeidliche Rücksicht der hauptstädtischen Führer der Bewegung auf die Machtstellung des für den Kampf gegen den Zaren unentbehrlichen *Proletariats*. Die Hungersnot entstand allein aus einem Versagen der russischen Eisenbahnen gegenüber den Aufgaben, welche die Verlängerung der Front durch den rumänischen Feldzug stellte. Und es zeigte sich nun, daß die Führer der proletarischen Schichten der „Intelligenz", des staatlichen und sonstigen Unterbeamtentums und der Eisenbahn-, Post- und Telegraphen-Arbeiter, ihre Leute so in der Hand hatten, daß sie Kerenskis Machtstellung hinnehmen und die völlige Beseitigung der Dynastie dulden mußten. Daß aber eine Entwicklung zu einer offenen oder verhüllten Militärdiktatur dauernd unterbleiben wird, ist, *falls der Krieg fortgesetzt wird,* sehr wenig wahrscheinlich. Eine gewisse Rücksichtnahme auf die besitzenden Schichten wäre dabei freilich unvermeidlich. Die Mehrzahl der Berufsoffiziere, sicherlich aber die bürgerlichen Schichten der heutigen Klassenduma und provisorischen Regierung fürchten aber die wirkliche Demokratie. Und vor allem fürchten eine solche *die Geldgeber* im Inland und in den verbündeten Ländern. Teils weil sie die Fortsetzung des Krieges wünschen, teils aber weil sie für die Sicherheit ihrer Geldvorschüsse fürchten. Dieser Einfluß ist der wichtigste. Bei der früheren Revolution ließ sich Schritt für Schritt verfolgen, wie seitens der Regierung des Grafen Witte ganz genau das geschah, an Konzessionen und an Repressionen, was jeweils von den ausländischen Banken und Börsen für die *Kreditwürdigkeit* seines Regimes für ersprießlich gehalten wurde. Die bürgerlichen Leiter des gegenwärtigen Regimes haben, wenn sie Kredit erhalten wollen, gar keine Wahl, als genau ebenso zu verfahren. Das Gelingen der auswärtigen Anleihe setzte den Zaren 1906 in den Stand, Witte zu entlassen, die Scheinkonstitution zu oktroyieren, vor allem die Polizeigewalt und die Schwarzen Banden neu zu etablieren und dann die Duma zuerst als Luft zu behandeln und weiterhin zum Staatsstreich zu schreiten. Finden sich die Persönlichkeiten, so erhalten sie das Geld zur Bändigung des Landes unter gleichviel welchen *schein*demokratischen Formen natürlich auch diesmal. Die Aufgabe an sich ist nicht unlösbar und die Frage nur die: ob sich Persönlichkeiten finden. Das kann kein Ausländer wissen. Jedenfalls aber wird sich jeder selbst sagen, daß ein Regime, für dessen Kosten zunächst Leute wie Morosow und die anderen Führer des erzreaktionären Großkapitals das Geld zeichneten, keine „Demokratie" bedeuten kann. Nach den Banken, den inländischen und ausländischen, und jetzt nach Amerika richten die Herren Miljukow und Gutschkow ihre Blicke, um von da das Geld zu erhalten – nicht in erster Linie zur Führung des Krieges, sondern um sich *gegen die Radikalen* im Sattel zu befestigen.

In diesem ganzen Zusammenhang ist nun entscheidend wichtig und charakteristisch die Stellung der Regierung gegenüber den *Bauern,* welche auch bei der früheren Revolution das in die Augen fallende Symptom der jeweiligen innerpolitischen Machtlage war.

Wirkliches Interesse am *Frieden* haben objektiv vor allem die *Bauern,* die ungeheure Mehrzahl des russischen Volkes. Im Sinn ihrer eigenen Ideale sind ihre realen Interessen nicht zu befriedigen ohne: 1. Enteignung des gesamten nichtbäuerlichen Grundbesitzes und 2. *Kassierung der Auslandsschulden Rußlands.* Gerade das letztere ist entscheidend. Denn sollten die Bauern die Schuldenzinsen für das Ausland decken, so begänne der von den russischen Nationalökonomen eindringlich geschilderte Prozeß aufs neue: daß diese total unterernährte Schicht das Getreide, welches für den Export zur Deckung jener Zinsen erforderlich ist, hergeben müßte und durch gewaltige Steuern zum unfreiwilligen Verkauf gezwungen werden würde. So war es früher. – Die praktisch vermutlich auch diesmal unüberwindlichen Schwierigkeiten aber, welche der *erste* Punkt: die Enteignung, bietet, liegen nicht so sehr in der Sache an sich, als in den unvermeidlich bei der Durchführung entstehenden Interessenkonflikten zwischen den einzelnen, vor allem: den lokalen und regionalen Gruppen innerhalb der Bauern selbst. Wenn die Enteignung in einem Kreise für die dortigen Bauern 6 Hektar ergibt, im Nachbarkreise aber je 15, so verlangen die Bauern des ersteren natürlich Gemeinsamkeit der Verteilung, während die letzteren das Land ihres Kreises für sich monopolisieren wollen. Diese Konflikte spielten schon in den ersten Stadien der früheren Revolution ihre Rolle. Außerdem natürlich liegt die Schwierigkeit darin, daß sie für das Land nichts bezahlen wollen, also in hoffnungslosen Konflikt mit den bürgerlichen Interessenten des Bodeneigentums geraten. Diese Schwierigkeiten wären zu beseitigen nur im Wege einer jahrelang dauernden sozialrevolutionären *Diktatur* (unter „sozialrevolutionär" ist dabei nicht irgendein Wüterich, sondern einfach ein Politiker verstanden, welcher an die in Rußland überaus jugendliche „Heiligkeit" des privaten ländlichen Grundbesitzes sich nicht kehrt). Ob Persönlichkeiten dafür vorhanden sind, weiß ich nicht. Dauernde Macht könnten sie aber nur dann gewinnen, wenn schleunigst *Frieden* geschlossen würde. *Denn nur dann wären die Bauern überhaupt in der Heimat und ständen zur Verfügung.* Jetzt sind in der Heimat Greise, Kinder und Frauen, die Bauern aber sind der „Disziplin", und das heißt in diesem Fall: der Gewalt der jetzt herrschenden, besitzenden Schichten und der aus ihnen hervorgehenden Offiziere und Beamten, ausgeliefert. Die Disziplin mag noch so sehr gelockert und das Heer in seiner Offensivkraft geschwächt sein, *diesen* Dienst leistet die Fortdauer des Krieges den besitzenden Schichten doch. Diese Schichten sind natürlich *geschworene Feinde jeglicher Bauernbewegung,* denn sie sind verbündet mit den in den Semstwos herrschenden Grundbesitzinteressenten. Sie sind daher, *um die Bauern von der Heimat fernzuhalten,* bedingungslos für die Fortsetzung des Krieges *um seiner selbst willen,* auch wenn sie völlig aussichtslos ist. Denn nur dadurch können erstens die Massen der *Bauern* weiter von der Heimat fern in den Schützengräben *unter der Kontrolle der Generale gehalten,* inzwischen – zweitens die Festigung der neuen Macht der besitzenden Klassen vor dem Friedensschluß durchgeführt, und dafür – drittens die *Geldunterstützung der Banken* im Inland und Ausland gewonnen werden, um die neue Macht zu organisieren und die Bauernbewegung niederzuhalten. Die Situation ähnelt der unserigen darin, daß auch unsere Konservativen jetzt gern *hinter dem Rücken des Heeres draußen* eine Scheinreform des preußischen Wahlrechts vornehmen möchten. *Niemals* wären solche Reaktionäre wie Gutschkow und ähnliche Persönlichkeiten in die jetzige Regierung eingetreten ohne Garantien dafür, daß jede wirkliche Bauernbewegung niedergeschlagen wird. Nur zu diesem Zwecke traten sie ein. Das liegt auf der Hand. *Niemals* würden andererseits die erzreaktionären Schwerindustriellen und Handelskammerpräsidenten und die Banken die „Freiheitsanleihe" zeichnen oder die Geldgeber in den verbündeten Staaten dem neuen Regime Kredit gewähren ohne die gleichen Garantien, da sie sonst ihr bisher geliehenes Geld verlieren würden. Das liegt ebenfalls auf der Hand. Mit Geld kann man gewiß nicht alles in der Welt machen. *Ohne* Geld aber kann man auf die Dauer gar nichts machen. Mit den Milliarden der „Freiheitsanleihe" wird es nach menschlichem Ermessen möglich sein, 1. die Massen der Bauern weiter in den Schützengräben und also in Ohnmacht zu erhalten, – 2. jeden Versuch der wirklichen Demokraten im Inland, die Macht an sich zu reißen, zu vereiteln. Diese Gewalt des Geldes kann durch Putsche und Revolten wohl gehemmt und in ihrer Bedeutung für die Offensivkraft im Kriege gelähmt, aber sie kann ohne eine völlige Liquidation des Krieges nun und nimmer gebrochen werden. Für die Machtlage der beiden feindlichen Parteien liegt *bisher* als Symptom nur die Tatsache vor: daß ein Teil des inländischen Hauptkapitals die „Freiheitsanleihe" zu zeichnen sich *weigert,* also dem Bestand der bürgerlichen plutokratischen Regierung nicht zu trauen scheint. Immerhin ein wichtiges Anzeichen.

Die Demokraten haben aber ihrerseits wenigstens bisher noch nicht die Macht gezeigt, an der Machtstellung der Finanz ernstlich zu rütteln. Man hat ihnen natürlich durch Zulassung eines gewissen Maßes von Bewegungsfreiheit, vor allem der praktisch wichtigen Freiheit des Agitierens, ferner durch das Versprechen der „Republik" und im übrigen durch *genau so allgemein gehaltene Versprechungen* für die Zukunft, wie sie seinerzeit auch die Regierung des *Zaren* gegeben hatte, Konzessionen gemacht. Denn vorläufig sind sie anscheinend nach wie vor im Besitz der Verfügung über einen Teil der Verkehrsmittel, vor allem der inländischen Telegraphen und Eisenbahnen. Aber *nicht sie* erhalten den Kredit der Banken, und solange der Krieg fortgesetzt wird, hat daher ihre Macht zur Etablierung eines ständig funktionierenden Regierungsapparates eine feste und enge Grenze. Auch die zu ihnen haltenden zahlreichen Beamten wollen ja auf die Dauer vor allem – *bezahlt* sein, und dazu braucht man: Bankkredit. Von den Banken erhält aber nur Geld, wer 1. vorläufig den Krieg fortsetzt und 2. die Bauern, deren Ideale mit den Interessen der russischen Staatsgläubiger unvereinbar sind, unbedingt niederhält.

Die Regierung hat nie die *„Konstituante"* versprochen. Diese würde, wenn 1. wirklich freie Wahlen stattfänden und 2. die Bauern wirkliche Informationen über die Sachlage erlangen könnten, ganz unfehlbar eine ungeheure Mehrheit von Bauernvertretern bringen, welche für 1. Landenteignung, 2. Kassierung der Staatsschuld, 3. Frieden einträten. Die herrschenden besitzenden Schichten und die leitenden Offiziere sind daher ebenso wie die großen Geldmächte des In- und Auslandes einerseits an Verfälschung der Information der Bauern und der

Wahlen selbst, 2. wenn dies nicht möglich ist, an Hinausschiebung der Konstituante interessiert. Vor allem aber daran: daß die Angehörigen des *Heeres,* d.h. die Masse der kräftigsten Bauern um *keinen Preis an den Wahlen* zur Konstituante teilnehmen.

Aber auch viele Vertreter der sozialdemokratischen russischen Industriearbeiter können sich für keinen der drei Punkte jenes naturgegebenen Bauernprogramms ernstlich begeistern. Die wirklichen Hoffnungen der Bauern erscheinen den marxistischen Sozialdemokraten, vor allem Plechanow, natürlich heute genau so utopisch und „rückständig" wie 1905. Plechanow und ähnliche Ethiker sind als marxistische Evolutionisten die geschworenen Gegner aller „kleinbürgerlichen, bäuerlichen Gleichheits- und Teilungs-Ideale", dazu treten materielle Momente. Die Arbeiter verlangen Höchstpreise und billiges Brot, die Bauern halten das Getreide zurück und würden der Beschlagnahme, wenn sie könnten, Gewalt entgegensetzen. Der Verdienst der Arbeiter in der Kriegsindustrie ist sehr gut. Irgendwelche Erfolge der wirklichen Bestrebungen der Bauern könnten die kapitalistische industrielle Entwicklung Rußlands für Jahre verlangsamen. Und wie in der ganzen Welt haben sich die sozialistischen Arbeiter, wo immer sie zur Regierung kamen (so: in sizilianischen Städten), als bewußte Förderer der kapitalistischen Entwicklung, die ihnen ja Arbeitsgelegenheit gibt, gezeigt. Vor allem aber müßten sie ihre Macht mit der riesigen Mehrheit einer Bewegung ganz anderen Gepräges teilen, von deren abgründiger „Unreife" sie so überzeugt sind, wie nur irgendein deutscher Literat es ist. Das hindert natürlich ein ganz aufrichtiges *gefühls*mäßiges Solidaritätsempfinden mit den Bauern nicht. Und es hindert nicht, daß die nicht kriegsindustriell interessierten oder evolutionistisch gebundenen Sozialisten für den Frieden eintreten. Es hindert endlich auch nicht, daß sie ihrem Programm gemäß „prinzipiell" die Forderung der alleinigen Zuständigkeit der Konstituante vertreten müssen. Wohl aber beeinflußt es die *tatsächliche* praktische Haltung der mit in der Macht sitzenden sozialistischen Politiker unbeschadet aller Prinzipien.

Die sozialistischen Arbeiterführer können durch Obstruktion der Verwaltung wohl politische Konzessionen von einer *bürgerlichen* Regierung eintauschen, – *nicht* aber von einer „Konstituante" der *Bauern.* Aus eigener Kraft, ohne die bürgerlichen Schichten, können sie ferner keine stetige Verwaltung des Landes organisieren, solange der Krieg dauert. Denn dafür ist eben der entscheidende Punkt: der Mangel der *Kreditfähigkeit,* die so lange ein für die Teilnahme an der Macht ausschlaggebender Faktor bleibt, *als der Krieg fortgesetzt wird.* Gegen diese Fortsetzung energisch aufzutreten, riskieren sie aber dennoch nicht. Denn sie können gerade jetzt die Bundesgenossenschaft der allein *kreditwürdigen* bürgerlichen Schichten nicht entbehren. Ohne Fortsetzung des Krieges aber würde diesen der Kredit gesperrt. Die Sozialdemokraten und Sozialrevolutionäre können also, solange die Lage bleibt wie sie ist, nur die Rolle von „Mitläufern" spielen und werden als solche gern geduldet, weil sie den Massen einen wirklich „revolutionären" Charakter der Regierung vortäuschen. Aber über die entscheidende Frage von Krieg und Frieden verfügen vorerst nicht sie, sondern die besitzenden bürgerlichen Schichten, die Offiziere und – *die Banken. Nicht eine „Revolution", sondern eine einfache „Ausschaltung" eines unfähigen*

*Monarchen hat bisher stattgefunden.* Die reale Macht ist mindestens zur Hälfte in den Händen von lauter monarchisch gesinnten Kreisen, die den jetzigen „republikanischen" Schwindel nur deshalb mitmachen, weil der Monarch sich zu ihrem Bedauern nicht in die sachlich gebotenen Schranken seiner Macht gefügt hat. Ob die „Republik" infolge der Torheiten und der Minderwertigkeiten der Dynastie schließlich der Form nach wirklich für längere Zeit (womöglich dauernd) sich etablieren muß – was jene Kreise bestimmt *nicht* wünschen – ist sachlich gleichgültig. Es kommt nur darauf an, ob die wirklich „demokratischen" Elemente: Bauern, Handwerker, Industriearbeiter *außerhalb* der Kriegsindustrie die reale Macht gewinnen. Das ist nicht unmöglich, aber im Augenblick jedenfalls noch nicht der Fall. Haben aber erst die bürgerlichen Teilhaber der Regierung, Gutschkow, Miljukow usw., das *Geld* Amerikas oder der Banken in der Hand, *dann* ist die Zeit reif für den Versuch, sich der sozialistischen Mitläufer mit Hilfe der Offiziere und der Gardetruppen gänzlich zu entledigen. In dem Augenblick, wo dann *wirklich* „revolutionäre" Konsequenzen gezogen werden sollten, würden die sozialistischen Ideologen die Geldmacht und die jetzt herrschenden bürgerlichen Kreise geschlossen gegen sich haben. Alle noch so radikalen Politiker, die *mit* diesen Mächten herrschen wollen, haben gar keine Wahl, als sich zu der elenden Rolle herzugeben, welche Leute wie Kerenski und Tscheidse heute spielen müssen. Das ist der sehr einfache Zusammenhang.

Wer diesen Zusammenhang bezweifelt – und so naive Gemüter wird es im neutralen Ausland sicher, vielleicht aber auch bei uns geben –, der wird doch die *Probe* auf das Exempel anerkennen müssen, wenn er ehrlich sein will. Diese Probe besteht in folgenden Punkten:

1. Die ganze Masse der Bauern befindet sich an der Front. Die Radikalen, die angeblich gegen den „Militarismus" sind, müßten nun vor allem dafür eintreten, daß diese Leute ihre Meinung in geheimer Abstimmung und Wahl (deren Geheimhaltung sorgsam zu kontrollieren wäre) *äußern* dürfen. Die *Reaktionäre* und *nur sie* haben dagegen, wie gesagt, das klare Interesse: 1. die *Bauern in der Front zu halten* und 2. die *Beteiligung der Front an der Abstimmung zu hindern.* Solange in den Dörfern nur Greise, Kinder und Frauen sind, sind die Bauern machtlos. Und die Daheimgebliebenen haben es äußerst billig, das große Maul für die Fortsetzung des Krieges zu haben. Sie verdienen ja Geld daran und eignen sich die Kundschaft der draußenliegenden Krieger zu. Das alles ist sonnenklar. Wenn sich also die Radikalen der Fernhaltung der Armee von den Wahlen fügen, so wollen sie den Frieden *nicht,* – weil sie nicht „dürfen". Die Probe ist, wenn die Nachrichten nicht direkt gefälscht sind, gemacht: die Deputierten der neuen Regierung, mit Einschluß des Reaktionärs Gutschkow einerseits, des Revolutionärs Kerenski andererseits, sind bei dem (erzreaktionären) General Brussilow gewesen. Was ist geschehen? *Sie haben sich gefügt.* Nach neueren Nachrichten scheint freilich irgend eine Form der Beteiligung des Heeres doch durchgesetzt zu sein. Aber es gibt der Proben noch mehrere.

2. Eine öffentliche, absolut unzweideutige Erklärung der Zentralmächte und überdies ein Telegramm der deutschen sozialdemokratischen Partei liegt den (angeblich) „radikalen" Petersburger Führern vor. Die ganz einfache Probe ist: ob sich daraufhin die jetzige Regierung, deren im Innern mächtigster Mann

Kerenski ist, oder ob wenigstens die Konkurrenzregierung, deren mächtigster Mann Tscheidse ist, die Herbeiführung von Friedensverhandlungen der Zentralmächte mit den verbündeten Ententemächten zu erzwingen versucht oder nicht. Weigern sie sich, ihren Bundesgenossen abzuverlangen, auch nur in Friedens*verhandlungen* einzutreten (unter der Androhung, dies sonst selbständig zu tun), so ist die zweite Probe gemacht. – Die nächste Zeit wird es lehren.

3. Es gibt aber immer noch weitere Proben: Friedensverhandlungen kann man unmöglich machen durch öffentliche Proklamierung von Bedingungen, denen sich der Gegner wie einem „Ultimatum" *vor* Beginn der Verhandlungen zu fügen habe. Darauf läßt sich kein Gegner ein. Das hat aber Prof. Miljukow – ohne Widerspruch des „Radikalen" Kerenski – durch sein Manifest über *Polen und seine Erklärung über Serbien* getan. In dem Manifest über Polen ist nicht gesagt, *welches Gebiet* Prof. Miljukow darunter versteht. Es gibt in ganz Deutschland, wie er genau weiß, keinen Menschen, der über deutsches, von Deutschen in untrennbarer Mischung mit Polen bewohntes Reichsgebiet zu verhandeln gedenkt. Sondern es handelt sich darum: daß die von Rußland 1815 *garantierte* Selbständigkeit Polens, nachdem sie von den russischen Zaren schnöde geraubt worden ist, unter neuen Garantien wiederhergestellt werden soll. Die Hauptfrage ist: welches hat die *Ost*grenze dieses Gebietes zu sein? Der deutsche Standpunkt würde sein: daß dafür die *Ansicht der Polen* maßgebend zu sein hat. Die Polen sind jetzt aus der Duma ausgetreten, da sie nicht mehr ihre Vertretung sei. Prof. Miljukow, dem die Duma die Macht gegeben hat, hat also mit ihnen offenbar nichts mehr zu schaffen.

Dazu tritt die innerrussische Nationalitätenfrage. Ein echt demokratisches Programm dafür hatte seinerzeit der Kleinrusse Dragomanow aufgestellt: ganz freie Föderation mit Bundesparlament und Kontrolle nur der formalen *Rechtmäßigkeit* der Akte der autonomen Landtage und Behörden der Einzelvölker. Die jetzige Regierung hat nicht umhin gekonnt, ein Nationalitätenprogramm aufzustellen, welches *Gleichstellung* verheißt. Aber von *Autonomie,* d.h. einem Ersatz des *großrussischen Beamtentums* und Offizierkorps durch frei von den einzelnen Nationalitäten bestimmte Funktionäre, den Landtagen, oder doch von solchen Rechten, wie sie die Tschechen, Kroaten, Slowenen in Österreich haben, steht *nichts* darin.

Hier hat diese Demokratie ihre feste Schranke, solange die jetzige bürgerliche Regierung in Rußland besteht. Denn ihre imperialistischen Mitglieder, insbesondere die Dumakreise, wollen ja gerade die *Beherrschung* der anderen Fremdvölker durch eine Bürokratie und ein Offizierkorps, welche aus ihrer eigenen Mitte, das heißt aus den besitzenden *großrussischen* Schichten hervorgegangen sind. So war es von jeher, einerlei, wer in Rußland regierte. An diesem Problem ist die frühere Revolution durch das Wachrufen des großrussischen Chauvinismus zum Scheitern gebracht worden. – Auch die Sozialisten werden sich da – aus Angst vor dieser Möglichkeit – zunächst fügen müssen. Daß „nationale" Versprechungen, welche Herr Gutschkow und die übrigen Mitglieder der aus Klassenwahlen hervorgegangenen Duma machen, ehrlicher erfüllt würden, als die des Zaren, glaubt weder eines der russischen Fremdvölker noch glaubt es

Herr Gutschkow selbst, und am allerwenigsten glauben es die Herren Kerenski und Tscheidse. Aber sie müssen das trotzdem mitmachen.

Denn – um es immer wieder zu sagen – die an der gegenwärtigen Gewalt teilnehmenden Politiker, gleichviel welcher Richtung, bedürfen des Geldes der *Banken.* Dies Geld wird nur zum kleinsten Teil für den Kampf gegen die Zentralmächte verwendet. Die Hauptmasse wird gebraucht, um die Beherrschung des Landes durch die kapitalistischen Interessenten und die Interessenten der großrussischen besitzenden Intelligenz zu sichern. Zu dieser Sicherung gehört zunächst die Schaffung einer Wehrmacht, so zuverlässig für das bürgerliche Regime, wie die Schwarzen Banden des Zaren es für diesen waren. Sie ist bestimmt vor *allen* Dingen gegen *innere* Gegner. Das geschieht soeben – mit den Vorschüssen der Banken und der Großindustriellen. Ferner ist dafür nötig die *Verhaftung* aller derjenigen Leute, welche die Bauern im Sinn von deren eigenen Interessen zu beeinflussen imstande sind. Das sind die gleichen Mittel, welche das Regime des Zaren anwendet. Diese Verhaftungen haben schon jetzt begonnen. Sie erfolgen unter der Firma: daß diese Radikalen geheime „Agenten Deutschlands“ seien. Ebenso wird die Verfälschung der Wahlen zur Konstituante (wenn sie überhaupt während des Krieges stattfinden), vor allem durch Verbreitung der bekannten unwahren Behauptung über die „Unterstützung des alten Regimes durch Deutschland“ betrieben. Davon ein Wort.

Im Jahre 1905 wurde ich von akademisch gebildeten, lange Zeit in Deutschland gewesenen Russen allen Ernstes immer wieder gefragt: 1. ob Deutschland im Fall der Enteignung des russischen Privatgrundbesitzes intervenieren, – 2. wenn ja, ob die Sozialdemokratie in der Lage sein werde, dies zu hindern. Die Verneinung der *beiden* für jeden Kenner deutscher Verhältnisse gleich lächerlichen Fragen stieß auf völligen Unglauben. Nun hat gewiß das Verhalten der konservativen preußischen Polizei zur Entstehung dieses Glaubens das ihrige beigetragen: ich will diese würdelosen und dabei politisch für uns wertlosen Dienste hier nicht nochmals aufzählen. Denn ich denke, das ist jetzt vorbei. Direkter Urheber des wahnwitzigen Märchens war aber 1905 der erzreaktionäre Militärgouverneur von Warschau, Skalon, der sehr genau wußte, was er damit tat. Keiner der *heutigen* Petersburger Machthaber glaubt diesen Unsinn. Dennoch wird er von ihnen genau ebenso benutzt wie von Skalon. Und es scheint sich dabei auch zu zeigen: daß die Vertreter des russischen Sozialismus nur die Wahl haben, entweder dies erbärmliche Spiel mitzumachen *oder:* auf die Teilnahme an der Macht zu verzichten. Sie müssen es ebenso *mitmachen,* daß die Friedensbotschaft der Zentralmächte ignoriert wird, und müssen es dulden, daß Kriegsmanifeste und Interviews mit dem Kriegsziel: „Vernichtung des preußischen Militarismus“ oder „Absetzung der Hohenzollern“ oder Losreißung türkischer oder österreichischer oder deutscher Gebietsteile in die Welt gehen. *Denn sonst gibt es kein Geld* für die Erhaltung der eigenen Herrschaft im Lande.

Diese sonnenklare Lage der russischen Scheindemokratie und insbesondere der sozialistischen Führer in Rußland begründet nun die politisch sehr verantwortliche Situation der deutschen *sozialdemokratischen Partei* und ihrer Führer.

Denn die Lage ist jetzt diese: Neben den erwähnten sehr materiellen Umständen beruht jene Haltung der russischen sozialistischen Führer auf einer grundsätzlichen Voraussetzung: daß nämlich die deutsche Sozialdemokratie jetzt, wo ein Heer von Negern, Ghurkas und allem barbarischen Lumpengesindel der Welt an unserer Grenze steht, halb wahnsinnig vor Wut, Rachedurst und Gier, unser Land zu verwüsten, sich dennoch vielleicht dazu hergeben werde, den Schwindel der jetzigen russischen Duma-Plutokratie mitzumachen und dem deutschen Heer, das unser Land vor wilden Völkern schützt, moralisch in den Rücken zu fallen. Daneben freilich auch auf einer *ungeheueren Unterschätzung* der deutschen militärischen Macht und unseres Entschlusses, nötigenfalls alle Entbehrungen auf uns zu nehmen, um einen dauerhaften Frieden zu erzwingen, wenn es den russischen Machthabern, wie vorauszusehen, wiederum gelingt, Friedensverhandlungen zu vereiteln. Es ist durchaus notwendig, daß die deutsche Arbeiterschaft *weiß,* daß und warum zurzeit von irgendeiner echten „Demokratie" in Rußland gar keine Rede ist. Mit einem *wirklich* demokratischen Rußland könnten wir jederzeit einen ehrenvollen Frieden schließen. Mit dem jetzigen vermutlich *nicht;* denn die Machthaber brauchen den Krieg um ihrer Machtstellung willen.

Es ist gewiß ein widerwärtiger Gedanke, daß unsere Truppen nach fast drei Kriegsjahren noch immer der Heimat fernbleiben müssen, nur weil die plutokratische Hälfte der jetzigen Regierung in Rußland ihre Macht im Innern des Landes durch Festhaltung der Bauern in den Schützengräben und Benutzung des Bankkredites festigen muß, und weil die Macht der Sozialisten infolge ihrer Kreditunfähigkeit unzulänglich ist und sie deshalb genötigt sind, mit den Wölfen zu heulen. Aber wenn nicht ein neuer Umsturz eintritt oder die Machtfrage sich verschiebt, wird es mindestens mehrere Monate dauern, bis auch das Interesse breiter *bürgerlicher* Elemente in Rußland an einer Durchführung geordneter Verhältnisse, deren Vorbedingung ein anständiger Friede ist, sich maßgebend durchsetzen kann, – so oder so. Der Moment kommt natürlich mit absoluter Sicherheit. Aber bis dahin muß eventuell rücksichtslos weitergekämpft werden, darin besteht tatsächlich gar keine Wahl. Daß man, solange noch eine wirklich erhebliche Hoffnung auf einen Sieg der Friedensströmung besteht, die Russen unter sich läßt, ist in der Ordnung. Zeigt sich, daß die am Krieg interessierten Mächte doch das Übergewicht gewinnen, dann fällt dazu der Grund fort.

Zu „lernen" haben wir unsererseits von dieser *jetzigen Schein*demokratie gar nichts, als nur das eine, daß man nicht durch solchen Schwindel, wie es das jetzige *Dumawahlrecht* ist, *den moralischen Kredit einer Krone gefährden soll.* Das zu betonen scheint leider auch jetzt noch zeitgemäß.

# [Vorschläge zur Reform der Verfassung des Deutschen Reiches]

*Entwürfe von Gesetzen betr.: die Einführung des Rechtes des Reichstags, durch besondere Kommissionen oder Auftrag an bestehende Kommissionen Erhebungen zu veranstalten.*

I. *Zusatz zu Art. 23 der Reichsverfassung.*

Der Reichstag kann besondere Erhebungskommissionen einsetzen mit dem Recht, unter Anwendung des Zeugniszwanges Zeugen und Sachverständige vorzuladen und eidlich zu vernehmen, Schriftstücke einzufordern und einzusehen und Augenschein aufzunehmen. Zulässig ist die Einsetzung einer Erhebungskommission über Angelegenheiten und Fragen, welche verfassungsmäßig der Gesetzgebung oder Beaufsichtigung des Reiches unterliegen (oder welche Gegenstand der Tätigkeit seiner Organe geworden sind oder nach gesetzlichen Bestimmungen oder Verwaltungsvorschriften werden können). Der Reichstag kann auch der von ihm zur Vorberatung von Gesetzentwürfen eingesetzten Kommission durch besonderen Beschluß das Recht der Erhebung in gleichem Umfang verleihen.

Das Verfahren der Kommission wird durch Reichsgesetz und, solange ein solches nicht erlassen ist oder soweit es keine Bestimmungen trifft, durch die Geschäftsordnung des Reichstags geregelt.

II. *Gesetz betr. die mit dem Recht der Erhebung ausgestatteten Kommissionen des Reichstags.*

§ 1. Das nach Art. 23 Abs. 2 der Reichsverfassung dem Reichstag zustehende Recht *muß* dieser ausüben, sobald ein Viertel seiner Mitglieder dies verlangt.

§ 2. Besondere Erhebungskommissionen für einzelne näher bezeichnete Gegenstände und Fragen bestehen im Zweifelsfall unabhängig vom Sessionsschluß weiter bis zur Erledigung ihrer Aufgabe, spätestens aber bis zum Ende der Legislaturperiode. Das Gleiche kann der Reichstag für andere Kommissionen, welche er mit dem Recht der Erhebung ausstattet, durch besonderen Beschluß bestimmen.

§ 3. Die Mitgliederzahl einer einzusetzenden besonderen Erhebungskommission bestimmt der Reichstag nach Ermessen, jedoch derart, daß mindestens auf je 40 Mitglieder ein Kommissionsmitglied entfällt.

§ 4. Eine gemäß § 1 antragstellende Minderheit hat in jedem Fall Anspruch auf einen ihrer Zahl entsprechenden Anteil an der Mitgliedschaft der Kommission und kann bei Stellung des Antrags erklären, daß sie dies Recht durch selbständige Bezeichnung der ihrer Zahl entsprechenden Mitglieder aus ihrer Mitte ausüben will.

§ 5. Die Ladung der Zeugen und Sachverständigen vor die Kommission erfolgt, soweit sie nicht in der *Eigenschaft als Beamte* des Reiches oder eines Bundesstaats vernommen werden, durch Ersuchen des zuständigen Amtsgerichts seitens des Vorsitzenden der Kommission unter den in der Strafprozeßordnung vorgeschriebenen Strafandrohungen. Reichs- und Staatsbeamte, welche in ihrer Eigenschaft als solche vernommen werden sollen, werden in gleicher Art auf Ersuchen des Vorsitzenden der Kommission durch ihre höchste vorgesetzte Dienststelle geladen. Mitglieder regierender deutscher Dynastien können nicht vorgeladen werden.

§ 6. Die Befragung erfolgt durch den Vorsitzenden oder dessen Stellvertreter, oder nach deren Ermessen auch durch unmittelbare Fragestellung seitens der Mitglieder der Kommission. Der Vorsitzende ist gehalten, jede Frage zu stellen, deren Beantwortung ein Mitglied der Kommission verlangt.

§ 7. Die Antwort auf eine Frage kann nur aus folgenden Gründen abgelehnt werden:

A. Seitens eines *Beamten des Reichs oder eines Bundesstaates:*

1.) wegen Gefährdung der militärischen Sicherheit und Machtstellung des Reiches,

2.) wegen Gefährdung wichtiger außenpolitischer Interessen des Reichs oder seiner freundschaftlichen Beziehungen zu anderen Staaten,

3.) weil sie sich auf Gegenstände bezieht, welche weder der Gesetzgebung oder Verwaltung oder Beaufsichtigung des Reichs oder seiner Organe unterliegen, noch Gegenstand ihrer Tätigkeit gewesen sind oder nach geltenden Bestimmungen werden können.

B. Seitens *anderer Personen:*

wenn sie sich dadurch der Gefahr einer Strafverfolgung aussetzen oder eine solche für Angehörige in aufsteigender oder absteigender Linie oder eines Ehegatten herbeiführen würden.

Die Befragung eines Abgeordneten durch die Kommission fällt nicht unter die Bestimmungen des Art. 30 der R[eichs-]Verf[assung].

§ 8. Die Beantwortung einer Frage kann seitens Reichs- oder Staatsbeamten an die Bedingungen der *Geheimhaltung* der Antwort geknüpft werden, wenn eine entsprechende schriftliche Anweisung der ihm vorgesetzten höchsten Dienststelle vorgelegt wird, welche die Erklärung enthält, daß die Geheimhaltung durch wichtige politische Interessen des Reichs oder eines Bundesstaates geboten ist. Diese Erklärung kann sich die höchste Dienststelle allgemein für die Aussage eines Beamten bis zum Abschluß seiner Vernehmung vorbehalten und bis zur Entscheidung darüber die *vorläufige* Geheimhaltung verlangen. Jede solche Erklärung ist zu Protokoll zu nehmen, den sämtlichen Kommissionsmitgliedern in Abschrift zuzustellen und der Empfang unterschriftlich von ihnen zu bescheinigen.

§ 9. Seitens *anderer* Personen kann die *Geheimhaltung* verlangt werden:

1.) Wenn es sich um Verhältnisse eines privatwirtschaftlichen Betriebes des Befragten handelt und die Bekanntgabe geeignet wäre, die berechtigten Interessen des Inhabers erheblich zu schädigen. Der Grund ist glaubhaft zu machen.

2.) Wenn es sich um Verhältnisse des eigenen rein persönlichen, insbesondere des Familienlebens handelt.

Der zu Befragende ist bei Beginn der Vernehmung über sein Recht zu belehren.

§ 10. Ein Befragter kann im Fall des § 9 No. 1 die Beantwortung einer Frage ganz ablehnen, falls die Kenntnisnahme durch ein oder mehrere von ihm zu bezeichnende Mitglieder der Kommission die dort angegebenen Folgen haben könnte. Die Ablehnung ist zu begründen und kann insbesondere darauf gestützt werden, daß das oder die betr. Mitglieder an dem Gegenstande des Betriebes und der Art seiner Führung durch eigene Erwerbstätigkeit interessiert sind. Sie kann nicht darauf gestützt werden, daß der Kommission Mitglieder angehören, welche als Beamte in Behörden tätig sind, welche amtlich oder geschäftlich mit dem Betriebe des Befragten in Beziehung gestanden haben oder stehen.

§ 11. Im Falle des § 8 ist die Ansicht der vorgesetzten Dienststelle für die Geheimhaltungspflicht maßgebend, solange nicht die Kommission nach Abschluß der Vernehmung des Beamten mit zwei Drittel Mehrheit nach Anhörung eines Vertreters der Dienststelle beschließt, daß ein hinlänglicher politischer Grund zur Geheimhaltung *nicht* vorliege. Wenn über Tatsachen, deren Bekanntgabe nach § 7 Litt. A No. 1 oder 2 verweigert werden dürfte, dennoch ausgesagt worden ist, so gilt ein für sie gemachter Vorbehalt der Geheimhaltung bedingungslos.

§ 12. In den Fällen des § 7 Litt.A No. 1 hat der zuständige Kriegsminister, im Fall Litt.A No. 2 der Reichskanzler, bei Staatsbeamten der Chef der höchsten Dienststelle, das Vorliegen des Ablehnungsgrundes ausdrücklich unter Bezugnahme auf seinen Diensteid zu versichern. Für das Entstehen der *Geheimhaltungspflicht* in diesen Fällen gemäß § 11 letzter Satz genügt die bloße Erklärung.

§ 13. Im Fall des § 10 kann die Kommission beschließen, daß anstelle der durch persönliches Interesse beteiligten Mitglieder Ersatzmänner zu wählen sind. Das Recht der Minderheiten (§ 4) bleibt gegebenenfalls für deren Bezeichnung in Kraft.

§ 14. Die Kommission hat über das Ergebnis der Erhebung Bericht zu erstatten, falls eine Minderheit von ein Viertel der Mitglieder dies verlangt. Die Minderheit kann einen Nebenbericht erstatten, welcher dem Hauptbericht beizufügen ist. Geheimzuhaltende Tatsachen dürfen im Bericht nicht mitgeteilt werden. Über die Sicherung der Geheimhaltung der solche Tatsachen betreffenden Protokolle hat die Geschäftsordnung des Reichstags und nötigenfalls der Vorsitzende der Kommission die erforderlichen Bestimmungen zu treffen, welche nötigenfalls bis zur Vernichtung jenes Teils der Protokolle gehen dürfen. Für die Innehaltung der Bestimmungen haftet der Vorsitzende.

§ 15. Mit Gefängnis bis zu zwei Jahren und bei erschwerenden Umständen mit Verlust der Fähigkeit zur Bekleidung öffentlicher Ämter und der Wahlfähigkeit zu öffentlichen Körperschaften wird, falls nicht nach den Gesetzen eine schwerere Strafe verwirkt ist, bestraft:

Wer Tatsachen, die, wie er wußte, in einer nach diesem Gesetz gebildeten Kommission zur Sprache gekommen sind und nach § 7–11 und 14 geheim zu halten waren, vorsätzlich weitergibt.

Liegt Fahrlässigkeit vor, so ist auf Gefängnisstrafe bis zu 3 Monaten zu erkennen. Der Schutz des § 30 der Reichsverfassung steht Abgeordneten in diesen Fällen *nicht* zu.

§ 16. Die Verfolgung erfolgt in jedem Falle von amtswegen. Der Reichstagspräsident ist verpflichtet, durch Strafantrag auf Verfolgung hinzuwirken, falls eine Minderheit von ein Viertel des Reichstags einen dahingehenden Antrag stellt. Der Strafanzeige des Reichstagspräsidenten muß durch Einleitung der Untersuchung stattgegeben werden. Nach Abschluß der Untersuchung muß die Anklage erhoben werden, falls nicht eine nach den Regeln des § 4 zusammengesetzte Kommission auf Grund des Ergebnisses der Untersuchung, welches ihr gegebenenfalls durch Vermittlung des Reichstagspräsidenten mitzuteilen ist, mit drei Viertel Mehrheit die Einstellung des Verfahrens für zulässig erachtet.

*Begründung.*

Die steigende Bedeutung und Macht der „Bürokratie“ des fachgeschulten Beamtentums ist eine allgemeine Eigentümlichkeit aller politischen Gemeinwesen der Gegenwart. Sie ist in Demokratien genau so möglich und tatsächlich oft ebenso wirksam wie in monarchischen Staaten. Denn sie beruht auf allgemein wirkenden Umständen: einmal auf der technischen *Unentbehrlichkeit* des fachgeschulten Beamtentums für jede moderne Verwaltung, dann aber auf seiner tatsächlich weitgehenden *Unkontrollierbarkeit* durch die von ihm beherrschte Bevölkerung und auch durch die Parlamente. Das bloße Bestehen parlamentarischer Institutionen schafft darin keineswegs schon an sich Wandel. Selbst dann nicht, wenn die Beamten in ihren höchsten Spitzen von dem Vertrauen der Mehrheit des Parlaments abhängig sind oder ihr entnommen werden. Gerade dann ist die Möglichkeit gegeben, daß die Beamten, wenn sie den lokalen Interessen der Wähler einflußreicher Parlamentsmitglieder entgegenkommen, fast so unkontrolliert und verantwortungslos wirtschaften, wie in einer Autokratie. Ganz allgemein aber verpuffen bloße Parlamentsrechte überall da wirkungslos ins Leere, wo sie auf die überlegene *Sachkunde* der Beamten stoßen. Diese setzt sich aber aus zweierlei zusammen: einmal aus dem *Fachwissen,* welches auf spezialistischer Schulung beruht. Es ist ein Zufall, ob in einem Parlament und vollends, ob in denjenigen Parteien, welche die jeweilige Verwaltung zu kritisieren sich zur Aufgabe machen, sich ein Fachspezialist findet, der den betr. Beamten wirklich fachmännisch kontrollieren kann. Wenn nicht, so sind die Abgeordneten gegenüber der Fachschulung der Beamten auf die private Konsultation von Fachspezialisten angewiesen. Dies Mittel ersetzt aber in gar keiner Art die systematische Befragung im Kreuzverhör evtl. unter Konfrontation mit dem Beamten, wie sie in einer Erhebungskommission erfolgen kann. Vor allem aber ist es nicht das Fachwissen allein, welches die überlegene Macht des Beamtentums gegenüber dem Versuch parlamentarischer Kontrolle begründet. Sondern außerdem: das *Dienstwissen,* d.h. die Kenntnis der Umstände des konkreten Falles, wie sie sich der Beamte kraft seines Amts und der ihm daraus zufließenden Machtmittel und persönlichen Beziehungen beschaffen kann. Dies Dienstwissen nun hütet das Beamtentum mit Sorgfalt und starkem Korpsgeist als „Amtsgeheimnis". In der großen Mehrzahl aller Fälle, nämlich überall da, wo nicht die militärische Sicherheit und die außenpolitischen Beziehungen des Staates gefährdet werden, im allgemeinen *ohne* hinlänglichen *sachlichen* Grund. Das Dienstwissen ist vielmehr das spezifische *Machtmittel* des Beamtentums gegenüber sowohl den Beherrschten selbst wie den Kontrollversuchen der Parlamente. Überall da, wo nicht ein ganz besonderer sachlicher Grund der Geheimhaltung vorliegt und nachgewiesen werden kann, muß daher als wichtigste Forderung aller Verwaltungskontrolle die *Publizität* der Verwaltung gefordert werden. Wo aber ein sachlicher Grund der Geheimhaltung wegen Gefährdung erheblicher politischer oder berechtigter privater Interessen vorliegt, da muß zum mindesten gefordert werden, daß das Geheimnis mit den parlamentarischen Kontrollinstanzen *geteilt* wird.

Ein Mittel, die Publizität der Verwaltung zu erzwingen, ist das in der Fachwissenschaft sogen. „Enqueterecht". Sachgemäß und konsequent gehandhabt ist es ferner das legitimste und deshalb auch am besten funktionierende *Machtmittel* des Parlaments gegenüber dem Beamtentum, außerdem aber bei richtiger Ausgestaltung auch ein wirksames Schutzmittel der im Parlament vertretenen *Minderheiten* gegenüber dem Einfluß der jeweiligen Mehrheit. Für ein richtiges Funktionieren der parlamentarischen Publizität und Kontrolle der Verwaltungsvorgänge ist es keineswegs erforderlich, daß in jedem Einzelfall der ganze Apparat einer besonderen Erhebungskommission in Bewegung gesetzt wird. Denn die bloße Tatsache, daß dies immerhin möglich ist, wird auf die freiwillige Auskunftserteilung der Verwaltung auf Anfragen und Interpellationen günstig einwirken. Es bedarf kaum des Hinweises darauf, daß die Art, wie solche Anfragen heute beantwortet zu werden pflegen, meist sehr weit davon entfernt ist, auch den bescheidensten Ansprüchen an die Publizität der Verwaltung zu genügen. Das Maß von Interesse, welches die Bevölkerung an dem Alltagshergang der Verwaltung nimmt, steht in direktem Verhältnis zu dem Grad von Publizität, welcher der Verwaltung gegeben wird. Dies beweisen namentlich die Verhältnisse in England. Und es bedarf keines besonderen Beweises dafür, daß der Grad der politischen Erziehung und Reife eines Volkes nicht durch Parteiprogramme und Wahlagitationen, sondern durch das Maß bezeichnet wird, in welchem es sich um die *laufende Verwaltung* seiner Angelegenheiten kümmert. Ein solches Interesse der Bevölkerung an dem Gang der Verwaltung aber ist bei Monopolisierung des Dienstwissens als Geheimwissen unmöglich.

Dem Reichstag steht heute das Recht der eidlichen Zeugen- und Sachverständigenvernehmung *nicht* zu. Es ist leider kaum zweifelhaft, daß dafür eine Änderung der Reichsverfassung erforderlich ist. Als Grund der Versagung dieses Rechts pflegt von heutigen Strafrechtslehrern angeführt zu werden: daß der Reichstag heute in der Lage sein würde, kraft seiner *Geschäftsordnungsautonomie* die Art der Ausübung des Enqueterechts ganz nach seinem souveränen Belieben zu gestalten, in Zeiten politischer Leidenschaft also vielleicht in einer Art, welche jede Garantie für ein dem Staatsinteresse nicht zuwiderlaufendes und die Objektivität sicherndes Verfahren vermissen lassen könnte. Die allgemeine Richtigkeit des Bedenkens mag dahingestellt bleiben. Jedenfalls kann dieser einzige rein *sachlich* erhebliche Einwurf entkräftet werden durch Schaffung besonderer Rechtsgarantien durch ein besonderes Reichsgesetz, welches die Verfassungsbestimmung ergänzt und die Geschäftsordnungsautonomie des Reichstags in dieser Hinsicht an Schranken bindet. Ein solches besonderes Reichsgesetz ist in der Tat unter deutschen Verhältnissen sachgemäß, da bei uns nicht, wie in England, die Regierung ein Ausschuß des Parlaments ist und durch die gegenseitige Rücksichtnahme der beiden großen dortigen, sich in der Macht abwechselnden Parteien die Innehaltung sachlich gebotener Schranken und Gepflogenheiten garantiert ist. Darauf beruhen die oben gemachten Vorschläge, zu welchen im einzelnen Folgendes bemerkt sei:

1.) Zur Abänderung des Art. 23 der Reichsverfassung:

Die Feststellung, daß auch alle „Gegenstände der Tätigkeit" von Reichsorganen, – tatsächliche oder mögliche – einer Erhebungskommission überwiesen werden können, bezweckt auszuschließen, daß die Zulässigkeit der Erforschung solcher Vorgänge angezweifelt wird, welche nicht durch eine *ausdrückliche* Bestimmung der Verfassung dem Reich zugewiesen sind. Die Fassung des letzten Satzes bezweckt zu verhüten, daß der Erlaß des vorgesehenen Reichsgesetzes vereitelt oder dieses unzulänglich gestaltet und dadurch die vorgeschlagene Verfassungsbestimmung illusorisch gemacht werde.

2.) Zum Gesetzentwurf:

§ 1. Das Recht auf Veranstaltung der Erhebung muß als Minderheitsrecht konstruiert werden, um zu vermeiden, daß, begründeter oder unbegründeter Weise, der Vorwurf erhoben werden kann: nur die zufällige Mehrheit habe es in der Hand, die ihr passend scheinenden Feststellungen zu treffen, sei dagegen in der Lage, sich selbst und die unter ihrem Einfluß stattfindende Verwaltung der Kontrolle und Kritik zu entziehen. Dem gleichen Zweck dienen die Vorschläge der Minderheitsrechte in den §§ 3 und 4.

§ 2. Als Kommission, welcher der Reichstag das Recht durch besonderen Beschluß zu verleihen Anlaß hat, kommt von den Gesetzberatungskommissionen vor allen Dingen auch die Budgetkommission in Betracht.

§§ 3 u. 4: s[iehe] zu § 1.

§§ 5 u. 6 bedürfen nicht der besonderen Begründung. Ob besondere Bestimmungen über die Art der Vorbereitung der Augenscheinnahme und die Art der Erzwingung der Herbeischaffung von Akten und Schriftstücken zu treffen sind, vermag ich nicht zu beurteilen.

§ 7ff. werden die heftigste Gegnerschaft des Beamtentums und der Parteien der Rechten hervorrufen, insoweit sie das Recht der Einvernahme als auch und gerade auf die *dienstliche* Tätigkeit der Beamten sich erstreckend behandeln. Mit der Durchsetzung dieser oder ähnlicher Vorschriften wäre die effektive Publizität der Verwaltung und parlamentarische Kontrolle einigermaßen gewährleistet. Ohne sie könnte zwar durch Sachverständigenvernehmung das Monopol des *Fach*wissens der Beamten, ihr Monopol des *Dienst*wissens als Geheimwissen aber nur höchst unvollkommen durch Zeugenvernehmung betroffener oder beteiligter Privater in gewissen Fällen beschränkt werden. Eine wirklich durchgreifende Verwaltungskontrolle und Publizität der Verwaltung wäre, so sehr immerhin schon ein Enqueterecht in der Beschränkung auf die Vernehmung von Privatpersonen, Einsicht von Privatschriftstücken und Augenscheineinnahme einen Fortschritt bedeuten würde, *nicht* gewährleistet. Hier aber handelt es sich um Machtinteressen des Beamtentums. Diese werden sich unter dem Vorwand, daß „Staatsinteressen" der Unterwerfung der Beamten unter den Zeugniszwang des Parlaments entgegenständen, mit allen Mitteln dagegen sträuben. Die Vorschläge sind in ziemlich ausführlicher Form so gefaßt, um rein *sachliche* Bedenken tunlichst zu entkräften. Dahin gehört insbesondere die Vorschrift des vorgeschlagenen §15 mit ihrer Durchbrechung des Art. 30 der R[eichs-]Verf[assung] für diesen Fall. Es entzieht sich meiner Beurteilung, ob vielleicht statt dessen eine Vereidigung der Kommissionsmitglieder und alsdann die Übertragung der Strafbarkeit des Bruches des Amtsgeheimnisses in irgendeiner Form zweckmäßig erscheint. Der Ausschluß von der Wahlfähigkeit dürfte für schwere Fälle vielleicht ratsam sein, wenn man an Fälle wie den früheren Reichstagsabgeordneten Liebknecht denkt. Die vorgeschlagene Fassung des §7 letzter Satz in Verbindung mit den Minderheitsrechten der §§ 1, 3, 4, 6 will dem Einwand vorbeugen, daß durch ein solches Gesetz anstelle der kontrollfreien Beamtenherrschaft im Staat eine kontrollfreie Majoritätsherrschaft im Parlament eingeführt werden könnte. Die übrigen Vorschläge sind rein technischer Art und bedürfen keiner Erläuterung; bemerkt sei nur, daß vielleicht die Vorschläge zu Gunsten der befragten Privatpersonen erweitert werden könnten durch die entsprechenden Vorschläge der Zivilprozeßordnung. Immerhin ist nicht einzusehen, warum man soweit gehen sollte, wenn die *Geheimhaltungspflicht* der Kommissionsmitglieder in den angegebenen Stellen durch Strafbarkeit sichergestellt wird.

Der Umstand, daß es gewiß fraglich ist, ob alle Forderungen dieses Vorschlags jetzt unmittelbar durchzusetzen sind, dürfte vielleicht nicht hindern, sie, wenn sie sachlich richtig befunden werden, zu erheben. Über das Enqueterecht ist meines Wissens in früheren Jahrzehnten, wohl noch in den 70er Jahren, innerhalb der liberalen Parteien wiederholt verhandelt worden. Jedenfalls erinnere ich mich ausgiebiger Erörterungen darüber unter damaligen Abgeordneten im privaten Kreise. Später kamen alle solche Forderungen als nach „englischem Schema" oder nach „liberaler Doktrin" riechend in Mißkredit. Inzwischen ist die Macht des Beamtentums derart im Aufstieg, daß Schranken dagegen immer dringlicher werden.

*[Entwürfe von Gesetzen zur Aufhebung der Inkompatibilität der Mitgliedschaft im Reichstag und im Bundesrat, zur Verbindung des Reichskanzleramts mit der Mitgliedschaft im preußischen Staatsministerium, zur Errichtung eines Reichskronrats sowie zur Strafbarkeit unbefugter Veröffentlichung von Äußerungen der Bundesfürsten.]*

## I. *Gesetzentwurf zur Abänderung der Reichsverfassung.*

§ 1. Der letzte Satz des Art. 9 der Reichsverfassung wird aufgehoben.

§ 2. Art. 15 Abs. 1 der Reichsverfassung erhält folgende Zusätze:

1.) hinter: „vom Kaiser" die Worte: „aus den preußischen Staatsministern".

2.) hinter: „zu ernennen ist" den Satz: „Die Präsidialstimme wird unter alleiniger Verantwortlichkeit des Reichskanzlers instruiert".

§ 3. Der vorletzte Abs. des Art. 8 der Reichsverfassung wird durch die nachfolgenden Bestimmungen ersetzt:

Art. 8a. Es wird unter dem Vorsitz des Kaisers, und in seiner Vertretung und in Unterstützung des Reichskanzlers, ein *Reichskronrat* gebildet mit dem Zweck:

1.) politisch wichtige Angelegenheiten der Reichspolitik auf Anregung des Reichskanzlers oder eines Mitglieds zu erörtern,

2.) in festgesetzten Zwischenräumen und sonst nach Bedarf den Bericht des Reichskanzlers über Gang und Lage der Außenpolitik des Reiches entgegenzunehmen und zu besprechen,

3.) bei persönlichen, mündlichen oder schriftlichen Äußerungen eines Bundesfürsten, welche die Außenpolitik des Reiches berühren können, vor der Erteilung der Erlaubnis zur Veröffentlichung oder der Absendung ins Ausland gehört zu werden.

Sachliche Beschlüsse faßt der Reichskronrat nicht. Im Reichskronrat müssen außer dem Königreich Preußen noch die Königreiche Bayern, Sachsen, Württemberg und zwei andere jährlich wechselnd vom Bundesrat gewählte Bundesstaaten vertreten sein, ferner der *Reichstag* durch fünf Vertreter, welche bei Beginn jeder Session neu und zwar derart gewählt werden, daß jede Minderheit von ein Viertel der Stimmen beanspruchen kann, einen von ihnen selbständig aus ihrer Mitte zu bezeichnen. Bis zum Eintritt der neugewählten behalten die bisherigen Vertreter ohne Rücksicht auf den Ablauf ihres Mandats ihre Zugehörigkeit bei.

Zuzuziehen sind Vertreter der politischen und militärischen Behörden des Reichs und der großen Bundesstaaten nach näherer Bestimmung der vom Kaiser mit Zustimmung des Bundesrats zu erlassenden Ordnung.

Die Wünsche und Bedenken, welche Mitglieder des Reichskronrats anläßlich der Besprechung vortragen, sind kurz zu protokollieren und dem Kaiser und den nicht anwesend gewesenen Mitgliedern des Bundesrats zur Kenntnis zu bringen.

Mitteilungen in der Öffentlichkeit über Verhandlungen des Reichskronrats sind ohne dessen Ermächtigung unzulässig.

Der Reichskanzler und die bundesstaatlichen Ministerien sind verantwortlich dafür, daß Äußerungen der in No. 3 oben genannten Art vor Erteilung der Erlaubnis zur Veröffentlichung bezw. Absendung in das Ausland dem Reichskronrat vorgelegt werden. Veröffentlichung oder Absendung hat zu unterbleiben, wenn *drei* von den im zweiten Absatz dieses Artikels bezeichneten pflichtmäßigen Mitgliedern des Reichskronrats Bedenken erhoben haben.

Der Reichskanzler kann seine Verantwortung für Regierungsakte in *keinem* Fall unter Berufung auf Stellungnahmen innerhalb des Reichskronrats ablehnen.

## II. *Gesetzentwurf betr. die Strafbarkeit unbefugter Veröffentlichung oder Versendung von Äußerungen der Bundesfürsten.*

§ 1. Äußerungen von Bundesfürsten über politische Fragen dürfen in keiner Form öffentlich bekanntgegeben werden oder in das Ausland versendet werden, wenn nicht bei Äußerungen des Kaisers der Reichskanzler, bei solchen der Landesfürsten die zuständigen Ministerpräsidenten ausdrücklich die Verantwortung übernommen und außerdem bescheinigt haben, daß die Veröffentlichung oder Versendung politisch unbedenklich ist. Kein Befehl einer Dienstbehörde kann zur Entlastung angeführt werden, wenn dabei nicht ausdrücklich bescheinigt war, daß jene Erklärung schriftlich vorgelegen habe.

§ 2. Mit Gefängnis bis zu 3 Jahren und mit Verlust der Fähigkeit zur Bekleidung öff[entlicher] Ämter und der Wählbarkeit in öff[entliche] Körperschaften wird, falls nicht nach den Gesetzen eine schwerere Strafe verwirkt ist, bestraft, wer entgegen den Bestimmungen des § 1 Äußerungen der bezeichneten Art öff[entlich] bekanntmacht oder in das Ausland weitergibt, ihr öff[entliches] Bekanntwerden oder Weitergeben veranlaßt oder, seiner Amtspflicht engegen, zuläßt. Für Reichstagsabgeordnete gilt das Privileg des Art. 30 der Reichsverfassung nicht.

Der Reichstagspräsident ist berechtigt, die Erhebung der Anklage zu verlangen und muß von diesem Recht Gebrauch machen, falls ein Viertel der Mitglieder des Reichstages dies verlangt. In diesem Falle ist dem Reichstag von dem Ergebnis Mitteilung zu machen.

## *Begründung zum Vorschlag betr. Änderung der Reichsverfassung.*

Zu § 1. Formell steht der „parlamentarischen" Regierung im Sinne der Besetzung politischer Amtsstellen durch Vertrauensleute des Parlaments *nur* diese Verfassungsvorschrift im Wege. Da ein sachlicher Grund, der es ausschlösse, daß ein Reichskanzler oder Staatssekretär zwar jedem anderen Landparlament, insbes[ondere] dem preuß[ischen] Landtag, *nicht* aber dem deutschen Reichstag angehöre und dort Einfluß üben dürfe, ganz unerfindlich ist, und da es politisch direkt als fehlerhaft bezeichnet werden muß, wenn Bundesrat und Reichstag wie zwei notwendig gegnerische Mächte behandelt werden, so empfiehlt sich die Aufhebung der Bestimmung.

Zu § 2. Die im Verfassungsausschuß vorgeschlagene Abänderung des Art. 17 der R[eichs-]Verf[assung] allein würde nichts darüber besagen: *wofür* eigentlich der Reichskanzler dem Reichstag „verantwortlich" ist. Nach wie vor würde für die *Instruktion* der ausschlaggebenden Präsidialstimme nur die *preußische* Regierung dem *preußischen Landtag* verantwortlich sein. Preußischer Minister muß der Reichskanzler auch heute unvermeidlich sein, zum mindesten Minister der auswärtigen Angelegenheiten. Manche Staatsrechtslehrer (G[erhard] Anschütz) halten dies nicht für eine politische Unvermeidlichkeit, sondern für staats*recht*lich notwendig. Nicht unbedingt notwendig muß der Reichskanzler auch preuß[ischer] Minister*präsident* sein. Der jetzt vorgeschlagenen Bestimmung wird genügt, wenn der Reichskanzler gleichzeitig mit seiner Ernennung mindestens auch zum preuß[ischen] Minister der auswärtigen Angelegenheiten ernannt wird. Wenn man mit G[erhard] Anschütz annimmt, daß die Instruktion der Präsidialstimme durch den preuß[ischen] Minister der auswärtigen Angelegenheiten erfolge, so würde man durch die Neueinführung der Bestimmung, daß der *Reichskanzler* dafür verantwortlich sei, eine Identität beider Ämter ausdrücklich festlegen und zugleich ein *preußisches* Interesse daran schaffen, daß der Reichskanzler zugleich Ministerpräsident sei und dadurch an der Rücksichtnahme auf den preuß[ischen] Landtag tunlichst interessiert wäre. Dieser ganze Sachverhalt entspräche dem Interesse der Sache und wäre geeignet, die Stellung des Reiches gegenüber Preußen, also des deutschen Reichstags gegenüber dem preuß[ischen] Landtag zu stärken.

Die Schaffung eines kollegialen Reichsministeriums würde eine ähnliche Wirkung keineswegs notwendig haben. Vielmehr ist es umgekehrt zu wünschen, daß die Stellung des preuß[ischen] Minister*präsidenten,* der mit dem Reichskanzler normalerweise dieselbe Person sein muß, in Preußen eine ähnliche wäre gegenüber den anderen Ministern, wie es im Reich diejenige des Reichskanzlers gegenüber den Staatssekretären ist. Denn die jetzige Lage ist die: daß zwar der Reichskanzler auf seine rein preuß[ischen], ihm *kollegial* beigeordneten und vom preuß[ischen] Landtag abhängigen Ministerkollegen in Preußen Rücksicht nehmen muß, seinerseits aber ein ähnlich starkes Gewicht vom Reich her nicht in die Wagschale werfen kann. Der Reichskanzler und Ministerpräsident muß der allein *verantwortliche* Träger der Politik *nach beiden Fronten* hin sein: gegenüber dem Reichstag und dem preußischen Landtag.

Würde in Preußen eine sogen. „Wahlreform" derart gemacht, daß der Landtag *mittelständisch* demokratisiert würde, so bedeutete diese Verbreiterung der reaktionären Schichten zweifellos eine zunehmend rücksichtslose Einflußnahme auch auf die Reichspolitik und die Verhältnisse anderer Bundesstaaten. Die numerische Schwäche der hinter ihnen stehenden besitzenden Wähler veranlaßt heute die Parteiführer der Rechten im preuß[ischen] Landtag zu einer gewissen Rücksichtnahme, die dann wegfallen würde. Auch aus diesem Grunde erscheint die Stärkung der Position des Reichskanzlers wünschenswert. Wenn man dabei in aller Form gleichzeitig konstatiert: daß er *preußischer* Minister sein muß, um zum Reichskanzler qualifiziert zu sein, so kommt man damit dem Prestigebedürfnis Preußens hinlänglich weit entgegen, um auf der andern Seite in Art. 15 das schon jetzt tatsächlich geltende Recht kodifizieren zu können. Im Hinblick auf die Privilegien der Präsidialstimme in den Art. 5 Abs. 2 und 37 der Reichsverfassung erscheint dies lediglich billig.

Zu § 3. Der jetzige „Bundesratsausschuß für auswärtige Angelegenheiten" führt ein Scheindasein. Das Bestehen einer kollegialen, den Kaiser in hochpolitischen Angelegenheiten *beratenden* Instanz im Reich ist aber erwünscht, weil sonst der *preußische Kronrat* diese Rolle für die Reichspolitik an sich reißt, wie jetzt, wo er angeblich sogar die für die Entstehung des Krieges tatsächlich maßgebenden Erörterungen gepflogen haben soll (4. VII. 14). Natürlich darf er keinerlei Konkurrenz des Bundesrats oder Reichstags werden und also die Verantwortung des Reichskanzlers nicht entlasten. Er ist diejenige Instanz, in welcher gegenüber der Politik des jeweiligen Reichskanzlers ohne agitatorischen Zweck politische Bedenken geltend gemacht werden können.

Daneben aber könnte er in schonender und höflicher Art der wichtigen Funktion dienen, jene Störungen zu beseitigen, welche unsere politische Leitung durch das seit 29 Jahren übliche rein nationale, sehr oft dilettantische und bezüglich der Folgen undurchdachte öffentliche Auftreten von Monarchen erfährt und welche an den furchtbaren politischen Niederlagen Deutschlands einen erheblichen Anteil haben. Es sei nur an die folgenden, unsere Außenpolitik berührenden Vorgänge erinnert:

1.) Das Buren-Telegramm, welches erlassen wurde, obwohl wir, sobald England Ernst machte, nicht die geringsten Machtmittel besaßen, für unsere engagierte Ehre einzutreten. Mit vollem Recht sagte General Botha 1914 im Parlament in Kapstadt: „Das Verhalten Deutschlands hat uns unsere Unabhängigkeit gekostet".

2.) Die Parole von der „Wahrung der heiligsten Güter" gegen die Mongolen. Nach der geographischen Lage sind wir weder in erster Linie berufen noch auch haben wir die Macht, eine europäische Rassenpolitik in Asien durchzuführen. Unsere politischen Interessen dort wurden außerordentlich geschädigt.

3.) An die Vorgänge beim Chinafeldzug, der mit einer gewaltigen Steigerung unseres Prestiges in Asien begann, und infolge des allgemeinen Mißtrauens und Aufsehens, welches das vorzeitige *öffentliche* Auftrumpfen erregte, mit einer kläglichen Blamage endete, als England mit der Drohung, Ernst zu machen, die Räumung des Yangtsegebietes forderte.

4.) An zahlreiche Äußerungen über den Sinn der Flotte, welche ohne Not Aufsehen in einem Zeitpunkt erregten, wo aller Anlaß bestand, von unserem Flottenbau nicht viel Lärm zu machen.

5.) An die Rede in Damaskus, deren Ton noch mehr als ihr Inhalt unser Prestige engagierte und damit festlegte und den Anschein erweckte, als erstrebten wir ein politisches Protektorat über den Islam, welches zu behaupten die geographische Lage uns hinderte.

6.) An die Tangerepisode, welche durch das Engagement des Monarchen eine rein sachliche Verständigung mit Frankreich sehr erschwerte, uns eine Blamage eintrug, als wir dennoch zurückwichen und infolge der *Öffentlichkeit* all dieser Vorgänge den Eindruck der Schwäche hervorriefe.

7.) An die öffentliche Unterstreichung der „Nibelungentreue", welche eine tiefe Verstimmung der leitenden Kreise Österreichs zur Folge hatte.

8.) An die öffentliche Belobigung des „brillanten Sekundanten", welche den alsbaldigen Sturz des derart auf die Schulter geklopften Staatsmannes zur Folge hatte.

9.) Noch während des Krieges an die öffentliche Belobigung der schwedischen Antwort an Wilson, auf welche prompt der Sturz des belobten Ministeriums (mit wenigen und schwankenden Stimmen Mehrheit!) erfolgte.

10.) Die Rede des Königs von Bayern über die „deutsche Rheinmündung" ist, da man in *Holland* über den Mündungspunkt des Rheins genau informiert ist, ganz ähnlich zu beurteilen.

Auf eine Verlängerung der Liste kann verzichtet werden. Nicht in erster Linie die Tatsache der Äußerung ist das Bedenkliche, sondern die Publizität. Einige von den erwähnten Äußerungen hätten, *privatim* getan und *privatim* den anderen Regierungen zur Kenntnis gelangend, sogar recht günstig wirken können. Was aber in allen den erwähnten Fällen peinlich vermißt werden muß, ist das Augenmaß für das, was ein Staatsoberhaupt *öffentlich* sagen darf. Es hat die Publizität dieser Äußerungen der Entstehung der jetzigen Koalition gegen uns unbedingt die Wege ebnen helfen. Während des Krieges hat die gefährliche Lage den Monarchen zu zeitweiliger Zurückhaltung veranlaßt, in der grundsätzlichen Stellungnahme aber, wie der Fall No. 9 zeigt, nichts geändert. In keinem – demokratischen oder autokratischen – Lande der Erde hat dies irgendwie eine auch nur annähernde Parallele. Der Zustand muß absolut beseitigt werden oder wir gehen nach dem Kriege genau den gleichen Schicksalen erneut entgegen, zumal der Thronfolger notorisch ganz ähnliche Neigungen zeigt, und den Eindruck absoluter Unbelehrbarkeit macht.

Wie heikel die Inangriffnahme des Problems für eine Partei ist, wird niemand verkennen. In parlamentarisch regierten Ländern ist automatischer Schutz vorhanden. Bei uns muß er künstlich geschaffen werden.

### *Zu dem Gesetzentwurf über die Strafbarkeit der unbefugten Veröffentlichung bundesfürstl[icher] Äußerungen.*

In Verbindung mit dem vorgeschlagenen Art. 8a der Reichsverfassung enthält der Entwurf folgende Bestimmungen:

A. für Äußerungen, welche die *Außen*politik berühren.

1.) obligatorische Anhörung des *Reichskronrats* unter strafrechtlicher Verantwortlichkeit des Reichskanzlers und der Ministerpräsidenten dafür, daß dies wirklich geschieht.

2.) Nichtveröffentlichung und Nichtversendung, wenn *drei* Mitglieder des Reichskronrats widersprechen.

B. für *alle* Äußerungen politischer Art.

Strafbarkeit der Veröffentlichung oder Versendung ins Ausland, sofern nicht:

a.) die politische Verantwortlichkeit der betr. Minister formal gesichert ist,

b.) ausdrücklich auch die politische Unbedenklichkeit bescheinigt ist.

Die Monarchen werden dadurch der Möglichkeit beraubt, durch Reden und Telegramme an die Adresse des Inlands oder Auslands, wie Bismarck sich ausdrückte: „ohne ministerielle Bekleidungsgegenstände", an die Öffentlichkeit zu dringen. Dadurch werden regierungsverbindliche von reinen Privatäußerungen geschieden. Andererseits wird weder ihre reale Macht in politischer Hinsicht, noch ihre Bewegungsfreiheit im Privatleben beeinflußt, noch schließlich ihnen das Halten von Reden und Ansprachen verwehrt. Nur wird gehindert, daß eine nutzlose und der sachlichen Politik schädliche Erregung der Öffentlichkeit durch Abdruck in der Presse stattfindet.

Der Anklage nach § 2 Abs. 2 des Ges[etz-]Entw[urfs] würden auch der Reichskanzler und die Minister der Bundesstaaten ausgesetzt sein, wenn sie Äußerungen, welche die Außenpolitik betreffen, nicht vor der Veröffentlichung oder Versendung vor den Reichskronrat bringen oder trotz Widerspruchs von drei Mitgliedern desselben publizieren oder versenden lassen. Auch der die *Außen*politik betreffende Passus von *Thronreden* müßte danach vorher dem Reichskronrat vorgelegt werden.

Zweck des Vorschlages ist natürlich nicht: daß der Reichskronrat möglichst *oft* mit Erörterungen der Publikationsfähigkeit bemüht werde, sondern umgekehrt: daß die deutschen Monarchen sich in ihrem öffentlichen Auftreten nach Inhalt und Form endlich die überall sonst innegehaltenen Schranken auferlegen. Die Art, in welcher diese Wirkung zu erzielen versucht wird, ist m. E. so rücksichtsvoll, wie dies den Umständen nach möglich ist. Denn es steht ja nichts im Wege zu versichern: nicht etwa der Inhalt monarchischer Äußerungen, sondern der „journalistische Mißbrauch" damit, das „Sensationsbedürfnis der Presse" usw. sei es, was man treffen wolle.

Eine Schranke muß irgendwie geschaffen werden, am besten schon jetzt; denn das enthebt uns der Notwendigkeit, nach dem Kriege schonungslos die Fehler, welche deutsche Monarchen in dieser Hinsicht gemacht haben, öffentlich zu besprechen. Ich persönlich werde mich jedenfalls zu keiner Partei bekennen, welche sich scheut, an diesem Punkt Wandel zu schaffen.

# Die russische Revolution und der Friede

Der Sturz derjenigen Regierung, welche den Krieg gegen uns am unbedingtesten gewollt hat, könnte natürlich eine grundlegende Änderung unserer ganzen Lage gegenüber Rußland bedeuten. Es ist selbstverständlich, daß wir mit einem Rußland, in welchem für den dauernden Bestand einer *nicht* imperialistischen, also einer föderalistischen Demokratie irgend eine erhebliche Wahrscheinlichkeit bestände, für alle Zeit in Frieden und Freundschaft nebeneinander leben könnten, und daß wir den Krieg einem solchen gegenüber *unter Verzicht auf alle weiteren Garantien abbrechen* würden. Also auch, daß ein solches Rußland uns gestatten würde, unsere eigenen inneren Verhältnisse ohne jene fortwährende Rücksicht auf die furchtbare Bedrohung auszubauen, welche seit drei Jahrzehnten diese Nachbarschaft für uns bedeutet hat, so daß Schiedsgerichtsverträge mit Rüstungsbeschränkungen ihm gegenüber tatsächlich jene praktische Bedeutung gewinnen würden, welche sie bisher nur für die Pazifisten hatten. Die Frage ist, ob ein demokratisch-föderalistisches Rußland jetzt entstanden ist, oder wahrscheinlich entstehen und dauernd weiterbestehen wird. Meine sehr große Sympathie für die russische Befreiungsbewegung darf nicht hindern, daran Zweifel zu äußern, *solange die Dinge so liegen wie jetzt.*

Die russische Regierung treibt offensichtlich ein Doppelspiel. Einige ihrer Mitglieder geben Erklärungen ab, welche für die zu einem ehrenvollen Frieden geneigten russischen Radikalen bestimmt sind, andere aber solche, welche die Entente und die imperialistische Bourgeoisie zufriedenstellen sollen. Zwischen beiden wird ein diplomatisches Schaukelsystem getrieben. Kollektiv erklärt die Regierung, deren mächtigster Mann im Innern *Kerenski* ist (oder wenigstens war): sie wolle keine Annexionen und Entschädigungen und als „Garantien" nur Abrüstungs- und Schiedsverträge. Der Minister des Auswärtigen aber, Professor *Miljukow,* führt seine Geheimkorrespondenzen, bezeichnet sich selbst als mit Rücksicht auf die Entente „unentbehrlich" für seinen Posten und identifiziert sich mit deren imperialistischen Zielen. Er wird dementiert, bleibt aber mit Zustimmung der andern im Amt und wiederholt von Zeit zu Zeit trotz aller Dementi seine imperialistischen Äußerungen. Er wird dies jetzt vielleicht öffentlich nicht mehr tun, sicher aber durch Korrespondenz sich immer fester an die Entente binden.

Für die Chancen einer nicht imperialistischen Politik entscheidet die Zusammensetzung der machthabenden Körperschaften. Es besteht eine offizielle „provisorische Regierung". Daneben besteht eine faktische Nebenregierung im „Rat der Arbeiter und Soldaten", deren Beruf darin erblickt wird, die anderen zu kontrollieren. Die offizielle Regierung ist formell durch *die Duma* legitimiert.

Deren Mehrheit ist extrem imperialistisch. Ihr Präsident *Rodsjanko,* ein *Monarchist,* hat noch jetzt die „Untrennbarkeit“ von der Entente und den „Sieg“ Rußlands als Friedensbedingung bezeichnet, also: die Vertagung jeder Erwägung von Frieden auf den Nimmermehrstag. In der provisorischen Regierung sitzt Herr *Gutschkow,* ein tüchtiger Verwaltungsbeamter, dem freikonservativen „Bunde des 17. Oktober“ angehörig, mit dem Großgrundbesitz und der Bourgeoisie alliiert. Er *denkt gar nicht daran,* Demokratie und Föderalismus wirklich zu wollen. Denn *gegen* beides wurde ja der Bund des 17. Oktober seinerzeit gegründet, im Gegensatz gegen die damals wenigstens offiziell demokratischen und bis zu einem gewissen Grade auch föderalistischen „Kadetten“. Diese bilden den Hauptbestandteil der offiziellen Regierung. Sie sind imperialistisch und Anhänger eines „Bürgerkönigtums“, welches der Bourgeoisie die Macht geben würde, weil es nicht voll legitim wäre. Im Juli 1914, nach einer Besprechung mit dem Großfürsten Nikolai, vollzog ihr Hauptorgan, die „Rjetsch“, bis dahin ein kriegsfeindliches Blatt, den Übergang zur Kriegspartei. Professor Miljukow, ihr hervorragendstes Mitglied, ein hochgeachteter Gelehrter, ist völlig befangen in der Romantik der imperialistischen Idee, zu deren hauptsächlichen Propagandisten im In- und Ausland er während des Krieges gehörte. Diese Partei wird infolge ihrer Beziehungen zu England sicher nichts gegen dessen Wünsche tun. Das Bürgerkönigtum ist zwar augenblicklich noch nicht möglich, es kann aber zu gegebener Zeit leicht etabliert werden. Die Kriegsziele Professor Miljukows sind absolut die *gleichen,* wie die des Zaren. Einen wirklichen Föderalismus, also eine Autonomie der Fremdvölker mit eigenen Landtagen, eigenem, nicht großrussischem Offizierkorps und aus der eigenen Mitte gewählten Beamten wird diese Regierung nie durchführen. Auch die „Kadetten“ sind dazu viel zu stark mit den Pfründeninteressen der großrussischen Amtsanwärter und mit der panslawistischen Legende verbunden.

Wie steht es nun mit den *radikalen* Mitgliedern der Regierung, wie *Kerenski,* und mit der unoffiziellen Regierung, deren mächtigster Mann *Tscheidse* ist? Auf Kerenski setzen die ukrainischen Autonomisten große Hoffnungen. Sie werden sich täuschen, solange eine ähnliche wie jetzt zusammengesetzte Regierung am Ruder bleibt. Kerenski wäre, auch wenn er es wirklich wollte, nicht in der Lage, ernstlich föderalistische Forderungen durchzusetzen. Man sieht ja, daß er zwar eine öffentliche Desavouierung, *nicht* aber das wirkliche Aufgeben der imperialistischen Forderungen seiner kadettischen Kollegen durchsetzen und daß er sogar Hetzreden wie die Rodsjankos nicht hindern kann und sich gefallen lassen muß, daß die imperialistische Duma als ausschlaggebende Instanz angerufen wird. Seine Macht, an sich bedeutend, ist nicht so stark, wie die der mit dem englischen Gesandten verbundenen Schichten der Bourgeoisie. Eine grundsätzliche Änderung in der Zusammensetzung der Regierung aber ist aus bald zu besprechenden Gründen vorerst sehr unwahrscheinlich. Alle kadettischen Mitglieder haben sich mit Miljukow solidarisch erklärt.

An der subjektiven Ehrlichkeit und Achtbarkeit von Tscheidse und anderen Mitgliedern der Nebenregierung endlich ist zwar kein Zweifel. Allein, sie sind „Intellektuelle“, und man hat bisher noch immer die Erfahrung gemacht: ein russischer Intellektueller mag sich zu einer Partei bekennen, welche sie sei:

sobald er an der *Macht* im Staat teilnimmt, wird er nicht etwa nur, wie dies mit allen radikalen Parteien aller Länder der Fall ist, „national", sondern nationa*listisch* und imperialistisch. Dies kann sich zwar in verschiedene Formen kleiden, bleibt aber der Sache nach das gleiche.

Es gibt *eine einzige* schlüssige *Probe* auf die wirkliche innere Ehrlichkeit einer zugleich demokratischen und nicht imperialistischen Gesinnung. Das ist die: ob der betreffende Politiker sich darauf beschränkt, vor der eigenen Türe zu fegen und also im Innern des eigenen Landes die Demokratie zu schaffen *oder nicht*. Tut er es nicht, so ist er Imperialist, er mag es wollen und glauben oder nicht. Tscheidse nun hat, kaum in der Macht, an die deutschen Arbeiter die Aufforderung erlassen, „die Hohenzollern abzusetzen", – widrigenfalls es Krieg bis aufs Messer gebe. Eine solche Einmischung von Ausländern in unsere inneren Angelegenheiten ist: Imperialismus. Denn ob der russische Imperialismus in despotischer, liberaler oder sozialistischer Form auftritt, ist für uns natürlich gleichgültig. „Imperialist" ist, wer *außerhalb* der Interessensphäre seiner eigenen Nationalität in die Angelegenheiten *anderer* Nationen *gewaltsam eingreifen* will. Das wird hier angekündigt. In Rußland ist für Tscheidse und seine Partei noch alles zu tun. Machen sie sich trotzdem die Eigentümlichkeit aller russischen Intellektuellen zu eigen: statt zu Hause nach dem Rechten zu sehen, sich um die auch vom Zarenregime verkündete „Befreiung" *anderer* Völker zu kümmern, so ist gegen sie ebenso wie gegen das Regime des Zaren *Krieg* die einzig mögliche Antwort und die Schaffung militärischer *Garantien* im Osten das einzig mögliche Kriegsziel. So wenig das deutsche Volk von der Plutokratie des preußischen Dreiklassenparlaments regiert zu werden wünscht, – noch weit weniger von imperialistischen Literaten des Auslands. Der Verzicht darauf, sich um die Angelegenheiten anderer Nationen zu kümmern, ist die *einzige Probe* dafür, ob ein russischer Politiker ein aufrichtiger Demokrat ist.

Angesichts dessen müssen wir uns aber des weiteren auch fragen: welche Garantien denn dafür gegeben sind, daß die russische Regierung, selbst wenn sie es jetzt wäre, *auch in Zukunft* eine Demokratie sein wird, und daß Erklärungen der jetzigen Machthaber das künftige Regime binden werden? Auch dafür gibt es nur *eine einzige Probe:* ob die russische Regierung ihre Verbündeten dazu zwingt, auf der Basis ihres eigenen Programms alsbald *Friedens*verhandlungen einzuleiten unter der Drohung, dies sonst unabhängig von ihnen zu tun. Hat die Demokratie nicht die Kraft, dies zu tun, dann hat sie auch nicht die Kraft, sich in der Mitherrschaft über Rußland zu behaupten. Sondern dann ist es sicher, daß früher oder später die imperialistische Bourgeoisie völlig die Oberhand behalten wird. Muß dies aber befürchtet werden, *dann* müssen wir selbstverständlich den Kampf fortsetzen und, wenn dies zu unserem großen Bedauern geschehen müßte, später Garantien für unsere Sicherheit fordern. Unser Friedens*interesse* im Augenblick objektiv ist nicht größer, als es von Anfang an war. Die für die nächsten Monate zu erwartenden Schwierigkeiten der Ernährung könnten durch einen Friedensschluß *nicht* behoben werden. Denn die Weltmißernte und die ungeheueren Preise im Ausland würden einen Import von Nahrungsmitteln nach Deutschland hindern. Ist aber erst einmal unsere Ernte geborgen, dann sinkt unser Friedensinteresse im Vergleich mit dem der Feinde. Denn nur solange der Krieg dauert, sind wir im Besitz des *rumänischen Getreidelandes* und können über dessen Ernte nach unserem Belieben verfügen. Das weiß in Deutschland jedermann oder könnte es wissen. Deshalb wäre es von den russischen Demokraten äußerst unklug, wenn sie, – wie es fast scheint – mit einem *steigenden* Friedensinteresse in Deutschland rechnen wollten. Ich vermute aber, daß der Grund ihres Verhaltens auf völlig anderem Gebiete liegt. Er liegt, wie ich glaube, auch nicht, wie behauptet wird, darin: daß für den Fall einer Lösung von der Entente ein japanischer Angriff auf die asiatischen Besitzungen Rußlands befürchtet würde. Wenigstens wäre es sehr töricht, wenn die russische Demokratie sich dadurch einschüchtern ließe, und ich kann mir nicht denken, daß sie dies nicht selbst weiß. Denn durch ein solches Vorgehen würde die japanische Regierung sich die Rache Rußlands im Fall künftiger Konflikte auf den Hals ziehen und den Rücken gegen Amerika nicht frei haben. Das weiß sie selbst. Sondern der Grund liegt im wesentlichen ganz in den *inner*politischen Verhältnissen Rußlands.

Die in sozialer Hinsicht reaktionären Elemente der Duma und der provisorischen Regierung, unter denen die Großgrundbesitzer eine starke Rolle spielen, müssen zunächst *ihre eigene Machtstellung* im Innern festigen. Dazu aber ist für sie nötig: erstens Niederhaltung der Bauern, welche kostenlose Verteilung des privaten Großgrundbesitzes verlangen, zweitens *Geld*. Die demokratischen Bauern kann man nur dadurch niederhalten, daß man sie in den Schützengräben unter der Disziplin der Generale festhält. Geld kann man nur bekommen, wenn die eigenen Banken und Großindustriellen oder die Ententemächte es hergeben. Geld geben sowohl die eigenen wie die fremden Geldmächte wiederum nur her, wenn die radikalrevolutionären Bauern niedergehalten werden und wenn also der Krieg fortgesetzt wird. Alle Anleihen der Regierung sind in erster Linie gegen den inneren Feind gerichtet, der ihre Machtstellung bedroht, nicht gegen den äußeren, von dem sie die Gewähr haben, daß er sie ohne Provokation nicht angreifen wird. Gerade dies haben die an die Öffentlichkeit gedrungenen Mitteilungen über die letzten Beratungen zur Evidenz gezeigt. *Um an der Macht zu bleiben* setzt die Dumaregierung den Krieg fort. Die Fortsetzung des Krieges und nur sie kann der russischen Plutokratie gestatten, die Wahlen zur Konstituante, wenn diese wirklich unvermeidlich werden, in ihrem Sinne zu verfälschen. Die radikalen Mitglieder trauen sich nicht die Macht, vor allem nicht das Geld und die Kreditfähigkeit zu, sich im Fall der Bildung einer Regierung aus ihrer Mitte in der Macht zu behaupten. *Daher* dulden sie die Doppelzüngigkeit der anderen und machen selbst imperialistische Demonstrationen mit. Auf die Dauer graben sie damit freilich sich selbst das Grab.

Angesichts dessen ist die Lage der *deutschen* Regierung bei öffentlichen Erklärungen über ihre Kriegsziele gewiß schwierig. Denn im Augenblick führen diese vermutlich *zu garnichts*. Sie wird hoffentlich trotzdem tun, was ehrlich und *darum* zugleich politisch richtig ist, nämlich erklären: daß Deutschland mit Rußland, nach den letzten Erklärungen der *Gesamtregierung, auf der von dieser angegebenen Basis zu einem sofortigen Frieden bereit ist.*

# Die Lehren der deutschen Kanzlerkrisis

Die innere Krisis, deren Wiederspiegelung in einem Teil der Presse offenbar dem Inland, der Front und dem Ausland ein irreführendes Bild gegeben hat, entstand im Juli, von Nebenpunkten abgesehen, aus drei Ursachen:

1. aus dem Unwillen über die fortwährende Rücksichtnahme der Regierung auf die alldeutsche Demagogie und dem festen Willen, daß vor Eintritt in das vierte Kriegsjahr eine unbezweifelbar *ehrliche Probe* auf die Aufrichtigkeit der ausländischen Friedensformeln gemacht werde. Das war politisch um so richtiger, als es der öffentlichen Feststellung der Einheit unseres eigenen Kriegsprogramms mit dem unserer *Verbündeten* diente, welche ebensowenig für ein deutsches Belgien fechten würden wie wir für ein österreichisches Venedig. Da die Friedensresolution gefaßt wurde *in Kenntnis* der von den militärischen Chefs dargelegten ausgezeichneten Lage und da ihr die in Aussicht gestellten Erfolge auf dem Fuße folgten, so konnte und kann kein Mensch in ihr ein Symptom von „Schwäche" erblicken. Dazu trat

2. der Unwille über die Verzögerung der preußischen Wahlreform und der inneren Neuordnung überhaupt. Da die entscheidenden Reformen nicht im sachlich geeigneten Augenblick: bei Eröffnung des Tauchbootkrieges, angekündigt worden waren, entstand, angesichts der Agitation der Rechten, der fatale Anschein, daß auch politisch unabweisbare Notwendigkeiten nur als „Konzessionen", unter einem Druck, erledigt werden würden. Dem ein Ende zu machen, war politisch richtig. Endlich machte sich

3. der Unwille Luft über die niemals von der Leitung unserer Seestreitkräfte, wohl aber, trotz aller Warnungen vor dem unausbleiblichen Rückschlag, von anderen Seiten – am unverantwortlichsten von *Herrn von Heydebrand* – genährte Erwartung: daß der Tauchbootkrieg schon jetzt England zur „Kapitulation" zwingen werde. Dem Unfug war nie hinlänglich bestimmt entgegengetreten worden. Der Zorn darüber explodierte im gleichen Augenblick, wo über den zu erwartenden Erfolg tatsächlich Klarheit geschaffen war.

Irreführend an den Vorgängen war zweierlei: einmal die *Verquickung* der Friedensfrage mit den Problemen der Neuorientierung, dann aber der verworrene *Verlauf* der Krise selbst. Zunächst von dem ersten.

Es ist lächerlich, zu glauben, der Krieg wäre auch nur um einen Tag später ausgebrochen, wenn Deutschlands Verfassung derjenigen Frankreichs oder Englands geglichen hätte *wie ein Ei dem anderen, nachdem* einmal diese Weltkonstellation geschaffen und dadurch dem russischen Imperialismus eine nie wiederkehrende Chance gegeben war. Und jedes Kind kann sehen, daß jetzt die Gegner die deutsche Demokratie nur deshalb umschmeicheln, weil sie sich einbilden, ihr Sieg könne eine *Schwächung* Deutschlands bedeuten. Auf die naive Frechheit einer Einmischung in innerdeutsche Verfassungsfragen vollends wird jeder Deutsche ohne Parteiunterschied dem Ausland, welches ihn mit „Befreiung“ zu beglücken verspricht, ein für allemal mit der bekannten freundlichen Einladung des belagerten Götz von Berlichingen antworten. Das, was man die „Demokratisierung“ der deutschen politischen Institutionen nennt, verlangen wir als unentbehrliches Mittel der *Erhaltung der Einheit der Nation* in einem Augenblick, wo wir einem vielleicht noch langen Verteidigungskrieg entgegengehen, die Parlamentarisierung aber als Garantie der *Einheitlichkeit in der Führung* der Politik und der künftigen Vermeidung jener Fehler, welche in der Vergangenheit allerdings an der Entstehung dieser Weltkoalition gegen uns nicht unbeteiligt gewesen sind. Aber keine Partei, welche Deutschlands Interessen und Ehre preisgäbe, würde sich auch nur einen Augenblick in der Macht behaupten können.

Woher rührt nun aber *im Inland* die schiefe und verwirrende Verquickung der beiden Fragen: eines sachlichen Friedens auf Grundlage der Verständigung einerseits und der freiheitlichen Neuordnung andererseits, miteinander? Das *Gerede und Geschreibe der Literaten* ist es gewesen, welches sie zuerst in Verbindung miteinander gebracht hat. Von Kriegsbeginn an haben sie unseren nationalen Existenzkampf umzufälschen getrachtet zu einem Kampf für die jetzige, angeblich spezifisch „deutsche“, rein bürokratische Staatsstruktur gegen eine angebliche „Verschwörung“ der westeuropäischen Demokratie. Die große Mehrheit der Nation aber weist es zurück, daß unsere Brüder draußen für nichts Besseres als für solche Literatenprodukte und für die durch sie verklärte *kontrollfreie Beamtenherrschaft* ihr Blut vergossen haben sollen. Die Struktur eines Staates hat sich ausschließlich nach den sachlichen welt- und kulturpolitischen *Aufgaben* zu richten, vor welche die Nation sich gestellt sieht.

Auch die irreführende Art des *Verlaufs* der Krise war letztlich begründet in der inneren Struktur des heutigen Parlaments und vor allem: seiner Stellung zur Regierung. Die deutsche Beamtenregierung stand ihm als eine fremde Gewalt gegenüber, welche lediglich das Beamtentum repräsentierte, innerhalb der politischen Parteien aber nicht wurzelte und sie daher nicht zu leiten vermochte. Das Parlament war seit Bismarck für positive politische Leistungen machtlos gemacht, und neben der Erörterung von Budget- und Gesetzesvorschlägen auf rein „negative Politik“: Beschwerde und Kritik der Maßregeln jener außerparlamentarischen politischen Gewalt, beschränkt. Es konnte keine Stätte sein, auf welcher politische Führer von der Qualität der Bennigsen, Völk, Mallinckrodt, Bethusy-Huc u.a. gediehen. Ein Parlament ohne fest eingeschulten Apparat von Führern aber, der in Fällen einer Krise sofort in Aktion tritt, und mit dem der Monarch über Programm und Persönlichkeiten Fühlung nimmt, ist nichts Besseres als irgend eine andere Menschenansammlung, und ein führerloses Aufflammen politischen Wollens in ihm verläuft daher *nach Art eines Sklavenaufstandes*. Bis in die letzten Einzelheiten der heutigen parlamentarischen Konvention und der Geschäftsgebarung der Fraktionen ist alles auf die selbstverständliche Voraussetzung abgestellt: daß dies Parlament und seine Parteiführer *niemals* in die Lage kommen werden, eine *Mitverantwortung* für das

Schicksal des Staats zu übernehmen. Wie wenig aber eine außerhalb stehende Beamtenherrschaft ein Parlament zu leiten in der Lage ist, zeigte die durch keinerlei sachliche Gründe bedingte Kopflosigkeit am Bundesratstische. Die deutsche Regierung war eben seit langem ein Nebeneinander von Beamtenressorts, nicht eine von einem Politiker dirigierte Staatsleitung. Der ganze Hergang war ein Schulparadigma: *wie das Fehlen eines normal entwickelten Parlamentarismus in Krisenfällen wirkt.* Niemals wird da eine Änderung eintreten, wenn man die Reichstagsparteien *nicht* fortwährend zu klarer, ausdrücklicher *Stellungnahme* gegenüber den sachlichen Fragen sowohl wie den Persönlichkeiten nötigt. Dafür aber sind uns sogar die äußeren Formen abhanden gekommen. Jedenfalls ist Derartiges in der Julikrise *nicht* geschehen. Daß es nicht geschah, war, vom eigenen Interesse der Regierung aus, ein schwerer Fehler. Um das einzusehen, braucht man sich die *Lage,* in welche die Parteien dadurch gesetzt worden wären, nur zu vergegenwärtigen. Und es ist völlig klar, wie grundlegend anders die Stellung der neuen Männer dadurch nach innen und außen geworden wäre, und wie dies auf die politische Situation zurückgewirkt hätte. So aber trat, wieder unter dem Eindruck der unredlichen Sophistik der Rechten, im August alsbald die gleiche, mühsam aufs neue beschworene Situation ein, deren Einzelverlauf darzulegen noch nicht an der Zeit ist, die aber jedenfalls eine Stärkung der Regierung nicht bedeutet hat. *Nicht* das Parlament und die Parteien, wie der äußere Anschein glauben machen könnte, tragen dafür die Verantwortung. Es stecken ja lediglich Prestige-Interessen des Beamtentums, und gar nichts anderes, dahinter, wenn so ängstlich schon der äußere Anschein vermieden wird, als ob man bei der Auswahl der leitenden Persönlichkeiten des Reichs auch die Führer der Volksvertretung zu Rate gezogen habe. Erstaunlich war es vollends, in diesem Zusammenhang die Bemerkung hören zu müssen: der *Bundes*charakter des Reiches stehe einer solchen Befragung der Parteien im Wege. Nach der Verfassung (Art. 18) hat der Bundesrat in die Ernennung sämtlicher Reichsbeamter mit Einschluß des Reichskanzlers *mit keinem Worte* hineinzureden, und es wäre ein verfassungswidriger Übergriff, wenn von Seiten eines Bundesstaates versucht würde, die Zurateziehung der Volksvertreter zu hindern.

Ebenso fehlerhaft war aber die bisherige Organisation der parlamentarischen Einflußnahme auf die Regierungsgeschäfte. Aus dem *Hauptausschuß des Reichstages* kann recht wohl einmal ein leidlich geeignetes Instrument der fortlaufenden *Verwaltungs*kontrolle entstehen, sofern ihm die dafür unentbehrlichen Mittel (Enqueterecht) gegeben werden. Aber nimmermehr ist eine vor Hunderten von Zuhörern verhandelnde Versammlung geeignet, *hochpolitische* Fragen zu diskutieren oder wohl gar: Entschließungen darüber zu fassen. Die ganze völlig unnötige Erregung in der Öffentlichkeit war durch diesen technischen Fehler bedingt – Politik wird innerhalb wie außerhalb der Demokratie *überall von Wenigen* gemacht. Parteien eines politisch aktiv mitarbeitenden Parlaments dürfen also nicht nach Art von „Zünften", sondern müssen nach Art von „Gefolgschaften" organisiert sein. Aus dem jetzt für einen Einzelfall geschaffenen Siebenerausschuß könnte, heißt das praktisch, *nur* dann ein politisch leistungsfähiges Gebilde vielleicht entstehen, wenn

1. die darinsitzenden Parteivertreter *unbedingte Vollmacht* ihrer Parteien haben (oder sich jederzeit in wenigen Stunden eventuell von einem permanenten Parteiausschuß verschaffen können), –

2. wenn sie ständig und jederzeit über alle politisch maßgebenden Vorgänge (unter Diskretionspflicht) auf dem laufenden gehalten werden. *Sonst nicht.* Und was soll es heißen, daß man mit diesen sieben Parteivertretern Bundesratsgesandte deutscher Kleinstaaten zusammensetzt? Wird etwa dadurch das politische Gewicht des (zum Hineinreden in die Außenpolitik verfassungsmäßig gar nicht befugten) Bundesrats oder vollends die „Idee" des „Föderalismus" gestärkt? In die gemeinsamen Sitzungen gehören vernünftigerweise neben den Vertretern der zwei bis drei größten Mittelstaaten die vier oder fünf Chefs der für die Kriegszeit wichtigsten militärischen und zivilen *Ressorts des Reichs,* vorbehaltlich der Zuziehung anderer, vor allem preußischer Ressortchefs nach Bedarf. Beschlüsse zu fassen ist ja ein solches Gremium natürlich schon verfassungsmäßig, angesichts der alleinigen Verantwortlichkeit des Kanzlers, nicht der Ort. Sondern es kann ein Mittel werden, endlich der unvermeidlichen *Direktionslosigkeit* des bisher *politisch strukturlosen Parlaments* ein Ende zu machen, und vielleicht dadurch auch indirekt jene „Disziplin der Presse" überhaupt erst zu *ermöglichen,* deren Fehlen man bei uns so oft, mit einem neidischen Seitenblick auf England, beklagt, ohne sich über die Gründe klar zu werden. Zum politischen Prinzip sollte lediglich erhoben werden: daß Veröffentlichungen und Kundgebungen an das Ausland, welche durch den Namen des Monarchen selbst gedeckt werden, nicht ohne *beratende* Anhörung dieses Gremiums stattfinden.

Der neue Reichskanzler hat das Wort gesprochen: er werde „sich die Führung nicht aus der Hand nehmen lassen". Es steht heute fester als je, daß Deutschland und seine Verbündeten einen ehrenvollen Frieden erlangen, wenn nötig: erzwingen werden, wenn die *innere Einheit* der Nation hinter dem Willen zum Durchhalten steht. Möchten die neuen Männer uns also die Wiederholung nutzloser innerer Erschütterungen ersparen und sich als nationale *Politiker* erweisen, nicht nur als tüchtige Beamte. Ob sie aber das Erstere sein können, das hängt davon ab, ob sie die deutsche innerpolitische Frage *überhaupt richtig stellen,* und das heißt *so: wie ist das nach seiner jetzigen inneren Struktur zur negativen Politik verdammte Parlament zum Mitträger der politischen Verantwortung umzuformen?*

# Die Abänderung des Artikels 9 der Reichsverfassung

Der letzte Satz des Artikels 9 der Reichsverfassung, welcher verbietet, daß jemand gleichzeitig *Mitglied des Bundesrats* und des *Reichstags* sei, muß *beseitigt* werden, wenn Parlamentarier in leitende Reichsämter berufen werden sollen, ohne zugleich ihren Einfluß innerhalb des Parlaments aufgeben zu müssen. Denn der Reichskanzler muß nach ausdrücklichen Bestimmungen der Verfassung, die Chefs der großen Reichsämter aber müssen aus praktischen Gründen Bevollmächtigte, und zwar, wiederum aus praktischen Gründen: preußische Bevollmächtigte, zum Bundesrat sein. Der verworrene und verwirrende Verlauf der letzten inneren Krisen hat abschreckend gezeigt, welche Folgen es hat, wenn zwischen Bundesrat und Reichstag nur wie zwischen zwei gegnerischen Mächten verhandelt werden kann. Die Beseitigung der grundverkehrten Bestimmung würde natürlich nicht die Einführung des „parlamentarischen Systems" bedeuten. Denn dieses verlangt, daß die leitenden Minister zugleich Führer der ausschlaggebenden Partei sein *müssen,* während die Beseitigung jener Bestimmung dies lediglich *ermöglichen* will. Heute kann ein aus der Mitte des Parlaments neu ernannter Staatssekretär sein Reichstagsmandat nicht beibehalten, und aus diesem Grunde hat zum Beispiel der über die Kreise seiner Partei hinaus geschätzte bisherige Reichstagsabgeordnete Schiffer auf seinen Einfluß innerhalb der nationalliberalen Partei verzichten müssen, während der Beibehaltung seines Mandats zum *preußischen Abgeordnetenhause* nichts im Wege stand.

Mit Belustigung findet man nun in der rechtsstehenden Presse (so vor längerer Zeit von einem, anscheinend akademischen, Anonymus in der „Kreuzzeitung") den Einwand: Durch die Verbindung eines Reichstagsmandats mit einer Stellung im Bundesrat könnten „Gewissenskonflikte" entstehen, weil der Reichstagsabgeordnete nach eigener Überzeugung, der Bundesratsbevollmächtigte aber nach den Instruktionen seiner Regierung zu stimmen habe; ja, sie bedeute eine Gefährdung der Rechte der Bundesstaaten. Es gibt offenbar keine noch so plumpe Gedankenlosigkeit und keine noch so unbedenkliche Sophistik, welche nicht gut genug wären, der Herabdrückung der Stellung des Reichstags zu dienen. Denn die Beseitigung der Bestimmung *erweitert* ja die Rechte der Bundesregierungen, indem sie ihnen *gestattet* (was ihnen jetzt *verboten* ist), nach Ermessen ihre Bevollmächtigten auch aus dem Kreise einflußreicher Reichstagsabgeordneter zu wählen. Fürchtet sie dadurch eine Schädigung ihrer Interessen, so wird eine Regierung dies eben *nicht tun* oder gegebenenfalls ihren Bevollmächtigten wieder abberufen. Vor allen Dingen aber: Die Instruktionen der preußischen Bundesratsbevollmächtigten werden *im preußischen Landtage kritisiert,* dem die preußische Regierung dafür verantwortlich ist, wie jede Regierung ihrem Landtag. Dabei ist es aber nicht nur gestattet, sondern es ist wiederholt Tatsache gewesen: daß preußische Bundesratsbevollmächtigte Mitglieder eben dieses preußischen Landtages waren, in welchem sie doch auch „nach eigener Überzeugung" zu stimmen haben! Das stört die „Kreuzzeitung" nicht. Aber noch mehr! Die *preußischen Landräte* haben nach der bekannten Verfügung des Ministers v. Puttkamer „die Politik der Regierung zu vertreten". Gleichwohl gehören sie massenhaft – und zur lebhaften Befriedigung der „Kreuzzeitung" – dem preußischen Landtage an. Aber während es sich hier um der Regierung *unterstellte* Beamte handelt, welche die Regierungspolitik im Landtag kritisieren, um eine Situation also, welche – mag sie den Herren auch bei der Kanalvorlage keine tragischen „Gewissenskonflikte" gemacht haben – doch rein *politisch* recht wohl die Kritik herauszufordern geeignet wäre, – so ist die Lage im Fall der Abschaffung des Art. 9 genau die umgekehrte. Und damit kommen wir zum *politischen Sinn* der beabsichtigten Reform.

Es handelt sich dabei doch natürlich nicht um Bevollmächtigte von Schwarzburg-Rudolstadt, sondern um die *leitenden* Stellen der Reichspolitik, um diejenigen Verwaltungschefs also, welche im Bundesrat die „Präsidialstimme" führen. Der politische Zweck der Änderung wäre daher an sich auch dann erreicht, wenn der jetzige Artikel 9 bestehen bliebe, nur mit dem Zusatz: „Diese Bestimmung" (das erwähnte Verbot des letzten Satzes) *„findet auf den Reichskanzler und die Staatssekretäre des Reichs keine Anwendung."*

Wenn ein dem Parlament angehöriger Inhaber eines leitenden Reichsamts, der als solcher zum Bundesrat bevollmächtigt ist, in einer Weise instruiert wird, welche seiner politischen *Überzeugung* in entscheidend wichtigen Punkten zuwiderläuft, so hat er sein Amt zu quittieren. So sollte ein leitender Staatsmann *schon heute* handeln. Und dies unseren Verwaltungschefs verstärkt einzuschärfen, ist natürlich gerade einer der *wichtigsten Zwecke der beabsichtigten Reform.* Sie will dem Zustand ein Ende machen, daß bei uns noch immer die Verantwortlichkeit des *Staatsmannes* mit derjenigen eines Beamten verwechselt wird. Beide sind durchaus zweierlei, und jede ist an ihrer Stelle, aber auch *nur* dort, am Platze. Der Beamte, welcher gegen Anweisungen, die ihm seine vorgesetzte Behörde erteilt, gewichtige Bedenken hegt, kann diese durch Berichte und Vorstellungen geltend machen und soll dies in wichtigen Fällen auch tun. Verharrt dann aber die vorgesetzte Instanz auf ihrer Anweisung, so ist es eine dienstliche Pflicht diese gewissenhaft und unter vollständiger Zurückstellung seiner eigenen Meinung auszuführen. Gerade diese Fähigkeit macht seine Amtsehre aus. Genau umgekehrt der politisch verantwortliche *Staatsmann.* Wo immer er sich, in politisch entscheidenden Punkten, diejenigen Instruktionen, welche seiner gewissenhaften politischen Überzeugung entsprechen, *nicht* verschaffen kann, da hat er seine *Entlassung* zu nehmen. Tut er das nicht, so ist das eine verächtliche politische Pflichtverletzung, welche einen schweren Makel auf seinen Charakter wirft. Er ist dann das, was Fürst Bismarck (der anläßlich eines ziemlich nebensächlichen Punktes genau nach jenem Prinzip gehandelt hat) einen *„Kleber"* nannte. Wir wollen einstweilen nicht hoffen, daß durch Vorbringen jenes törichten Argumentes die Notwendigkeit geschaffen wird, einmal *öffentlich,* im Reichstag, Abrechnung darüber zu halten: was für Unheil der Zustand angerichtet hat, daß bei uns leitende *politische* Stellen leider oft genug von Leuten ausgefüllt wurden, welche darin die Gesinnung eines „Beamten" betätigten, der im Amt bleibt, bis er die Höchstpension erreicht hat oder fortgeschickt wird. Es ist keineswegs nötig, daß jeder Staatsmann in leitender Stellung fortan aus dem Parlament hervorgehe und ihm angehöre. Nötig aber ist, daß ein leitender *Politiker* weiß: daß er etwas anderes zu sein hat als ein Beamter. Auch ein leitender Politiker und parlamentarischer Führer kommt natürlich in die Lage, Kompromisse zu schließen, also: Unwichtigeres zu opfern, um Wichtigeres zu erreichen. Hat sich ein Verwaltungschef als Bundesratsbevollmächtigter aus solchen Gründen einer Ansicht gefügt, gegen die er persönlich Bedenken hatte, dann wird er in seinem Ressort selbstverständlich den einmal gefaßten Beschluß loyal ausführen. Wenn aber den leitenden Politikern der Besitz eines Reichstagsmandats etwas wirksamer in Erinnerung bringt, daß ihnen *Ehre und Pflicht verbietet, in ihrer Stellung zu bleiben,* wenn sie sie nicht nach *eigenen Überzeugungen* führen können, dann kann dies im Interesse der Politik des Reichs und ihrer charaktervollen Leitung nur begrüßt werden. Man darf hoffen, daß ein bekanntes Wort des neuen Reichskanzlers in *diesem* Sinne aufzufassen ist, und daß demgemäß auch bezüglich des letzten Satzes des Artikels 9, der jetzt lediglich eine einseitige kränkende *Deklassierung der Reichstagsabgeordneten* im Gegensatz zu allen anderen Parlamentariern enthält, die Konsequenzen gezogen werden.

# Die siebente deutsche Kriegsanleihe

Die *Oberste Heeresleitung* hat gelegentlich der innerpolitischen Erörterungen im Juli die durch die bisherigen Ereignisse *glänzend bewährte Garantie* dafür übernommen, daß eine militärische Niederringung Deutschlands völlig ausgeschlossen und der endgültige Erfolg, falls die Gegner auf die deutsche Friedensbereitschaft auch jetzt nicht eingehen, nur *eine Frage der Zeit ist*. Durch die *in Kenntnis dessen* gefaßte *Friedensresolution des Reichstags* und das Verhalten der Regierung ist dem kämpfenden Heer und dem deutschen Volk die Gewähr gegeben, daß der Krieg *nicht einen Tag länger dauern* wird, als für die Sicherung von Deutschlands nationaler Existenz und wirtschaftlich freier Entwicklung unbedingt erforderlich ist. Kommt der Friede in diesem Jahr nicht zustande, so sichern die diesjährige Ernte und die Verfügung über die nunmehr hergestellten Produktivkräfte Rumäniens die Ernährung Deutschlands, unter Vermeidung früherer Irrtümer, bis zur nächsten Ernte voraussichtlich besser als im letzten Jahre. Die in Angriff genommene *innere Neuordnung* gibt die Sicherheit: daß Deutschland in Übereinstimmung mit dem Willen der Nation und ihrer gewählten Vertreter dauernd in einer Art *politisch geleitet* werden wird, welche die feste und weitsichtige Wahrnehmung unserer nationalen Interessen mit einer Vermeidung solcher Ungeschicklichkeiten und Mißgriffe verbindet, wie sie die Zustände *vor* dem Kriege zum Schaden auch der besten und loyalsten Absichten der deutschen Politik leider mehrfach zur Folge gehabt haben. Sie wird aber zugleich die Gewähr dafür geben, daß bei Ordnung der wichtigen Frage: wie unter unbedingter Sicherung aller *Rechte der Staatsgläubiger* die dauernde *Steuerlast* in erträglichen Grenzen gehalten werden kann, vor allem diejenigen Schichten in gebührendem Maße, aber auch in geeigneter Form, herangezogen werden, deren *Vermögensbesitz* das kämpfende Heer mit seinem Blut verteidigt hat. Die vorauszusehenden gewaltigen Besitzabgaben und der Umstand: daß für deren Zahlung zweifellos die Kriegsanleihe *und nur sie allein* zum vollen Nennwert *wie bares Geld* in Zahlung genommen wird, bieten schon allein für sich (ganz abgesehen von der bestimmt vorauszusehenden, durch die Erwartung der Wertsteigerung der deutschen Währung bedingte künftige Kauflust des Auslands) allen Anleihezeichnern die *volle Sicherheit,* daß nach dem Krieg ein mächtiger *Vorzugsbegehr* nach diesem Wertpapier im Verhältnis zu anderen eintreten wird, welcher ihren berechtigten Erwartungen voll gerecht wird und es schon im eigensten Interesse eines jeden, der dazu imstande ist, *dringend* empfiehlt, alle seine verfügbaren Mittel und Ersparnisse durch Zeichnung gerade darin anzulegen.

MWG I/15 316-317 GPS[3] 226-227

Abgesehen davon aber und in erster Linie ist diese Kriegsanleihe natürlich eine Angelegenheit unserer nationalen Existenz und: *des Friedens.* Jene *ehrliche Probe,* welche die *Friedensresolution* des Reichstags, in Übereinstimmung mit dem Willen der Nation, gemacht hat, ergab, bisher wenigstens, den *Fortbestand der Kriegslust* bei den feindlichen Machthabern. Eine *durch den Reichstag gestützte* deutsche Regierung wird im Innern stark genug sein, um jederzeit im Einvernehmen mit unseren Bundesgenossen einen rein sachlichen Frieden zu schließen. Dagegen stehen an der Spitze einiger der gegnerischen Mächte, – wie schon die Tonart ihrer amtlichen Äußerungen, im Gegensatz zu den deutschen, beweist, – *rohe Schurken und Abenteurer,* welche nicht anders als in der Form von würdelosen und dabei ausgeklügelten Schmähungen von uns zu reden vermögen, uns geflissentlich Zumutungen stellen, welche *kein Volk von Ehrgefühl auch nur zu erörtern* vermag, dabei vom Krieg in den Ausdrücken eines Zirkusboxers sprechen, und, vor allem, die Friedenssehnsucht ihrer eigenen und der ihnen verbündeten und von ihnen vergewaltigten Völker gewaltsam unterdrücken. Alles dies *ausschließlich deshalb,* weil sie – angesichts der von ihnen (im Gegensatz zur deutschen Regierung) versprochenen, aber für immer unerfüllbaren Kriegsergebnisse – den Tag der Abrechnung nach dem Frieden *für ihre eigene Person fürchten* müssen und daher hinausschieben möchten in dem Wahn: der Selbstbehauptungswille des deutschen Volkes könne doch noch zusammenbrechen. Solange ihnen die Aufrechterhaltung dieses Wahns gelingt, *kommt kein Frieden.* Allein das deutsche Volk weiß, welches Schicksal ihm bereitet werden soll. Die feindlichen Heere setzen sich *zunehmend aus Barbaren* zusammen. An der Westgrenze steht heute ein Auswurf afrikanischer und asiatischer Wilder und alles Räuber- und Lumpengesindel der Erde *mit* unter den Waffen, bereit zur Verwüstung deutschen Landes im ersten Augenblick des Nachlassens der ausreichenden Versorgung unseres Heeres mit Kriegsmitteln. Die viehischen Greuel, welche die russischen disziplinlosen Horden bei ihrem zeitweiligen Vordringen in einem zum Teil von *Stammesgenossen* bewohnten Gebiet verübten, erinnern an die mittelalterliche Mongolenzeit. Ein Teil der führenden Schichten der gegnerischen Länder vollends scheint *vor Haß irrsinnig* geworden zu sein. Ein den gebildeten Großgrundbesitzern zugehöriger früherer Kriegsminister der russischen Revolutionsregierung hat öffentlich die Anwendung der Knute gegen wehrlose Gefangene empfohlen. In Frankreich beteiligen sich Teile der studierenden Schichten an der anderwärts nur bei Prostituierten denkbaren Gepflogenheit des Anspuckens wehrloser Gegner. Es wird also niemand zweifeln, was dem deutschen Volk bei jedem Nachlassen der Kriegsbereitschaft bevorstände, umsomehr als ja die Pläne systematischer Ausraubung und dauernder Arbeitsversklavung Deutschlands, für den Fall des Sieges, bei den Gegnern unwidersprochen öffentlich erörtert wurden.

Die Nation darf andererseits *zuversichtlich erwarten,* daß der deutsche Reichstag, gegenüber der gewissenlosen Agitation einer Hand voll politischer Narren, welche ihren völligen Mangel an Augenmaß – *unbelehrt durch den von jedem Urteilsfähigen sicher vorauszusehenden Fehlschlag ihrer leichtfertigen öffentlichen Versprechungen über den Zeitpunkt der kriegsbeendigenden Wirkung des Tauchbootkriegs* – auch jetzt wieder durch frivole Angriffe auf den Reichstag an den Tag legen, *unerschütterlich festbleiben* wird. Sie darf also erwarten, daß die ehrliche Probe: ob der Krieg in diesem Jahr durch sachliche Verständigung beendigt werden kann, auch weiterhin *ohne Zweideutigkeit* offen gehalten bleibt. Sie darf andererseits aber auch sicher sein, daß, wenn eine solche *ehrliche Probe* durch Schuld der Gegner *nicht* zum Frieden führt, alle Parteien in Einigkeit die Konsequenzen daraus ziehen werden. Und sie darf schließlich auch mit Sicherheit gewärtigen, daß die für die Gewährleistung einer rein sachlichen Politik, einschließlich insbesondere einer für die schwer belasteten Schichten der Nation sachlich richtigen Finanz- und Übergangswirtschaft, erforderliche *Neuordnung,* – eine Neuordnung, welche vor allem die geordnete Mitbestimmung über die Schicksale des Vaterlandes *nicht* in die Hände einer kleinen Zahl daheimgebliebener Kriegsgewinnmacher und ihrer zum Teil von aller politischen Urteilsfähigkeit entblößten, zum Teil durch Kriegsgewinngelder geworbenen Gefolgschaft, *sondern in die Hände der Masse der aus dem Feld heimkehrenden Krieger* legen wird, – jetzt, ohne Verzug, in die Wege geleitet und *rücksichtslos,* mit allen Mitteln, gegen etwaige Widerstände, durchgeführt wird. Die dafür erforderliche Mehrheit steht dem Reichstag zur Verfügung und wird sich durch jene Interessenten *nicht einschüchtern* lassen.

Angesichts alles dessen darf das draußen kämpfende Heer sicher sein, daß die Daheimgebliebenen auch bei der Zeichnung der siebenten – *hoffentlich letzten,* jedenfalls aber für den Existenzkampf der Nation unentbehrlichen – Kriegsanleihe ihrer Mitverantwortung für das Schicksal Deutschlands voll gerecht werden.

# Vaterland und Vaterlandspartei

Die neue sog. „Vaterlandspartei" begründet ihre Existenz damit: die heutige Zusammensetzung des Reichstags und infolgedessen auch dessen Beschlüsse in der Friedensfrage entsprächen nicht „der Volksstimmung". Nun gäbe es ja ein einfaches Mittel, die Wahrheit dieser Behauptung zu kontrollieren: die *Volksabstimmung*. Durch sie könnte insbesondere auch das kämpfende Heer, welches ja schließlich für all dies bramarbasierende Schwadronieren mit seinem Blut einzustehen hat, zur Meinungsäußerung veranlaßt werden. Rein politisch empfiehlt sich die Technik der Volksabstimmung in vieler Hinsicht gewiß wenig. Aber wenn diese Agitation so fort geht, könnte ja schließlich die Probe gemacht werden.

Die politischen Motive der Reichstagsentschließung lagen auf dem Gebiet der internationalen Beziehungen, insbesondere derjenigen zu unseren Bundesgenossen. Was unsere Kriegsredner immer wieder vergessen, ist: *wir führen einen Bundeskrieg* und müssen, wie der Admiral im Geschwaderverband, unsere Ziele nach der Offensivkraft und dem Offensivwillen der in dieser Hinsicht „schwächsten Schiffe" richten. Von den verbündeten Mächten kämpft Bulgarien gemäß den Bündniszusagen für die Herstellung derjenigen, auch dem Nationalitätsverhältnis entsprechenden Machtverteilung auf dem Balkan, die schon der Friede von San Stefano festgelegt hatte, mit jenen Kompensationen im Nordosten und Nordwesten, welche durch die zuletzt im Übereinkommen mit der Türkei von 1915 festgelegte, andersartige Grenze im Süden bedingt sind. Österreich-Ungarn und die Türkei kämpfen ausschließlich um die Sicherung der Integrität ihres Gebiets, und Österreich-Ungarn hatte sich sogar, auf deutschen Wunsch, seinerzeit zu gewissen Konzessionen an Italien bereit erklärt. Für Deutschlands Sicherheit und Unversehrtheit werden alle Verbündeten ebenso solidarisch und unbegrenzt kämpfen, wie wir für ihre Ziele. Es ist aber ebensowenig daran zu denken, daß Österreich und die Türkei unbegrenzt für ein deutsches Belgien kämpfen werden, wie wir etwa für ein österreichisches Venedig oder für ein türkisches Persien. An diese nüchterne Tatsache sind unsere politischen Phantasten auch öffentlich erinnert worden. Aber obwohl sie schlechthin ausschlaggebend für unsere Friedenspolitik ist, haben jene Herren noch immer nichts gelernt. Die Friedensentschließung des Reichstags gab gegenüber dem fortwährenden rein demagogisch und innerpolitisch bedingten Gerede der Rechtsparteien unseren Verbündeten die Sicherheit: daß ihnen nichts anderes als die Erfüllung jener Bündnispflicht zugemutet werde, daß also die gemeinsame Absicht: keinen Eroberungskrieg zu führen, von uns genau ebenso ehrlich wie von Österreich-Ungarn gemeint sei und innegehalten werde. Daß für

Deutschland die Herrschaft über Belgien bei schwersten politischen Nachteilen ausschließlich militärische Bedeutung hätte, daß sie deshalb aufgegeben werden sollte, falls ein Friede zustande käme, welcher die Gewähr der Dauer in sich trüge, – dies stand bei Politikern von Augenmaß längst vor der Friedenskundgebung des Reichstags fest. Die Frage ist, ob ein solcher Friede möglich ist. Und eben darauf wünscht diese Kundgebung eine ehrliche Probe zu machen.

Es ist ein politisch bedenkliches Unterfangen, wenn Militärs a.D., und seien sie als solche noch so bedeutend, Dörchläuchtings und dergleichen unverantwortliche Amateurpolitiker sich herausnehmen, an dem festen Vertrauensverhältnis innerhalb des Bündnisses, um dessen gewissenhafte Pflege sich, wie bei aller sonstigen Gegnerschaft anerkannt werden muß, auch der bayerische Ministerpräsident Graf *Hertling* nicht unerhebliche Verdienste erworben hat, leichtfertig zu rütteln. Zumal der Zweck auch hier wieder kein nationaler, sondern rein innerpolitische Demagogie ist. Schon die Vorgänge bei der Friedensentschließung selbst zeigten das. Wirklich gegen ihren sachlichen Inhalt stimmten nur etwa achtzig Reichstagsmitglieder. Nicht nur Linke und Zentrum, sondern bekanntlich auch ein Teil der Deutschen Partei hat in aller Form für sie gestimmt. Die Nationalliberalen aber mußten, da ein Teil ihrer angesehensten Mitglieder das gleiche tun wollte, zunächst die Abstimmung freigeben (als Partei der „Individualitäten", wie sie das für ihre Mitglieder motivierten). Erst später einigten sie sich auf eine eigene Entschließung, deren Unterschied von jener der Mehrheit man allenfalls mit dem Mikroskop entdecken kann. Auch dies wurde mit Opportunitätsgründen (Möglichkeit der „Mißdeutung") motiviert und den Mehrheitsparteien gegenüber eine Loyalitätserklärung abgegeben. Dennoch hat ein Teil der norddeutschen nationalliberalen Presse leider in schwer illoyaler Art sich an der Hetze gegen den Reichstag beteiligt.

Das immer weitere Reden über den Frieden bei uns ist nachgerade gewiß durchaus unerwünscht und schädlich. Allein die Schuld liegt ausschließlich an der Hetze der Gegner der Friedensentschließung. Es ist wahrlich eine schwere Verantwortung, durch derartige Hetzereien in der Öffentlichkeit das Vertrauen sowohl der Bundesgenossen wie des deutschen Volkes in die Aufrichtigkeit des deutschen Friedenswillens zu erschüttern und überdies die Ehrlichkeit der Probe zu gefährden und dadurch deren günstige Wirkung, wenn sie fehlschlägt, auf die Kriegsentschlossenheit des deutschen Volkes in Frage zu stellen. Vollends unglaublich ist freilich die dreiste Behauptung: die Friedensentschließung habe „die Stimmung im Lande verdorben". Soweit dies zeitweilig überhaupt zutraf, war bekanntlich etwas ganz anderes daran schuld: die Enttäuschung der ununterrichteten Massen über das Ausbleiben der in frevelhafter Art, wieder und wieder mit der größten Bestimmtheit und unter Berufung auf angebliche Informationen eines Admirals von den Politikern der Rechten, von Herrn von Heydebrand noch im Sommer 1917, öffentlich in sichere Aussicht gestellten Kapitulation Englands in diesem Herbst. Da die Admiralität etwas Ähnliches nie behauptet hat, ist es jetzt an der Zeit, öffentlich und auch im Reichstag zu fragen: *wer war jener angebliche Admiral?* Heraus mit ihm! Er melde sich öffentlich – wenn er nämlich existiert! Wir wünschen keine politisierenden Militärs und keine Neuauflage der gleichen leichtfertigen Demagogie unter neuer

Maske. Will es die Verblendung der Gegner, dann muß natürlich der Krieg auch um den Preis noch so schwerer Lasten noch bis zu jenem keineswegs nahen Zeitpunkt fortgeführt werden, zu welchem nach unserer jetzigen, auf Erfahrung gestützten Kenntnis der Tauchbootkrieg die Offensivkraft und schließlich auch die Defensivkraft des Feindes militärisch entscheidend geschwächt haben wird. Aber nicht nur den Verbündeten, sondern auch dem eigenen Heer draußen schuldete der Reichstag die Sicherheit: daß der Krieg nicht einen Tag länger geführt wird, als es für Deutschlands Ehre und Zukunft unerläßlich ist.

Dies Vertrauen bringt den Herren von der „Vaterlandspartei" kein Urteilsfähiger entgegen. Um es unmöglich zu machen, dazu genügt schon das einzige Ziel, das ihnen wirklich innerlich offensichtlich am Herzen liegt: der Widerstand gegen die unabweisliche *innere Neuordnung,* deren alsbaldige Durchführung allein den heimkehrenden Kriegern die Gewähr geben kann: daß bei den sofort nach dem Krieg erfolgenden Wahlen nicht die Kriegsgewinnmacher allein die Herrschaft in Händen haben und die Krieger im führenden Staate Deutschlands unvertreten bleiben. Nie wieder würde die Nation so, wie 1914, gegen den Feind zu führen sein, wenn feierlich gegebene Versprechungen nicht voll und loyal erfüllt würden. Nie wieder ist Weltpolitik in Zukunft überhaupt möglich, wenn das frühere Regime, unter dessen diplomatischen Niederlagen wir in den Krieg eintraten und welches uns während des Krieges noch immer neue diplomatische Niederlagen eingetragen hat, wiederkehrt. *Da* liegt das Interesse des Vaterlandes. Niemals freilich wird im Falle der Neuordnung das Schicksal des Reiches in der Hand jener Demagogen liegen, deren unverantwortlich lärmendes Gebaren an seinem Teil dazu beigetragen hat, fast die ganze Welt gegen uns in einer widernatürlichen Koalition zusammenzuschmieden. *Da* liegt das Interesse derjenigen, welche den Namen des Vaterlandes zu einer demagogischen Parteifirma herabwürdigen, *gegen* die Neuordnung. Die Nation aber wird zwischen Vaterland und „Vaterlands*partei*" zu wählen wissen.

# Bayern und die Parlamentarisierung im Reich

## I.

Während der Julikrise trat das Problem der *Parlamentarisierung* zum erstenmal in ein aktuelles Stadium. Im Zusammenhang damit aber fanden sich in einem Teil der bayerischen Presse heftige Auseinandersetzungen über den dadurch drohenden „Zentralismus", welcher die föderalistischen Grundlagen des Reiches gefährde und den Geist „beschworener Verträge" (?) verletze. Im Anschluß an die Sprache einiger dieser Blätter malten dann konservative norddeutsche Literaten das Gespenst einer „Abkehr Bayerns vom Reich" an die Wand. Nüchterne Betrachtung der Lage ergibt, daß derartige Wendungen nur geeignet sind, die *wirklichen* Gegner des Föderalismus zu stärken. Ganz abgesehen nämlich von der Frage, wie denn eine solche „Abkehr" praktisch durchgeführt werden sollte, wissen die wirklich zentralistisch gesinnten Interessenten im Reich nur zu genau, daß sie gegebenenfalls nur kaltblütig zu warten brauchten, um im Falle des ernstlichen Versuchs sofort, aus wirtschaftlichen Gründen, ein so überwältigendes Anwachsen der zentralistischen Stimmung *in Bayern* selbst erstehen zu sehen, daß sie das Spiel in der Hand hätten. Sich vom Zollverband abzukehren, wäre für Bayern (von der Lage der Pfalz ganz abgesehen) die aussichtsloseste aller Unternehmungen. Solche Wendungen stärken Bayerns Stellung im Reiche gewiß nicht. Diese ist formal gesichert zunächst durch die, nur mit seiner freiwilligen Zustimmung abänderbaren, weittragenden Singular- und Reservatrechte. Ferner durch die Möglichkeit, jede Änderung der geschriebenen Verfassung zu Fall zu bringen, falls im Bundesrat noch acht Stimmen dagegen zu gewinnen sind, wie dies bei wichtigen Fragen stets der Fall sein würde. Dies alles gewährleistet Bayern ein starkes Maß von Freiheit *vom* Reich. Nicht dagegen, was für Bayern mit Recht (und übrigens vielfach auch außerhalb seiner Grenzen) gewünscht wird, von positiver Macht *im* Reich. Wie kann diese gesichert werden?

Eine gänzliche oder teilweise Angliederung des *Elsasses* an Bayern wurde öffentlich angeregt. Diese hier nicht weiter zu besprechende Angelegenheit will rein *sachlich* erwogen sein. Es muß aber mit der Tatsache gerechnet werden, daß die weit überwiegende Stimmung der deutschen öffentlichen Meinung nun einmal dahin geht: daß ähnliches nur *bei Verzicht auf die Reservatrechte* diskutabel sei, daß ferner im Elsaß selbst die Stimmung für einen Anschluß an Preußen, falls dort das gleiche Wahlrecht das entscheidende Hindernis hinwegräumt, weit stärker, am stärksten aber der Wunsch nach bundesstaatlicher Selbständigkeit ist.

Wie immer solche Sonderprobleme aber gelöst werden mögen, – ein Unglück wäre es jedenfalls, wenn die berechtigten Ansprüche Bayerns auf Einfluß im Reich sich der Forderung der *Parlamentarisierung* in den Weg stellen würden. Denn die letzte Krisis hat jedermann zeigen müssen: daß es *so nicht weitergeht.* Nicht Persönlichkeiten, sondern das System der Führung der Reichspolitik muß gewechselt werden, und es kann niemand übersehen, daß zu den unumgänglichen Voraussetzungen jedenfalls ein starkes Maß von „Parlamentarisierung" gehört. Angesichts dessen erscheint es nützlich, ganz nüchtern festzustellen: wie sich denn tatsächlich das Interesse Bayerns dazu stellt.

Zunächst: die formale Rechtslage. Einer Durchführung des Prinzips: daß der Reichskanzler und die Staatssekretäre des parlamentarischen Vertrauens bedürfen, wäre Bayern verfassungsmäßig überhaupt *nicht* in der Lage, sich zu widersetzen. Alle Reichsbeamten ernennt und entläßt der Kaiser allein (Art. 18 R.V.), ihm allein versprechen sie Gehorsam, dem Bundesrat haben sie nicht einmal die Pflicht, Rede zu stehen, außer soweit ihm ein Aufsichtsrecht über Verwaltungsmaßnahmen ausdrücklich zugesprochen ist. Falls der Kaiser fortan die leitenden Staatsmänner *prinzipiell* nur gemäß den Vorschlägen der Parlamentsführer ernennt, wäre jeder Einspruch dagegen verfassungswidrig. Ein kollegiales Reichsministerium kennt die Reichsverfassung freilich nicht. Indessen auch in Preußen, wo es besteht, ist der Ministerpräsident „collega major" der anderen Minister, deren Vorträge beim Monarchen er kontrolliert. Und überall in parlamentarischen Staaten steigert sich diese überragende Stellung des Ministerpräsidenten im Interesse der Einheitlichkeit der Regierung. Die Reichsverfassung schließt ferner das parlamentarische System im engeren Sinne, d.h. die Leitung der Reichsgeschäfte durch den Führer der ausschlaggebenden Reichstagsparteien, insofern aus, als der Art. 9 der Reichsverfassung den Bundesstaaten *verbietet,* Mitglieder des Reichstags zu Bundesratsbevollmächtigten zu ernennen, und also der Reichskanzler, der nach Art. 15 notwendig dem Bundesrat angehört, zwar dem preußischen Landtag, nicht aber dem Deutschen Reichstag angehören kann. *Nicht* ausgeschlossen ist dagegen, daß die *Staatssekretäre* der Reichstagsmehrheit entnommen werden. Denn es ist zwar jetzt üblich, aber verfassungsmäßig keineswegs nötig, daß auch sie dem Bundesrat angehören.

Schon heute also wäre durchaus möglich, daß der Reichskanzler nur nach *Vorschlag* der Reichstagsmehrheit ernannt würde, daß ferner alle Staatssekretäre grundsätzlich der Reichstagsmehrheit *entnommen* würden und ihr weiter angehörten, und daß alsdann der Reichskanzler die Reichsangelegenheiten als Vorsitzender eines aus diesen parlamentarisierten Staatssekretären gebildeten Kollegiums mit ihnen *maßgeblich* beriete. Sie, *nicht* er, würden dabei den Einfluß auf die Reichstagsparteien, denen sie angehörten, haben, und also durch deren Macht gestützt werden, politisch also seine Kollegen sein, möge auch der Wortlaut des Stellvertretungsgesetzes sie nur als seine „Stellvertreter" anerkennen. Würde sich eine ähnliche Gepflogenheit entwickeln, so wäre der Bundesrat trotz oder vielmehr *infolge* des erwähnten Verbots des Art. 9 Satz 2 der Reichsverfassung weitgehend ausgeschaltet. Natürlich *mit Ausnahme* der Präsidialmacht: *Preußen.* Denn die Machtstellung des im Reichstag wurzellosen Reichskanzlers gegenüber den im Reichstag wurzelnden Staatssekretären würde nun ganz und gar auf seiner *preußischen* Stellung beruhen. Der Reichskanzler ist gemäß Art. 11 der Reichsverfassung notwendig Träger der preußischen Stimmen im Bundesrat, welche durch das preußische Ministerium instruiert werden und tatsächlich, wenn außer den vom Statthalter des Kaisers instruierten drei elsässischen Stimmen noch die der von Preußen gänzlich abhängigen norddeutschen Zwergstaaten auf ihre Seite treten, die feste Mehrheit im Bundesrat, auch gegen alle größeren Bundesstaaten zusammen, besitzen.

Ein *nicht* im Reichstag wurzelnder Reichskanzler muß, wenn er nicht völlig machtlos sein will, unbedingt Leiter des preußischen Ministeriums sein, wie er dies bisher schon in aller Regel gewesen ist. Für die Instruktion der in politischen Fragen stets ausschlaggebenden preußischen Stimmen ist aber das preußische Ministerium dem *preußischen Landtag* verantwortlich. Die Stimmen Preußens werden nun *heute* von der Reichsregierung dadurch zu beeinflussen gesucht, daß der Kaiser und König die Staatssekretäre tunlichst zu preußischen Ministern ernennt und dadurch in das preußische Staatsministerium einschiebt. Dagegen ist zwar verfassungsmäßig nichts zu sagen, und das preußische Dreiklassenparlament mußte, in seiner prekären Lage, den Zustand wohl oder übel dulden. Keineswegs sicher ist aber, daß ein auf gleichem Wahlrecht ruhendes preußisches Parlament, das eine *effektive* Verantwortung der eigenen Regierung erzwingen könnte, ihn sich dauernd gefallen lassen würde. Der Reichskanzler würde dann, solange der Art. 9 der Reichsverfassung besteht, mit steigender Macht des preußischen Parlaments immer ausschließlicher *preußischer* Interessenvertreter werden.

Widersetzt sich also Bayern noch so sehr jeder formellen parlamentarischen Neuordnung, so könnte es doch auf keine Art hindern, daß der Reichskanzler als *preußischer* Vertrauensmann dem *Bundesrat* präsidiert, die Staatssekretäre aber entweder dem preußischen Landtag oder dem Reichstag oder beiden angehören, in den letzteren beiden Fällen aber *außerhalb* des Bundesrats bleiben. Ohne jede Änderung der Reichsverfassung würde so den größeren Bundesstaaten, insbesondere Bayern, *jeder aktive Einfluß auf die Reichspolitik genommen* und diese zu einer Angelegenheit der Verständigung zwischen den Staatssekretären als Vertrauensmännern des Reichstags und den preußischen Ministern, einschließlich des Reichskanzlers, als Vertrauensmännern des preußischen Landtags. Der überragende Einfluß würde dabei ganz und gar dem *preußischen Landtag* zufallen, der Bundesrat aber zwischen diesem Landtag und dem Reichstag als eine reine Abstimmungsmaschinerie mit völlig beherrschendem Einfluß Preußens mitten hindurchfallen. *Großpreußischer Zentralismus* im Reiche würde also die Folge davon sein, wenn Bayern der Tendenz zur Parlamentarisierung, die nun einmal sich früher oder später Bahn schaffen wird, einfach ablehnend oder tatenlos gegenübersteht.

## *II.*

Die Bismarcksche Politik beruhte wie nach außen so im Verhältnis zu den Bundesstaaten auf Verhandlung und Kompromiß mit den Ministerien und Höfen. Nur als *ultima ratio* hielt er die Abstimmung im Bundesrat im Hintergrund. Wenn er mit großer Emphase den Reichstag vor der Unterschätzung des Bundesrats warnte und betonte, daß der Freiherr von Friesen nicht als Person, sondern als Resultante „aller politischen Kräfte Sachsens" dort sitze, so konnte mit diesen „Kräften" damals nur die sächsische Bürokratie und der Hof gemeint sein, nicht aber das sächsische Parlament. Die einzelstaatliche Bürokratie ihrerseits betrachtete das Reich als eine Art Versicherungsanstalt nicht nur für die Dynastien, sondern auch für die eigene Machtstellung, froh, daß das Dreiklassenparlament in Preußen und das preußische Beamtentum sie in ihrem kleinen Umkreis frei schalten ließ unter der stillschweigenden Bedingung, daß sie sich des Einflusses auf den Gang der Dinge in Berlin enthielten. Insbesondere die bayerische Regierung fuhr dabei leidlich. Denn das Übliche war, daß für die in den Reichsämtern ausgearbeiteten Präsidialvorlagen zunächst die preußischen Stimmen gewonnen und dann Bayern ins Vertrauen gezogen, die anderen Regierungen aber meist vor die vollendete Tatsache gestellt wurden.

Ganz unabhängig von Parteistellungen muß man sich nun klarmachen, daß dieser idyllische Zustand zu Ende geht und daß selbst eine Periode der Reaktion, wenn es zum Unheil Deutschlands den Interessenten gelingen sollte, sie jetzt zu organisieren, den späteren Rückschlag nur verschärfen würde. Nur auf parlamentarische Macht gestützt, werden die Einzelregierungen künftig sich im Reich zur Geltung bringen können. Wie in der äußeren Politik die dynastischen Zusammenkünfte und Korrespondenzen bedeutungslos wurden (in die Schären brachte der Zar nicht einmal seinen Außenminister mit, und dieser ging lächelnd über die Zusammenkunft zur Tagesordnung über), so werden in der inneren Reichspolitik die einzelstaatlichen Parlamente stärker mitsprechen, und es ist nicht wahrscheinlich, daß eine nachdrückliche Stellungnahme Bayerns, hinter welcher sein Parlament steht, leichter unbeachtet bleibt als früher eine solche seiner Regierung.

Indessen in die innerpolitischen bayerischen Konsequenzen wird ein Auswärtiger nicht hineinreden wollen. Hier ist zu betonen, daß infolge der steigenden Bedeutung der großen Parlamente (vor allem des demokratisierten preußischen Landtags) die Regierungen der Einzelstaaten voraussichtlich nur die Wahl haben werden, entweder den großpreußischen Charakter des Reichs sich verstärken zu sehen, also „Vasallen" zu werden, oder den Strom des parlamentarischen Lebens in den Kanal des Reiches leiten zu helfen und im Reich mit den Mitteln der neuen Verhältnisse Einfluß zu erstreben. Die Abgeordneten aus den Mittelstaaten im Reichstag werden angesichts der schroffen Gegensätze in der preußischen Reichstagsvertretung notwendig einen stark ins Gewicht fallenden Faktor bilden.

Was aber den Bundesrat anlangt, so widerspricht es den bayerischen ebenso wie den Interessen der anderen Bundesstaaten, durch Aufrechterhaltung des

Art. 9 Satz 2 der Reichsverfassung einerseits die künftigen parlamentarischen Staatssekretäre, wenn sie ihr Mandat beibehalten wollen, aus dem Bundesrat hinauszudrängen, andererseits die Stellung des Reichskanzlers, infolge seiner Wurzellosigkeit im Reichstag, zu einer zunehmend rein preußischen werden zu lassen. Es muß vielmehr den Bundesstaaten gestattet werden, nach Ermessen auch Reichstagsabgeordnete zu Bundesratsbevollmächtigten zu ernennen, und es muß möglich sein, gegebenenfalls dem Reichskanzler und dem Staatssekretär neben ihrer jetzigen Stellung als preußischen Stimmenträgern im Bundesrat auch Einfluß innerhalb der Reichstagsparteien zu erhalten.

Wie der jetzige Zustand wirkt, zeigten die letzten Monate. Der in die Reichsregierung hineingenommene Abgeordnete Spahn schied aus dem Reichstag aus, verlor damit aber jeden Einfluß auf seine Partei, und die Regierung hatte nichts gewonnen. Der neue Reichskanzler wurde ohne alle Fühlungnahme mit den großen Parteien ernannt, und die Folge war, daß er deren Vertrauen nicht genoß und sich daher die Kuratel des Siebenerausschusses gefallen lassen mußte. Man sollte sich wirklich durch die Redensart von der „Parlamentarisierung" des Bundesrats nicht schrecken und nicht einreden lassen, daß es Bayerns Einfluß abträglich gewesen wäre, wenn in der Zeit der liberalen Mehrheit etwa der Abg[eordnete] Völk und später der Abg[eordnete] Frhr. v. Hertling oder der Abg[eordnete] Frhr. v. Franckenstein bayerischer Bundesratsbevollmächtigter gewesen wäre und zugleich Einfluß in der betreffenden Partei behalten hätte. Jedenfalls ist die „Parlamentarisierung" des Bundesrats in diesem Sinne nichts, was gerade die außerpreußischen Bundesstaaten zu scheuen hätten. Im Gegenteil. Die Sonderstellung und Eigenart Bayerns bliebe dabei gegen alle zentralistischen Vergewaltigungen mindestens so gut wie bisher gesichert.

Aber ebenso wichtig wäre die Steigerung der *positiven* Anteilnahme Bayerns und anderer Mittelstaaten am Reich. Diese Anteilnahme beruhte bisher auf bloßer Höflichkeit. So wichtig diese ist, so wird sie doch in Zukunft nicht ausreichen, um einen legitimen Einfluß der größeren Bundesstaaten an der *Vorerwägung,* welche ja oft über die Richtung politischer Schritte bereits entscheidet, zu sichern. Gerade *dieser* Einfluß sollte auf eine gesicherte *rechtliche* Unterlage gestellt werden. Während der Beratung des Verfassungsausschusses ist bei der Erörterung der Stellung des Reichskanzlers auch die Einführung seiner Verantwortlichkeit gegenüber dem Bundesrat kurz besprochen worden. Was könnte sie praktisch bedeuten? Heute bedeutet auch die parlamentarische Verantwortlichkeit bei uns im Grunde nichts anderes als die Pflicht, Rede zu stehen. Diese Art von Verantwortlichkeit könnte nun auch gegenüber dem Bundesrat oder besser gegenüber besonders dazu verordneten Ausschüssen desselben mit Nutzen geschaffen werden. Für die äußere Politik gegenüber dem bisher rein dekorativen Bundesratsausschuß für auswärtige Angelegenheiten, dem Bayern präsidiert. Für andere Angelegenheiten gegenüber ähnlichen neu zu bildenden Ausschüssen. Das Entscheidende wäre dabei, daß die größeren Bundesstaaten nun durchzusetzen in der Lage wären, daß sie wenigstens bei wichtigen Aktionen (in der auswärtigen Politik vor allen öffentlichen Schritten) bereits im *Vorberatungsstadium* zugezogen werden, damit ihre Regierungen und Parlamentsführer schon dann Stellung zu nehmen in der Lage sind. Dafür ist entscheidend wichtig, daß diese Ausschüsse mit den betreffenden Ressortchefs und den maßgebenden Parlamentsführern in Berührung stehen, und das ist der Fall, wenn diese andererseits zu beanspruchen das Recht erhalten, als Bundesratsbevollmächtigte der gleichen Körperschaft anzugehören. Man unterschätze solche „nur beratende" Gremien nicht. Es ist irrig, daß jeder tatsächliche Einfluß auf die Politik sich in formellen Stimmrechten ausdrücke. Politische Entschlüsse werden stets von wenigen gefaßt, die dann für sie die anderen zu gewinnen suchen. Es ist nun nicht zu verkennen, daß im Reich die „Präsidialstimme", welche in allen militärischen, zoll- und handelspolitischen und den wichtigsten Finanzfragen ein Veto hat, aus diesem Grunde und infolge der Vorbereitung der Vorlagen in den Reichsämtern an Gewicht stark über das bei Schaffung der Verfassung vorgesehene Maß gewachsen ist.

Die Frage ist, ob in Zukunft diese Stimme eine zunehmend rein preußische Stimme sein wird, die *Entwicklung zum „Großpreußentum"* also zunimmt. Das aber wird geschehen, wenn die Beseitigung des Art. 9 Satz 2 von den Bundesstaaten aus Angst vor „Parlamentarisierung" und „Zentralisierung" hintertrieben wird. Im eigenen Interesse wäre das sicher nicht klug. Parlamentarisierung (im obigen Sinn) verbunden mit der Schaffung vorberatender, aber zur Erzwingung von Rede und Antwort der Zentralbehörden des Reiches berechtigter Ausschüsse ist der gewiesene Weg, bei Festigung des Reichsgedankens zugleich den Einfluß der größeren Bundesstaaten und an ihrer Spitze Bayerns zu stärken.

# „Bismarcks Erbe in der Reichsverfassung"

Es ist angenehm, sich ausnahmsweise mit einem *sachlichen* Gegner auseinanderzusetzen. Die eben erschienene Schrift des jungen Berliner Ordinarius *E[rich] Kaufmann* (mit dem obigen Titel) verdient diese Bezeichnung. Die Gesinnung, die sie trägt, ist sympathisch, der staatsrechtliche und historische Inhalt, auch wo er anfechtbar sein könnte, wertvoll. Gänzlich *versagt* sie erst da, wo der Jurist zum *Politiker* wird. Das ist der Fall vor allem bei der Würdigung der politischen Folgen der vom Verfassungsausschuß beantragten Aufhebung des Art. 9 Satz 2 der Reichsverfassung, welcher bekanntlich den bundesstaatlichen Regierungen *verbietet,* Mitglieder des *Reichstags,* wenn sie ihr Mandat beibehalten, zu *Bundesratsbevollmächtigten* zu ernennen, und es damit ausschließt, daß ein dem Parlament entnommener Reichskanzler (der dem Bundesrat angehören muß) oder Staatssekretär (wenn er, wie durchweg üblich, in den Bundesrat eintritt) Einfluß in seiner Partei behält. Die praktische Bedeutung zeigte sich gerade jetzt. Die Übernahme der auch außerhalb ihrer Parteien angesehenen Abgeordneten Spahn (Zentrum) und Schiffer (nationalliberal) in Regierungsstellen hatte den Verlust ihres Einflusses in ihren Parteien zur Folge. Die Regierung gewann ein paar brauchbare Verwaltungsbeamte, die sie ohnedies besitzt, ohne aber, wie die jüngste Krisis zeigte, politisch irgend etwas an parlamentarischem Rückhalt zu gewinnen. Auf der anderen Seite hatten jene Politiker zwar durch ihre Metamorphose ihren parlamentarischen Einfluß eingebüßt, Einfluß innerhalb der Regierung aber nicht im mindesten gewonnen. In seiner politischen Sinnlosigkeit war der Vorgang ein Musterbeispiel für die verderbliche Wirkung jener Bestimmung. Wenn Bennigsen, den der Verfasser (Seite 75) in befremdlicher Art zitiert, in Bismarcks Regierung eingetreten wäre, so würde er, infolge des Art. 9, die Partei in die Hände des linken Flügels (Lasker – Forckenbeck) haben fallen lassen, und er hat in persönlicher Rücksprache Bismarck auch erklärt, daß er dessen Politik als Parteiführer wirksamer dienen könne als in einer Verwaltungsstelle. Der Sinn der Beseitigung jener Schranke liegt eben keineswegs nur in einer Stärkung der Parlamentsmacht, sondern ganz ebenso auch umgekehrt in der Stärkung des *legitimen* Einflusses der politischen Führung auf das Parlament. Heute beeinflußt die Bürokratie das Parlament durch ein Trinkgeldersystem von kleinen Konzessionen und verhüllter Ämterpatronage. Höchst charakteristischerweise möchte nun der Verfasser *diesen* Zustand noch in seinen Konsequenzen steigern. Er findet es „angenehm" und „ersprießlich" für die Regierung, wenn im Parlament Leute mit „solchem Ehrgeiz" (nach „Regierungsstellen" nämlich!) sitzen (S. 77). Also schreite man auf dem durch die Übernahme von Spahn und Schiffer betretenen Wege fort und eröffne den Parlamentariern die Chance, anders als auf dem Wege „der normalen Beamtenlaufbahn“ Ämter zu erlangen. In *unserer* Sprache: man mache das Parlament zu einer Stätte für das Getriebe von Strebern und Stellenjägern, ohne ihm aber politischen Einfluß einzuräumen, und also ohne für *Führer*naturen, – die ja nicht Pfründe, Rang, Gehalt, sondern etwas ganz anderes: Macht und *politische Verantwortung* erstreben, – in ihm Raum zu schaffen. Resultat: Neben den kleinen die großen Trinkgelder als Prämie für eine der Bürokratie genehme Parlamentstätigkeit!

Wenden wir dem abstoßenden Bild den Rücken und fragen nur noch, welche *Bedenken* denn nun eigentlich gegen die Aufhebung jener Bestimmung vorgebracht werden. Mit den „Gewissenskonflikten“ zwischen der „eigenen Überzeugung“ des Abgeordneten und der „Instruktion“ des Bundesratsbevollmächtigten bleibe man uns vom Leibe. Der Abgeordnete Spahn müßte als Mitglied der preußischen Zentrumsfraktion ja die preußische Regierung für die ihm gegebenen Instruktionen „nach eigener Überzeugung“ zur Verantwortung ziehen. Warum erregt dieser tolle Zustand keinen Anstoß? Einfach weil es sich nicht um den *Reichstag* handelt. Der „Konflikt“ erledigt sich sehr einfach: Ein Staatsmann, der Instruktionen erhält, welche seinen politischen Überzeugungen zuwiderlaufen, *hat sein Amt zu verlassen.* Der Rücktritt ist dann ein Gebot der *politischen Ehre,* und nicht: eines „Gewissenskonflikts“.

Aber der Verfasser fährt schwereres Geschütz auf. Zwar die Gefahr, daß Preußen durch einen Block parlamentarischer Bundesratsbevollmächtigter von Kleinstaaten vergewaltigt würde, ist schwerlich ernst gemeint. Mehr als zwei Drittel der Reichstagsabgeordneten stellt Preußen, und die ungeheure Übermacht, welche neben dem Veto der Präsidialstimme und den persönlichen Machtbefugnissen des Kaisers die Militärkonventionen und die oft rücksichtslos ausgenutzte Eisenbahn- und Finanzmacht gegenüber den Kleinstaaten darbieten, ist unerschütterlich. Aber der Verfasser sieht durch parlamentarischen Zentralismus die Mittelstaaten mit „Zerstörung“ bedroht, Bayern zum Suchen nach „Anschluß außerhalb“ verleitet oder gar „aus dem Reich herausgedrängt“. Ob solche Wendungen politisch angebracht sind, möge der Verfasser doch reiflich erwägen. Sie entbehren jedes Ernstes und würden die wirklichen Zentralisten (wenn es solche gibt) wenig schrecken. Aus der *Zollgemeinschaft* heraus führt heute kein gangbarer Weg. Wir wünschen die Teilnahme Bayerns und der anderen großen Mittelstaaten an der Leitung des Reichs *gestärkt* und sehen gerade in der Parlamentarisierung in Verbindung mit der Entwicklung vorberatender Ausschüsse unter obligatorischer Vertretung der Mittelstaaten und mit dem Recht, vom Reichskanzler Rede und Antwort zu verlangen, dazu den Weg. Bleibt aber die mechanische Schranke des Art. 9 Satz 2 bestehen, so kann die Entwicklung dahin gehen, daß zwar der Reichskanzler als zunehmend rein preußischer Interessen-Vertreter im Bundesrat bleibt, die künftigen parlamentarischen Staatssekretäre aber, um sich im Parlament nicht zu entwurzeln, *nicht* in den Bundesrat eintreten, sondern, gestützt auf das Parlament, trotz ihrer formalen Unselbständigkeit auf Kosten des Reichskanzlers und des Bundesrats an selbständigem Einfluß gewinnen, der Bundesrat aber eine zwischen preußischem und Reichsparlament ausgeschaltete Abstimmungsmaschinerie wird. Dies möchten wir verhindern.

Der Verfasser schildert richtig, wie Bismarck seinerzeit seine Leitung der Politik nicht auf Bundesratsabstimmungen, sondern auf Verständigung und Kompromiß mit den Höfen und Ministerien abgestellt hat (der reale Machtanteil der Bundesstaaten war freilich minim!). Aber wie in der Außenpolitik die Beeinflussung der Monarchen und Kabinette als politisches Mittel an Bedeutung zurücktritt, so werden in Zukunft auch in der Innenpolitik die Bundesratsbevollmächtigten an der Stellung der Einzel*parlamente* nicht vorübergehen können und an ihnen den nötigen Rückhalt finden. Die Frage ist nur, ob man nicht klug tut, demgegenüber den Strom der deutschen Parlamentarisierung in die Kanäle des *Reiches* zu leiten. Damit dies möglich sei, muß jenes mechanische Hemmnis des Art. 9 beseitigt werden.

Schließlich noch eins. Ungern liest man auch in dieser Schrift unsachliche Literatenwendungen wie die Warnungen vor dem Aufgeben deutscher „Eigenart“ (d.h. der reinen Bürokratenherrschaft). Wir haben das satt. Noch jedesmal vor unvermeidlichen Neuordnungen waren in den Augen der Interessenten des Bestehenden spezifisch „deutsche“ Kleinodien in Gefahr, vor allem bei den großen Reformen zwischen 1807 und 1813, welche bekanntlich als Nachäffungen der französischen Revolution mit ungefähr so viel Recht verketzert wurden, wie heute die Arbeit an der Schaffung eines deutschen Volksstaats. Und es ist ein peinliches Schauspiel, wenn heutige Professoren Leute wie Bennigsen oder auch wie die Männer der Paulskirche oder die Göttinger Sieben *nicht* als Repräsentanten spezifisch *deutscher* politischer Gesinnung anerkennen wollen, weil ihre Eigenart den heutigen Schulmeistern des „deutschen Geistes“ nicht in ihr trauriges Eintagsschema paßt.

# Wahlrecht und Demokratie in Deutschland

Das weitschichtige Problem der Demokratie wird hier nur mit Rücksicht auf die augenblickliche Problemlage *bei uns* behandelt, der wir uns sofort ohne Umschweife und allgemeine Betrachtungen zuwenden.

Das jetzige Reichstagswahlrecht ist von Bismarck bekanntlich ausschließlich aus Demagogie, und zwar teils aus außenpolitischen Gründen, teils zu innerpolitischen Zwecken: für den Kampf seines Cäsarismus gegen das damals widerspenstige Bürgertum, in seinem berühmten Ultimatum an den Frankfurter Bundestag auf den Schild gehoben und gegen schwere Bedenken der damaligen Liberalen eingeführt worden. Zwar seine Hoffnung auf ein konservatives Verhalten der Massen erfüllte sich nicht. Aber die Spaltung gerade der für die moderne soziale Gliederung charakteristischen Schichten in zwei sich ebenso intim berührende wie, eben deshalb, verfeindete Klassen: Bürgertum und Proletariat, gab später die Möglichkeit – wie Fürst Hohenlohe bemerkt hat – die *Feigheit* (Hohenlohe sagt: „Schüchternheit") des Bürgertums vor der „Demokratie" für die Erhaltung der Herrschaft der Bureaukratie auszunutzen. Diese Feigheit wirkt bis heute nach. Daß man recht wohl ein „Demokrat" sein und dennoch Lassalles Begeisterung für jenes Wahlrecht unter den damaligen Umständen ablehnen konnte, zeigt z.B. Eduard Bernsteins Stellungnahme in der Einleitung zu dessen Schriften. Rein staatspolitisch wäre sehr wohl die Frage aufzuwerfen: ob für die ersten Jahrzehnte der neuen Reichsgründung ein die ökonomisch und sozial prominenten und politisch (damals) geschulten Schichten etwas stärker privilegierendes Wahlrecht – etwa so wie es das bisherige englische tat – den inneren und äußeren Ausbau des Reichs, vor allem: die Eingewöhnung in parlamentarische verantwortliche Mitarbeit, nicht erleichtert hätte. Doktrinäre „Wahlrechts-Orthodoxie" wollen wir hier nicht treiben. Aber das Beispiel Österreichs unter Graf Taaffe zeigt: daß alle nur durch Wahlrechtsprivilegien in der Macht erhaltenen bürgerlichen Parteien heute nicht in der Lage sind, dem Beamtentum die demagogische Waffe der Drohung mit dem gleichen Wahlrecht zu lassen, ohne daß sie bei jeder ernstlichen Gefährdung bureaukratischer Machtinteressen auch von ihm gegen sie gebraucht wird. Ganz ebenso wäre es den deutschen bürgerlichen Parteien Bismarck gegenüber gegangen, wenn sie das gleiche Wahlrecht abgelehnt hätten. Und Ungarns Beispiel lehrt, daß sogar die stärksten Gegeninteressen einer herrschenden staatsklugen Nationalität gegen das gleiche Wahlrecht es nicht dauernd verhindern, daß im Konkurrenzkampf ihrer eigenen Parteien dennoch die Parole eben dieses Wahlrechts ausgespielt, dadurch ideell propagiert und schließlich einmal durchgeführt wird. Immer wieder finden sich – und das ist kein Zufall – politische

Gelegenheiten, bei denen es auf dem Plan erscheint. Gleichviel wie es damit anderwärts liegt, für Deutschland jedenfalls steht seit Bismarck fest, daß ein anderes Wahlrecht nie mehr *am Ende* von Wahlrechtskämpfen stehen kann. Und während andere Fragen des Wahlrechts (z.B. das Proportionalwahlrecht) bei aller politischen Wichtigkeit doch als „technische" empfunden werden, ist die Frage der Gleichheit des Wahlrechts eben auch subjektiv eine so rein politische, daß ihr ein Ende gemacht werden *muß*, wenn man sterile Kämpfe vermeiden will. Schon dies ist staatspolitisch entscheidend. Der 4. August 1914 und die Zeit nachher zeigte aber auch, daß dies Wahlrecht bei entscheidenden politischen Proben sich bewährt, wenn man damit zu regieren versteht und den guten Willen dazu hat. Es würde *dauernd* ganz ebenso gut funktionieren, wenn das gleiche Stimmrecht seinen Gewählten die Verantwortlichkeit der *an der Macht im Staat wirklich mitbestimmend Beteiligten* auferlegte. Überall sind mit-*herrschende* demokratische Parteien Träger des Nationalismus.

Der zunehmende Nationalismus gerade der Massen ist nur natürlich in einem Zeitalter, welches die Teilnahme an den Gütern der nationalen Kultur, deren Träger nun einmal die nationale *Sprache* ist, zunehmend demokratisiert. Schon das wahrlich bescheidene Maß faktischer und prekärer Anteilnahme, welches den Vertretern der radikalen Demokratie im Kriege bei uns eingeräumt wurde, genügte, sie in den Dienst sachlicher *nationaler* Politik treten zu lassen. Sehr im Gegensatz zu der Plutokratie des preußischen Landtags, die im dritten Kriegsjahr wahrhaftig nichts Besseres zu tun wußte, als: ein Gesetz zur *Nobilitierung von Kriegsgewinnen* zu beraten. Statt daß im deutschen Osten neues Bauernland bereitgestellt würde: – und wir könnten noch den Mannschaftsbestand für 10 Armeekorps durch neue Bauernstellen beschaffen –, sollte hinter dem Rücken des kämpfenden Heeres der deutsche Boden den Eitelkeitszwecken der Kriegsparvenü-Plutokratie für Fideikommißstiftungen zwecks Erlangung des Adelstitels ausgeliefert werden. Diese bloße Tatsache ist Kritik des Klassenwahlrechts genug. –

Die innere Unhaltbarkeit dieses und jedes ähnlich wirkenden Wahlrechts liegt aber auch an sich auf der Hand. Bei Fortbestand der preußischen Dreiklassengliederung würde sich die ganze Masse der heimkehrenden *Krieger* einflußlos in der untersten Klasse befinden, in den Vorzugsklassen aber: *die Daheimgebliebenen,* denen inzwischen Kundschaft und Arbeitsstellen jener zugefallen, die im Kriege oder durch den Krieg reich geworden oder doch intakt geblieben sind, und deren schon vorhandenen oder neuerworbenen Besitz jene durch den Krieg politisch Deklassierten mit ihrem Blut draußen verteidigt haben. Gewiß ist die Politik kein ethisches Geschäft. Aber es gibt immerhin ein gewisses Mindestmaß von Schamgefühl und Anstandspflicht, welche auch in der Politik nicht ungestraft verletzt werden.

Welches andere Wahlrecht könnte an seine Stelle treten? Bei den Literaten erfreuen sich allerhand Pluralwahlsysteme großer Beliebtheit. Welche aber? Soll der Familienstand, etwa durch Zusatzstimmen, privilegiert werden? Die Unterschichten des Proletariats und die Bauern auf den ärmsten Böden, überhaupt aber alle Schichten mit der geringsten ökonomischen Voraussicht, heiraten am frühesten und haben die meisten Kinder. Oder – der Lieblingstraum der Literaten – die „Bildung"? Unterschiede der „Bildung" sind heute, gegenüber dem *klassen*bildenden Element der Besitz- und ökonomischen Funktionsgliederung, zweifellos der wichtigste eigentlich *stände*bildende Unterschied. Wesentlich kraft des sozialen Prestiges der „Bildung" behauptet sich der moderne Offizier vor der Front, der moderne Beamte innerhalb der sozialen Gemeinschaft. Unterschiede der „Bildung" sind – man mag das noch so sehr bedauern – eine der allerstärksten rein innerlich wirkenden sozialen Schranken. Vor allem in Deutschland, wo fast die sämtlichen privilegierten Stellungen innerhalb und außerhalb des Staatsdienstes nicht nur an eine Qualifikation von *Fach*wissen, sondern außerdem von „allgemeiner *Bildung*" geknüpft und das ganze Schul- und Hochschulsystem in deren Dienst gestellt ist. Alle unsere Examensdiplome verbriefen auch und vor allem diesen *ständisch* wichtigen Besitz. Also könnte man sie der Wahlrechtsgliederung zugrunde legen. Welche aber? Sollen die Doktorfabriken der Hochschulen oder die Maturitätszeugnisse der Mittelschulen oder soll etwa das Einjährigenzeugnis die politische „Reife" beglaubigen? Rein quantitativ bedeutet das ganz gewaltige Unterschiede, und mit der letztgenannten, der Masse nach stark ins Gewicht fallenden, Mehrstimmrechtsqualifikation könnte man politisch recht eigenartige Erfahrungen machen. Vor allem aber: Soll wirklich das *Examens*diplom, welchem schon die Masse aller Ämter ausgeliefert ist, und die dadurch patentierte Schicht mit ihren sozialen Prätensionen noch weiter privilegiert werden? Soll dem Pfründenhunger der examinierten Amtsanwärter – deren Zahl durch die Frequenz-Konkurrenz der Hochschulen und den sozialen Ehrgeiz der Eltern für ihre Kinder ungeheuer über den Bedarf gesteigert ist – die Macht über den Staat zugewendet werden? Und was hat eigentlich der Doktor der Physik oder der Philosophie oder Philologie mit *politischer* „Reife" zu tun? Jeder Unternehmer und jeder Gewerkschaftsführer, der, im freien Kampf um das ökonomische Dasein stehend, die Struktur des Staates täglich am eigenen Leibe spürt, weiß mehr von Politik als derjenige, dem der Staat nur die Kasse ist, aus der er kraft Bildungspatentes eine standesgemäße, sichere, pensionsfähige Einnahme erhält.

Oder – eines der Lieblingskinder aller kurzsichtigen „Ordnungsphilister" – ein *„Mittelstandswahlrecht"*, also etwa: Privilegierung der Inhaber „selbständiger" Betriebe oder dergleichen? Abgesehen davon, daß auch dies die *Daheimgebliebenen* gegenüber den Kriegern bevorzugen würde, – was bedeutete es für den „Geist" der künftigen deutschen Politik?

Von den wirtschaftlichen Bedingungen der deutschen Zukunft lassen sich mit Sicherheit heute nur *drei* vorausberechnen. Zunächst: die Notwendigkeit einer ungeheuren *Intensivierung und Rationalisierung* der wirtschaftlichen Arbeit. Nicht, damit das deutsche Dasein reich und glänzend, sondern damit das Dasein der Massen bei uns überhaupt *möglich* sei. Es ist angesichts des eisernen Frühlings, den uns der Frieden bringen wird, ein Frevel, wenn jetzt Literaten der verschiedensten Lager den deutschen „Arbeitsgeist" als die nationale Erbsünde und ein „gemächlicheres" Dasein als Zukunftsideal hinstellen. Das sind *Schmarotzerideale* einer Pfründner- und Rentnerschicht, welche den schweren Alltag der geistig und körperlich arbeitenden Mitbürger an ihrem Tintenfaßhorizont messen zu wollen sich erdreistet. Wie vollends die kindliche

Literatenvorstellung vom „Segen" der genügsamen Armut der guten alten Zeit, den Deutschland als Frucht des Krieges wieder genießen werde, in der Realität aussehen würde, lehrt die zweite unzweifelhafte Zukunftstatsache: daß der Krieg uns für 100 Milliarden Kapitalwert *neue Rentner* hinterlassen wird. Schon vor dem Krieg war die relative statistische Zunahme der reinen Rentner bedenklich groß für eine auf den Wettkampf mit den großen Arbeitsvölkern der Erde angewiesene Nation. Für diese nunmehr ganz ungeheuer in die Breite gewachsene Schicht werden die wirtschaftlich arbeitenden Staatsbürger die Rente zu beschaffen haben. Teils in der Entstehung großer neuer Papiervermögen, teils aber auch in der Verwandlung der vorhandenen Vermögen durch Anleihezeichnung äußert sich die Umgestaltung. Denn wenn ein Vermögensbesitzer heute statt Dividendenpapieren (also: Anteilen an privatwirtschaftlichen Unternehmungen) staatliche Rentenverschreibungen in seinen Bankdepots hat, – was *bedeutet* das? Ein „Rentner", dessen Einkommen die Banken mit der Couponschere beschaffen, ist er formell in beiden Fällen. Allein: wenn ihm früher die Dividendenpapiere Einnahmen brachten, dann bedeutete dies: daß auf einem Kontor und in einem betriebstechnischen Bureau – Stätten geistiger Arbeit so gut und oft besser als irgendeine Gelehrtenstube es ist, – und daß in den Maschinensälen von Fabriken von kaufmännischen und technischen Leitern, Angestellten, Meistern und Arbeitern scharf und hart *gearbeitet,* Güter für einen vorhandenen Massenbegehr hergestellt, Menschen ihr Lohn und Brot beschafft wurde, dies alles in der Vollkommenheit oder Unvollkommenheit, wie dies nun einmal die heutige noch auf lange gültige Wirtschaftsordnung gestattet. Für die Leiter hat dabei die ökonomische und soziale Macht- und Rangstellung, für die Angestellten und Arbeiter die Brotstelle im Kampf um den Markt auf dem Spiele gestanden, und dieser Kampf ist gewonnen worden: *das* „beweist" die Dividende. Wenn er dagegen jetzt Zinsen von seinen staatlichen Rentenpapieren bezieht, so bedeutet dies: daß der Steuerexekutor oder der Zollbeamte oder ihresgleichen den Zahlungspflichtigen das Geld erfolgreich aus der Tasche geholt haben und dafür bezahlt worden sind, und daß auf staatlichen Bureaus nach Reglement und Anweisung die geforderte Arbeit abgeleistet wurde. Natürlich muß *beides* geschehen, die privatwirtschaftliche wie die staatliche Arbeit. Aber es liegt auf der flachen Hand, daß die ganze Zukunft Deutschlands, wirtschaftlich und politisch, die Lebenshaltung der Massen sowohl wie die Beschaffung von Mitteln für „Kulturbedürfnisse", in *erster* Linie daran hängt, daß die Intensität der deutschen *wirtschaftlichen* Arbeit nicht herabgesetzt wird, daß – wie man es auch ausdrücken kann, – die *Rentnergesinnung:* die typisch *französische* innere Haltung der dortigen Kleinbürger- und Bauernschichten zum Wirtschaftsleben, in der deutschen Nation nicht noch mehr, als es ohnedies geschieht, überhand nimmt. Denn das würde die wirtschaftliche Lähmung Deutschlands bedeuten und – eine noch rapidere Propagierung des ohnehin sich schnell ausbreitenden Zweikindersystems. Außerdem noch einen anderen Zug der französischen Zustände: die Abhängigkeit von den *Banken.* Die Unwissenheit der Literaten, welche das *Rentenvermögen* des Couponschneiders von dem *Erwerbskapital* des Unternehmers nicht zu unterscheiden vermag und dem letzteren mit ebensoviel Ressentiment wie dem ersteren mit begehrlichem Wohlwollen gegenübersteht, hat von der Rolle etwas läuten gehört, welche im parlamentarischen Regime Frankreichs das „Finanzkapital" spielt, sowohl bei sachlichen Maßregeln (Steuern), wie bei der Auswahl der Minister, und meint natürlich, daß dies eine Folge des gefürchteten „Parlamentarismus" sei. Aber es ist in Wahrheit die Folge davon, daß Frankreich ein *Rentner*staat ist, daß die *Kreditwürdigkeit der jeweiligen Staatsregierung,* wie sie sich in dem Börsenkurse der Staatsrenten ausdrückt, für die Millionen mittlerer und kleinerer Rentner schlechthin *die* Frage ist, nach welcher sie den Wert der Minister taxieren, daß *deshalb* die Banken bei der Ministerauswahl oft irgendwie mitwirken oder geradezu konsultiert werden. Von jeder, ganz gleichviel ob monarchischen oder parlamentarischen oder plebiszitären Regierung würden sie berücksichtigt werden *müssen,* ganz ebenso wie ein Schuldnerstaat wie der russische Zarismus 1905 seine „Verfassung" und nachher wieder den „Staatsstreich" machte, weil in beiden Fällen die Stimmung der auswärtigen Börsen: die Quelle seines Kredits, es verlangte. Fortschreitende Verstaatlichung gegen Ausgabe von Staatsrenten bei uns, vor allem aber: die Zunahme der *mittleren* und *kleinen* Staatsrentenpapierbesitzer, würde bei uns genau die gleichen Folgen haben, ganz einerlei ob „Demokratie" oder „Parlamentarismus" besteht oder „monarchische" Regierung. Während die Beziehung des *englischen* Staates zum Kapitalismus vornehmlich eine solche zum *Erwerbs*kapitalismus war, welcher der Ausdehnung der Macht und des Volkstums über die Erde hin gedient hat. Welche Maßregeln finanzpolitischer Art nun in Deutschland dazu dienen können, jene erstickende Rentenlast abzuwälzen und doch den Ansprüchen und Erwartungen der Anleihezeichner voll zu genügen, ist eine gewichtige Frage für sich. Wirtschaftspolitisch ist jedenfalls die höchstmögliche Rationalisierung der wirtschaftlichen Arbeit, also die ökonomische Prämiierung der rationalen Wirtschaftlichkeit der Produktion, also: des „Fortschrittes" in diesem technisch-ökonomischen Sinn, – mag man ihn nun an sich hassen oder lieben, – eine Lebensfrage für die Weltstellung nicht nur, sondern einfach für die Möglichkeit einer erträglichen Existenz der Nation überhaupt. Und deshalb ist es eine gebieterische politische Notwendigkeit, daß den Trägern dieser rationalen Arbeit wenigstens jenes Mindestmaß politischen Einflusses zugewendet wird, welches ihnen nur das *gleiche* Wahlrecht gewährt. Denn in jenem einen wichtigen Punkt: dem Interesse an der Wirtschafts*rationalisierung,* ist, trotz aller sozialen Gegensätze, das Interesse der Arbeiterschaft mit dem der organisatorisch *höchst*stehenden Unternehmer und sind beide mit dem politischen Interesse an der Erhaltung der Weltstellung der Nation, nicht immer in den Einzelheiten, wohl aber *im Prinzip,* identisch und schnurstracks entgegengesetzt dem Interesse aller Pfründnerschichten und aller ihnen kongenialen Vertreter ökonomischer Stagnation. Und es scheint die höchste Zeit, daß der Einfluß jener Schichten eingesetzt wird an einem Punkt, dessen prinzipiell falsche Behandlung schon jetzt einen Schatten auf unsere Zukunft vorauswerfen könnte. Denn – das ist die dritte völlig sichere Zukunftsperspektive – wir werden für Jahre im Zeichen einer *„Übergangswirtschaft"* stehen mit Rationierung der Rohstoffzuteilung, der Zuweisung internationaler Zahlungsmittel und womöglich: der Betriebe selbst und ihrer Kundschaft. Es ist klar, daß dies eine nie wiederkehrende Gelegenheit sein kann *sowohl* im Sinne der *Rationalisierung* der Wirtschaft *wie auch,* genau umgekehrt, eine Fundgrube für sogenannte „mittelständlerische" Experimente im denkbar übelsten Sinne dieses fast stets mißbrauchten Wortes. Mit Hilfe eines staatlichen Bezugsscheinsystems und verwandter Mittel könnte man „selbständige" Bettelexistenzen aller Art, vor allem das Ideal jedes Kleinkapitalisten: bettelhafte, aber bequeme, *Ladentisch*existenzen und ihresgleichen, in Masse subventionieren, welche das gerade Gegenteil einer Intensivierung und Rationalisierung unserer Wirtschaft bedeuten würden: die Züchtung von Schmarotzern und Tagedieben, Trägern jener „Gemächlichkeit", die das Zukunftsideal der Literaten ist. Was würde das bedeuten? *Die „Verösterreicherung" Deutschlands.* Und zwar in jenem Punkte, der von den Österreichern selbst als eine der Hauptquellen alles dessen angesehen wird, was sie bei sich als „Schlamperei" bezeichnen. Denn soviel wir auf dem Gebiet der Geschmackskultur und gesellschaftlichen Erziehung von ihnen zu lernen hätten, – allen Grund, uns zu bedanken hätten wir für die Übernahme ihrer „Mittelstandspolitik", deren wunderbare Früchte man in den dicken Bänden der Entscheidungen über solche Fragen wie: ob das Benageln eines Stuhls Tapezier- oder Tischlerarbeit sei, studieren kann. Die Gefahr aber, daß etwas Ähnliches geschieht, ist nicht gering. Denn es gibt in den heute maßgebenden Schichten zweifellos Politiker, welche unbelehrbar der Meinung bleiben: daß auf dem gen Himmel stinkenden Sumpf von Faulheit und Schlamperei, den man dadurch ins Leben rufen würde, am besten die Fundamente dessen, was *sie* „monarchische Gesinnung" nennen, d.h.: einer die Machtstellung der *Bureaukratie* und der wirtschaftlich reaktionären Gewalten unangetastet lassenden bierseligen Fügsamkeit, gelegt werden könnten. Denkt man sich nun gar Wahlrechtsprivilegien für jene Schichten, welche eine solche Politik gern züchten möchte, so kann man sich leicht vorstellen, wie das wirkt: im Sinne der *Lähmung Deutschlands,* ökonomisch und politisch. Wer diese Lähmung aus irgendeinem positiven religiösen oder anderen letzten metaphysischen Glauben heraus *will,* – nun wohl! er bekenne sich offen dazu. Aber aus erbärmlicher *Feigheit vor der Demokratie* soll man sie *nicht* wollen, und eben jene Feigheit: Angst um die Erschütterung der Legitimität des Besitzes und der heute in Kraft stehenden sozialen Positionen, ist das derzeit zentrale Motiv, es zu tun.

Zu den dilettantischen Seifenblasen, welche deutsche Literateninstinkte immer neu hervortreiben, gehören nun auch alle jene zahlreichen Ungedanken, welche unter der Firma: „*berufsständische* Vertretung" kursieren. Sie hängen mit allerhand konfusen Vorstellungen von der Zukunft unserer Wirtschaftsorganisation eng zusammen. Es ist erinnerlich, daß schon die Art der Organisation der Unfallversicherung in Berufsgenossenschaften die Erwartung einflußreicher Literatenkreise erregte (und zum Teil ihr entstammte): hiermit werde der erste Schritt zu einem „organischen Aufbau" der Volkswirtschaft getan, – und man könnte auch wissen, was daraus geworden ist. Und heute erwartet mancher von den vorwiegend finanz- und valutapolitisch bedingten wirtschaftlichen Zukunftsorganisationen gar, daß sie sich als Drachentöter gegen den unruhestiftenden Vater alles Bösen, den *„Kapitalismus",* erweisen werden. Man stellt sich dabei die „Gemeinwirtschaft", „Solidaritätswirtschaft", „Genossenschaftswirtschaft" (oder wie die Phrasen lauten) der Kriegszeit und der durch sie geschaffenen Zwangsorganisationen, kindlich genug, als Vorläufer einer künftigen prinzipiellen Änderung der „Wirtschaftsgesinnung" vor, welche die abhanden gekommene „Wirtschaftsethik" der Vergangenheit auf höherer Stufe „organisch" wiedererstehen lassen werde. Dabei ist nun vor allem die profunde Ignoranz unserer Literaten über das Wesen des Kapitalismus das, was jeden mit den Verhältnissen Vertrauten so ungeduldig macht. Es ist noch das wenigste, wenn diese heilige Einfalt etwa die Kriegsgewinne der Firma Krupp mit den Kriegsgewinnen irgendeines Malzschiebers in einen Topf wirft, weil ja beides Produkte von „Kapitalismus" seien. Wichtiger ist, daß sie von dem abgrundtiefen Gegensatz alles von der rein *politischen* Konjunktur: von Staatslieferungen, Kriegsfinanzierungen, Schleichhandelsgewinsten und all solchen durch den Krieg wieder gigantisch gesteigerten Gelegenheits- und Raubchancen lebenden Kapitalismus und seiner Abenteurer-Gewinste und -Risiken gegenüber der Rentabilitätskalkulation des bürgerlichen *rationalen Betriebs* der Friedenszeit nicht die geringste Ahnung hat. Was auf dem Kontor eines solchen Betriebes eigentlich geschieht, ist ihr ein Buch mit sieben Siegeln. Daß ferner die grundlegende „Gesinnung", oder wenn man es so ausdrücken will: das „Ethos" jener beiden verschiedenen Arten von Kapitalismus untereinander so entgegengesetzt ist, wie zwei geistige und sittliche Potenzen es überhaupt zu sein vermögen, daß die eine: der rein politisch verankerte „Raubkapitalismus", so uralt ist wie die uns bekannte Geschichte von Militärstaaten überhaupt, die andere aber ein spezifisches Produkt des modernen europäischen Menschentums, davon ahnt sie natürlich gar nichts. Wenn man einmal ethisch unterscheiden *will* (und das ist hier immerhin möglich), dann besteht ja die eigentümliche Lage eben darin: daß in der persönlichen Geschäfts*ethik* gerade die höchststehende, – im Durchschnitt weit höher als irgendeine historisch wirklich real gewesene, und nicht nur von Philosophen und Literaten *gepredigte,* ökonomische Durchschnittsethik *irgend*eines Zeitalters stehende, – *rational*-kapitalistische *Betriebsethik* dieser zweiten Art von „Kapitalismus": die Ethik der Berufspflicht und Berufsehre es ist, welche jenes eherne Gehäuse hergestellt hat und erhält, durch welches die wirtschaftliche Arbeit ihr heutiges Gepräge und Schicksal empfängt und natürlich nur um so mehr und endgültiger empfangen wird, wenn man an Stelle des *Gegensatzes* zwischen privatkapitalistischer und staatlicher Bureaukratie durch „Vergemeinwirtschaftung" der Betriebe eine *einheitlich* den Arbeitern übergeordnete Bureaukratie schaffen würde, gegen die es kein Gegengewicht außerhalb ihrer selbst mehr gäbe. Um aber hier bei jenem Gegensatz zu bleiben: *nicht* jene Gewinste, die nach dem berüchtigten Satz gemacht wurden: daß man „die Millionen nicht verdient, ohne mit dem Ärmel an das Zuchthaus zu streifen", sondern gerade jene Rentabilität, welche nach dem Grundsatz erzielt wurde: „honesty ist the best policy", wurde der Träger des spezifisch modernen Kapitalismus als eines die Wirtschaft und durch sie das Alltagsschicksal der Menschen *unentrinnbar* beherrschenden *Systems.* Hat denn wohl jemand von diesen schreibseligen Ideologen einer geträumten wirtschaftlichen Solidaritätsethik einmal einen Blick hinter die Vorhänge unserer „Kriegsgemeinwirtschaft" getan und gesehen, *was* unter ihrer Einwirkung aus dem angeblich durch sie zu erdrosselnden „Erwerbstrieb" geworden ist? Ein wilder Tanz um das goldene Kalb, ein hasardierendes Haschen nach jenen Zufallschancen, welche durch alle Poren dieses bureaukratischen Systems quellen, ein Verlust jedes Maßstabes für irgendwelche *wie immer* gearteten geschäftsethischen Unterscheidungen und Hemmungen und – ein eherner Zwang für jeden, auch den gewissenhaftesten, Geschäftsmann, bei Strafe des ökonomischen Untergangs mit den Hyänen dieser beispiellosen Schädelstätte *aller* Wirtschaftsethik mitzuheulen und mitzutun, – genau so oder vielmehr in weit ungeheuerlicherem Maßstab so, wie es zu allen Zeiten gewesen ist, wenn kapitalistische Erwerbschancen sich an die Fußstapfen des Kriegsgottes oder – des heiligen Bureaukratius hefteten. Generationen werden vergehen, bis die Nachwirkung dieser Zersetzung des normalen bürgerlich-kapitalistischen Ethos wieder *ausgetilgt* sind, – und das soll die Grundlage einer neuen Wirtschaftsethik sein? Wir werden uns zu bemühen haben, zunächst das Niveau der *alten* wieder zu erreichen! Doch das alles nur nebenbei.

Rationale *Zweckverbands*bildungen größten Stils werden die Kriegswirtschaft ablösen. Aber doch wahrhaftig keine „organisch" auf dem Boden der natürlich gewachsenen oder aus primären *inneren* menschlichen Beziehungen heraus entfalteten Gemeinschaftsverhältnisse und Gebilde von jener innerlichen Eigenart, wie sie Familie, Sippe, Gemeinde, die feudalen und grundherrlichen Beziehungen und auch noch die Zünfte, Gilden, sogar die Ständeeinungen des Mittelalters immerhin in verschieden starkem Maße an sich trugen. Wer von dem Gegensatz *aller* modernen rationalen Zweckverbände zu ihnen noch keine Ahnung hat, der begebe sich zunächst in die soziologische Abc-Schule, ehe er anfängt, den Büchermarkt mit seiner Literateneitelkeit zu behelligen. Daß der einzelne nicht einem, sondern oft zahlreichen solcher Gebilde zugleich angehören müßte, würde zwar einem auf ihnen aufgebauten Wahlrecht die Qualität einer „Volksvertretung" nehmen, es aber nicht schon dazu verdammen, „Unsinn" zu sein. Es wäre eben „Interessenvertretung": die Vergangenheit kannte Ähnliches. Aber man braucht nur die ersten Anfänge eines Versuchs zu machen, die typischen Figuren der modernen Wirtschaft nach „Berufen" so zu gruppieren, daß die entstehenden Gruppen als *Wahl*körperschaften für eine allgemeine *Volks*vertretung brauchbar wären, – dann steht man vor dem vollendeten Unsinn. Gleich die eigentlichen „Leiter" des Wirtschaftssystems finden einfach gar keinen Platz. Unter welche „Berufe" – es stünden deren Dutzende zur Wahl – sollen die Herren Stinnes, Thyssen, Krupp v. Bohlen, Graf Henckel-Donnersmarck, v. Mendelssohn, Rathenau, die persönlich haftenden Gesellschafter der Disconto-Gesellschaft usw. verteilt oder sollen sie vielleicht in einer einzigen Wahlkörperschaft der „Riesenunternehmer" vereinigt werden? Und sollen andererseits die Generaldirektoren Kirdorf, Hugenberg und ihresgleichen unter die „Betriebsbeamten" der einzelnen „Berufe" verteilt werden, oder was geschieht mit ihnen? So aber geht es nun von diesen höchsten Spitzen des kapitalistischen Getriebes bis zum untersten Boden. Gerade die wirklich wichtigsten von den Steuerleuten der heutigen Wirtschaft entziehen sich überall, bis zum Engrossortimenter und Betriebsvorstand herunter, jeder Einordnung unter *materiell* zutreffende Kategorien. Denn überall müßte ja für die Abgrenzung der Wahlkörperschaften ein *formales* Merkmal gefunden werden, dem aber unter den heutigen wirtschaftlichen Verhältnissen der materielle, ökonomische *Sinn* der betreffenden Stellung hundertfältig ins Gesicht schlüge. Unsere moderne Wirtschaft zeichnet sich ja im Gegensatz zur *ständisch* gebundenen Wirtschaft gerade dadurch aus, daß man aus der äußeren Stellung fast *nie* entnehmen kann, welche ökonomische *Funktion* dem einzelnen eignet, daß auch die eingehendste Berufsstatistik noch nicht das geringste von der inneren Struktur der Wirtschaft verrät. So wenig man in dem Landschaftsbild einer schönen Standesherrschaft ihre Hypothekenbelastung sieht, so wenig sieht man einem Ladeninhaber an, was er ökonomisch ist: ob ein Filialbetriebsbesitzer, ein Angestellter oder fest gebundener Klient einer kapitalistischen Macht (z. B. einer Brauerei), ein wirklich selbständiger Detaillist oder was sonst. Ebensowenig einem „selbständigen Handwerker", ob er Hausindustrieller, Zwischenmeister oder selbständiger Kleinkapitalist oder handwerksmäßiger Kundenarbeiter ist. Und das sind noch die einfachsten Fälle! Vollends die immer wieder neu auftauchende naive Literaten-Vorstellung, daß dies der Weg sei, um die heute in „verhüllter" Art sich bei den Parlamentswahlen geltend machende Macht der materiellen Interessen „offen" und also „ehrlich" sich „im Kreise der Berufsgenossen" auswirken zu lassen, gehört in die politische Kleinkinderstube. Tausendfach sind die Drähte, an welchen kapitalistische Gewalten den „selbständigen" Kleinhändler und Handwerker nicht nur, sondern auch den selbständigen Fabrikanten bei den Wahlen nach ihrem Willen tanzen lassen würden. Ganz abgesehen davon, daß sich jede solche Berufsabgrenzung in breitestem Maße auf dem Flugsand der durch jede neue Maschine oder Absatzchance radikal umgeschichteten Betriebseinheiten, Produktionsrichtungen und Arbeitskräfte bewegte. Etwas objektiv Unwahrhaftigeres als den Versuch, in einem Zeitalter beständiger technischer und kommerzieller Umschichtungen und fortschreitender *zweckverbands*mäßiger ökonomischer und sozialer Bindungen *„organische"* Gliederungen im alten ständischen Sinn als politische Wahlkörper schaffen zu wollen, gibt es schon aus diesen rein ökonomischen Gründen in aller Welt nicht. Wo immer man „berufsständische" Wahlrechtsexperimente gemacht hatte, – in neuerer Zeit in Österreich und in dem Bulyginschen russischen Dumawahlrecht, – hatte man daher ganz grobe und formale Kategorien bilden müssen, und man hatte damit in Österreich ein tief korruptes Parlament geschaffen, welches nur die Ehre der ersten Erfindung der Obstruktion für sich in Anspruch nehmen darf, in Rußland aber: die Vorfrucht der Revolution. In keinem von beiden Fällen aber sind dabei die Vertreter der in der ökonomischen Welt heute wirklich bedeutsamen Gewalten überhaupt politisch zur Geltung gekommen. Am allerwenigsten: „offen". Zu dieser Unangepaßtheit an die moderne, fortwährend in Umwälzung begriffene ökonomische Struktur käme die Kreuzung der beruflichen durch die rein politischen Interessen, deren selbstherrliches Wirken solche vermeintlichen „realistischen" Afterprojekte stets gründlich verkennen. Nicht etwa eine Fundamentierung der Parlamentsvertretung auf „offene" Wahrnehmung der „natürlichen" in sich solidarischen beruflichen Interessen käme heraus, sondern gesteigerte Zerreißung der Berufssolidarität durch politische Parteiung. Schon heute sehen wir die politischen Parteien auch in den Gemeindeverwaltungen, Genossenschaften, Krankenkassenverwaltungen usw. – kurz, in allen möglichen sozialen Bildungen, um die Macht ringen. Man hat das oft beklagt. Die verschiedenen Seiten des gar nicht einfachen organisationspolitischen Problems sollen hier nicht nebenher miterörtert werden. Jedenfalls zeigt sich darin eins: daß überall, wo Wahlzettel und Agitation herrscht, die *politischen* Parteien als solche schon jetzt dazu prädisponiert sind, Träger des Kampfes zu werden. Schon weil sie über den Apparat dazu verfügen. Man stelle sich nun vor, daß jene Interessenten-Körperschaften durch ihre Vertreter über die staatspolitischen und Kulturfragen abzustimmen hätten, und das Resultat ist klar: Das Hineintragen politischer Parteiungen in Interessentenverbände, welche *sachliche,* den Verbandsgenossen wirklich *solidarisch* gemeinsame Angelegenheiten zu erledigen haben, durch ihre Erhebung zu parlamentarischen Wahlkörpern würde selbstverständlich zur Folge haben, daß zunächst einmal der wirklich rein wirtschaftliche Interessenkampf sich *neben* dem Gehäuse dieser politischen Wahlkörperschaften neue Organe schaffen müßte und würde. Vergebens würden jene Schachteln für die Zählung von Wahlstimmen versuchen, das reale ökonomische Leben in sich einzufangen. Zwar würde der ökonomische Interessenkampf natürlich in diese wie in alle Wahlkörper hineinspielen. Aber weit mehr auf nackte *individuelle* Gewaltverhältnisse: – Verschuldung, Kundschaft – statt auf dauernde Klassenlage abgestellt, als heute bei der Finanzierung und Beeinflussung des Partei-Wahlkampfes durch Interessenten. Und zugleich: ungleich verborgener. Denn wer könnte unter einer derart verzwickten Wahlrechtsgliederung noch den Abhängigkeitsverhältnissen, in welchen ein formal „selbständiger" Händler oder Gewerbetreibender zu einer kapitalistischen Potenz steht, nachspüren und den Einfluß ermitteln, welchen der Druck solcher kapitalistischer Mächte auf die politische Haltung der von ihnen Abhängigen ausüben würde? Die Schärfe der Abhängigkeit als solcher würde steigen, da ja die Betroffenen nun durch ihre *Konkurrenten* in den Wahlkörpern sehr zuverlässig kontrolliert werden würden. Denunziation und Boykott würden diese in den Wahlkörperschaften zusammengepferchten vermeintlichen Träger von „Berufssolidarität" gegeneinander hetzen. Denn nun würden diese berufsständischen Körperschaften ja nicht nur *berufliche* Interessen wahrzunehmen haben, sondern: das Ergebnis des Wahlkampfes in ihnen entschiede *über die Besetzung der staatlichen Pfründen und Ämter*. Haben sich die „guten Leute und schlechten Musikanten", welche *dies* System empfehlen, wohl klargemacht, was dabei herauskäme? – Genug. Diese kindlichen literarischen Seifenblasen sind hier nur deshalb erwähnt, weil sie Anlaß geben, zu noch einem allgemeinen Problem Stellung zu nehmen.

Wir *haben* ja bei uns und anderwärts schon heute auch Interessentenverbände als Träger von Vertretungsrechten. Zunächst für die Beratung der Bureaukratie: die Landwirtschafts-, Handels-, Handwerks-, künftig wohl einmal die Arbeitskammern, auch die Eisenbahnräte u.dgl. Gerade an ihnen aber kann man lernen, was heute eine formale Berufsorganisation *nicht* leistet. Oder bildet sich jemand ein, diese offiziellen Körperschaften könnten den „Bund der Landwirte", den „Centralverband der Industriellen", vollends: die Arbeitgeberverbände oder die Gewerkschaften, je *ersetzen?* Wo pulsiert denn *wirklich* das

„Leben" der berufsgegliederten Interessensolidarität? Und ebenso *haben* wir ja innerhalb unserer Gesetzgebungsmaschinerie wenigstens teilweise berufsständisch zusammengesetzte Körperschaften: die ersten Kammern. Vorwiegend Grundbesitzerverbände bestimmter sozialer Prägung („alter und befestigter Grundbesitz"), daneben Handelskammern, einige besonders große Gemeinden, auch Universitäten, künftig vielleicht einmal Handwerks- und Arbeiterkammern, senden ihre Vertreter hinein. Unendlich grobschlächtig ist diese Art der Interessentenvertretung, aber für diese politischen Zwecke notdürftig ausreichend. Die politische Kindlichkeit unserer Literaten bildet sich nun offenbar ein: durch Häufung und Spezialisierung solcher Vertretungsrechte müsse es schließlich doch gelingen können, aus diesen Oberhäusern Parlamente zu machen, in welchen nun jeder Staatsbürger als Glied seines organischen Berufs- und Lebenskreises sich vertreten finde, – wie (angeblich) einst im „Ständestaat". Von diesem „Ständestaat" nachher ein Wort. Die ersten Kammern aber, bei denen wir hier kurz verweilen, sind (der „Idee", meist nicht der Wahrheit nach) heute Stätten der politischen Aussprache teils von Honoratioren, teils aber von solchen Interessentenschichten, welche rein staatspolitisch aus Traditionsgründen als besonders ins Gewicht fallend gelten. Vor allem: des Besitzes und bestimmter sozial hoch bewerteter Berufe. Nicht immer tatsächlich, meist aber nach der „Idee" werden sie *nicht* nach politischen Parteigesichtspunkten ausgelesen. Daraus folgt sofort das Entscheidende für die naturgemäße Stellung eines solchen Oberhauses im Staate. Wo immer sie politisch richtig geordnet ist, *fehlt* ihm zum mindesten das eigene Budgetrecht, die Grundlage der Machtstellung der *Volks*vertretung, und ist seine Rechtslage im übrigen, politisch angesehen, die: daß es eine Instanz ist, welche Beschlüsse der Volksvertretung beanstanden, kritisieren, zur nochmaligen Erörterung zurückgeben, sistieren und zurückstellen, auch amendieren kann, welche aber – gleichviel ob das formale Recht dazu besteht – *nicht* dauernd in einer politisch wichtigen Frage dem Willen einer unbezweifelbaren starken Mehrheit der Volksvertretung sich in den Weg stellen darf, bei Strafe des Verlustes ihrer formalen Rechte (wie jetzt in England), oder des Pairsschubs (wie in Preußen 1873). Dieser letztere ist ein Ventil, welches ohne politische Gefahr nie beseitigt werden kann, obwohl alle Oberhäuser aus Machtlust dagegen zu remonstrieren pflegen und das preußische Herrenhaus sicherlich gelegentlich der Wahlreform die Beseitigung dieses Kronrechts und womöglich das Budgetrecht erstreben wird, – was politisch zu den schwersten Krisen und Gefahren führen würde: denn das würde bedeuten, daß das *Klassenwahlrecht fortbestände,* nur auf *zwei* Körperschaften verteilt, deren Konflikte sich zu Staatskrisen auswachsen würden. Hoffen wir, daß das nicht versucht wird.

Der Einfluß von Oberhäusern kann – und zwar auch und gerade bei formal beschränkten Rechten – sehr bedeutend sein. Aber mit einer Volksvertretung haben sie, wie immer sie zusammengesetzt seien, schlechterdings gar nichts zu schaffen. Sie bilden der Idee nach ein Gegengewicht gegen die Parteiherrschaft. Der Tatsache nach freilich oft ein solches von problematischer politischer Nützlichkeit und unzulänglichem geistigen Niveau: das preußische Herrenhaus ist die einzige „gesetzgebende" Körperschaft, welche des *Strafrichters* zur Erzwingung des von ihr in Anspruch genommenen Respekts zu bedürfen glaubt. Die Oberhäuser könnten gewiß heute recht eigentliche Stätten *individueller* politischer Beredsamkeit sein. Tatsächlich freilich sind sie statt dessen recht oft Stätten überflüssigen Geschwätzes. Im preußischen Herrenhause wird gewiß viel kunstgerechter und „vornehmer" geredet als im Reichstag, – aber wer möchte seine Zeit daran wenden, diese Reden zu lesen? Und doch könnte ein solcher *öffentlich beratender Staatsrat* – denn das ist ein richtig konstruiertes Oberhaus dem Sinne nach – als eine Stätte der Aussprache des *parteiungebundenen* politischen Denkens und *der amtlosen,* aber amtserfahrenen politischen Intelligenz, namentlich also der Amtserfahrung *früherer Staatsmänner,* gegenüber der aktuellen politischen Parteiführerschaft, gerade in einem parlamentarischen Staat unleugbar wertvolle Dienste leisten. Von den heutigen Gebilden dieser Art entsprechen freilich nur sehr wenige diesem Zweck.

In einem Volksstaat kann eine erste Kammer entweder – wie in den überseeischen Demokratien – eine ebenfalls nach gleichem Wahlrecht, aber nach anderem Wahl*verfahren* zusammengesetzte Körperschaft sein, – also: ein Mittel der Korrektur der unvermeidbaren Unvollkommenheiten, die jedes *Wahlsystem* hat. Oder eine Vertretung der in Politik, Verwaltung, Wirtschaft, Wissenschaft, Technik *bewährten Intelligenz.* In diesem Falle aber: eine nur *beratende,* kritisierende und (durch suspensives Veto) *sistierende* Körperschaft. Sie kann also *formell* nur eine *minder*berechtigte Kammer sein. *Politisch* wäre wünschenswert, daß in solchen Oberhäusern die beruflichen Interessenten-Vertreter jedenfalls nur *neben* der Vertretung 1. staatspolitischer *Intelligenz* und 2. kulturpolitischer *Bildung* ständen, daß also z.B. *alle* aus dem Amt scheidenden Minister und Bürgermeister von Großstädten und daneben die Vertreter kulturpolitisch wichtiger Institute (gewählte Vertreter der Schullehrer, Hochschullehrer, Journalisten) ihnen angehörten. Die Frage der zukünftigen Zusammensetzung solcher Körperschaften ist jedenfalls nicht so unwichtig, wie man bei uns vielfach um deswillen glaubt, weil sie heute allerdings leider meist nur als eine mechanische Bremse gegen die „Gefahren" der Demokratie zur Beruhigung der Feigheit des Spießbürgers (gleichviel welcher sozialen Stellung) konstruiert werden. Indessen kann und soll uns dies Problem hier nicht auch noch nebenher beschäftigen. –

Wir fragen hier vielmehr lediglich: Wie *kommt* es wohl eigentlich, daß jene staatlich organisierten Interessenkörperschaften, wie die einst von Eugen Richter so scharf bekämpften Handelskammern und alle nach ihrem Schema seitdem entstandenen ähnlichen Gebilde, der Tatsache nach so ganz und gar *nicht* als Gefäße des eigentlich lebendigen Stroms der wirtschaftlichen Interessen fungieren, verglichen mit dem strotzenden Leben der wirklichen ökonomischen *Interessentenverbände?* Und daß sie andererseits doch auch gegenüber den *Parteien* so absolut unfähig bleiben, das politische Leben in sich einzufangen? Ist das Zufall? Es ist durchaus *kein* Zufall, sondern die *Folge* davon, daß die Parteien einerseits, die ökonomischen Interessentenverbände andererseits auf dem *Boden* der rechtlich *freien Werbung* ihrer Anhängerschaft stehen und jene staatlichen Bildungen eben *nicht.* Jene sind, *infolge* jener Struktur, die geeigneten Organisationen für *Kampf* und *Kompromiß,* diese *infolge* der ihrigen: für sachliche gutachtliche *Äußerung* oder rein „pflegliche" friedliche Verwaltungsarbeit. Der Eifer für „Organisation" versteht bei uns unter diesem Wort eben leider immer nur: Zwangsorganisation mit obrigkeitlichem Reglement durch die Polizei. Die auf dem Boden der freien Eigeninitiative *(„voluntaristisch")* geschaffenen Organisationen werden von den Literaten gern als eigentlich illegitim, günstigstenfalls aber als nur provisorisch, zum dereinstigen Aufgehen in eine polizeilich reglementierte Organisation bestimmt, angesehen, ohne Rücksicht darauf, ob sie vielleicht ihrem Wesen und Sinn nach nur einer voluntaristischen Struktur fähig sind. Da liegt der Kernfehler.

Es gehört zu den Erbtorheiten unseres dilettantischen politischen Literatentums: „mit Worten", in diesem Fall: mit Paragraphen eines von ihnen zu entwerfenden Statuts, „ein System bereiten" zu wollen, wo dafür alle Bedingungen mangeln. Jene offiziellen berufsständischen Organisationen – bis zu den etwaigen aus Berufsvertretern zusammengesetzten Oberhäusern hinauf – sind, politisch angesehen, Gebilde, dazu bestimmt, daß ihre Äußerungen: Gutachten oder Resolutionen oder Debatten, *gewogen* und *nicht gezählt* werden. Und sie werden, je nach dem *sachlichen* Gehalt ihrer Äußerungen, schwerer oder leichter wiegen. *Politische Parteien* sind dagegen im modernen Staat Organisationen, welche auf (rechtlich) *„freie"* Werbung von Anhängern ausgehen und deren Ziel ist: durch die *Zahl* ihrer Anhänger die Politik zu bestimmen: die ultima ratio aller modernen Parteipolitik ist der Wahl- oder Stimmzettel. Und *wirtschaftliche* Interessentenvertretungen sind in der kapitalistischen Wirtschaft Vereinigungen ebenfalls auf der Grundlage (rechtlich) *„freier"* Werbung, welche darauf ausgehen, durch die privatwirtschaftliche Macht ihrer Glieder, beruhe sie nun auf Besitz von Gütern, Marktmonopol oder monopolistischer Zusammenfassung der wirtschaftlich unentbehrlichen Arbeitskräfte, ein *Kompromiß* über die Bedingungen des Preises von Sachgütern oder von Arbeit zu erzwingen, welches ihren Interessen entspricht. Für beide Arten von freien Gebilden ist aber gerade diese ihnen charakteristische *„voluntaristische"* Grundlage der Organisation das Entscheidende, absolut allein Angemessene, daher „Organische". Der Versuch, sie nach Art einer staatlichen Behörde zwangsmäßig zusammenzuschließen, wäre ein rein mechanischer Zwang, der ihrem inneren Leben ein Ende bereiten würde. Nicht, daß ihnen selbst etwa der „Zwang" überhaupt fremd wäre. Ganz im Gegenteil. Boykott, Verfemung und alle Lock- und Zwangsmittel materieller und geistiger Art, welche auf dem Boden (formal) freier Werbung der Menschengeist ersinnen kann, stellen sie in ihren Dienst: – nur gerade mit Ausnahme jener dem Apparat des staatlichen Zwangsverbandes eigentümlichen und ihm vorbehaltenen Form der Herstellung staatlich *„legitimer* äußerer Ordnung". Man kann auch für Parteiorganisationen von Staats wegen Bestimmungen treffen, welche, je nachdem, die Rechte der Mehrheit gegen Illoyalität einer Minderheitsclique oder umgekehrt Minderheitsrechte gegen Vergewaltigung schützen und hat das in Amerika getan. Aber an dem voluntaristischen Grundzug: der rechtlichen Freiwilligkeit der *Mitgliedschaft* ändert das so wenig etwas wie staatliche Vorschriften über die Bedingungen der Gründung von Gewerkschaften. Gerade daß der Parteiführer auf die formal *freie* Werbung seiner Gefolgschaft angewiesen ist, ist das schlechthin Entscheidende gegenüber dem reglementierten Avancement des Beamten. Gerade, daß die Leiter von wirtschaftlichen Interessenten zur formal *„freien“* Organisation ihrer Gefolgschaft genötigt sind, bedingt deren Eigenart und ist wiederum durch die Struktur der modernen Wirtschaft bedingt. Organisation und staatspolizeilich herbeigeführter Zusammenschluß sind auf diesem Gebiet unter den heutigen Bedingungen schlechthin unversöhnliche Gegensätze. Wer diese Dinge noch nicht begriffen hat, der hat das Abc des modernen politischen und wirtschaftlichen Lebens noch nicht erfaßt. Das sind keine „ewigen“ Tatbestände. Aber sie liegen heute so. Natürlich kann man auf dem Papier ganz beliebige berufsständische Wahlkörper konstruieren. Aber gesetzt, man täte es, so würde, wie gesagt, die Folge sein, daß nun *hinter* ihnen die politischen Parteien einerseits, die wirtschaftlichen Interessentenverbände andererseits ihr *wirkliches* Leben führen würden.

Es muß das hier genügen. Wir haben alle diese romantischen Phantasien, welche ja für den Kundigen der Ehre ernster Widerlegung nicht wert sind, hier nur erwähnt, weil diese ganz ungeschichtlichen Konstruktionen immerhin den einen Schaden anrichten: die Wasserscheu des deutschen Spießbürgertums (aller Schichten) vor dem Eintauchen in die spezifisch *moderne* Problemlage noch zu steigern, es noch weltfremder und unpolitischer zu machen. Ob denn wohl – um schließlich auch das kurz zu berühren – einer von diesen Tintenfaßromantikern vom Wesen des *wirklichen* „Ständestaats“ der Vergangenheit eine klare Anschauung hat? Verworrene Vorstellungen über eine „Gliederung der Gesellschaft“ nach den „natürlichen Berufen“ in „ständischen Gemeinschaften“, den Trägern „christlicher Brüderlichkeitsethik“ und von einem „stufenförmigen Aufbau“ mit dem geistlichen Weltmonarchen an der Spitze verhüllen die *absolute Unkenntnis* über das, was hinter diesem, teils den Ideologien der philosophischen Literatur, teils aber sehr modernen rationalistischen Organisationsbegriffen entnommenen Bilde an Realitäten wirklich stand. Denn diese sahen anders aus. Das wirklich Charakteristische an dem sogen. Ständestaat war nicht etwa die „organische“ Gliederung der Gesellschaft nach „natürlichen ökonomischen Berufsgruppen“ oder gar der Aufbau der Wirtschaft auf dem „Prinzip der Solidarität“. Das, was die Wirtschaft im Ständestaat von der heutigen unterschied, waren Züge, die sich in aller Welt unter den denkbar verschiedensten politischen Verfassungen wiedergefunden haben. Diese Wirtschaftsformen machten, im Gegensatz zu den heutigen wirtschaftlichen Verhältnissen, den Ständestaat allerdings *möglich* – was er heute nicht ist, – ebenso wie sie anderwärts ganz andere heute nicht mehr mögliche Staatsformen ermöglichten. Aber sie schufen ihn nicht. Sondern etwas ganz anderes war dem nur in einem Teil von Europa zur vollen Ausbildung gelangten Ständestaat eigentümlich: Die Aneignung *politischer* Rechte durch Einzelpersonen und Körperschaften nach Art des *Privat*besitzes an sachlichen Gütern und: der Zusammentritt (nicht immer *nur,* aber immer: vornehmlich) *dieser Privilegieninhaber* zu gemeinsamen Tagungen behufs Ordnung politischer Angelegenheiten durch *Kompromiß*. Burgenbesitz und militärisch oder politisch oder finanziell wichtige Befugnisse aller denkbaren Art waren damals als erbliche Privilegien in ganz gleicher Art in den Händen einzelner, wie heute nur noch der König seine Krone hat. Das, was wir heute als Inhalt der einheitlichen „Staatsgewalt" anzusehen gewohnt sind, fiel dabei in ein Bündel von Einzelberechtigungen in verschiedenen Händen auseinander. Von einem „Staat" im modernen Sinn war da überhaupt noch keine Rede. Zu jeder politischen Aktion war vielmehr eine Einigung dieser gegeneinander prinzipiell selbständigen Inhaber von Prärogativen nötig, und *dies* herbeizuführen war der Zweck der Ständeversammlungen. Sie kannten daher, im Prinzip und ursprünglich, weder Abstimmungen noch einen für denjenigen, der nicht zustimmte, bindenden Beschluß, sondern als Form der Erledigung der Geschäfte den Vergleich („Rezeß", „Abschied"), im heutigen Sprachgebrauch: das Kompromiß, und zwar nicht nur zwischen den verschiedenen Ständegruppen, sondern ebenso innerhalb einer jeden von ihnen unter den einzelnen Privilegieninhabern. Man lese beliebige Akten solcher Versammlungen und frage sich dann: ob ein moderner Staat in solchen Formen regiert werden könne? Diese Formen aber sind gerade (bei aller Flüssigkeit im einzelnen) die wesentlichsten Bestandteile des Typus, der sich sofort zu ändern beginnt, wo die ultima ratio des *Stimmzettels:* dies wichtigste (wenn auch nicht einzige) Merkmal des modernen Parlaments, in diese Gebilde einzudringen beginnt. Damit erst entsteht die moderne rationale Form der staatlichen Willensbildung. Im konstitutionellen Staat ruht in entscheidenden Punkten auch heute noch das staatliche Handeln (z.B. die Budgetfeststellung), im Rechtssinn und politisch, auf dem Kompromiß. Jedenfalls aber ist dies im *Rechts*sinne weder bei Wahlen noch bei Verhandlungen einer parlamentarischen Körperschaft der Fall und kann es auch gar nicht sein, ohne deren Bestand zu sprengen. Nur als das Kompromiß die *rechtliche* Grundlage politischen Handelns war, war auch die ständische Berufsgliederung ihrem Wesen nach am Platze. Nicht aber da, wo der Stimmzettel regiert: für eine Parlamentswahl.

Heute noch beherrscht ferner das Kompromiß, wie ehemals, als Erledigungsform die *wirtschaftlichen* Interessenkämpfe, vor allem zwischen Unternehmern und Arbeitern: es ist hier unvermeidlich die einzige endgültige Form des Austrags, und grade dies gehört zum *wesentlichen* Charakter aller wirklich lebendigen wirtschaftlichen Interessentenvertretungen. Natürlich herrscht es auch in der parlamentarischen Politik, zwischen den Parteien: als Wahlkompromiß oder Kompromiß über Gesetzesvorlagen. Die Möglichkeit des letzteren gehört sogar, wie noch zu erörtern, zu den allerwichtigsten Vorzügen des Parlamentarismus. *Aber*, wohl gemerkt: *immer* mit der ultima ratio des *Stimmzettels* im Hintergrund. Das heißt also: unter dem Druck, daß in Ermangelung des Zustandekommens des Kompromisses die dann stattfindende Wahl oder Abstimmung ein vielleicht *allen* Beteiligten annähernd gleich unerwünschtes Resultat haben werde. Wirkliche und schätzungsweise Stimmen*zählung* gehört nun einmal zum eingeborenen Wesen des modernen Wahlkampfes sowohl als der parlamentarischen Geschäftsführung; daran werden unsere Romantiker mit ihrem Abscheu vor der „Ziffer" nichts ändern. Mögen sie der Politik fernbleiben, wenn ihnen das „Rechnen" ein allzu prosaisches Mittel scheint. Nichts anderes als eine mehr als gewöhnliche Dreistigkeit ist es aber, gerade das *gleiche* Wahlrecht als „Zifferndemokratie" zu verlästern zugunsten anderer, etwa „berufsständischer" Wahlen. Denn wie steht es mit den „Ziffern" bei diesen? Alles Gerede über die „organisch" sinnvolle Art der beruflichen oder sonstigen ständischen Gliederung ist in allen diesen Projekten nur Schaufenster. Wer nicht Phrasen, sondern Realitäten wünscht, hört darüber ganz hinweg und sieht sie sich stets nur darauf an: wie die *Zahl* der Mandate und Stimmen unter diese kunstvoll ersonnenen Gruppen *verteilt* werden soll. Denn da der Stimmzettel auch dort die ultima ratio bleibt, so ist dies an ihnen ganz allein wichtig: sie alle sind eben nichts anderes als: *Wahlrechtsarithmetik*. In dieser Wissenschaft hat insbesondere das Königl. Preußische Statistische Bureau Übung. Die „Wahlrechtsreformprojekte" der letzten 30 Jahre, mit denen es sich zu befassen hatte, beruhten stets auf Berechnungen: wieviel Konservative, Zentrumsleute, Nationalliberale usw. ungefähr bei einem bestimmten Wahlmodus zu erzielen seien. Solche Ziffernkunststücke und ihre Produkte aber als das gegenüber der „Zifferndemokratie" Erhabenere anzusehen, – das wollen wir den Phraseologen und Literaten gern überlassen.

Es ist rein politisch kein reiner Zufall, wenn heute das gleiche „Ziffernwahlrecht" überall im Vordringen ist. Denn diese *Gleichheit* des Stimmrechtes entspricht in ihrer „mechanischen" Natur dem Wesen des heutigen Staates. Dem modernen Staat erst gehört der Begriff des *„Staatsbürgers"* an. Und das gleiche Wahlrecht bedeutet zunächst schlechterdings nichts anderes als: daß an diesem Punkt des sozialen Lebens der einzelne einmal *nicht*, wie sonst überall, nach seiner Besonderung in beruflichen und familienhaften Stellungen und nach den Verschiedenheiten seiner materiellen oder sozialen Lage in Betracht kommt, sondern eben nur: *als Staatsbürger*. Die Einheit des Staatsvolks an Stelle der Gespaltenheit der privaten Lebenssphären kommt darin zum Ausdruck. Das hat mit einer Theorie von irgendeiner natürlichen „Gleichheit" der Menschen natürlich nicht das geringste zu schaffen. Seinem Sinne nach ist es gerade im Gegenteil ein gewisses Gegengewicht gegen die *nicht* durch natürliche Qualitäten, sondern, oft im schroffsten Mißverhältnis zu ihnen, durch gesellschaftliche Bedingungen, vor allem durch das *Portemonnaie*, geschaffenen unvermeidlichen, aber in *keinerlei* natürlichen Unterschieden begründeten sozialen *Ungleichheiten*. Solange auch nur annähernd die heutige Gesellschaftsordnung besteht – und sie hat ein sehr zähes Leben – wird die Ungleichheit der äußeren Lebenslage, vor allem des *Besitzes*, und werden die dadurch bedingten sozialen Abhängigkeitsverhältnisse zwar gemildert, aber nie ganz beseitigt werden können, die dadurch Privilegierten also auch ihren weit über ihre Zahl hinausgehenden Einfluß auf die Staatspolitik nie auch nur annähernd ganz einbüßen. Ebenso bedingt die Natur der modernen staatlichen und wirtschaftlichen Organisation dauernd die privilegierte Lage der *Fachschulung* und damit der (mit ihr nicht identischen, aber durch sie – auch rein erziehungstechnisch – geforderten) *„Bildung"*, dieses stärksten Elements ständischer Unterscheidung innerhalb der modernen Gesellschaft. Eben deshalb ist es sinnvoll, daß im parlamentarischen Wahlrecht hiergegen ein Äquivalent: die Gleichstellung der an Masse überlegenen sozial beherrschten gegenüber den privilegierten Schichten zum mindesten bei der Wahl der *kontrollierenden* und als *Auslesestätte der Führer* fungierenden Körperschaft geschaffen wird.

Und noch wesentlich gesteigert wird die Unentbehrlichkeit dieser Instanz, wenn wir einmal annehmen: es würde wirklich im Gefolge der Kriegswirtschaft eine *dauernde* weitgehende „Organisation" der Volkswirtschaft in Interessenverbänden *unter Beteiligung von staatlichen Amtsstellen,* also eine bureaukratisch „beaufsichtigte" oder „mitverwaltete" oder sonst irgendwie mit den staatlichen Instanzen in feste dauernde Beziehungen gesetzte berufsgenossenschaftliche Regulierung der Wirtschaft (oder doch gewisser wichtiger ihrer Zweige) ins Leben treten. Hat sich eigentlich irgend einer unserer dafür so kindlich begeisterten Literaten einmal überlegt, was dabei *politisch* herauskommen würde, wenn nicht gleichzeitig durch eine gewaltige Machtsteigerung des *nicht* berufsständisch organisierten Parlaments ein Gegengewicht geschaffen wird? Sie bilden sich ein: „der Staat" werde dann der weise Regulator der Wirtschaft. *Umgekehrt!* Die ihnen so verhaßten Bankiers und kapitalistischen Unternehmer würden die *unbeschränkten und kontrollfreien Herren des Staates! Denn wer in aller Welt ist denn „der Staat"* neben dieser Maschinerie von groß- und kleinkapitalistischen *Kartellen* aller Art, in denen die Wirtschaft „organisiert" ist, wenn seine eigene Willensbildung in die Hand eben *dieser* „genossenschaftlichen" Organisationen gelegt wird? Schon die Beteiligung des Staates am Kohlensyndikat und am Bergbau überhaupt bedeutet praktisch: daß der Fiskus interessiert ist *nicht* an der bestmöglichsten Versorgung der Nation mit billiger Kohle, sondern an *hoher Rente* aus seinen Bergwerken, daß private und staatliche Zechen und Bureaukratie in diesem Interesse *identisch* sind, gegenüber den Arbeitern sowohl wie gegenüber dem Kohlenverbraucher. Jeder weitere Fortschritt der *staatlich* geleiteten Kartellierung bedeutet selbstverständlich nichts anderes als eine weitere Propagierung dieses Tatbestandes. Mag sein, daß sie trotzdem unausweichlich ist – das soll hier nicht erwogen werden. Aber welche unermeßliche Naivität, zu glauben, *dadurch* würde die – in den Augen unserer Tintenfaß-Ideologen – so höchst verwerfliche Herrschaft des Interesses am „Profit" und an der Produktion von Gütern zu „Erwerbszwecken" beseitigt oder geschwächt zugunsten des „naturgemäßen": des „gemeinwirtschaftlichen" Interesses an der möglichst besten, d.h. möglichst wohlfeilen und guten Versorgung der die Güter begehrenden und verbrauchenden *Menschen?* Welch abgründiger Unsinn! Jenes von den Kartellen vertretene kapitalistische Produzenten- und Erwerbsinteresse *beherrschte dann den Staat selbst ganz ausschließlich. Es sei denn,* daß jener Organisation der Produzenten-Interessen eine Macht gegenübergestellt wird, stark genug, um sie zu kontrollieren und entsprechend dem *Bedarf* der Bevölkerung zu lenken. Der *Bedarf* eines Menschen aber richtet sich *nicht* nach seiner Stellung im Mechanismus der Güter*produktion*. Der Arbeiter *bedarf* Brot, Wohnung, Kleidung ganz in *gleicher* Art, ganz gleichviel, in welcher Art von Fabrik er arbeitet. Gerade wenn also jene Organisation der Wirtschaft bevorsteht, ist es schlechthin notwendig, daß, *ehe* sie zu funktionieren beginnt, jetzt sofort also, ihr ein *nicht* nach der Art der Beschäftigung bei der Güterbeschaffung, sondern nach dem Prinzip der Vertretung des Massen*bedarfs* gewähltes Parlament: – ein Parlament des gleichen Wahlrechts – mit ganz souveräner Macht gegenübergestellt wird. Mit wesentlich souveränerer Macht als bisher, denn die bisherige Machtstellung hat *nicht* genügt, die naturgegebene Herrschaft des

Fiskalismus in den Staatsbetrieben und die Macht der Erwerbsinteressenten zu brechen. – Dies ist ein *negativer* Grund für das gleiche Wahlrecht.

Positiv steht aber das gleiche Wahlrecht rein „staatspolitisch" in einer engen Beziehung zu jener Gleichheit gewisser *Schicksale,* die wiederum der moderne Staat als solcher schafft. „Gleich" sind die Menschen vor dem Tod. Annähernd gleich sind sie auch in den unentbehrlichsten Bedürfnissen des körperlichen Lebens. Eben dies Ordinärste und andererseits jenes pathetisch Erhabenste aber umfassen auch diejenigen Gleichheiten, welche der moderne Staat allen seinen Bürgern wirklich dauernd und unbezweifelbar bietet: die rein physische Sicherheit und das Existenzminimum zum Leben, und: das Schlachtfeld für den Tod. Alle Ungleichheiten der politischen Rechte der Vergangenheit führten letztlich auf ökonomisch bedingte Ungleichheit der *militärischen* Qualifikation zurück, welche im bureaukratisierten Staat und Heer fehlen. Gegenüber der nivellierenden unentrinnbaren Herrschaft der Bureaukratie, welche den modernen Begriff des „Staatsbürgers" erst hat entstehen lassen, ist das Machtmittel des Wahlzettels nun einmal das *einzige,* was den ihr Unterworfenen ein Minimum von Mitbestimmungsrecht über die Angelegenheiten jener Gemeinschaft, für die sie in den Tod gehen sollen, überhaupt in die Hand geben *kann.*

In Deutschland nun ist es *das Reich,* welches den Krieg führt, von den Einzelstaaten aber ist *Preußen* kraft seiner Stellung im Reich der für dessen Politik schlechthin ausschlaggebende Hegemoniestaat. An das *Reich* stellt daher der einzelne den Anspruch, daß es die Erfüllung wenigstens des absoluten Mindestmaßes von politischer Anstandspflicht gegenüber den heimkehrenden Kriegern seitens dieses Hegemoniestaates garantieren müsse. Keiner von ihnen darf – das ist ein *Reichs*interesse – in dem ausschlaggebenden Einzelstaat *gegenüber einem Daheimgebliebenen* im politischen Wahlrecht zurückgesetzt sein, wie es bei jedem anderen als dem gleichen Wahlrecht unvermeidlich der Fall wäre.[1]) Die Forderung ist rein staatspolitischen, nicht parteipolitischen Charakters. Wir kennen ja die Stimmung und politische Gesinnung gar nicht, welche die heimkehrenden Krieger erfüllen wird. Vielleicht wird sie sehr „autoritär" sein. Denn starke „konservative" Parteien wird es immer geben, weil es immer autoritär gestimmte Menschen geben wird. Dann mögen sie mit dem Wahlzettel in der Hand den Staat nach ihren Idealen aufbauen, und wir Daheimgebliebenen werden an unseres Tages Arbeit gehen. Nur der schamlose Widerstand der „Heimkämpfer" gegen die Erfüllung jener elementaren Anstandspflicht wird hier bekämpft. Dafür, daß die Bäume der veralteten, negativen, nur die Freiheit *vom* Staat fordernden Demokratie nicht in den Himmel wachsen, sorgen die unerbittlichen Realitäten der Gegenwart und würde am besten die selbstverantwortliche Beteiligung der parlamentarischen Parteiführer an der Macht *im* Staate sorgen. Gerade die Erfahrungen dieses Krieges haben (auch jetzt in Rußland)

---

[1]) Die, wie es scheint, beabsichtigte Verknüpfung des Wahlrechts mit *Aufenthaltsfristen,* welche also die *Entziehung* des (jetzt in der dritten Klasse bestehenden) Wahlrechts der zu häufigem Ortswechsel genötigten Arbeiterschaft bedeuten würde, wäre eine *Entrechtung* der betreffenden Schichten von im Felde stehenden Proletariern! Bei der großen Umschichtung der Wirtschaft würden bei den nächsten Wahlen vielleicht die *Mehrzahl aller Arbeiter* die Arbeitsstelle neu suchen müssen, also das Wahlrecht *verlieren!*

gezeigt, was schon einmal betont wurde: daß *keine* Partei, welchen Programms auch immer, die *effektive* Leitung eines Staates in die Hand bekommt, ohne *national zu werden.* Das würden wir bei uns ganz ebenso erleben, wie man es überall erlebt hat. *Weil* sie von der Staatslenkung nicht ausgeschlossen waren, waren die sozialistischen Parteien anderer Staaten „nationaler" als (damals) die unsrige. Welches aber auch immer die Stimmung der heimkehrenden Krieger sein wird, – jedenfalls bringen sie Erlebnisse, Eindrücke und Erfahrungen mit, welche *nur sie* gehabt haben. Was wir von ihnen vor allem erwarten zu dürfen glauben, ist einmal ein mindestens relativ größeres Maß von *Sachlichkeit.* Denn im Höchstmaß sachlich sind die Aufgaben, welche der moderne Krieg stellt. Und ferner: ein größeres Maß von Gefeitheit gegen bloße Literatenphrasen, gleichviel welcher Partei. Dagegen hat die Kriegszeit innerhalb der *Daheim*gebliebenen, vor allem der Besitzenden und der Literatenschichten, ein so widerwärtiges Bild fehlender Sachlichkeit, mangelnden politischen Augenmaßes und geflissentlich genährter Verblendung gegen die Realitäten offenbart, daß hier nur gelten kann: „du hast ausgeläutet, herunter vom Glockenturm"! Zum mindesten die Neuordnung des Wahlrechtes aber muß schon während des Krieges erfolgen. Denn die heimkehrenden Krieger dürfen nicht in die Notwendigkeit versetzt werden, zunächst in sterilen inneren Kämpfen um Wahlrechte sich die Machtmittel zu verschaffen, in dem Staat, dessen Existenz sie verteidigt haben, maßgebend mitreden zu dürfen. Sie müssen eine solche Ordnung der rein formalen politischen Rechte bereits *vorfinden,* daß sie unmittelbar Hand an den materiellen Neuaufbau seiner Struktur legen können. Dies ist das rein praktisch entscheidende Argument für das gleiche Wahlrecht in Preußen und seine alsbaldige Einführung gerade jetzt, *ehe* der Krieg zu Ende gegangen ist. –

Wir kennen ja nun alle die Phrasen, mit welchen demgegenüber die Interessenten den Spießbürger, zumal: den Literaten, zu schrecken suchen. Vor allem: die Angst vor der Zerstörung der angeblich „vornehmen" und daher kulturfördernden „Traditionen" und auch der vermeintlich unergründlichen politischen Weisheit der den Staat beherrschenden, angeblich „aristokratischen" Schichten durch die „Demokratie". Gehen wir einmal auf den wirklichen Kern dieser Argumente ein, obwohl sie von der Wahlrechtsfrage als solcher zunächst abführen.

Es ist unzweifelhaft, daß eine *echte Aristokratie* recht wohl ein ganzes Volk im Sinn und in der Richtung ihres Vornehmheitsideals zu prägen vermag. Denn die plebejischen Schichten ahmen ihre „Geste" nach. Und sie kann ferner, den Vorteil der festen Tradition und des sozial weiten Horizonts mit dem Vorteil der „kleinen Zahl" verbindend, als Leiterin eines Staatswesens politisch hochwertige Erfolge erzielen. Die Herrschaft einer Aristokratie mit politischen Traditionen hat vor demokratischen Herrschaftsformen ferner einen staatspolitischen Vorzug: die geringere Abhängigkeit von *emotionalen* Momenten. Anders ausgedrückt: den durchschnittlich *kühleren Kopf,* der das Produkt einer bewußt durchgeformten Lebensführung und durch Erziehung auf „Contenance" eingestellten Haltung ist. Sie hat die Gabe *schweigenden Handelns* regelmäßig in wesentlich höherem Maße als sowohl die demokratischen Massen wie auch – was von Schmeichlern meist verschwiegen wird, obwohl es weit schlimmer wirkt – die nicht parlamentarischen modernen Monarchen. *Alle* nicht parlamentarischen modernen Monarchen sind der Gefahr ausgesetzt: zu glauben, sie müßten im Interesse ihres Prestiges ähnlich für ihre Person durch *Reden* sozusagen Reklame machen, wie es demokratische Führer im Klassenstaat für ihre Partei im Interesse der Werbung zu tun gezwungen sind. Ein Volk kann daher dem Himmel danken, wenn seinem Monarchen die staatspolitisch höchst unwillkommene Gabe und das Bedürfnis der persönlichen Rede *versagt* ist. Und das parlamentarische System hat eine seiner Stärken darin, daß es den Monarchen vor dieser Bloßstellung seiner Person bewahrt. Einer alten politischen Aristokratie liegt diese Gefahr am fernsten. Und sie verbindet mit diesem Vorzug die Fähigkeit der *Geschmackskultur*. Demokratische Parvenüstaaten, wie der italienische, pflegen von ihr ebenso entblößt zu sein wie neu entstandene Monarchien. Wenn die furchtbare Barbarei der pietätlosen – dabei durch antiklerikale Tendenz gegen „peinliche", d.h. beschämende, „Erinnerungen" eingegebenen – Verunstaltung Roms dem italienischen großen Lyriker Carducci den Wunsch entlockte: es möchte der Kirchenstaat einmal auf einen Monat hergestellt werden, um die hohle Theatralik und den Ungeschmack der „terza Roma" hinwegzufegen, so ist das seiner kargen Schlichtheit entkleidete Berlin mit seinem elenden Dom, seinem Scheusal von Bismarck-Denkmal und manchem andern, verglichen etwa mit München, oder Wien, aber auch mit vielen kleineren Residenzen, ein solches Monument banalen Pseudomonumentalismus, daß man mit Schaudern an das Geschmacks-Urteil der Nachwelt über dies Menschenalter deutscher Geschichte und mit Scham an eine Künstlergeneration denkt, die sich dafür hergegeben hat, und an ein Publikum, welches dem nicht entgegentrat. Jedenfalls aber erbringt diese Verunstaltung den Beweis: daß die Monarchie *an sich* wahrlich nicht die geringste Garantie, oft eine Gefährdung künstlerischer Geschmackskultur bietet. Während das Bismarck-Denkmal Hamburgs, die einzige vollwertige Monumentalleistung Deutschlands, für immer dem Hamburger Patriziat zur Ehre gereicht und unseren blöden Literaten zeigen kann, daß „Kapitalismus" und „Kunst" nicht notwendig in jener natürlichen Feindschaft leben, die man ihnen andichtet. Für die Demokratien aber erbringen italienische Gewerkschaftshäuser den gleichen Beweis, im übrigen: Städte wie Zürich. Hohe Geschmackskultur, wie sie einer fest gefügten und selbstsicheren alten Aristokratie oder einer deren Traditionen nachahmenden Demokratie am ehesten eignet, ist aber auch rein staatspolitisch keineswegs gleichgültig: das Prestige Frankreichs in der ganzen Welt beruht auf dem Schatz, den es aus seiner aristokratischen Vergangenheit herübergerettet und, bei höchst üblem Verfall der offiziellen Kunstpflege, eben doch in den intimen Kreisen seines Kunstschaffens und der ästhetischen Durchgeformtheit des französischen Menschentypus weitergepflegt hat. Hier hat die Demokratisierung wenigstens partiell zur Propagierung der alten exklusiven Geschmackskultur geführt, wie es für den italienischen Menschentypus gerade der Unterschichten in anderer Art ebenfalls gilt. –

Fassen wir auch für Deutschland dies Problem ganz prinzipiell und zunächst von der hier besprochenen Wahlrechtsfrage ganz unabhängig. Da fragt es sich nun zunächst: *wo ist denn die deutsche Aristokratie mit ihrer „vornehmen" Tradi-*

*tion?* Gäbe es sie, – dann wäre zu diskutieren. *Aber sie ist ja,* außerhalb einiger *Fürsten*höfe (gerade kleinerer) *einfach nicht da.* Denn was bedeutet: Aristokratie, oder vielmehr: welche Bedingungen sind gefordert, damit eine Schicht – gleichviel, ob im Wesen feudal („Adel") oder bürgerlich („Patriziat") – als Aristokratie im *politischen* Sinne des Wortes fungieren und politisch nutzbar gemacht werden kann? Vor allem anderen: eine ökonomisch sturmfreie Existenz. Ein Aristokrat muß, das ist ja die allerelementarste Vorbedingung, *für* den Staat leben können, nicht *von* ihm leben müssen. Die bloß äußerliche Tatsache des Besitzes solcher Einnahmen, daß ihm der Verzicht auf ein Ministergehalt nicht allzu schwer fällt, entscheidet dabei noch nicht. Er muß vor allem „ökonomisch abkömmlich" sein, um äußerlich, und vor allem auch innerlich, für politische Zwecke zur Verfügung zu stehen. Das heißt: die Arbeit im Dienst eines wirtschaftlichen *Betriebes* darf ihn nicht, oder jedenfalls nicht erschöpfend, in Anspruch nehmen. Von allen privatwirtschaftlichen, auf scharfe eigene geistige Arbeit zugeschnittenen Erwerbsarten ist der *Advokaten*beruf derjenige, welcher am relativ ehesten den, der ihn ausübt, für politische Zwecke abkömmlich bleiben läßt (durch die Möglichkeit der Assoziation oder des Engagements von Vertretern und das Fehlen des Kapitalrisikos) und, weil der Advokat über Rechtskenntnis und Erfahrung in der Alltagspraxis der Lebensbedürfnisse verfügt, überdies aber über ein organisiertes *Bureau,* ihn in allen Demokratien sehr stark in der politischen Laufbahn begünstigt, ihm auch im Falle von Wahlmißerfolgen den Wiedereintritt in die Leitung seines Betriebes relativ sehr erleichtert. Man hat über die Bedeutung der Advokaten in zahlreichen Demokratien sehr gescholten, und zumal die niedrige soziale Schätzung des Anwaltes bei uns ist für dies Urteil bestimmend gewesen. Außerdem der nicht selten berechtigte Vorwurf des „Formalismus" in der Behandlung politischer Probleme. Allein der Formalismus gehört zum Wesen aller juristischen Schulung, auch der des Richters und Verwaltungsbeamten, wenn man nicht die Willkür züchten will. Andererseits aber bedeutet die Advokatenarbeit im Gegensatz zu der des Richters und Beamten eine Schulung zum „Kampf mit dem Wort": die starke Überlegenheit unserer Feinde über uns in der politischen Werbearbeit, und überhaupt in der Benutzung der wichtigen Waffe des Wortes ist durch jenen *Mangel* an Advokatenschulung (die durchaus vornehmen Niveaus sein kann) bedingt, der *jeder* reinen Beamtenregierung gegenüber den Advokatenministern der Demokratien anhaftet. Wer also eine Änderung darin wünscht, muß das Mittel: Vermehrung des politischen Einflusses der Advokaten durch Steigerung ihrer politischen *Chancen,* in den Kauf nehmen. Von dem Wesen des wirklich „großen" Advokatenberufes hat freilich der Deutsche, vor allem der Literat, dessen Vorstellung an Schöffengerichts- oder Eheprozessen oder kleinen Ärgernissen des Alltags, die ihn zum Advokaten führten, orientiert ist, im allgemeinen keinerlei Ahnung. Wer ihn kennt, weiß, daß er die Krone *aller* juristischen Arbeit nicht nur, sondern auch aller freien Vertrauensstellungen ist und an geistiger Intensität und *Verantwortlichkeit* hoch über der meisten juristischen Arbeit steht. Das Beamtentum *haßt* selbstverständlich den Advokaten als lästigen Mittelsmann und Querulanten und daneben aus Ressentiment gegen seine Erwerbschancen. Es ist gewiß nicht erwünscht, daß Parlamente und Kabinette ganz und gar von Advokaten regiert werden. Aber ein kräftiger Einschlag vornehmen Advokatentums wäre jedem modernen Parlament zu wünschen. – Immerhin: eine „Aristokratie" bildet die heutige Anwaltschaft jetzt nicht einmal in England mehr. Sondern einen bürgerlichen Erwerbsstand; freilich einen solchen, der politisch „abkömmlich" ist.

Niemals ist dagegen ein moderner *Unternehmer* ein „Aristokrat" im *politischen* Sinne des Wortes. Er ist im Gegensatz zum Advokaten spezifisch *unabkömmlich,* und zwar je größer und also ihn in Anspruch nehmender der Betrieb ist, *desto mehr.* Das alte Handelspatriziat der Städterepubliken war eine Schicht von *Gelegenheits*unternehmern, im übrigen aber: von Rentnern; *darauf* beruhte seine politische Brauchbarkeit. Ein moderner Fabrikant, an die stetige, scharfe, aufreibende Arbeit seines Betriebes gefesselt, ist von allen Vertretern besitzender Schichten der für Politik „unabkömmlichste" Typus. Darauf vor allen Dingen beruht die, im Verhältnis zur ökonomischen Wichtigkeit und praktischen Intelligenz dieser Schicht, *relativ* unvermeidlich geringe Bedeutung ihrer Mitglieder für die politische sowohl wie für die Arbeit der Selbstverwaltung. Nicht – wie der übliche stupide Literatenmoralismus schwätzt – geringerer „Opfersinn" oder „Mammonismus", sondern die dem bürgerlich-kapitalistischen Betrieb und Erwerb immanente äußere Arbeitsgebundenheit und innere Pflichtgebundenheit an den Betrieb entscheidet darüber. Der Saisoncharakter der *Landwirtschaft* läßt immerhin wenigstens die Wintermonate für die politische Arbeit frei. Aber: bei *allen* in den ökonomischen Interessenkampf als Unternehmer unmittelbar verflochtenen Schichten fehlt etwas anderes, noch Wichtigeres: die, sozusagen, „innerliche" Abkömmlichkeit, die *Distanz* von privatwirtschaftlichen Alltags-Interessen*kämpfen.* Stets ist der moderne Unternehmer, auch der landwirtschaftliche (im Gegensatz zum Advokaten), viel zu unmittelbar in diesen Kampf verflochtener *Interessent,* um politisch verwertbar zu sein.

Die hinlängliche Distanz vom ökonomischen Interessenkampf besitzt seit jeher nur: der *Großrentner.* Vor allem der ganz große Grundherr (Standesherr). Aber auch der große Rentenvermögensbesitzer überhaupt. Ihm allein eignet die nötige relativ weitgehende Entrücktheit aus dem ökonomischen Alltagskampf, den jeder Unternehmer um sein Dasein, seine ökonomische Macht, den Bestand seines Betriebes unausgesetzt zu führen hat. Die demgegenüber weit größere Sturmfreiheit der Existenz des Großrentners, die – auch wo er Großunternehmungen zu seinen Rentenquellen zählt – weit größere *Distanz* zum Alltag des Betriebs setzt äußerlich und innerlich seine Kräfte für politische – staats- und kulturpolitische – Interessen, für „weltmännische" Lebensführung, Mäzenatentum und Erwerb von Weltkenntnis großen Stils frei. Nicht, daß er etwa in einem ökonomisch „interessenleeren Raum" lebte. Derartiges gibt es nicht. Aber er steht nicht im Alltagskampf um die Existenz seines Betriebes, ist nicht *Organ* eines solchen, ist nicht Träger plutokratischer *Klassen*interessen, weil er dem aktuellen Interessen*kampf* entrückt ist. *Nur* eine Schicht *dieser* Struktur könnte heute auf das Prädikat einer „Aristokratie" im Sinn einer spezifischen *ökonomischen* Qualifiziertheit Anspruch erheben.

Von der Bedeutung dieser ökonomischen Qualifikation kann man sich schon im kleinen leicht überzeugen. Nehmen wir ein Beispiel: Jedermann weiß, um ein Alltagsbeispiel zu wählen, was für den Geist eines Offizierkorps ein „nervöser“ Regimentskommandeur bedeutet. Nun, – diese „Nervosität“ ist (bei sonst gleichen Verhältnissen) in typischer Art Folge der ökonomischen Lage: der Vermögenslosigkeit, die den Kommandeur für den Fall der Verabschiedung mit seiner an soziale Ansprüche gewöhnten Familie vor eine schäbige Zukunft stellt, ihn daher in seinem dienstlichen Verhalten bedrückt und belastet und es ihm im Vergleich mit einem vermögenden Kommandeur unendlich erschwert, die Ruhe zu bewahren und – ein praktisch sehr wichtiger Punkt – die Interessen seiner Untergebenen nach oben rücksichtslos zu vertreten. Jeder Offizier mit offenen Augen wird diese Erfahrung gemacht haben, die durch Einzelbeispiele zu illustrieren wohl unnötig ist. Und ähnlich steht es auf anderen Gebieten. Viele der sozialpolitisch charaktervollsten Figuren unseres Beamtentums – z.B. in den Fabrikinspektionen – waren vermögende Männer, welche eben um deswillen nicht nötig hatten, sich jedem Luftzug der Interessenten zu beugen, sondern ihr Amt einsetzten, wenn ihnen Zumutungen gestellt wurden, die sie mit ihrem Gewissen nicht vereinbaren konnten. Die Bedeutung Paul Singers und seine Stellung innerhalb der Sozialdemokratie war, angesichts seiner intellektuell schließlich doch recht begrenzten Begabung, in starkem Maß Funktion seines Vermögens, welches ihm erlaubte, *für* die Partei zu leben – wie er es getan hat –, statt daß er *von* ihr hätte leben müssen. „Politischer Charakter“ ist nun einmal billiger für den vermögenden Mann, daran kann kein Moralismus etwas ändern. Und es handelt sich keineswegs nur um Charakter „nach oben“. Die relativ größere Zugänglichkeit der besitzlos im Alltagskampf um ihr Dasein ringenden Massen für alle *emotionellen* Motive in der Politik: für Leidenschaften und Augenblickseindrücke sensationeller Art, gegenüber dem „kühleren Kopf“ des dieser Sorge enthobenen Besitzenden läßt es dringend erwünscht erscheinen, daß gerade demokratische Parteien auch Leute in gesicherter ökonomischer Lage, die aus rein persönlicher Überzeugung sich der politischen Arbeit widmen, in ihrer *Leitung* zählen, um gegen diese Einflüsse ein Gegengewicht zu haben, welches das Partei*beamtentum* als solches nicht immer zu bieten vermag. Die emotionalen Qualitäten der Masse sind zwar, weil sie nicht *unmittelbar* in die Politik einzugreifen vermag, und weil ihr Verhalten leichter vergessen wird, bei weitem nicht so gefährlich, wie die emotionalen Qualitäten der *Monarchen,* welche durch erregte und unvorsichtige Telegramme und Reden die politische Lage einer Nation auf Jahrzehnte hinaus kompromittieren können. Aber vorhanden sind sie auch, und auch *ihnen* gegenüber ist „politischer Charakter“ und kühle Überlegung unter sonst *gleichen* Verhältnissen *billiger* für den besitzenden Mann. Es ist eine wichtige Zukunftsfrage: ob auch die in ihrer Vermögenslage unabhängigen Besitzenden, die nun einmal da sein werden, solange es eine Privateigentumsordnung gibt, in den Dienst der politischen, und zwar gerade auch der *demokratischen* parteipolitischen Arbeit treten. Das leicht entstehende Ressentiment des schwer um sein Brot arbeitenden und auf sein Gehalt angewiesenen Parteibeamten gegen solche Elemente darf die Parteien nicht hindern, die Lehren, welche die Erfahrung in dieser Hinsicht gibt, zu beherzigen. Andrerseits ist jenes Ressentiment des Partei- und Genossenschaftsbeamtentums das ganz geeignete Gegengewicht gegen die Gefahr, daß eine „plutokratische" Leitung der Parteien aus jener Lage entstehen könnte. Die Erfahrungen der russischen demokratischen Parteien, bis zur äußersten Linken hin, bei denen Fürstentöchter mit auf den Barrikaden gefochten und Mäzenaten größten Stils die Mittel für die Volksbewegung aufgebracht haben, zeigen, daß der Spielraum, welchen das ökonomische Eigeninteresse besitzender Ideologen für die idealistische Betätigung zuverlässig „demokratischer" *Gesinnung* offenläßt, *weit* größer ist, als bei irgendeiner, sozial angesehen, plebejischeren, aber dabei in den Interessenkampf unmittelbar verstrickten Schicht, weil ihre Vermögenslage ihnen nicht die Richtlinien ihres politischen Verhaltens weisen muß, sondern Rückhalt für politisch selbständige Überzeugung sein *kann*. Rein äußerlich leisten diesen Dienst die prosaischen Rentenpapiere ihrem Besitzer ebensogut wie etwa der Besitz einer Standesherrschaft. Aber allerdings schult diese durch die Art der im großen disponierenden Aufgaben, vor welche sie den Inhaber stellt, und durch den Resonanzboden der Herrenstellung, ihn unter sonst gleichen Umständen in einer weit spezifischeren Art für politisches Handeln, als die Kuponschere und der rein konsumtive Stadthaushalt eines Papierrentners es zu tun vermögen. Kein Zweifel also: eine Grundherrenschicht, wie sie in England bestand und wie sie ähnlich den Kern des altrömischen Senatsadels ausmachte, ist staatspolitisch ein durch nichts zu ersetzender Träger von politischer Tradition, Schulung und Temperierung. *Aber wo ist sie* bei uns? Wie viele solcher Standesherren gibt es in Deutschland, insbesondere in Preußen? Wo ist ihre politische Tradition? So gut wie *nichts* bedeuten sie politisch, und am *allerwenigsten in Preußen*. Und es scheint denn doch klar, daß eine staatliche Politik mit dem Ziel der Züchtung einer solchen wirklich aristokratischen Großrentnerschicht heute ein Ding der Unmöglichkeit ist. Mag es auch möglich sein, auf Waldboden – dem einzigen zur Fideikommißbildung sozialpolitisch qualifizierten Grundbesitz – noch eine Anzahl großer Standesherrschaften entstehen zu lassen, so wäre es doch ausgeschlossen, dadurch Resultate zu erzielen, die quantitativ ins Gewicht fallen. Und *das* war ja die tiefste innere Unwahrhaftigkeit des Anfang 1917 in Preußen beratenen Fideikommißgesetzentwurfs: daß er dies adäquate Institut eines *standesherrlichen* Besitzes auf den *Mittelstand* des durchschnittlichen ostelbischen Rittergutsbesitzes erstrecken und dadurch Existenzen zu einer „Aristokratie" *aufblasen* wollte, die nun einmal keine sind und auch keine sein können. Wer die viel (und oft zu unrecht) geschmähten und ebensoviel (und ebenso zu unrecht) verhimmelten „Junker" des Ostens kennt, wird gewiß rein persönlich seine Freude an ihnen haben müssen: auf der Jagd, beim guten Trunk, bei der Karte, in der Gastlichkeit des Gutshofs: da ist alles echt. Unecht wird alles erst, wenn man diese schon rein ökonomisch auf landwirtschaftliche *Unternehmerarbeit* und auf den *Interessenkampf* – einen so rücksichtslosen sozialen und ökonomischen Interessenkampf wie nur irgendein Fabrikant – angewiesene, also dem Wesen nach „bürgerliche" Unternehmerschicht als „Aristokratie" stilisiert. Zehn Minuten im Kreise von ihresgleichen genügen, um zu sehen: daß sie *Plebejer* sind, gerade und vor allem in ihren Tugenden, die durchaus massiv plebejischen Charakters sind. Ein ostdeutsches Rittergut *„trägt heute keine Herrschaft"*, wie sich der Minister von Miquel einmal (privatim!) ganz richtig ausdrückte. Versucht man eine solche heute auf schlichte bürgerlichkapitalistische Arbeit hingewiesene Schicht zu einer „Aristokratie“ zu stempeln mit feudalen Gesten und Prätensionen, so wird daraus unweigerlich nur eines: *eine Parvenüphysiognomie.* Diejenigen Züge unseres politischen und sonstigen Auftretens in der Welt, welche diesen Charakter tragen, sind zwar nicht nur, aber immerhin *auch* dadurch mitbedingt, daß man diese Ansprüche, eine Aristokratie zu spielen, Schichten eingeflößt hat, denen dazu nun einmal die Qualifikation fehlt.

Nicht *nur* gerade *dieser* Schicht. Denn das Fehlen von Formen weltmännischer Erziehung bei uns ist natürlich keineswegs *nur* durch die Physiognomie gerade der Junker, sondern durch den penetrant bürgerlichen Charakter *aller* derjenigen Schichten gegeben, welche die spezifischen Träger des preußischen Staatswesens in den Zeiten seines ärmlichen, aber glorreichen Aufstieges gewesen sind. Die alten Offizierfamilien, welche in ihren oft überaus dürftigen Verhältnissen hochehrenwert die Tradition des altpreußischen Heeres pflegen, die gleichartigen Beamtenfamilien sind – einerlei, ob adlig oder nicht – ökonomisch und sozial ebenso wie nach ihrem Horizont ein *bürgerlicher Mittelstand.* Die gesellschaftlichen Formen des deutschen Offizierkorps sind innerhalb seines Kreises im allgemeinen durchaus dem Charakter der Schicht angemessen und gleichen in ihren entscheidenden Zügen denen der Offizierkorps der Demokratien (Frankreich, auch Italien) *durchaus.* Sie werden aber allerdings sofort zur Karikatur, wenn sie über diesen Kreis hinaus von nichtmilitärischen Kreisen als vorbildlich behandelt werden. Vor allem dann: wenn sie eine Mischehe eingehen mit gesellschaftlichen Formen, welche dem Pennalismus der *Beamtenschulen* entstammen. Und das ist bei uns der Fall.

Das *studentische Couleurwesen* ist bekanntlich die typische soziale Erziehungsform des Nachwuchses für die nichtmilitärischen Ämter, Pfründen und „freien“ sozial gehobenen Berufsstellungen. Die „akademische Freiheit“ des Paukens, Trinkens, Schwänzens entstammt Zeiten, wo andere Freiheiten irgendwelcher Art bei uns nicht existierten und wo nur diese Literatenschicht der Amtsanwärter mit eben jenen Freiheiten *privilegiert* war. Der Einschlag aber, welchen die damals entstandenen Konventionen in der „Geste“ des in Deutschland von jeher und noch immer zunehmend wichtigen „Prüfungsdiplommenschen“ hinterlassen haben, ist noch heute nicht zu beseitigen. Die studentischen Couleuren selbst würden auch dann schwerlich verschwinden, wenn heute nicht schon die Hypotheken auf den Couleurhäusern und die Notwendigkeit für die „Alten Herren“, sie zu verzinsen, für ihre ökonomische Unsterblichkeit hinlänglich Sorge trügen. Im Gegenteil dehnt sich das Couleurwesen stetig weiter aus. Einfach deshalb, weil das *Konnexionswesen* der Couleuren heute eine spezifische Form der *Auslese der Beamten* ist und weil die Reserveoffizierqualität und die dazu erforderliche, durch das Couleurband sichtbar verbriefte „Satisfaktionsfähigkeit“ den Zutritt zur „Gesellschaft“ öffnet. Zwar der Trinkzwang und die Mensurentechnik der Couleuren werden zunehmend den Bedürfnissen der schwächlicheren Konstitution der um der Konnexionen willen immer zahlreicheren Reflektanten auf das Couleurband angepaßt: es gibt angeblich jetzt Teetotaler in einigen Korps. Aber das Entscheidende: die *geistige Inzucht* (eigene Lesezimmer in den Couleurhäusern, besondere, nur von „Alten Herren“

mit einer unsäglich subaltern-kleinbürgerlichen Art von gutgemeinter „patriotischer" Politik versorgte Couleurblätter, Perhorreszierung oder doch sehr große Erschwerung des Verkehrs mit Gleichaltrigen anderen gesellschaftlichen oder geistigen Gepräges) ist in den letzten Jahrzehnten *stetig gesteigert* worden. Dabei ergreift die Couleurkonnexion stets weitere Kreise. Ein Kommis, der auf Reserveoffizierqualitäten und das durch sie gebotene Konnubium mit der „Gesellschaft" (der Tochter des Chefs vor allem) reflektiert, besucht eine jener Handelshochschulen, welche um eben dieses Verbindungstreibens willen einen guten Teil ihres Zulaufs finden. Wie immer man nun alle diese studentischen Gebilde an sich beurteilen mag – und der Maßstab des Moralismus ist nicht der des Politikers –, jedenfalls bieten sie *keine weltmännische* Erziehung, sondern mit ihrem schließlich doch unleugbar banalen Pennalismus und ihren subalternen sozialen Formen so ziemlich das gerade Gegenteil davon. Der stumpfsinnigste angelsächsische Klub bietet gerade davon mehr, so „leer" man an sich z.B. den Sportbetrieb, in dem er sich nicht selten erschöpft, finden mag. Vor allen Dingen deshalb, weil er bei oft sehr strenger Auslese doch stets auf dem Prinzip der strengen *Gleichheit des Gentleman* aufgebaut ist und nicht auf demjenigen des *Pennalismus,* welchen die Bureaukratie an unseren Couleuren als *Propädeutik für die Disziplin* im Amt so außerordentlich schätzt und durch dessen Pflege die Couleuren sich nach oben zu empfehlen nicht versäumen.[2]) Jedenfalls erziehen die formelhaften Konventionen und erzieht vollends der Pennalismus dieser sogen. „akademischen Freiheit", welche dem Amtsreflektan-

[2]) In der deutschen Korpszeitung Nr. 428 (hier zitiert nach der Wiedergabe von Prof. A[ugust] Messer, Gießen, in der „Weserzeitung" vom 2.6. [19]17 heißt es bei der Kritik „moderner" Reformvorschläge: „Die Vorschläge berücksichtigen überhaupt nicht das wechselnde Material von Füchsen und überhaupt Aktiven bei jedem Bunde. Um eins herauszugreifen: Kein Trinkzwang! Kein Resttrinkenlassen! Kein Vollpumpen! Derartige Kneipen habe ich ohne vorhergegangene Reformen oft genug bei den verschiedensten Korps erlebt, manchmal semesterlang. Und später bei denselben Bünden Abende, an denen alles rollte. Es waren eben andere da, und die hielten eben viel Trinken für schön und angenehm, sehr oft aber auch für notwendig. Und die Möglichkeit des Vieltrinkens und des Vieltrinkenlassens ist auch notwendig. Verbieten wir das Resttrinkenlassen, so kann jederzeit jeder trinkfeste Fuchs jeden weniger vertragenden Korpsburschen in Grund und Boden trinken, und die Autorität ist hin, oder aber wir schaffen die Bierehrlichkeit und damit die Grundlage jeder Kneipgemütlichkeit ab. Verbieten wir das Vollpumpen, so geben wir ein Erziehungsmittel aus der Hand! Ich bitte diese Worte nicht aus dem Zusammenhang gerissen zu zitieren. Unser Korpsleben soll doch eine Kette von Erziehungsversuchen darstellen. Und jeder Korpsstudent wird bestätigen, daß er nie mehr im Leben so deutlich, so ungeschminkt, so unglaublich grob manchmal die Wahrheit zu hören bekam wie im Korps. Und wie kam's, daß er sich das gefallen ließ? So lächerlich es klingt: Infolge der Kneipe! Die Kneipe ist für uns, was der vielgelästerte Kasernenhofdrill, der Parademarsch für den Soldaten. So wie dort das hundertmal wiederholte „Knie beugt!" nacheinander Faulheit, Wurstigkeit, Trotz, Wut, Schlappheit und Ermattung überwindet und aus dem Gefühl hilfloser Ohnmacht und völliger Willenlosigkeit vor dem Vorgesetzten die Disziplin hervorgehen läßt, so bietet bei uns das „Rest weg!" dem Älteren vor dem Jüngeren immer Gelegenheit, seine unbedingte Überlegenheit zu zeigen, zu strafen, Abstand zu wahren, die Atmosphäre zu erhalten, die für das ständige Erziehungswerk des Korps unbedingtes Erfordernis ist, wollen wir nicht Klubs werden. Das „Rest weg!" ist natürlich nicht immer, nicht bei jedem angebracht, aber es muß über der Kneipe schweben, wie das „Knie beugt!" über jedem Kasernenhof. Auf beiden kann es trotzdem urgemütlich zugehen."

ten aufgenötigt werden, nur um so *weniger* einen aristokratischen Weltmann, je *mehr* sie sich zu einem Protzen mit dem Geldbeutel – der *Eltern* ausgestalten, wie es unvermeidlich geschieht, wo immer es die Verhältnisse gestatten. Wenn der junge Mensch, der in diese Schule gerät, nicht ein ungewöhnlich selbständiger Charakter und ein sehr freier Geist ist, so werden an ihm jene fatalen Züge eines *lackierten Plebejers* entwickelt, die wir so oft an ihren Vertretern, auch sonst recht tüchtigen, beobachten. Denn durchaus *plebejisch* und fern von allem in gleichviel welchem Sinne „Aristokratischen" sind diejenigen Interessen, welche von diesen Gemeinschaften gepflegt werden. Und der entscheidende Punkt liegt auch hier eben darin, daß ein seinem Wesen nach *plebejisches,* aber da, wo es unbefangen nur jugendlichen Überschwang suchte, unschädliches Scholarentreiben heute die Prätension erhebt, ein Mittel *aristokratischer,* für die Führung im Staat qualifizierende *„Erziehung"* zu sein. Der geradezu unglaubliche Widerspruch, der *darin* liegt, rächt sich darin, daß als Resultat – eine *Parvenüphysiognomie* entsteht.

Man hüte sich doch sehr, diese Parvenüzüge im deutschen Angesicht für politisch so ganz gleichgültig zu halten. Nehmen wir gleich ein Beispiel: „Moralische Eroberungen" bei Feinden, d.h. Interessengegnern, zu machen, ist ein eitles, von Bismarck mit Recht verspottetes Treiben. Aber: bei *Bundesgenossen,* jetzigen oder künftigen? Unsere österreichischen Bundesgenossen und wir sind *politisch* dauernd aufeinander angewiesen. Das ist ihnen wie uns bekannt. Ohne große Torheiten droht da keinerlei Gefahr eines Bruches. Die deutsche *Leistung* wird von ihnen – auch *ohne* daß immer so viel von uns davon geredet wird, ja dann noch leichter! – rückhaltlos und neidlos anerkannt (von den sachlichen Schwierigkeiten, welche sie ihrerseits haben und die Deutschland erspart sind, hat man bei uns nicht überall die richtige Vorstellung und daher nicht immer die entsprechende Wertschätzung *ihrer* Leistung). Aber was jedermann in der ganzen Welt weiß, muß offen auch hier gesagt werden: was von ihnen und von allen anderen Völkern, mit denen wir je Freundschaft wünschen könnten, nicht ertragen werden würde, wären *Parvenü*manieren, wie sie gerade neuerdings wieder in unerträglicher Art sich breit machen. Derartiges wird auf die stumme, höfliche, aber bestimmte *Ablehnung* jedes Volkes mit alter, guter, gesellschaftlicher Erziehung stoßen, wie es z.B. die Österreicher nun einmal sind. Von schlecht erzogenen Parvenüs will keiner regiert sein. Jeder Schritt über das außenpolitisch absolut Unentbehrliche hinaus, alles also, was von „Mitteleuropa" (im innerlichen Sinne des Wortes) möglich oder bei künftigen Interessengemeinschaften mit anderen Nationen erwünscht wäre (gleichviel, wie man zu dem Gedanken der *wirtschaftlichen* Annäherung steht), kann jedenfalls politisch für beide Teile an dem absoluten Entschluß scheitern, sich das *nicht* aufdrängen zu lassen, was neuerdings mit protziger Geste als „preußischer Geist" ausgegeben wird und dessen angebliche Gefährdung durch die „Demokratie" in den Deklamationen der Phrasendreschmaschine der Literaten eine solche Rolle spielt. Solche Deklamationen hat man bekanntlich bei ausnahmslos *allen* Schritten innerer Reform seit 110 Jahren ganz ebenso zu hören bekommen.

Der echte „preußische Geist" gehört zu den schönsten Blüten des Deutschtums. Jede Zeile, die wir von Scharnhorst, Gneisenau, Boyen, Moltke haben, atmet ihn ebenso wie die Taten und Worte der großen preußischen (zum guten Teil freilich außerhalb Preußens heimischen) Reformbeamten, die man nicht erst zu nennen braucht. Und ebenso Bismarcks von den heutigen bornierten Philistern der „Realpolitik" übel karikierte eminente Geistigkeit. Aber es scheint zuweilen, als ob dieser alte preußische Geist heute im Beamtentum *anderer* Bundesstaaten stärker weiterlebe als in Berlin. Und der Mißbrauch dieses Wortes durch die jetzige konservative Demagogie ist gar nichts als eine Schändung jener großen Gestalten.

Es existiert, um es zu wiederholen, in Deutschland *keine Aristokratie* von hinlänglicher Breite und politischer Tradition. Sie hatte am ehesten in der freikonservativen und Zentrumspartei (jetzt auch nicht mehr), nicht dagegen in der konservativen Partei eine Heimat. Und, was mindestens ebenso wichtig ist: es existiert auch *keine vornehme deutsche gesellschaftliche Form.* Denn völlig unwahr ist, – womit unsere Literaten gelegentlich zu prahlen suchen –, daß, im Gegensatz zu den angelsächsischen Gentlemankonventionen und dem romanischen Salonmenschentum, in Deutschland „Individualismus" in dem Sinn der *Freiheit* von Konventionen existiere. Starrere und zwingendere Konventionen als die des „Couleurmenschen" gibt es nirgends, und sie beherrschen, direkt und indirekt, einen ebenso großen Bruchteil des Nachwuchses der Führerschichten als irgendeine Konvention in anderen Ländern. *Sie sind,* soweit nicht die Offizierkonventionen reichen, *„die deutsche Form"*! Denn in ihren Nachwirkungen bestimmen sie weitgehend die Formen und Konventionen der in Deutschland maßgebenden Schichten: der Bureaukratie und aller derer, welche in die von dieser beherrschte „Gesellschaft" rezipiert werden wollen. „Vornehm" sind freilich diese Formen nicht. Staatspolitisch noch wichtiger als dieser Umstand ist aber der andere: daß sie, im Gegensatz zu den romanischen und angelsächsischen Konventionen, auch schlechterdings nicht geeignet sind, der ganzen Nation, bis in die untersten Schichten hinein, als *Vorbild* zu dienen und sie in ihrer Geste derart einheitlich zu einem in seinem äußeren Habitus selbstsicheren „Herrenvolk" *durchzuformen,* wie es jene romanischen und angelsächsischen Konventionen getan haben. Es ist ein schwerer Irrtum, zu glauben, die „Rasse" spiele bei dem auffallenden Mangel an Anmut und Würde der deutschen äußeren Haltung die entscheidende Rolle. Dem Deutsch-Österreicher mit seiner durch eine wirkliche Aristokratie durchgeformten Art des Auftretens fehlen jedenfalls *diese* Qualitäten, trotz gleicher Rasse, nicht, welches auch immer seine sonstigen Schwächen sein mögen.

Die Formen, welche den romanischen Menschentypus bis in seine Unterschichten hinein beherrschen, sind bestimmt durch die Nachahmung der *„Kavaliergeste",* wie sie sich seit dem 16. Jahrhundert entwickelte. Die angelsächsischen Konventionen, ebenfalls bis tief in die Unterschicht hinein die Menschen formend, entstammen den sozialen Gewohnheiten der in England seit dem 17. Jahrhundert tonangebenden Schicht, welche im späten Mittelalter aus einer eigenartigen Mischung ländlicher und städtisch-bürgerlicher Honoratioren, der *„Gentlemen",* sich als Träger des „Selfgovernment" entwickelt hatte. In all diesen Fällen waren – das war das Folgenreiche – die entscheidenden Züge jener Konventionen und Gesten leicht allgemein nachahmbar und also: *demokrati-*

*sierbar.* Die Konventionen der deutschen akademisch geprüften Amtsanwärter dagegen und der durch sie beeinflußten Schichten, vor allem die Gewohnheiten, welche die Couleuren anerziehen, waren und sind, wie gesagt, offenkundig *nicht* geeignet, von irgendwelchen außerhalb der Examensdiplomschicht stehenden Kreisen und vollends von den breiteren Massen nachgeahmt, also: „demokratisiert" zu werden, obwohl oder vielmehr gerade *weil* sie ihrem inneren Wesen nach keineswegs weltmännisch oder sonstwie „aristokratisch", sondern durchaus plebejisch sind. Der romanische Ehrenkodex war ebenso wie der ganz andersartige angelsächsische einer weitgehenden Demokratisierung fähig. Der spezifisch deutsche Begriff der „Satisfaktionsfähigkeit" dagegen ist dies nicht, wie jede Überlegung lehrt. Dabei ist er aber von großer politischer Tragweite. Und zwar ist nicht etwa – wie immer wieder geglaubt wird – die Geltung des im engeren Sinne sogenannten „Ehrenkodex" innerhalb des *Offizier*korps, wo er durchaus am Platz ist, das politisch und sozial Wichtige. Politisch wichtig ist vielmehr der Umstand, daß ein *preußischer Landrat* schlechterdings im Scholarensinn für „satisfaktionsfähig" gelten muß, um sich auf seinem Posten *überhaupt behaupten* zu können, und ebenso jeder andere leicht absetzbare Verwaltungsbeamte (im Gegensatz z.B. zu dem kraft Gesetzes „unabhängigen" Amtsrichter, der eben dieser Unabhängigkeit wegen gegenüber dem Landrat sozial *deklassiert* ist). Der Begriff der „Satisfaktionsfähigkeit" ebensowohl wie alle anderen Konventionen und Formen, welche durch die Struktur der Bureaukratie und der für sie maßgebenden deutschen Scholarenehre getragen sind, bilden, weil ihrer Eigenart nach nicht demokratisierbar, *formal: Kastenkonventionen. Material* aber sind sie dennoch, weil jeglicher ästhetischen Würde und aller Vornehmheit entbehrend, nicht aristokratischen, sondern durchaus *plebejischen* Charakters. Dieser innere Widerspruch ist es, der an ihnen so sehr den Spott herausfordernd und politisch ungünstig wirkt.

Die Deutschen sind ein *Plebejervolk,* – oder wenn man es lieber hört: ein bürgerliches Volk und nur auf dieser Basis könnte eine spezifisch „deutsche Form" wachsen.

Irgendeine durch die politische Neuordnung herbeigeführte oder beförderte gesellschaftliche „Demokratisierung" – das ist dasjenige, was hier auseinandergesetzt werden sollte – fände also bei uns, *gesellschaftlich* angesehen, keine aristokratischen Formwerte vor, welche sie entweder zerstören oder umgekehrt ihrer Exklusivität entkleiden und in der Nation propagieren könnte, wie sie dies mit den Formwerten der romanischen und angelsächsischen Aristokratie getan hat. Die Formwerte des deutschen „satisfaktionsfähigen Prüfungsdiplommenschen" sind aber anderseits wieder auch *nicht* hinlänglich weltmännisch, um als Stütze der inneren Sicherheit auch nur der eigenen Schicht dienen zu können. Vielmehr genügen sie, wie jede Probe zeigt, nicht einmal immer, um die tatsächliche innere Unsicherheit gegenüber weltmännisch gebildeten Fremden zu verbergen. Es sei denn in der Form einer als Unerzogenheit wirkenden, meist aus Verlegenheit stammenden, „Patzigkeit".

Dabei sei nun hier ganz dahingestellt, ob eine *politische* „Demokratisierung" diese Folge der *gesellschaftlichen* Demokratisierung wirklich haben würde. Die schrankenlose politische „Demokratie" Amerikas hindert z.B. nicht, daß gesellschaftlich nicht etwa nur – wie bei uns geglaubt wird – eine rohe Plutokratie des Besitzes, sondern außerdem eine ständische „Aristokratie" im langsamen – wenn auch meist unbemerkten – Entstehen ist, deren Wachstum kulturgeschichtlich ebenso wichtig ist wie jene andere. –

Die Entwicklung einer wirklich vornehmen und zugleich dem *bürgerlichen* Charakter der sozial maßgebenden Schichten angemessenen „deutschen Form" liegt jedenfalls noch im Schoß der Zukunft. Die Anfänge der Entwicklung einer solchen bürgerlichen Konvention in den Hansestädten sind unter dem Einfluß der politischen und ökonomischen Änderungen seit 1870 nicht fortgebildet. Und der jetzige Krieg beglückt uns mit so vielen Parvenüs, – deren Söhne auf den Universitäten sich mit Eifer die üblichen Couleurkonventionen, welche ja an vornehme Tradition keine Anforderungen stellen, als bequeme Dressur für den Erwerb der Reserveoffizierfähigkeit aneignen werden –, daß vorläufig hier wohl nichts Neues zu hoffen ist. Jedenfalls steht fest: sollte die „Demokratisierung" den Erfolg haben, das soziale Prestige des Prüfungsdiplommenschen zu *beseitigen,* – was keineswegs feststeht, wie hier nicht erörtert werden kann –, so würde sie damit politisch wertvolle gesellschaftliche Formwerte bei uns *nicht* vernichten. Sie *könnte* dann vielleicht die Bahn frei machen für die Entwicklung unserer *bürgerlichen* sozialen und ökonomischen Struktur angemessener und daher „echter" und vornehmer Formwerte. Von diesen Formwerten läßt sich – da man sie selbst so wenig „erfinden" kann wie einen Stil – nur das eine (wesentlich Negative und Formale) sagen, was für alle Formwerte dieser Art gilt: daß sie jedenfalls auf keiner anderen Grundlage entwickelt werden können als auf innerer *Distanz* und *Reserve* in der persönlichen Haltung. An dieser Voraussetzung jeglicher persönlichen Würde hat es uns oben und unten nicht selten stark gefehlt. Und das neueste Literatentum mit seinem Bedürfnis, seine „Erlebnisse", erotische oder „religiöse" oder welcher Art sie sonst seien, zu beschwatzen oder drucken zu lassen, ist der Feind aller Würde, gleichviel welcher Art. „Distanz" ist aber keineswegs, wie der Mißverstand der verschiedenen auf Nietzsche zurückgehenden „Prophetien" bei uns glaubt, nur auf dem Kothurn der „aristokratischen" Kontrastierung seiner selbst gegen die „Vielzuvielen" zu gewinnen: – sie ist im Gegenteil stets unecht, wenn sie heute dieser inneren Stütze bedarf. Gerade als Probe ihrer Echtheit kann ihr vielleicht die Notwendigkeit, sich innerhalb einer „demokratischen" Welt innerlich zu behaupten, nur dienlich sein.

Alles Gesagte aber zeigt aufs neue, daß das deutsche Vaterland auch in dieser, wie in so vielen anderen Hinsichten, *nicht* das Land seiner Väter, sondern das Land seiner *Kinder* ist und sein muß, wie Alexander Herzen dies von Rußland schön gesagt hat. Das gilt vor allem auch in bezug auf die *politischen* Probleme. Der „deutsche Geist" ist für deren Lösung nicht aus noch so wertvollen Geisteswerken unserer Vergangenheit zu destillieren. Den großen Schatten unserer geistigen Ahnen alle Pietät und ihrer Geistesarbeit jede der formalen Schulung unseres eigenen Geistes dienende Verwertung! Aber: sobald die Eitelkeit unserer Literaten, weil es *ihr* Schriftstellerberuf ist, sie der Nation zu interpretieren, daraus das Recht ableitet, unsere politische Zukunftsgestaltung damit wie mit einem Bakel zu *schulmeistern: – in die Ecke mit den alten Scharteken!* Darüber ist *nichts* aus ihnen zu lernen. Die deutschen Klassiker können uns u.a. lehren, daß wir ein führendes Kulturvolk der Erde zu sein vermochten in einer Zeit materieller Armut und politischer Ohnmacht und sogar Fremdherrschaft. Dieser *un*politischen Epoche entstammen ihre Ideen, auch wo sie politisch und ökonomisch sind. Sie waren teils, angeregt durch die Auseinandersetzung mit der französischen Revolution, Konstruktionen in einem politisch und ökonomisch leidenschaftsleeren Raum. Soweit aber eine andere politische Leidenschaft in ihnen lebte, als die zornige Auflehnung gegen die Fremdherrschaft, war es die ideale Begeisterung für *sittliche* Forderungen. Was darüber hinaus liegt, blieben philosophische Gedanken, die wir als Mittel der Anregung zu eigner Stellungnahme entsprechend *unseren* politischen Realitäten und der Forderung *unseres* Tages benutzen können, – nicht aber: als Wegweiser. Die modernen Probleme des Parlamentarismus und der Demokratie und die Wesensart unseres modernen Staates überhaupt lagen ganz außerhalb ihres Gesichtskreises. –

Dem gleichen Wahlrecht, zu dem wir damit zurückkehren, wirft man vor, es bedeute den Sieg der dumpfen, politischer Überlegung unzugänglichen „Masseninstinkte" gegenüber der wohlerwogenen politischen Überzeugung oder der emotionalen gegenüber der rationalen Politik. Was zunächst das letztere anlangt, so ist Deutschlands auswärtige Politik – *dies* muß hier allerdings gesagt werden – ein Beweis dafür, daß eine Monarchie, die mit einem Klassenwahlrecht regiert (denn der Hegemoniestaat *Preußen* war und ist der maßgebliche Leiter der deutschen Politik), an Einfluß rein persönlicher emotionaler und irrationaler Stimmungen der Leitung jedenfalls jeden Rekord hält. Man braucht den jahrzehntelangen erfolglosen Zickzackgang dieser geräuschvollen Politik mit der ruhigen Zielbewußtheit etwa der englischen Außenpolitik nur zu vergleichen, um den Beweis zu haben. Und was die irrationalen „Masseninstinkte" anlangt, so beherrschen sie die Politik nur da, wo die Massen kompakt zusammengedrängt sind und als solche einen *Druck* üben: in den modernen Großstädten unter den Bedingungen vor allem der romanischen städtischen Lebensform. Die Kaffeehauszivilisation und daneben klimatische Bedingungen gestatten dort der Politik der *„Straße"*, wie man sie zutreffend genannt hat, von der Residenz her das Land zu vergewaltigen. Die Rolle des englischen „man in the street" andererseits ist mit sehr spezifischen, bei uns völlig fehlenden, Eigentümlichkeiten der dortigen Struktur der städtischen „Massen", die russische hauptstädtische Straßenpolitik mit den dortigen Geheimbund-Organisationen verknüpft. Alle diese Vorbedingungen fehlen in Deutschland, und die Temperierung des deutschen Lebens macht es ganz unwahrscheinlich, daß wir dieser *Gelegenheits*gefahr – denn das ist sie im Gegensatz zu dem, was bei uns als *chronische* Gefahr *unsere* Außenpolitik beeinflußt hat – verfallen, wie es dort geschieht. Nicht die an ihre Arbeitsstätten gebundene Arbeiterschaft, sondern die *Tagediebe* und Kaffeehausintellektuellen in Rom und Paris sind es, welche dort die kriegshetzerische Politik der „Straße" fabriziert haben, übrigens ausschließlich im Dienst der Regierung und *nur* soweit diese es wollte oder zuließ. Das Gegengewicht des industriellen Proletariats *fehlte*. Das industrielle Proletariat ist, wenn es geschlossen auftritt, sicherlich eine gewaltige Macht, auch in der

Beherrschung der „Straße". Aber, verglichen mit jenen gänzlich verantwortungslosen Elementen, eine Macht, die der Ordnung und geordneten Führung durch ihre Vertrauensmänner, durch rational denkende Politiker also, zum mindesten *fähig* ist. Auf die Steigerung der Macht dieser Führer, bei uns der Gewerkschaftsführer, über die Augenblicksinstinkte kommt daher staatspolitisch alles an. Und darüber hinaus auf die Steigerung der Bedeutung der *verantwortlichen* Führer, des politischen Führertums als solchen, *überhaupt*. Es ist eines der stärksten Argumente *für* die Schaffung geordneter *verantwortlicher* Leitung der Politik durch ein *parlamentarisches* Führertum, daß dadurch die Wirksamkeit rein emotionaler Motive von „oben" *und* von „unten" soweit geschwächt wird, als dies möglich ist. Mit dem „gleichen Wahlrecht" hat die „Herrschaft der Straße" *nichts* zu tun: Rom und Paris wurden durch die „Straße" beherrscht, auch als in Italien das plutokratischste Wahlrecht der Welt und in Paris Napoleon III. mit einem Scheinparlament regierten. Im Gegenteil kann *nur* die geordnete *Führung* der Massen durch verantwortliche Politiker die *regellose* Straßenherrschaft und die Führung von Zufallsdemagogen überhaupt brechen.

Das gleiche Wahlrecht ist ein Problem von politischer Tragweite für das *Reichs*interesse nur im führenden Bundesstaat: *Preußen*. Durch die inzwischen erfolgte Interpretation der Osterbotschaft scheint es hier im Prinzip erledigt. Im Prinzip, – aber nicht: dem einzuschlagenden Wege nach. Denn es ist ganz unwahrscheinlich, daß das jetzige Klassenparlament freiwillig auf das Wahlprivileg verzichten werde, falls nicht politisch zwingende Verhältnisse eintreten. Oder wenn doch, dann in der Art eines Scheinverzichtes: etwa unter Koordination eines mit Hilfe der Wahlrechtsarithmetik konstruierten Herrenhauses. *Legale* Durchführung des gleichen Wahlrechts für Preußen ist aber eine staatspolitische Forderung *des Reiches*. Denn das Reich muß auch in Zukunft in der Lage sein, seine Bürger zum Kampf für die eigene Existenz und Ehre aufzurufen, wenn es not tut. Dazu genügen nicht Munitions- und andere Vorräte und die erforderlichen amtlichen Organe, sondern auch: die *innere Bereitschaft* der Nation, diesen Staat als *ihren* Staat zu verteidigen. Die Erfahrungen im Osten können lehren, was geschieht, wenn diese Bereitschaft fehlt. Eins aber ist sicher: *niemals wieder ist die Nation für einen Krieg in der Art wie dieses Mal in Bewegung zu setzen,* wenn feierliche Zusagen durch irgendeinen vermeintlich klugen Trug verfälscht werden. Das würde für immer unvergessen bleiben. Das ist der politisch *entscheidende* Grund, von seiten des *Reiches* die Durchführung nötigenfalls zu erzwingen. –

Zuletzt möge noch die prinzipielle Frage gestreift werden: wie verhält sich denn die *Parlamentarisierung* zur *Demokratisierung?* Es gibt gar nicht wenige sehr aufrichtige und gerade besonders fanatische „Demokraten", welche in der „Parlamentarisierung" ein korruptes, zur Verfälschung der Demokratie und Cliquenherrschaft führendes System für Streber und Schmarotzer erblicken. „Politik" sei ein vielleicht für Tagediebe recht „interessantes", aber im übrigen steriles Treiben: auf eine gute „Verwaltung" komme es, gerade den breiten Schichten der Nation, allein an, und diese garantiere nur die „wahre" Demokratie, wie wir sie ja in Deutschland, dem Lande des „wahren Freiheitsbegriffs", teils schon besser besäßen als anderwärts, teils ohne Parlamentarisierung besser als dort herstellen könnten. Und es versteht sich, daß die Vertreter der Kontrollfreiheit der Bureaukratie mit Wonne beides als Gegensätze gegeneinander ausspielen: die „wahre" Demokratie sei gerade dann und da am reinsten verkörpert, wo das Advokatenvolk der Parlamentarier nicht in der Lage sei, die sachliche Arbeit der Beamten zu stören. Der dreiste Schwindel – bei unseren Literaten: Selbstbetrug durch arglose Hingabe an Phrasen – findet, wie alles, was dem Interesse der Bureaukratie und den mit ihr verbündeten kapitalistischen Interessen dient, leicht Anhänger, und zwar in allen Lagern. Daß es Schwindel ist, liegt auf der flachen Hand. Denn 1. *Welches Organ hat,* wenn man sich die Parlamentsmacht fortdenkt, *die Demokratie, um die Verwaltung der Beamten ihrerseits zu kontrollieren?* Hierauf gibt es überhaupt keine Antwort. Ferner: 2. *Was tauscht sie für die Herrschaft der parlamentarischen „Cliquen" ein?* Die Herrschaft noch weit verborgenerer und – meist – noch weit kleinerer, vor allem unentrinnbarerer Cliquen. Das System der sogenannten unmittelbaren Demokratie ist technisch nur in einem Kleinstaat (Kanton) möglich. In jedem Massenstaat führt Demokratie zur bureaukratischen Verwaltung, und, ohne Parlamentarisierung, zur reinen Beamten*herrschaft.* Gewiß: unter der Herrschaft des Systems des „Cäsarismus" (im weiteren Sinn des Wortes), also: der unmittelbaren Volkswahl des Staats- oder Stadt-Hauptes, wie in den Vereinigten Staaten und einigen ihrer großen Kommunen, vermag Demokratie *ohne* parlamentarisches System – nicht etwa: ohne Parlamentsmacht *überhaupt* – zu existieren (auf ihre politischen und verwaltungstechnischen Vorzüge und Schwächen soll hier nicht eingegangen werden). Die volle Parlamentsmacht ist aber überall da unentbehrlich, wo *erbliche* Staatsorgane: die Monarchen, die (formellen) Chefs des Beamtentums sind. Der moderne Monarch ist ganz unvermeidlich stets und immer ein *Dilettant,* wie nur irgendein Parlamentarier es ist, und daher völlig außerstande, eine Verwaltung zu kontrollieren. Mit dem Unterschied, daß 1. ein Parlamentarier im *Kampf* der Parteien zu lernen vermag, die *Tragweite des Wortes* zu wägen, während der Monarch dem Kampf *entzogen* bleiben soll. Und daß 2. das Parlament, wenn man ihm das Recht der *Enquete* gibt, in der Lage ist, sich das Sachverständnis (durch eidliches Kreuzverhör von Fachmännern und Zeugen) zu verschaffen und das Tun der Beamten zu kontrollieren. Wie soll dies der Monarch und wie soll es die parlamentlose Demokratie bewerkstelligen?

Aber ganz allgemein: Eine Nation, welche wähnt, die Staatsleitung *erschöpfe* sich in „Verwaltung", und „Politik" sei eine Gelegenheitstätigkeit für Amateure oder eine Nebenleistung von Beamten, möge auf Politik in der Welt *verzichten* und sich für künftig auf die Rolle eines Kleinstaats einrichten, wie ein Schweizer Kanton oder Dänemark oder Holland oder Baden oder Württemberg es sind: – alles recht gut verwaltete Staatswesen. Sonst werden ihr die Erfahrungen nicht erspart bleiben, die wir mit jener „wahren Freiheit" dieser Phraseologie, das heißt: der kontrollfreien Beamtenschaft, gemacht haben, soweit sie hohe *Politik* zu treiben unternommen hat. – Die Schwärmerei für die „Demokratie ohne Parlamentarismus" hat während des Krieges naturgemäß dadurch Nahrung erhalten, daß – wie in jedem schweren Kriege, so auch in diesem – in ausnahmslos allen Ländern, in England, Frankreich, Rußland wie in Deutschland, in weitestem Umfang eine politische Militär*diktatur* tatsächlich an die Stelle der sonst bestehenden Regierungsform, heiße sie nun „Monarchie" oder „parlamentarische Republik", getreten ist (und zweifellos ihre Schatten noch weit in den Frieden hinein werfen wird). Sie arbeitet überall mit einer spezifischen Art von Massendemagogie und schaltet alle erworbenen Ventile und Kontrollen, daher auch die parlamentarische, aus. Diese wie andere durch den Krieg als solchen bedingten Erscheinungen blenden die Augen der auf beschleunigte und „zeitgemäße" Bücherproduktion hingewiesenen dilettantischen Literaten. Aber so wenig die Kriegswirtschaft das Muster sein kann für die normale Friedenswirtschaft, ebensowenig diese politische Kriegsverfassung für die politische Struktur des Friedens.

Was soll politisch, fragen wir, die Leistung eines Parlaments ersetzen? Etwa, für die Gesetzgebung, das Referendum? Zunächst: in keinem Lande der Welt ist das Referendum für die wichtigste Leistung der laufenden Parlamentsarbeit, das *Budget,* eingeführt. Es leuchtet auch ein, daß das gar nicht möglich wäre. Das Schicksal fast aller *Steuervorlagen* bei Entscheidung durch Volksabstimmung ist leicht vorauszusehen. Für alle einigermaßen verwickelten *Gesetze* und Ordnungen der inhaltlichen Kultur aber bedeutete das Referendum im Massenstaat eine starke mechanische Hemmung jedes Fortschrittes. Zum mindesten in einem geographisch großen Staat (anders: in einem Kanton). Aus dem einfachen rein technischen Grunde: *weil es das Parteikompromiß* ausschließt. Mit dem Referendum kann man politisch und technisch befriedigend nur Fragen lösen, auf die glatt mit „Ja" oder „Nein" zu antworten ist. Wenn nicht, so würden die *verschiedenen* und entgegengesetzten Gründe, die gegen einen konkreten Vorschlag geltend gemacht werden können – und deren sind in einem Massenstaat mit weitgehender sozialer und geographischer Differenzierung stets ungleich mehr als in einem amerikanischen Einzelstaat oder Schweizer Kanton – es hindern, daß *überhaupt* etwas zustande kommt. *Das* ist die spezifische Leistung des Parlaments: daß es ermöglicht, durch Verhandlung und Vergleich das „relativ" Beste zustande zu bringen, und diese Leistung wird mit dem gleichen Opfer erkauft, welches der Wähler bei der Parlamentswahl in der Form zu bringen hat, daß er nur für die ihm *relativ* genehmste Partei optieren kann. Diese rein technische Überlegenheit parlamentarischer Gesetzgebung ist durch nichts zu ersetzen, – womit nicht gesagt ist, daß es nicht Fälle gäbe, wo das Referendum ein geeignetes Revisionsmittel wäre. Über die Volkswahl der Beamten – soweit sie nicht nur die Wahl des *Führers* betrifft, also „Cäsarismus" ist – ist zu sagen: daß sie in jedem Massenstaat nicht nur die hierarchische Amtsdisziplin zerbricht, sondern (nach amerikanischen Erfahrungen) durch Ausschaltung der *Verantwortung* für die Ernennung die Korruption fördert. Jede Befehdung des Parlamentarismus im Namen der „Demokratie" bedeutet in einem monarchischen Staat: daß aus Ressentiment oder Blindheit die Geschäfte der reinen Bureaukratenherrschaft und insbesondere ihres Interesses an Kontrollfreiheit besorgt werden.

Die „Demokratisierung" im Sinne der Nivellierung der ständischen Gliederung durch den *Beamtenstaat* ist eine Tatsache. Man hat nur die Wahl: in einem bureaukratischen „Obrigkeitsstaat" mit Scheinparlamentarismus die Masse der Staatsbürger rechtlos und unfrei zu lassen und wie eine Viehherde zu „verwalten", – oder sie als *Mitherren* des Staates in diesen einzugliedern. Ein *Herrenvolk* aber – und nur ein solches kann *und darf* überhaupt „Weltpolitik" treiben – hat in dieser Hinsicht *keine Wahl.* Man kann die Demokratisierung sehr wohl (für jetzt) vereiteln. Denn starke Interessen, Vorurteile und – Feigheiten sind gegen sie verbündet. Aber es würde sich bald zeigen, daß dies um den Preis der ganzen Zukunft Deutschlands geschähe. Alle Kräfte der Massen sind dann *gegen* einen Staat engagiert, in dem sie nur Objekt und an dem sie nicht Teilhaber sind. An den unvermeidlichen politischen Folgen mögen einzelne Kreise interessiert sein. Aber gewiß nicht: das Vaterland.

# Schwert und Parteikampf

Daß sich in Heidelberg Bürger finden würden, welche aus meinem Munde den Satz: *„Die Feder macht wieder gut, was das Schwert verdorben hat“*, gehört zu haben sich einreden, übersteigt selbst diejenigen Erwartungen, welche ich bei meiner sehr geringen Einschätzung der Intelligenz der sogenannten „Vaterlandspartei“ gehegt habe. Daß eine ähnliche, angebliche Äußerung dann in einer öffentlichen Versammlung in der Aula reproduziert und zum Gegenstand eines Telegramms an den Reichstag gemacht wird, ist bedauerlich, weil solcher Unsinn die Bürgerschaft Heidelbergs dem Spott preiszugeben geeignet ist. Ich benutze gern die Nötigung, auch öffentlich festzustellen, was ich wirklich und zwar hier nicht zum erstenmal gesagt habe: die Politisierung des Heeres im Allgemeinen und die Hereinzerrung der Obersten Heeresleitung in den politischen Parteikampf durch Telegramme und Huldigungsadressen einzelner Parteien im Besonderen muß uns zu der Bitte an unsere großen Heerführer veranlassen: *„Sorgt dafür, daß nicht einst gesagt werden kann: was ihr mit dem Schwerte gut gemacht habt, das habt ihr dadurch verderben lassen, daß ihr euch in das Getriebe und auf das Glatteis des innerpolitischen Parteikampfs habt zerren lassen.“* Denn der Offizier, der sich auf ein Gebiet begibt, welches er nicht beherrscht, setzt seine Autorität bei der Mannschaft und bei der Nation auch da aufs Spiel, wo sie ihm unbedingt zukommt. Es wurde durch Beispiele, die ich hier nicht wiederholen will, weil sich dazu noch anderweitig Gelegenheit bietet, verdeutlicht, daß *Anlaß* zu dieser Bemerkung vorhanden war. Daß sie so und nicht anders, sowohl dem Gedankenzusammenhang nach, wie in den unterstrichenen Stellen, dem (ungefähren) Wortlaut nach gefallen ist, ist nötigenfalls jederzeit erweislich. Demnach brauche ich mich mit dem Urheber jener Behauptung, der auch zu jenen „guten Leuten und schlechten Musikanten“ gehört, von denen ich sprach, nicht weiter zu befassen.

Professor *Max Weber*.

# Innere Lage und Außenpolitik

## I.

Es ist zunächst Pflicht, einige Bemerkungen nach „links" hin zu machen.

Daß die Sozialdemokratie, nachdem es auch bei uns zu einem politischen Teilstreik gekommen war, wie er in anderen Ländern an der Tagesordnung ist, sich an der Leitung dieser unorganisierten Bewegung beteiligte, war staatspolitisch wahrscheinlich nützlich. Aber vor allem in sachlicher Hinsicht muß – so wenig sozialistische Kreise Ratschläge Außenstehender anzunehmen geneigt sein werden – doch auf das nachdrücklichste darauf hingewiesen werden: daß jede Partei, welche direkt oder indirekt einen *schlechten oder leichtsinnigen Frieden verschuldet* oder indem sie den deutschen Unterhändlern in den Rücken fällt, den *Friedensschluß erschwert,* ihre Rolle in Deutschland *ausgespielt* haben würde. Noch nach Jahrzehnten würde ihr das nachgehen. Und diese Gefahr besteht. Denn wie liegen die Dinge?

Wir werden im Osten mit demjenigen Frieden schließen, der eine Gewähr loyaler Erfüllung bietet, sei er wer er wolle. Dem Bolschewismus geben nun die, soviel ich weiß, aus persönlichem Augenschein bestunterrichteten und unbefangensten (radikal sozialistischen) Kenner eine Herrschaftsdauer, die nur nach Monaten zählt. Trifft dies zu, dann bietet ein Frieden gerade mit ihm für das Verhalten der später kommenden Regierung die geringste Gewähr. Jedenfalls ist er die Regierung einer sehr kleinen Minderheit. Gestützt ist er vor allem auf große Teile des kriegsmüden Heeres. Er ist der Sache nach (und ganz unabhängig von der Aufrichtigkeit seiner Ideologie) notgedrungen eine reine *Militärdiktatur,* nur nicht eine solche der Generäle, sondern: *der Korporäle.* Es ist reiner Unsinn, wenn man die Vorstellung hegen wollte, hinter ihm ständen „klassenbewußte" Proletariermassen westeuropäischen Gepräges. *Soldaten*proletariat steht hinter ihm. Das hat seine Konsequenzen. Welche Ziele auch immer die Petersburger Literaten verfolgen mögen, ihr Machtapparat: die Soldaten, erwartet und verlangt vor allem: *Löhnung* und *Beute.* Das entscheidet aber über alles (ich darf die Sozialdemokratie daran erinnern, daß die Vorhersagen über die Konsequenzen der Gebundenheit Kerenskijs an seine spezifischen Machtmittel sich im wesentlichen voll bewahrheitet haben). Die gutbesoldeten Roten Garden haben keinerlei Interesse am Frieden, der sie ja verdienstlos macht. Die Soldaten, die unter dem Vorwande der „Befreiung" der Ukraine, Finnlands und anderer Gebiete dort einbrechen und (ebenso wie in Rußland selbst) Kontributionen erheben, ebensowenig. Die einzige, wenigstens der Form nach durch demokratische Wahl beglaubigte Autorität Rußlands, die konstituierende Versammlung, wurde gewaltsam gesprengt. Nicht wegen prinzipieller Verschiedenheit der Ansichten – ihre stärkste Partei erklärte, den Waffenstillstand halten und die Friedensverhandlungen fortführen zu wollen. Sondern: damit nicht neue Brotgeber anderen Leibgarden, Angestellten und Truppenkörpern zu Lohn und Beute verhelfen könnten. Es ist der reinste Militarismus, den es zur Zeit irgend wo gibt. Alles andere ist, objektiv, Schwindel, welche Ziele auch immer die Leitung zu haben vorgeben und subjektiv vielleicht wirklich ehrlich haben möge. Aber auch diese Ziele sind, wie bei ausnahmslos jedem russischen Intellektuellen, durchaus *„imperialistisch"*. Denn es ist nicht wahr, daß es nur bürgerlichen Imperialismus gebe, wenn anders man als Imperialisten jemanden bezeichnet, der *aus Machtgier* sich, unter idealen Vorwänden, in die Angelegenheiten fremder Völker einmischt, zumal ehe im eigenen Hause irgend welche Ordnung geschaffen ist. Der bolschewistische Soldatenimperialismus bedroht, solange er besteht, die Sicherheit und Selbstbestimmung aller angrenzenden Völker, und es ist ganz unwahrscheinlich, daß eine von diesen militaristischen Masseninstinkten abhängige Regierung einen aufrichtigen Frieden überhaupt schließen *könnte,* selbst wenn sie wollte. Daraus folgt alles. Mit einer ehrlich pazifistischen russischen Föderativrepublik wäre natürlich die denkbar beste Nachbarschaft möglich, und *jedes* Interesse an auch nur zeitweiligen Sicherheiten fiele für uns fort. Was jenseits der Grenze geschähe, ginge uns dann nichts an. Vorerst ist diese pazifistische Wendung des russischen Radikalismus aber eben *nicht* da, und ob ein imperialistischer Ausdehnungstrieb zaristische, kadettische oder bolschewistische Etikette trägt, ist für den Effekt natürlich ganz gleichgültig. Die Friedensforderung der Streikenden zeugt also davon, daß sie von der Sachlage *keine Ahnung* haben, und sie diskreditiert durch die Forderung eines Friedens auf die Bedingungen einer Regierung hin, die nicht Frieden, sondern Gewalt will, jeden auf das schwerste, der sich mit ihr einläßt. Das alles muß der Arbeiterschaft – mögen ihr diese Tatsachen noch so unbequem sein – von ihren Führern zunächst klargemacht werden, sonst ist mit ihr nicht ernstlich zu diskutieren.

Freilich werden keinerlei Argumentationen dauernden Eindruck machen, wenn die *wirklichen* Gründe des Ausstands nicht aus dem Wege geräumt werden. Er ist der unvermeidliche Rückschlag gegen schlimme innerpolitische Vorgänge der letzten Zeit und ihre Träger. Zunächst gegen die Art, wie der preußische Klassenlandtag es wagen darf, das im Angelpunkt der ganzen deutschen Politik stehende Problem des *preußischen Wahlrechts* zu behandeln. Nur der ist ein *nationaler* Politiker, der die innere Politik unter dem Gesichtspunkt der unvermeidlichen Anpassung an die außerpolitischen Aufgaben ansieht. Wem die daraus folgenden „demokratischen" Konsequenzen nicht passen, *der verzichte* auf eine Großmachtpolitik, die sie unvermeidlich macht. Ist es etwa ein Zufall, daß die aristokratischste Körperschaft der Erde, das englische Oberhaus, eben jetzt das demokratischste Wahlrecht irgend eines Großstaats glatt angenommen hat? Und glaubt jemand, es bestehe kein Zusammenhang zwischen der Selbstverständlichkeit dieses Vorgangs und der Haltung der englischen Arbeiterschaft? Und damit vergleiche man nun den Zustand, daß in einem Augenblick äußerster Angespanntheit, wo alles auf des Messers Schneide steht, die preußische Wahlrechtskommission sich mit den Quisquilien dieser Herrenhausvorlage befaßt und bei dem Wust willkürlicher Anträge – dem Produkt des Versuchs, eine Ständevertretung herauszuklügeln in einer Zeit, in der es nun einmal keine „Stände" gibt – noch wochenlang befassen will? Statt daß sofort und vor allem die von den Massen mit leidenschaftlicher Ungeduld erwartete Entscheidung darüber herbeigeführt würde: ob das gegebene Versprechen wahr gemacht wird *oder nicht?,* und ob man, wie nach den bisherigen Verhandlungen zu erwarten, es auf die innerpolitischen und kriegspolitischen Konsequenzen einer *negativen* Antwort ankommen lassen will? Für den Fall einer solchen weiß jedermann im Lande, daß es *keine Macht gibt,* welche dann die Massen der Arbeiterschaft halten könnte, selbst wenn sie wollte. Der Eintritt des Konflikts würde nun gewiß nicht, wie manche Angstmeier glauben, „russische Zustände" heraufführen. Schlechthin alle Vorbedingungen dafür fehlen, und das Standrecht funktioniert in Deutschland präzis. Auch nicht, wie das Ausland offenbar hofft, einen Zusammenbruch des deutschen Heeres. Aber: *einen deutschen Sieg zu verhindern* wäre er allerdings genügend. Und nebenher würde noch etwas anderes verscherzt: die *ganze politische Zukunft* Deutschlands. Die Zustände, welche nach dem Frieden einträten, würden unsere Politik für Jahrzehnte lahmlegen. Das mag den Wahlrechtsinteressenten des Landtags gleichgültig sein. Einem nationalen Politiker aber nicht. Da es ausgeschlossen erscheint, daß das Privilegienparlament aufrichtig auf die „Forderung des Tages" eingeht, muß erneut verlangt werden, daß das *Reich* sie in der Art des seinerzeit hier vorgeschlagenen Wahlrechtsnotgesetzes löst. Jede Verzögerung verschärft Umfang und Konsequenzen des Konflikts. Das wissen die Wahlrechtsinteressenten zweifellos auch ihrerseits. Und die trotzdem betriebene Verschleppung beruht, wie jedermann weiß, auf der Spekulation, auf einem *Umschwung innerhalb der Regierungspolitik.* Auf der *Befürchtung,* daß ein solcher eintreten könnte, beruht aber auch das Ausbrechen des *Ausstandes.* Und zu dem Mißtrauen, welches im Laufe dieses Monats scheinbar unvermittelt gegen unsere innere und äußere Politik bei uns und nicht nur bei uns wieder ins Kraut geschossen ist, haben eine Anzahl Umstände beigetragen, denen man ruhig und sachlich ins Auge sehen muß. Von ihnen soll in weiteren Ausführungen die Rede sein.

## II.

Die *schwere Verantwortung,* welche auf der Berliner Streikleitung ruht, ist in der Presse mit Recht nachdrücklich betont worden. Wenn sie offenbar die Erwartung gehegt hat: daß, ihrer Aufforderung entsprechend, das Vorgehen in den Hauptstädten der Ententestaaten Nachahmung finden und dieser gleichzeitige Druck den Beginn von Friedensverhandlungen erzwingen werde, so ist das Experiment *negativ* ausgefallen. Unter diesen Verhältnissen wäre die Fortsetzung des Ausstandes auch von diesem Standpunkt aus durch nichts zu rechtfertigen.

Dies vorausgeschickt, scheint es aber an der Zeit, auch nach der anderen Seite festzustellen, welche Verhältnisse unseres *Staatslebens* an den beklagenswerten Ereignissen die Schuld tragen.

1. Von einem im Krieg befindlichen Staatsorganismus, zumal einem monarchischen, erwartet man vor allem eins: *amtliche Disziplin.* Sie hat gefehlt. Denn für jene unerhörten Ausschreitungen der Berliner Presse geht es nicht an, nur deren eigene „Disziplinlosigkeit" verantwortlich zu machen. Das Beispiel dazu wurde von ganz anderen Stellen gegeben.

Gegensätze der Ansichten und ein Ringen um die einzunehmende Haltung hat es auch zwischen Bismarck und Moltke gegeben. Sie liegen in solchen Fällen aber in der Sache. Das Unerhörte war, daß diese Auseinandersetzungen unter den Ressorts diesmal in der Form einer *Pressedemagogie* gegen die leitenden Staatsmänner *in die Öffentlichkeit* getragen wurden. Dies Unerhörte aber ist für Deutschland nachgerade typisch geworden. Die Verantwortung dafür geht leider auf den Großadmiral von Tirpitz zurück. Es ist bekannt, daß das Verhalten einer ihm unterstellten Instanz, welches er wohl nicht veranlaßt, aber eben *geduldet* hatte, seinerzeit rückhaltlos preisgegeben werden mußte. Viel zu spät hat damals die Zensur der demagogischen Ausbeutung einer der schwierigsten *rein militärischen* Fragen ein Ende gemacht. *Welche Instanz hat diesmal das gleiche Schauspiel verschuldet?* Ist gegen diese unerhörte, an Landesverrat grenzende Indiskretion und Disziplinlosigkeit militärischerseits das Erforderliche geschehen? Die internationale und innerpolitische Lage gestattet uns derartige Fehler nicht. Denn über die Rückwirkungen bei uns und anderswo kann niemand im Zweifel sein.

2. Von einem im Krieg befindlichen Staatsorganismus verlangt man: *einheitliche Haltung,* zum mindesten: vor dem *Feinde.* Sie hat gefehlt. Was General Hoffmann bei den Verhandlungen sagte, traf inhaltlich durchweg zu und widersprach auch inhaltlich nicht den Ausführungen, welche namens der politischen Leitung gemacht worden waren. Aber kein Unbefangener kann ernstlich leugnen, daß in dem entscheidenden Punkt für eine Erörterung: im Ton, das *genaue Gegenteil* von dem getan wurde, was der Vertreter der Außenpolitik getan hatte. Daß angesichts der unwahrhaftigen Phrasen der Gegner dem als Persönlichkeit sympathischen General die Geduld riß, ist ihm menschlich gewiß nicht zu verdenken. Politisch aber war die Lage die: daß der selbstverständliche Zweck des Feindes: uns zur Schwächung unserer Position zunächst vor der Welt, vor allem aber: vor der Bevölkerung verbündeter Staaten formal *ins Unrecht zu setzen,* vollständig gelang und ihm also in die Karten gespielt worden war. Der höhnische Triumph in der „Prawda" (Nr. 229 von 17. 1.), die Ereignisse in Wien und die dortigen Erörterungen müssen jeden darüber belehrt haben: daß hier ein Fehler gemacht worden ist. Fehler passieren überall. Aber für jeden, der sie kannte, war der Kommentar der rechtsstehenden Presse vorauszusehen: endlich sei „der richtige Ton *gegen Sozialdemokraten"* wiedergefunden worden. Dies erst hat den *vom Feinde beabsichtigten* Erfolg auch in den Köpfen der Berliner Arbeiter angerichtet. Das Resultat des uneinheitlichen Vorgehens aber war: eine Schwächung unserer Stellung.

3. Der Eindruck, den die schmachvolle, gegen unabhängige Politiker, Presse und Körperschaften ehrabschneiderische Agitation der (in ihrer Vergangenheit teilweise recht anfechtbaren) Journalisten der sogenannten „Vaterlandspartei" auf die Arbeiterschaft gemacht hat, läßt sich leicht ermessen. Jeder Arbeiter *weiß* ja, weit besser als die zahlreichen persönlich vortrefflichen, aber politisch absolut arglosen Mitläufer, in *wessen* Interesse hier gearbeitet wird. Die vernichtende Wirkung des Eindrucks davon, daß diese für einflußreich geltenden Kreise der *Geldmacht* ins Garn gingen, stellt sich der Außenstehende meist nicht groß genug vor. *Wo immer* diese Agitation auftrat, hat sie – wie schon die Hergänge in den Versammlungen bewiesen – dem wildesten Protest der Massen den Boden bereitet, und man darf es als erfreulich bezeichnen, daß trotzdem die überwiegende Mehrzahl auch der sozialdemokratischen Arbeiter nicht alle Besonnenheit verloren hat. Das Gefährliche aber war, daß der Eindruck entstand: politisch maßgebende Stellen ließen sich von diesem Treiben imponieren. Der Eindruck aber war erklärlich.

Als einziges greifbares „Resultat" der letzten „Krise" erschien der Rücktritt des Chefs des Zivilkabinetts. Ob und welche Art von Politik er eigentlich seinerseits begünstigt hat, weiß der Außenstehende nicht, und alle darüber umlaufenden Behauptungen scheinen zweifelhaft. Das Entscheidende waren die Hoffnungen, welche sich an seinen Rücktritt knüpften. Über diese aber belehrte der Kommentar der rechtsstehenden Berliner Presse: es sei nun wieder der „Zutritt zum Monarchen" frei, dem er immer im Wege gestanden oder – wie privatim gesagt wurde – den er durch seine Assistenz immer „gestört" habe. *Freier Zutritt für welche Kreise?* Nicht die Arbeiterschaft und auch nicht nationale unabhängige Politiker haben das Ohr der deutschen Fürsten. Die „Kreuzzeitung" war kürzlich frivol genug, die Erinnerung an die glücklicherweise vergessene *Zuchthausvorlage* wieder heraufzubeschwören. Jedermann, vor allem jeder Arbeiter mit Ehrgefühl, weiß sehr gut, welche Kreise es gewesen sind, welche damals eine in einem Augenblick des Unmuts getane private Äußerung des Monarchen in die *Öffentlichkeit* zerrten und dadurch eine Kluft schufen, deren Überwindung erst der 4. August 1914 gebracht hatte. Es ist klar, welche Rückwirkungen solche Reminiszenzen und Erwartungen dieser Kreise auf die Stimmung der Arbeiterschaft haben müssen.

Wer vor drei Wochen die Gelähmtheit der Regierungsstellen, das irrsinnige Treiben jener Presse und das *Verhalten der Zensur* dazu beobachtete, fühlte den *Argwohn der Massen* aufsteigen, dessen Kind der Streik gewesen ist. Es sind alles in allem auf Seiten des Regierungsapparats auch schwere Mängel vorhanden und dadurch Fehler passiert, nicht nur auf Seiten der Sozialdemokratie. Über diese Fehler sollte man beiderseits zur Tagesordnung übergehen. Es kann heute jedermann sehen, wo im Kriege die Stärke demokratischer Staaten liegt. Ein englischer Minister verkehrt in solchen Fällen mit der Arbeiterschaft wie einer ihresgleichen, und es zeigt sich immer wieder, daß dieses unserer Bureaukratie so fremde System dazu führt, das Vertrauen und den Siegeswillen der Arbeiterschaft dem Staate und den Interessen der Nation zu erhalten. An formalistischen Bedenken darf eine Einigung keinesfalls scheitern. *Man verbreitere den Kreis der zu den Erörterungen Zuzuziehenden so weit wie irgend möglich* und ziehe vor allem auch die *nicht* am Streik beteiligte Arbeiterschaft heran. Mit dem formalistischen Festhalten des Grundsatzes: mit streikenden Arbeitern nicht reden zu wollen, kommt man nicht weiter und arbeitet dem Feinde in die Hände. Es haben nun einmal Gründe vorgelegen, welche den Argwohn der Arbeiterschaft erregen konnten. *Dieser Argwohn* aber ist das Entscheidende. Er muß um des Vaterlandes willen auch dann beseitigt werden, wenn das Verhalten der Arbeiterschaft zu Tadel Anlaß gibt. Die Zeiten sind nicht dazu geeignet, über Formfragen der überlieferten „Ordnung" die Interessen der Nation, in deren Dienst auch die „Ordnung" zu stehen hat, zu Schaden kommen zu lassen.

## III.

Der jetzige Streik war zweifellos ein unangenehmer Zwischenfall für die Interessen des Krieges wie des Friedens. Dennoch ist es – mir wenigstens – *vollständig unmöglich, sich darüber zu entrüsten,* wie es vielfach geschieht. Denn er war ganz und gar die Frucht dessen, was andere gesät hatten. Und es ist leider Tatsache: daß die sozialdemokratische Partei keine andere Wahl hatte, als (in der Hauptsache) ähnlich zu handeln, wie sie tat. Daß dabei ihre „Regie" nicht wesentlich besser war als die unserer ganzen Politik seit Jahren auch, ist eine Sache für sich. Aber dem, was die Partei wollte wird man trotz mancher Fehler künftig gerechter werden als jetzt in der Hitze des Augenblicks. Nicht einmal, nein hundertmal war von Sozialdemokraten gesagt worden: „geht diese Hetze so weiter, so sind die Leute nicht zu halten." Öffentlich es zu tun, war unmöglich: das wäre als „Drohung" denunziert worden. Aber der Streik war ganz selbstverständlich angesichts dessen, was man in Berlin Mitte Januar erlebte und was tatsächlich jeden, der einen rein sachlichen Betrieb der Politik verlangt, zum Rasen bringen konnte: wildeste Demagogie ohne Demokratie, vielmehr *wegen* fehlender Demokratie. Man muß dort gewesen sein, um das zu verstehen: man glaubte im Irrenhaus zu sein – oder: in Athen nach der Arginusenschlacht.

Alles Gerede, daß die „Ausländer" beim Ausbruch beteiligt gewesen seien (in Einzelfällen denkbar, aber sicher absolut nebensächlich), daß die „disziplinlose Jugend" Träger sei (in gewissem Umfang in Berlin richtig), geht völlig in die Luft. Denn niemals hätten solche Einflüsse Macht gewinnen können ohne eine ganz bestimmte Atmosphäre. Das Spezifische dieser aber war keineswegs geschaffen durch die Schwierigkeiten der Lebensmittelversorgung. Es ist gewiß wahr, daß das Verhalten eines Teils der Landbevölkerung und die dadurch bedingten, jedem auffallenden Ungleichheiten der Lebensbedingungen im Land verbittern mußten, und die Art, wie General Groener, der trotz seiner Derbheit das Vertrauen in seine Sachlichkeit genoß, „abgesägt" worden war, hatte Mißtrauen hinterlassen. Aber draußen im Lande ist ja im ganzen die Versorgung eher besser als im früheren Winter. Nein, die Atmosphäre für den Streik war geschaffen worden: 1. durch die demagogische Art der Behandlung der deutschen *auswärtigen Politik,* durch eine von allen guten Geistern verlassene und *rein persönlich* motivierte Agitation, 2. durch die Art, wie mit dem

Kapital von Vertrauen, welches die führenden Persönlichkeiten des Landes, in erster Linie die Heeresleitung, genossen, von einer skrupellosen Parteihetze gewirtschaftet worden war.

*Sachliche* Kriegsziele durch *sachliche* Aussprache den Arbeitern verständlich zu machen, ist keineswegs schwer. So arbeitet der Feind, und mit Erfolg. Jeder englische Minister sucht Gelegenheit zu Aussprachen und zwar, – da liegt der Unterschied! – am meisten dann, wenn die Arbeiterschaft, sei es aus objektiv noch so unzutreffenden Gründen, mißtrauisch wird oder mit Streik droht. Daß es der englischen Regierung gelungen ist, trotz schwerer materieller Notlage ihre Arbeiterschaft bisher sogar für *fremde* und zwar annexionistische Kriegsziele (Elsaß) kriegswillig zu erhalten, spricht denn doch Fraktur für diese „demokratische" Methode. Es ist die Frucht des *Vertrauens,* kraft dessen der in diesem Sinn „demokratische" Staat – mag man es nun bei uns noch so ungern hören! – in den außenpolitisch entscheidenden Punkten sich als der „stärkere" erweist. Vor allem: auch als der stärkere an Nerven. Gewaltsamkeiten werden natürlich auch dort rücksichtslos standrechtlich unterdrückt, gleichzeitig aber werden unbekümmert darum die sachlichen Verhandlungen weitergeführt und vor allem: es wird nicht um Haaresbreite von einer staatsnotwendigen Reformpolitik abgewichen.

Natürlich kann man nun mit der Art, in welcher man bei uns im Sinne des *Amts*prestiges zu verfahren gewohnt ist, einmal, auch einige Male, so wie voraussichtlich jetzt, äußerlich durchkommen und äußerlichen Erfolg erzielen. Gesetzt aber, der Krieg dauert noch lange Zeit – und das ist bei der Haltung der Feinde möglich, und vor allem: es *muß, wenn* es nötig ist, unbedingt *möglich sein* – dann kommt der Moment, wo dies Verfahren, aus Gründen, die jedem klar sind, selbst solchen reinen Reflex-Ausständen wie dem jetzigen gegenüber *versagen* wird. Vollends dann versagen wird, wenn man durch die Art der inneren Politik die legitimen Vertreter der Arbeiterschaft dazu treiben sollte, ihrerseits den Kampf in die Hand zu nehmen.

Und nun weiter: Solche Aufrufe, wie die der Kommandierenden Generäle, z.B. von Karlsruhe, auch von Münster und anderwärts, an die Arbeiterschaft, kann jedermann nur unterschreiben. Denn die soldatische Gradheit des Tons wirkt sofort menschlich echt, ganz im Gegensatz zu der Unechtheit der üblichen sogenannten „Schneidigkeit", die nur als eitle Prestigesucht wirkt. Aber man täusche sich doch nicht: die Wirkung auch solcher ausgezeichneten Worte ist seit dem Auftreten der sogenannten „Vaterlandspartei" auf das schwerste geschädigt. Man stelle sich doch einfach vor: welche *ungeheure Wucht* würde in solchen Tagen jedes Wort *des* Mannes, der das größte Kapital von Vertrauen in der Nation besitzt, Hindenburg, hinter sich gehabt haben, wenn die elende Telegramm-Mache dieser Leute nicht ihr Parteisüppchen an seinem strahlenden Ruhm zu kochen versucht und dadurch ihn zu einer *Parteigröße* zu stempeln gewußt hätte. Dazu kommen nun gewisse typische psychologische Irrtümer der Militärs. Die Psychologie des militärischen Befehls ist nun einmal eine andere als die Psychologie der politischen Beeinflussung. Der Versuch jener politischen „Aufklärungsarbeit" im Heer ist alsbald, durchaus gegen den Willen der Offiziere, aber ganz unvermeidlich, *partei*politisch mißdeutet worden und hat daher schwer geschadet, wie heute nicht mehr zu verkennen ist. Es waren nicht die schlechtesten Freunde des Heeres, die in schwerer Sorge vor jeder Form seiner Politisierung gewarnt haben. Die Gradheit des Offiziers läuft allzu leicht den *Interessenten* ins Garn, wenn sie sich „national" aufspielen. Aber es darf nicht vergessen werden: so beschränkt ist die Arbeiterschaft nun einmal nicht, daß sie bei politischen Äußerungen eines Offiziers sich nicht sagte: „Es sind nicht Leute aus unserer Mitte." Das billige patriotische Moralisieren vollends über den Streik nutzt schlechterdings gar nichts. Denn es ist nicht der Weg, der Arbeiterschaft das Vertrauen zu erhalten: daß es auch ihr Staat ist, auch ihre Zukunft, für die sie ertragen muß, was die Notwendigkeit ihr auferlegt.

Schlechterdings unmöglich aber war das, nachdem die Vorgänge im Januar mit Händen greifen ließen: daß leider ein Teil der einflußreichsten Kreise der Nation die *äußere Politik* und die Frage nach Krieg und Frieden ausschließlich und allein teils nach rein personalen, teils nach partei- und interessenpolitischen Gesichtspunkten der *inneren Politik* behandelte. Das aber war ohne weiteres erkennbar. Es trat schon in den schreienden Widersprüchen der „Begründung" jener beispiellosen, gegen den Reichskanzler und andere Staatsmänner gerichteten Hetze innerhalb der gleichen politischen Richtungen und Blätter zutage. Man stelle sich vor: einerseits war, nach der „nationalen" Presse, unseren künftigen Freunden, den Russen, zu viel abverlangt worden („Kreuzzeitung"). Andererseits war die Errichtung neutraler Zwischenstaaten auf den Okkupationsgebieten nicht genügend („Kreuzzeitung"). Einerseits war die Gelegenheit sofortigen Friedens „verpaßt" worden. Andererseits war nicht genug Schneid entwickelt. Teils sollten die Balten zu Deutschland kommen, teils sollten rein militärische Rücksichten maßgebend sein: das bedeutete, daß jetzt, fünf Vierteljahre nach dem November-Manifest, das seit zwei Jahren versunkene sogenannte „Schwartenprojekt" (neue Teilung Polens) neu ausgegraben wurde. Oder es spukte (in der „Vossischen Zeitung") wieder die unsterbliche Seifenblase eines künftigen „Kontinentalbundes" (offenbar: der Vierbundmächte mit Rußland, und ich weiß nicht wem noch) gegen die Angelsachsen: eine Idee, über welche, ohne Unterschied der Partei, jeder Russe nicht nur, sondern ebenso jeder Österreicher, Ungar, Bulgare, Türke doch einfach hell auflacht! (Was in aller Welt sollte diese kreditbedürftigen Nationen eigentlich an einem solchen Bunde reizen?) U.s.w.

Wer über Außenpolitik redet, hat die Pflicht der *sittlichen Selbstzucht* und des *Augenmaßes*. Welches ist unser Interesse gegen Osten? Da der innerdeutsche Osten um ein Viertel dünner besiedelt ist als Polen, da wir bei uns selbst noch Rekrutierungsmaterial für zehn Armeekorps in Bauernstellen unterbringen könnten, da wir vor dem Krieg jährlich eine Million Fremder als Arbeitskräfte im Lande brauchten – so ist der Plan: deutschen Nachwuchs als einen Bevölkerungsklecks am Rigaischen Meerbusen zu vergeuden, nun hoffentlich erledigt. Und was die Balten anlangt, so sind sie zwar eine prachtvolle Spielart des Deutschtums, haben aber (bis ihnen das Wasser an den Mund ging) früher nie die geringste Neigung bekundet, reichsdeutsche Bürger zu werden, und werden vor allem nicht erwarten, daß wir für die Zukunft die Pflicht von Blutopfern auf uns nehmen, welche ihre Zahl um das Zwanzigfache übertreffen, um ihnen jetzt dazu zu verhelfen. Denn eine unweigerlich, früher oder später, wiederkehrende *rationale,* und das heißt: bürgerliche russische Politik wird stets, mit *allen* Mitteln, als Mindestforderung geltend machen *müssen:* daß Riga jedenfalls in ein ähnliches Verhältnis zu Rußland tritt, wie das ist, in welchem Luxemburg sich zu Deutschland befindet (dessen innere Verhältnisse ja vollkommen autonom geregelt sind). Auch rein gefühlspolitisch ist aber den Deutschbalten das Ihrige gegeben, wenn sie die „Selbstbestimmung" im Sinn der ausschließlich eigenen Verfügung 1. über ihren Besitz, auch zu Ansiedlungszwecken, 2. ihre Steuerkraft (zu Schul- und Kulturzwecken aller Art) und 3. ihre Rekrutierungskräfte (für Milizzwecke) in eigener Hand, also nach dem *Personalitätsprinzip, innerhalb* des künftigen, wie immer gearteten politischen Verbandes, dem Kurland angehört, besitzen. Realpolitisch aber ist Deutschland im Nordosten nur daran interessiert: daß die Grenzvölker in Zukunft keinesfalls *gegen uns die Waffen führen* und daß die litauische Njemenlinie nicht zur Deckung einer Offensive gegen Ostpreußen verwendet wird. Das ist also der Sache nach: eine *Neutralisierungspolitik* gleichviel welcher Form, welche ersichtlich sowohl dem pazifistischen, wie dem Selbstbestimmungsinteresse gerecht wird. Zeigt sich, daß demgegenüber innerhalb des Bolschewismus der Löhnungs- und Kontributionsmilitarismus über die *auch* vorhandenen friedlichen Elemente die Oberhand hat, dann wäre vielleicht der Waffenstillstand vom Übel. Und daß wir, solange die Räumung der besetzten Gebiete entweder englischen Operationen oder einer wiedererstehenden Regierung Miljukows zugute kommen könnte – also: bis zum Ende des Kriegs – aus zwingenden Sicherheitsgründen nicht einfach ganz dort fortgehen können, muß in Deutschland und Rußland jeder einsehen. (Im übrigen sollte *alsbald* mit Stammrollen für örtliche Milizen und mit der Verbreiterung der Grundlagen der Vertretungskörper vorgegangen werden!)

Und im Westen? Der hier stets vertretene Standpunkt möge *ohne alle Rücksicht auf das Geschwätz der Sykophanten* wiederholt werden. Die zuverlässig bundestreuen Politiker bei unseren Bundesgenossen (z. B. Graf Andrassy) haben völlig recht: die Lösung liegt nur in einer *sachlichen* aufrichtigen Verständigung zwischen Deutschland und England. Gelänge sie in einer Art, welche uns keinen Zweifel an Aufrichtigkeit ließe, dann wäre die sogenannte belgische „Frage" ebenso gelöst, wie sie es vor Eintritt der Spannung war. Es scheint fast, daß es wünschenswert wäre, daß die Verständigung mit der *konservativen* Partei in England sich vollzöge. Aber freilich: zur Verständigung *gehören zwei.* Und vom Standpunkt sachlicher Politik ist vorerst mit Bedauern festzustellen: daß anscheinend auch Lord Lansdowne geglaubt hat, der Straßenpolitik gewisse Konzessionen machen zu müssen. Wenn englische Politiker vom Elsaß und „reparations" reden, so sorgen sie nur dafür, sich die deutsche Demokratie für alle Zeit zum Todfeind zu machen. Mögen sie das mit sich ausmachen. Mißverstehe man aber in England nicht den sachlichen Grund, aus welchem wir die Verständigung für nützlich halten. Es sei deutlich gesagt: Wir wünschen die Verständigung, weil, wenn jetzt noch ungeheure Blutopfer gebracht werden und wenn weiter gekämpft wird, bis Frankreich erschöpft ist und Englands Handelsflotte zum größeren Teil auf dem Meeresboden ruht, 1. *wir alle beide* als aktionsfähige Großmächte zugunsten anderer lahmgelegt werden und weil – 2. dann, selbst wenn wir wollten, wir nicht hindern könnten, daß die Stimmung in Deutschland Bedingungen forderte, welche Europa für Generationen auf die Spitze der Bajonette setzen und eine rein sachliche Politik unmöglich machen würden. –

Unsere *sachliche* politische Lage wäre sachlich auch der deutschen Arbeiterschaft nicht schwer ins Bewußtsein zu hämmern. Nur müßte eben künftig die Behandlung solcher Bewegungen dem angepaßt werden. Gerechterweise muß andererseits von vornherein, auch von der Sozialdemokratie, anerkannt werden: Die Regierung hatte für ihr formell „bureaukratisches" und „obrigkeitsstaatliches" Verhalten gewiß nicht zu unterschätzende Gründe. Es konnte etwas für sich haben, nicht nur dem Inland, sondern vor allem dem Ausland den Beweis zu erbringen, daß *diese* Art von Streiks, die nicht von den legitimen Organen der Arbeiter ausgehen, bei uns das Staatsgefüge *nicht* zu erschüttern vermag. Gut: das wird gelingen. Aber darüber dürfen die schweren Fehler, welche diese Streiks überhaupt und gerade jetzt herbeiführten, nicht übersehen werden. Und es kommt nun alles darauf an: ob es den schweren *Argwohn,* welchen gewisse Vorgänge der letzten Wochen, und zwar sehr begreiflicherweise erregt hatten, und zu dessen Beschwichtigung natürlich die bloße Erklärung des Staatssekretärs des Innern: die Versprechungen würden erfüllt werden, *nicht* genügt, wieder zu beseitigen gelingt. Und dazu muß auch von den starken Seiten des Feindes gelernt werden. Dieser Argwohn aber gründet sich auf den Eindruck: daß maßgebende Kreise und Stellen bei uns dies elende Boulevardtreiben, wenn nicht begünstigen, dann – was schlimmer ist – *fürchten,* jedenfalls aber *beachten.* Es war denn doch ein Unfug, wenn politische Phantasten als Vertreter „unabhängiger Ausschüsse", nur weil sie Professoren sind, sogar von deutschen Bundesfürsten empfangen werden, obwohl sie die Reichsregierung in der skandalösesten Weise mit Schmutz beworfen hatten, und wenn andererseits Vertreter einer streikenden Arbeiterschaft von einem Minister nicht einmal *angehört* werden. Der Zustand: daß *Ressort*erörterungen durch *Presse*demagogie ausgefochten und dadurch die Massen in Siedehitze versetzt werden, muß aber ganz unbedingt *an der Wurzel* abgeschnitten und es muß endlich das richtige Wort für diese das Vaterland verderbenden Treibereien gefunden werden. Das ist bisher öffentlich *nicht* geschehen. Bisher besteht vielmehr bei der Arbeiterschaft, wie im Reichstag gesagt wurde, noch immer der Eindruck, daß die Zensur bei einem Kampf dieser einflußreichen Kreise, hinter denen die *Geldmacht* steht, mit der sie selbst ihre Kämpfe auszufechten haben, *gegen* die Reichsregierung arbeiten dürfe. Dieser Eindruck, der angesichts der unbehinderten Hetze in Berlin entstehen mußte, war es, der vor allen Dingen dazu geholfen hat, in Berlin die Vorbedingungen des Streiks zu schaffen. Wer eine mit den spezifischen Mitteln der Arbeiterschaft geübte Straßendemagogie verhüten will, muß auch die mit den spezifischen Mitteln der Geldmacht geübte Boulevard-Demagogie unterdrücken. Vor allem aber muß er darum besorgt sein: daß die einzigen Elemente der Massendisziplin: die *Gewerkschaften,* in die Lage versetzt werden, mit innerlicher Aufrichtigkeit dafür sorgen zu können, daß das Vertrauen der Arbeiterschaft in die Aufrichtigkeit unserer inneren und äußeren Politik nicht durch eine gewissenlose Preßhetze derart untergraben wird, wie es Mitte Januar geschah.

# Parlament und Regierung im neugeordneten Deutschland

## Zur politischen Kritik des Beamtentums und Parteiwesens

### *Vorbemerkung*

Diese politische Abhandlung ist eine Umgestaltung und Erweiterung von Artikeln, welche im Sommer 1917 in der „Frankfurter Zeitung" veröffentlicht wurden. Sie sagt keinem staatsrechtlichen Fachmann etwas Neues, deckt sich aber auch nicht mit der Autorität einer Wissenschaft. Denn die letzten Stellungnahmen des Wollens können mit den Mitteln der Wissenschaft nicht entschieden werden. Wem die geschichtlichen Aufgaben der deutschen Nation nicht grundsätzlich *über* allen Fragen ihrer Staats*form* stehen, oder wer jene Aufgaben grundsätzlich anders ansieht, auf den wirken die vorgebrachten Argumente nicht. Denn in dieser Hinsicht gehen sie von bestimmten Voraussetzungen aus. Von ihnen aus wenden sie sich gegen diejenigen, welche die Zeitlage auch jetzt noch für geeignet halten, zugunsten anderer politischer Gewalten gerade die Volksvertretung zu diskreditieren. Dies ist leider namentlich in ziemlich breiten akademischen und akademisch gebildeten *Literaten*kreisen seit nun 40 Jahren und noch während des Krieges geschehen. Sehr oft in der überheblichsten und maßlosesten Form, mit wegwerfender Gehässigkeit und ohne jede Spur von gutem Willen, die Existenzbedingungen leistungsfähiger Parlamente überhaupt auch nur verstehen zu wollen. In ihren politischen Leistungen sind die deutschen Volksvertretungen ganz gewiß nicht über die Kritik erhaben. Aber: was dem Reichstag recht ist, ist anderen Staatsorganen billig, welche von jenen Literaten stets sorgsam geschont und oft geradezu umschmeichelt worden sind. Wenn es aber von Dilettanten zum wohlfeilen Sport gemacht wird, eine Lanze gegen den Parlamentarismus zu brechen, so ist es füglich an der Zeit, auch einmal ohne besondere Schonung die politische Einsicht dieser Kritiker zu prüfen. Mit sachlichen und vornehmen Gegnern – und auch solche gibt es zweifellos – wäre es gewiß eine Freude, sachlich zu streiten. Aber es widerspräche deutscher Ehrlichkeit, Respekt zu bekunden vor Kreisen, aus deren Mitte ebenso wie viele andere auch der Verfasser wieder und wieder bald als „Demagoge", bald als „undeutsch" oder als „Agent des Auslandes" verlästert wurde. Die zweifellose Gutgläubigkeit der meisten daran beteiligten Literaten war vielleicht das Beschämendste an solchen Exzessen.

Man hat gesagt: es sei jetzt nicht die Zeit, innerpolitische Probleme anzurühren, wir hätten jetzt anderes zu tun. „Wir?" – wer? Doch wohl: die Daheimgebliebenen. Und was hätten diese zu tun? Auf die Feinde zu schelten? Damit gewinnt man keinen Krieg. Die Krieger draußen tun es nicht, und dies mit zunehmender Entfernung von den Schützengräben sich steigernde Schelten ist einer stolzen Nation schwerlich würdig. Oder: Reden und Resolutionen über das, was „wir" zuerst alles annektieren müssen, ehe „wir" Frieden schließen können? Dazu sei grundsätzlich bemerkt: Würde das Heer, welches die deutschen Schlachten schlägt, sich auf den Standpunkt stellen: „Was *wir* mit unserem Blut gewonnen haben, soll deutsch bleiben", – nun, so würden „wir", die Daheimgebliebenen, wohl noch das Recht haben, zu sagen: „Bedenkt, das wäre vielleicht politisch nicht klug." Aber blieben sie trotzdem dabei, dann hätten „wir" zu schweigen. Daß jedoch „wir", die Daheimgebliebenen, uns nicht scheuen, unsern Kriegern die Freude an ihren Leistungen zu vergiften, indem wir – wie es wieder und wieder geschehen ist – ihnen zurufen: „Wenn das und das von uns ausgedachte Kriegsziel nicht erreicht wird, dann *habt ihr umsonst geblutet*", – das scheint mir schon rein menschlich schlechthin unerträglich, für den Willen zum Durchhalten aber ausschließlich schädlich. Dafür wäre es besser, stets erneut nichts anderes zu sagen als: daß Deutschland nach wie vor für seine Existenz ficht gegen ein Heer, in welchem Neger, Gurkas und allerhand andere Barbaren aus allen Schlupfwinkeln der Erde an der Grenze bereitstehen, unser Land zur Wüste zu machen. Das ist die Wahrheit, das versteht jeder, und das hätte die Einigkeit erhalten. Statt dessen haben es sich die Literaten zum Geschäft gemacht, allerhand „Ideen" zu fabrizieren, für welche, ihrer Ansicht nach, die Männer da draußen bluten und sterben. Ich glaube nicht, daß dies eitle Treiben irgend einem unserer Kämpfer seine schwere Pflicht erleichtert hat. Der Sachlichkeit der politischen Erörterung hat es schwer geschadet.

Mir scheint, *unsere* Aufgabe daheim ist vor allem die: dafür zu sorgen, daß die heimkehrenden Krieger die *Möglichkeit vorfinden,* ihrerseits mit dem Stimmzettel in der Hand durch ihre gewählten Vertreter jenes Deutschland neu aufzubauen, dessen Bestand sie gerettet haben, und also: die Hindernisse, welche die jetzigen Zustände ihnen dabei in den Weg stellen, fortzuräumen, damit sie nicht nach der Heimkehr, statt an den Aufbau zu gehen, zunächst gegen jene Hemmnisse sterile Kämpfe zu führen haben. Wahlrecht und Parlamentsmacht sind dafür aber nun einmal – das kann keine Sophistik fortdisputieren – die einzigen Mittel, und es ist wenig offen und ein starkes Stück, wenn man allen Ernstes geklagt hat: eine Reform, welche den Kriegern überhaupt erst die *Möglichkeit* entscheidender Mitbestimmung gibt, werde „ohne ihre Befragung" gemacht.

Man sagt ferner: jede Kritik an unserer Staatsform liefere den Feinden Waffen. Damit hat man uns 20 Jahre lang den Mund verbunden, bis es zu spät war. Was haben wir jetzt noch durch solche Kritik im Ausland zu verlieren? Die Feinde könnten sich beglückwünschen, wenn die alten schweren Schäden auch weiter bestehen blieben! Und gerade jetzt, wo der große Krieg in das Stadium getreten ist, in welchem wieder die Diplomatie das Wort ergreift, ist es hohe Zeit, alles dafür zu tun, daß nicht abermals die alten Fehler begangen werden. Dafür spricht vorerst leider wenig. Daß die deutsche Demokratie, wenn sie nicht ihre Zukunft verscherzen will, keinen schlechten Frieden schließt, wissen die Feinde, oder sie werden es erfahren.

Wer aus letzten Gründen des Glaubens *jede* Form autoritativer Herrschaft um ihrer selbst willen über *alle* politischen Interessen der Nation stellt, der mag sich dazu bekennen. Er ist unwiderlegbar. Aber man komme uns statt dessen nicht mit dem eitlen Gerede von dem Gegensatz der „westeuropäischen" und der „deutschen Staatsidee". In den einfachen Fragen der Technik der Bildung des Staatswillens, von denen hier gehandelt wird, gibt es nicht beliebig viele, sondern, für einen Massenstaat, nur eine begrenzte Zahl von Formen. Für einen *sachlichen* Politiker ist es eine sachliche, je nach den politischen Aufgaben der Nation zu beantwortende Frage: welche davon für seinen Staat jeweils zweckmäßig ist. Nur ein beklagenswerter Kleinglaube an die Eigenkraft des Deutschtums kann vermeinen, das deutsche Wesen werde in Frage gestellt, wenn wir zweckmäßige staatstechnische Institutionen mit anderen Völkern teilen. Ganz abgesehen davon, daß weder der Parlamentarismus der deutschen Geschichte fremd, noch irgendeines der ihm entgegengesetzten Systeme nur Deutschland eigen gewesen ist. Daß auch ein parlamentarisierter deutscher Staat *anders* aussehen wird als jeder andere, dafür sorgen völlig zwingende sachliche Umstände. Daraus aber einen Gegenstand der *Eitelkeit* für die Nation zu machen, wäre nicht sachliche, sondern eben: Literatenpolitik. *Ob* eine wirklich brauchbare parlamentarische Neuordnung in Deutschland kommt, wissen wir heute nicht. Sie kann sowohl von rechts her hintertrieben wie von links her verscherzt werden. Auch das letztere. Denn auch über Demokratie und Parlamentarismus stehen selbstverständlich die Lebensinteressen der Nation. Würde aber das Parlament versagen und käme infolgedessen das alte System wieder, so hätte das allerdings weittragende Folgen. Auch dann würde man das Schicksal dafür segnen dürfen, ein Deutscher zu sein. Aber auf große Hoffnungen für Deutschlands Zukunft würde man dann endgültig verzichten müssen, *ganz einerlei,* wie der Frieden aussieht.

Der Verfasser, der vor bald drei Jahrzehnten konservativ wählte und später demokratisch, dem damals die „Kreuzzeitung" und jetzt liberale Blätter Gastrecht gewährten, ist weder aktiver Politiker, noch wird er es sein. Er verfügt – auch das sei vorsichtshalber bemerkt – über keinerlei Beziehungen gleichviel welcher Art zu irgendwelchen deutschen Staatsmännern. Er hat allen Anlaß zu dem Glauben, daß keine Partei, auch nicht auf der Linken, sich mit dem, was er sagt, identifizieren werde, vor allem mit dem ihm persönlich Wichtigsten (Kap. IV), welches zugleich das ist, worüber parteipolitische Meinungsverschiedenheiten überhaupt *nicht* bestehen. Er hat seinen politischen Standpunkt so wie jetzt gewählt deshalb, weil die Erfahrungen der letzten Jahrzehnte ihn seit langem zu der festen Überzeugung gebracht hatten: daß die bisherige Art der staatlichen Willensbildung und des politischen Betriebes bei uns *jede* deutsche Politik, gleichviel welches ihre Ziele seien, zum Scheitern verurteilen müsse, daß dies bei gleichbleibenden Verhältnissen künftig immer wieder genau so sein werde, und daß keinerlei Wahrscheinlichkeit dafür bestehe, daß auch dann immer wieder Heerführer erstehen werden, die unter unerhörten Blutsopfern der Nation uns aus der politischen Katastrophe militärisch heraushauen können.

Staatstechnische Änderungen machen an sich eine Nation weder tüchtig noch glücklich, noch wertvoll. Sie können nur mechanische Hemmnisse dafür forträumen, und sind also lediglich Mittel zum Zweck. Und man mag es vielleicht beklagen, daß so bürgerlich nüchterne Dinge, wie sie hier, unter absichtlicher Selbstbescheidung und Ausschaltung aller der großen *inhaltlichen* Kulturprobleme, die uns bevorstehen, erörtert werden, überhaupt wichtig sein *können*. Aber es ist nun einmal so. Im großen lehrt es die Politik der letzten Jahrzehnte. Im kleinen war in allerjüngster Zeit das völlige Scheitern der politischen Leitung des Reichs durch einen selten tüchtigen und sympathischen Beamten eine Art von Probe auf die in den kurz vorher publizierten Artikeln aufgemachte Rechnung. Wem alle diese Erfahrungen nicht genügen, dem genügt überhaupt kein Beweis. Der Politiker rechnet bei staatstechnischen Fragen mit den nächsten Generationen. Und diese kleine Gelegenheitsschrift will durchaus nur „der Zeit dienen".

Die lange Verzögerung der von ähnlich gesinnten Freunden angeregten Veröffentlichung in dieser Form hatte zunächst in anderweitiger Inanspruchnahme, dann, seit November, in den üblichen technischen Schwierigkeiten des Drucks ihren Grund.

*Der Verfasser.*

## *Inhaltsübersicht*



## *I. Die Erbschaft Bismarcks*

Die heutige Lage unseres parlamentarischen Lebens ist eine Hinterlassenschaft der langjährigen *Herrschaft des Fürsten Bismarck* in Deutschland und jener inneren Stellung, welche die Nation seit dem letzten Jahrzehnt seiner Reichskanzlerschaft zu ihm einnahm. Diese Stellungnahme findet kein Beispiel in der Haltung irgendeines anderen großen Volkes zu einem Staatsmann von dieser Größe. Nirgends sonst in der Welt hat selbst die schrankenloseste Bewunderung der Persönlichkeit eines Politikers eine stolze Nation veranlaßt, ihre eigenen sachlichen Überzeugungen ihm so restlos zu opfern. Und andererseits hat sachliche Gegnerschaft gegen einen Staatsmann von so ungeheuren Dimensionen sehr selten sonst ein solches Maß von Haß ausgelöst, wie er seinerzeit gegen

Bismarck auf der äußersten Linken und in der Zentrumspartei Deutschlands entstanden war. Woher kam das?

Die Nachwirkung der gewaltigen Ereignisse von 1866 und 1870 vollzog sich, wie oft, erst an der Generation, welche zwar die siegreichen Kriege als unauslöschlichen Jugendeindruck miterlebt, von den tiefen innerpolitischen Spannungen und Problemen aber, welche sie begleiteten, keine eigene klare Anschauung hatte. In ihren Köpfen erst wurde Bismarck zur Legende. Jenes Geschlecht politischer Literaten, welches seit etwa 1878 in das öffentliche Leben eintrat, spaltete sich in seiner Haltung zu ihm in zwei ungleich große Hälften, von denen die eine, größere, nicht etwa die Großartigkeit seines feinen und beherrschenden Geistes, sondern ausschließlich den Einschlag von Gewaltsamkeit und List in seiner staatsmännischen Methode, das scheinbar oder wirklich Brutale daran, anschwärmte, die andere aber mit kraftlosem Ressentiment dagegen reagierte. Wenn die zweite Spielart nach seinem Tode schnell verschwand, so wurde die erste seitdem literarisch erst recht gepflegt. Sie prägt seit langem die historische Legende der konservativen Politiker nicht nur, sondern auch ehrlich begeisterter Literaten und endlich aller jener Plebejer des Geistes, welche durch äußerliche Nachahmung seiner Gesten sich als Geist von seinem Geist zu legitimieren meinen. Bismarck selbst hatte für diese letzte, bei uns nicht einflußlose Schicht beglaubigtermaßen ausschließlich die tiefste Verachtung, so bereit er natürlich war, diese seine Höflinge gegebenenfalls politisch ebenso zu benutzen wie andere Leute vom Schlage des Herrn Busch. „Phrasenhaft im Inhalt und schülerhaft in der Form" schrieb er auf den Rand eines (im heutigen Sinn) „alldeutschen" Gutachtens, welches er sich einmal probeweise von einem Mann erbeten hatte, der von den heutigen Vertretern dieser Spielart sich immerhin dadurch wesentlich unterschied, daß er auf eigene nationale Leistungen nicht mit dem Munde, sondern mit kühner Tat hinweisen konnte. Wie Bismarck aber über seine konservativen Standesgenossen dachte, ist in seinen Denkwürdigkeiten niedergelegt.

Er hatte zu deren Geringschätzung einigen Grund. Denn was hatte er erlebt, als er 1890 aus dem Amt scheiden mußte? Daß das Zentrum, dem er den Attentäter Kullmann „an die Rockschöße gehängt", die Sozialdemokraten, gegen welche er die Hetzjagd des Ausweisungsparagraphen im Sozialistengesetz losgelassen, die damaligen Freisinnigen, die er als „Reichsfeinde" stigmatisiert hatte, Sympathie äußern sollten, war billigermaßen zu viel verlangt. Aber die anderen, unter deren lautem Beifall dies alles geschehen war? Auf den preußischen Ministersesseln und in den Reichsämtern saßen *konservative* Kreaturen, die er allein aus dem Nichts gehoben hatte. Was taten sie? Sie blieben sitzen. „Ein neuer Vorgesetzter": damit war für sie der Fall erledigt. Auf den Präsidentenstühlen der Parlamente im Reich und in Preußen saßen *konservative* Politiker. Was riefen sie dem scheidenden Schöpfer des Reichs zum Abschied nach? Sie gedachten des Zwischenfalls mit keinem Wort. Welche von den großen Parteien seiner Gefolgschaft verlangte auch nur Rechenschaft über die Gründe seiner Entlassung? Sie alle rührten sich nicht, sondern wandten sich der neuen Sonne zu. Der Vorgang findet in den Annalen keines stolzen Volkes seinesgleichen. Aber die Geringschätzung, welche er verdient, kann durch jene Bismarck-

Begeisterung, welche die gleichen Parteien später in Erbpacht nahmen, nur noch erhöht werden. Seit nun fünfzig Jahren haben die preußischen Konservativen politischen *Charakter* im Dienst großer staatspolitischer oder idealer Ziele – so wie die Stahl und Gerlach und die alten Christlich-Sozialen in ihrer Art sie hatten – *niemals* gezeigt. Man prüfe die Geschehnisse nach: *ausschließlich* dann, wenn es entweder an ihre Geldinteressen oder an ihr Amtspfründenmonopol und ihre Ämterpatronage oder (was damit identisch ist) an ihre Wahlrechtsprivilegien gehen sollte: – *dann* freilich arbeitete ihre landrätliche Wahlmaschine rücksichtslos auch *gegen* den König. Der ganze traurige Apparat „christlicher", „monarchischer" und „nationaler" Phrasen trat und tritt dann in Aktion: – genau das gleiche, was jene Herren jetzt den angelsächsischen Politikern bei deren Phrasenschatz als „cant" vorwerfen. Als es sich einige Jahre nach Bismarcks Entlassung um eigene *materielle* Interessen, zollpolitische vor allem, handelte, da erst besannen sie sich auf Bismarck als Vorspann und spielen sich seitdem allen Ernstes als Hüter seiner Traditionen auf. Es besteht triftiger Grund, anzunehmen, daß Bismarck selbst diesem Treiben auch damals nie anders als mit Mißachtung gegenüberstand. Private Äußerungen beweisen es. Wer will es ihm verdenken? Aber die Beschämung über jene Karikatur eines politisch reifen Volkes, welche die Nation im Jahre 1890 bot, darf doch den Blick dafür nicht trüben: daß Bismarck in dieser würdelosen Nichtigkeit seiner Parteigängerschaft in tragischer Art erntete, was *er selbst gesät* hatte. Denn eben diese politische Nichtigkeit des Parlaments und der Parteipolitiker hatte er gewollt und absichtsvoll herbeigeführt.

Niemals hatte ein Staatsmann, der nicht aus dem Vertrauen des Parlaments heraus an das Ruder gekommen war, eine so leicht zu behandelnde und dabei so zahlreiche politische Talente umfassende Partei als Partnerin wie Bismarck von 1867 bis 1878. Man mag die politischen Ansichten der damaligen nationalliberalen Führer ablehnen. Auf dem Gebiet der hohen Politik und an beherrschender Energie des Geistes überhaupt darf man sie natürlich nicht an Bismarck selbst messen, neben dem selbst ihre besten als Mittelmaß wirken, wie schließlich ja alle anderen Politiker des Inlands erst recht und die meisten des Auslands ebenso. Ein Genie erscheint nun einmal günstigenfalls alle Jahrhunderte. Aber wir könnten dem Schicksal danken, wenn es die Leitung unserer Politik im Durchschnitt in die Hände von Politikern des Niveaus gelegt hätte und künftig legen würde, wie sie damals in jener Partei existierten. Es ist wahrlich eine der dreistesten Entstellungen der Wahrheit, wenn trotzdem politische Literaten bei uns der Nation einreden: „Das deutsche Parlament habe bisher große politische Talente nicht hervorzubringen vermocht." Und es ist jämmerlich, wenn solchen Vertretern des Parlamentarismus, wie Bennigsen, Stauffenberg, Völk, oder auch der Demokratie, wie der preußische Patriot Waldeck, durch die gegenwärtige subalterne Literaten-Mode die Qualität von Repräsentanten *„deutschen Geistes"* abgesprochen wird, der in der Paulskirche mindestens ebenso stark lebte, wie in der Bureaukratie und besser als in den Tintenfässern dieser Herren. – Der große Vorzug jener Politiker aus der Blütezeit des Reichstages war zunächst: Sie hatten ihre eigenen Schranken und die Irrtümer ihrer Vergangenheit kennen gelernt und anerkannten die ungeheure geistige

Überlegenheit Bismarcks. Nirgends hat er leidenschaftlichere ganz persönliche Bewunderer gehabt als in ihren Reihen, gerade auch in denen der späteren Sezessionisten. Und für ihr persönliches Niveau sprach vor allem eines: das völlige Fehlen allen Ressentiments gegenüber seiner überlegenen Größe. Davon wird jeder, der sie gekannt hat, alle irgend erheblichen Persönlichkeiten unter ihnen völlig freisprechen. Für den, der über die Vorgänge unterrichtet ist, grenzt es schlechterdings an Verfolgungswahn, wenn Bismarck ernstlich die Vorstellung nährte, gerade *diese* Politiker hätten irgendwann daran gedacht, ihn zu „stürzen". Stets erneut habe ich aus dem Munde ihrer Führer gehört: Bestände irgendwelche Chance, daß für die höchste Stelle stets ein neuer Bismarck erstünde, dann wäre der Cäsarismus: die Regierungsform des Genies, die gegebene Verfassung für Deutschland. Das war völlig aufrichtige Überzeugung. Freilich hatten sie mit ihm dereinst die Klingen scharf gekreuzt. Eben daher kannten sie *auch seine Schranken* und waren keineswegs geneigt, unmännlich das Opfer ihres Intellekts zu bringen, obwohl sie, bis zur Selbstverleugnung, immer wieder geneigt waren, ihm im Interesse der Vermeidung eines Bruchs entgegenzukommen, – ungleich weiter, als die Rücksicht auf die Stimmung der Wähler es zuließ, welche ihnen darin die Gefolgschaft zu versagen drohten. Einen Kampf um formale Parlamentsrechte mit dem Schöpfer des Reichs scheuten die nationalliberalen Politiker nicht nur deshalb, weil sie voraussahen, daß ein solcher rein parteipolitisch nur dem *Zentrum* zur Macht verhelfen würde, sondern auch weil sie wußten, daß er Bismarcks eigene Politik ebenso wie das Parlament auf lange hinaus in der sachlichen Arbeit lähmen würde: „Es gelingt nichts mehr", hieß es bekanntlich in den achtziger Jahren. Ihre innerste, im internen Kreise oft ausgesprochene Absicht war: durch die Zeit der Herrschaft dieser grandiosen Persönlichkeit im Reich jene Institutionen hindurchzusteuern, auf deren Leistungsfähigkeit nun einmal später, wenn man sich auf Politiker gewöhnlicher Dimensionen würde einrichten müssen, die Stetigkeit der Reichspolitik allein beruhen könne. Zu diesen Institutionen zählten sie allerdings auch ein positiv mitbestimmendes und dadurch die großen politischen Begabungen anziehendes *Parlament* und: starke Parteien.

Sie wußten genau, daß die Erreichung dieses Zieles schlechterdings *nicht von ihnen allein* abhing. Sehr oft habe ich gelegentlich der großen Wendung von 1878 aus ihrer Mitte sagen hören: „Eine Partei in der völlig prekären Lage der unsrigen zu zerstören oder ihr die Fortexistenz unmöglich zu machen, dazu bedarf es keiner großen politischen Kunst. Aber wenn man es tut, so wird man eine andere große Partei, die rein sachlich mitarbeitet, nicht wieder schaffen können, sondern zum interessenpolitischen und zum Patronagetrinkgelder-System greifen müssen, dennoch aber die schwersten politischen Erschütterungen in den Kauf zu nehmen haben." Man mag, wie gesagt, im einzelnen manche Stellungnahmen der Partei, deren Initiative schließlich doch die Amtsstellung des Reichskanzlers selbst in der Verfassung (Antrag Bennigsen), die Einheit des bürgerlichen Rechts (Antrag Lasker), die Reichsbank (Antrag Bamberger), überhaupt die Mehrheit aller noch heute sich bewährenden großen Reichsinstitutionen zu danken ist, beurteilen, wie immer man will. Es ist leicht, ihre fortwährend mit der schwierigen Lage Bismarck gegenüber rechnende Taktik nachträglich zu kritisieren. Man kann die natürlichen Schwierigkeiten einer so rein politisch orientierten und dabei doch mit veralteter ökonomischer Dogmatik belasteten Partei den wirtschaftlichen und sozialpolitischen Problemen gegenüber für den Abstieg ihrer Stellung mit verantwortlich machen, – obwohl es schließlich in allen diesen Dingen bei den konservativen Parteien wahrlich nicht besser stand. Der Gegensatz ihrer Verfassungswünsche nach 1866 gegen Bismarcks Ziele lag in ihren damaligen – nach Treitschkes Art – *unitarischen* Idealen (die wir inzwischen aus zum Teil ganz außerpolitischen Gründen aufgegeben haben), nicht, wie man gern sagt, in „Kurzsichtigkeit". In den fundamentalen politischen Voraussetzungen ihres Verhaltens hat ihnen jedenfalls die spätere Entwicklung *völlig recht gegeben.*

Sie konnten ihre selbstgewählte politische Aufgabe nicht durchführen und zerbrachen, letztlich nicht aus sachlichen Gründen, sondern weil Bismarck *keine* wie immer geartete irgendwie selbständige, d. h. nach eigenen Verantwortlichkeiten handelnde Macht neben sich zu dulden vermochte. *Nicht* innerhalb der Ministerien. Einzelnen parlamentarischen Politikern wurde der Eintritt in die Ministerien angeboten, aber sie alle mußten die Erfahrung machen, daß Bismarck schon im voraus klüglich Veranstaltungen traf, den neuen Mitarbeiter jederzeit durch rein persönliche Diskreditierung zu Fall bringen zu können (dies und nichts anderes war letztlich auch der Grund von Bennigsens Ablehnung). *Nicht* im Parlament; seine ganze Politik ging darauf aus, irgendeine starke und dabei irgendwie selbständige konstitutionelle Partei sich nicht konsolidieren zu lassen. – Dazu boten ihm, neben der höchst absichtsvollen und geschickten Ausnützung der zollpolitischen Interessenkonflikte, die Mittel vor allem: die *Militärvorlagen* und das *Sozialistengesetz.*

In *Militärfragen* war der innerliche Standpunkt der damaligen nationalliberalen Politiker nach meiner Kenntnis der: daß die Präsenzstärke des Heeres, welche sie so hoch wie irgend erforderlich zu halten geneigt waren, eben deshalb als rein *sachliche* Frage behandelt, der alte Zwiespalt der Konfliktszeit dadurch begraben und wenigstens diese Quelle demagogischer Erregung zum Heile des Reichs verstopft werden müsse. Die schlichte Feststellung durch das alljährliche *Budgetgesetz* war dafür das einzige Mittel. Keiner der Führer hat je bezweifelt, daß auf diesem Wege die erforderliche Vermehrung des Heeres ohne innerpolitische und internationale Erregung und Erschütterung vor sich gehen, und daß vor allem auch die Militärverwaltung bei dieser rein *sachlichen* Behandlung weit höhere Anforderungen in weit unauffälligerer Art durchsetzen werde, als wenn diese sachliche Frage mit innerpolitischen Machtinteressen der Amtsstellen gegenüber dem Parlament verquickt würde und dadurch die Militärfragen alle sieben Jahre sich auswüchsen zu einer katastrophenartig die Grundfesten des Reichs erschütternden politischen Sensation und einem wilden Wahlkampf unter der Parole: „Kaiser-Heer oder Parlaments-Heer!" Einer *tief unwahrhaftigen* Parole: denn die Armee wurde ja durch jährliche Bewilligung nicht um Haaresbreite mehr Parlamentsheer als bei einer Bewilligung auf sieben Jahre. Zumal das Septennat ohnehin Fiktion blieb. Ausschließlich unter der Fragestellung: „Bewilligung der von *allen* bürgerlichen Parteien als erforderlich anerkannten Präsenzstärke auf drei oder sieben Jahre?" wurde der Reichstag 1887 aufgelöst und die Bewilligung auf nur drei Jahre als ein „Angriff auf Kronrechte" hingestellt. Genau drei Jahre später aber, 1890, wurde ein neues Gesetz über die Präsenzstärke eingebracht, was Windthorst nicht verfehlte, den Gegnern höhnisch, aber mit vollem Recht, vorzuhalten. Auf diese Art wurde der alte begrabene preußische Militärzwist in die Reichspolitik hinübergenommen und die Militärfrage mit parteipolitischen Interessen verknüpft. *Eben dies* aber wollte – das darf man nicht verkennen – Bismarck, der gerade in jener demagogischen Parole den Weg sah, den Reichstag und die liberalen Parteien einerseits bei dem Kaiser, der die Konfliktszeit durchlebt hatte, als „militärfeindlich" zu verdächtigen, andererseits aber die Nationalliberalen bei ihren Wählern wegen des Septennats als Verräter der Budgetrechte zu diskreditieren. Nicht anders das *Sozialistengesetz*. Die Partei war bereit, sehr weit entgegenzukommen, und selbst die Fortschrittler waren geneigt, Bestimmungen zu bewilligen, welche das, was sie „Klassenverhetzung" nannten, *allgemein* und dauernd unter gemeinrechtliche Strafe stellten. Aber Bismarck wollte gerade das *Ausnahmegesetz als solches*. Die Auflösung des Reichstags unter dem aufregenden Eindruck des zweiten Attentats ohne jeden Versuch, sich mit ihm zu verständigen, war ihm lediglich ein demagogisches Mittel, die einzige damals mächtige Partei zu sprengen.

Das gelang. *Und das Resultat?* Für die Notwendigkeit der Rücksichtnahme auf eine bei aller Kritik ihm innerlich eng verbundene, von Anfang an bei der Reichsgründung mitarbeitende *parlamentarische* Partei hatte Bismarck die dauernde Abhängigkeit vom *Zentrum,* einer auf *außer*parlamentarische, für ihn unangreifbare, Machtmittel sich stützenden Partei, eingetauscht, deren tödlicher Haß gegen ihn trotzdem bis an seinen Tod währte. Als er später seine berühmte Rede vom Schwinden des „Völkerfrühlings" hielt, wurde ihm von Windhorst höhnisch, aber mit Recht entgegengehalten, daß er ja selbst die große Partei zerschlagen habe, die ihn in vergangenen Zeiten gestützt habe. Die von der nationalliberalen Partei verlangte Art der Sicherung des Einnahmebewilligungsrechtes des Reichstages hatte er, weil sie die „Parlamentsherrschaft" begründe, abgelehnt, – und mußte nun dem Zentrum das genau Gleiche bewilligen, aber: in der denkbar übelsten Form: in dem Trinkgelderparagraphen der sogenannten clausula Franckenstein, an die sich in Preußen die noch üblere, später mühsam wieder beseitigte lex Huene anschloß. Er mußte überdies die schwere Niederlage der Staatsautorität im Kulturkampf, für dessen ganz verfehlte Methoden er vergebens (und wenig redlich) die Verantwortung abzulehnen versucht hat, einstecken und bot andererseits der Sozialdemokratie in dem „Ausnahmegesetz" die denkbar glänzendste Wahlparole. Demagogie, und zwar eine sehr schlechte Demagogie, wurde in Bismarcks Händen auch die soziale Gesetzgebung des Reiches, so wertvoll man sie rein sachlich finden mag. Den Arbeiterschutz, der doch für die Erhaltung unserer physischen Volkskraft das Unentbehrlichste war, lehnte er als Eingriff in Herrenrechte (mit zum Teil unglaublich trivialen Argumenten) ab. Die Gewerkschaften, die einzig möglichen Träger einer sachlichen Interessenvertretung der Arbeiterschaft, ließ er aus dem gleichen Standpunkt heraus auf Grund des Sozialistengesetzes polizeilich zersprengen und trieb ihre Mitglieder dadurch in den äußersten rein parteipolitischen Radikalismus. Dagegen glaubte er, an gewissen amerikanischen Mustern orientiert, „Staatsgesinnung“ und „Dankbarkeit“ durch Gewährung staatlicher oder staatlich erzwungener *Renten* zu schaffen. Ein schwerer politischer Irrtum. Denn noch jede auf Dankbarkeit spekulierende Politik ist gescheitert: – auch für die politische Werkheiligkeit gilt das Wort: „Sie haben ihren Lohn dahin.“ Wir erhielten Renten für die Kranken, die Beschädigten, die Invaliden, die Alten. Das war gewiß schätzenswert. Aber wir erhielten *nicht* die vor allem nötigen Garantien für die *Erhaltung* der physischen und psychischen Lebenskraft und für die Möglichkeit sachlicher und selbstbewußter *Interessenvertretung der Gesunden* und *Starken,* derjenigen also, auf die es, rein politisch betrachtet, doch gerade ankam. Wie im Kulturkampf, so war er auch hier über alle entscheidenden psychologischen Voraussetzungen hinweggeschritten. Und vor allem wurde in der Behandlung der Gewerkschaften das eine übersehen, was manche Politiker noch heute nicht begriffen haben: daß ein Staat, welcher den Geist seines Massenheeres auf *Ehre und Kameradschaft* gründen will, nicht vergessen darf, daß auch im Alltag, in den ökonomischen Kämpfen der Arbeiterschaft, das Gefühl für *Ehre und Kameradschaft* die allein entscheidenden sittlichen Kräfte zur Erziehung der Massen gebiert, und daß man sie deshalb sich frei auswirken lassen muß. *Dies und nichts anderes* bedeutet ja, *rein politisch* angesehen, „soziale Demokratie“ in einem unvermeidlich noch auf lange hinaus kapitalistischen Zeitalter. Noch heute leiden wir unter den Folgen dieser Politik. Bismarck selbst aber hatte, alles in allem, um sich herum eine Atmosphäre und Lage geschaffen, welche 1890 im Falle seines Verbleibens im Amt nur die bedingungslose Unterwerfung unter Windthorsts Willen oder – den Staatsstreich zur Wahl stellte. Es war kein Zufall, wenn die Nation das Geschehnis seines Rücktritts mit vollkommener Gleichgültigkeit aufnahm.

Gegenüber den üblichen unterschiedslosen, kritiklosen und vor allem unmännlichen Verhimmelungen der Bismarckschen Politik schien es nachgerade am Platz, an diese Seite der Sache einmal zu erinnern. Denn ein großer und jedenfalls der einflußreichste Teil der populären Bismarckliteratur ist für den Weihnachtstisch des Spießbürgers zugeschnitten, der jene völlig unpolitische Art der Heldenverehrung bevorzugt, wie sie bei uns üblich geworden ist. Sie redet dieser Sentimentalität nach dem Munde und glaubt ihrem Helden zu dienen, indem sie seine Schranken verhüllt und seine Gegner verlästert. Aber dadurch erzieht man eine Nation nicht zu eigenem politischen Denken. Bismarcks riesenhafte Größe kann sehr wohl vertragen, daß man auch die Andersdenkenden sachlich versteht und rücksichtslos feststellt: welche Folgen seine tiefe Menschenverachtung und der Umstand hatte, daß die Nation durch seine Herrschaft seit dem Jahre 1875 jener positiven Mitbestimmung ihres politischen Schicksals durch ihre gewählten Vertreter entwöhnt wurde, welche allein die Schulung des politischen Urteils ermöglicht.

Was war infolgedessen – für die uns hier interessierenden Seiten der Sache – Bismarcks *politisches Erbe?* Er hinterließ eine Nation *ohne alle und jede politische Erziehung,* tief unter dem Niveau, welches sie in dieser Hinsicht zwanzig Jahre vorher bereits erreicht hatte. Und vor allem eine Nation *ohne allen und jeden politischen Willen,* gewohnt, daß der große Staatsmann an ihrer Spitze für sie die Politik schon besorgen werde. Und ferner, als Folge der mißbräuchlichen Benutzung des monarchischen Gefühls als Deckschild eigener Machtinteressen im politischen Parteikampf, eine Nation, daran gewöhnt, unter der Firma der „monarchischen Regierung“ fatalistisch *über sich ergehen zu lassen,* was man über sie beschloß, ohne Kritik an der politischen Qualifikation derjenigen, welche sich nunmehr auf Bismarcks leergelassenen Sessel niederließen und mit erstaunlicher Unbefangenheit die Zügel der Regierung in die Hand nahmen. An diesem Punkt lag der bei weitem schwerste Schaden. Eine politische Tradition dagegen hinterließ der große Staatsmann *überhaupt nicht.* Innerlich selbständige Köpfe und vollends Charaktere hatte er weder herangezogen noch auch nur ertragen. Und der Unstern der Nation hatte überdies gewollt, daß er neben seinem rasenden Argwohn auf alle Persönlichkeiten, die ihm irgendwie als denkbare Nachfolger verdächtig waren, auch noch einen Sohn besaß, dessen wahrlich bescheidene staatsmännische Qualitäten er erstaunlich überschätzte. Demgegenüber nun als ein rein negatives Ergebnis seines gewaltigen Prestiges: ein *völlig machtloses Parlament.* Er selbst hat sich bekanntlich dessen als eines Fehlers angeklagt, als er nicht mehr im Amte war und die Konsequenzen an seinem eigenen Schicksal erfahren hatte. Jene Machtlosigkeit bedeutete aber zugleich: ein Parlament mit tief herabgedrücktem geistigen Niveau. Zwar die naive moralisierende Legende unserer unpolitischen Literaten denkt sich die ursächliche Beziehung vielmehr gerade umgekehrt: weil das Niveau des Parlamentslebens niedrig gewesen und geblieben sei, deshalb sei es, und zwar verdientermaßen, machtlos geblieben. Höchst einfache Tatsachen und Erwägungen zeigen aber den wirklichen Sachverhalt, der sich übrigens für jeden nüchtern Denkenden von selbst versteht. Denn darauf: *ob große Probleme* in einem Parlament nicht nur *beredet,* sondern *maßgeblich entschieden* werden – ob also etwas *und wie viel darauf ankommt, was im Parlament geschieht,* oder ob es nur der widerwillig geduldete Bewilligungs-Apparat einer herrschenden Bureaukratie ist, stellt sich die Höhe oder Tiefe seines Niveaus ein.

## *II. Beamtenherrschaft und politisches Führertum*

In einem modernen Staat liegt die wirkliche *Herrschaft,* welche sich ja weder in parlamentarischen Reden noch in Enunziationen von Monarchen, sondern in der *Handhabung der Verwaltung* im Alltagsleben auswirkt, notwendig und unvermeidlich in den Händen des *Beamtentums.* Des militärischen wie des zivilen. Denn vom „Bureau“ aus leitet ja der moderne höhere Offizier sogar die Schlachten. Wie der sogenannte Fortschritt zum Kapitalismus seit dem Mittelalter der eindeutige Maßstab der Modernisierung der Wirtschaft, so ist der Fortschritt zum bureaukratischen, auf Anstellung, Gehalt, Pension, Avancement, fachmäßiger Schulung und Arbeitsteilung, festen Kompetenzen, Aktenmäßigkeit, hierarchischer Unter- und Überordnung ruhenden Beamtentum der ebenso eindeutige Maßstab der Modernisierung des Staates. Des monarchischen ebenso wie des demokratischen. Dann jedenfalls, wenn der Staat nicht ein kleiner Kanton mit reihumgehender Verwaltung, sondern ein großer Massenstaat ist. Die Demokratie schaltet ja ganz ebenso wie der absolute Staat die Verwaltung durch feudale oder patrimoniale oder patrizische oder andere ehrenamtliche oder erblich fungierende Honoratioren zugunsten angestellter Beamten aus. Angestellte Beamte entscheiden über alle unsere Alltagsbedürfnisse und Alltagsbeschwerden. Von dem bürgerlichen Verwaltungsbeamten unterscheidet sich der militärische Herrschaftsträger, der Offizier, in dem hier entscheidenden Punkte nicht. Auch das moderne Massenheer ist ein *bureaukratisches* Heer, der Offizier eine Sonderkategorie des Beamten im Gegensatz zum Ritter, Condottiere, Häuptling oder homerischen Helden. Auf der Dienstdisziplin beruht die Schlagkraft des Heeres. Nur wenig modifiziert vollzieht sich der Vormarsch des Bureaukratismus in der Gemeindeverwaltung. Je größer die Gemeinde ist oder je mehr sie durch technisch und ökonomisch bedingte Zweckverbandsbildungen aller Art unvermeidlich ihrer organischen lokalen Bodenständigkeit entkleidet wird, desto mehr. Und in der Kirche war nicht etwa das vielberedete Unfehlbarkeitsdogma, sondern der Universalepiskopat der prinzipiell wichtige Abschluß von 1870. Er schuf die „Kaplanokratie" und machte im Gegensatz zum Mittelalter den Bischof und Pfarrer zu einem einfachen Beamten der kurialen Zentralgewalt. Nicht anders auch in den großen Privatbetrieben der Gegenwart, und zwar je größer sie sind, desto mehr. Die Privatangestellten wachsen statistisch rascher als die Arbeiter, und es ist eine höchst lächerliche Vorstellung unserer Literaten, daß sich die geistige Arbeit im Kontor auch nur im mindesten von derjenigen im staatlichen Bureau unterscheide.

Beide sind vielmehr im Grundwesen ganz gleichartig. Ein „Betrieb" ist der moderne Staat, gesellschaftswissenschaftlich angesehen, ebenso wie eine Fabrik: das ist gerade das ihm historisch Spezifische. Und gleichartig bedingt ist auch das Herrschaftsverhältnis innerhalb des Betriebes hier und dort. Wie die relative Selbständigkeit des Handwerkers oder Hausindustriellen, des grundherrlichen Bauern, des Kommendatars, des Ritters und Vasallen darauf beruhte, daß er selbst Eigentümer der Werkzeuge, der Vorräte, der Geldmittel, der Waffen war, mit deren Hilfe er seiner ökonomischen, politischen, militärischen Funktion nachging und von denen er während deren Ableistung lebte, so beruht hierauf die hierarchische Abhängigkeit des Arbeiters, Kommis, technischen Angestellten, akademischen Institutsassistenten *und* des staatlichen Beamten und Soldaten ganz gleichmäßig darauf: daß jene für den Betrieb und die ökonomische Existenz unentbehrlichen Werkzeuge, Vorräte und Geldmittel in der Verfügungsgewalt, im einen Fall: des Unternehmers, im anderen: des politischen Herren konzentriert sind. Die russischen Soldaten z. B. *wollten* (überwiegend) keinen Krieg mehr führen. Sie mußten aber: denn die sachlichen Kriegsbetriebsmittel und die Vorräte, von denen sie leben mußten, waren in der Verfügungsgewalt von Leuten, welche die Soldaten mit deren Hilfe ganz ebenso in den Schützengraben hineinzwangen, wie der kapitalistische Besitzer der wirtschaftlichen Betriebsmittel die Arbeiter in die Fabriksäle und Bergwerksschächte. Diese entscheidende ökonomische Grundlage: die „Trennung" des Arbeiters von den sachlichen Betriebsmitteln: den Produktionsmitteln in der Wirtschaft, den Kriegsmitteln im Heer, den sachlichen Verwaltungsmitteln in der öffentlichen Verwaltung, den Geldmitteln bei ihnen allen, den Forschungsmitteln im

Universitätsinstitut und Laboratorium, ist dem modernen macht- und kulturpolitischen und militärischen Staatsbetrieb und der kapitalistischen Privatwirtschaft als entscheidende Grundlage *gemeinsam.* Beide Male liegt die Verfügung über diese Mittel in den Händen derjenigen Gewalt, welcher jener *Apparat der Bureaukratie* (Richter, Beamte, Offiziere, Werkmeister, Kommis, Unteroffiziere) direkt *gehorcht* oder auf Anrufen zur Verfügung steht, der allen jenen Gebilden gleichmäßig charakteristisch und dessen Existenz und Funktion als Ursache wie als Wirkung mit jener „Konzentration der sachlichen Betriebsmittel" untrennbar verknüpft, vielmehr: deren Form ist. Zunehmende „Sozialisierung" bedeutet heute unvermeidlich zugleich zunehmende Bureaukratisierung.

Auch geschichtlich steht aber der „Fortschritt" zum bureaukratischen, nach rational gesatztem Recht und rational erdachten Reglements judizierenden und verwaltenden Staat jetzt in engstem Zusammenhang mit der modernen kapitalistischen Entwicklung. Der moderne kapitalistische Betrieb ruht innerlich vor allem auf der *Kalkulation.* Er braucht für seine Existenz eine Justiz und Verwaltung, deren Funktionieren wenigstens im Prinzip ebenso an festen generellen Normen *rational kalkuliert* werden kann, wie man die voraussichtliche Leistung *einer Maschine* kalkuliert. Er kann sich mit der im populären Sprachgebrauch sogenannten „Kadijustiz": dem Judizieren nach dem Billigkeitsempfinden des Richters im *Einzel*fall oder nach anderen irrationalen Rechtsfindungsmitteln und Prinzipien, wie sie in der Vergangenheit überall bestanden, im Orient noch heute bestehen, ebensowenig befreunden wie mit der patriarchalen, nach freier Willkür und Gnade und im übrigen nach unverbrüchlich heiliger, aber irrationaler, Tradition verfahrenden Verwaltung der theokratischen oder patrimonialen Herrschaftsverbände Asiens und unserer eigenen Vergangenheit. Der Umstand, daß diese „Kadijustiz" und die ihr entsprechende Verwaltung, eben ihres irrationalen Charakters wegen, besonders häufig *käuflich* ist, gestattete zwar dem Kapitalismus des Händlers und Staatslieferanten und allen Arten des seit vier Jahrtausenden in der Welt bekannten *vor*rationalistischen Kapitalismus, namentlich des an der Politik, dem Krieg, der Verwaltung als solcher verankerten Abenteuer- und Raubkapitalismus, die Entstehung und Existenz (und oft gerade durch jene Qualitäten üppige Blüte). Das aber, was dem *modernen* Kapitalismus im Gegensatz zu jenen uralten Formen kapitalistischen Erwerbs spezifisch ist: die streng rationale *Organisation der Arbeit* auf dem Boden *rationaler Technik,* ist *nirgends* innerhalb derartig irrational konstruierter Staatswesen entstanden und konnte dort auch nie entstehen. Denn dazu sind diese modernen Betriebsformen mit ihrem stehenden Kapital und ihrer exakten Kalkulation gegen Irrationalitäten des Rechts und der Verwaltung viel zu empfindlich. Sie konnten nur da entstehen, wo *entweder,* wie in England, die praktische Gestaltung des Rechts tatsächlich in den Händen der Advokaten lag, welche im Dienste ihrer Kundschaft: der kapitalistischen Interessenten also, die geeigneten Geschäftsformen ersannen, und aus deren Mitte dann die streng an „Präzedenzfälle", also an *berechenbare* Schemata gebundenen Richter hervorgingen. *Oder* wo der Richter, wie im bureaukratischen Staat mit seinen rationalen Gesetzen, mehr oder minder ein Paragraphen-Automat ist, in welchen man oben die Akten nebst den Kosten und Gebühren hineinwirft, auf daß er unten das Urteil nebst den mehr oder minder stichhaltigen Gründen ausspeie: – dessen Funktionieren also jedenfalls im großen und ganzen *kalkulierbar* ist[1]). –

Nicht anders als in Wirtschaft und staatlicher Verwaltung steht es schließlich mit dem Fortschritt zur Bureaukratisierung nun auch: in den *Parteien.*

*Die Existenz der Parteien kennt keine Verfassung und* (bei uns wenigstens) auch kein Gesetz, obwohl doch gerade sie heute die weitaus wichtigsten Träger alles politischen Wollens der von der Bureaukratie Beherrschten, der „Staatsbürger", darstellen. Parteien sind eben – mögen sie noch so viele Mittel der dauernden Angliederung ihrer Klientel an sich verwenden – ihrem innersten Wesen nach freiwillig geschaffene und auf freie, notwendig stets erneute, *Werbung* ausgehende Organisationen, im Gegensatz zu allen gesetzlich oder kontraktlich fest umgrenzten Körperschaften. Heute ist stets Stimmenwerbung für Wahlen zu politischen Stellungen oder in eine Abstimmungskörperschaft ihr Ziel. Ein dauernder, unter einem Führer oder einer Honoratiorengruppe vereinigter Kern von Parteiinteressenten mit sehr verschieden fester Gliederung, heute oft mit entwickelter Bureaukratie, sorgt für die Finanzierung mit Hilfe von Parteimäcenaten oder wirtschaftlichen Interessenten oder Amtspatronageinteressenten oder durch Mitgliedsbeiträge: meist aus mehreren dieser Quellen. Er bestimmt das jeweilige Programm, die Art des Vorgehens und die Kandidaten. Auch bei sehr demokratischer Form der Massenparteiorganisation, welche dann, wie stets, ein entwickeltes besoldetes Beamtentum zur Folge hat, ist die Masse zum mindesten der Wähler, in ziemlichem Umfang aber auch der einfachen „Mitglieder", *nicht* (oder nur formell) beteiligt an der Bestimmung der Programme und Kandidaten. Die Wähler kommen vielmehr mitwirkend nur dadurch in Betracht, daß beide den Chancen, dadurch ihre Stimmen zu gewinnen, angepaßt und danach ausgewählt werden.

Mag man nun die Existenz, die Art des Werbens und Kämpfens und die Tatsache, daß unvermeidlich Minderheiten die Formung von Programmen und Kandidatenlisten in der Hand haben, moralisierend beklagen, – beseitigen wird man die Existenz der Parteien nicht, und jene Art ihrer Struktur und ihres Vorgehens höchstens in begrenztem Maße. Reglementieren kann das Gesetz, wie z. B. mehrfach in Amerika, die Form der Bildung jenes aktiven Parteikerns

---

[1]) In die Kleinkinderschule gehört die charakteristische dilettantische Literatenvorstellung: das „römische Recht" habe den Kapitalismus befördert. Jeder Student ist verpflichtet, zu wissen, daß alle charakteristischen Rechtsinstitute des modernen Kapitalismus, von der Aktie, dem Rentenpapier, dem modernen Bodenpfandrecht, dem Wechsel und allen Arten der Verkehrsurkunden an bis zu den kapitalistischen Assoziationsformen in Industrie, Bergbau und Handel dem römischen Recht völlig unbekannt und mittelalterlichen, zum erheblichen Teil spezifisch germanischen Ursprungs sind und daß in dem Mutterland des modernen Kapitalismus, England, das römische Recht niemals Fuß gefaßt hat. Das Fehlen der großen nationalen Advokatenzünfte, die in England sich dem römischen Recht widersetzten, und im übrigen: die *Bureaukratisierung* der Rechtspflege und Staatsverwaltung ebneten bei uns in Deutschland dem römischen Recht den Weg. Der moderne Früh-Kapitalismus ist nicht in den Musterländern der Bureaukratie (die ihrerseits dort aus reinem Staatsrationalismus erwuchs) *entstanden.* Und auch der moderne Hochkapitalismus war zunächst nicht auf sie beschränkt, zunächst nicht einmal in ihnen vorwiegend heimisch. Sondern da, wo die Richter aus Advokaten hervorgingen. Aber heute haben sich Kapitalismus und Bureaukratie gefunden und gehören intim zusammen.

(ähnlich wie etwa die Bedingungen der Bildung von Gewerkschaften) und die „Kampfregeln" auf dem Wahlschlachtfeld. Aber den Parteikampf selbst auszuschalten, ist nicht möglich, wenn nicht eine aktive Volksvertretung überhaupt fortfallen soll. Die verworrene Vorstellung, daß man es doch könne und solle, beschäftigt aber stets erneut die Literatenköpfe. Sie gehört, bewußt oder unbewußt, zu den Voraussetzungen der vielen Vorschläge: statt der oder neben den auf der Basis des allgemeinen (abgestuften oder gleichen) staatsbürgerlichen Wahlrechts gebildeten Parlamenten, Wahlkörperschaften auf „berufsständischer" Basis zu schaffen, bei welchen korporativ zusammengefaßte Berufsvertretungen zugleich Wahlkörper für das Parlament sein würden. Ein Ungedanke schon an sich in einer Zeit, wo die formelle Zugehörigkeit zu einem bestimmten Beruf (die ja wahlgesetzlich an äußere Merkmale geknüpft werden müßte) über die ökonomische und soziale Funktion bekanntlich so gut wie nichts aussagt, wo jede technische Neuerfindung und jede ökonomische Verschiebung und Neubildung diese Funktionen und damit auch den Sinn der formal gleichbleibenden Berufsstellungen und ihr Zahlenverhältnis zueinander verschiebt. Aber selbstverständlich auch kein Mittel für den erstrebten Zweck. Denn würde es gelingen, sämtliche Wähler in Berufskörperschaften von der Art etwa der heutigen Handelskammern oder Landwirtschaftskammern vertreten und aus diesen dann das Parlament hervorgehen zu lassen, so wäre selbstverständlich die Folge:

1. daß *neben* diesen gesetzlich zusammengeklammerten Berufsorganisationen einerseits die auf freier Werbung ruhenden *Interessen*vertretungen stehen würden. So, wie neben den Landwirtschaftskammern der Bund der Landwirte, neben den Handelskammern die verschiedenen Arten der freien Unternehmerorganisationen. Andererseits würden selbstverständlich die auf Werbung ruhenden *politischen* Parteien, weit entfernt davon zu verschwinden, Richtung und Art ihrer Werbung dem neugeschaffenen Zustand anpassen. Gewiß nicht zum Vorteil: die Beeinflussung der Wahlen in jenen Berufsvertretungen durch Wahlgeldgeber und die Ausnutzung der kapitalistischen Abhängigkeiten würden ja mindestens ebenso unkontrollierbar fortbestehen. Im übrigen würden als selbstverständliche Folge eintreten: einerseits – 2. daß die Lösung der *sachlichen* Aufgaben der Berufsvertretungen nun, wo ihre Zusammensetzung die Parlamentswahlen und damit die Amtspatronage beeinflussen würde, in den Strudel der politischen Macht- und Parteikämpfe gerissen, statt der sachlich kompetenten Fachvertreter also Parteivertreter sie bevölkern würden. Andererseits – 3. daß das Parlament ein Markt für rein *materielle* Interessenkompromisse ohne *staats*politische Orientierung würde. Für die Bureaukratie ergäbe das die gesteigerte Versuchung dazu und einen erweiterten Spielraum dafür: durch Ausspielen materieller Interessengegensätze und durch ein Patronage- und Lieferungs-Trinkgeldersystem verstärkter Art die eigene Macht zu erhalten und vor allem: jede Verwaltungskontrolle illusorisch zu machen. Denn die entscheidenden Vorgänge und Kompromisse der Interessenten würden sich ja nun, noch viel weniger kontrolliert, hinter den verschlossenen Türen ihrer unoffiziellen Konzerne abwickeln. Nicht der politische *Führer,* sondern der geriebene *Geschäftsmann* käme im Parlament ganz unmittelbar auf seine Rechnung, während für die Lösung politischer Fragen nach politischen Gesichtspunkten eine solche soge-

nannte „Volksvertretung" wahrlich die ungeeignetste Stätte wäre. Das alles liegt für den Kundigen auf der Hand. Ebenso, daß derartiges kein Mittel ist, die kapitalistische Beeinflussung der Parteien und des Parlaments zu schwächen oder gar das Parteigetriebe zu beseitigen oder doch zu reinigen. Das gerade Gegenteil wäre der Fall. Die Tatsache: daß die Parteien nun einmal auf *freier* Werbung beruhende Gebilde sind, steht ihrer Reglementierung im Weg und wird von solchen Literatenvorstellungen, welche nur die durch staatliches Reglement geschaffenen, nicht die „freiwillig" auf dem Kampfplatz der heutigen Gesellschaftsordnung gewachsenen Gebilde als Organisationen kennen möchten, verkannt. –

Politische Parteien können in modernen Staaten vor allem auf zwei verschiedenen letzten innerlichen Prinzipien aufgebaut sein. Entweder sie sind – wie in Amerika seit dem Wegfall der großen Gegensätze über die Verfassungsinterpretation – wesentlich *Amtspatronage*-Organisationen. Ihr Ziel ist dann lediglich: durch Wahlen ihren Führer in die leitende Stellung zu bringen, damit er dann seiner Gefolgschaft: dem Beamten- und Werbeapparat der Partei, die staatlichen Ämter zuwende. Inhaltlich gesinnungslos, schreiben sie, miteinander konkurrierend, jeweils diejenigen Forderungen in ihr Programm, welchen sie die stärkste Werbekraft bei den Wählern zutrauen. Dieser Charakter der Parteien ist in den Vereinigten Staaten deshalb so nackt ausgeprägt, weil dort *kein* parlamentarisches System besteht, vielmehr der vom Volk gewählte Präsident der Union (unter Beteiligung der gewählten Senatoren der Staaten) die Amtspatronage der ungeheuren Zahl zu vergebender Bundesämter in Händen hat. Trotz der Korruption, die es zur Folge hatte, war dies System populär, weil es die Entstehung einer Bureaukraten*kaste* vermied. Technisch möglich aber war es, weil und so lange selbst die übelste Dilettantenwirtschaft angesichts des unbegrenzten Überflusses an ökonomischen Chancen ertragen werden konnte. Die steigende Notwendigkeit, den jeder Fachschulung entbehrenden Parteischützling und Gelegenheitsbeamten durch den das Amt als Lebensberuf versehenden *fachgeschulten* Beamten zu ersetzen, gräbt diesen amerikanischen Parteien zunehmend Pfründen ab und läßt auch dort unentrinnbar eine Bureaukratie europäischer Art entstehen.

Oder die Parteien sind vornehmlich *Weltanschauungsparteien,* welche also der Durchsetzung *inhaltlicher* politischer Ideale dienen wollen. In ziemlich reiner Form waren dies das deutsche Zentrum der siebziger Jahre und die Sozialdemokratie bis zu ihrer Durchbureaukratisierung. Die Regel ist aber, daß Parteien beides zugleich sind: sie haben sachlich politische, durch die Tradition überlieferte und mit Rücksicht auf sie nur langsam modifizierbare Ziele, erstreben aber außerdem: *Ämterpatronage.* Und zwar entweder die Besetzung in erster Linie der *leitenden* Ämter, derjenigen also, welche *politischen* Charakters sind, durch ihre Führer. Die Erreichung dieses Ziels durch sie im Wahlkampf ermöglicht dann den Führern und Betriebsinteressenten während der politischen Herrschaft der Partei, ihren Schützlingen Unterkunft in gesicherten Staatsstellungen zu verschaffen. Dies ist die Regel in parlamentarischen Staaten, und diesen Weg sind daher dort auch die Weltanschauungsparteien gegangen. In nichtparlamentarischen Staaten steht den Parteien die Patronage der *leitenden* Ämter nicht zu. Dagegen pflegen dort die einflußreichsten von ihnen in der Lage zu sein, die herrschende Bureaukratie wenigstens zu nötigen, ihren Schützlingen *neben* den durch Konnexion mit Beamten empfohlenen Anwärtern Unterkunft in *un*politischen Staatsstellungen zu gewähren, also: *Subaltern*patronage auszuüben. –

Ihrer inneren Struktur nach gehen alle Parteien im Lauf der letzten Jahrzehnte mit zunehmender Rationalisierung der Wahlkampftechnik zur bureaukratischen Organisation über. Die Stufen der Entwicklung, welche die einzelnen Parteien auf dem Wege dahin erreicht haben, sind verschieden, die allgemeine Richtung des Wegs aber, in Massenstaaten wenigstens, eindeutig. Der „Caucus" J[oseph] Chamberlains in England, die Entwicklung der bezeichnenderweise sogenannten „Maschine" in Amerika und die überall, auch bei uns: – am schnellsten in der Sozialdemokratie, also, und ganz natürlicherweise, gerade in der demokratischsten Partei – zunehmende Bedeutung des Parteibeamtentums sind alle in gleicher Art Stadien dieses Vorgangs. In der Zentrumspartei versieht der kirchliche Apparat: die „Kaplanokratie", und für die konservative Partei in Preußen seit dem Ministerium Puttkamer der Landrats- und Amtsvorsteherapparat des Staates, einerlei ob offen oder verhüllt, die Dienste der Parteibureaukratie. Auf der Qualität der Organisation dieser Bureaukratien in erster Linie beruht die Macht der Parteien. Auf der Feindseligkeit dieser Parteibeamtenapparate gegeneinander weit mehr als auf Unterschieden der Programme beruhen z.B. auch die Schwierigkeiten der Parteifusionen. Darin, daß die Abgeordneten Eugen Richter und Heinrich Rickert innerhalb der deutsch-freisinnigen Partei jeder seine eigene Vertrauensmännermaschinerie beibehielten, war der spätere Zerfall dieser Partei bereits vorgebildet. –

Natürlich sieht nun eine Staatsbureaukratie teilweise sehr anders aus als die einer Partei, innerhalb der ersteren wieder die zivile anders als die militärische, und sie alle wieder anders als die einer Gemeinde, einer Kirche, einer Bank, eines Kartells, einer Berufsgenossenschaft, einer Fabrik, einer Interessentenvertretung (Arbeitgeberverband, Bund der Landwirte). Das Maß ferner, in welchem ehrenamtliche oder Interessententätigkeit mitbeteiligt ist, ist in allen diesen Fällen sehr verschieden. In der Partei ist der „Boß", in der Aktiengesellschaft der Aufsichtsrat kein „Beamter". Mitbeschließend, kontrollierend, beratend und auch gelegentlich ausführend können in den mannigfachen Formen der sogenannten „Selbstverwaltung" allerhand Honoratioren oder gewählte Vertreter der beherrschten oder zwangsweise belasteten Interessenten den Beamten in korporativer Form oder als Einzelorgane unterstellt oder beigegeben oder übergeordnet sein. Das letztere vor allem in der Gemeindeverwaltung. Aber deren praktisch gewiß wichtige Erscheinungen sollen uns hier nicht interessieren[2]). Denn – worauf es hier allein ankommt – in der Verwaltung von *Massen-*

---

[2]) Damit scheiden aus dieser Betrachtung zahlreiche Institutionen aus, auf deren Existenz wir in Deutschland durchaus mit Recht stolz sein dürfen, ja die, in einzelnen Fällen wenigstens, als *vorbildlich* bezeichnet werden können. – Aber ein ungeheurer Literatenirrtum ist es, sich einzubilden, die *Politik* eines Großstaates sei im Grunde nichts anderes als die *Selbstverwaltung* einer beliebigen Mittelstadt. Politik ist: *Kampf*.

verbänden bildet stets das festangestellte Beamtentum mit *spezialisierter Einschulung* den Kern des Apparats, und seine „Disziplin" ist absolute Vorbedingung des Erfolges. Und zwar mit zunehmender Größe des Verbandes und zunehmender Kompliziertheit seiner Aufgaben und – vor *allem* – zunehmender Machtbedingtheit seiner Existenz (sei es, daß es sich um Machtkämpfe auf dem Markt, auf dem Wahlkampfplatz oder auf dem Schlachtfeld handelt) in zunehmendem Maße. So auch bei den Parteien. Es ist im Parteiwesen ein zum Untergang verurteilter Zustand, wenn es, wie in Frankreich (dessen ganze Parlaments-Misere auf dem *Fehlen* bureaukratisierter Parteien beruht) und teilweise auch bei uns, noch Parteien gibt, die an dem System der lokalen Honoratiorenverwaltung festhalten, welches ja dereinst im Mittelalter ganz universell alle Arten von Verbänden beherrschte und heute noch in kleinen und mittleren Gemeinden vorherrscht. Als Reklamemittel, und nur als solches, nicht aber als Träger der ausschlaggebenden Alltagsarbeit, kommen für die Parteien heute solche „angesehene Bürger", „führende Männer der Wissenschaft" und wie sie sonst genannt werden mögen, in Betracht, ganz ebenso wie etwa in den Aufsichtsräten der Aktiengesellschaften allerhand dekorative Würdenträger, auf den Katholikentagen die Kirchenfürsten, auf den Versammlungen des Bundes der Landwirte echte und unechte Adelige oder in der Agitation der alldeutschen Kriegsgewinn- und Wahlprivilegsinteressenten allerhand verdiente Historiker, Biologen und ähnliche meist recht unpolitische Kapazitäten figurieren. Die reale Arbeit leisten in allen Organisationen zunehmend die bezahlten Angestellten und Agenten aller Art. Alles andere ist oder wird zunehmend Appretur und Schaufenster. Wie die Italiener und nach ihnen die Engländer die moderne kapitalistische Wirtschaftsorganisation, so haben die Byzantiner, nach ihnen die Italiener, dann die Territorialstaaten des absolutistischen Zeitalters, die französische revolutionäre Zentralisation und schließlich, alle anderen übertreffend, die *Deutschen* die rationale, arbeitsteilige, fachmäßige *bureaukratische* Organisation aller menschlichen Herrschaftsverbände, von der Fabrik bis zum Heer und Staat, virtuosenhaft entwickelt und sich nur in der Technik der Parteiorganisation von anderen Nationen, insbesondere den Amerikanern, vorläufig und teilweise übertreffen lassen. Der jetzige Weltkrieg aber bedeutet vor allem den Siegeszug dieser Lebensform über die ganze Welt. Er war ohnehin im Gange. Universitäten, Techniken, Handelshochschulen, Gewerbeschulen, Militärakademien, Fachschulen aller sonst denkbaren Art (sogar Journalistenschulen!): – das Fachexamen als Voraussetzung aller lohnenden und dabei vor allem „gesicherten" privaten und öffentlichen Amtsstellungen, – das Examensdiplom als Grundlage aller Ansprüche auf soziale Geltung (Connubium und soziales Commercium mit den zur „Gesellschaft" sich rechnenden Kreisen), – das „standesgemäße", sichere, pensionsfähige Gehalt, wenn möglich: die Aufbesserung und das Avancement nach der Anciennität: – dies war bekanntlich schon vorher die eigentliche, von dem Frequenzinteresse der Hochschulen gemeinsam mit der Pfründensucht ihrer Zöglinge getragene „Forderung des Tages". Im Staat wie außerhalb des Staates. Hier geht uns die Konsequenz für das *politische* Leben an. Denn dieser nüchterne Tatbestand der *universellen Bureaukratisierung* verbirgt sich in Wahrheit auch hinter den sogenannten „deutschen Ideen von

1914", hinter dem, was die Literaten euphemistisch den „Sozialismus der Zukunft" nennen, hinter dem Schlagwort von der Organisation", der „Genossenschaftswirtschaft", und überhaupt hinter allen ähnlichen Redewendungen der Gegenwart. Stets bedeuten sie (auch wenn sie das gerade Gegenteil erstreben) im Resultat: die Schaffung von Bureaukratie. Gewiß ist die Bureaukratie bei weitem nicht die einzige moderne Organisationsform, so wie die Fabrik bei weitem nicht die einzige gewerbliche Betriebsform ist. Aber beide sind diejenigen, welche dem gegenwärtigen Zeitalter und der absehbaren Zukunft den Stempel aufdrücken. Der Bureaukratisierung gehört die Zukunft, und es verstand (und versteht) sich von selbst, daß die Literaten ihren Beruf, die Beifallssalve der gerade aufsteigenden Mächte zu sein, in diesem Fall ganz ebenso wie im Zeitalter der Manchesterlehre erfüllten (und erfüllen). Beide Male mit der gleichen Arglosigkeit.

Die Bureaukratie ist aber gegenüber anderen geschichtlichen Trägern der modernen rationalen Lebensordnung ausgezeichnet durch ihre weit größere *Unentrinnbarkeit*. Es ist kein geschichtliches Beispiel dafür bekannt, daß sie da, wo sie einmal zur völligen Alleinherrschaft gelangt war – in China, Ägypten, in nicht so konsequenter Form im spätrömischen Reich und in Byzanz – wieder verschwunden wäre, außer mit dem völligen Untergang der ganzen Kultur, die sie trug. Und doch waren dies noch relativ höchst irrationale Formen der Bureaukratie: „Patrimonialbureaukratien". Die moderne Bureaukratie zeichnet sich vor allen diesen älteren Beispielen durch eine Eigenschaft aus, welche ihre Unentrinnbarkeit ganz wesentlich endgültiger verankert, als die jener anderen: die *rationale fachliche Spezialisierung und Einschulung*. Der alte chinesische Mandarin war kein Fachbeamter, sondern im Gegenteil ein literarisch-humanistisch gebildeter Gentleman. Der ägyptische, spätrömische, byzantinische Beamte war wesentlich mehr Bureaukrat in unserem Sinne. Aber die Staatsaufgaben, welche in seiner Hand lagen, waren gegenüber den modernen unendlich einfach und bescheiden, sein Verhalten teils traditionalistisch gebunden, teils patriarchal, also irrational, orientiert. Er war ein reiner Empiriker, wie der Gewerbetreibende der Vergangenheit. Der moderne Beamte ist entsprechend der rationalen Technik des modernen Lebens stetig und unvermeidlich zunehmend fachgeschult und spezialisiert. Alle Bureaukratien der Erde gehen diesen Weg. Daß sie ihn vor dem Kriege noch nicht zu Ende gegangen waren, bedingte unsere Überlegenheit über die anderen. Der alte amerikanische Parteipatronagebeamte z.B. war zwar ein fachlicher „Kenner" des Wahlkampfplatzes und der ihm entsprechenden „Praxis", aber in keiner Art ein spezialistisch gebildeter Fachmann. Darauf, nicht auf der Demokratie als solcher, wie unsere Literaten dem Publikum vorreden, beruhte die dortige Korruption, die dem universitätsgebildeten Fachbeamten des jetzt erst sich dort entwickelnden „civil service" ebenso fremd ist wie der modernen englischen Bureaukratie, welche jetzt zunehmend an die Stelle des Selfgovernment durch Honoratioren („Gentlemen") tritt. Wo aber der moderne eingeschulte Fachbeamte einmal herrscht, ist seine Gewalt schlechthin unzerbrechlich, weil die ganze Organisation der elementarsten Lebensversorgung dann auf seine Leistung zugeschnitten ist. Theoretisch wohl denkbar wäre eine immer weitergehende Ausschaltung des

Privatkapitalismus, – wennschon sie wahrlich keine solche Kleinigkeit ist, wie manche Literaten, die ihn nicht kennen, träumen, und ganz gewiß nicht die Folge dieses Krieges sein wird. Aber gesetzt, sie gelänge einmal: – was würde sie praktisch bedeuten? Etwa ein Zerbrechen des stählernen Gehäuses der modernen gewerblichen Arbeit? Nein! vielmehr: daß nun auch die *Leitung* der verstaatlichten oder in irgendeine „Gemeinwirtschaft" übernommenen Betriebe bureaukratisch würde. Sind etwa die Lebensformen der Angestellten und Arbeiter in der preußischen staatlichen Bergwerks- und Eisenbahnverwaltung irgendwie fühlbar *andere* als in den großen privatkapitalistischen Betrieben? *Unfreier* sind sie, weil jeder Machtkampf gegen eine staatliche Bureaukratie *aussichtslos* ist und weil keine prinzipiell *gegen* sie und ihre Macht interessierte Instanz angerufen werden kann, wie gegen jene. *Das* wäre der ganze Unterschied. Die staatliche Bureaukratie herrschte, wenn der Privatkapitalismus ausgeschaltet wäre, *allein.* Die jetzt neben und, wenigstens der Möglichkeit nach, gegeneinander arbeitenden, sich also immerhin einigermaßen noch gegenseitig im Schach haltenden privaten und öffentlichen Bureaukratien wären in eine einzige Hierarchie zusammengeschmolzen. Etwa wie in Ägypten im Altertum, nur in ganz unvergleichlich rationalerer und deshalb: unentrinnbarerer Form.

Eine leblose Maschine ist *geronnener Geist. Nur* daß sie dies ist, gibt ihr die Macht, die Menschen in ihren Dienst zu zwingen und den Alltag ihres Arbeitslebens so beherrschend zu bestimmen, wie es tatsächlich in der Fabrik der Fall ist. *Geronnener Geist* ist auch jene *lebende Maschine,* welche die bureaukratische Organisation mit ihrer Spezialisierung der geschulten Facharbeit, ihrer Abgrenzung der Kompetenzen, ihren Reglements und hierarchisch abgestuften Gehorsamsverhältnissen darstellt. Im Verein mit der toten Maschine ist sie an der Arbeit, das Gehäuse jener Hörigkeit der Zukunft herzustellen, in welche vielleicht dereinst die Menschen sich, wie die Fellachen im altägyptischen Staat, ohnmächtig zu fügen gezwungen sein werden, *wenn ihnen eine rein technisch gute und das heißt: eine rationale Beamten-Verwaltung und -Versorgung der letzte und einzige Wert ist, der über die Art der Leitung ihrer Angelegenheiten entscheiden soll.* Denn das leistet die Bureaukratie ganz unvergleichlich viel besser als jegliche andere Struktur der Herrschaft. Und dies Gehäuse, welches unsere ahnungslosen Literaten preisen, ergänzt durch die Fesselung jedes einzelnen an den Betrieb (Anfänge dazu: in den sogenannten „Wohlfahrtseinrichtungen"), an die Klasse (durch zunehmende Festigkeit der Besitzgliederung) und vielleicht einmal künftig an den Beruf (durch „leiturgische" staatliche Bedarfsdeckung, das heißt: Belastung berufsgegliederter Verbände mit Staatsaufgaben) würde nur um so unzerbrechlicher, wenn dann etwa auf sozialem Gebiet, wie in den Fronstaaten der Vergangenheit, eine „ständische" Organisation der Beherrschten der Bureaukratie angegliedert (und das heißt in Wahrheit: ihr untergeordnet) würde. Eine „organische", d.h. eine orientalisch-ägyptische Gesellschaftsgliederung, aber im Gegensatz zu dieser so streng rational wie eine Maschine es ist, würde dann heraufdämmern. Wer wollte leugnen, daß derartiges als eine *Möglichkeit* im Schoße der Zukunft liegt? Es ist das schon oft gesagt worden, und die verworrene Vorstellung dieser Möglichkeiten zieht ihre Schatten in die Produktionen unserer Literaten. Nehmen wir nun einmal an:

gerade diese Möglichkeit wäre ein unentrinnbares Schicksal, – wer möchte dann nicht lächeln über die Angst unserer Literaten davor, daß die politische und soziale Entwicklung uns künftig *zuviel* „Individualismus" oder „Demokratie" oder dergleichen bescheren könnte und daß die „wahre Freiheit" erst aufleuchten werde, wenn die jetzige „Anarchie" unserer wirtschaftlichen Produktion und das „Parteigetriebe" unserer Parlamente *beseitigt* sein werden zugunsten „sozialer Ordnung" und „organischer Gliederung" – das heißt: des Pazifismus der sozialen Ohnmacht unter den Fittichen der einzigen ganz sicher *unentfliehbaren* Macht: der Bureaukratie in Staat und Wirtschaft!

Angesichts der Grundtatsache des unaufhaltsamen Vormarsches der Bureaukratisierung kann die Frage nach den künftigen politischen Organisationsformen überhaupt nur so gestellt werden:

1. Wie ist es angesichts dieser Übermacht der Tendenz zur Bureaukratisierung *überhaupt noch möglich, irgend welche* Reste einer in *irgend*einem Sinn „individualistischen" Bewegungsfreiheit zu retten? Denn schließlich ist es eine gröbliche Selbsttäuschung, zu glauben, ohne diese Errungenschaften aus der Zeit der „Menschenrechte" vermöchten wir heute (auch der konservativste unter uns) überhaupt zu leben. Diese Frage soll uns aber diesmal nicht interessieren; denn daneben gibt es eine andere, die uns hier angeht:

2. Wie kann, angesichts der steigenden Unentbehrlichkeit und der dadurch bedingten steigenden Machtstellung des uns hier interessierenden *staatlichen* Beamtentums, *irgend*welche Gewähr dafür geboten werden, daß Mächte vorhanden sind, welche die ungeheure Übermacht dieser an Bedeutung stets wachsenden Schicht in Schranken halten und sie wirksam kontrollieren? Wie wird Demokratie auch nur in diesem beschränkten Sinn *überhaupt möglich* sein? Aber auch das ist nicht die einzige Frage, die uns hier beschäftigt. Denn

3. eine dritte Frage, und zwar die wichtigste von allen, ergibt sich aus einer Betrachtung dessen, was die Bureaukratie als solche *nicht* leistet. Leicht ist nämlich festzustellen, daß ihre Leistungsfähigkeit auf dem Gebiet des öffentlichen, staatlich-politischen Betriebes ganz ebenso wie innerhalb der Privatwirtschaft feste innere Grenzen hat. *Der leitende* Geist: der „Unternehmer" hier, der „Politiker" dort, ist etwas anderes als ein „Beamter". Nicht notwendig der Form, wohl aber der Sache nach. Auch der Unternehmer sitzt auf dem „Bureau". Auch der Heerführer tut es. Der Heerführer ist ein Offizier und formell also nichts anderes als alle anderen Offiziere. Und ist der Generaldirektor eines großen Unternehmens ein angestellter Beamter einer Aktiengesellschaft, so ist auch er in seiner Rechtsstellung von anderen Beamten nicht prinzipiell unterschieden. Ebenso steht es auf dem Gebiete des staatlichen Lebens mit dem leitenden Politiker. Der leitende Minister ist *formell* ein Beamter mit pensionsfähigem Gehalt. Der Umstand, daß nach allen Verfassungen der Erde er jederzeit entlassen werden und Entlassung fordern kann, unterscheidet seine Dienststellung äußerlich von derjenigen der meisten, aber nicht aller anderen Beamten. Weit auffälliger ist dagegen die Tatsache: daß für ihn und für *ihn allein keinerlei Fachbildungs*qualifikation vorgeschrieben ist, wie für andere Beamte. Das deutet an, daß er eben doch dem Sinn seiner Stellung nach etwas ähnlich Verschiedenes von den anderen Beamten ist, wie der Unternehmer und

Generaldirektor innerhalb der Privatwirtschaft. Oder vielmehr richtiger: daß er etwas anderes sein *soll.* Und so ist es in der Tat. Wenn ein *leitender* Mann dem *Geist* seiner Leistung nach ein „Beamter" ist, sei es auch ein noch so tüchtiger: ein Mann also, der nach Reglement und Befehl pflichtgemäß und ehrenhaft seine Arbeit abzuleisten gewohnt ist, dann ist er weder an der Spitze eines Privatwirtschaftsbetriebes noch an der Spitze eines Staates zu brauchen. Wir haben leider innerhalb unseres eigenen Staatslebens das Exempel darauf zu machen gehabt.

Der Unterschied liegt nur zum Teil in der Art der erwarteten Leistung. Selbständigkeit des Entschlusses, organisatorische Fähigkeit kraft eigener Ideen wird im einzelnen massenhaft, sehr oft aber auch im großen von „Beamten" ebenso erwartet wie von „Leitern". Und gar *die* Vorstellung: daß der Beamte im subalternen Alltagswirken aufgehe, nur der Leiter die „interessanten", geistige Anforderungen stellenden Sonderleistungen zu vollbringen habe, ist literatenhaft und nur in einem Lande möglich, welches keinen Einblick in die Art der Führung seiner Geschäfte und die Leistungen seiner Beamtenschaft hat. Nein – der Unterschied liegt in der Art der *Verantwortung* des einen und des anderen, und von da aus bestimmt sich allerdings weitgehend auch die Art der Anforderungen, die an die Eigenart beider gestellt werden. Ein Beamter, der einen nach seiner Ansicht verkehrten Befehl erhält, kann – und soll – Vorstellungen erheben. Beharrt die vorgesetzte Stelle bei ihrer Anweisung, so ist es nicht nur seine Pflicht, sondern seine *Ehre,* sie so auszuführen, als ob sie seiner eigensten Überzeugung entspräche und dadurch zu zeigen: daß sein Amtspflichtgefühl über seiner Eigenwilligkeit steht. Ob die vorgesetzte Stelle eine „Behörde" oder eine „Körperschaft" oder „Versammlung" ist, von der er ein imperatives Mandat hat, ist gleichgültig. So will es der Geist des *Amtes.* Ein politischer *Leiter,* der so handeln würde, verdiente *Verachtung.* Er wird oft genötigt sein, Kompromisse zu schließen, das heißt: Unwichtigeres dem Wichtigeren zu opfern. Bringt er es aber nicht fertig, seinem Herren (es sei der Monarch oder der Demos) zu sagen: entweder ich erhalte jetzt diese Instruktion *oder* ich *gehe,* so ist er ein elender „Kleber", wie Bismarck diesen Typus getauft hat, und kein Führer. „Über den Parteien", das heißt aber in Wahrheit: außerhalb des *Kampfes* um eigene Macht, soll der Beamte stehen. Kampf um eigene Macht und die aus dieser Macht folgende *Eigenverantwortung für seine Sache* ist das Lebenselement des Politikers wie des Unternehmers.

Deutschland wurde seit dem Rücktritt des Fürsten Bismarck von „Beamten" (im geistigen Sinne des Wortes) regiert, weil Bismarck alle politischen Köpfe neben sich ausgeschaltet hatte. Deutschland behielt nach wie vor die an Integrität, Bildung, Gewissenhaftigkeit und Intelligenz höchststehende militärische und zivile Bureaukratie der Welt. Die deutsche Leistung im Kriege draußen und im großen und ganzen auch in der Heimat hat gezeigt, was mit diesen Mitteln auszurichten ist. Aber – die Leitung der deutschen *Politik* in den letzten Jahrzehnten? Noch das Freundlichste, was man über sie gesagt hat, war: daß „die Siege der deutschen Heere ihre Niederlagen wieder wettgemacht" haben. Mit welchen Opfern – davon soll geschwiegen und vielmehr nach den Gründen dieser Mißerfolge gefragt werden.

Das *Ausland* bildet sich ein: die deutsche „Autokratie“ sei der Fehler. Im *Inland* glaubt man, dank den kindlichen Geschichtsspekulationen unserer Literaten, vielfach umgekehrt: eine Verschwörung der internationalen „Demokratie“ gegen Deutschland habe die unnatürliche Weltkoalition gegen uns zustande gebracht. Das Ausland arbeitet mit der heuchlerischen Phrase von der „Befreiung der Deutschen“ von jener Autokratie. Im Inland arbeiten die Interessenten des bisherigen Systems – wir werden sie noch kennen lernen – mit der ebenso heuchlerischen Phrase von der Notwendigkeit, den „deutschen Geist“ vor der Befleckung durch die „Demokratie“ zu schützen, oder suchen nach anderen Sündenböcken.

Es ist z.B. üblich geworden, auf die deutsche Diplomatie zu schelten. Vermutlich mit Unrecht. Im Durchschnitt war sie wahrscheinlich genau so gut wie die anderer Länder. Es liegt da eine Verwechslung vor. Was fehlte, war: die *Leitung* des Staatswesens durch einen *Politiker* – nicht etwa: durch ein politisches Genie, was man nur alle Jahrhunderte einmal erwarten kann, nicht einmal durch eine bedeutende politische Begabung, sondern: durch einen Politiker *überhaupt*.

Damit sind wir schon bei der Besprechung jener beiden Mächte, die allein neben dem alles umspinnenden Beamtentum im Leben des modernen konstitutionellen Staates eine Rolle als kontrollierende und richtungweisende Instanzen zu spielen in der Lage sind: dem *Monarchen* und dem *Parlament*. Zunächst: von dem ersteren.

Die Stellung der deutschen Dynastien wird aus dem Kriege unerschüttert hervorgehen, es sei denn, daß sehr große Unklugheiten begangen und aus den Mängeln der Vergangenheit gar nichts gelernt würde. Schon lange vor dem 4. August 1914 konnte, wer Gelegenheit hatte, mit deutschen Sozialdemokraten – ich spreche hier nicht von „Revisionisten“, auch nicht von Abgeordneten der Partei oder Gewerkschaftlern, sondern gerade von teilweise sehr radikal gesinnten Partei*beamten* – längere Zeit zusammenzusitzen, nach eingehenden Erörterungen fast stets zugestanden erhalten, daß „an sich“ für die besondere internationale Lage Deutschlands die konstitutionelle Monarchie die gegebene Staatsform sei. Man braucht in der Tat nur einen Augenblick jetzt nach Rußland zu blicken, um zu sehen: daß der von den liberalen Politikern gewünschte Übergang zur *parlamentarischen* Monarchie einerseits die Dynastie erhalten, andererseits die nackte Bureaukratenherrschaft beseitigt und im Resultat ebensoviel zur Stärkung Rußlands beigetragen hätte, wie jetzt diese Form der *Literaten*-„Republik“, allem subjektiven Idealismus der Führer zum Trotz, zu seiner Schwächung[3]). Alle Stärke des britischen Parlamentarismus hängt, wie

[3]) Da von russischer Seite mir gegenüber behauptet wurde, Herr *Kerenskij* habe diesen Satz aus der „Frankfurter Zeitung“ in Versammlungen zitiert, um die Notwendigkeit seiner Offensive als Beweis der „Stärke“ darzutun, so sei für diesen Totengräber der jungen russischen Freiheit ausdrücklich bemerkt: Eine Offensive kann veranstalten, wer über die sachlichen Kriegsmittel verfügt, z.B. über die Artillerie, um die vor ihr liegende Infanterie in den Schützengräben niederzuhalten, und über die Verkehrsmittel und Vorräte, um die in den Schützengräben gebannten Soldaten überdies die Abhängigkeit ihrer Ernährung von sich fühlen zu lassen. Die „Schwäche“ der sogenannten sozialrevolutionären Regierung des Herrn Kerenskij aber lag in ihrer *Kreditunwürdigkeit*, wie anderwärts dargelegt wurde, und in der Notwendigkeit, um Kredit zur Erhal-

man in England sehr gut weiß, mit der Tatsache zusammen, daß die formell höchste Stelle im Staat ein für allemal besetzt ist. Worauf diese Funktion der bloßen Existenz eines Monarchen beruht, ist hier nicht zu erörtern. Ebenso nicht, ob dies unvermeidlich überall gerade nur ein Monarch zu leisten vermöchte. Für Deutschland ist jedenfalls die Lage in dieser Hinsicht gegeben. Es kann uns nicht nach einem Zeitalter der Prätendentenkriege und Gegenrevolutionen gelüsten; dazu ist unsere Existenz international zu bedroht.

Allein: ein Gegengewicht und ein Kontrollmittel gegen die alles umfassende Macht des *Fachbeamtentums* ist der Monarch als solcher unter den Verhältnissen des modernen Staates niemals und nirgends und kann es auch gar nicht sein. Er kann die Verwaltung nicht kontrollieren. Denn diese Verwaltung ist fachgeschulte Verwaltung und ein moderner Monarch ist, außerhalb allenfalls des militärischen Gebiets, *nie* ein Fachmann. Vor allem aber – das geht uns hier an – ist er als solcher *niemals* ein im Getriebe des Parteikampfes oder der Diplomatie geschulter *Politiker*. Seine ganze Erziehung nicht nur, sondern vor allem seine staatliche Stellung wirkt dem schlechterdings entgegen. Nicht im Kampf der Parteien gewann er seine Krone, und nicht der Kampf um die Macht im Staat ist seine natürliche Lebensluft, wie sie die des Politikers immer ist. Er lernt die Bedingungen des Kampfes nicht durch eigenes Hinabsteigen in die Arena am eigenen Leibe kennen, ist vielmehr durch sein Privileg den Rücksichtslosigkeiten des Kampfes entrückt. Es gibt: den *geborenen* Politiker, – aber er ist selten. Der Monarch aber, der das *nicht* ist, wird dann seinen eigenen und den Staatsinteressen sehr gefährlich, wenn er versucht, wie es der Zar tat, „selbst zu regieren", oder mit den Mitteln des Politikers: „Demagogie" im weitesten Sinn des Wortes durch Rede und Schrift zur Propaganda der eigenen Ideen oder der eigenen Persönlichkeit, auf die Welt zu wirken. Dann spielt er nicht nur um seine Krone – das wäre seine Privatangelegenheit – sondern um die Existenz seines Staates. Und in jene Versuchung, ja geradezu Notwendigkeit, gerät ein moderner Monarch unweigerlich immer wieder, wenn ihm *niemand anders* als nur die *Beamten* im Staate gegenüberstehen, wenn also das Parlament machtlos ist, wie es in Deutschland jahrzehntelang der Fall war. Schon rein technisch hat das schwere Nachteile. Der Monarch ist heute, wenn kein machtvolles Parlament neben ihm steht, zur Kontrolle der Amtsführung der Beamten auf die Berichte *anderer Beamten* angewiesen. Alles dreht sich dabei im Kreise herum. Der beständige Krieg der verschiedenen Ressorts gegeneinander, der z.B. für Rußland typisch war und auch bei uns bis in die Gegenwart hinein herrscht, ist die selbstverständliche Folge einer solchen angeblich „monarchischen" Regierung, bei welcher ein leitender *Politiker* fehlt. Denn es handelt sich ja bei diesem Satrapenkampf in erster Linie meist nicht nur um

---

tung der eigenen Herrschaft im *Inland* zu erhalten, seinen Idealismus zu verleugnen, mit der bürgerlichen imperialistischen Entente zu paktieren und also hunderttausende seiner eigenen Landsleute als Söldner *fremder Interessen* bluten zu lassen, wie es seither geschehen ist. Ich glaube mit dieser wie mit anderen Voraussetzungen, die ich an anderer Stelle über Rußlands Haltung machte, leider Recht behalten zu haben. (Ich lasse die vor vielen Monaten geschriebene Stelle auch jetzt stehen. W[eber])

sachliche, sondern um persönliche Gegensätze: der Kampf der Ressorts dient deren Chefs als Konkurrenzmittel um die Ministerstellen, wenn diese lediglich als *Beamtenpfründen* behandelt werden. Nicht sachliche Gründe oder politische Führerqualitäten, sondern höfische Intrigen entscheiden dann darüber, wer sich in den leitenden Stellungen behauptet. Jedermann weiß: daß *persönliche* Machtkämpfe die parlamentarischen Staaten erfüllen. Der Irrtum ist nur: zu glauben, es sei in Monarchien irgendwie anders. Dort tritt ein anderes Übel hinzu. Der Monarch glaubt selbst zu regieren, während in Wahrheit das Beamtentum sich des Privilegs erfreut, gedeckt durch ihn, *unkontrolliert* und *verantwortungslos* schalten zu können. Dem Monarchen wird geschmeichelt und ihm, weil er die *Person* des leitenden Ministers nach persönlichem Belieben wechseln kann, der *romantische Schein* der Macht gezeigt. In Wahrheit haben Monarchen wie Eduard VII. und Leopold II., obwohl gewiß keine idealen Persönlichkeiten, *weit* mehr *reale* Macht in Händen gehabt, obschon *und weil* sie in streng parlamentarischer Form regierten und niemals oder doch nie anders als in diesen Formen öffentlich hervortraten. Es ist Ignoranz, wenn die moderne Literatenphrase solche Monarchen als „Schattenkönige" hinstellt, und eine Dummheit, wenn sie den moralischen Klatsch der Spießbürger zum Maßstab des politischen Urteils über sie macht. Die Weltgeschichte wird anders urteilen, auch wenn ihr Werk – wie so manches andere große politische Projekt – letztlich scheitert. Eine weltumspannende Koalition hat der eine, der selbst seine Hofbeamten je nach den Parteikonstellationen wechseln mußte, ein riesenhaftes Kolonialreich (verglichen mit unseren Koloniefragmenten!) der andere, der einen Kleinstaat regierte, zusammengefügt. Wer, als Monarch oder Minister, politisch *führen* will, muß auf den modernen Instrumenten der Macht zu spielen wissen. Nur den politisch *unbegabten* Monarchen schaltet das parlamentarische System aus – zum Heil der Macht des Landes! Und ist das ein „Nachtwächterstaat", der es verstand, der eigenen an Zahl eng begrenzten Nation die besten Teile aller Kontinente anzugliedern? Welch spießerhaftes Literatengeschwätz ist doch diese recht stark nach dem Ressentiment des „Untertanen" schmeckende, abgegriffene Redensart! –

Nun zum Parlament.

Die modernen Parlamente sind in erster Linie Vertretungen der durch die Mittel der Bureaukratie *Beherrschten.* Ein gewisses Minimum von innerer Zustimmung mindestens der sozial gewichtigen Schichten der Beherrschten ist ja Vorbedingung der Dauer einer jeden, auch der bestorganisierten, Herrschaft. Die Parlamente sind heute das Mittel, dies Minimum von Zustimmung äußerlich zu manifestieren. Für gewisse Akte der öffentlichen Gewalten ist die Form der Vereinbarung durch Gesetz nach vorheriger Beratung mit dem Parlament obligatorisch, und zu diesen gehört vor allem: der Haushaltsplan. Heute wie seit der Zeit der Entstehung der Ständerechte ist die Verfügung über die Art der Geldbeschaffung des Staates: das Budgetrecht, das entscheidende parlamentarische Machtmittel. Solange freilich ein Parlament nur durch Verweigerung von Geldmitteln und Ablehnung der Zustimmung zu Gesetzesvorschlägen oder durch unmaßgebliche Anträge den Beschwerden der Bevölkerung gegenüber der Verwaltung Nachdruck verleihen kann, ist es von positiver Anteilnahme an der politischen Leitung ausgeschlossen. Es kann und wird dann nur „negative Politik" treiben, d.h.: den Verwaltungsleitern wie eine feindliche Macht gegenüberstehen, von ihnen als solche mit dem unentbehrlichen Minimum von Auskunft abgespeist und nur als Hemmschuh, als eine Versammlung impotenter Nörgler und Besserwisser gewertet. Die Bureaukratie andererseits gilt dann dem Parlament und seinen Wählern leicht als eine Kaste von Strebern und Bütteln, denen das Volk als Objekt ihrer lästigen und zum guten Teil überflüssigen Künste gegenüberstehe. Anders, wo das Parlament durchgesetzt hat, daß die Verwaltungsleiter entweder geradezu aus seiner Mitte entnommen werden müssen (*„parlamentarisches System"* im eigentlichen Sinn) oder doch, um im Amt zu bleiben, das ausdrücklich ausgesprochene Vertrauen seiner Mehrheit bedürfen oder wenigstens der Bekundung des Mißtrauens weichen müssen (*parlamentarische Auslese* der Führer) und aus diesem Grunde, erschöpfend und unter Nachprüfung des Parlaments oder seiner Ausschüsse, Rede und Antwort stehen (*parlamentarische Verantwortlichkeit* der Führer) und die Verwaltung nach den vom Parlament gebilligten Richtlinien führen müssen *(parlamentarische Verwaltungskontrolle)*. In diesem Fall sind die Führer der jeweils ausschlaggebenden Parteien des Parlaments notwendig positive Mitträger der Staatsgewalt. Das Parlament ist dann ein Faktor positiver Politik neben dem Monarchen, der dann nicht oder wenigstens nicht vorwiegend, jedenfalls nicht ausschließlich, kraft seiner formalen *Kronrechte,* sondern kraft seines unter allen Umständen sehr großen Einflusses die Politik mitbestimmt, verschieden stark also je nach seiner politischen Klugheit und Zielbewußtheit. In diesem Fall spricht man, einerlei ob mit Recht oder Unrecht, vom „Volksstaat", während ein Parlament der Beherrschten mit negativer Politik gegenüber einer herrschenden Bureaukratie eine Spielart des „Obrigkeitsstaats" darstellt. Uns interessiert hier die *praktische* Bedeutung der Stellung des Parlaments.

Man mag den parlamentarischen Betrieb hassen oder lieben – beseitigen wird man ihn *nicht*. Man kann ihn nur politisch *machtlos* machen, wie Bismarck es mit dem Reichstag getan hat. Die Machtlosigkeit des Parlaments aber äußert sich außer in den allgemeinen Konsequenzen der „negativen Politik" in folgenden Erscheinungen. Jeder parlamentarische Kampf ist selbstverständlich ein Kampf nicht nur um sachliche Gegensätze, sondern ebenso: um persönliche Macht. Wo die Machtstellung des Parlaments es mit sich bringt, daß der Monarch in aller Regel den Vertrauensmann der entschiedenen Mehrheit mit der Leitung der Politik betraut, richtet sich dieser Machtkampf der Parteien auf die Erlangung dieser höchsten *politischen* Stellung. Es sind dann die Leute mit großem politischen Machtinstinkt und mit den ausgeprägtesten politischen Führerqualitäten, welche ihn durchfechten und welche also die Chance haben, in die leitenden Stellungen zu kommen. Denn die Existenz der Partei im Lande und alle die zahllosen ideellen und zum Teil sehr materiellen Interessen, welche damit verknüpft sind, erheischen dann gebieterisch, daß eine mit *Führer*eigenschaften ausgestattete Persönlichkeit an die Spitze kommt. Es besteht dann, und nur dann, der Anreiz für die politischen Temperamente und politischen Begabungen, sich der Auslese dieses Konkurrenzkampfes zu unterziehen.

Ganz anders, wenn unter der Firma: „monarchische Regierung" die Besetzung der höchsten Stellen im Staate Gegenstand des *Beamtenavancements* oder höfischer Zufallsbekanntschaften ist, und wenn ein machtloses Parlament diese Art der Zusammensetzung der Regierung über sich ergehen lassen muß. Auch dann wirkt sich natürlich innerhalb des parlamentarischen Kampfes neben den sachlichen Gegensätzen der persönliche Machtehrgeiz aus. Aber in ganz anderen: subalternen, Formen und Richtungen. In der Richtung, welche er seit 1890 in Deutschland eingeschlagen hat. Neben der Vertretung von lokalen wirtschaftlichen Privatinteressen einflußreicher Wähler ist dann die *kleine,* subalterne *Patronage* ausschließlich der Punkt, um den sich letztlich alles dreht. Der Konflikt zwischen dem Reichskanzler Fürsten Bülow und dem Zentrum z.B. entstand nicht über sachliche Meinungsgegensätze, sondern es war wesentlich der Versuch des damaligen Kanzlers, sich jener Ämterpatronage des Zentrums zu entziehen, welche noch heute der Personalzusammensetzung mancher Reichsbehörden in starkem Maße das Gepräge gibt. Und das Zentrum steht darin nicht allein. Die konservativen Parteien haben das Ämtermonopol in Preußen und suchen den Monarchen mit dem Gespenst der „Revolution" einzuschüchtern, sobald diese Pfründeninteressen bedroht werden. Die von den Staatsämtern durch sie dauernd ausgeschlossenen Parteien aber suchen für sich Entschädigung in Gemeinde- oder Krankenkassen-Verwaltungen und treiben, wie früher die Sozialdemokratie, im Parlament eine staatsfeindliche oder staatsfremde Politik. Dies ist selbstverständlich. Denn *jede* Partei erstrebt als solche: *Macht,* das heißt: Anteil an der *Verwaltung* und also: am Einfluß auf die Ämterbesetzung. Den haben die herrschenden Schichten bei uns in einem Maße wie nur irgendwo sonst. Nur daß sie der *Verantwortung* dafür entzogen sind, weil die Stellenjagd und Patronage hinter den Kulissen vor sich geht und sich auf die unteren, für die Personalien nicht *verantwortlichen* Stellen erstreckt. Das Beamtentum aber findet bei uns seine Rechnung dabei, seinerseits persönlich *unkontrolliert* zu schalten, dafür aber den maßgebenden Parteien in Gestalt jenerkleinen Pfründenpatronage die erforderlichen Trinkgelder zu zahlen. Dies ist die selbstverständliche Folge davon, daß die Partei (oder Parteikoalition), in deren Hand jeweils tatsächlich die Mehrheitsbildung für oder gegen die Regierung im Parlament liegt, *nicht* als solche offiziell zur Besetzung des verantwortlichen *höchsten* politischen Postens berufen wird.

Andererseits ermöglicht dies System Leuten, welche die Qualitäten eines brauchbaren Beamten, aber *keinen Hauch staatsmännischer Begabung* besitzen, sich so lange in leitenden politischen Stellungen zu behaupten, bis irgendeine Intrige sie zugunsten einer anderen gleichartigen Persönlichkeit von der Bildfläche verschwinden läßt. Wir haben also die parteipolitische Ämterpatronage bei uns wie in irgendeinem anderen Land. Nur in unehrlich verhüllter Form und vor allem so, daß sie stets zugunsten bestimmter, als „hoffähig" geltender Parteimeinungen wirkt. Aber diese Einseitigkeit ist bei weitem noch nicht das Übelste an dem bestehenden Zustand. Sie wäre rein politisch zu ertragen, wenn sie nur wenigstens *die* Chance böte, daß aus der Mitte jener „hoffähigen" Parteien politisch zur Leitung der Nation qualifizierte *Führer* in die maßgebenden Stellen aufsteigen könnten. Das aber ist nicht der Fall. Das ist nur dann möglich, wenn parlamentarisches System oder wenigstens parlamentarische Ämterpatronage für die Führerstellungen besteht. Wir knüpfen zunächst an ein rein *formelles* Hindernis an, welches die jetzige Reichsverfassung ihr in den Weg stellt.

Der Art. 9 der Reichsverfassung, letzter Satz, lautet: „Niemand kann gleichzeitig Mitglied des *Bundesrats* und des *Reichstags* sein." Während also in parlamentarisch regierten Ländern es als unbedingt erforderlich gilt, daß die leitenden Staatsmänner dem Parlament angehören, ist das in Deutschland rechtlich unmöglich. Der Reichskanzler oder ein zum Bundesrat bevollmächtigter einzelstaatlicher Minister oder ein Staatssekretär des Reichs kann zwar einem einzelstaatlichen Parlament, z. B. dem preußischen Landtag, angehören, also dort eine Partei beeinflussen oder sogar leiten, aber nicht: dem Reichstag. Die Bestimmung war einfach eine mechanische Nachahmung des englischen Ausschlusses der Peers vom Unterhaus (wohl durch Vermittlung der preußischen Verfassung) und beruht also auf Gedankenlosigkeit. Sie hat *wegzufallen.* Dieser Wegfall bedeutet an sich noch nicht die Einführung des parlamentarischen Systems oder der parlamentarischen Amtspatronage, sondern nur die *Möglichkeit,* daß ein politisch fähiger Parlamentarier zugleich eine politisch leitende Reichsstellung übernimmt. Es ist nicht einzusehen, warum ein Abgeordneter, der sich zu einer leitenden Stellung im Reich geeignet zeigt, genötigt werden soll, sich zunächst politisch zu entwurzeln, um sie zu übernehmen.

Wenn Bennigsen seinerzeit in die Regierung eingetreten, und also aus dem Reichstag ausgetreten wäre, so hätte Bismarck einen bedeutenden politischen *Führer* zu einem parlamentarisch wurzellosen Verwaltungs*beamten* gemacht, die Leitung der Partei aber wäre in die Hände des linken Flügels gefallen oder es wäre – und vielleicht war dies seine Absicht – die Partei zerfallen. Genau so hat jetzt der Übertritt des Abgeordneten Schiffer in die Regierung diesem den Einfluß auf die Partei genommen und dadurch diese dem schwerindustriellen Flügel ausgeliefert. Man „köpft" also auf diesem Wege die Parteien und gewinnt doch für die Regierung statt brauchbarer Politiker Fachbeamte ohne die Fachkenntnisse der Ämterlaufbahn und dabei ohne den Einfluß, welchen das Mitglied des Parlaments hat. Und: man pflegt so ziemlich die elendeste Form von Trinkgeldersystem, die man einem Parlament gegenüber anwenden kann. Das Parlament als Sprungbrett der Karriere für talentierte Staatssekretärskandidaten: diese charakteristische Bureaukratenauffassung vertreten politische und fachjuristische Literaten, welche das Problem des deutschen Parlamentarismus dergestalt auf spezifisch „deutsche" Art gelöst finden! Das sind die gleichen Kreise, welche über die angeblich nur „westeuropäische" und spezifisch „demokratische" Stellenjägerei höhnen! Daß parlamentarische Führer nicht das Amt mit seinem Gehalt und Rang, sondern die *Macht* mit ihrer politischen *Verantwortung* suchen, und daß sie diese nur haben können, wenn sie im Parlament in ihrer Parteigefolgschaft wurzeln, daß es ferner zweierlei ist: das Parlament zur Auslesestätte von Führern oder von Amtsstrebern zu machen, – dies werden sie nie begreifen. Jahrzehntelang haben die gleichen Kreise darüber gespottet: daß die deutschen Parlamente und ihre Parteien in der Regierung immer eine Art von natürlichem Feind sähen. Aber es stört sie nicht im mindesten, daß durch die ausschließlich sich gegen den Reichstag wendende Schranke des Art. 9 Satz 2 kraft Gesetzes Bundesrat und Reichstag wie feindliche Mächte behandelt werden, die nur vom Bundesratstisch und der Rednertribüne aus miteinander Berührung pflegen können. Es ist der gewissenhaften Erwägung eines Staatsmannes, der ihn bevollmächtigenden Regierung und: seiner Wähler zu überlassen, ob er mit seinem Amt ein Mandat, die Leitung einer Partei oder doch die Tätigkeit in ihr zu vereinigen vermag, und ob die Instruktionen, nach denen er im Bundesrat stimmt, mit seinen eigenen Überzeugungen, die er im Reichstag vertritt, vereinbar sind[4]). Dem *leitenden* Politiker vor allem, demjenigen, der für die Instruktionen der „Präsidialstimme" im Reich die Verantwortung trägt, dem Reichskanzler und Auswärtigen Minister Preußens also, muß die *Möglichkeit* offenstehen, den Bundesrat als Vorsitzender unter Kontrolle der Vertreter der anderen Staaten zu leiten und zugleich den Reichstag als stimmführendes Mitglied einer Partei zu beeinflussen. Heute freilich gilt es für „vornehm", wenn sich ein Staatsmann von den Parteien fernhält. Graf Posadowsky glaubte es sogar seinem *früheren* Amt schuldig zu sein, sich keiner Partei anzuschließen, d.h. den Reichstag dazu zu mißbrauchen, in ihm als einflußloser akademischer Vortragskünstler aufzutreten. Einflußlos: denn wie vollzieht sich der Gang der Geschäfte im Parlament?

Reden, die ein Abgeordneter hält, sind heute keine persönlichen Bekenntnisse mehr, noch viel weniger Versuche, die Gegner umzustimmen. Sondern sie sind amtliche Erklärungen der Partei, welche dem Lande „zum Fenster hinaus" abgegeben werden. Haben Vertreter aller Parteien ein- oder zweimal reihum gesprochen, so wird die Debatte im Reichstag geschlossen. Die Reden werden vorher in der Fraktionssitzung vorgelegt oder doch in allen wesentlichen Punkten dort vereinbart. Ebenso wird dort vorher bestimmt, wer für die Partei zu sprechen hat. Die Parteien haben ihre Spezialexperten für jede Frage, wie die Bureaukratie ihre zuständigen Beamten. Sie haben allerdings auch ihre Drohnen, Paraderedner, die nur zu repräsentativen Zwecken mit Vorsicht verwertbar sind, neben ihren Arbeitsbienen. Wenn auch nicht ausnahmslos, so gilt aber doch im ganzen der Satz: wer die Arbeit tut, hat den Einfluß. Diese Arbeit aber vollzieht sich hinter den Kulissen, in den Kommissions- und Fraktionssitzungen, bei den wirklich scharf arbeitenden Mitgliedern aber vor allem: in ihren Privatbureaus. Eugen Richters trotz ausgesprochener Unbeliebtheit innerhalb seiner eigenen Partei unerschütterliche Machtstellung z.B. beruhte auf seiner überaus großen Arbeitsamkeit und insbesondere auf seiner unerreichten Kenntnis des Etats. Er war wohl der letzte Abgeordnete, der dem Kriegsminister

[4]) Es ist ergötzlich, wenn gerade in der „Kreuzzeitung" ein Anonymus die Unmöglichkeit dieser Vereinigung in juristischem Formalismus daraus ableitet: daß die Abgeordneten nach freier Überzeugung, die Bundesratsmitglieder aber nach Instruktionen zu stimmen haben. Daß zahlreiche *Landräte,* denen seit Puttkamer „die Vertretung der Politik der Regierung" obliegt, im preußischen Landtag sitzen, stört die „Kreuzzeitung" nicht! Vollends nicht: *Staatssekretäre* des Reiches, die als Abgeordnete im preußischen Landtag nach freier Überzeugung die Instruktionen, welche ihnen als Bundesratsmitgliedern die *diesem Landtag unverantwortliche* Regierung gibt, kritisieren sollen! – Kann sich der an der Spitze einer Partei stehende Staatsmann als Bundesratsmitglied diejenigen Instruktionen *nicht* erwirken, welche seiner Überzeugung entsprechen, *so hat er eben zu gehen.* Das sollte freilich schon heute *jeder* „Staatsmann" tun! Siehe weiter unten!

jeden Pfennig, bis in die letzte Kantine hinein, nachrechnen konnte; das ist wenigstens mir gegenüber, trotz allen Verdrusses, von Herren dieser Verwaltung öfter bewundernd anerkannt worden. In der jetzigen Zentrumspartei beruht die Stellung des Herrn Matthias Erzberger wiederum auf seinem Bienen*fleiß*, der den sonst, nach dem immerhin begrenzten Maß seiner politischen Begabung, schwer verständlichen Einfluß dieses Politikers begründet.

Aber ein noch so großer Fleiß qualifiziert weder zum Führer und Leiter eines Staates, noch, was dem Wesen nach davon *keineswegs* so verschieden ist, wie unsere romantischen Literaten glauben, einer Partei. Es hat in Deutschland, nach meiner Kenntnis wenigstens, früher in ausnahmslos *allen* Parteien Persönlichkeiten mit den *vollen* Eigenschaften eines politischen Führers gegeben. Die Nationalliberalen v. Bennigsen, v. Miquel, v. Stauffenberg, Völk und andere, die Zentrumsleute v. Mallinckrodt, Windthorst, die Konservativen v. Bethusy-Huc, v. Minnigerode, v. Manteuffel, der Fortschrittler v. Saucken-Tarputschen, der Sozialdemokrat v. Vollmar waren politisch qualifizierte Führernaturen. Sie alle schwanden dahin oder traten, wie v. Bennigsen in den achtziger Jahren, aus dem Parlament aus, weil keinerlei Chance bestand, *als* Parteiführer zur Führung der Staatsgeschäfte zu gelangen. Soweit Parlamentarier, wie v. Miquel und Möller, Minister wurden, mußten sie zuerst politisch gesinnungslos werden, um in die reinen Beamtenministerien eingefügt werden zu können[5]). Aber es gibt *geborene Führernaturen auch heute in Deutschland,* und zwar in großer Zahl. Ja, wo stecken sie denn? Das ist nach dem früher Gesagten leicht zu beantworten. Um nur an ein Beispiel anzuknüpfen, bei welchem die politischen und sozialpolitischen Ansichten des Betreffenden den meinigen so radikal wie nur möglich entgegengesetzt sind: glaubt jemand, es sei dem jetzigen Leiter der Kruppwerke, einem früheren Ostmarkenpolitiker und Staatsbeamten, vom Schicksal an die Stirn geschrieben gewesen, daß er das größte industrielle Unternehmen Deutschlands leiten werde und *nicht* ein maßgebendes Ministerium oder eine machtvolle Parlamentspartei? Warum tut er also das eine und warum würde er sich (wie ich annehme) zu dem anderen wohl unter den heutigen Bedingungen keinesfalls bereitfinden lassen? Etwa um bessere Geldeinnahmen zu erzielen? Ich vermute vielmehr: aus dem sehr einfachen Grunde, weil ein Mann von starken Machtinstinkten und sonst entsprechenden Qualitäten bei uns infolge der politischen Struktur des Staates – und das heißt ganz einfach: infolge der *Machtlosigkeit* des Parlaments und des damit zusammenhängenden reinen *Beamtencharakters* der Ministerstellungen – ja geradezu ein Narr sein müßte, um sich in dies jämmerliche Getriebe kollegialen Ressentiments und auf dies Glatteis höfischer Intrigen zu begeben, wenn seinem Können und Wollen ein Tätigkeitsfeld winkt, wie es die Riesenunternehmungen, Kartelle, Bank- und Großhandelsbetriebe zu eröffnen vermögen. Seinesgleichen ziehen es vor, alldeutsche Zeitungen zu finanzieren und darin die Literaten ihr Geschwätz machen zu lassen. Dorthin, in den Dienst privatkapitalistischer Interessen, werden im Wege jener negativen Auslese, welche unsere sogenannte „monarchische

[5]) Der Minister Möller erklärte seinerzeit: er sei in der *unangenehmen* Lage, daß man aus seinen früheren Reden seinen persönlichen Standpunkt so genau kenne!

Regierung" praktisch, von allem Phrasenwerk entblößt, bedeutet, die sämtlichen Führertalente der Nation abgedrängt. Denn *nur* auf jenem Gebiet findet heute so etwas wie eine Auslese von Führerqualitäten überhaupt statt. Warum dort? Nun, weil die Gemütlichkeit, und das heißt in diesem Fall: die *Literatenphrase,* notwendig da aufhört, wo es sich um ökonomische Interessen von Hunderten und Tausenden von Millionen Mark und Zehntausenden und Hunderttausenden von Arbeitskräften handelt. Und warum in der Leitung des Staates *nicht*? Weil eine der schlimmsten Erbschaften der Bismarckschen Herrschaft es gewesen ist, daß er sein cäsaristisches Regime mit der *Legitimität des Monarchen zu decken* für zweckmäßig hielt. Das machten seine Nachfolger, die ihrerseits keine Cäsaren, sondern schlichte Beamte waren, ihm getreulich nach. Die politisch unerzogene Nation nahm jene Redensarten Bismarcks für bare Münze, während die Literaten den bei ihnen üblichen Beifall spendeten. Ganz natürlich. Sie examinieren künftige Beamte, fühlen sich selbst als Beamte und als Väter von Beamten. Und ihr Ressentiment richtet sich gegen jedermann, der auf anderen Wegen als dem der Legitimation durch Examensdiplome Macht erstrebt und erlangt. Unter Bismarck der eigenen Sorge um die öffentlichen Angelegenheiten, speziell die auswärtige Politik, entwöhnt, ließ sich die Nation infolgedessen etwas als „monarchische Regierung" aufschwatzen, was in Wahrheit nur die Unkontrolliertheit einer reinen Beamtenherrschaft bedeutete, innerhalb deren, wenn sie *unter* sich gelassen wird, politische Führerqualitäten noch nie und nirgends in aller Welt geboren und in die Höhe gekommen sind. Nicht daß in unserem Beamtentum sich *nicht auch* Leute mit Führerqualitäten befänden: es *liegt hier sehr ferne, das zu behaupten!* Aber nicht nur stellen die Konventionen und inneren Eigentümlichkeiten der Amtshierarchie gerade ihrem Aufstieg ganz ungewöhnliche Hindernisse in den Weg und ist das Wesen der Stellung eines modernen Verwaltungsbeamten der Entwicklung *politischer* Selbständigkeit (die wohl zu unterscheiden ist von innerer Unabhängigkeit des rein *persönlichen* Charakters) im ganzen höchst ungünstig. Sondern das Wesen aller Politik ist, wie noch oft zu betonen sein wird: *Kampf, Werbung von Bundesgenossen und von freiwilliger Gefolgschaft,* – und dazu, sich in dieser schweren Kunst zu üben, bietet die Amtslaufbahn des Obrigkeitsstaats nun einmal keinerlei Gelegenheit. Für Bismarck bot bekanntlich der Frankfurter Bundestag die Schule. Im Heer ist die Schulung eine solche für den Kampf und kann militärische Führer gebären. Für den modernen Politiker aber ist der Kampf im Parlament und für die Partei im Lande die gegebene Palästra, die durch nichts anderes – am wenigsten durch die Konkurrenz um Avancement – gleichwertig zu ersetzen ist. Natürlich nur in einem Parlament und für eine Partei, deren Führer die *Macht* im Staate erwirbt.

Was in aller Welt soll dagegen eine Partei, welche günstigenfalls die Chance hat, ein paar Budgetposten so zu ändern, wie es die Interessen ihrer Wähler wünschenswert machen, und einigen Protegés ihrer Parteigrößen ein paar kleine Pfründen zu verschaffen, für eine Anziehungskraft auf Männer mit *Führer*qualitäten ausüben? Welche Gelegenheit bietet sie ihnen denn, solche zu entfalten? Bis in die kleinsten Einzelheiten der Geschäftsordnung und der Konventionen des Reichstags und der Parteien spricht sich heut die Einstellung unseres Parlaments auf bloß negative Politik aus. Es sind mir nicht wenige Fälle bekannt, in welchen innerhalb der Parteien junge Talente mit Führereigenschaften von den alten verdienten Lokal- und Parteigrößen einfach niedergehalten wurden, wie es in jeder Zunft geschieht. Das ist in einem macht*losen* Parlament, welches auf negative Politik beschränkt ist, selbstverständlich. Denn dort herrschen die Zunftinstinkte allein. Das könnte sich dagegen eine Partei *niemals* gestatten, deren Existenz auf die Teilnahme an der *Macht und Verantwortung im Staate* zugeschnitten wäre, bei der infolgedessen jeder Parteigenosse im Lande draußen wissen würde: daß Sein und Nichtsein der Partei und aller der Interessen, die ihn an sie knüpfen, daran hängt, daß sie sich den Leuten mit Führereigenschaften, über die sie verfügt, *unterordnet*. Denn nicht die vielköpfige Versammlung des Parlaments als solche kann „regieren" und die Politik „machen". Davon ist nirgends in der Welt die Rede, auch nicht in England. Die ganze breite Masse der Deputierten fungiert *nur* als Gefolgschaft für den oder die wenigen „leader", welche das Kabinett bilden und gehorcht ihnen blind, *so lange* sie Erfolg haben. *Das soll so sein.* Stets beherrscht das „Prinzip der kleinen Zahl", d.h. die überlegene politische Manövrierfähigkeit *kleiner* führender Gruppen, das politische Handeln. Dieser „cäsaristische" Einschlag ist (in *Massenstaaten*) unausrottbar.

Er allein gewährleistet es aber auch, daß auf bestimmten Persönlichkeiten der Öffentlichkeit gegenüber die *Verantwortlichkeit* ruht, die sich innerhalb einer vielköpfig regierenden Versammlung ja ganz verflüchtigen würde. Gerade in der eigentlichen Demokratie zeigt sich das. Durch Volkswahl ins Amt berufene Beamte bewähren sich nach den bisherigen Erfahrungen in zwei Fällen. Einerseits im lokalen Kantonalverband, wo man sich bei stabiler Bevölkerung gegenseitig persönlich kennt, also die Bewährung innerhalb der Nachbarschaftsgemeinschaft die Wahl bestimmen kann. Andererseits, mit erheblichen Vorbehalten, bei der Wahl des *höchsten* politischen Vertrauensmanns einer Nation in einem *Massenstaat*. Selten der hervorragendste, aber im Durchschnitt doch: geeignete politische Führer gelangen so zur höchsten Macht. Für die ganze Masse der mittleren Beamten, vor allem derjenigen, welche Fachschulung benötigen, versagt dagegen in Massenstaaten das Volkswahlsystem in aller Regel völlig und aus begreiflichen Gründen. In Amerika waren die vom Präsidenten ernannten Richter den vom Volk gewählten turmhoch an Tüchtigkeit und Integrität überlegen. Deshalb, weil in dem jene ernennenden Führer eine immerhin für die Qualität der Beamten *verantwortliche* Stelle vorhanden war und die herrschende Partei es daher später am eigenen Leibe spürte, wenn gröbliche Mißgriffe begangen wurden. Die Herrschaft des gleichen Wahlrechts in den großen Kommunen hat daher dort immer wieder dahin geführt: daß ein Vertrauensmann der Bürgerschaft durch Volksabstimmung zum Bürgermeister gewählt wurde mit weitgehender Freiheit, sich selbst seinen Verwaltungsapparat zu beschaffen. Nicht minder neigt die englische Parlamentsherrschaft zur Entwicklung solcher cäsaristischen Züge. Der leitende Staatsmann gewinnt dem Parlament gegenüber, aus dem er hervorgeht, eine immer überragendere Stellung.

Die Schwächen, welche der Auslese der führenden Politiker durch Parteiwerbung natürlich ebenso anhaften wie jeder menschlichen Organisation überhaupt, sind von den deutschen Literaten der letzten Jahrzehnte bis zum Überdruß breitgetreten worden. Daß auch die parlamentarische Parteiherrschaft dem einzelnen zumutet und zumuten muß, sich Führern zu fügen, die er oft nur als das „kleinere Übel" akzeptieren kann, ist einfach selbstverständlich. Aber der Obrigkeitsstaat läßt ihm 1. *gar keine* Wahl und gibt ihm 2. statt der *Führer* vorgesetzte *Beamte*. Das ist denn doch wohl ein kleiner Unterschied. Daß ferner die „Plutokratie" in Deutschland zwar in anderen Formen, der Sache nach aber ebenso blüht wie sonstwo, daß gerade die von den Literaten in den schwärzesten Farben und übrigens ohne jede Sachkunde gemalten großkapitalistischen Mächte, die ihre eigenen Interessen wahrhaftig selbst besser kennen als Stubengelehrte, und zwar gerade die rücksichtslosesten von ihnen: die Schwerindustriellen, bei uns *wie ein Mann* auf Seiten des *bureaukratischen* Obrigkeitsstaates und *gegen* Demokratie und Parlamentarismus stehen, hat doch seine guten Gründe. Nur bleiben sie dem Horizont der literarischen Spießbürger verborgen. Mit dem philiströsesten Moralismus wird statt dessen die selbstverständliche Tatsache unterstrichen: daß der Wille zur *Macht* zu den treibenden Motiven der parlamentarischen Führer, das egoistische Streben nach Ämtern zu denen ihrer Gefolgschaft gehören. Als ob nicht ganz ebenso viel Streberei und Gehaltshunger, sondern ausschließlich und allein die selbstlosesten Beweggründe die bureaukratischen Amtsreflektanten beseelten! Und was die Teilnahme der „Demagogie" an der Erlangung der Macht anlangt, so können die Vorgänge der soeben (Januar) schwebenden, *von gewissen amtlichen Stellen begünstigten* demagogischen Presseerörterungen über die Besetzung des Postens des deutschen Außenministers jedermann darüber belehren: daß gerade eine angeblich „monarchische" Regierung die Amtsstreberei und den Ressortkampf auf den Weg der allerverderblichsten Pressetreiberei verweist. In keinem parlamentarischen Staat mit starken Parteien wäre Schlimmeres möglich.

Die Motive des persönlichen Verhaltens sind innerhalb einer Partei gewiß ebensowenig nur idealistisch, wie die üblichen banausischen Avancements- und Pfründeninteressen der Konkurrenten in einer Beamtenhierarchie es sind. Um persönliche Interessen des einzelnen handelt es sich hier wie dort in der *Masse* der Fälle (und wird es sich auch in der vielgepriesenen „Solidaritätsgenossenschaft" des Zukunftsstaats der Literaten handeln). Es kommt nur alles darauf an: daß diese überall menschlichen, oft allzu menschlichen, Interessen so *wirken,* daß dadurch eine *Auslese* der mit Führerqualitäten begabten Männer wenigstens nicht geradezu *verhindert* wird. Das aber ist in einer Partei *ausschließlich* dann möglich, wenn ihren Führern im Falle des Erfolges die *Macht* und: die *Verantwortung im Staate winkt. Es ist nur dann möglich.* Aber es ist damit allein allerdings noch nicht gesichert.

Denn nicht ein redendes, sondern nur ein *arbeitendes* Parlament kann der Boden sein, auf dem nicht bloß demagogische, sondern echt *politische* Führerqualitäten wachsen und im Wege der Auslese aufsteigen. Ein arbeitendes Parlament aber ist ein solches, welches die *Verwaltung fortlaufend mitarbeitend kontrolliert.* Vor dem Krieg gab es das bei uns nicht. Nach dem Krieg *muß* aber das Parlament dazu umgebildet werden, oder wir haben die alte Misere. Davon ist jetzt zu reden.

## *III. Verwaltungsöffentlichkeit und Auslese der politischen Führer*

Die ganze Struktur des deutschen Parlaments ist heute zugeschnitten auf eine lediglich *negative Politik:* Kritik, Beschwerde, Beratung, Abänderung und Erledigung von Vorlagen der Regierung. Alle parlamentarischen Gepflogenheiten entsprechen dem. Leider fehlt, infolge des geringen Interesses der Öffentlichkeit daran, neben guten juristischen Arbeiten über die Geschäftsordnung jegliche politische Analyse der wirklichen Lebensvorgänge des Reichstags, wie solche für außerdeutsche Parlamente vorliegen. Man mache aber den Versuch und bespreche irgendeine wünschenswerte Art von innerer Organisation des Reichstags und seines Geschäftsganges mit einem Parlamentarier, und man wird sofort auf allerhand konventionelle Gepflogenheiten und Rücksichten stoßen, welche lediglich auf die Bequemlichkeiten, Eitelkeiten, Bedürfnisse und Vorurteile verbrauchter Parlamentshonoratioren zugeschnitten sind und jeder politischen Aktionsfähigkeit des Parlaments Steine in den Weg rollen. Schon die einfache Aufgabe einer wirksamen fortlaufenden Verwaltungskontrolle der Beamten wird dadurch gehemmt. Ist diese Kontrolle etwa überflüssig?

Glänzend bewährt hat sich das Beamtentum überall da, wo es an amtlichen, festumschriebenen Aufgaben *fachlicher* Art sein Pflichtgefühl, seine Sachlichkeit und seine Kraft der Beherrschung organisatorischer Probleme zu beweisen hatte. Wer selbst aus einer Beamtenfamilie stammt, wird der allerletzte sein, Flecken auf seinen blanken Schild kommen zu lassen. Aber hier handelt es sich um *politische,* nicht „dienstliche", Leistungen, und die Tatsachen selbst rufen die von keinem Wahrheitsliebenden zu verhehlende Erkenntnis in die Welt. Gänzlich versagt hat die Beamtenherrschaft da, wo sie mit *politischen* Fragen befaßt wurde. Das ist kein Zufall. Es wäre umgekehrt erstaunlich, wenn innerlich ganz fremdartige Fähigkeiten innerhalb desselben politischen Gebildes zusammentreffen würden. Es ist, wie gesagt, *nicht Sache des Beamten,* nach seinen eigenen Überzeugungen mitkämpfend in den politischen Streit einzutreten und, in diesem Sinn, „Politik zu treiben", die immer: Kampf ist. Sein Stolz ist es im Gegenteil, die Unparteilichkeit zu hüten und also: seine eigenen Neigungen und Meinungen überwinden zu können, um gewissenhaft und sinnvoll durchzuführen, was allgemeine Vorschrift oder besondere Anweisung von ihm verlangen, auch und gerade dann, wenn sie seinen eigenen politischen Auffassungen *nicht* entsprechen. Die *Leitung* der Beamtenschaft, welche ihr die Aufgaben zuweist, hat dagegen selbstverständlich fortwährend politische: – machtpolitische und kulturpolitische – Probleme zu lösen. Sie *darin* zu kontrollieren, ist die erste grundlegende Aufgabe des Parlaments. Und nicht nur die den höchstgestellten Zentralinstanzen zugewiesenen Aufgaben, sondern jede einzelne noch so rein technische Frage in den Unterinstanzen *kann* politisch wichtig und die Art ihrer Lösung durch politische Gesichtspunkte bestimmt werden. *Politiker* müssen der Beamtenherrschaft das Gegengewicht geben. Dagegen aber wehrt sich das Machtinteresse der *leitenden Instanzen* einer reinen Beamtenherrschaft, welche stets der Neigung zu möglichst unkontrollierter Freiheit und vor allem: zur Monopolisierung der Ministerstellen für das Beamtenavancement nachgehen werden.

Die Möglichkeit, das Beamtentum wirksam zu *kontrollieren,* ist an Vorbedingungen geknüpft.

Die Machtstellung aller Beamten ruht, außer auf der arbeitsteiligen Technik der Verwaltung als solcher, auf *Wissen.* Einem Wissen von zweierlei Art. Zuerst: dem durch Fachschulung erworbenen im weitesten Sinne des Worts „technischen" *Fachwissen.* Ob es auch im Parlament vertreten ist oder sich Abgeordnete im Einzelfall privatim bei Spezialisten Auskunft einholen können, ist Zufall und Privatsache. Niemals ersetzt dies für die Verwaltungskontrolle das systematische (eidliche) *Kreuzverhör von Sachverständigen* vor einer Parlamentskommission unter Zuziehung der betreffenden Ressortbeamten, welches allein Kontrolle und Allseitigkeit der Befragung garantiert. Dem Reichstag *fehlt* das Recht dazu: er ist verfassungsmäßig zur dilettantischen Dummheit *verurteilt.*

Aber das Fachwissen allein begründet nicht die Beamtenmacht. Dazu tritt die durch die Mittel des amtlichen Apparates nur dem Beamten zugängliche Kenntnis der für sein Verhalten maßgebenden konkreten Tatsachen: das *Dienstwissen.* Nur wer sich diese Tatsachenkenntnis unabhängig vom guten Willen des Beamten beschaffen kann, vermag im Einzelfall die Verwaltung wirksam zu kontrollieren. Je nach den Umständen kommen Akteneinsicht, Augenscheineinnahme, äußerstenfalls aber wiederum: das eidliche *Kreuzverhör* der Beteiligten als Zeugen vor einer Parlamentskommission in Betracht. Auch dieses Recht *fehlt* dem Reichstag. Er ist geflissentlich außerstande gesetzt, sich die zur Verwaltungskontrolle erforderlichen Kenntnisse zu beschaffen, also, außer zum Dilettantismus, auch zur *Unkenntnis verurteilt.*

Aus schlechthin *keinen sachlichen* Gründen. Sondern ausschließlich deshalb, weil das wichtigste *Machtmittel* des Beamtentums die Verwandlung des Dienstwissens in ein *Geheimwissen* durch den berüchtigten Begriff des „Dienstgeheimnisses" bildet: letztlich lediglich ein Mittel, die Verwaltung *gegen Kontrolle zu sichern.* Während die unteren Staffeln der Amtshierarchie durch die übergeordneten kontrolliert und kritisiert werden, versagt bei uns gerade gegenüber den obersten, also den mit der „Politik" befaßten, Stellen alle Kontrolle, technische wie politische, überhaupt. Die für ein selbstbewußtes Volk nach Form und Inhalt nicht selten schmähliche Art, wie der parlamentarischen Vertretung gegenüber von seiten der Verwaltungschefs Anfragen und Kritiken beantwortet werden, ist nur möglich, weil dem Parlament die Mittel versagt sind, sich durch Handhabung des sogenannten *„Enqueterechts"* jederzeit jene Kenntnis der Tatsachen und der technischen Fachgesichtspunkte zu verschaffen, welche allein ihm fortlaufende Mitarbeit und Einfluß auf die Richtung der Verwaltung ermöglichen würde. Zu allererst hier muß Wandel eintreten. Nicht etwa soll künftig der Reichstag in seinen Kommissionen sich in umfangreiche Studien vertiefen und darüber dicke Bände veröffentlichen: – dafür, daß dies nicht geschieht, sorgt übrigens seine Arbeitslast. Sondern das Enqueterecht ist als *gelegentliches* Hilfsmittel zu gebrauchen und bietet im übrigen: eine Rute, deren Vorhandensein die Verwaltungschefs zwingt, in einer Art Rede zu stehen, die seine Anwendung unnötig macht. In dieser Art der Verwertung dieses Rechts liegen die allerbesten Leistungen des englischen Parlaments. Die Integrität des englischen Beamtentums und der hohe Stand der politischen Erziehung des englischen

Volkes beruhen wesentlich mit darauf, und man hat oft betont, daß an der Art, wie die Komiteeverhandlungen von der englischen Presse und deren Leserkreis verfolgt werden, der beste Maßstab für den politischen Reifegrad gegeben ist. Denn dieser äußert sich ja nicht in Mißtrauensvoten, Ministeranklagen und solchen Spektakelstücken des französisch-italienischen *unorganisierten* Parlamentarismus, sondern darin: daß eine Nation über die *Art der Führung ihrer Geschäfte* durch das Beamtentum orientiert ist, sie fortlaufend kontrolliert und beeinflußt. Nur Ausschüsse eines mächtigen Parlaments sind die Stätten und können sie sein, von wo jener erzieherische Einfluß ausgeübt werden kann. Das Beamtentum als solches aber kann dadurch im Endeffekt nur gewinnen. Selten und jedenfalls nicht bei parlamentarisch geschulten Völkern ist das Verhältnis des Publikums zum Beamtentum so verständnislos wie in Deutschland. Kein Wunder. Die *Probleme,* mit welchen die Beamten bei ihrer Arbeit zu ringen haben, treten ja bei uns nirgends sichtbar hervor. Ihre Leistung kann niemals verstanden und bewertet, das an Stelle positiver Kritik stehende sterile Schimpfen über den „heiligen Bureaukratius" niemals überwunden werden, wenn der jetzige Zustand *unkontrollierter* Beamtenherrschaft anhält. Und auch die Machtstellung des Beamtentums würde da, wo sie hingehört, nicht geschwächt. Der spezialistisch eingeschulte „Geheimrat" ist seinem Minister (auch, und oft gerade dem aus dem Fachbeamtentum hervorgegangenen Minister) im Fachbetrieb überall überlegen, in England ebenso (aber im ganzen nicht mehr) wie bei uns. Das *soll* so sein. Denn Fachschulung ist unter den modernen Verhältnissen unentbehrliche Voraussetzung für die Kenntnis der technischen Mittel zur Erreichung politischer Ziele. Aber politische Ziele zu setzen ist keine Fachangelegenheit, und die *Politik* soll der Fachbeamte nicht rein als solcher bestimmen.

Die äußerlich ziemlich unscheinbare Änderung, welche durch eine vermittels des Enqueterechts gesicherte fortlaufende Kontrolle und Mitarbeit der Parlamentsauschüsse mit und gegenüber der Verwaltung bei uns eingeführt würde, ist die grundlegende Vorbedingung aller weiteren Reformen im Sinn einer Steigerung der positiven Leistungen des Parlaments als Staatsorgan. Sie ist insbesondere auch die unentbehrliche Voraussetzung dafür: daß das Parlament zur Auslesestätte für politische Führer wird. Das modische Literatengerede bei uns diskreditiert die Parlamente gern als Orte, wo nur „geredet" wird. Ähnlich, freilich weit geistvoller, hat Carlyle vor drei Generationen in England gegen das dortige Parlament gewettert, und doch wurde es immer mehr der ausschlaggebende Träger der englischen Weltmacht. Heute ist nun einmal nicht das eigene Dreinschlagen mit dem Schwert, sondern sind ganz prosaische Schallwellen und Tintentropfen: geschriebene und gesprochene *Worte,* die physischen Träger des leitenden (politischen und: militärischen!) Handelns. Es kommt nur darauf an, daß Geist und Kenntnisse, starker Wille und besonnene Erfahrung diese Worte: Befehle oder werbende Rede, diplomatische Noten oder amtliche Erklärungen im eigenen Parlament, formen. In einem Parlament, welches nur Kritik üben kann, ohne sich die Kenntnis der Tatsachen verschaffen zu können, und dessen Parteiführer niemals in die Lage gesetzt werden, zeigen zu müssen, was sie selbst politisch leisten können, führt nur entweder kenntnislose Demagogie oder routinierte Impotenz (oder beide zusammen) das Wort. Es gehört zu jenem Kapital politischer Unreife, welches ein ganz unpolitisches Zeitalter bei uns aufgespeichert hat, daß der deutsche Spießbürger politische Gebilde wie das englische Parlament mit diesen ihm von den jetzigen eigenen Verhältnissen her blindgewordenen Augen anzusehen gewohnt ist und darauf von der Höhe seiner eigenen politischen Ohnmacht selbstgefällig herabblicken zu können glaubt, – ohne zu bedenken, daß doch schließlich diese Körperschaft die Stätte der Auslese jener Politiker gewesen ist, welche es verstanden haben, ein Viertel der Menschheit zur Unterordnung unter die Herrschaft einer winzigen staatsklugen Minderheit zu bringen. Und zwar – die Hauptsache! – zu einem immerhin erheblichen Teil zur *freiwilligen* Unterordnung. Wo hat der vielgepriesene deutsche Obrigkeitsstaat denn ähnliche Leistungen aufzuweisen? Die politische Schulung für sie wird natürlich nicht in den ostensiblen und dekorativen Reden im Plenum eines Parlaments erworben. Sondern *innerhalb* der Parlamentslaufbahn nur in stetiger scharfer *Arbeit*. Keiner der bedeutenden englischen Parlamentsführer ist in die Höhe gekommen, ohne sich in der Arbeit der Komitees geschult und von dort aus oft durch eine ganze Reihe von Ressorts der Verwaltung hindurchgegangen und in ihre Tätigkeit eingeführt worden zu sein. *Nur* jene Schule intensiver Arbeit an den Realitäten der Verwaltung, welche der Politiker in den Kommissionen eines mächtigen *Arbeits*parlamentes durchzumachen hat und in der er sich bewähren muß, machen eine solche Versammlung zu einer Auslesestätte nicht für bloße Demagogen, sondern für sachlich arbeitende Politiker, als welche das englische Parlament (was ehrlicherweise niemand verkennen darf) bis heute unerreicht dasteht. Nur diese Art des Zusammenwirkens von Fachbeamtentum und Berufspolitikern garantiert die fortwährende Kontrolle der Verwaltung und durch sie die politische Erziehung und Schulung von Führern und Geführten. Durch effektive *Parlamentskontrolle* erzwungene *Publizität der Verwaltung* ist das, was als Vorbedingung jeder fruchtbaren Parlamentsarbeit und politischen Erziehung der Nation zu fordern ist. – Der Weg dazu ist auch bei uns beschritten.

Die Not des Krieges, die mit so manchen konservativen Phrasen aufräumte, hat den *„Hauptausschuß des Reichstags"* entstehen lassen: – in der Art seines Arbeitens und seiner Publizität ein technisch und politisch noch höchst unvollkommenes, aber immerhin in der Richtung der Entwicklung eines Arbeitsparlaments liegendes Gebilde.

Die Unvollkommenheit für politische Zwecke lag schon in der ganz verkehrten und unorganisierten *Form* von Publizität, welche hier der Erörterung hochpolitischer Probleme gegeben wurde, schon durch den viel zu großen Umkreis, innerhalb dessen und vor welchem sie – in notwendig emotionaler Art – verhandelt wurden. Es war denn doch ein gemeingefährlicher Unfug, wenn „vertrauliche" militärtechnische (U-Boot-Frage!) und diplomatische Probleme Hunderte von Mitwissern besaßen, infolgedessen teils unter der Hand weitererzählt wurden, teils verunstaltet oder in sensationellen Andeutungen ihren Weg in die Presse fanden. *Aktuelle* Erörterungen der Außenpolitik und des Krieges gehören zur Beratung zunächst vor einen kleinen Kreis von Vertrauensmännern der Parteien. Und da Politik überhaupt stets von wenigen gemacht wird, dürfen eben auch die Parteien für hochpolitische Zwecke nicht nach Art von „Zünften", sondern nur nach Art von „Gefolgschaften" organisiert sein. Ihre *politischen* Vertrauensmänner müssen also „Führer" sein, das heißt: unbeschränkte Vollmacht für wichtige Entschließungen haben (oder innerhalb weniger Stunden von jederzeit zusammenzurufenden Ausschüssen einholen können). Man hat ja mit dem Siebenerausschuß des Reichstags für einen Einzelzweck einen Schritt getan, der scheinbar in dieser Richtung lag. Der Eitelkeit der Verwaltungschefs wurde Rechnung getragen, indem die Einrichtung nur als „provisorisch" bezeichnet und zunächst auch versucht wurde, die Parlamentarier *nicht* als „Parteivertreter" zu behandeln – was der ganzen Einrichtung den politischen Sinn nahm und erfreulicherweise scheiterte. Allein so sachgemäß es an sich war, daß diese sieben Parteivertreter mit Regierungskommissaren an einem Tisch zusammensitzen und beraten sollten, so wären natürlich statt der sieben Bundesratsbevollmächtigten drei oder vier Vertreter der größten Mittelstaaten, und statt der übrigen die vier oder fünf ausschlaggebenden militärischen und innerpolitischen Verwaltungschefs oder ihre Vertreter die geeignete Ergänzung. Jedenfalls kann nur ein kleines Gremium mit Diskretionspflicht wirklich *politische* Entscheidungen in hochgespannter Lage beratend *vorbereiten.* Für die Kriegszeit war vielleicht die Schaffung dieses, mit den Regierungsvertretern die Vertreter *aller* großen Fraktionen vereinigenden gemischten Ausschusses angebracht. Ebenso könnte im Frieden für die Beratung bestimmter hochpolitischer Stellungnahmen, insbesondere in der Auslandspolitik, eine Zuziehung von Parteivertretern auf ähnlicher Grundlage vielleicht nützlich sein. Im übrigen ist aber dieses System von begrenzter Bedeutung, weder ein Ersatz für eine echte Parlamentarisierung des Regierungsbetriebes, noch ein Mittel für die Schaffung eines einheitlichen Regierungswillens. Denn dieser könnte, wo eine Mehrzahl von Parteien ihn stützen sollen, nur durch *freie* zwischenparteiliche Konferenzen lediglich der für die *Mehrheits*bildung jeweilig ausschlaggebenden Parteien mit den Regierungsleitern geschaffen werden. Ein Ausschuß, in dem ein Vertreter der Unabhängigen Sozialisten und ein solcher der Konservativen beieinander sitzen, kann den Sinn, jene Art der Willensbildung zu ersetzen, schon rein an sich nicht haben. Das wäre ein politischer Ungedanke. Für die einheitliche Orientierung der *Politik* leisten solche Gebilde nichts.

Dagegen könnte für die normale *Verwaltungskontrolle* der Friedenszeit die Entwicklung gemischter Spezialausschüsse im Anschluß an den *Hauptausschuß* recht wohl ein geeignetes Instrument werden, vorausgesetzt, daß für eine gute fortlaufende Berichterstattung gegenüber der Öffentlichkeit gesorgt und eine geeignete Geschäftsordnung mit Wahrung der Einheitlichkeit bei Spezialisierung der Verhandlungsgegenstände der Unterausschüsse, zu denen die Bundesrats- und Ressortvertreter zuzuziehen wären, geschaffen würde. Was die mögliche politische Wirkung einer solchen Ausgestaltung betrifft, so wird sie ganz davon abhängen, wie in Zukunft die Stellung des Parlaments im Reiche und damit die Struktur seiner Parteien geartet sein wird. Bleibt alles beim Alten, bleibt also insbesondere die mechanische Hemmung des Art. 9 der Reichsverfassung bestehen und bleibt überhaupt das Parlament auf „negative Politik" beschränkt, – und die Tendenz des Beamtentums geht offenbar dahin, dies zu erreichen –, dann werden die Parteien ihre Vertreter in den Ausschüssen vermutlich an kleinliche imperative Mandate binden, jedenfalls ihnen keine *Führer*vollmacht überlassen, dann wird auch im übrigen jede ihren eigenen Weg gehen, ausschließlich kleine Sondervorteile für ihre Schützlinge zu erhandeln trachten, und die ganze Einrichtung wird ein nutzloses und zeitspieliges Hemmnis der Verwaltung, nicht aber ein Mittel politischer Schulung und sachlich fruchtbarer Zusammenarbeit werden. Als positives Resultat könnte dann äußerstenfalls etwas ähnliches herausspringen wie bei der Proportionalpatronage der Parteien in manchen Schweizer Kantonen: eine friedliche Verteilung von Bruchteilen des Einflusses auf die Verwaltung unter die einzelnen Parteien, und insoweit also: ein Abflauen des Parteikampfs. (Obwohl übrigens schon dies negative Resultat in einem Massenstaat mit hochpolitischen Aufgaben sehr weit davon entfernt ist, sicher erreichbar zu sein. Über die positiven praktischen Wirkungen sind die Schweizer meines Wissens geteilter Ansicht. Auch diese ist natürlich in einem Großstaat absolut anders einzuschätzen.) Indessen so unsicher jene idyllischen Perspektiven sind, – wem die Ausschaltung des politischen Parteikampfs das unbedingt höchste Gut ist, der wird sich an ihnen sicherlich erfreuen, und das Beamtentum seinerseits wird daraus Gewinn für die Sicherung der eigenen Machtstellung durch Fortsetzung des Systems der kleinen Trinkgelder erhoffen. Träte dazu dann noch irgendeine Art proportionaler Verteilung der Amtspfründen unter die verschiedenen „hoffähigen" Parteirichtungen – so wäre das Resultat: „lauter vergnügte Gesichter", wohl noch in gesteigertem Grade zu erzielen. Allein die absolute Unwahrscheinlichkeit einer wirklichen Durchführung dieser friedlichen Pfründenverteilung auf dem Gebiet der *inneren Verwaltung*: Landräte, Regierungs- und Oberpräsidenten, in Preußen gegenüber dem Ämtermonopol der konservativen Partei ist klar. Und rein politisch würde jedenfalls auch *nicht* sehr viel *mehr* als dies dabei herauskommen: Partei*beamten* und nicht: Partei*führern* wären Chancen, *nicht* der politischen *Macht* und Verantwortung, sondern des *Pfründen*besitzes, eröffnet, – gewiß kein geeignetes Mittel für die Hebung des politischen Niveaus des Parlaments. Die Frage, ob etwa dadurch die Verwaltungskontrolle wirksamer gestaltet und ob die Reife der Bevölkerung für die Beurteilung der Verwaltungsleistung gesteigert würde, muß vollends ganz offen bleiben.

*Unentbehrliche* Garantie einer zweckentsprechenden Erörterung selbst der einfachsten verwaltungstechnischen Fragen selbst in einem solchen bureaukratisierten Ausschuß, ist aber dessen Recht, nach Bedarf sich jederzeit das Fach- und Dienstwissen durch eigene Erhebung kurzerhand zu beschaffen. Ausschließlich und allein ganz unsachliche Prestige- oder deutlicher gesagt: *Eitelkeits*-Interessen und der Wunsch nach *Unkontrolliertheit* auf seiten des Beamtentums stehen dieser Forderung, die ja an sich noch keinerlei Entscheidung über die Frage der „parlamentarischen Regierung" bedeutet, sondern nur eine Vorbedingung ihrer zweckmäßigen Gestaltung erhält, im Wege.

Als einziges sachlich beachtliches Bedenken gegen das Enqueterecht pflegt von Staatsrechtslehrern geltend gemacht zu werden: daß der Reichstag in der Gestaltung der Geschäftsordnung gänzlich autonom sei, die jeweilige Mehrheit also eine Erhebung einseitig unterlassen oder so gestalten könne, daß das nicht festgestellt werde, was ihr unwillkommen sei. Zweifellos paßt die (indirekt) aus der englischen Theorie kritiklos übernommene Geschäftsordnungsautonomie (Art. 27 R.V.) für *dies* Recht nicht. Vielmehr ist durch *gesetzliche* Normen die Garantie für die Verläßlichkeit zu schaffen. Insbesondere muß das Recht *unbedingt als Minoritätsrecht* (sagen wir etwa: auf Verlangen von 100 Abgeordneten) und natürlich mit dem Recht der Minderheit auf Vertretung, Fragestellung, Nebenbericht geschaffen werden. Schon um gegen jede künftig einmal mögliche parlamentarische *„Mehrheitswirtschaft"* und ihre bekannten Gefahren jenes *Gegengewicht der Publizität* zu bieten, welches in anderen Staaten fehlt und in England bisher nur durch die gegenseitige Parteicourtoisie gegeben war. Garantien sind aber nötig auch in anderen Richtungen. So lange es nun einmal konkurrierende Industrien, zwischen verschiedenen Ländern zumal, gibt, wird es unumgänglich sein, ihre technischen Betriebsgeheimnisse wenigstens vor tendenziöser Publikation hinlänglich zu schützen. Erst recht: militärtechnische Geheimnisse. Und endlich auch: schwebende Erwägungen der *auswärtigen Politik.* Diese gehören in diesem Stadium unbedingt vor ein mit Garantie der Diskretion umgebenes kleines Gremium. Denn es ist natürlich ein gerade jetzt durch die Tatsachen verspotteter Irrtum einzelner, namentlich russischer, Literaten: daß der Betrieb der auswärtigen Politik, etwa ein sachlicher Friedensschluß kriegführender Länder, durch öffentlich meistbietende Proklamation allgemeiner „Prinzipien" herbeigeführt werden könne statt durch sachliche Verhandlung über den bestmöglichen Ausgleich der doch nun einmal kollidierenden Interessen der Staaten und Nationen, die sich hinter jenen angeblichen „Prinzipien" verbergen. Ganz andere Mittel sind es jedenfalls, mit denen auf diesem Gebiet die Axt an die Fehler *unserer* Vergangenheit gelegt werden muß, als diese dilettantischen Literatenideen. Die in demokratischen Kreisen vielfach verbreitete Ansicht: daß die *Publizität* gerade der Diplomatie ein Allheilmittel sei, vor allem: stets für den Frieden wirke, ist in dieser Verallgemeinerung mißverständlich. Für endgültige , vorher überlegte, *Stellungnahmen* hat sie ihr Recht. Für die Erwägungen *selbst* – so lange es konkurrierende Staaten gibt – so wenig wie etwa für konkurrierende Industrien. Im geraden Gegensatz zu Fragen der inneren Verwaltung kann sie in diesem Stadium die *Sachlichkeit* und Unpräjudiziertheit der schwebenden Erwägungen schwer *stören* und den Frieden geradezu gefährden oder hindern. Die Erfahrungen dieses Krieges zeigen das auf das deutlichste. – Indessen von der Außenpolitik ist noch gesondert zu reden.

Hier sei nur noch darauf hingewiesen, wie sich das Fehlen der parlamentarischen Führerschaft heute in Fällen innerer *„Krisen"* äußert. Dafür war der Verlauf des Erzbergerschen Vorstoßes im Juli dieses Jahres und der beiden späteren Krisen lehrreich. Es zeigte sich da in allen drei Fällen: was es für Folgen hat, wenn 1. Regierung und Parlament als zwei getrennte Organe einander gegenüberstehen und dabei das Parlament *nur* eine Repräsentation der Beherrschten und deshalb auf „negative Politik" (im obigen Sinne) eingestellt ist, – 2. die Parteien zunftartige Gebilde sind, weil politische Führer innerhalb des Parlaments keinen Beruf und daher in den Parteien keinen Platz finden, und wenn endlich – 3. die offiziellen Führer des Staats: die leitenden Beamten, den Parlamentsparteien nicht als deren Führer angehören, auch nicht *konti-*

*nuierlich* mit deren Führern in Berührung bleiben und die schwebenden Fragen vorberaten, sondern außerhalb ihrer, der konventionellen Prestige-Phrase nach: „über ihnen", stehen und sie deshalb nicht zu leiten vermögen. Als eine starke Reichstagsmehrheit auf einem positiven Entschluß der Reichsregierung bestand, versagte das System sofort an allen Enden. Die ratlosen Regierungsvertreter mußten die Zügel am Boden schleifen lassen, weil sie keinen Fuß in den Parteiorganisationen hatten. Der Reichstag selbst bot in seiner politischen Führerlosigkeit das Bild voller Anarchie, weil die (sogenannten) Parteiführer niemals ihren Platz am Regierungstisch gehabt hatten und auch damals als künftige Leiter der Regierung nicht in Betracht kamen. Die Parteien sahen sich vor eine Aufgabe gestellt, die bisher nie in ihren Gesichtskreis getreten war, und der sie daher weder nach ihrer Organisation noch nach ihrem Personalbestand gewachsen waren: eine Regierung aus sich zu bilden. Dazu erwiesen sie sich selbstverständlich als völlig unfähig, machten gar nicht den Versuch dazu und konnten ihn auch gar nicht machen. Denn von der äußersten Rechten bis zur äußersten Linken verfügte keine einzige Partei über einen Politiker, der als Führer anerkannt gewesen wäre – ganz ebensowenig wie das Beamtentum selbst.

Alle Parteien waren seit vierzig Jahren darauf eingestellt, daß der Reichstag lediglich die Aufgabe habe, „negative Politik" zu treiben. Erschreckend deutlich zeigte sich als Wirkung der Erbschaft Bismarcks jener „Wille zur Ohnmacht", zu dem durch ihn die Parlamentsparteien verdammt waren. Aber nicht einmal mitwirkend bei der Bestimmung der neuen Führer der Nation spielten die Parteien eine Rolle. Das Prestigebedürfnis oder deutlicher: die *Eitelkeit* der Beamtenherrschaft ertrug selbst dies und selbst in diesem kritischen Augenblick nicht, obwohl es die einfachste Klugheit geboten hätte. Anstatt von sich aus die Parteien vor die verfängliche Frage zu stellen: *wen* sie denn nun ihrerseits für die leitenden Stellen im Reich als Kandidaten zu präsentieren hätten? oder wenigstens die weit praktischere: wie sie sich zu den Persönlichkeiten der einzelnen als möglich in Betracht kommenden künftigen Leiter der Reichspolitik stellen würden? verharrte die Bureaukratie auf dem Prestige-Standpunkt: daß das eine Angelegenheit sei, welche die Volksvertretung nichts angehe. Außerparlamentarische Mächte griffen ein und bestellten die neue Regierung. Und diese trat nun nicht an die Parteien mit einem bestimmten sachlichen Vorschlag und der kategorischen Aufforderung heran: dazu mit „ja" oder „nein" Stellung zu nehmen. Der neue Reichskanzler mußte sich über den entscheidenden Punkt, wie erinnerlich, mehrere untereinander verschiedene Erklärungen abdringen und die Überwachung des Siebenerausschusses für eine außenpolitische Handlung gefallen lassen: – alles deshalb, weil er das *Vertrauen* des Parlaments nicht besaß. Und es verstand sich von selbst, daß die Geschwätzigkeit der Literaten durch das unerfreuliche und dem Ansehen Deutschlands nur abträgliche Schauspiel mit Genugtuung sich in ihrer beruhigenden Überzeugung bestätigt fand: daß der Parlamentarismus in Deutschland „unmöglich sei". Das Parlament habe „versagt". In Wahrheit versagte etwas ganz anderes: der Versuch der Führung des Parlaments durch ein außer Beziehung zu ihm stehendes Beamtentum, eben jenes System, welches unter dem Beifall der Literaten seit Jahrzehnten dahin gewirkt hat, das Parlament im Interesse der Unkontrolliertheit der Beamtenschaft zu positiven politischen Leistungen unfähig zu machen. Bei jeder Regierungspraxis, welche die Verantwortlichkeit ganz oder doch wesentlich mit auf die Schultern der Parteiführer legte und dadurch politischen Führernaturen die Möglichkeit böte, im Parlament die Geschicke des Landes mitbestimmend zu leiten, wäre die Lage völlig anders. Die Parteien hätten dann eine derart kleinbürgerliche und zünftlerische Organisation sich gar nicht gestatten können, wie sie jetzt im Reichstag besteht. Sie hätten unter dem absoluten Zwang gestanden, sich *Führern unterzuordnen,* und nicht, wie namentlich das Zentrum es tat, fleißigen Beamtennaturen, welchen im Augenblick, wo sie Führereigenschaften hätten entwickeln müssen, die Nerven versagten. Die Führer ihrerseits aber hätten im Fall einer solchen Krise unter dem Zwange gestanden, eine Koalition zu bilden, welche dem Monarchen ein positives Programm und bestimmte führende Persönlichkeiten vorgeschlagen hätte. Bei dem bestehenden System konnte nichts anderes eintreten als die Konsequenz der rein negativen Politik.

Der außerparlamentarisch bestimmte neue Leiter des Reichs fand nur ein Durcheinander vor, welches alsbald die gleiche Lage wieder schuf. Denn die Übernahme einiger sehr tüchtiger Parlamentarier in Regierungsämter bedeutete, zufolge des Art. 9 der R. Verf., nur: daß sie den Einfluß in ihrer Partei verloren und diese also geköpft oder desorientiert wurde. Genau so war es auch bei den Krisen im August und Oktober. Das wiederum völlige Versagen der Regierung war die Folge davon, daß die leitenden Staatsmänner hartnäckig an dem Prinzip festhielten: die *ständige* Fühlung mit den Parteiführern und die Vorberatung der in der bevorstehenden Tagung zu erörternden Probleme mit den Vertretern mindestens derjenigen Parteien, die sie für sich zu gewinnen hoffen dürfen und wünschen, zu *vermeiden.* Schon der bloße Umstand: daß der im November neu ernannte Reichskanzler, auf Verlangen der Mehrheitsparteien des Reichstages, *vor* Übernahme des Amtes mit ihnen Fühlung nahm, und der fernere Umstand: daß nunmehr die rein politischen Ministerien mit geschulten Parlamentariern besetzt wurden, genügte, um endlich ein leidliches Funktionieren wenigstens der innerpolitischen Maschinerie zu ermöglichen, obwohl der Fortbestand des Art. 9 Satz 2 auch jetzt wieder seinen schädlichen Einfluß übte. Die Januarkrise bewies auch dem blödesten Auge: daß *nicht das Parlament* Quelle der innerpolitischen Krisen bei uns ist. Sondern zwei Umstände. Einmal der, daß der stets streng festgehaltene Grundsatz der Bismarckschen Politik verlassen wurde, wonach der Heerführer den Krieg führt nach *militärischen* Gesichtspunkten, der Politiker aber den Frieden schließt nach *politischen* Gesichtspunkten (unter denen rein technisch strategische Fragen *einen* – aber nur einen – Punkt bilden). Dann aber und vor allem der Umstand: daß irgendwelche subalternen Höflinge es nützlich und mit einer angeblich „monarchischen" Regierung vereinbar fanden, interne Erörterungen der hohen Politik *in die Presse* zu lancieren. Aus *parteipolitischem* Interesse.

Denn unsere Zustände können jeden lehren: daß eine reine Beamtenherrschaft um dieser Eigenschaft willen nicht etwa schon: *keine Partei*herrschaft bedeutet. Andere als *konservative* Landräte sind in Preußen unmöglich, und der deutsche Scheinparlamentarismus beruht in allen seinen Folgen auf dem seit 1878 (nach der Unterbrechung der elf fruchtbarsten Jahre der deutschen Parlamentsarbeit) bestehenden von den Parteiinteressenten gepflegten Axiom: daß jede Regierung und ihre Vertreter naturnotwendig „konservativ" sein müßten, einige Konzessionen an die Patronage der preußischen Bourgeoisie und des Zentrums in den Kauf nehmend. Dies und gar nichts anderes bedeutet bei uns die „Überparteilichkeit" der Beamtenherrschaft. Die Lehre des Krieges in allen Ländern: daß *alle* Parteien „national" werden, welche Anteil an der verantwortlichen *Macht* im Staat haben, hat daran bei uns nichts geändert. Die Parteiinteressen der im Machtbesitz befindlichen konservativen Beamtenschaft und der ihr angegliederten Interessenkreise allein beherrschen die Leitung. Die unvermeidlichen Früchte dieses „cant" sehen wir vor uns, und sie werden sich auch nach dem Frieden einstellen. Nicht etwa das Parlament allein, sondern die Staatsgewalt als solche wird die Kosten zu tragen haben. –

Wer überhaupt die Zukunftsfrage der deutschen Staatsordnung anders stellt als dahin: *wie macht man das Parlament fähig zur Macht?* der stellt sie von vornherein falsch. Denn alles andere ist Nebenwerk. –

Man muß sich nun klarmachen, daß dazu neben den erwähnten äußerlich unscheinbaren, aber praktisch wichtigen Ergänzungen seiner Machtbefugnisse und der Hinwegräumung des mechanischen Hindernisses des Art. 9 sowie starken Änderungen der Geschäftsordnung und der heutigen Konventionen des Parlaments vor allem eines gehört: die Entwicklung eines geeigneten *Berufsparlamentariertums.*

Der Berufsparlamentarier ist ein Mann, der das Reichstagsmandat ausübt nicht als gelegentliche Nebenpflicht, sondern – ausgerüstet mit eigenem Arbeitsbureau und -Personal und mit allen Informationsmitteln – als Hauptinhalt seiner Lebensarbeit. Man mag diese Figur lieben oder hassen, sie ist rein technisch unentbehrlich, und sie ist daher *schon heute vorhanden.* Nur, der subalternen Stellung des Parlaments und den subalternen Chancen der Parlamentslaufbahn entsprechend, gerade in ihren einflußreichsten Exemplaren meist in ziemlich subalterner Form und: hinter den Kulissen. – Der Berufspolitiker kann ein Mann sein, der lediglich *von* der Politik und ihrem Getriebe, ihren Einflüssen und Chancen lebt. Oder ein solcher, der *für* die Politik lebt. Nur im letzteren Fall kann er ein Politiker großen Zuschnittes werden. Er kann das natürlich um so leichter, je mehr er durch Vermögen unabhängig und dadurch „abkömmlich", also nicht betriebsgebunden (Unternehmer), sondern: Rentner ist. Von den betriebsgebundenen Schichten sind nur die Advokaten „abkömmlich" und zu Berufspolitikern geeignet. So wenig nun gewiß eine reine Advokatenherrschaft erwünscht wäre, so töricht ist doch die bei unsern Literaten meist übliche Minderschätzung der Qualifikation des Advokatentums für die politische Leitung. In einem Zeitalter der *Juristenherrschaft* ist der große *Advokat* der einzige Jurist, der – im Gegensatz zum Beamten – im *Kampf* und in der wirksamen *Vertretung einer Sache* durch Kampf geschult ist, und unseren öffentlichen Kundgebungen möchte man *wesentlich* mehr Geschultheit im (vornehm sachlichen) Advokatentum wünschen. Aber *nur* wenn das Parlament Führerstellungen mit Führerverantwortung in Aussicht stellt, werden nicht nur Advokaten großen Stils, sondern überhaupt unabhängige Persönlichkeiten für die Politik leben wollen. Sonst nur: besoldete Parteibeamte und Interessenvertreter.

Das Ressentiment der Partei-Beamtennaturen gegen echtes politisches Führertum spielt bei der Haltung mancher Parteien gegenüber der Frage der Parlamentarisierung, und das heißt: der parlamentarischen Führerauslese, stark mit. Es verträgt sich natürlich vortrefflich mit den gleichgesinnten Interessen der Bureaukratie. Denn der Berufsparlamentarier an sich ist den Instinkten der bureaukratischen Verwaltungschefs ein Dorn im Auge. Schon als unbequemer Kontrolleur und als Prätendent einer, immerhin, gewissen Anteilnahme an der Macht. Vollends aber, wenn er in einer Gestalt auftritt, um als möglicher Konkurrent um die *leitenden* Stellungen in Betracht zu kommen (was bei den Interessenvertretern eben *nicht* der Fall ist). Daher auch der Kampf für Erhaltung der Unwissenheit des Parlaments. Denn nur qualifizierte Berufsparlamentarier, welche durch die Schule intensiver Ausschußarbeit eines *Arbeits*parlaments gegangen sind, können verantwortliche Führer, nicht bloße Demagogen und Dilettanten aus sich hervorgehen lassen. Auf solche Führer und ihre Wirksamkeit muß die ganze innere Struktur des Parlaments zugeschnitten werden, wie es in ihrer Art diejenige des englischen Parlaments und seiner Parteien seit langem ist. Dessen Konventionen sind freilich für uns nicht übertragungsfähig. Wohl aber das Strukturprinzip. Alle Einzelheiten jener Änderungen der Geschäftsordnung und Konventionen, welche nötig wären, gehören nicht hierher: die ergeben sich sehr leicht, sobald der *Zwang* für die Parteien besteht, verantwortliche und nicht nur „negative" Politik zu treiben. Vielmehr ist hier kurz noch einer oft, aber meist in schiefer Art, besprochenen in der Tat ernsten Hemmung zu gedenken, welche die Konstellation des deutschen *Parteiwesens* der Parlamentarisierung in den Weg legt.

Es ist ja zweifellos, daß die bequemste Grundlage für diese ein solches Zweiparteiensystem ist, wie es bis vor kurzem, mit immerhin schon sehr fühlbaren Durchbrechungen, in England bestand. Aber es ist keineswegs dafür unentbehrlich, und in allen Ländern, auch in England, geht die Entwicklung dahin, zu Parteikoalitionen zu nötigen. Weit wichtiger ist eine andere Schwierigkeit: parlamentarische Regierung ist nur möglich, wenn die größten Parteien des Parlaments prinzipiell zur Übernahme der verantwortlichen Leitung der Staatsgeschäfte *überhaupt bereit* sind. Und das war freilich bisher bei uns keineswegs der Fall. Vor allem die größte Partei: die Sozialdemokratie, war nicht nur durch die aus der Verfolgungszeit überkommenen pseudorevolutionären Konventionen (gegen die „Hofgängerei"), sondern auch durch gewisse evolutionistische Theorien daran gehindert, sich unter irgendwelchen Bedingungen zum Eintritt in eine Koalitionsregierung (oder, wo sie, wie in einem Kleinstaat, zeitweise allein die Mehrheit hatte, zur Übernahme der Regierung) bereitfinden zu lassen. Wesentlich mehr aber noch als jene theoretischen Beängstigungen wirkte und wirkt gerade jetzt bei ihr die Besorgnis: durch die unvermeidliche Gebundenheit jeder Regierung an die Existenzbedingungen einer auf absehbare Zeit hinaus kapitalistischen Gesellschaft und Wirtschaft bei den eigenen Klassengenossen diskreditiert und entwurzelt zu werden. Diese Lage veranlaßte ihre Führer, die Partei jahrzehntelang in eine Art von politischer Ghettoexistenz einzuschachteln, um jede befleckende Berührung mit dem Treiben eines bürgerlichen Staatsmechanismus zu meiden. So, trotz allem, auch jetzt. Der Syndikalismus, die unpolitische und antipolitische heroische Brüderlichkeitsethik, steht in einer Periode des Wachstums, und die Führer scheuen den Bruch der Klassensolidarität, welche später die Stoßkraft der Arbeiterschaft im ökonomischen Kampf vermindern würde. Zumal sie keinerlei Gewähr dafür haben, daß nach dem Krieg nicht die altüberlieferte Haltung der Bureaukratie wieder auflebt. Es ist eine Grundfrage unserer Zukunft, wie sich die Haltung der Partei in Zukunft gestalten wird: ob bei ihr der Wille zur Macht im Staate oder ob die unpolitische Brüderlichkeitsethik der Klassengenossen und der nach dem Krieg sicherlich überall verstärkt emporschießende Syndikalismus die Oberhand behält. – Aus etwas anderen Gründen stand auch die zweitgrößte deutsche Partei: das Zentrum, dem Parlamentarismus bisher skeptisch gegenüber. Eine gewisse innere Wahlverwandtschaft der eigenen autoritären Gesinnung mit dem Obrigkeitsstaat kommt bei ihm den Interessen der Bureaukratie entgegen. Wichtiger aber ist etwas anderes. Als geborene Minderheitspartei fürchtete es bei parlamentarischer Regierung auch in die parlamentarische Minderheit gedrängt und dadurch in seiner Machtstellung und in der Vertretung derjenigen Interessen, welchen es heute praktisch dient, gefährdet zu werden. Seine Machtstellung beruht in erster Linie auf außerparlamentarischen Mitteln: der Herrschaft des Klerus auch über die politische Haltung der Gläubigen. Innerhalb des Parlaments aber diente die Ausnützung der Chancen, welche der Betrieb der „negativen Politik" bot, den *materiellen* Interessen seiner Anhänger. Nach Erreichung aller wesentlichen, jedenfalls aller in Deutschland dauernd zu behauptenden kirchenpolitischen Ziele wurde das Zentrum aus einer ideologischen Weltanschauungspartei in der Praxis in zunehmendem Maße eine *Patronageversicherung für katholische Amtsanwärter* und andere katholische Interessenten, die sich – es ist hier gleichgültig, ob mit Recht – seit der Kulturkampfzeit benachteiligt fühlen. Darauf beruht heute ein erheblicher Teil seiner Macht. Gerade die Art seiner Stellung in den Parlamenten: als Zünglein an der Wagschale, ermöglichte es ihm, diese privaten Interessen seiner Schützlinge zu fördern. Denn das Beamtentum fügte sich dieser Patronage und „wahrte" dabei doch „sein Gesicht": sie blieb unoffiziell. Die Patronageinteressenten in der Partei fürchten nun nicht nur, daß die Parlamentarisierung und ihre Chancen für Perioden, in denen das Zentrum sich bei der *Minorität* befindet, gefährdet werde, sondern noch etwas anderes. Unter dem jetzigen System blieb der Zentrumspartei jene *Verantwortlichkeit erspart,* welcher sie sich nicht hätte entziehen können, wenn ihre Führer formell der Regierung angehört hätten. Bequem wäre diese Verantwortung nicht immer gewesen. Denn während das Zentrum auch heute noch unter seinen Politikern eine Reihe sehr fähiger Köpfe zählt, finden sich unter den von ihm patronisierten Beamten neben brauchbaren Leuten auch so offenbare Talentlosigkeiten, wie sie eine verantwortlich in der Regierung sitzende Partei schwerlich mit Beamtenposten betraut hätte. Solche Persönlichkeiten können *nur* bei verantwortungs*loser* Patronage vorwärts kommen. Als offiziell regierende Partei hätte das Zentrum begabtere Kandidaten zu präsentieren.

Die *unoffizielle* Patronage ist, da sie unverantwortlich bleibt, eben die übelste,

Mittelmäßigkeit begünstigende, Form der parlamentarischen Patronage überhaupt, und sie ist Folge der konservativen *Beamtenherrschaft*, deren Fortbestand auf diesem Trinkgeldersystem ruht. Daß sich freilich die konservative und der spezifisch großkapitalistische Teil der heutigen nationalliberalen Partei bei den bestehenden Zuständen recht wohl befinden, nimmt nicht wunder. Über die Ämterpatronage entscheiden dabei ja nicht Politiker und Parteien, welche vor der Öffentlichkeit *verantwortlich* gemacht werden könnten, sondern private Konnexionen aller Art, von den sehr wichtigen *studentischen Couleurbeziehungen* angefangen bis zu den gröberen und feineren Formen kapitalistischer Empfehlungen. Der Großkapitalismus, den die blöde Unkenntnis unserer Ideologen als Verbündeten des verketzerten Parlamentarismus vermutet, steht daher *wie ein Mann* auf seiten der Erhaltung der unkontrollierten Beamtenherrschaft. Er weiß gut: warum.

Dies ist derjenige Zustand, welchen die Literatenphrase bei uns mit verbissener Wut gegen die von ihr als „korrupt" und „undeutsch" perhorreszierte offene Parteiverantwortlichkeit für die Ämterpatronage zu verteidigen sich gewöhnt hat. In Wahrheit sind es einfach mächtige materielle Pfründnerinteressen in Verbindung mit kapitalistischer Ausnutzung von „Konnexionen", aber wahrhaftig nicht „der deutsche Geist", welche gegen die Parlamentarisierung der Patronage engagiert sind. Und es ist gar kein Zweifel, daß nur der Druck absolut zwingender politischer Umstände hier überhaupt Wandel schaffen könnte. „Von selbst" kommt die Parlamentarisierung gewiß nicht. Vielmehr ist nichts sicherer, als daß die denkbar stärksten Mächte ihr entgegenwirken. In allen genannten Parteien finden sich zwar neben jenen subalternen Patronageinteressenten und den einfachen Parlamentsroutiniers Ideologen und rein sachliche Politiker. Aber unter dem gegebenen System haben die ersteren schlechterdings die Oberhand. Und wenn diese Pfründentrinkgelder auf andere Parteien erstreckt würden, so würde sich das nur verallgemeinern. –

Die Nutznießer des bestehenden Zustandes und jene Literaten, welche arglos in den Dienst ihrer Phrasen treten, pflegen schließlich triumphierend die Eigenschaft Deutschlands als eines *Bundesstaats* als einen schon rein formell durchgreifenden Ausschließungsgrund des Parlamentarismus geltend zu machen. Hier soll zunächst der *rechtliche* Sinn der Frage auf dem Boden der geltenden geschriebenen Verfassung betrachtet werden. Da ist es denn doch geradezu unglaublich, daß diese Behauptung gewagt wird. Nach der Verfassung (Art. 18) steht dem Kaiser *ganz allein*, ohne jegliche Einmischung des Bundesrats, die Ernennung und Entlassung des Reichskanzlers und aller Reichsbeamten zu. Ihm allein schulden sie, innerhalb des Rahmens der Reichsgesetze, Gehorsam, und niemandem sonst. Solange dies gilt, ist jener föderalistische Einwand verfassungswidrig. Denn wenn der Kaiser von seinem Recht in der Art Gebrauch macht, daß er den oder die Führer der jeweiligen Parlamentsmehrheit zur Leitung der Reichspolitik beruft und zu Bevollmächtigten beim Bundesrat ernennt und sie ebenso auf Grund des Votums einer ausgesprochenen festen Mehrheit des Reichstags entläßt, oder wenn er zunächst wenigstens die Parteien, bei der Ernennung maßgeblich *zu Rate zieht*, so kann dies nach der Verfassung niemand hindern. *Keine* Bundesratsmehrheit hat das Recht, den Reichskanzler zu stürzen oder ihn auch nur zu nötigen, politisch in der Art Rede zu stehen, wie er dies dem Reichstag gegenüber nach unbestrittener Auslegung des Art. 17 Satz 2 verfassungsmäßig zu tun verpflichtet ist. Der neuerdings gemachte Vorschlag: den Reichskanzler für nicht nur dem Reichstag, sondern auch dem Bundesrat verantwortlich zu erklären, wäre, so gewiß er auf seine politische Zweckmäßigkeit hin geprüft zu werden verdient (und weiterhin zu besprechen ist), eine Neuerung, ganz ebenso wie die hier vorgeschlagene Aufhebung des Art. 9 Satz 2. Wir werden uns später vergegenwärtigen müssen: daß die wirklichen Probleme der Parlamentarisierung, aber nicht nur dieser, sondern der Reichsverfassung überhaupt, nicht sowohl in den verfassungsmäßigen Rechten der anderen Bundesstaaten als vielmehr in den Beziehungen zum Hegemoniestaat *Preußen* liegen. Vorher aber ist hier noch zu veranschaulichen: wie das bisherige Regierungssystem auf dem wichtigen Gebiet der *auswärtigen Politik* funktionierte. Denn gerade hier lassen sich die *innerlichen* Grenzen der Leistungsfähigkeit einer reinen Beamtenherrschaft und auch der furchtbare Preis deutlich aufzeigen, welchen wir dafür zu zahlen hatten, daß wir sie über uns ergehen ließen.

## *IV. Die Beamtenherrschaft in der auswärtigen Politik*

In der *inneren* Verwaltung herrscht bei uns der spezifisch bureaukratische Begriff des „Dienstgeheimnisses". In erstaunlichem Gegensatz dazu vollzogen sich eine Reihe der verschiedensten Akte unserer *Außen*politik in einer höchst dramatischen Öffentlichkeit. Und zwar in einer Öffentlichkeit von sehr besonderer Art.

Während mehr als eines Jahrzehnts, vom Krügertelegramm bis zur Marokkokrise, erlebten wir es, daß die politische Leitung Deutschlands die Veröffentlichung *rein persönlicher Äußerungen des Monarchen* über außenpolitische Fragen durch irgendwelche beflissene Hofbeamten oder Telegraphenagenturen teils duldete, teils geradezu ihrerseits dabei mitwirkte. Es handelte sich da um Vorgänge, welche von der allergrößten Tragweite für die Art der Gestaltung unserer Weltpolitik und insbesondere auch für das Zustandekommen der Weltkoalition gegen uns gewesen sind. Dabei sei nun von vornherein bemerkt: daß die Richtigkeit der Stellungnahme und die inhaltliche Berechtigung der Äußerungen des Monarchen *hier nicht* zur Erörterung stehen. Sondern ganz und gar das Verhalten der *Beamten*. Unter einer Deckadresse gegen den Monarchen persönlich zu polemisieren würde der vom Nutzen monarchischer Institutionen in Großstaaten überzeugte Schreiber dieser Zeilen ebenso verschmähen, wie die pseudomonarchische Schmeichelei oder das sentimentale Untertanengerede von Interessenten und Spießbürgern. Ein Monarch, der öffentlich mit ganz persönlichen, zum Teil außerordentlich scharfen Äußerungen hervortritt, muß sich allerdings erforderlichenfalls eine ebenso scharfe öffentliche Kritik gefallen lassen. Denn vor der Tatsache stehen wir: daß jene Methode unseres politischen Auftretens, welche in der *Veröffentlichung* monarchischer Äußerungen lag, tatsächlich stets erneut *geduldet* wurde. Wenn nun diese Methode ein schwerer politischer Fehler war – und davon wird die Rede sein – dann beweist die Duldung jener trotzdem erfolgten Wiederholung, soweit dafür der Monarch materiell verantwortlich ist, die Notwendigkeit seiner unbedingt maßgeblichen Beratung *ausschließlich* durch die führenden Politiker, unter Ausschluß aller anderen, sei es höfischen, sei es militärischen oder irgendwelchen sonstigen Instanzen von der Möglichkeit irgendwelcher solcher Eingriffe in politisch wichtige Fragen. Würden „reale Garantien" dafür, daß dies geschieht, nicht gegeben, *dann* würde allerdings die Wendung einer ganz rückhaltlosen Kritik gegen den Monarchen auch ganz persönlich schlechthin politische Pflicht. Politisch wünschenswert wäre aber eine solche öffentliche Erörterung gegenüber dem Monarchen ganz gewiß nicht. Es ist durchaus kein veralteter Zopf, sondern Produkt alter politischer Weisheit und Erfahrung, welche den Monarchen gerade davor, in der demagogischen Art in die Öffentlichkeit gezerrt zu werden, wie es bei uns mehrfach geschah, zu bewahren sucht, indem sie sein Auftreten an strenge Formen und Voraussetzungen bindet und dadurch die Möglichkeit schafft, seine Person der Diskussion des Parteikampfs in der Öffentlichkeit grundsätzlich zu entziehen. Eben dies gibt ihm die Möglichkeit in Fällen nationaler Erschütterungen, wo es wirklich erforderlich ist, seine Person mit umso unbezweifelbarerem Gewicht einzusetzen. Um eine Diskussion etwaiger Fehlgriffe des Monarchen handelt es sich also hier nicht. Sondern um die ganz andere Tatsache: daß die verantwortlichen *Leiter* des Reichs teils – und zwar in mindestens einem Fall sogar trotz der persönlichen Bedenken des Monarchen selbst dagegen – sich seines *öffentlichen* Auftretens oder der *Veröffentlichung* seiner Stellungnahme als diplomatischen Mittels geradezu bedienten, teils aber, ohne sofort ihr Amt zu quittieren, es duldeten, daß Äußerungen des Monarchen durch nichtverantwortliche Instanzen über ihren Kopf hinweg der Öffentlichkeit übergeben wurden. Es steht selbstverständlich und undiskutierbar dem Monarchen das Recht jeder politischen Stellungnahme zu. Ob aber diese und die Art ihrer Kundgebung nach Inhalt und Form der *Öffentlichkeit* zu unterbreiten ist und wie dies wirkt – darüber muß die Erwägung und Entschließung unbedingt und ausschließlich in die Hände geschulter und verantwortlicher leitender *Politiker* gelegt werden. Der führende Staatsmann muß also vor jeder *Veröffentlichung* (überhaupt: *vor jeder Weitergabe* einer hochpolitischen Äußerung des Monarchen, welche zu deren *Veröffentlichung* führen kann) *vorher um seinen Rat gefragt und dieser muß befolgt werden, so lange er im Amt ist. Er und seine Kollegen verletzen ihre Pflicht, falls sie auf ihren Posten verbleiben, wenn dies auch nur ein einziges Mal nicht geschieht.* Hinter allem Gerede: daß „die Nation keinen Schattenmonarchen wolle" und ähnlichem, verbirgt sich, wenn die leitenden Staatsmänner des Reiches jene Konsequenz *nicht* ziehen, Amts*kleberei* und sonst gar nichts. Mit „Parlamentarismus" hat diese Frage als solche zunächst nichts zu tun, sondern einfach mit Pflichten der *politischen Ehre*. Darin aber ist wieder und wieder, und zwar in der allerschlimmsten Weise, bei uns gefehlt worden. Und daß diese Fehler gemacht sind, beruhte durchaus auf der falschen politischen Struktur unseres Staatswesens, welche Leute mit Beamtengeist dahin setzt, wohin Männer mit eigener politischer Verantwortung gehören. Die ganze Frage der Parlamentarisierung gewinnt ihr hochpolitisches Gepräge erst dadurch: daß es unter den heutigen Umständen keinerlei anderes technisches

Mittel gibt, hier Wandel und zugleich *Garantien* des Wandels zu schaffen. Ausdrücklich sei, damit die Fragestellung nicht verschoben wird, noch hinzugefügt: nicht nur subjektiv begreiflich war in fast allen Fällen die persönliche Stellungnahme des Monarchen, sondern – soweit sich das damals übersehen ließ – wenigstens in manchen von ihnen auch politisch richtig. Und in einer Anzahl von ihnen war es überdies nicht unwahrscheinlich, daß die *diplomatische* Bekanntgabe seiner energischen persönlichen Stellungnahme (in geeigneter Form) an diejenigen Regierungen, welche sie anging, politisch nützlich wirken konnte. Die *öffentliche Bekanntgabe,* für deren Duldung oder Veranlassung die politischen Leiter Deutschlands die Verantwortung trugen, war das politisch Unverantwortliche. Denn es ist, was bei uns vergessen scheint, ein ganz gewaltiger Unterschied, ob ein leitender *Politiker* (Ministerpräsident oder selbst Präsident der Republik) öffentlich, etwa im Parlament, eine noch so geharnischte Erklärung abgibt, oder ob er eine persönliche Äußerung des *Monarchen* öffentlich bekanntgeben läßt und diese dann mit zugleich effektvoller und billiger Geste „deckt". Die Wahrheit ist: Ein öffentliches Wort des Monarchen ist der rücksichtslosen Kritik im *Inland* entzogen: es deckt dort also den *Staatsmann,* der es dazu mißbraucht, gegen rückhaltlose Kritik an seinem eigenen Verhalten. Aber das *Ausland* macht davor nicht Halt und – hält sich an den *Monarchen.* Ein Politiker kann und soll gehen, wenn die Lage sich ändert und also die erforderliche Stellungnahme sich verschiebt. Der Monarch dagegen soll bleiben. Mit ihm aber bleiben seine Worte. Vergebens sucht er, einmal persönlich *öffentlich* engagiert, sie, der veränderten Situation entsprechend, rückgängig zu machen. Leidenschaften und Ehrgefühl sind erregt; denn für die Nation wird es ein Ehrenpunkt, sich hinter den Monarchen zu stellen, dilettantische Literaten, wie die „Alldeutschen" und – ihre *Verleger* machen gute Geschäfte. Inland und Ausland halten sich *dauernd* an die einmal gesprochenen Worte, und die Lage ist unelastisch festgefahren. Nach diesem Schema sind tatsächlich *alle* diese Fälle verlaufen. Gehen wir eine Anzahl von ihnen einmal rein sachlich durch, um zu erkennen, wo dabei der politische Fehler steckte.

Zunächst: das *Krüger-Telegramm.* Die Entrüstung über den Jamesoneinfall war berechtigt und wurde auch in der ganzen Welt (wie erinnerlich auch vielfach in England selbst) geteilt. Nachdrückliche diplomatische Vorstellungen in London (auch unter Bezugnahme auf die Erregung des Monarchen) hätten angesichts dieser Situation recht wohl Erklärungen des damaligen englischen Kabinetts zur Folge haben können, über welche später vielleicht nicht ganz leicht hinwegzukommen gewesen wäre. Nebenher aber wäre vielleicht die Möglichkeit einer allgemeinen Verständigung über die beiderseitigen afrikanischen Interessen nähergerückt, wie sie z. B. Cecil Rhodes recht willkommen gewesen wäre und wie sie durchaus nötig war, wollten wir nach anderen Richtungen: im Orient, freie Hand haben und Italien beim Bündnis halten. Das *veröffentlichte* Telegramm aber wirkte selbstredend wie eine *Ohrfeige,* die jede sachliche Diskussion für beide Seiten ausschloß. Der Ehrenpunkt war nun im Spiel, realpolitische Interessen ausgeschaltet. Infolgedessen fanden spätere, vor und während des Burenkrieges und nachher unternommene Verständigungsaktionen über Afrika oder die allgemeine Politik die innerliche Zustimmung *keines* der beiden

Völker, deren Ehrgefühl gegeneinander engagiert worden war, obwohl beide Teile dadurch sachlich auf ihre Rechnung hätten kommen können. Sie verliefen im Resultat vielmehr so, daß Deutschland nach dem Kriege in der Rolle des Geprellten erschien. Über genügende Machtmittel zur wirksamen Unterstützung des Protests aber hätten wir 1895 schlechterdings *nicht* verfügt. Das Ende: der Nichtempfang des landflüchtigen Präsidenten, bleibt besser ohne Kritik. Denn die Hauptsache: die Preisgabe der Buren, trotz jenes Engagements des Monarchen, war unvermeidlich. General Botha aber erklärte bekanntlich im Südafrikanischen Parlament 1914: das Verhalten Deutschlands war es, das uns unsere Unabhängigkeit gekostet hat.– Das Verhalten Japans 1914, Chinas 1917 hat in Deutschland Erstaunen hervorgerufen. Das erstere pflegt man ausschließlich mit der bekannten Aktion wegen Port Arthur von 1897, das letztere ausschließlich mit amerikanischem Druck, beide außerdem mit Opportunitätsgründen zu motivieren. Soviel Richtiges daran sein mag, so trat doch ein anderes recht wichtiges Moment hinzu. Glaubt man bei uns denn wirklich, irgendein gebildeter Chinese oder Japaner hätte vergessen, daß gerade in Deutschland in Wort und Bild die Warnung vor der gelben Gefahr und die Mahnung zur „Wahrung der heiligsten Güter" durch den Monarchen *öffentlich* bekanntgegeben wurde? Die Rassenprobleme gehören in der internationalen Politik zu den allerschwierigsten, weil durch die Interessenkonflikte der weißen Völker komplizierten Fragen. Daß der Monarch dazu eine Stellung zu gewinnen suchte, war nur zu billigen. Aber welchem Ziel und vollends welchem *deutschen* politischen Ziel, gleichviel welcher Art, diente diese Art von *Veröffentlichung* seiner damaligen Stellungnahme? Ließ sie sich mit den deutschen Interessen in Ostasien auch nur irgendwie in Einklang bringen? Welche Machtmittel standen hinter ihr? Wessen Interessen mußte sie im Effekt dienen? Ferner: welchen politischen Zielen diente die Veröffentlichung der Chinareden gelegentlich der Sendung des Grafen Waldersee? welchen die Veröffentlichung der im Kreise der Offiziere vielleicht ganz angebrachten Flottenreden? Der Ertrag der deutschen Chinapolitik stand in peinlichem und, muß hinzugesetzt werden: in keinem zufälligen Mißverhältnis dazu, welches dann unserem Prestige schwer schädlich wurde. Über die wenig erfreuliche Episode der Behandlung der „Sühnegesandtschaft" und ihrer – wiederum: *öffentlichen* – Erörterung sei vollends hinweggegangen. Es ist einfach unerfindlich, welchem realpolitischen *deutschen* Zweck Fürst Bülow mit der Zulassung dieser das chinesische Ehrgefühl ganz nutzlos verletzenden Romantik zu dienen wähnen konnte. Und falls er klug genug war, die politische Wertlosigkeit und Schädlichkeit all dieser Vorgänge zu durchschauen, dennoch aber mit Zuständen rechnen mußte, welche ihre Duldung herbeiführten, so mußte er *gehen*, im Interesse der Nation sowohl wie insbesondere auch in dem des Monarchen.

Ob die *Veröffentlichung* der Rede in Damaskus nach der politischen Lage gegenüber Rußland zweckmäßig war, ist schon von anderer Seite stark bezweifelt worden. Unsere Sympathien für die Islamkultur und unsere politische Interessiertheit an der Integrität der Türkei kannten die beteiligten Völker und Politiker auch ohne einen so lauten Akt. Den Schein aber, welchen diese *öffentliche* Kundgebung erweckte, hätten wir, auch abgesehen von der damaligen politischen Konstellation, in jedem Fall besser vermieden. Wessen Absichten dadurch gefördert werden mußten, war auch hier leicht zu sehen. –

Könnte man aber in diesem letzten Falle noch zweifeln, so liegt jedenfalls bei der, wiederum: *öffentlichen,* Rede in Tanger zu Beginn der Marokkokrise die Sachlage ganz klar. Die Stellungnahme Deutschlands an sich ist auch von neutraler Seite durchaus gebilligt worden. Schwer fehlerhaft aber war wiederum das *öffentliche* Einsetzen der Person des Monarchen. Wenn auch noch nicht bekannt ist, welche Anerbietungen Frankreich nach Delcassés Sturz gemacht hat, so war jedenfalls soviel klar: entweder man mußte entschlossen sein, für die Selbständigkeit Marokkos *Krieg zu führen.* Oder aber man mußte die Angelegenheit sofort definitiv in einer Art, die den Interessen und dem *Ehrgefühl* beider Teile Rechnung trug, gegen Kompensationen Frankreichs zum Abschluß bringen. Das hätte vielleicht für die Beziehungen zu Frankreich weitgehende Konsequenzen haben können. Warum geschah es nicht? Die *Ehre* der Nation, hieß es, sei durch das *Wort des Monarchen* für den marokkanischen Sultan engagiert, den wir nun nicht „im Stiche lassen dürften". Krieg zu führen, war aber gleichwohl nicht die Absicht. Die Folge war: die Niederlage von Algeciras, dann die „Panther"-Episode, und schließlich – die Preisgabe Marokkos, zugleich aber, unter dem Druck der endlosen nervösen Spannung, das Aufflammen der Kriegslust in Frankreich. Also: die Förderung der Einkreisungspolitik Englands. Und dazu wiederum der Eindruck: Deutschland *weicht zurück* – trotz kaiserlicher Worte. Dies alles *ohne jegliches* irgendwie hinlängliches politische Äquivalent für uns. –

Die Ziele der deutschen Politik, auch und gerade der Überseepolitik, waren, gemessen an den Erwerbungen anderer Völker, *überaus* bescheiden, ihre Resultate vollends geradezu dürftig. Dabei aber schuf sie Reibungsflächen und machte ein Geräusch, wie die keines anderen Landes. Und immer wurden diese politisch ganz nutzlosen und schädlichen Sensationen wieder durch solche *Veröffentlichungen* von Äußerungen des Monarchen geschaffen. Und nicht nur bei den uns fremd oder als Neutrale gegenüberstehenden Mächten wirkte diese Methode schädlich.

Nach der Algeciraskonferenz war es das Bedürfnis des Monarchen, dem Grafen Goluchowski seinen Dank auszudrücken. Statt der dafür sonst üblichen Mittel wurde das bekannte Telegramm *veröffentlicht.* Der prompte, für uns peinliche, Sturz des Adressaten zeigte zu spät: daß keine Regierung ihre leitenden Staatsmänner von anderen, auch den nächsten Verbündeten, *öffentlich* mit einer guten Zensur versehen läßt.

Auch in der inneren Politik sind ganz die gleichen Fehler gemacht worden.

Oder gehörte etwa die im Unmut des Augenblicks gesprochene „Zuchthausrede" in die *Öffentlichkeit,* wo sie als ein politisches Programm erschien und wirkte? Was aber sollte man vollends davon denken, daß nun die Bureaukratie, nur weil von „Zuchthausstrafe" für Streiks gesprochen und dies veröffentlicht worden war, einen entsprechenden Paragraphen für die Antistreikvorlage ausklügeln mußte? Es hat erst der gewaltigen Ereignisse von 1914 und der jetzigen Ankündigung des gleichen Wahlrechts bedurft, um die selbstverständliche Nachwirkung dieser ganz zwecklosen Publikation auf die Haltung ehrliebender

Arbeiter auszutilgen. Lag das etwa im Interesse der Dynastie? oder welchen sonstigen irgendwie zu verantwortenden politischen Zweck verfolgte die Veröffentlichung?

Indessen hier sollte nur von der Außenpolitik die Rede sein. Und da fragt man naturgemäß: Wo steckten bei allen jenen Veröffentlichungen diejenigen Reichstagsparteien, welche für die Haltung der Regierung ausschlaggebend sein konnten und welche dann dem Reichskanzler von Bethmann Hollweg die „Mißerfolge" dieser Politik, welche uns „die ganze Welt zum Feinde gemacht habe", vorwarfen? oder ihm vorhielten: er „decke sich hinter dem Monarchen"? Was taten sie in allen jenen Fällen? *Sie nutzten die Kritik der äußersten Linken dazu aus, um deren „antimonarchische" Gesinnung zu denunzieren!* Einwendungen sind von ihnen – das muß auf das nachdrücklichste festgestellt werden – *öffentlich* erst erhoben worden, als es zu spät war. Und auch dann *nur,* soweit ihre egoistischen Interessen nicht im Spiel waren. Auf die bekannten Vorfälle von 1908 soll im einzelnen nicht zurückgekommen werden. Aber daran sei erinnert: Die konservative Partei hat im Gegensatz zu der unzweifelhaft eindrucksvollen Adresse ihrer Vertrauensmänner an den Monarchen, den Fürsten Bülow später in aller Form im Stich gelassen und, wie üblich, ihren Pseudomonarchismus wieder hervorgesucht, als es sich um eigene *materielle* Interessen handelte. (Übrigens mag der Monarch nicht wenig erstaunt gewesen sein, daß gerade dieser Kanzler, der doch in mindestens einem Fall seinerseits ihm ein sehr pronónziertes öffentliches Hervortreten gegen seine Bedenken direkt angeraten hat, sich plötzlich unter dem Druck einer nationalen Erregung gegen ihn wendete!) Wo aber steckten vollends in all diesen Fällen unsere Literaten? *Sie klatschten öffentlich Beifall* oder schwatzten davon – wie es die Presse der Parteien der Rechten noch jetzt tut –: daß der Deutsche eben keine Monarchie nach englischer Art liebe. Die Mißerfolge aber schoben sie, den traurigsten Spießbürgerinstinkten schmeichelnd, auf die „Diplomatie". Ohne auch nur einmal zu fragen: wie denn diese unter derartigen Bedingungen überhaupt arbeiten konnte! – *Privatim* freilich – das wäre ein langes und für die Agitatoren, welche so tapfer die *„Hungerfrieden"*-Mehrheit öffentlich schmähen, nicht ehrenvolles Kapitel!

Unverantwortlich und beispiellos in der Politik aller Großstaaten war aber vor allem das Verhalten unserer leitenden Staatsmänner in allen diesen Fällen. Ein *öffentlicher* Vorstoß von dieser Stelle war nur zulässig, wenn man es, und zwar sofort, auf den Ernstfall absah. Aber weder für die Buren noch gegen die Mongolen noch für den Sultan von Marokko hatten wir in Wahrheit die Absicht, in den beiden ersten Fällen auch weder den Beruf noch die Machtmittel, mit den Waffen einzutreten. Gleichwohl ließen die leitenden Politiker zu, daß durch ein *öffentliches* Einsetzen der Person des Monarchen eine sachliche Verständigung mit England über die beiderseitigen südafrikanischen, mit Frankreich über die nordafrikanischen Interessen unmöglich gemacht wurde, weil eben nun unsere Stellungnahme nach Art eines *Ehren*punktes festgelegt schien und dann schließlich doch – preisgegeben werden mußte. Peinliche, noch heute jedem Deutschen auf der Seele brennende diplomatische Niederlagen und schwere dauernde Schädigung unserer Interessen waren die unabwendbare

Folge. Vor allem der höchst gefährliche Eindruck, daß Deutschland nach Anwendung der stärksten äußeren Gesten dennoch *zurückzuweichen* pflege, – dieser für das Verhalten der englischen Politik Ende Juli 1914 sicher mitbestimmende Glaube geht darauf zurück. Diese unnatürliche Weltkoalition gegen uns ist in starkem Maße auch durch diese ganz unglaublichen Fehler zusammengeführt worden. Und nicht nur das. Sie wirken noch jetzt nach. Jener Schwindel, der jetzt in der Welt mit dem Gerede von der deutschen „Autokratie" getrieben wird, ist: Schwindel, – aber seine Möglichkeit ist politisch alles andere als gleichgültig. Wer hat es nun den Gegnern, die daran so wenig glauben wie an andere Märchen über Deutschland, möglich gemacht, diesen Schwindel mit Erfolg zu treiben? Wer hat den ungeheuren, politisch keineswegs gleichgültigen, Haß einer ganzen Welt auf das Haupt gerade *dieses* Monarchen, dessen Haltung notorisch für die Bewahrung des Friedens wiederholt, auch in Augenblicken, wo rein realpolitisch vielleicht der Krieg für uns zweckmäßiger gewesen wäre, ausschlaggebend war, geladen? Wer hat es möglich gemacht, daß die Massen im Ausland vielfach ernstlich glauben, Deutschland schmachte nach „Befreiung", und wenn man nur lange genug durchhalte, werde diese unterdrückte Stimmung sich schließlich Luft machen? Wer hat diesen unerhörten Unsinn der gegenwärtigen Lage möglich gemacht? So lange die Möglichkeit der Wiederkehr besteht, darf die Nation nicht vergessen: das hat die *konservative Beamtenherrschaft* getan, welche in den entscheidenden Momenten Leute mit *Beamtengeist* an leitende Stellen setzte, auf welche *Politiker* gehörten, das heißt: Leute, welche im politischen Kampf die Tragweite des *öffentlichen Wortes* zu wägen gelernt und welche vor allem das Verantwortungsgefühl eines *leitenden Politikers* und nicht das an seinem Platz richtige, hier aber verderbliche Subordinationspflichtgefühl eines Beamten gehabt hätten.

Der Abgrund, der beide scheidet, wird gerade hier am deutlichsten sichtbar. Der *Beamte* hat seine eigenen Überzeugungen seiner *Gehorsamspflicht zu opfern.* Der leitende *Politiker* hat die Verantwortung für politische Handlungen öffentlich *abzulehnen,* wenn sie seiner Überzeugung widersprechen und hat dieser seine Amtsstellung zu opfern. Niemals aber ist dies bei uns geschehen.

Denn es ist mit dem Gesagten immer noch nicht das Schlimmste ausgesprochen: Von fast allen jenen Männern, welche in dem erwähnten verhängnisvollen Jahrzehnt unserer Politik deren Leitung in der Hand hatten, ist zuverlässig bekannt: daß sie privatim, und zwar nicht nur gelegentlich, sondern wieder und wieder, die materielle Verantwortung für die entscheidende Veröffentlichung, die sie formell „deckten", *abgelehnt* haben. Fragte man erstaunt: warum wohl der betreffende Staatsmann, augenscheinlich der Machtmittel beraubt, die nach seiner Überzeugung bedenkliche Veröffentlichung zu hindern, *auf seinem Platz geblieben* sei, so bekam man gewöhnlich zu hören: „Es hätte sich ja ein anderer gefunden." Das wird wohl so sein, und *da* lag dann eben der alles weitere entscheidende Fehler des *Systems* als solchen, der uns hier allein angeht. Würde sich *auch dann ein anderer gefunden* haben, wenn der politische Leiter als *Vertrauensmann eines machtvollen Parlaments die Verantwortung hätte tragen müssen?*

An diesem entscheidenden Punkt kann man sehen: was ein Parlament, dem gegenüber *effektive* Verantwortlichkeit der Beamten besteht, bedeutet. Es ist durch *schlechterdings keine andere Macht zu ersetzen. Oder: durch welche?* Auf diese Frage schuldet jeder Antwort, der heute noch bei uns auf den „Parlamentarismus" zu schelten sich legitimiert fühlt. Und an dem gleichen Punkte kann man mit Händen greifen, daß das Verantwortungsgefühl des Beamten einerseits, des Politikers andererseits zwar jedes an seiner Stelle, aber auch *nur dort,* am Platze ist. Denn es handelte sich nicht etwa um untüchtige oder ungeschulte, sondern um zum Teil recht hervorragende Beamte und Diplomaten, denen aber das fehlte, was man im rein politischen Sinne des Worts, der mit der privaten Moral gar nichts zu tun hat: „Charakter" nennt. Er fehlte ihnen aber nicht zufällig, sondern infolge der *Struktur des Staates,* der für dergleichen eben *keine Verwendung* hatte. Was soll man zu diesem in aller Welt bei einer Großmacht nicht wieder zu findenden Zustand sagen: daß Zivilkabinette oder Hofchargen oder Telegraphen-Agenturen oder wer immer sonst sich herausnehmen, eine *Publizität* solcher für die internationale Politik wichtigsten Vorgänge herbeizuführen und dadurch unsere Politik auf Jahrzehnte festzufahren und zu verpfuschen, und daß der leitende *Politiker* das mit Achselzucken und einigen vermeintlich noblen Gesten über sich ergehen läßt? Und das in einem Staat, wo gleichzeitig in *inner*politischen Angelegenheiten im Machtinteresse der Verwaltungschefs das *„Dienstgeheimnis"* als Perle der Beamtenpflichten figuriert! Daß ausschließlich und allein die Interessen der Beamten an *verantwortungsfreiem* Ämterbesitz den scheinbaren Widerspruch erklären, liegt auf der flachen Hand. Was soll man zu einem System sagen, welches Politiker, die schwere Fehler ihrer Überzeugung zuwider dulden, auf ihren Posten beließ? Und was schließlich dazu, daß trotz dieser vor aller Augen liegenden Dinge sich noch immer Literaten finden, welche eine Staatsstruktur, die im politisch entscheidenden Punkt *so funktioniert* hat, als „glänzend bewährt" hinzustellen sich nicht scheuen? Mehr als glänzend bewährt hat sich, wie gesagt, die *dienstliche* Leistung der Offiziere und Beamten da, wo deren Qualität entscheidet. Aber da, wo der *Politiker* hingehört, hat die Beamtenherrschaft seit Jahrzehnten nicht etwa nur versagt, sondern sie hat das *Odium* ihres eigenen, politisch völlig desorientierten Verhaltens, um sich zu decken, *auf den Monarchen persönlich abgeladen* und hat dadurch die gegen uns gerichtete Weltkonstellation herbeiführen helfen, welche ohne die großartigen Leistungen unseres Heeres ihm seine Krone, Deutschland aber seine ganze politische Zukunft hätte kosten können. *Jede* Struktur des Staates, die dies verhindert, ist im Interesse der Nation und in demjenigen der Monarchie selbst besser als dieser Zustand. *Er muß, koste es was es wolle, aufhören.* Es steht völlig fest (und ist übrigens leicht erweislich): daß über diese schweren Schäden in Deutschland *keinerlei parteipolitische Meinungsverschiedenheit* besteht. Nur waren die Politiker der Rechten teils zu wenig politisch charaktervoll, teils – zu interessiert, um ihre privatim stets mit der größten Schärfe geäußerte Meinung auch *öffentlich* zu vertreten. Und vor allem: um daraus die *sachlichen Konsequenzen* zu ziehen. Denn ohne *„reale Garantien"* ist hier nicht weiterzukommen. Das hat uns die *völlige Unbelehrbarkeit* der für jene Veröffentlichungen verantwortlichen höfischen Kreise gezeigt. Die Schaffung solcher Garantien ist politisch ungleich wichtiger als alle politischen

Probleme welcher Art auch immer, einschließlich der Parlamentarisierung und Demokratisierung. Die erstere ist vielmehr für uns in erster Linie das unvermeidliche *Mittel,* solche realen Garantien zu schaffen. Denn daß *nur* die Parlamentsmacht und die effektive Verantwortlichkeit der führenden Politiker gegenüber dem Parlament gegen derartige Vorgänge eine Garantie geben kann, steht außer Zweifel.

Eine wirklich leistungsfähige Parlamentsleitung zu schaffen, ist aber nach dem Schlendrian von Jahrzehnten eine Sache zum mindesten von Jahren. Was kann denn nun *inzwischen,* so lange diese Reform noch nicht durchgeführt ist oder ihre Früchte noch nicht getragen hat, geschehen?

Eines ist natürlich selbstverständlich: überall, auch und gerade in der „Demokratie", werden die verantwortlichsten Entschließungen der *Außen*politik von einer *kleinen* Zahl von Menschen gefaßt: Amerika und Rußland sind gerade jetzt die besten Beispiele. Keine Literatenideologie ändert das. Jeder Versuch, es zu ändern, schwächt die Last der Verantwortung, auf deren Schärfung ja gerade alles ankommt. Unverändert fortbestehen werden daher die unter *effektiver* Verantwortlichkeit des Reichskanzlers auszuübenden kaiserlichen Rechte des Art. 11 der R.-V. Aber der gefährliche Mißbrauch, den verantwortungslose und unbekannte höfische oder journalistische Interessenten mit den die Außenbeziehungen des Reiches berührenden rein persönlichen Äußerungen des Monarchen in der *Öffentlichkeit* treiben konnten, muß *sofort, und zwar gesetzlich,* gehindert werden. Schwere, in Fällen bewußten Mißbrauchs entehrende, Strafe ist durch ein Spezialgesetz dem anzudrohen, der sich künftig herausnimmt, sie in die Öffentlichkeit zu bringen oder an das Ausland zu geben, ohne daß *vorher* alle Garantien gegeben sind. Selbstverständlich also muß die verfassungsmäßige Verantwortlichkeit gerade für die *Veröffentlichung* von dem leitenden Politiker *vorher* übernommen sein. Darauf kommt alles an. Es ist eine inhaltsleere Phrase, wenn der leitende Staatsmann nachträglich, Reklamationen im Parlament gegenüber, erklärt: „Er decke die Veröffentlichung mit seiner Verantwortlichkeit." Denn einmal kann die Äußerung des Monarchen auch dann ohne politische Gefährdung seiner Stellung nicht *rücksichtslos* kritisiert werden. Vor allem aber ist eine solche Redensart nicht nur bedeutungslos, sondern politisch einfach *nicht wahr,* wenn er nicht *vorher* gefragt worden ist und sie gutgeheißen hat, wie es der Verfassung allein entspricht. Ist das nicht geschehen, so besagt jene Phrase lediglich: *daß er trotz jener Veröffentlichung keine Neigung verspüre, sich pensionieren zu lassen,* daß er also an seinem Amt „klebe". Und daher muß – abgesehen von der Bestrafung der Schuldigen bei unbefugter Veröffentlichung – für die Gutheißung oder Duldung jeder solchen *Veröffentlichung* der Reichskanzler durch die sonst wenig praktikable „Anklage" mit dem Ziel der Amtsentsetzung und dauernden Ämterunfähigkeit, am besten vor einem Parlamentsausschuß, zur Verantwortung gezogen werden können, um den nötigen Druck auf ihn auszuüben, mit der größten Umsicht zu Werke zu gehen.

Die Gutheißung *jeder* solchen Veröffentlichung durch den Kanzler sollte lediglich nach eingehender Erwägung mit erfahrenen Politikern erfolgen. Und daher wäre es recht ratsam, wenn einer geeigneten *beratenden* Körperschaft vorher Gelegenheit gegeben werden müßte, sich über die Zweckmäßigkeit der

*Veröffentlichung* (denn nur um diese handelt es sich ja) zu äußern. Soll sie kein reiner Parlamentsausschuß sein, so steht als Anknüpfungspunkt vielleicht ein anderes Gebilde zur Verfügung.

Der verfassungsmäßig aus Bevollmächtigten der Mittelstaaten gebildete *„Bundesratsausschuß für die auswärtigen Angelegenheiten" war bisher eine Art schlechter Witz der Reichsverfassung, rein dekorativ, ohne* formelle Befugnisse und ohne tatsächlichen Einfluß. Denn es ist nicht nur nicht die *Verpflichtung* des Reichskanzlers statuiert, wirklich Rede zu stehen, sondern Art. 11 schließt diese Pflicht aus. Formell kann er sich auf passive Entgegennahme von Bemerkungen beschränken. Höflich ist er, wenn er ein formales „Exposé" vorlegt, wie es der Öffentlichkeit im Parlament dargeboten zu werden pflegt. Dies war in der Regel offenbar der Hergang, obwohl doch hier im intimeren Kreise recht wohl eine meritorische Erörterung möglich war. Im Krieg scheint die praktische Bedeutung des Ausschusses wenigstens zeitweise eine leise Steigerung erfahren zu haben: auch das wäre kein Zufall. Ihm könnte recht wohl die beratende Stellungnahme vor einer Veröffentlichung *außen*politisch wichtiger Äußerungen des Monarchen zugewiesen werden. Noch besser wäre es freilich, wenn er zu einem *Reichskronrat* entwickelt werden könnte, der unter Zuziehung der zuständigen Ressortchefs und älterer Staatsmänner *vor* besonders wichtigen Entschließungen der Reichspolitik, möglichst in Gegenwart des Monarchen derart verhandelte, wie dies jetzt, in Ermangelung einer kollegialen Reichsinstanz, der preußische Kronrat nicht selten auch da tut, wo nicht innerpreußische, sondern politisch entscheidende Fragen des Reiches (und also auch der nichtpreußischen Bundesstaaten) berührt werden. Die Tätigkeit kann formell nur *beratend* sein, denn außer der verfassungsmäßigen Stellung des Monarchen bei der Vertretung des Reichs nach außen darf auch die verfassungsmäßige Verantwortung des Reichskanzlers keinenfalls abgeschwächt werden. Man diskreditiert natürlich jeden solchen Gedanken, wenn man ihn – wie das der Bureaukratie leider naheliegt – zur Ausschaltung oder Schwächung des Einflusses des Parlaments auszunutzen sucht. Immerhin könnte eine „Verantwortlichkeit" des Reichskanzlers gegenüber dem Bundesrat gerade hier: in der Pflicht, *Rede zu stehen,* ausdrücklich statuiert werden. Das Problem läge aber in dem Verhältnis dieser beratenden Instanz zu den Spezialausschüssen des Parlaments, insbesondere dann, wenn man daran dächte, auch Parlamentsmitglieder zuzuziehen. Davon später.

Gleichviel aber ob und wie jener Vorschlag verwirklicht wird, jedenfalls dürfen *niemals wieder* Verhältnisse und Vorkommnisse, wie die geschilderten, geduldet werden. Und es muß daher festgestellt werden: konservatives Parteifabrikat auf der Grundlage der Bismarckschen Demagogie war die tief unwahrhaftige *pseudomonarchische* Legende, auf welche sie sich beriefen. Rein *inner*politische Parteiinteressen verbargen sich, wie jetzt im Krieg hinter der „Fronde", so vorher hinter dieser Legende. Die Beamtenstellen, vom Landrat bis zum Minister, als konservative Parteipfründen, der staatliche Beamtenapparat als Wahlapparat der konservativen Partei, Wahlrechtsprivilegien in Preußen, um dies aufrecht zu erhalten, und zu diesem Zweck: die Diskreditierung und Schwächung des trotz allem immer noch besten deutschen Parlaments: des Reichstags, waren die Zwecke, denen diese Interessenten-Legende diente. Und wenn heute, wo die politischen Resultate zutage liegen, die Hebung der Leistungsmöglichkeit und Machtstellung des Parlaments als einer Stätte der Verwaltungskontrolle und künftig einmal der Auslese politischer Führer verlangt wird, so kennen wir ja im voraus jene Phrase, welche die Interessenten der *unkontrollierten* Beamtenherrschaft bereithalten: „Die Monarchie sei in Gefahr." Es stände schlimm um die Zukunft der Monarchie, wenn diese interessierten Schmeichler dauernd allein das Ohr der Fürsten behielten, wie es bisher der Fall war. Sich mit dem Versuch, die Dynastien durch die Angst vor der „Demokratie" einzuschüchtern, auseinanderzusetzen, ist Sache der Dynastien selbst, nicht die unsere.

## *V. Parlamentarisierung und Demokratisierung*

Nicht das Problem der sozialen Demokratisierung, sondern nur dasjenige des demokratischen, also des gleichen, *Wahlrechts* soll uns hier in seiner Beziehung zum Parlamentarismus angehen. Und auch nicht die Frage, ob es für das Deutsche Reich seinerzeit staatspolitisch ratsam *war,* dies Wahlrecht unter Bismarcks scharfem Druck einzuführen, wird erörtert. Sondern dieser Tatbestand wird hier als fest gegeben und ohne furchtbare Erschütterungen nicht rückgängig zu machen, vorbehaltlos angenommen und nur gefragt: wie sich die Parlamentarisierung zu diesem demokratischen Wahlrecht verhält.

Parlamentarisierung und Demokratisierung stehen durchaus nicht notwendig in Wechselbeziehung, sondern oft im Gegensatz zueinander. Man hat neuerdings sogar nicht selten geglaubt: in notwendigem Gegensatz. Denn wirklicher Parlamentarismus sei nur bei einem Zweiparteiensystem und dies nur bei einer aristokratischen Honoratiorenherrschaft innerhalb der Parteien möglich. Der althistorische Parlamentarismus Englands war in der Tat, seinem ständischen Ursprung gemäß, auch nach der Reformbill und bis in den Krieg hinein, nicht wirklich in kontinentalem Sinn „demokratisch". Schon im Wahlrecht. Der Wohnungszensus und die tatsächlichen Mehrstimmrechte hatten immerhin eine solche Tragweite, daß bei Übernahme auf unsere Verhältnisse wohl nur die Hälfte der jetzigen Sozialdemokraten und auch bedeutend weniger Zentrumsabgeordnete als jetzt im Reichstag sitzen würden. (Allerdings fällt dafür die Rolle der Iren im englischen Parlament bei uns fort.) Und bis zu Chamberlains Caucussystem waren beide Parteien durchaus von Honoratiorenklubs beherrscht. Falls jetzt wirklich die zuerst in Cromwells Heerlager von den Levellers erhobene Forderung des universellen Einstimmrechts und sogar des (vorerst begrenzten) Frauenstimmrechts durchgeführt wird, so muß der Charakter des englischen Parlaments sich sicherlich stark ändern. Das Zweiparteiensystem, schon durch die Iren durchlöchert, wird mit Anwachsen der Sozialisten weiter zerfallen und die Bureaukratisierung der Parteien noch weiter fortschreiten. – Das bekannte spanische Zweiparteiensystem, beruhend auf der festen Konvention der Parteihonoratioren, daß die Wahlen im Sinn eines periodischen Wechsels der beiderseitigen Amtsreflektanten in der Macht erledigt werden, scheint soeben dem ersten Anlauf zu ernstlichen Wahlen zu erliegen. Aber werden solche Änderungen den Parlamentarismus beseitigen? Der Bestand und die formale Machtstellung der Parlamente ist durch Wahlrechtsdemokratie an sich nicht bedroht. Das zeigen Frankreich und andere Staaten mit gleichem Wahlrecht, wo die Ministerien durchweg aus den Parlamenten hervorgehen und sich auf deren Mehrheiten stützen. Aber freilich ist der Geist des französischen Parlaments ein sehr anderer als der des englischen. Nur ist gerade Frankreich kein Land, an welchem man die *typischen* Folgen der Demokratie für den Parlamentarismus studieren könnte. Der stark kleinbürgerliche und vor allem: Kleinrentner-Charakter seiner stabilen Bevölkerung schafft Bedingungen für eine spezifische Art von Honoratiorenherrschaft in den Parteien und einen besondersartigen Einfluß der haute finance, wie sie unter den Verhältnissen eines vorwiegenden Industriestaats nicht bestehen. Die französische Parteistruktur ist in einem solchen ebenso undenkbar, wie allerdings auch das historische Zweiparteiensystem Englands.

Ein Zweiparteiensystem ist in Industriestaaten schon infolge der Spaltung der modernen ökonomischen Schichten in Bürgertum und Proletariat und der Bedeutung des Sozialismus als Massenevangelium unmöglich. Das gibt eine sozusagen „konfessionelle" Schranke. So vor allem bei uns. Die Organisation des Katholizismus ferner als Minderheitsschutzpartei, folgend aus den Konfessionsverhältnissen in Deutschland, wird bei uns, wenn sie auch im Zentrum nur infolge der Wahlkreiseinteilung ihre jetzige Abgeordnetenzahl besitzt, schwerlich ausgeschaltet werden. Mindestens vier, wahrscheinlich aber fünf große Parteien werden also bei uns dauernd nebeneinanderstehen, Koalitionsregierungen eine Notwendigkeit bleiben und die Macht einer klug operierenden Krone stets bedeutend bleiben.

Die Honoratiorenherrschaft aber in den Parteien ist außerhalb verkehrsentlegener agrarischer Gebiete mit patriarchalem Großgrundbesitz überall deshalb unhaltbar, weil die moderne Massenpropaganda die Rationalisierung des Parteibetriebs: den Parteibeamten, die Parteidisziplin, die Parteikasse, die Parteipresse und Parteireklame zur Grundlage der Wahlerfolge macht. Die Parteien organisieren sich zunehmend straffer. Sie bemühen sich, schon die Jugend auf ihre Gefolgschaft festzulegen. Automatisch besorgt das bei der Zentrumspartei der kirchliche Apparat, bei den Konservativen die gesellschaftliche Umwelt. Andere Parteien haben ihre besonderen Jugendorganisationen: so die „nationalliberale Jugend" und die Jugendveranstaltungen der Sozialdemokraten. Und ebenso stellen die Parteien alle ökonomischen Interessen in ihren Dienst. Sie organisieren Genossenschaften, Konsumvereine, Gewerkschaften und schieben ihre Vertrauensmänner als Beamte in die so geschaffenen Parteistellen ein. Sie schaffen sich Rednerschulen und andere Institute für die Einschulung von Agitatoren, Redakteuren und Angestellten, teilweise mit Millionenfonds. Eine ganze Parteiliteratur entsteht, gespeist aus den gleichen, von Interessenten gestifteten Kapitalien, welche Zeitungen aufkaufen, Annoncenbureaus gründen u. dgl. mehr. Die Parteibudgets schwellen an, denn die Kosten der Wahlen und die Anzahl der notwendigen entgeltlichen Agitationskräfte steigen. Unter 20000 Mark Kosten ist ein hart umstrittener größerer Wahlkreis keinesfalls zu erobern. (Zurzeit werden die Kriegsgewinne der Interessenten in größtem Umfang in sogenannten „patriotischen“ Parteizeitungen aller Art und Vorbereitungen für die ersten Wahlen nach dem Kriege angelegt.) Der Parteiapparat steigt an Bedeutung, und entsprechend sinkt die Bedeutung der Honoratioren.

Die Verhältnisse sind noch im Fluß. Bei bürgerlichen Parteien gibt ein Durchschnitt durch die, wie früher bemerkt, sehr verschieden straffe Organisation zurzeit etwa folgendes Bild: Der aktive lokale Betrieb wird meist nebenamtlich von Honoratioren betrieben, nur in Großstädten von Beamten. Zeitungsredaktionen oder Anwälte stellen in den mittleren Orten die Bureaus. Erst größere Bezirke haben festbesoldete Sekretäre, die das Land bereisen. Die Kandidatenaufstellung und die Feststellung der Wahlparolen erfolgt durch ein im Einzelfall sehr verschiedenartig verlaufendes Zusammenwirken örtlicher und regionaler Verbände; die Mitwirkung der letzteren ist namentlich durch die Erfordernisse der Wahlbündnisse und Stichwahlabkommen bedingt. Die örtlichen Leiter sammeln um sich durch eine sehr verschieden intensive Werbung die ständigen Mitglieder der örtlichen Parteiorganisation. Hauptwerbemittel sind öffentliche Versammlungen. Die Aktivität der Mitglieder ist gering. Oft tun sie wenig mehr, als daß sie Beiträge zahlen, die Parteiblätter halten, allenfalls leidlich regelmäßig die Versammlungen, zu denen Parteiredner erscheinen, füllen und in mäßigem Umfang sich an der Gelegenheitsarbeit bei den Wahlen beteiligen. Dafür nehmen sie, wenigstens der Form nach, an der Beschlußfassung über die Wahlen des Ortsvorstands und der Vertrauensmänner und, je nach Größe des Orts, direkt oder indirekt der Delegierten zu den Parteitagen teil. Alle zu wählenden Persönlichkeiten werden aber in der Regel von jenem Kern von ständigen Leitern und Beamten designiert, meist ihm entnommen, ergänzt durch einige wegen bekannten Namens, persönlichen gesellschaftlichen Einflusses oder besonderer materieller Opferbereitschaft nützliche oder verdiente Honoratioren. Die Aktivität jener zweiten Klasse der Mitglieder beschränkt sich also auf die Assistenz und Abstimmung bei diesen in größeren Zwischenräumen stattfindenden Wahlen und Aussprachen mit Resolutionen, deren Resultat stets weitgehend von den Leitern vorbereitet ist. Ein gänzlicher Wechsel des Personals, der örtlichen Leiter und der Bezirksbeamten ist selten und fast stets die Folge einer, meist persönlich bedingten, inneren Revolte. Jeder Aktivität entbehrt schließlich der einfache, nicht zur Organisation gehörige, von den Parteien umworbene Stimmgeber, von welchem persönlich nur bei den Wahlen, sonst nur durch öffentliche auf ihn gemünzte Reklame Notiz genommen wird. – Wesentlich straffer und auch einen relativ größeren Bruchteil der als Stimmgeber in Betracht kommenden Wähler umfassend, dabei unter demokratischen Formen streng diszipliniert und zentralisiert ist die oft geschilderte Organisation der sozialdemokratischen Partei. Lockerer, mehr an lokale Honoratiorenkreise anknüpfend, war diejenige der Parteien der Rechten, denen aber jetzt im Bunde der Landwirte eine sehr straffe Massenorganisation zur Seite steht. In der Zentrumspartei ist formal der Zentralismus und die autoritative Leitung am stärksten entwickelt, obwohl die Macht des Klerus, wie sich mehrfach gezeigt hat, für alle nicht kirchenpolitischen Dinge ihre Grenze hat.

Schon durch den jetzt erreichten Entwicklungsgrad ist jedenfalls der alte Zustand: daß Wahlen auf Grund von Ideen und Parolen erfolgten, welche vorher von Ideologen aufgestellt, in der Presse und in freien Versammlungen propagiert und diskutiert waren, daß die Kandidaten von ad hoc gebildeten Komitees vorgeschlagen wurden, daß die Gewählten dann zu Parteien zusammentraten und daß diese im Personalbestand flüssigen parlamentarischen Gruppen nun die Führer der im Lande verstreuten Gesinnungsgenossen blieben, insbesondere die Parole für die nächsten Wahlen formulierten, endgültig verschwunden. Überall, nur in verschieden schnellem Tempo, tritt der Partei*beamte* als treibendes Element der Parteitaktik in den Vordergrund. Und neben ihm: die Geldbeschaffung. Die Finanzsorgen rufen neben den regelmäßigen Steuern, welche naturgemäß in klassenbedingten Massenorganisationen, wie der sozialdemokratischen Partei, die relativ größte Rolle spielen, stets erneut das früher alleinherrschende Parteimäcenatentum auf den Plan. Es hat auch in der sozialdemokratischen Partei nie ganz gefehlt. In der Zentrumspartei nimmt jetzt ein Einzelmäcenat, wie Herr A[ugust] Thyssen, mindestens die gesellschaftliche Rolle eines Erzbischofs in Anspruch – und mit Erfolg. Eine mittlere Bedeutung hat das Mäcenatentum als Finanzquelle in der bürgerlichen Linken, eine wesentlich stärkere auf der Rechten. Die größte aber, der Natur der Sache nach, bei bürgerlichen Mittelparteien von der Art der Nationalliberalen und der alten Freikonservativen. Die jetzige bescheidene Stärke dieser Mittelparteien ist daher am ehesten ein ungefährer Maßstab für die Bedeutung des Geldes an sich, d.h. des individuell von Interessenten gegebenen Geldes, bei Wahlen auf Grund des gleichen Wahlrechts. Und auch bei ihnen ist gar keine Rede davon, daß das für sie selbstverständlich besonders unentbehrliche Geld allein die Wahlziffern zustande brächte. Diese Parteien leben vielmehr von einer eigentümlichen Mischehe der Geldmächte mit jenem breiten Teil des Literatentums, vor allem der akademischen und außerakademischen Lehrerschaft, welche gefühlsmäßig an den Reminiszenzen der Bismarckschen Ära hängen. Auf sie reflektiert als Abonnenten ein im Verhältnis zu den Wählerzahlen unverhältnismäßig großer Teil der bürgerlichen Presse, deren Haltung, in verwässerter Form, auch von der gänzlich gesinnungslosen Inseratenpresse nachgeahmt wird, weil sie amtlichen und geschäftlichen Kreisen bequem ist.

So verschieden danach die innere soziale Struktur der deutschen Parteien ist, so sind doch hier wie überall Bureaukratisierung und rationale Finanzwirtschaft Begleiterscheinungen der Demokratisierung. Dies bedingt aber ein weit kontinuierlicheres und angespannteres Arbeiten für die Stimmwerbung, als den alten Honoratiorenparteien je bekannt war. Die Zahl der Wahlreden, die ein Kandidat heute, tunlichst in jedem kleinen Ort seines Bezirks, halten muß, seiner Besuche und Rechenschaftsberichte dort, der Bedarf nach Parteikorrespondenzen und Klischees für die Parteipresse und nach Reklamen aller Art steigert sich ständig. Ebenso die Schärfe und Rücksichtslosigkeit der Kampfmittel. Dies ist oft beklagt und als Besonderheit der Parteien ihnen zur Last gelegt worden. Allein nicht nur die Parteiapparate, sondern ganz ebenso der im Besitz der Macht befindliche Apparat der Regierung nimmt daran teil. Die aus dem sogenannten „Welfenfonds" gespeiste Bismarcksche Presse stand besonders seit 1878 an Unbedenklichkeit der Mittel und der Tonart durchaus an der Spitze. Die Versuche, eine völlig von dem herrschenden Amtsapparat abhängige Lokalpresse zu schaffen, haben nicht aufgehört. Mit dem Maß der *Parlamentarisierung* hat also die Existenz und Qualität dieser Kampfmittel nichts zu tun. Auch nicht mit der Art der Abstufung des Wahlrechts[1]). Sondern sie ist Folge der *Massen*wahlen rein als solcher, ganz einerlei, ob die Wahlkörperschaften die Auslesestätte der politisch verantwortlichen Führer sind oder ob sie nur eine negative Interessen- und Trinkgelderpolitik treiben können, wie es bei uns der Fall ist. Gerade im letzteren Fall pflegt der Parteikampf ganz besonders subalterne Formen anzunehmen, weil dann rein materielle und persönliche Interessen dahinterstehen. Man kann (und soll) durch scharfen strafrechtlichen Schutz die Wendung des politischen Kampfs gegen die persönliche Ehre und vor allem das Privatleben des Gegners und die leichtfertige Verbreitung unwahrer sensationeller Behauptungen bekämpfen. Aber Art und Charakter des Kampfes als solchen kann man, so lange es überhaupt Wahlkörperschaften, welche über materielle Interessen entscheiden, gibt, nicht ändern. Am allerwenigsten aber durch Herabschrauben der Bedeutung und des Niveaus des Parlaments. Damit hat man sich zunächst einmal rückhaltslos abzufinden. Alles ästhetische oder moralisierende Naserümpfen ist für die Frage der innerpolitischen Zukunftsgestaltung völlig steril. Die politische Frage ist vielmehr lediglich die: was hat diese fortschreitende Demokratisierung der politischen Kampfmittel und Kampforganisationen für Konsequenzen für die Gestaltung des politischen Betriebs, des außerparlamentarischen sowohl wie des parlamentarischen. Denn die zuletzt geschilderten Entwicklungen gehen Hand in Hand mit der früher erörterten Gestaltung der parlamentarischen Arbeit.

Beide aber rufen nach einer charakteristischen Figur: nach dem *Berufspolitiker,* d.h. einem Mann, der mindestens ideell, in der Masse der Fälle aber materiell, den politischen Betrieb innerhalb einer Partei zum Inhalt seiner Existenz macht. Man mag diese Figur nun lieben oder hassen – sie ist in ihrer heutigen Gestalt das unvermeidliche Produkt der Rationalisierung und Spezialisierung der parteipolitischen Arbeit auf dem Boden der Massenwahlen. Auch hier wieder: *ganz einerlei,* welcher Grad von politischem Einfluß und Verantwortlichkeit durch Parlamentarisierung in die Hände der Parteien gelegt wird.

Berufspolitiker gibt es von zweierlei Art: solche, die materiell *„von"* der Partei und dem politischen Treiben leben: unter amerikanischen Verhältnissen die großen und kleinen politischen „Unternehmer": die Bosse, unter unseren Verhältnissen aber: die politischen „Arbeiter": die bezahlten Partei*beamten.* Oder solche, die *„für"* die Politik zu leben durch ihre Vermögenslage instand gesetzt und durch ihre Überzeugung getrieben sind, also ideell ihr Leben daraus bestrei-

[1]) Im Spätjahr 1917 sind in der von der Schwerindustrie angekauften Presse sowohl die „Frankfurter Zeitung" wie ein Reichstagsabgeordneter bezichtigt worden, durch englisches Geld bestochen zu sein. Nicht minder wurde mein Name und der eines (nationalliberalen) Kollegen mit Bestechungsgeldern Lloyd Georges in Verbindung gebracht. Und derartige Behauptungen *fanden in Literatenkreisen Glauben!* Dies letztere genügt für die Beurteilung der politischen „Reife" dieser Schicht. Das Treiben jener Sykophanten aber zeigt: daß Existenz und Art der „Demagogie" *ohne* Parlamentarismus und *ohne* Demokratie bei uns durchaus auf französischem Niveau stehen.

ten, wie etwa Paul Singer in der Sozialdemokratie es tat, der zugleich ein Parteimäcenat großen Stils war. Wohlgemerkt: es soll hier nicht etwa dem Parteibeamtentum der „Idealismus" bestritten werden. Mindestens auf der Linken haben umgekehrt gerade die Parteibeamten ganze Scharen von tadellosen politischen Charakteren gestellt, wie man sie in andern Schichten wenig zu finden vermöchte. *Weit* entfernt also, daß der Idealismus etwa Funktion der Vermögenslage wäre, ist eben doch das Leben „für" die Politik billiger für den besitzenden Parteifreund. Gerade dies nach oben und unten ökonomisch unabhängige Element ist innerhalb des Parteilebens höchst erwünscht und wird hoffentlich auch in Zukunft speziell den radikalen Parteien nicht ganz fehlen. Der eigentliche Parteibetrieb ist freilich heute damit allein nie zu bestreiten: die Masse der Arbeit außerhalb des Parlaments wird immer auf den Parteibeamten ruhen. Schon wegen ihrer Inanspruchnahme durch den Betrieb sind aber diese Beamten keineswegs immer die gegebenen Kandidaten für das Parlament selbst. Das trifft in verhältnismäßig großem Umfang nur für die Sozialdemokratie zu. In den meisten bürgerlichen Parteien ist dagegen der durch sein Amt gebundene Parteisekretär keineswegs immer der geeignetste Kandidat. Innerhalb des Parlaments würde das Parteibeamtentum, so dringend erwünscht und nützlich die Vertretung dieses Elementes ist, nicht günstig wirken, wenn es *allein* vorherrschte. Aber eine solche Vorherrschaft besteht selbst innerhalb der am stärksten bureaukratisierten Partei: der Sozialdemokratie, nicht. Die Gefahr einer Herrschaft des „Beamtengeistes" zu ungunsten wirklicher Führernaturen würde überdies das Parteibeamtentum noch relativ am wenigsten heraufbeschwören. Diese Gefahr bedeutet weit eher die Nötigung, auf moderne Interessentenorganisationen bei der Stimmwerbung Rücksicht zu nehmen: das Eindringen der Angestellten dieser Organisationen in die Kandidatenlisten der Parteien also, welches sich sehr wesentlich steigern würde, wenn ein Proportionalwahlrecht in Form der allgemeinen Listenwahl durchgeführt würde. Ein aus lauter solchen Angestellten zusammengesetztes Parlament wäre politisch steril. Immerhin ist der Geist der Angestellten solcher Organisationen wie es die Parteien selbst und etwa die Gewerkschaften sind, infolge der Schulung im *Kampf* mit der Öffentlichkeit ein wesentlich anderer, als der Geist des friedlich in der Aktenstube arbeitenden Staatsangestellten. Gerade bei den radikalen Parteien, vor allem den Sozialdemokraten, wäre daher jene Gefahr relativ am geringsten, weil die Heftigkeit des Kampfes dem immerhin auch dort nicht seltenen Verknöchern zu einer Parteipfründnerschicht verhältnismäßig stark entgegenwirkt. Dennoch waren auch dort die eigentlichen Führer nur zum kleinen Teil Partei*beamte*.

Die Natur der heutigen Anforderungen an den politischen Betrieb bringt es vielmehr mit sich, daß in allen demokratisierten Parlamenten und Parteien *ein* Beruf eine besonders starke Rolle für die Rekrutierung der Parlamentarier spielt: die *Advokaten*. Neben der Rechtskenntnis als solcher und neben der, weit wichtigeren, Schulung für den Kampf, welche dieser Beruf im Gegensatz zu den Ämtern der angestellten Juristen bietet, ist dafür auch ein rein materielles Moment maßgebend: der Besitz eines eigenen *Bureaus*, wie es der heutige Berufspolitiker unbedingt benötigt. Und während jeder andere freie Unternehmer durch die Arbeit für seinen Betrieb spezifisch „unabkömmlich" ist für die steigenden Anforderungen regelmäßiger politischer Arbeit und auf seinen Beruf verzichten müßte, um Berufspolitiker zu werden, ist für den Advokaten das Hinüberwechseln von seinem Beruf in die berufspolitische Tätigkeit technisch und nach den inneren Vorbedingungen verhältnismäßig besonders leicht. Der viel und übrigens im ganzen mit Unrecht beklagten „Advokatenherrschaft" der parlamentarischen Demokratien wird nur in die Hände gearbeitet, wenn die Parlamentarier in derart unzulänglicher Weise Arbeitsräume, sachliche Informationsmittel und Bureaupersonal vorfinden, wie dies in den deutschen Parlamenten noch heute der Fall ist. Indessen diese technischen Seiten des Parlamentsbetriebes sollen hier nicht besprochen werden. Wir fragen vielmehr: in welcher Richtung entwickelt sich die *Führerschaft* in den Parteien unter dem Druck der Demokratisierung und der zunehmenden Bedeutung der Berufspolitiker, Partei- und Interessenten-Beamten, und welche Rückwirkung hat das auf das parlamentarische Leben?

Die bei uns populäre Literatenauffassung ist mit der Frage der Wirkung der „Demokratisierung" schnell fertig: der *Demagoge* kommt oben auf, und der erfolgreiche Demagoge ist der Mann, der in den Mitteln der Umwerbung der Massen am unbedenklichsten ist. Eine Idealisierung der Realitäten des Lebens wäre zweckloser Selbstbetrug. Der Satz von der steigenden Bedeutung des Demagogen ist in diesem üblen Sinn nicht selten zutreffend gewesen und ist im *richtigen* Sinn tatsächlich zutreffend. Im üblen Sinn trifft er für die Demokratie zu in etwa demselben Umfang wie für die Wirkung der Monarchie jene Bemerkung, die vor einigen Jahrzehnten ein bekannter General einem selbstregierenden Monarchen machte: „Euer Majestät werden bald nur noch Kanaillen um sich sehen." Eine nüchterne Betrachtung der demokratischen Auslese wird stets den *Vergleich* mit anderen menschlichen Organisationen und ihrem Auslesesystem heranziehen. Nun genügt jeder Blick in die Personalien bureaukratischer Organisationen, mit Einschluß selbst der besten Offizierkorps, um zu erkennen, daß die innere Anerkennung der Untergebenen: der Vorgesetzte, vor allem der schnell avancierte Neuvorgesetzte, „verdiene" seine Stellung, *nicht* etwa die Regel, sondern die *Ausnahme* ist. Tiefste Skepsis inbetreff der Weisheit der Stellenbesetzung, sowohl der Motive, welche die besetzenden Stellen leiteten, wie der Mittel, durch welche besonders glückliche Stellenbesitzer ihre Stellen erlangt haben, beherrschen (von allem kleinlichen Klatsch ganz abgesehen) die Meinung der großen Mehrzahl gerade der ernsthaften, im Innern dieses Getriebes stehenden Persönlichkeiten. Nur vollzieht sich diese, meist stumme, Kritik abseits vom Licht der Öffentlichkeit, die davon nichts ahnt. Ungezählte Erfahrungen, die jeder rundum machen kann, lehren aber, daß das Maß der *Fügsamkeit* gegenüber dem Apparat: der Grad der „Bequemlichkeit" des Untergebenen für den Vorgesetzten, diejenigen Qualitäten sind, welche den Aufstieg am sichersten garantieren. Die Auslese ist, durchschnittlich gesprochen, ganz gewiß keine solche von geborenen Führern. Bei den akademischen Stellenbesetzungen ist die Skepsis der Eingeweihten in einem doch recht großen Bruchteil der Fälle die gleiche, obwohl doch hier die Kontrolle der Öffentlichkeit angesichts der vorliegenden Leistungen sich fühlbar machen könnte, was beim Beamten im allgemeinen überhaupt nicht der Fall ist. Der zur öffentlichen Macht gelangende *Politiker* und zumal Parteiführer ist dagegen der Beleuchtung durch die Kritik der Feinde und Konkurrenten in der Presse ausgesetzt und kann sich darauf verlassen, daß im Kampf gegen ihn die Motive und Mittel, welche seinen Aufstieg bedingten, rücksichtslos ans Licht gezogen werden. Nüchterne Beobachtung dürfte also ergeben, daß die Auslese innerhalb der Parteidemagogie auf die Dauer und aufs Große gesehen, keineswegs nach unbrauchbareren Merkmalen erfolgt als hinter den verschlossenen Türen der Bureaukratie. Man muß für den Beweis des Gegenteils schon zu politischen Neuländern wie den Vereinigten Staaten greifen. Für die germanischen Staaten in Europa träfe die Behauptung einfach nicht zu. Wenn aber sogar ein gänzlich ungeeigneter Generalstabschef zu Beginn des Weltkriegs nicht als Gegenargument gegen den Wert der Auslese durch die Monarchie gelten soll, dann auch nicht Fehlgriffe der Demokratien in ihrer Führerauslese gegen diese.

Indessen diese politisch sterilen Vergleiche und Rekriminationen sollen hier nicht weiter verfolgt werden. Entscheidend wichtig ist: daß für die politische Führerschaft jedenfalls nur Persönlichkeiten geschult sind, welche im politischen *Kampf* ausgelesen sind, weil alle Politik dem Wesen nach Kampf ist. Das leistet nun einmal das vielgeschmähte „Demagogenhandwerk" im Durchschnitt besser als die Aktenstube, die freilich für sachliche *Verwaltung* die unendlich überlegene Schulung bietet. Gewiß nicht ohne auffällige Mißverhältnisse. Daß ein bloßer Redetechniker ohne Geist und politischen Charakter starke politische Macht gewinnt, kommt vor. Aber z.B. auf August Bebel träfe die Charakterisierung schon nicht zu. Er war: ein Charakter, gewiß: kein Geist. Die Märtyrerzeit und der Zufall, einer der Ersten gewesen zu sein, daneben aber jene persönliche Qualität gaben ihm das rückhaltslose Vertrauen der Massen, welches geistig weit bedeutendere Parteigenossen ihm nicht streitig zu machen vermochten. Eugen Richter, Lieber, Erzberger gehören alle einem qualitativ ähnlichen Typus an. Sie waren erfolgreiche „Demagogen", – im Gegensatz zu weit stärkeren Geistern und Temperamenten, die trotz stärkster Massenerfolge als Redner doch keine *Partei*macht gewannen. Das ist *kein* Zufall – aber es ist nicht die Folge der Demokratisierung, sondern erzwungener Beschränkung auf „negative Politik". Demokratisierung und Demagogie gehören zusammen. Aber: *ganz unabhängig* – das sei wiederholt – von der Art der Staatsverfassung, sofern nur die Massen nicht mehr rein als passives Verwaltungsobjekt behandelt werden können, sondern in ihrer Stellungnahme aktiv irgendwie ins Gewicht fallen. Den Weg der Demagogie haben ja in ihrer Art auch die modernen Monarchien beschritten. Reden, Telegramme, Stimmungsmittel aller Art setzen sie für ihr Prestige in Bewegung, und man kann nicht behaupten, daß diese Art politischer Propaganda sich etwa *staats*politisch als ungefährlicher erwiesen hätte als die denkbar leidenschaftlichste Wahldemagogie. Sondern umgekehrt. Und jetzt im Kriege erlebten wir sogar die für uns neue Erscheinung der Admiralsdemagogie. Die Satrapenkämpfe zwischen dem früheren Reichskanzler und dem Admiral v. Tirpitz wurden (wie im Reichstag mit Recht hervorgehoben worden ist: unter Duldung des letzteren) von seinen Anhängern in einer wilden Agitation in die Öffentlichkeit getragen, an welche sich innerpolitische Interessen anschlossen, um so eine nur von den intimsten Sachkennern zu entscheidende militärtechnische und diplomatische Frage zum Gegenstand einer Demagogie ohnegleichen unter den in *diesem* Falle tatsächlich „urteilslosen" Massen zu machen. Man wird also jedenfalls nicht behaupten dürfen: daß „Demagogie" eine Eigentümlichkeit einer im politischen Sinn demokratischen Staatsform sei. Die widerlichen Satrapenkämpfe und Intrigen der Ministerkandidaten im Januar 1918 spielten sich wiederum in der Presse und in Volksversammlungen ab. Ohne Einfluß blieb diese Demagogie *nicht*. Wir haben in Deutschland *Demagogie und Pöbeleinfluß ohne Demokratie,* vielmehr: *wegen des Fehlens einer geordneten Demokratie*.

Hier soll indes lediglich die Folge der tatsächlichen Bedeutung der Demagogie für die Struktur der politischen Führerstellen erörtert, also die Frage aufgeworfen werden: wie sich infolgedessen Demokratie und Parlamentarismus zueinander verhalten.

Die Bedeutung der aktiven Massendemokratisierung ist: daß der politische Führer nicht mehr auf Grund der Anerkennung seiner Bewährung im Kreise einer Honoratiorenschicht zum Kandidaten proklamiert, dann kraft seines Hervortretens im Parlament zum Führer wird, sondern daß er das Vertrauen und den Glauben der Massen an sich und also seine Macht mit *massen*demagogischen Mitteln gewinnt. Dem Wesen der Sache nach bedeutet dies eine *cäsaristische* Wendung der Führerauslese. Und in der Tat neigt jede Demokratie dazu. Das spezifisch cäsaristische Mittel ist ja: das Plebiszit. Es ist keine gewöhnliche „Abstimmung" oder „Wahl", sondern die Bekennung eines „Glaubens" an den Führerberuf dessen, der für sich diese Akklamation in Anspruch nimmt. Entweder der Führer kommt auf militaristischem Wege in die Höhe: als Militärdiktator wie Napoleon I., der sich seine Stellung durch Plebiszit bestätigen läßt. Oder auf bürgerlichem Wege: durch plebiszitäre Bestätigung des Herrschaftsanspruches eines nichtmilitärischen Politikers wie Napoleon III., der sich das Heer fügt. Beide Wege der Führerauslese leben mit dem parlamentarischen Prinzip ganz ebenso in Spannung, wie (selbstverständlich) mit dem erbmonarchischen Legitimismus. Jede Art von direkter *Volkswahl* des höchsten Gewaltträgers, darüber hinaus aber jede Art von politischer Machtstellung, welche auf der Tatsache des Vertrauens der Massen, nicht: der Parlamente, beruht – auch die Machtstellung eines kriegerischen Volkshelden wie Hindenburg – liegt auf dem Wege zu jenen „reinen" Formen cäsaristischer Akklamation. Insbesondere natürlich die durch (formell) „demokratische" Nomination und Wahl legitimierte Machtstellung des Präsidenten der Vereinigten Staaten, dessen Überlegenheit gegenüber dem Parlament eben hierauf beruht. Die Hoffnungen, welche eine so cäsarische Gestalt wie Bismarck an das gleiche Wahlrecht knüpfte, und die Art seiner antiparlamentarischen Demagogie lagen, nur in ihrer Formulierung und Phrase den nun einmal legitimistischen Bedingungen seiner Ministerstellung angepaßt, in der gleichen Richtung. Wie der Erblegitimismus der Monarchien gegen diese cäsaristischen Gewalten reagiert, zeigte die Art von Bismarcks Scheiden aus dem Amt. Jede parlamentarische Demokratie sucht auch ihrerseits die der Parlamentsmacht gefährlichen plebiszitären Methoden der Führerwahl geflissentlich auszuschalten, wie dies namentlich die jetzt geltende französische Verfassung und das französische Wahlrecht (Wiederabschaffung der Listenwahl wegen der boulangistischen Gefahr) getan haben. Sie bezahlte dies freilich mit jenem Mangel an Autorität der höchsten Gewalten bei der Masse, welcher für Frankreich typisch ist und so charakteristisch gegen die Machtstellung des amerikanischen Präsidenten absticht. In demokratisierten Erbmonarchien andererseits ist das cäsaristisch-plebiszitäre Moment stets stark temperiert. Aber es fehlt nicht. Die Stellung des jetzigen englischen Premierministers ruht der Sache nach durchaus *nicht* auf dem Vertrauen des Parlaments und seiner Parteien, sondern auf dem der Massen im Lande und des kämpfenden Heeres. Das Parlament aber fügt sich (innerlich widerwillig genug) der Lage. Der Gegensatz zwischen plebiszitärer und parlamentarischer Auslese der Führer besteht also. Aber: die *Existenz* des Parlaments ist deshalb nicht etwa wertlos. Denn gegenüber dem (der Sache nach) cäsaristischen Vertrauensmann der Massen gewährleistet sie in England 1. die *Stetigkeit* und 2. die *Kontrolliertheit* seiner Machtstellung; 3. die Erhaltung der bürgerlichen *Rechtsgarantien* gegen ihn; 4. eine geordnete Form der politischen *Bewährung* der um das Vertrauen der Massen werbenden Politiker innerhalb der Parlamentsarbeit, und 5. eine friedliche Form der *Ausschaltung* des cäsaristischen Diktators, wenn er das Massen-Vertrauen *verloren* hat. Aber: daß gerade die großen Entscheidungen der Politik, auch und gerade in der Demokratie, von *Einzelnen* gemacht werden: *dieser* unvermeidliche Umstand bedingt es, daß die Massendemokratie ihre positiven Erfolge seit den Zeiten des Perikles stets erkauft durch starke Konzessionen an das cäsaristische Prinzip der Führerauslese. In den amerikanischen großen Kommunen z.B. ist die Korruption nur durch plebiszitäre Munizipaldiktatoren, welchen das Vertrauen der Massen das Recht einräumte, sich selbst ihre Verwaltungskomitees zusammenzusetzen, gebändigt worden. Und überall haben massendemokratische Parteien, wenn sie sich vor große Aufgaben gestellt sahen, sich Führern, welche das Vertrauen der Massen besaßen, mehr oder minder bedingungslos unterordnen müssen.

Welche Bedeutung angesichts dieses Umstandes in einer Massendemokratie dem *Parlament* zukommt, wurde an dem Beispiel Englands schon erläutert. Es gibt aber nicht nur gefühlsehrliche „Sozialisten", sondern auch gefühlsehrliche „Demokraten", welche das parlamentarische Getriebe derart hassen, daß sie „parlamentslosen Sozialismus" oder „parlamentlose Demokratie" auf ihre Fahne schreiben. „Widerlegen" lassen sich übermächtige Gefühlsantipathien natürlich nicht. Nur muß man sich klarmachen, was sie, in ihre praktischen Konsequenzen getrieben, heute bedeuten würden. Und zwar natürlich unter den Bedingungen unserer monarchischen Staatsordnung. Was würde innerhalb dieser Verfassung mit ihrer obrigkeitlichen Beamtenmacht eine Demokratie ohne allen Parlamentarismus darstellen? Eine solche rein *passive Demokratisierung* wäre eine gänzlich reine Form der uns wohlbekannten *kontrollfreien Beamtenherrschaft,* die sich „monarchisches Regiment" nennen würde. Oder, wenn in Verbindung gesetzt mit der von diesen „Sozialisten" erhofften Organisation der Wirtschaft, ein modernes rationales Gegenbild des antiken „Leiturgiestaates". Durch die Staatsbureaukratie legitimierte und (angeblich!) kontrollierte Interessentenverbände wären aktiv die Träger der Syndikats-Selbstverwaltung und passiv Träger der staatlichen Lasten. Die Beamten würden dann durch diese syndizierten *Erwerbs-* und *Profit*-Interessenten, aber weder durch den dazu gar nicht fähigen Monarchen noch durch die vertretungslosen Staatsbürger kontrolliert werden.

Sehen wir uns diese Zukunftsperspektive etwas näher an. Eine Ausschaltung des privatwirtschaftlichen Unternehmers würde ihre Durchführung für alle absehbare Zukunft, auch bei weitgehenden „Verstaatlichungen", nicht bedeuten. Sondern eine Organisation von Groß- und Kleinkapitalisten, besitzlosen Kleinproduzenten und Lohnarbeitern, mit irgendwie reglementierter und – die Hauptsache! – monopolistisch *garantierter Erwerbs*chance für jede Kategorie. „Sozialismus" wäre das etwa im gleichen Sinn, wie es der Staat des altägyptischen „Neuen Reiches" war. „Demokratie" wäre es nur dann, wenn Sorge getragen würde: daß für die Art der Leitung dieser syndizierten Wirtschaft der Willen der *Masse* ausschlaggebend ist. Wie dies ohne eine deren Macht sichernde, die Syndikate ständig kontrollierende Vertretung: ein demokratisiertes Parlament also, welches in die sachlichen und personalen Verhältnisse dieser Verwaltung eingriffe, geschehen könnte, ist nicht abzusehen. *Ohne* eine Volksvertretung des jetzigen Typus wäre von der syndizierten Wirtschaft die Entwicklung zu einer zünftigen Politik der *gesicherten Nahrung,* also: zur stationären Wirtschaft und zur Ausschaltung des ökonomischen Rationalisierungsinteresses, zu erwarten. Denn überall ist dies Interesse an der zünftigen Nahrungs*garantie* für die kapitallosen und kapitalschwachen Erwerbsinteressenten ausschlaggebend gewesen, sobald sie einmal monopolistisch organisiert waren. Dies mag nun als „demokratisches" oder „sozialistisches" Zukunftsideal ansehen wer da will. Aber es gehört der ganze leichtfertige Literatendilettantismus dazu, eine solche Kartellierung der Profit- und Lohninteressen mit dem jetzt so oft vertretenen Ideal zu verwechseln: daß in Zukunft die Richtung der Gütererzeugung dem *Bedarf* und nicht, wie jetzt, dem *Profit*interesse angepaßt sein solle, wie es immer wieder geschieht. Denn für die Realisierung dieses letzten Ideals wäre ja ganz offenbar gerade *nicht* ein Ausgehen von der Syndizierung und Monopolisierung der *Erwerbs*interessen, sondern das genau Umgekehrte: ein Ausgehen von der Organisation der *Verbraucher*interessen der Weg. Die Zukunftsorganisation dürfte dann nicht nach Art staatlich organisierter Zwangskartelle, Zwangsinnungen, Zwangsgewerkschaften, sondern müßte nach Art einer riesenhaften, staatlich organisierten Zwangs*konsumgenossenschaft* erfolgen, welche dann ihrerseits die Richtung der Produktion der Nachfrage entsprechend zu bestimmen hätte, so wie es Konsumvereine vereinzelt schon jetzt (durch Eigenproduktion) versuchen. Wie dabei die „demokratischen" Interessen, also diejenigen der Masse der Verbraucher, anders garantiert werden sollten, als durch ein Parlament, welches auch die Gütererzeugung fortlaufend maßgeblich kontrollierte, ist wiederum nicht abzusehen.

Doch genug dieser Zukunftsmusik. Im Ernst ist die wirklich völlige Beseitigung der Parlamente ja noch von keinem noch so sehr gegen ihre heutige Gestalt eingenommenen Demokraten verlangt worden. Als die Instanz zur Erzwingung der *Verwaltungsöffentlichkeit,* der *Budget*feststellung und endlich der Beratung und Verabschiedung von *Gesetz*entwürfen – Funktionen, in denen sie in der

Tat in jeder Demokratie unersetzlich sind –: will man sie wohl allseitig bestehen lassen. Die Opposition gegen sie, soweit sie ehrlich demokratisch und nicht, wie in aller Regel, eine unehrliche Verhüllung *bureaukratischer* Machtinteressen ist, wünscht vielmehr im wesentlichen wohl zweierlei: 1. daß nicht die Parlamentsbeschlüsse, sondern die obligatorische *Volksabstimmung* für die Schaffung von Gesetzen maßgeblich sein sollen, – 2. daß nicht das parlamentarische *System* bestehen, die Parlamente also nicht Auslesestätte für die leitenden Politiker und ihr Vertrauen oder Mißtrauen nicht entscheidend sein solle für deren Verbleiben im Amt. Dies ist nun bekanntlich in der amerikanischen Demokratie geltendes Recht. Es folgt dort teils aus der Volkswahl des Staatsoberhaupts und andrer Beamter, teils aus dem sogenannten Prinzip der „Gewaltenteilung". Die Erfahrungen der amerikanischen Demokratie lehren aber mit hinlänglicher Klarheit: daß diese Art der Beseitigung des Parlamentarismus ebenfalls, gegenüber dem parlamentarischen System, nicht die mindeste Gewähr für eine sachlichere und unbestechliche Verwaltung bietet: das gerade Gegenteil ist der Fall. Zwar hat man mit der Volkswahl des Staatsoberhauptes im großen Durchschnitt keine schlechten Erfahrungen gemacht. Jedenfalls ist in den letzten Jahrzehnten die Zahl der wirklich ungeeigneten Präsidenten zum mindesten nicht größer gewesen als in den Erbmonarchien die Zahl der ungeeigneten Monarchen. Dagegen sind die Amerikaner selbst mit dem Prinzip der Volkswahl der Beamten im großen und ganzen nur in sehr begrenztem Umfang zufrieden. Nicht nur beseitigt es, wenn man es sich verallgemeinert denkt, das, was die bureaukratische Maschinerie technisch auszeichnet: die Amtsdisziplin. Sondern es gewährt gerade bei massenhafter Anwendung in einem modernen Großstaat auch keine Garantie für die Qualität der Beamten. Es legt dann die Auslese der Amtskandidaten im Gegensatz zum parlamentarischen System in die Hände unsichtbarer und der Öffentlichkeit gegenüber, im Vergleich mit einer parlamentarischen Partei und ihrem Führer, in hohem Grade unverantwortlicher Kliquen, welche die Kandidaten den fachlich ungeschulten Wählern präsentieren: bei Verwaltungsbeamten mit dem Erfordernis technischer Fachqualifikation ein höchst ungeeigneter Weg der Besetzung. Gerade für die modernsten Verwaltungsbedürfnisse, aber auch im Richteramt, funktionieren in Amerika notorisch die vom gewählten Staatsoberhaupt *ernannten* fachgeschulten Beamten technisch und in bezug auf ihre Unbestechlichkeit unvergleichlich besser. Auslese von *Fach*beamten und Auslese *politischer Führer* sind eben *zweierlei*. – Dagegen hat das Mißtrauen gegen die machtlosen *und deshalb* so korrupten Parlamente in amerikanischen Einzelstaaten zur Erweiterung der direkten Volks*gesetzgebung* geführt.

Die *Volksabstimmung* hat als Mittel sowohl der Wahl wie der Gesetzgebung innere Schranken, die aus ihrer technischen Eigenart folgen. Sie antwortet nur mit „Ja" oder „Nein". Nirgends ist ihr in Massenstaaten die wichtigste Funktion des Parlaments: die Feststellung des Budgets, zugewiesen. Aber auch das Zustandekommen aller solcher Gesetze, welche auf einem Ausgleich widerstreitender Interessen beruhen, würde sie in einem großen Massenstaat in der bedenklichsten Weise obstruieren. Denn die entgegengesetztesten Gründe können ein „Nein" bedingen, wenn kein Mittel besteht, vorhandene Interessengegensätze auf dem Boden der Verhandlung auszugleichen. Das Referendum kennt eben nicht: das Kompromiß, auf welchem in jedem Massenstaat mit starken regionalen, sozialen, konfessionellen und anderen Gegensätzen der inneren Struktur unvermeidlich die Mehrzahl aller Gesetze beruht. Wie bei Volksabstimmungen Steuergesetze anderer Art als etwa progressive Einkommens- und Vermögenskonfiskationen und „Verstaatlichungen" in einem Massenstaat mit starken Klassengegensätzen überhaupt zur Annahme gelangen sollten, ist nicht abzusehen. Nun würde einem Sozialisten gerade diese Konsequenz vielleicht nicht schreckhaft erscheinen. Nur ist kein Beispiel bekannt, – auch nicht in Amerika und sogar nicht unter den sehr günstigen Bedingungen der Schweizer Kantone mit ihrer, kraft alter Tradition, sachlich denkenden und politisch geschulten Bevölkerung –, daß ein unter dem Druck des Referendums stehender Staatsapparat solche oft nominell sehr hohen, teilweise konfiskatorischen, Vermögenssteuern auch *effektiv* durchgeführt hätte. Und die plebiszitären Prinzipien schwächen das Eigengewicht der Parteiführer und die Verantwortlichkeit der Beamten. Eine Desavouierung der leitenden Beamten durch eine ihre Vorschläge ablehnende Volksabstimmung hat *nicht,* wie in parlamentarischen Staaten ein Mißtrauensvotum, ihren Rücktritt zur Folge, – und kann diese Folge auch gar nicht haben. Denn das negative Votum läßt seine Gründe nicht erkennen und belastet die negativ abstimmende Masse nicht, wie eine gegen die Regierung stimmende parlamentarische Parteimehrheit, mit der Pflicht, nun ihrerseits die desavouierten Beamten durch eigene verantwortliche Führer zu ersetzen.

Je mehr vollends die eigene Wirtschaftsregie der staatlichen Bureaukratie wüchse, desto fataler würde sich der Mangel eines selbständigen Kontrollorgans fühlbar machen, welches, wie die Parlamente es tun, von den allmächtigen Beamten öffentlich Rede und Antwort verlangt und sie zur Rechenschaft zu ziehen die Macht hat. Als Mittel sowohl der Auslese von *Fach*beamten wie der Kritik ihrer Leistung ist im Massenstaat das spezifische Mittel der rein plebiszitären Demokratie: die unmittelbaren Volkswahlen und -Abstimmungen und vollends das Absetzungs-Referendum, durchaus ungeeignet. Und wenn schon für den Parteibetrieb der parlamentarischen Wahlen die Bedeutung des Geldes der Interessenten keine kleine ist, so würde seine Macht und die Stoßkraft der von ihm gestützten demagogischen Apparate unter den Verhältnissen eines Massenstaates bei ausschließlicher Herrschaft von Volkswahlen und Volksabstimmungen ins Kolossale anwachsen.

Die obligatorische Volkswahl und Volksabstimmung bildet freilich den radikalen Gegenpol zu dem oft beklagten Zustand: daß der Staatsbürger im parlamentarischen Staat politisch nichts anderes leiste, als daß er alle paar Jahre einen der ihm von den Parteiorganisationen vorgedruckt gelieferten Wahlzettel in eine Urne stecke. Man hat gefragt: ob dies ein Mittel politischer Erziehung sei. Das ist es zweifellos *nur* unter den früher erörterten Bedingungen einer Verwaltungsöffentlichkeit und Verwaltungskontrolle, welche die Staatsbürger an die ständige Verfolgung der Art gewöhnt, wie ihre Angelegenheiten verwaltet werden. Die obligatorische Volksabstimmung aber ruft den Staatsbürger unter Umständen in wenigen Monaten Dutzende von Malen an die Abstimmungsurne über Gesetze. Und die obligatorische Volkswahl erlegt ihm die Abstimmung über lange Listen ihm persönlich vollkommen unbekannter, von ihm in ihrer *fachlichen* Qualifikation nicht zu beurteilender Amtskandidaten auf. Nun ist das Fehlen der Fachqualifikation (die ja auch der Monarch nicht besitzt) an sich gewiß kein Argument gegen die demokratische Auslese der Beamten. Denn man braucht sicherlich selbst kein Schuster zu sein, um zu wissen, ob der Schuh drückt, den der Schuster hergestellt hat. Allein nicht nur die Gefahr der Abstumpfung, sondern auch die Gefahr der Irreleitung hinsichtlich der Person des wirklich an der Mißverwaltung Schuldigen ist bei der Volkswahl der Fachbeamten übergroß, im Gegensatz zum parlamentarischen System, bei welchem der Wähler sich an die Führer der für die Beamtenbestellung verantwortlichen *Partei* hält. Und für das Zustandekommen aller technisch komplizierten Gesetze kann gerade die Volksabstimmung das Ergebnis allzu leicht in die Hand kluger, aber verborgener Interessenten legen. In dieser Hinsicht liegen die Bedingungen in europäischen Ländern mit entwickeltem Fachbeamtentum wesentlich anders als in Amerika, wo man die Volksabstimmung als einzige Korrektur gegen die Korruption der dort unvermeidlich subalternen Legislaturen bewertet.

Gegen die Anwendung der Volksabstimmung als ultima ratio in geeigneten Fällen ist damit, trotz der von den Bedingungen der Schweiz abweichenden Verhältnisse der Massenstaaten nichts gesagt. Aber machtvolle Parlamente macht sie für Großstaaten nicht überflüssig. Als Organ der Beamtenkontrolle und Verwaltungspublizität, als Mittel der Ausschaltung ungeeigneter leitender Beamter, als Stätte der Budgetfeststellung und als Mittel der Herbeiführung von Parteikompromissen ist das Parlament auch in den Wahldemokratien unentbehrlich. Vollends unentbehrlich in Erbmonarchien, da der Erbmonarch weder mit reinen Wahlbeamten arbeiten noch, wenn er die Beamten ernennt, selbst Partei ergreifen darf, wenn seine spezifische innerpolitische Funktion: bei fehlender Eindeutigkeit der politischen Stimmung und Machtlage eine konfliktlose Lösung zu ermöglichen, nicht kompromittiert werden soll. Neben „cäsaristischen" Führern aber ist schon infolge des Umstandes: daß es lange Perioden geben kann, in welchen einigermaßen allgemein anerkannte Vertrauensmänner der Massen *fehlen,* die Parlamentsmacht in Erbmonarchien unentbehrlich. Das Nachfolgerproblem ist überall die Achillesferse aller rein cäsaristischen Herrschaft gewesen. Ohne innere Katastrophengefahr vollzieht sich Aufstieg, Ausschaltung und Fortfall eines cäsaristischen Führers am ehesten da, wo die effektive Mitherrschaft machtvoller Vertretungskörperschaften die politische Kontinuität und die staatsrechtlichen Garantien der bürgerlichen Ordnung in ungebrochenem Bestand aufrecht erhält.

Der Punkt, welcher den parlamentsfeindlichen Demokraten in Wirklichkeit letztlich Anstoß gibt, ist offenbar: der weitgehend *voluntaristische* Charakter des parteimäßigen Betriebs der Politik und dadurch auch der parlamentarischen Parteimacht selbst. In der Tat stehen sich, wie wir sahen, bei diesem System „aktive" und „passive" Teilnehmer am politischen Leben gegenüber. Der politische Betrieb ist *Interessenten*betrieb. (Unter „Interessenten" sind dabei *nicht* jene materiellen Interessenten gemeint, die, in verschieden starkem Maße, bei jeder Form der Staatsordnung die Politik beeinflussen, sondern jene politischen

Interessenten, welche politische Macht und Verantwortung zum Zweck der Realisierung bestimmter politischer Gedanken erstreben.) Allein eben dieser Interessentenbetrieb ist das wesentliche der Sache. Denn nicht die politisch passive „Masse" gebiert aus sich den Führer, sondern der politische Führer wirbt sich die Gefolgschaft und gewinnt durch „Demagogie" die Masse. Das ist in jeder noch so demokratischen Staatsordnung so. Und daher ist die gerade umgekehrte Frage weit näherliegend: gestatten die Parteien in einer voll entwickelten Massendemokratie denn überhaupt Führernaturen den Aufstieg? sind sie imstande, neue Ideen überhaupt zu rezipieren? Sie verfallen ja der Bureaukratisierung ganz ähnlich wie der staatliche Apparat. Ganz neue Parteien mit dem zugehörigen Apparat an Organisation und Presseunternehmungen zu schaffen, erfordert heute einen solchen pekuniären und Arbeitsaufwand und ist gegenüber der festen Machtstellung der bestehenden Presse so schwer, daß es praktisch fast nicht in Betracht kommt[2]). Die bestehenden Parteien aber sind stereotypiert. Ihre Beamtenposten bilden die „Nahrung" ihrer Inhaber. Ihr Ideenschatz ist weitgehend in Propagandaschriften und in der Parteipresse festgelegt. Materielle Interessen der beteiligten Verleger und Autoren stellen sich der Entwertung dieses Schriftwerks durch Umformung der Ideen in den Weg. Und vollends wünscht der Berufspolitiker, der von der Partei leben muß, den „ideellen" Besitz an Gedanken und Schlagworten: sein geistiges Handwerkszeug, nicht entwertet zu sehen. Daher vollzieht sich die Rezeption neuer Ideen durch die Parteien nur da verhältnismäßig schnell, wo gänzlich gesinnungslose reine Amtspatronageparteien, wie in Amerika, für jede Wahl diejenigen „Planken" neu in ihre „Plattformen" einfügen, von denen sie sich jeweils bei der Stimmenwerbung Zugkraft versprechen. Noch schwieriger scheint das Hochkommen neuer Führer. An der Spitze unserer Parteien erblickt man seit langen Zeiten dieselben, meist persönlich höchst achtungswerten, aber ebensooft weder geistig noch durch starkes politisches Temperament hervorragenden Leiter. Von dem zünftlerischen Ressentiment gegen neue Männer war schon die Rede: es liegt in der Natur der Dinge. Auch hier liegen die Verhältnisse gerade in solchen Parteien, wie es die amerikanischen sind, teilweise anders. In hohem Grade stabil sind dort die Machthaber *inner*halb der Parteien: die Bosse. Sie erstreben nur Macht, nicht Ehre oder Verantwortung. Und gerade im Interesse der Erhaltung ihrer Machtstellung setzen sie sich nicht den Peripetieen einer eigenen Kandidatur aus, bei der ihre politischen Praktiken öffentlich erörtert würden und daher ihre Person die Chancen der Partei kompromittieren könnte. Als Kandidaten präsentieren sie daher nicht selten, wenn auch nicht immer, gern „neue Männer". Gern dann, wenn sie in ihrem Sinne „verläßlich" sind. Ungern, aber notgedrungen, dann, wenn sie in irgendeiner Art durch ihre „Neuheit", durch irgendeine spezifische notorische Leistung also, derart zugkräftig sind, daß im Interesse des Wahlsieges ihre Aufstellung erforderlich erscheint. Diese durch die Bedingungen der Volkswahl geschaffenen Verhältnisse sind für uns ganz unübertragbar und auch schwerlich wünschenswert. Ebenso unübertragbar sind

[2]) Nur die Kriegsgewinnplutokratie hat es unter den sehr besonderen Bedingungen des Krieges zuwege gebracht.

die französischen und italienischen Zustände, welche sich dadurch auszeichnen, daß eine von Zeit zu Zeit durch Neulinge ergänzte, aber ziemlich begrenzte Zahl „ministrabler" politischer Persönlichkeiten in stets anderer Zusammenstellung in den leitenden Stellen wechselt: eine Folge der dortigen Parteienstruktur. Die englischen Verhältnisse dagegen weichen davon stark ab. Es zeigt sich, daß innerhalb der Parlamentslaufbahn (die hier nicht näher geschildert werden kann) und auch innerhalb der durch das Caucussystem straff organisierten Parteien dort politische Temperamente und Führernaturen in genügender Zahl aufgetreten sind und hochkommen. Einerseits eröffnet die Parlamentslaufbahn dem politischen Ehrgeiz und dem Macht- und Verantwortungswillen die reichsten Chancen, und anderseits sind die Parteien infolge des „cäsaristischen" Zugs der Massendemokratie gezwungen, sich wirklichen politischen Temperamenten und Begabungen als Führern zu fügen, sobald diese sich imstande zeigen, das Vertrauen der Massen zu gewinnen. Die Chance, daß Führernaturen an die Spitze gelangen, ist eben, wie sich immer wieder zeigt, Funktion der *Machtchancen* der Parteien. Weder der cäsaristische Charakter und die Massendemagogie noch die Bureaukratisierung und Stereotypierung der Parteien sind jedenfalls als solche ein starres Hindernis für den Aufstieg von Führern. Gerade straff organisierte Parteien, welche sich wirklich in der Staatsmacht behaupten wollen, müssen sich den Vertrauensmännern der Massen, *wenn* sie Führernaturen sind, *unterordnen,* während die lockere Gefolgschaft des französischen Parlaments bekanntlich die recht eigentliche Heimat der reinen Parlamentsintrigen ist. Die feste Organisation der Parteien und vor allem der Zwang für den Massenführer, in der konventionell fest geregelten Teilnahme an den Komiteearbeiten des Parlaments sich zu schulen und sich dort zu bewähren, bietet andererseits ein immerhin starkes Maß von Gewähr dafür: daß diese cäsaristischen Vertrauensleute der Massen sich den festen Rechtsformen des Staatslebens einfügen und daß sie nicht rein emotional, also lediglich nach den im üblen Sinne des Worts „demagogischen" Qualitäten, ausgelesen werden. Gerade unter den heutigen Bedingungen der Führerauslese sind ein starkes Parlament, verantwortliche Parlamentsparteien, und das heißt: deren Funktion als Stätte der Auslese und Bewährung der Massenführer als Staatsleiter, Grundbedingungen stetiger Politik.

Denn die staatspolitische *Gefahr* der Massendemokratie liegt ja in allererster Linie in der Möglichkeit starken Vorwiegens *emotionaler* Elemente in der Politik. Die „Masse" als solche (einerlei welche sozialen Schichten sie im Einzelfall zusammensetzen) „denkt nur bis übermorgen". Denn sie ist, wie jede Erfahrung lehrt, stets der aktuellen rein emotionalen und irrationalen Beeinflussung ausgesetzt. (Sie teilt das übrigens wiederum mit der modernen „selbstregierenden" Monarchie, welche ganz die gleichen Erscheinungen zeigt.) Der kühle und klare Kopf – und erfolgreiche Politik, gerade auch erfolgreiche demokratische Politik, wird nun einmal mit dem Kopf gemacht – herrscht bei verantwortlichen Entschlüssen um so mehr: 1. je kleiner die Zahl der an der Erwägung Beteiligten ist, – 2. je eindeutiger die Verantwortlichkeiten jedem einzelnen von ihnen selbst und den von ihnen Geleiteten vor Augen stehen. Die Überlegenheit des amerikanischen Senats über das Repräsentantenhaus z. B. ist ganz wesentlich Funktion der kleineren Zahl der Senatoren, die besten politischen Leistungen des englischen Parlaments sind Produkte eindeutiger Verantwortlichkeit. Wo diese versagt, versagt auch die Leistung der Parteiherrschaft, wie jede andere. Und auf dem gleichen Grunde beruht die staatspolitische Zweckmäßigkeit des Parteibetriebs durch *fest* organisierte politische Interessentengruppen. Staatspolitisch völlig irrational ist andererseits die *un*organisierte „Masse": die Demokratie der Straße. Sie ist am mächtigsten in Ländern mit einem entweder machtlosen oder mit einem politisch diskreditierten Parlament, und das heißt vor allem: beim Fehlen *rational organisierter Parteien.* Bei uns sind, abgesehen von dem Fehlen der romanischen Kaffeehauskultur und von der größeren Ruhe des Temperaments, Organisationen wie die Gewerkschaften, aber auch wie die sozialdemokratische Partei ein sehr wichtiges Gegengewicht gegen die für rein plebiszitäre Völker typische aktuelle und irrationale Straßenherrschaft. Von der Hamburger Cholera-Epidemie angefangen bis jetzt hat man immer wieder in Fällen der Unzulänglichkeit des staatlichen Apparates an sie appellieren müssen. *Das* darf nicht vergessen werden, wenn die Zeiten der *Not* einmal vorüber sind.

Die schweren ersten Jahre nach dem Kriege werden natürlich auch bei uns alle Elemente der Massendisziplin in Frage stellen. Vor allem die Gewerkschaften werden zweifellos vor Schwierigkeiten stehen wie nie zuvor. Denn dem Nachwuchs der Halberwachsenen, der jetzt Kriegslöhne bis zum zehnfachen Betrag der Friedenszeit verdient und eine vergängliche Ungebundenheit genießt wie niemals wieder, wird jedes Solidaritätsgefühl und jede Brauchbarkeit und Anpassungsfähigkeit an den geordneten wirtschaftlichen Kampf aberzogen. Ein „Syndikalismus der Unreife" wird aufflammen, wenn diese Jugend vor die Realitäten der normalen Friedensordnung gestellt wird. Von rein emotionalem „Radikalismus" dieser Art werden wir zweifellos reichlich erleben. Syndikalistische Putschversuche liegen in den Massenzentren natürlich durchaus im Bereich des Möglichen. Ebenso ein zunächst mächtiges Anschwellen der politischen Stimmung von der Art der „Gruppe Liebknecht" infolge der ökonomisch schweren Lage. Die Frage ist: ob es in den Massen bei der zu erwartenden sterilen Staatsverneinung *bleibt. Das* aber ist eine Frage der *Nerven.* Es hängt zunächst davon ab, ob das stolze Wort: „Der Appell *an die Furcht* findet in deutschen Herzen keinen Widerhall", *sich auch auf den Thronen bewährt.* Und weiterhin davon: ob solche Explosionen wieder die bekannte und übliche *Angst* der Besitzenden entfesseln, ob also die emotionale Wirkung der planlosen Massenwut die ebenso emotionale und ebenso planlose Feigheit des Bürgertums zur Folge hat, wie die Interessenten der kontrollfreien Beamtenherrschaft erhoffen.

Gegen Putsche, Sabotage und ähnliche politisch sterile Ausbrüche, wie sie in allen Ländern – bei uns seltener als anderwärts – vorkommen, würde jede, auch die demokratischste und sozialistischste, Regierung das Standrecht anwenden müssen, wenn sie nicht Konsequenzen wie jetzt in Rußland riskieren will. Darüber ist kein weiteres Wort zu verlieren. *Aber:* die stolzen Traditionen politisch reifer und der *Feigheit* unzugänglicher Völker haben sich dann immer und überall darin bewährt: daß sie ihre Nerven und ihren kühlen Kopf behielten, zwar die Gewalt durch Gewalt niederschlugen, dann jedoch rein sachlich die in dem Ausbruch sich äußernden Spannungen zu lösen suchten, vor allem aber sofort die *Garantien der freiheitlichen Ordnung* wieder herstellten und in der Art ihrer politischen Entschließungen sich überhaupt durch Derartiges nicht beirren ließen. Bei uns ist mit voller Sicherheit zu gewärtigen, daß die Interessenten der alten Ordnung und der kontrollfreien Beamtenherrschaft jeden Ausbruch syndikalistischen Putschismus, sei er auch noch so unbedeutend, zu einem Druck auf die leider noch immer recht „schwachen Nerven" des Spießbürgertums ausbeuten werden. Zu den beschämendsten Erfahrungen der Ära Michaelis gehörte ja jene *Spekulation auf die Feigheit* des Bürgertums, welche in dem Versuch einer rein sensationellen Ausnutzung des Verhaltens von ein paar Dutzend pazifistischen Fanatikern zu rein parteipolitischen Zwecken zutage trat, ohne Rücksicht auf die Wirkung bei Feinden und auch – bei den Bundesgenossen. Nach dem Krieg werden sich ähnliche Spekulationen in größerem Umfang wiederholen. Ob die deutsche Nation zur politischen Reife gelangt ist, wird sich dann darin zeigen: wie darauf reagiert wird. Man müßte an unserer politischen Zukunft verzweifeln, wenn sie gelängen, so zweifellos dies leider nach manchen Erfahrungen möglich ist.

Die Demokratisierung des Parteibetriebes auf der Linken wie auf der Rechten – denn die „alldeutsche" und die gegenwärtige „Vaterlands"-Demagogie sucht an Unbedenklichkeit ihresgleichen selbst unter französischen Verhältnissen – ist bei uns *Tatsache* und nicht wieder zu beseitigen. Die Demokratisierung des *Wahlrechts* aber ist ein zwingendes und politisch unaufschiebbares Gebot der Stunde, vor allem für den deutschen Hegemoniestaat. Von allem anderen abgesehen, ist staatspolitisch entscheidend dafür: 1. daß heute nur das gleiche Wahlrecht *am Ende* von Wahlrechtskämpfen stehen kann und daß deren furchtbar verbitternde Sterilität aus dem politischen Leben ausgeschaltet sein muß, *ehe* die Krieger aus dem Felde zum Neubau des Staates heimkehren, – 2. daß es eine politische Unmöglichkeit ist, die heimkehrenden Krieger im Wahlrecht zurückzusetzen gegenüber denjenigen Schichten, welche inzwischen daheim ihre soziale Stellung, ihren Besitz und ihre Kundschaft behaupten oder gar vermehren konnten, während jene draußen für deren Erhaltung sich verbluteten. Gewiß: rein tatsächlich „möglich" ist die Verhinderung auch dieser staatspolitischen Notwendigkeit. Aber sie würde sich furchtbar rächen. *Nie wieder* würde die Nation so wie im August 1914 gegen irgendeine Bedrohung von außen zusammenstehen. Wir wären dazu verurteilt, ein kleines, vielleicht rein technisch recht gut verwaltetes, konservatives Binnenvolk zu bleiben, ohne die Möglichkeit – und übrigens auch ohne den *inneren Anspruch* auf weltpolitische Geltung.

## *VI. Parlamentarisierung und Föderalismus*

Es wurde seinerzeit vorgeschlagen, die Wahlrechtsfrage der Einzelstaaten von Reichs wegen insoweit zu regeln, daß jedem, der *im Felde gestanden hat,* in jedem Bundesstaat mit Klassenwahlrecht das Wahlrecht *bester* Klasse oder Art zustehen sollte. Das schonte, weil es formal nur eine zeitweilige Änderung der

Reichsverfassung bedeutete, das föderalistische Prinzip und ließ sich so formulieren, daß nötigenfalls jedes Anrufen des preußischen Landtags unnötig wurde. Widerstand gegen diese Lösung war zu gewärtigen.

Mit Erstaunen aber las man in einigen Berliner Blättern die Behauptung: die *preußische Wahlrechtsfrage* sei eine rein innerpolitische preußische Angelegenheit, mit der sich zu beschäftigen vonseiten anderer Reichsangehöriger eine „Einmischung" oder gar der Versuch einer „Mediatisierung" Preußens sei. Es soll hier ganz davon abgesehen werden: daß der deutsche Reichstag, der dies Gesetz zu beschließen hätte, ja in seiner überwiegenden Mehrheit aus *preußischen* Abgeordneten besteht, – nur freilich nicht aus Abgeordneten der preußischen Plutokratie. Um den Wert solcher Redewendungen zu beleuchten, genügt es aber, sich die Stellung des *preußischen Landtages* im *Deutschen Reiche* klarzumachen. Sie versteckt sich freilich hinter einem dichten Schleier staatsrechtlicher Formeln. Bekanntlich übt der Kaiser und König von Preußen die ihm im Reich zustehenden Rechte teils als Kaiser unter Verantwortung des Reichskanzlers aus, teils als König von Preußen durch Instruktion der preußischen Bevollmächtigten zum Bundesrat unter Verantwortung des preußischen Ministeriums. Der Reichskanzler ist formell nur dem Reichstag, die preußischen Minister sind formell nur dem preußischen Landtag verantwortlich. Soweit scheint alles in Ordnung und stimmt mit der Rechtslage der anderen Bundesstaaten überein. Und da Preußen über kaum halb so viel Stimmen im Bundesrat verfügt, wie nach seiner Größe ihm zukämen, scheint sogar eine außerordentliche Selbstbescheidung vorzuliegen. Erst bei näherem Zusehen zeigt sich, daß der preußische Landtag und gewisse rein preußische Behörden gegenüber *allen* anderen einzelstaatlichen Parlamenten und Behörden eine prinzipiell völlig abweichende privilegierte Sonderstellung einnehmen.

Preußen genießt, abgesehen von dem ihm zustehenden „Präsidium des Bundes", eine Sonderstellung zunächst kraft der Verfassungsvorschrift (R.V. Art. 5 Abs. 2, Art. 37), daß seine Stimmen im Bundesrat ganz allein genügen, um jede Änderung der Gesetzgebung nicht nur über Militärwesen und Marine, sondern über alle Zölle und die Verbrauchssteuern des Art. 35, also auch über die *Handelspolitik* und alle dahingehörigen Verwaltungsmaßnahmen des Reichs zu verhindern. Auch dann zu verhindern, wenn *alle* anderen Bundesregierungen *und* der gesamte Reichstag einmütig für Abänderung eintreten sollten. Bezüglich der Finanzen bestand dies Privileg Preußens im Norddeutschen Bunde *nicht,* sondern ist eine Neuerung zuerst des mit *Baden* geschlossenen Versailler Vertrags. Für die Instruktion der mit solchen privilegierten Machtbefugnissen ausgestatteten Bundesratsstimmen ist die preußische Regierung formell lediglich dem preußischen Landtag verantwortlich. Wie der bekannte Steuerantrag der preußischen Konservativen zeigt, trägt der preußische Landtag auch keinerlei Bedenken, von seinen Machtbefugnissen Gebrauch zu machen.

Preußen hat ferner das Recht des Stichentscheids. Der Bundesrat zählt 61 Stimmen. Die Stimmen von Elsaß-Lothringen werden aber vom Statthalter instruiert, den der Kaiser und König von Preußen nach Ermessen ein- und absetzt. Einer der Zwergstaaten (Waldeck) wird aus finanziellen Gründen von Preußen jetzt schon verwaltet und vertreten. Alle drei Königreiche, alle sechs Großherzogtümer und alle drei Hansastädte und das größte Herzogtum (Braunschweig) zusammen sind also nicht imstande, die Mehrheit zu erlangen, wenn Preußen außer Elsaß-Lothringens Stimmen nur noch den Rest der Zwergstaaten auf seiner Seite hat. Ginge der konservative Antrag durch: das Defizit des Reichs künftig durch Umlagen auf die Bundesstaaten zu bestreiten, so wären *alle* kleineren und manche mittleren Staaten genötigt, es künftig praktisch ebenso zu machen wie Waldeck. Überdies verfügt bekanntlich der preußische Eisenbahnminister über Machtmittel, diese Regierungen gefügig zu machen. Wenn es sich nicht um rein dynastische Fragen oder streng partikularistische Interessen handelt, also in allen positiven Fragen der Reichspolitik, hatte und hat Preußen denn auch immer die feste Mehrheit, da die Zwergstaaten eine Art von Stimmenträger Preußens waren und dies in Zukunft aus Finanzgründen erst recht sein werden. Nicht die Verantwortlichkeit vor dem deutschen Reichstag, sondern die vor dem *preußischen Landtag* bestimmt also nach der Verfassung durchweg die Haltung der im Bundesrat ausschlaggebenden Präsidialmacht und damit die Politik des Reichs.

Aber damit noch nicht genug. Bekanntlich haben wir verfassungsmäßig kein einheitliches Heer, sondern ein Kontingentsheer unter kaiserlichem Oberbefehl. Der König von Preußen hat aber in Abänderung dieses Zustands mit den Kontingentsherren der kleineren Bundesstaaten seinerzeit Militärkonventionen abgeschlossen, welche deren Militärhoheit meist fast ganz auf ihn übertrugen. Die mit Baden verwandelte z.B. das *badische* Heer in das Königlich *Preußische* XIV. Armeekorps. Ein preußischer Bezirkskommandeur sitzt in jeder größeren badischen Stadt, in Karlsruhe ein preußisches Generalkommando, eine preußische Intendantur, preußische Proviantämter, preußische Garnison-, Lazarett- und andere wirtschaftliche Verwaltungen verfügen über alle ökonomischen Anschaffungen, und die badischen Gewerbetreibenden und Handelskreise haben deren Macht im Kriege zu fühlen bekommen. Die badischen Landeskinder werden durch Offiziere in den Krieg geführt, die durch preußisches Patent auf Vorschlag des preußischen Militärkabinetts ernannt werden ohne jegliche Einmischung einer badischen Instanz und unter Ausschaltung auch des badischen Monarchen. Der preußische Kriegsminister ist Kriegsminister auch für Baden. Ähnlich in den anderen Bundesstaaten, außer einigen der größten.

Für die auf Grund dieser Konventionen getroffenen Verfügungen gibt es formell *keinerlei* parlamentarische Verantwortlichkeit, soweit nicht Etatsrechte berührt werden und also der Reichskanzler sie wenigstens *mit* kontrasigniert. Denn im übrigen zeichnet sie der Kriegsminister, und publiziert werden sie im preußischen Armeeverordnungsblatt. Der Kriegsminister ist aber weder dem Reichskanzler unterstellt noch (formell) dem Reichstag verantwortlich, da er *preußischer* Beamter ist. Aber in Preußen wiederum gibt es kein sachliches Objekt, für welches man ihn zur Verantwortung ziehen könnte, und auch kein Mittel, dies wirksam zu tun: denn nicht der preußische Landtag, sondern der Reichstag ist die Stätte der Beschlußfassung über das Militärbudget.

Auch mit diesem erstaunlichen Zustand sind aber die Privilegien Preußens nicht erschöpft. Der dem Reichstag verantwortliche Reichskanzler hat als solcher im Bundesrat nur die formale Leitung. Eine Stimme hat er dort nur in seiner Eigenschaft als (gemäß Art. 15 in Verbindung mit Art. 11) unvermeidlich *preußischer* Bevollmächtigter. Als solcher ist er aber formell streng an die Weisungen der preußischen Regierung gebunden und folglich dem Reichstag formell für diese seine Abstimmung *nicht* verantwortlich. Sondern das ist die *preußische* Regierung dem *preußischen* Landtag, der dadurch für jeden ernsthaft politischen Akt des Reichs ausschlaggebend wird, sobald er seine Macht gebrauchen will. Der Reichskanzler muß unvermeidlich zugleich preußischer Minister des Auswärtigen sein. Daß er auch preußischer Ministerpräsident sei, ist nicht unvermeidlich und nicht immer der Fall gewesen. Ist er es nicht, so ist er als bloßer preußischer Stimmenträger im Bundesrat politisch machtlos und dem preußischen Ministerium *untergeordnet*. Ist er es aber, so muß er auch als Reichskanzler auf die Haltung seiner preußischen Kollegen Rücksicht nehmen. Und vor allem: auf die Haltung des *preußischen Landtags*.

Dem Reichstag ist der Reichskanzler nur als „Reichsminister" verantwortlich für Entschließungen „des Kaisers" als solchen, mithin für dessen kraft Verfassung oder besonderen Gesetzes getroffene, seiner Gegenzeichnung bedürftige Willensäußerungen. Prinzipiell ist für die Reichsgesetzgebung der Kaiser nur das Publikationsorgan des Bundesrats ohne eigenes Vetorecht. Zahlreiche Gesetze bestimmen aber, daß bestimmte Verfügungen „vom Kaiser mit Zustimmung des Bundesrats" zu treffen seien. In anderen Fällen erklären sie den Kaiser allein für die, unter Verantwortung des Reichskanzlers, maßgebende Stelle. Von hochpolitischen Angelegenheiten gehört nach der Verfassung des Reichs dahin die äußere Politik. Internationale Verträge, Kriegserklärungen und Friedensschlüsse können nur unter Mitwirkung eines auch dem Bundesrat gegenüber selbständigen Willensentschlusses des Kaisers zustandekommen (Art. 11). Von hochpolitischen Akten der inneren Politik bedarf eines solchen verfassungsmäßig die Auflösung des Reichstags (Art. 24). Und gerade für hochpolitische Entschlüsse tritt hier – ganz abgesehen von der für Kriegserklärungen und die meisten Verträge und für Reichstagsauflösungen notwendige Zustimmung des Bundesrats, also wieder: Preußens – in fast allen Fällen der Umstand in Wirkung: daß das Reich keine vorberatende Institution von der Art des preußischen Kronrats besitzt. Denn der Bundesrat ist eine Abstimmungsmaschinerie, und wie sollte der „Rat" der Staatsmänner von Schwarzburg-Rudolstadt ins Gewicht fallen? Da die Art der Zusammensetzung des Kronrats eine *preußische* Angelegenheit ist, kann die nachträgliche Verantwortlichkeit des Reichskanzlers gegenüber dem Reichstag, zumal bei dem Mangel jeglicher gesetzlichen Handhabe, sie zur Geltung zu bringen, an diesem den Gang der Politik oft bestimmenden Einfluß einer rein preußischen Instanz nichts ändern. Eine kollegiale Erörterung der Chefs der Reichsämter ist nicht vorgesehen. Die Reichsämter stehen als selbständige Ressorts nebeneinander, und zwischen ihnen herrscht chronisch der Kampf der „Ressort"-Satrapen. Künftige Historiker werden vermutlich in den Archiven über jede Frage, die jetzt im Kriege auftauchte (Belgien, Polen), zahlreiche vorzügliche Denkschriften aller Reichsämter finden, jede der anderen widersprechend. Diese Widersprüche sind nur zum Teil sachlich bedingt. Denn hinter ihnen verbirgt sich der persönliche Kampf der Verwaltungschefs. Kommt es aber politisch zum Klappen, so wird regelmäßig das alles Makulatur: für die Art, wie im November 1916 die Polenpolitik inauguriert wurde, war, wie öffentlich erklärt worden ist, die Heeresleitung maßgebend, für die Art des weiteren Verlaufes aber war zweifellos auch der Einfluß von Preußens Landtag und seiner Minister mitverantwortlich.

Es mag auf eine Verlängerung der Liste verzichtet werden. Von den weittragenden *rein* persönlichen Machtbefugnissen des Kaisers als solchen ist hier ganz abgesehen worden, obwohl natürlich die Art, wie mit Rücksicht auf den preußischen Landtag die preußische Regierung zusammengesetzt ist, auch auf diese Entschlüsse überall zurückwirkt. Wird nun der preußische Landtag nach einem anderen Wahlrecht zusammengesetzt als der Reichstag, so ist die Berliner Regierung genötigt, sich politisch ein *doppeltes Konto einzurichten, im* Reichstag z.B. „Freie Bahn jedem Tüchtigen" als Parole zu proklamieren, im Landtag aber für die Nobilitierung der Kriegsgewinne eine Erleichterung der Fideikommißbildung vorzuschlagen. Das Odium dieser erzwungenen Doppelzüngigkeit aber trägt ohne allen Zweifel: *die Krone.* Die verhängnisvolle Halbheit zahlreicher Schritte der Reichsregierung entstammt zum sehr großen Teil der gleichen Quelle. Auch davon ganz abgesehen aber steht nach dem Gesagten jedenfalls fest:

1. daß rein *preußische* Behörden fortgesetzt in die Lebensfragen des Reichs nicht nur, sondern anderer Staaten und ihrer Angehörigen eingreifen. Ferner:

2. daß die *preußische* Regierung, welche formell dem *preußischen* Landtag allein verantwortlich ist, von ihrer faktischen Übermacht abgesehen, auch derart rechtlich privilegiert ist, daß die Stellung des preußischen Landtags zum Reich in der Stellung irgendeines anderen Landtags *keinerlei* Analogie und auch *keinerlei* politische Kompensation findet, soweit nicht einzelne Bundesstaaten, wie namentlich Bayern, sich rein negativ durch besondere „Reservatrechte" dagegen geschützt haben. Dem *politischen* Sachverhalt nach ist es also durchaus zutreffend, wenn man die in solcher Lage befindlichen Staaten, insbesondere Baden, als von Preußen und seinen Organen, vor allem auch seinem Landtag, *mediatisierte* Staaten bezeichnet. Wenn dieser Sachverhalt hier einmal unverhüllt festgestellt wird, so hat dies keinerlei „antipreußische" Spitze. Der Schreiber dieser Zeilen selbst hat die preußische Staatsangehörigkeit nicht aufgegeben. Den Versailler Vertrag und die Militärkonvention mit Preußen hat seinerzeit ein von mir hochverehrter badischer Staatsmann abgeschlossen. Die Unzuträglichkeiten, welche die letztere seinerzeit im Gefolge gehabt hat, mögen gern unerwähnt bleiben. Niemand wünscht sie rückgängig zu machen, denn sie ist *sachlich* zweckmäßig im Interesse der einheitlichen Wehrkraft des Reichs. Wir treiben *sachliche* und keine Eitelkeitspolitik. Aber: wenn jetzt von einer kleinen Klique von preußischen Wahlrechtsprivilegierten uns die Behauptung entgegengehalten wird: die Art des preußischen Wahlrechts „gehe uns nichts an", so ist das angesichts jener Verhältnisse eine so dreiste Herausforderung, daß darauf in Fraktur geantwortet werden müßte. Die Hegemoniestellung Preußens im Reich wünscht niemand anzutasten. Aber wir verlangen, daß die in allen Fragen der Reichspolitik ausschlaggebende preußische Bundesratsstimme einem Parlament des preußischen *Volkes* verantwortlich ist und nicht irgendeiner privilegierten Kaste, wie immer sie zusammengesetzt sein möge, wenn wir jene Zustände

fernerhin ertragen sollen. Vasallen preußischer privilegierter Kasten zu sein, lehnen wir auf das Bestimmteste ab.

Wie sich der preußische Landtag für *inner*preußische Angelegenheiten einrichtet, ist natürlich ganz und gar eine preußische Frage. Sie betrifft die Zusammensetzung des *Herrenhauses*. Die Frage aber nach der Art, wie diejenige Kammer, in deren Händen das *Budgetrecht* liegt und welche also die hochpolitischen Entschließungen Preußens bezüglich der *Leitung des Reichs* entscheidend beeinflußt, zusammengesetzt ist, ist – weil die materielle Macht Preußens weit über seine formelle Stellung hinausgeht und weil schon diese eine weitgehend privilegierte, für alle hohe Politik schlechthin ausschlaggebende ist – eine Lebensfrage des *Reichs,* die uns alle ebenso angeht, wie nur irgendeinen Wähler zum preußischen Landtag. Geht der jetzige Zustand: daß ein Pferd vor und eins hinter den Wagen gespannt wird und ein preußisches *Privilegien*parlament den Reichstag konterkariert und den Reichskanzler zu stürzen unternehmen kann, weiter, so hat in der öffentlichen Meinung unfehlbar *die Krone* die Kosten zu tragen. Das möge wohl bedacht werden.

Nun muß man sich natürlich klarmachen, daß das Problem der Beziehung zwischen dem Reich und Preußen: die Notwendigkeit des Ausgleichs durch Kompromiß zwischen ihnen, dauernd und auch nach der erhofften Änderung des preußischen Wahlrechts, welche ja nur einen Gegensatz der inneren Struktur forträumt, fortbesteht. Solange die heutige Gestaltung Deutschlands erhalten bleibt, kann der deutsche Bundesrat niemals so konstruiert werden, wie etwa der Senat der Vereinigten Staaten, dessen Mitglieder gewählte Vertreter des Volks der Einzelstaaten sind und daher nach ihrer individuellen und Parteiüberzeugung abstimmen. Die Bevollmächtigten zum Bundesrat sind dagegen von den Regierungen der Einzelstaaten delegiert und erhalten von ihnen Instruktionen, an welche sie als an „imperative Mandate" gebunden sind. Dies würde so bleiben auch dann, wenn die Regierungen, welche jene Instruktionen erteilen, noch so vollständig parlamentarisiert und durch demokratisierte Parlamente noch so wirksam kontrolliert würden. Es entstände also dann das Problem: wie sich die Parlamentarisierung der Einzelstaaten, vor allem aber: Preußen, zu der Parlamentarisierung der Reichsregierung verhalten würde. Zu seinem Verständnis ist zunächst das im Vorstehenden gegebene Bild der Beziehung Preußens zum Reich noch etwas zu ergänzen. Denn das bisher dargestellte formale Recht erschöpft nicht den politischen Sachverhalt.

Wenn die Reichspolitik in sehr viel weitergehendem Umfang, als die Verfassung erkennen läßt, durch Preußen bestimmt wird, so umgekehrt auch die Haltung der preußischen Regierung durch die Verhältnisse im Reich. In Preußen war dank der Wahlrechtsplutokratie seit Jahrzehnten die konservative Partei allmächtig. Daß ein Verwaltungsbeamter andere politische Anschauungen habe als solche, welche der konservativen Partei zum mindesten unschädlich erschienen, war völlig ausgeschlossen. Die Masse aller Beamten aber mußte schlechterdings konservativ sein, weil sie sich sonst schon rein gesellschaftlich nicht behaupten konnten. Ebenso die Minister, einige farblose „Konzessionsliberale" abgerechnet, welche beim Eintritt in das Ministerium ihre Vergangenheit schleunigst zu verleugnen trachten mußten. In Preußen herrschte also – was die Literatenphrase gern verhüllt – eine so ausgeprägte *Parteiherrschaft*, wie nur in irgend einem parlamentarischen Lande der Erde. Wo immer die materiellen oder die sozialen Machtinteressen der hinter der herrschenden Partei stehenden Kreise im Spiel waren, blieb auch die Krone stets gänzlich machtlos und außerstande, ihre entgegenstehenden Wünsche durchzusetzen[1]).

Die Angst der bürgerlichen Plutokratie vor der „Demokratie", die sie im Reichswahlrecht und Reichstag verkörpert sahen, stützte diese Parteiinteressen in Preußen. Freilich besteht auch im Reichstag, wenn man den größeren Teil des Zentrums und den rechten Flügel der Nationalliberalen der Rechten zuzählt, eine Mehrheit gegen die Linke. Immerhin ist sie nicht parteikonservativ, und die Mehrheitsbildung nach links ist in zahlreichen wichtigen Fragen praktisch geworden. Hätte aber die preußische Landtagsmehrheit die Entschließungen der Präsidialstimme im Bundesrat und des Reichskanzlers, der ja stets zugleich preußischer Minister, meist Ministerpräsident ist, in der Leitung der Reichspolitik eindeutig bestimmt: – und der Wortlaut der Reichsverfassung schlösse das nicht aus –, so wäre das Reich rein parteikonservativ regiert worden. Allein das kann die Landtagsmehrheit nicht unternehmen, *weil sie auf einem plutokratischen Wahlrecht* ruht. Dieser Umstand, der sie gegenüber dem demokratisch gewählten Reichstag schwächte, gab diesem ein Übergewicht in den Fragen der Reichspolitik und machte die „Verantwortlichkeit" gegenüber dem Reichstag zu einer wenigstens begrenzt effektiven.

Das Budgetrecht des Reichstags zwingt den Reichskanzler, sich nicht nur als Reichsminister, sondern auch als Träger der Präsidialstimme und Vertreter des Hegemoniestaats für die von daher beeinflußte Leitung der Reichspolitik vor dem Reichstag zu verantworten, das heißt praktisch: ihm Rede zu stehen. Das gleiche gilt für die Kriegsminister, ebenfalls: weil das Militärbudget Reichsangelegenheit ist. Vor allem für den preußischen Kriegsminister, der tatsächlich wie ein Organ des Reichs im Reichstag auftritt. Andere Machtmittel als das Budgetrecht besitzt der Reichstag freilich nicht, um seiner Stellungnahme Nachdruck zu verleihen. Und die direkte Ausnutzung dieses Rechts zum Zweck der Beseitigung eines parteigegnerischen Kanzlers oder Kriegsministers ist seit der preußischen Konfliktszeit in Deutschland (außerhalb Bayerns) nicht üblich gewesen und würde, zumal bei den Literaten, „patriotische" Entrüstung erregen. Immerhin genügt die Möglichkeit, die politische Arbeit eines ausgespro-

---

[1]) Lächerlicherweise wird als Beweis gegen den plutokratischen Charakter des preußischen Staates gern die Miquelsche Einkommensteuer angeführt. Allein sie war in ihrer Entstehung nur ein klassischer Ausdruck der Übermacht der Großgrundbesitzer *innerhalb* dieser Plutokratie. Denn ihre Einführung wurde erkauft durch Preisgabe einer den Grundbesitz belastenden, dabei aber sicheren und wichtigen staatlichen Steuer: der Grundsteuer, in der Form der sogenannten „Überweisung". Die Einführung der Einkommensteuer bedeutete eine gewaltige relative Steuerentlastung des hypothekenbelasteten Grundbesitzes und eine Mehrbelastung des beweglichen Vermögens. Und sie hatte für die ländlichen Interessenten vollends nichts Bedrohliches unter Verhältnissen, bei denen die Einschätzung der Großgrundbesitzer in den Händen von Instanzen lag, welche politisch und gesellschaftlich gänzlich von ihnen abhingen. Es war Miquels großes Geschick, diese agrarischen Interessen als Vorspann einer technisch ausgezeichneten Steuer benutzt zu haben. Alle Reformen, bei welchen solche Trinkgelder an die Interessenten der herrschenden Partei nicht heraussprangen, sind gescheitert.

chen parteigegnerischen politischen Leiters zu obstruieren, um es unmöglich zu machen, daß ein Reichskanzler oder Kriegsminister sich bei ausgesprochener Gegnerschaft einer in dieser Gesinnung verharrenden, durch Neuwahlen nicht zu beseitigenden Reichstagsmehrheit *dauernd* im Amt behaupten könnte. Ein Zusammenarbeiten des Reichstags mit dem Reichskanzler als Träger der Präsidialstimme wäre aber überhaupt unmöglich, wenn tatsächlich die konservative Parteiherrschaft in Preußen mit der für innerpreußische Verhältnisse üblichen Rücksichtslosigkeit auch auf die Führung der Reichspolitik erstreckt würde. Und selbst eine allzu unbedingte und offene Identifikation eines als Reichskanzler fungierenden preußischen Ministerpräsidenten mit der konservativen Partei in seiner preußischen Politik wäre aus diesem Grunde nur schwer durchführbar. Rücksichtnahme auf die Zusammensetzung des Reichstags ist daher in der preußischen Führung der Reichspolitik und unter Umständen sogar in der Art der Führung der preußischen Politik immer unumgänglich gewesen.

Eine gewisse Selbständigkeit der Reichspolitik gegenüber Preußen ist ferner schon dadurch gegeben, daß das Reich über einen selbständigen Beamtenapparat verfügt. Die Reichsämter rekrutieren sich nicht einfach durch Übernahme preußischer Beamter. Die eigentümliche Schwäche der Reichsbureaukratie beruht allerdings darauf, daß die Mehrzahl der Zentralinstanzen des Reichs, vor allem die bisher politisch wichtigste: das Reichsamt des Innern, nicht einem bis zum Boden hinabreichenden eigenen, mit Zwanggewalt versehenem Beamtentum übergeordnet ist, wie jedes Mini-sterium des Innern in einem Einzelstaat. Gegen Preußen fand die Reichsbureaukratie einen Rückhalt ihrer Selbständigkeit im Reichstag. Parteimäßig machte sich infolgedessen die andere Zusammensetzung des Reichstags gegenüber dem preußischen Landtag bei ihr geltend: die Bedeutung der Zentrumspatronage für ihre Zusammensetzung war nicht unbeträchtlich. Auf das ganze Problem dieses Verwaltungsapparats des Reichs soll indessen hier nicht eingegangen werden, sondern lediglich: auf die Art von dessen Willensbildung bei Gesetzen und allgemeinen Verwaltungsanordnungen, für welche der Bundesrat zuständig ist.

Die Regel ist, daß die Vorlagen für den Bundesrat in den Reichsämtern ausgearbeitet werden. Dann werden die Stimmen Preußens durch Verhandlungen mit den preußischen Ministerien dafür geworben. Nach der nicht immer leichten Herstellung eines Einvernehmens durch Kompromiß oder Anpassung an die preußischen Wünsche pflegt über den fertiggestellten Entwurf noch eine Erörterung mit Bayern gepflogen zu werden. Alle übrigen Bundesstaaten werden in der Regel vor die vollendete Tatsache der Vorlage im Bundesrat gestellt. Um nun die Stimmen Preußens leichter gewinnen zu können, wurden bisher einige der wichtigsten Staatssekretäre des Reichs regelmäßig zugleich zu preußischen Ministern ohne Portefeuille ernannt. Dies konnte bei hochpolitisch wichtigen und daher der Abstimmung des preußischen Staatsministeriums unterbreiteten Entschließungen auch die *innerpolitischen* Verhältnisse Preußens beeinflussen. So ist nach bisher meines Wissens nicht bestrittenen Pressenachrichten die Annahme jener königlichen Kabinettsorder, welche das gleiche Wahlrecht versprach, nur mit einer Stimme Mehrheit und nur dadurch zustande gekommen, daß außer dem Reichskanzler zwei Staatssekretäre des Reichs als nebenamtliche preußische Minister dafür stimmten. – Alle Staatssekretäre sind andererseits, nach bisher fester Regel, preußische Bevollmächtigte zum Bundesrat. Das gleiche gilt aber auch für die preußischen Staatsminister, mit Einschluß vor allem des politisch wie ein Reichsorgan, rechtlich aber als preußischer Beamter fungierenden Kriegsministers, der ohne diese Bevollmächtigung zum Bundesrat überhaupt nicht in der Lage wäre, sein Ressort im Reichstag aus eigenem Recht als Verwaltungschef zu vertreten. Bei seiner Verantwortung vor dem Reichstag geht natürlich der Kriegsminister, ganz ebenso wie der Reichskanzler, stets nur soweit, als es die politische Lage ihm unumgänglich aufnötigt. Als ein Mittel, sich weitgehende Kontrollfreiheit zu sichern, steht ihm dabei der in seiner Tragweite unbestimmte Begriff der kaiserlichen „Kommandogewalt", als einer vom Parlament unantastbaren Prärogative, zur Verfügung, hinter welchem alles gedeckt wird, was der Kontrolle durch das Parlament entzogen werden soll. –

Das Resultat von alledem ist: die innere Politik Preußens bleibt vom Reich her unbeeinflußt, soweit nicht hochpolitische Rücksichten in Ausnahmefällen einmal eine Einflußnahme erzwingen. In der Reichshegemoniepolitik Preußens findet eine gegenseitige Beeinflussung der vom Reichstag her beeinflußten bureaukratischen Leitung des Reichs und der vom Landtag her beeinflußten Regierung Preußens sowohl in personaler wie in sachlicher Hinsicht statt. Je nachdem dabei mehr die unter dem Druck des Reichstags stehenden Instanzen der Reichsleitung oder mehr die unter dem Druck des preußischen Landtags stehende Leitung Preußens den Ausschlag gibt, ist der Hegemoniestaat in seiner reichspolitischen Haltung von den Reichsorganen her bestimmt oder ist umgekehrt das Reich „großpreußisch" geleitet. Die innere Struktur des Reichs und seiner Einzelstaaten aber sorgt dafür, daß im allgemeinen diese letztere Richtung: der großpreußische Charakter der Reichsleitung, überwiegt. Welche Interessen sind es, die dahin drängen?

Die Einzelstaaten sind, außer den Hansastädten, Monarchien mit einer an Bedeutung und Schulung stetig wachsenden Bureaukratie. Vor der Gründung des Reichs hatten viele von ihnen den Weg zu einer parlamentarischen Regierung und Verwaltung ziemlich weitgehend zurückgelegt. Mit durchaus befriedigendem Erfolg. Jedenfalls ist es angesichts der damaligen Verhältnisse höchst lächerlich, wenn die Literaten behaupten: dies Regierungssystem sei für Deutschland fremder Import und habe sich bei uns noch „nicht bewährt". – Die Reichsgründung änderte das. Für die Höfe sowohl wie für die einzelstaatlichen Bureaukratien lag der Gedanke nahe: im Reich vor allem eine *Versicherungsanstalt* für die eigene Stellung zu sehen, die Throne als durch das Reich garantierte Pfründen und das Verhältnis zu Preußen als den Rückhalt kontrollfreier Beamtenherrschaft auch in den übrigen Einzelstaaten zu behandeln. So sehr Bismarck gelegentlich den Reichstag als Druckmittel gegen widerspenstige Einzelregierungen in der Hinterhand hielt, so sehr nutzte er andererseits jene Tendenz der einzelstaatlichen Höfe und Beamtenkörper aus, um als deren Schutzherr zu erscheinen. Die Nachwirkungen dieser Tradition reichen bis heute. Denn eine dynastisch-bureaukratische Pfründenversicherung, praktisch sich äußernd in einer Garantie weitgehender Kontrollfreiheit der Bureaukratie, war und ist das, was hinter dem Schlagwort vom „Schutz des Föderalismus" in Deutschland stand und steht. Kontrollfreiheit auch und vor allem: innerhalb der *einzel*staatlichen Verwaltung. Sehr bald nach Gründung des Reichs ging die Bureaukratie der Einzelstaaten zur möglichsten Eliminierung der Kontrolle der einzelstaatlichen Parlamente zugunsten eines kontrollfreien Regiments „kraft landesherrlicher Prärogative" über, wie man sich aus ihrer innerpolitischen Entwicklung seit den siebziger Jahren leicht überzeugen kann. Mit dem Erfolg: daß die Bedeutung und damit das geistige Niveau der einzelstaatlichen Parlamente meist ähnlich sank, wie beim Reichstag. Aus jener Gegenseitigkeitsversicherung aber erklärt sich das Verhalten der einzelstaatlichen Bureaukratie gegenüber den Verhältnissen in Preußen und umgekehrt Preußens zu denen in den Einzelstaaten. In den Einzelstaaten begann in den letzten zwanzig Jahren eine allmähliche Demokratisierung der Wahlrechte. Aber die kontrollfreie Stellung der Bureaukratie blieb dabei unangetastet. Sie fand ihren inneren Rückhalt an den politischen Verhältnissen in Preußen und an Preußens Einfluß im Reich. Vor allem das preußische Dreiklassenwahlrecht konnte die einzelstaatliche Bureaukratie nur mit der größten Besorgnis verschwinden sehen. Denn es schien doch gut, daß dort in Berlin für vorkommende Fälle einer Bedrohung der eigenen Kontrollfreiheit durch die einzelstaatlichen Parlamente ein großer konservativer Knittel bereitstand und dafür sorgte, daß der Machtstellung der Bureaukratie als solcher nichts Ernstliches widerfahren konnte. Die preußische parteikonservative Bureaukratie und mit ihr die preußischen Wahlprivilegsinteressenten andererseits ließen die einzelstaatlichen Bureaukratien getrost etwas „Demokratie spielen", unter der Bedingung, daß nicht nur kein Versuch zugelassen würde, vom Reich her die unglaubliche innerpolitische Struktur Preußens anzutasten, sondern daß die einzelstaatliche Bureaukratie, mit Ausnahme allenfalls der bayrischen Regierung, auch auf jegliche effektive Teilnahme an der Macht im Reich verzichtete, das Reich also im wesentlichen großpreußisch regieren ließ. Die ganze Art des Betriebs der Bundesratsgeschäfte wurde dadurch bestimmt, und dies stillschweigende Kompromiß muß man sich stets gegenwärtig halten, um zu verstehen, was „Föderalismus" bisher bedeutete und welche Interessen dahinter standen.

Der Bundesrat, die gemeinsame Vertretung der Höfe und Ministerien, führte infolgedessen im Ganzen ein behagliches und einträchtiges Stilleben. Der Charakter seiner Beratungen entzieht sich bei der Geheimhaltung der Protokolle der Kritik. Da verfassungsmäßig die imperativen Instruktionen allein maßgeblich waren, mußte die persönliche Stellungnahme der Mitglieder stets unmaßgeblich und unter Vorbehalt der Ansicht der eigenen Regierung, also gewichtlos, bleiben. Eine Stätte für die Wirksamkeit von Staatsmännern oder für deren Schulung war daher der Bundesrat nie (sehr im Gegensatz zum Frankfurter Bundestag!). Gewiß kam es vor, daß Regierungen ihren Bevollmächtigten die Abstimmung bei einer Frage freigaben. So manche von ihnen gelegentlich des Lippeschen Erbfolgestreits, schon um das Odium der peinlichen Stellungnahme von sich abzuwälzen. In eigentlich politischen Fragen hielt Preußen seine durch die Stimmen der Zwergstaaten garantierte Suprematie unbeugsam fest. In anderen wichtigen Dingen war die Abstimmung, so sehr ihre Möglichkeit von Bismarck als ultima ratio gegen die Regierungen ausgenutzt wurde, doch wesentlich formal: Verhandlung und Kompromiß mit den Höfen und Ministerien, vor allem Bayerns, hatten die Lage vorher geklärt. Auf diese diplomatischen, kabinettspolitischen, Mittel hatte Bismarck, wie im wesentlichen die äußere, so auch die innere Politik abgestellt. Im Prinzip blieb dies nachher so, mochte auch die Methode, nicht immer sehr zum Vergnügen der Einzelstaaten, sich ändern. Machte der Bundesrat dennoch einmal unerwartete Seitensprünge, so wußte Bismarck ihn zur Unterwerfung zu bringen. Das Mittel des Demissionsgesuchs (bei einem formell unerheblichen Anlaß) wirkte bei ihm zuverlässig: der Bundesrat nahm seinen Beschluß zurück. Aber er ist gelegentlich auch über Beschlüsse des Bundesrats stillschweigend zur Tagesordnung übergegangen, ohne daß aus dessen Mitte gewagt worden wäre, an die Reichsverfassung zu appellieren. Nach ihm ist von ernsthaften Konflikten nichts bekannt geworden. Vorhandene Schwierigkeiten äußerten sich naturgemäß mehr in Stillstand und Stagnation der betreffenden Probleme, als in offenen Gegensätzen.

Man muß sich nun klarmachen, daß dieses Stilleben in Zukunft zu Ende geht. Ganz ebenso, wie Monarchenzusammenkünfte und kabinettspolitische Mittel, wie sie Bismarck namentlich in Petersburg und Wien benutzen konnte, an Bedeutung zurückgetreten sind, so wird es auch innerpolitisch gehen. Schon bei den finanz- und wirtschaftspolitischen Fragen, die uns im Frieden bevorstehen, hört die Gemütlichkeit des alten Regimes auf. Alle Einzellandtage, an der Spitze der preußische, werden künftig ihr formelles Recht der Beeinflussung der Bundesratsabstimmung und der Hinwirkung auf Ausübung des Rechts, im Bundesrat Anträge zu stellen, zunehmend geltend machen[2]). Der preußische Landtag könnte so, vermöge der ökonomisch bedingten und künftig sich verstärkenden Herrschaft Preußens über die norddeutschen Zwergstaaten, Initiative und Herrschaft in der Reichspolitik an sich reißen. Denn die bisherige Zurückhaltung war eben ein Produkt seiner Schwäche, die aus dem Klassenwahlrecht gegenüber dem demokratisch gewählten Reichstag folgte. Sie wird mit der Demokratisierung des preußischen Wahlrechts vermutlich fortfallen, und das Schwergewicht Preußens wird sich dann wesentlich verschärft geltend machen. Gewiß wird sich die Bureaukratie aller Staaten gegenüber dieser wie gegenüber jeder anderen Konsequenz der Parlamentarisierung solidarisch fühlen. Und gewiß ist die vereinigte Bureaukratie des Reichs, Preußens und der Einzelstaaten eine Macht, welche, mit den Höfen hinter sich, die Entwicklung zur Parlamentarisierung obstruieren kann. Aber man sei sich klar: dann ist der Weg zu einer friedlichen innerpolitischen Entwicklung sowohl wie zu einer die äußere Machtstellung des Reiches stützenden politischen Mitarbeit und Erziehung der Nation verrammelt. Wer das nicht will, muß die Frage von vornherein so stellen: *wie ist die Parlamentarisierung Deutschlands mit gesundem, das heißt: aktivem, Föderalismus zu vereinigen?*

Das Prinzip scheint klar: 1. Der Strom der Parlamentarisierung muß vor allem in die Kanäle des Reichs geleitet werden. – 2. Der legitime Einfluß der außerpreußischen Bundesstaaten auf die Reichspolitik muß gestärkt werden.

[2]) Dem badischen Landtag liegt ein entsprechender Antrag vor.

Wie soll das geschehen? Wir stoßen da wieder auf die schon früher besprochene mechanische Schranke des Art. 9 letzter Satz der Reichsverfassung, welcher formell dem ersten, tatsächlich aber, wie sich zeigen wird, meist dem zweiten dieser Postulate im Wege steht. Praktisch bedeutet diese Bestimmung folgendes: die einzelstaatlichen Bundesratsbevollmächtigten, einschließlich des Reichskanzlers und der Staatssekretäre, können Mitglieder einzelstaatlicher Parlamente, insbesondere des preußischen Landtags sein. Der Reichskanzler ferner muß, die Staatssekretäre sollen nach fester Regel preußische Bundesratsbevollmächtigte sein, sind also in jedem Fall vom preußischen Landtag beeinflußt. Dagegen ist es den Regierungen verboten, ein Reichstagsmitglied, welches sein Mandat beibehält, zum Reichskanzler oder zum Bundestagsbevollmächtigten zu ernennen: also sind dadurch der Reichskanzler und die dem Bundesrat angehörigen Staatssekretäre vom Reichstag ausgeschlossen.

*Vorbedingung, zwar nicht der Parlamentarisierung, wohl aber einer gesunden Parlamentarisierung im Reich ist der Fortfall dieser Bestimmung.* Entweder könnte man sie – und das wäre an sich das Zweckmäßigste – nur für den Reichskanzler und die Staatssekretäre (oder wenigstens für die politisch wichtigsten Staatssekretäre, vor allem die des Inneren und des Reichsschatzamts) außer Kraft setzen. Dadurch würde ermöglicht, daß Parteiführer als solche die verantwortliche Leitung der Reichspolitik auf sich nehmen und zugleich – worauf es hier ankommt – ihre *Partei* im Reichstag mit der Verantwortlichkeit belasteten. Denn innerhalb der Parteien würden sie ja Stellung und Einfluß behalten. Nur auf diesem Wege kann offenbar der lediglich „negativen" Politik der Parteien im Reichstag ein Ende gemacht werden. Oder man hebt, um der „Parität" der Bundesstaaten willen, die Vorschrift ganz und gar auf, so daß nicht nur preußische Bevollmächtigte, sondern auch solche anderer Bundesstaaten dem Reichstag entnommen werden und in ihm verbleiben dürfen. Dies ist der Vorschlag, welchen der Verfassungsausschuß des Reichstags angenommen hat. Er ist Gegenstand lebhafter Angriffe gewesen.

Überhaupt nicht ernst zu nehmen ist von diesen das von konservativer Seite erhobene formale Bedenken: Reichstagsmitglieder, die zugleich Bundesratsbevollmächtigte seien, kämen, da sie im Reichstag nach eigener Überzeugung, im Bundesrat aber nach Instruktionen abstimmen müßten, in „Gewissenskonflikte". Für die Landräte im preußischen Abgeordnetenhaus, welche nach dem Puttkamerschen Erlaß als Beamte „die Politik der Regierung zu vertreten" haben, könnte dies Argument allenfalls zutreffen. Man spürt jedoch bei ihnen wenig von solchen „Gewissenskonflikten", und die konservative Partei jedenfalls hat sich durch deren Möglichkeit nicht stören lassen. Aber vor allem: preußische Minister und Staatssekretäre des Reichs, welche Bundesratsbevollmächtigte Preußens waren, haben wiederholt im *preußischen Abgeordnetenhause* gesessen und können dies auch heute tun. Als Abgeordnete aber haben sie das Recht nicht nur, sondern auch die Pflicht, „nach eigener Überzeugung" die *Instruktionen zu kritisieren,* welche ihnen, als Bundesratsbevollmächtigten, *ihre eigene Regierung* gab. Auch diese „Gewissenskonflikte" hat die konservative Partei nicht tragisch genommen. Allein dieser naive moralistische Begriff dient überhaupt nur zur Irreführung der Spießbürger. Denn in Wahrheit steht die Sache so: daß ein Politiker, welcher als Bundesratsbevollmächtigter eine Instruktion erhält, die er zu vertreten sich nach seiner eigenen Überzeugung nicht in der Lage sieht, *sein Amt zu quittieren hat.* Das gebietet ihm die *Ehre* und *politische Verantwortlichkeit,* die nun einmal eine andere ist als die eines Beamten. Sonst ist er ein *„Kleber“.* Dies dem leitenden Beamten, vor allem dem Reichskanzler einzuschärfen, wäre gerade einer der politischen Zwecke der Aufhebung jener Bestimmung. Eben deshalb aber perhorresziert die Bureaukratie diese Aufhebung.

Indessen man hat weit schwereres Geschütz aufgefahren. In der „Bayrischen Staatszeitung“ wurde die Parlamentarisierung als „Zentralismus“ bekämpft, ein Teil der bayrischen Presse und ihr nach konservative Literaten malten allen Ernstes eine „Abwendung Bayerns vom Reich“ an die Wand. Diese Drohung ist zunächst töricht: aus der Zollgemeinschaft führt für Bayern kein gangbarer Weg, und es ist unklug, die wirklichen Zentralisten an diese Tatsache zu erinnern, welche im Ernstfall ihnen *sofort* (in Bayern selbst) das Spiel in die Hand geben würden.

Der Kampf für Art. 9 Satz 2 ist aber auch für die Zukunft sehr kurzsichtig. Denn der Fortbestand jener Bestimmung wird dem Zentralismus, und zwar in einer sehr viel bedenklicheren Form als in der der Parlamentarisierung vom Reich her, erst recht Vorschub leisten. Machen wir uns die Lage klar. Die Reservatrechte und ebenso die verfassungsmäßigen Singularrechte der Bundesstaaten sind nach dem Schlußartikel der Reichsverfassung ohne ihre eigene Zustimmung überhaupt nicht abänderbar. Alle ihre anderen verfassungsmäßigen Kompetenzen, einschließlich des jetzigen Umfangs ihrer inneren Autonomie nur dann, wenn nicht 14 Stimmen – das sind die Stimmen der drei Königreiche oder zweier Königreiche und zweier Großherzogtümer – dagegen sich zusammenfinden, was stets der Fall sein wird, wenn Vergewaltigung droht. Hinreichende Freiheit *vom* Reich ist ihnen also gesichert. Was fehlt, ist hinlänglicher Einfluß *im* Reich, auf die Leitung der Reichspolitik. Gerade dieser aber wird in Zukunft wichtig. Denn ohne solchen kann ihnen das Reich selbstverständlich trotz aller Erhaltung ihrer Rechte wirtschafts- und finanzpolitisch den Hals zuschnüren. Dieser Einfluß im Reich aber wird denn doch ganz gewiß nicht dadurch geschmälert, daß es durch Aufhebung der Verbotsbestimmung des Art. 9 Satz 2 den Bundesstaaten gestattet wird, einflußreiche Reichstagsabgeordnete zu Bundesratsbevollmächtigten zu ernennen! Der Einfluß Bayerns im Reich wäre ganz gewiß nicht gesunken, wenn seinerzeit etwa der Freiherr von Franckenstein zugleich seine Stellung in der Reichstagspartei behalten und statt eines Beamten Bayrischer Bundesratsbevollmächtigter gewesen wäre. Gerade das Schreckgespenst einer Majorisierung Preußens im Bundesrat durch die Kleinstaaten: – indem nämlich nun etwa Lippe, Reuß und andere solche Mitglieder sich Führer großer Reichstagsparteien als Bundesratsbevollmächtigte kaufen würden, – malen ja (lächerlicherweise in einem Atem mit der Warnung vor „zentralistischer“ Vergewaltigung der außerpreußischen Bundesstaaten!) die literarischen Gegner der Aufhebung an die Wand. Von diesem Unsinn nachher ein Wort. Hier ist vorweg festzustellen, *was* denn wirklich hinter diesen offenkundigen Phrasen an Besorgnissen steckt. Zunächst und vor allem: die

Angst um das *Ämtermonopol* der Bureaukratie. „Wenn man Parlamentarier zu Ministern mache, so würden künftig die strebsamen Beamten sich der Karriere in der Großindustrie zuwenden", wurde sehr offenherzig im bayrischen Landtag erklärt. Allein: der Ernennung *einzelstaatlicher* Parlamentarier zu Bundesratsbevollmächtigten trotz Beibehaltung ihres Mandats steht der Art. 9 ja schon jetzt nicht im mindesten entgegen. Und ebenso verbietet er nicht: daß auf dem Wege über eine Parlamentslaufbahn, als deren Endpunkt, Minister- und Staatssekretärposten (einschließlich der Zugehörigkeit zum Bundesrat) erlangt werden. In der Vergangenheit und jüngsten Gegenwart ist dies stets erneut geschehen. Nur mußte der betreffende Abgeordnete alsdann aus dem Reichstag ausscheiden. Und gerade dies: daß die Zugehörigkeit zum Reichstag eine „Karriere", ein Weg zur Erlangung von Ämtern werde, daß „begabten" und „strebsamen" Parlamentariern die Ämter eröffnet werden, finden die literarischen Gegner der Aufhebung jener Bestimmung höchst erwünscht! Mit einem Reichstag, welcher dem „Ehrgeiz" seiner Mitglieder diese Chancen biete, werde sich, meinen sie, weit „besser" arbeiten lassen. In der Tat: wenn die Lösung des Problems des deutschen Parlamentarismus darin bestände: *das Parlament mit Strebern und Amtsjägern anzufüllen,* dann wäre dies alles in schönster Ordnung. Neben die jetzigen kleinen Patronage-Trinkgelder träten dann die großen! Aber das ist allenfalls ein Bureaukratenideal, – und dabei kein erfreuliches. Mit diesem schon praktizierten System sind wir, wie sowohl die früheren wie die jüngsten Erfahrungen zeigten, nicht weitergekommen. Politischer Zweck einer Parlamentarisierung ist doch: das Parlament zu einer Auslesestätte für *Führer* zu machen. Ein politischer Führer aber erstrebt nicht das Amt und dessen pensionsfähiges Gehalt und auch nicht die möglichst kontrollfreie Ausübung einer Amtskompetenz, sondern politische, und das heißt: politisch *verantwortliche Macht,* gestützt auf das Vertrauen und die Gefolgschaft einer *Partei,* an deren Spitze oder in deren Mitte er daher als Minister zu bleiben wünschen muß, schon um Einfluß auf sie zu behalten. Dies letztere ist mindestens so wichtig wie alles andere. Und die Beseitigung der mechanischen Schranke des Art. 9 Satz 2 bezweckt daher, neben der Ermöglichung legitimen Parteieinflusses auf die Regierungsgeschäfte (statt des jetzigen oft ebenso großen, aber verantwortungslosen und daher illegitimen Einflusses), auch umgekehrt und mindestens im gleichen Maße die Ermöglichung legitimen Einflusses der Regierung auf das Parlament (statt des jetzigen durch Trinkgelder-Patronage vermittelten illegitimen Einflusses). Der Kampf *gegen die Reform* aber ist ganz und gar bedingt durch das Streben nach Niederhaltung des politischen Ansehens des Reichstags im Prestigeinteresse der Bureaukratie. Von diesem Standpunkt aus muß natürlich jene Schranke zwischen Bundesrat und Reichstag erhalten werden, denn die stereotype hochmütige Wendung: „die verbündeten Regierungen werden niemals" usw. gehört zu jenem Schatz von „Gesten", aus denen leider die Beamtenherrschaft ihr traditionelles Selbstgefühl speist, und würde wegfallen, wenn Reichstag und Bundesrat nicht mehr durch eine Barriere getrennt sind.

Blicken wir nun dem Schreckgespenst der Parlamentarisierung des Bundesrats noch etwas näher ins Auge, um über deren verschiedene Möglichkeiten und in Verbindung damit über die *positive* Bedeutung der Aufhebung des Art. 9

Satz 2 noch klarer zu werden. Diese Aufhebung räumt an sich ja nur ein mechanisches Hemmnis aus dem Wege. Sie schafft Entwicklungs*möglichkeiten,* mehr nicht. Denn es bleibt ja auch weiterhin die Möglichkeit für die Einzelregierungen bestehen, von der neuen Erlaubnis, Reichstagsmitglieder, die ihr Mandat beibehalten, in den Bundesrat zu delegieren, keinen Gebrauch zu machen. Sie werden das nicht tun, sofern für sie kein politischer Vorteil dabei herausspringt. Und es ist auch durchaus nicht wünschenswert, daß hier ein- für allemal schematisch verfahren wird. Selbst bei vollster Durchführung des parlamentarischen Systems wäre es keinesfalls erwünscht und wird auch sicher nicht geschehen: daß die leitenden Stellen sämtlich und ausschließlich mit Parlamentsmitgliedern besetzt werden, und Beamte, welche Führerqualitäten besitzen, davon ausgeschlossen bleiben[3]). Aber, sagt man, die Aufhebung des Art. 9 Satz 2 entfesselt jedenfalls das Streben nach Parlamentarisierung des Bundesrats, und dies, meint man, gefährdet das föderalistische Gefüge des Reichs. Sehen wir zu, wie es damit steht. Nehmen wir also einmal an: die Tendenz zur Parlamentarisierung sei irgend wann ganz *restlos,* sowohl in den Einzelstaaten wie im Reich, Sieger geworden. Und nehmen wir ferner an (so absolut unwahrscheinlich dies ist): sie sei in dem Sinn bis in ihre theoretischen Konsequenzen durchgeführt worden, daß tatsächlich *nur* Parlamentarier in die leitenden Stellungen, einschließlich der Sitze im Bundesrat, berufen würden. Welche Möglichkeiten der Gestaltung der politischen Machtverteilung bieten sich alsdann dar, je nachdem Art. 9 Satz 2 der Reichsverfassung bestehen bleibt oder nicht?

Bliebe die Bestimmung unter jenen Verhältnissen bestehen, so hätte dies zur Folge: daß der Reichskanzler niemals zugleich Mitglied oder Führer einer Reichstagspartei sein und also niemals einen gesicherten Einfluß innerhalb einer solchen haben könnte. Ferner: daß die Staatssekretäre, wenn sie sich diesen Einfluß sichern und also im Reichstag sitzen wollen, außerhalb des Bundesrats bleiben müßten. Auf der anderen Seite würde bei durchgeführter Parlamentarisierung der Einzelstaaten Preußen die Vertrauensmänner der dort herrschenden Parteien in den Bundesrat delegieren, die übrigen Einzelstaaten solche der bei ihnen herrschenden Parteien. Der Reichskanzler und die etwa im Bundesrat sitzenden Staatssekretäre wären dann preußische Parteipolitiker, die Vertreter der anderen Bundesstaaten Parteipolitiker der dortigen Einzelparlamente. Eine Parlamentarisierung des Bundesrats wäre mithin durch den Art. 9 nicht im mindesten gehindert. Sie wäre nur zwangsläufig in die Bahn einer *Partikularisierung* des Bundesrats gelenkt. Diese Partikularisierung würde jedoch keineswegs eine Stärkung des positiven Einflusses der Einzelstaaten im Bundesrat oder ihre Sicherung gegen Majorisierung bedeuten. – Denn die ökonomische und finanzpolitische Machtstellung Preußens würde die Zwergstaaten nach wie vor dazu verurteilen, preußisches „Stimmvieh" zu sein. Nur die Macht des *Reichstags*

[3]) Ebenso kann man den Wunsch des Abg[eordneten] Stresemann, daß die *Fach*ministerien in Preußen *nicht* prinzipiell parlamentarisiert werden möchten, nur zustimmen. *Gerade bisher* aber war da *nicht* Fachqualifikation, sondern *Partei*stellung entscheidend: oder was hatten die Herrn Graf Zedlitz, Studt, v. Trott zu Solz für eine Fachqualifikation dazu, Unterrichtsminister zu werden? Zuverlässige *Partei*männer waren sie!

böte ein Gegengewicht gegen die von Preußen beherrschte Bundesratsmajorität. Der Reichskanzler nun könnte, wie gesagt, nicht Reichstagsmitglied sein. Bei den Staatssekretären aber, welche verfassungsmäßig nicht im Bundesrat sitzen müssen, bestände kein Hindernis gegen ihre Reichstagsmitgliedschaft, sofern sie nur außerhalb des Bundesrats bleiben, wie es jetzt der Abgeordnete v. Payer anfänglich erwogen zu haben scheint. Das würde bei Fortbestand des Art. 9 vermutlich geschehen. Denn die zu Staatssekretären berufenen Reichstagspolitiker würden auf ihre Stellung innerhalb ihrer Reichstagsparteien schon deshalb nicht verzichten können, um gegenüber dem parlamentarischen Rückhalt des Reichskanzlers und der Bundesratsbevollmächtigten in den einzelstaatlichen Parlamenten, vor allem im preußischen Landtag, auch ihrerseits das nötige Gegengewicht hinter sich zu haben. Denn andernfalls würde es ihnen ergehen wie den Abgeordneten Schiffer und Spahn. Der Reichstag würde also die außerhalb des Bundesrats bleibenden Staatssekretär-Stellen mit seinen Vertrauensleuten besetzen, die dem Bundesrat gegenüber solidarisch wären. Der Druck der Reichstagsparteien auf die Reichsregierung würde dabei nicht geschwächt, sondern nur, infolge des Ausschlusses der Staatssekretäre vom Bundesrat, in die Bahnen eines *Mißtrauens*verhältnisses gelenkt und jede legitime Beeinflussung der Reichstagsparteien durch die im Bundesrat sitzenden Regierungsmitglieder ausgeschaltet. Die Staatssekretäre, welche als Reichstagsmitglieder *nicht* in den Bundesrat eintreten würden, wären zwar rechtlich dem Reichskanzler unterstellt und nur seine „Stellvertreter". Politisch aber wären sie die Vertrauensmänner des Reichstags. Und daher müßte der Reichskanzler, als Vertrauensmann des preußischen Landtags, wohl oder übel mit ihnen als mit selbständigen politischen Mächten rechnen, beraten und paktieren, weil ja sonst seine Regierung die Unterstützung der betreffenden Reichstagsparteien verlöre. Ein kollegiales „Reichsministerium" kennt die Reichsverfassung nicht, so wenig wie die offizielle englische Rechtssprache das „Kabinett" kennt. Aber die Reichsverfassung verbietet keineswegs den tatsächlichen Zusammentritt des Reichskanzlers mit den Staatssekretären zu kollegialen Beratungen. Und ein solches Kollegium würde sich faktisch aus diesen Verhältnissen heraus unfehlbar entwickeln und die Regierungsgewalt an sich ziehen. Die Staatssekretäre würden den Reichstag, der Reichskanzler den preußischen Landtag darin vertreten und beide auf Kompromisse angewiesen sein. Der Bundesrat aber stände diesem Kollegium als einer *außerhalb* seiner selbst stehenden politischen Gewalt gegenüber und wäre einerseits durch die preußische Majorität beherrscht, andererseits zur Bedeutungslosigkeit verurteilt. Der föderalistische Einfluß der *nicht*-preußischen Staaten wäre *ausgeschaltet*. –

Im Fall der Aufhebung des Verbots des Art. 9 Satz 2 würde dagegen eine Parlamentarisierung des Bundesrats vermutlich anders verlaufen. Der Reichskanzler in aller Regel und stets ein Teil der Staatssekretäre würden dem Reichstag entnommen und ihre Mandate beibehalten. Dem Bundesrat würden sie formell als preußische Bevollmächtigte, politisch als Vertrauensmänner des Reichstags angehören. Ein anderer Teil der Staatssekretäre und gelegentlich vielleicht auch der Reichskanzler würden preußische Parlamentarier sein. Die übrigen Einzelstaaten würden Vertreter ihrer Parlamente, bei Verfügung über eine

Mehrzahl von Stimmen aber vielleicht auch Reichstagsabgeordnete, am liebsten wohl solche eigenen Parlamentarier, welche zugleich dem Reichstag angehören, in den Bundesrat schicken. Darauf, daß die Vertretung im Bundesrat mindestens dem Schwerpunkt nach in den Händen eigener Mitglieder läge, würden die außerpreußischen Parlamente sicherlich mit steigender Eifersucht wachen[4]).

Wir hätten also bei Fortbestand des Art. 9 Satz 2 den Zustand: daß im Bundesrat einander feindliche Parteivertreter aus den *Einzel*parlamenten, die zugleich deren *partikularistische* Interessen zu vertreten hätten, aufeinanderstießen. Die Beseitigung der Schranke des Art. 9 ermöglichte dagegen gerade die Temperierung jener Partikularisierung durch das Hineinwirken der Reichseinheit in den Bundesrat. Denn wenn im Bundesrat, statt ausschließlich einzelstaatliche Parlamentarier, mindestens *auch* Vertreter der *Reichstags*parteien sitzen, so ermöglicht es der Zusammenhalt dieser Parteien über das Reich hin, diese regionalen Differenzen *innerhalb* ihres Schoßes weitgehend auszugleichen.

Im Interesse sowohl der Einzelstaaten als des Reichs liegt es jedenfalls, daß die parlamentarisierten Repräsentanten der drei Mächtegruppen: Kaiserliche Regierung und Reichstag – Königlich Preußische Regierung und preußischer Landtag – Bundesfürsten und Landtage der kleineren Staaten – ihren Kräfteausgleich tunlichst *innerhalb* des Bundesrats suchen, wie dies nur der Eintritt der parlamentarisierten höchsten Beamten des Reichs in diesen ermöglicht. Der Strom der Parlamentarisierung ist dann in das Bett der Reichseinheit geleitet und zugleich der lebendige Einfluß der Einzelstaaten auf den Gang der Reichsgeschäfte gesichert. *Denn es ist nicht wahr,* daß, was dem Reich gegeben wird, eben dadurch den Einzelstaaten genommen werde. Vielmehr kommt es darauf an, mit welchem Gewicht die Einzelstaaten innerhalb des Reichs zur Geltung gelangen. Eben dies Gewicht aber kann durch eine richtig gelenkte Parlamentarisierung nur gesteigert werden. Bismarck hat in einer berühmten Rede vor Unterschätzung des Bundesrats gewarnt und nachdrücklich betont, daß z. B. der sächsische Gesandte dort nicht als Individuum, sondern als Resultante und Repräsentant „aller politischen Kräfte" Sachsens in die Wagschale falle. Unter einem System der Beamtenherrschaft konnten nun freilich unter diesen „Kräften" nur allenfalls der Hof und die Büreaukratie verstanden sein. Eben darin aber würde die Parlamentarisierung Wandel schaffen. Über die Stellungnahme eines Repräsentanten einer festen und voraussichtlich dauernden Mehrheit des bayrischen Parlamentes z. B. würde man in einem parlamentarisierten Bundesrat

[4]) Schon deshalb wäre gerade bei voller Parlamentarisierung und Aufhebung des Art. 9 Satz 2 ganz und gar keine Gefahr, daß jenes Schreckgespenst einer „Majorisierung" Preußens durch Delegation von Parteiführern seitens irgendwelcher Zwergstaaten sich realisierte. Wie gedankenlos dieser Einwand aber überhaupt ist, zeigt sich, wenn man erwägt, daß das befürchtete Resultat: die Etablierung der politischen Parteien im Bundesrat, ja heute schon *ebenso möglich* ist. Wie von konservativer Seite zu Caprivis Zeit gedroht wurde, Fürst Bismarck werde sich durch Mecklenburg-Strelitz in den Bundesrat delegieren lassen, so kann auch heute jede einzelstaatliche Regierung jeden beliebigen einzelstaatlichen Parteiführer: – Bayern z. B. gegen einen liberalen Reichskanzler ein Mitglied des bayrischen Zentrums, Reuß j[üngere] L[inie] einen Sozialdemokraten, – in den Bundesrat schicken, ohne daß die Verfassung dagegen etwas einzuwenden hätte. Im Fall der Durchführung einer „partikularisierenden" Parlamentarisierung des Bundesrats bei Bestehenbleiben des Art. 9 Satz 2 würde unfehlbar etwas Ähnliches in irgendwelchem Umfang geschehen.

nicht leicht zur Tagesordnung übergehen, sondern vor dem Appell an die ultima ratio der Abstimmung einen Ausgleich suchen, weil das Odium auf die Partei zurückfiele, die rücksichtslos verführe. Dieser Ausgleich würde dann aber naturgemäß im Schoß der universell verbreiteten großen Parteien vorbereitet werden. Schon in den verflossenen Jahrzehnten hat die Zentrumspartei wiederholt in ihren internen Erörterungen Kompromisse zwischen Reichsinteressen und einzelstaatlichen Interessen gezeitigt, und auch bei anderen Parteien ist ähnliches vorgekommen. Eben dies wird erschwert, wenn man die Parlamentarisierung durch Aufrechterhaltung der Schranke des Art. 9 Satz 2 in die Bahn einer „großpreußischen" Entwicklung lenkt und dadurch die Vertreter der anderen parlamentarisierten Regierungen in die partikularistische Bahn der Parole: „möglichste Freiheit *vom* Reich", d.h. von Großpreußen, drängt. Das möge wohl bedacht werden.

Nun arbeitet ja diese ganze Darstellung der künftighin einmal *möglichen* Wirkung des Fortbestandes oder der Aufhebung jener Schranke des Art. 9 Satz 2 absichtlich mit der vorerst gar nicht gegebenen Voraussetzung: daß eine vollständige Parlamentarisierung sowohl im Reich wie in den Einzelstaaten tatsächlich erfolgen werde – einer Voraussetzung, deren Eintritt durchaus unsicher ist. Sie beabsichtigt zunächst nur: zu zeigen, daß auch bei voller Durchführung des parlamentarischen Systems im Sinn der verantwortlichen *Partei*regierung der Föderalismus der Reichsverfassung nicht nur zu seinem Recht kommen kann, sondern daß er sogar gerade dann erst zu seinem vollen Recht gelangen würde. Sicher ist nun wohl, daß dieser hier vorausgesetzte Zustand voller Durchparlamentarisierung aller Einzelstaaten und des Reiches selbst keinenfalls mit einem Schritt erreicht werden wird. Und auch insofern ist die ganze Konstruktion unaktuell, als sie eine Umbildung der inneren Struktur der Parteien voraussetzt, die in ihrem Gegenwartszustand ja gar nicht ohne weiteres „regierungsfähig" sein würden. Aber man sei sich darüber klar: jeder Schritt auf dem Wege der Parlamentarisierung kann *entweder* in der Richtung zur großpreußischen *oder* zur echt föderalistischen Lösung führen. Und bei dieser Frage spielt, wie sich nun wohl gezeigt hat, der unscheinbare letzte Satz des Art. 9 eine recht erhebliche Rolle. Deshalb sollte man schon bei den ersten Schritten sich darüber klar sein, welche der beiden Lösungen durch sie gefördert wird. –

Enthielte nun, um auch das zu erörtern, eine Parlamentarisierung des Bundesrats jene *„Mediatisierung Preußens"*, welche von den Gegnern der freiheitlichen Entwicklung Deutschlands, abwechselnd mit der Gefährdung der föderativen Grundlagen des Reichs, ins Treffen geführt wird? Die Zeiten, wo man von einem „Aufgehen Preußens in Deutschland" sprach, sind vorüber. Richtig ist allerdings, daß jetzt der Übergang zum gleichen Wahlrecht, wenn überhaupt, nur unter einem scharfen Druck vonseiten des Reichs erfolgt. Und richtig ist ferner, daß, nach der hier vorgetragenen Überzeugung, wenn dieser Druck nicht genügen sollte, ein unmittelbares Eingreifen des Reichs durch ein Notgesetz in Form einer zeitweiligen Verfassungsänderung eine unumgängliche politische Notwendigkeit wäre. Aber was dabei in Frage steht, ist etwas ganz anderes als eine „Mediatisierung Preußens". Um im Reich *führen* zu können, muß sich die Regierung Preußens die entsprechende *Breite ihrer inneren Basis* schaffen.

Ganz ebenso wie jeder Staat sich den Aufgaben seiner Außenpolitik in seiner inneren Struktur anpassen muß. Diese Notwendigkeit der *Anpassung an die Führerrolle* ist der Sinn, in welchem allerdings die preußische Wahlreform eine eminent deutsche und nicht nur eine preußische Frage ist. In allen Bundesstaaten der Erde gilt der Grundsatz, daß gewisse ganz fundamentale Strukturgrundlagen der zugehörigen Staaten von Bundes wegen als wesentlich und daher als Bundessache angesehen werden[5]), unbeschadet der weitestgehenden Autonomie und Kompetenzteilung zwischen Bund und Einzelstaat. Dieser und *nur* dieser Grundsatz bundesstaatlicher Politik wird hier auf den Hegemoniestaat Preußen angewendet. Im übrigen gehen die inneren Fragen Preußens natürlich diesen Staat allein an, und von einer „Mediatisierung" im Sinn der Einmischung anderer Bundesstaaten in innerpreußische Dinge kann keine Rede sein und ist nie die Rede gewesen. Probleme entstehen erst bei der Beziehung Preußens zur *Reichs*politik. Und zwar entstehen diese Probleme ganz und gar dadurch: daß eben Preußen innerhalb des Reichs, wie im Eingang dieses Kapitels dargelegt wurde, eine hochgradig *privilegierte* Stellung einnimmt, wie man sich an der Hand der dort aufgeführten Prärogativen nochmals verdeutlichen möge. Aus dieser privilegierten Stellung kann unter Umständen die Pflicht für Preußen folgen, gewisse Privilegia odiosa in den Kauf zu nehmen. So bisher: die Einstellung von Staatssekretären des Reichs in sein Ministerium. Dagegen wird sich vielleicht der parlamentarisierte preußische Staat der Zukunft sträuben. Aber die Notwendigkeit eines Ausgleichs zwischen Hegemoniemacht und Macht des Reichstags wird auch dann fortbestehen. Der Reichskanzler wird auch in Zukunft preußischer Minister sein müssen, und die Instruktion der Präsidialstimme wird auch dann nicht rein nach innerpreußischen Parteikonstellationen erfolgen können, wenn nicht schwere Konflikte mit dem Reichstag eintreten sollten.

Die tatsächliche politische Lage ist heute die: daß die Art der Instruktion der Präsidialstimme unter dem doppelten Druck von Preußen einerseits und andererseits vom Reichstag her steht, und daß der Reichskanzler über diese formal nur vor das Forum des preußischen Landtags gehörigen Instruktionen tatsächlich nach *beiden* Seiten hin Rede zu stehen sich aufgefordert sieht und auch tatsächlich Rede steht. Bindende Verfassungsübung hat jedenfalls seine „Verantwortlichkeit" gegenüber dem Reichstag dahin interpretiert: daß dies dort zu geschehen hat. Und politisch wäre das Gegenteil auch ganz unmöglich. Es kann künftig nicht anders sein. Wenn jemals ein preußischer Landtag versucht hätte, die Kontrolle über die Instruktion der Präsidialstimmen systematisch und *gegen* den Reichstag an sich zu reißen, *dann* wären Verhältnisse entstanden, durch welche Krone und Reichskanzler genötigt worden wären, über den Kopf der preußischen Instanzen hinweg die Reichsverfassung, tatsächlich oder auch ausdrücklich, im Sinne des Grundsatzes zu interpretieren: „die Instruktion der Präsidialstimme erfolgt unter *alleiniger* Verantwortung des Reichskanzlers gegenüber dem Reichstag". Das wäre zwar keine Mediatisierung, wohl aber eine Deklassierung Preußens gewesen, von der es erfreulich ist, daß sie niemals provoziert worden ist. Aber unzweifelhaft war dies zum Teil Folge jener stillschweigenden Gegenseitigkeitsversicherung, und also: des

[5]) So in Amerika republikanische Staatsform und gewisse Wahlrechtsgrundsätze.

Dreiklassenwahlrechts und des *Fehlens* der Parlamentarisierung. Wie wird es künftig sein, wenn wir eine Steigerung der Parlamentsmacht im Reich *und* in Preußen bei Herrschaft des gleichen Wahlrechts, hier wie dort, annehmen?

Auf Kompromissen zwischen der parlamentarisch gestützten Macht der preußischen Bundesratsstimmen und der Macht der durch den Reichstag gestützten Reichsregierung wird auch künftig und gerade bei voller Parlamentarisierung der Gang der Reichspolitik ruhen. Es fragt sich, wie leicht oder schwer sich dies Kompromiß bei voller Parlamentarisierung gestalten würde. Von vornherein klar ist, daß es leichter zu erzielen sein wird, als wenn etwa der jetzige Klassenlandtag Preußens die Kontrolle über die preußischen Stimmen an sich gerissen hätte: das würde geradezu unabsehbare Konsequenzen gehabt haben und vollends künftig haben müssen. Die Zusammensetzung des Reichstags und des preußischen Landtags werden im Fall der Durchführung des gleichen Wahlrechts – wenn sie wirklich und nicht nur scheinbar geschieht – unter allen Umständen in Zukunft einander ähnlicher werden. Wie sie freilich im einzelnen sich gestalten wird, läßt sich nicht sagen. Soviel scheint freilich sicher: die Parteigegensätze innerhalb des preußischen Landtags würden dann vorerst stärker sein als im Reichstag. „Konservative" im preußischen Sinne des Worts gibt es außerhalb Preußens und Mecklenburgs ja kaum: es fehlt eben außerhalb Preußens der schroffe Gegensatz des Großgrundbesitzes gegen Arbeiterschaft und Bürgertum. Ebenso fehlt, nicht ganz aber fast ganz, die preußische Schwerindustrie und der stark durch sie geprägte Charakter der preußischen Mittelparteien. Ebenso die schwerindustrielle Tonart im Zentrum. Ebenso der nationale Gegensatz gegen die Polen. Und ebenso ist die radikalste Tonart der Sozialdemokratie außerhalb Preußens fast nur noch in Sachsen stark vertreten. Gerade sie ist aber, gerade jetzt im Klassenlandtag, in Preußen vertreten. Antimonarchische Strömungen sind in den süddeutschen Staaten ungleich schwächer vorhanden. Aller Voraussicht nach würde also, bei gleichem Wahlrecht, mit dem Reichstag leichter zu regieren sein als mit dem preußischen Landtag, so sehr zu hoffen und (bei etwas *Geduld!*) auch sicher zu erwarten ist, daß die endliche Beseitigung der verhaßten Wahlprivilegien auch dort die Schärfe der Gegensätze mildern wird. So lange dies aber nicht der Fall ist, wird der Reichstag wahrscheinlich rein staatspolitisch überlegen sein. Dies nur um so mehr, wenn den Interessenten zuliebe etwa der politische Fehler gemacht würde, das preußische Herrenhaus als eine Art Überbau der Wahlprivilegsinteressenten über einer Kammer des gleichen Wahlrechts zu konstruieren und ihr gleichzuordnen. Das würde die Schärfe der Gegensätze in Form der Spannung zwischen erster und zweiter Kammer wieder aufleben lassen und dem Radikalismus Nahrung geben. Erst recht freilich würde die Position des Landtags geschwächt, falls das Wahlrecht zwar formal gleich, tatsächlich aber unter Entrechtung von Teilen der Unterschicht (durch einen langen Aufenthaltszensus) konstruiert würde. Bei gleichem Wahlrecht würden dagegen solche Gegensätze im Charakter einer und derselben Partei wie sie jetzt die nationalliberale Reichstagsfraktion und die preußische nationalliberale Fraktion gegeneinander zeigen, nicht dauernd fortbestehen.

Das jeweils nötige Kompromiß aber zwischen dem Reich und Preußen würde natürlich bei voller Parlamentarisierung innerhalb der großen dem Reich und Preußen gemeinsamen *Parteien* vorbereitet und, bei Aufhebung der Schranke des Art. 9 Satz 2, formell innerhalb des *Bundesrats* zum Abschluß gelangen. Immer aber, auch bei durchgeführter Parlamentarisierung, werden zwei Figuren dabei eine ausschlaggebende Rolle spielen, welche Preußen mit dem Reich gemeinsam angehören: der *Kaiser,* der zugleich König von Preußen ist, und der *Reichskanzler,* der zugleich Chef der preußischen Stimmenträger und Mitglied des preußischen Ministeriums sein muß und in aller Regel dessen Präsident sein wird.

So lange die innere Struktur Deutschlands nicht völlig umgestürzt und unitarisch neu aufgebaut würde: – und dazu besteht vorerst nicht die mindeste Aussicht –, ist für das Reich die Dynastie, eben wegen des Dualismus zwischen dem Reich und Preußen, ganz ebenso unentbehrlich wie, aus ganz anderen Gründen, in dem dualistischen Österreich-Ungarn. Auch ein rein parlamentarischer Kaiser und König wird als Kriegsherr des Heeres, d.h. des Offizierkorps, als letztlich entscheidend für die auswärtige Politik und endlich als diejenige innerpolitische Instanz, welche in Ermangelung einer Einigung der Reichsinstanzen mit den preußischen die Entscheidung gibt, eine gewaltige tatsächliche Macht in Händen haben. Gerade dann, wenn er es sich zur Pflicht macht, nach Art des letztverstorbenen Habsburger Monarchen, welcher der mächtigste Mann seines Reiches war, nur in streng parlamentarischen Formen aufzutreten und es dabei ebenso wie dieser und wie, noch besser, König Eduard VII. verstehen wird, auf dem Instrument des modernen Staatsmechanismus zu spielen, ohne daß man den Spieler bei jeder Gelegenheit als solchen in Aktion treten sieht. Es bedarf das keiner weiteren Ausführung. – Was dagegen zu wünschen und von der Parlamentarisierung zu hoffen ist, ist ein Zurücktreten der rein *militärischen* Einflüsse in der Politik, der auswärtigen sowohl wie der inneren. Viele der schwersten politischen Mißerfolge Deutschlands sind dadurch verschuldet worden, daß die militärischen Instanzen auch rein politische Entscheidungen maßgebend beeinflußten, obwohl die politische Taktik und Strategie nun einmal mit gänzlich anderen Mitteln zu arbeiten hat, als die militärische. Außerpolitisch ist dadurch namentlich ein für uns lebenswichtiges Problem: die polnische Frage, in höchst bedenklicher Weise präjudiziert worden[6]). Und innerpolitisch waren die traurigen Vorgänge im Reichstag unter der Kanzlerschaft des Herrn Dr. Michaelis ein Beweis dafür, wie übel beraten militärische Instanzen sind, wenn sie sich vor die Wagen der Parteipolitik spannen lassen und dabei der alten Vorstellung nachgehen: „national" und parteikonservativ seien ein und dasselbe, wie sie dem Offizier nach seiner Herkunft nun einmal naheliegt. Auf militärischem Gebiet kann keine Instanz der Erde sich eines so grenzenlosen Vertrauens einer Nation rühmen wie unsere

[6]) Denn der Fehler lag ganz und gar in dem Verlangen der Militärs nach Schaffung eines polnischen *Heeres* (also: Offizierkorps), *ehe* durch feste Abmachungen mit einer zur Vertretung legitimierten polnischen Instanz die Stellung Polens zu Deutschland völlig geklärt war. Daß die Akzeptierung eines „Ehrenwechsels" durch die Monarchenproklamation der Weg dazu sein könnte, entsprach gleichfalls lediglich militärischen Vorstellungen. Die Art der Reaktion der Polen auf solche schwere Fehler war nur selbstverständlich.

Heerführer; und das mit Recht. Mögen sie aber dafür sorgen, daß ihnen nicht künftig gesagt werden muß: „*Was ihr mit dem Schwerte gut gemacht habt, das habt ihr durch Extratouren auf das Glatteis der Politik wieder verdorben.*“ Es ist durchaus notwendig, daß in allen politischen Angelegenheiten die militärischen Autoritäten der politischen Leitung *untergeordnet* sind, für deren politische Entschließungen selbstverständlich ihr Gutachten über die militärische Lage stets entscheidend mit ins Gewicht fällt, niemals aber allein ausschlaggebend sein darf. *Das* hat Bismarck mit Recht stets scharf und in schweren Kämpfen festgehalten.

*Politischer* Leiter des Reichs wird der *Reichskanzler* auch künftig bleiben und seine zentrale Stellung im ganzen Zusammenspiel der politischen Kräfte beibehalten. Und zwar zweifellos, irgendwie ähnlich wie jetzt, als ein den Staatssekretären gegenüber präeminenter *Einzel*minister *ohne* formell gleichgeordnete Kollegen. Zwar der Kriegsminister, der ihm ja schon heute nicht formell untergeordnet ist, und, so oft der Reichskanzler nicht diplomatischer Herkunft ist, der Staatssekretär des Auswärtigen werden unvermeidlich eine weitgehende Selbständigkeit behalten. Aber für ein eigentlich *kollegiales Reichsministerium* ist gerade, wenn die Parlamentarisierung voll durchgeführt wird, kein Platz. Zum mindesten dann nicht, wenn die Schranke des Art. 9 Satz 2 fällt. Das muß man sich, entgegen früheren liberalen Lieblingsideen, klarmachen. Es ist doch kein Zufall, daß in parlamentarischen Staaten überall die Entwicklung auf eine Steigerung der Stellung des Kabinettchefs hinausläuft. So offenkundig in England und Frankreich. In Rußland hat die Beseitigung der Selbstherrschaft seinerzeit augenblicklich den leitenden Ministerpräsidenten entstehen lassen. Auch in Preußen kontrolliert bekanntlich der Ministerpräsident die Vorträge seiner Kollegen an den König, und diese zeitweilig unter Caprivi, auf Verlangen des Königs, aufgehobene Bestimmung mußte später wieder hergestellt werden. Im Reich ergibt sich aber die Sonderstellung und Präeminenz des Reichskanzlers schon aus seiner verfassungsmäßigen Leitung des Bundesrats und aus seiner unvermeidlichen, für die Staatssekretäre dagegen nur zufälligen und zweckmäßigen, nicht aber unentbehrlichen Stellung im preußischen Ministerium. Eine Entwicklung der Staatssekretäre zu politisch selbständig dem Reichskanzler gegenübertretenden Mächten würde zwar im Fall der „partikularisierenden“ Parlamentarisierung (bei Fortbestand des Art. 9 Satz 2) unvermeidlich sein, weil dann sie die Vertrauensmänner der Reichstagsparteien würden, im Gegensatz zum Reichskanzler und Bundesrat als Trägern der Einzelparlamentsmacht. Aber auch dann entstände zwar die Nötigung zum Paktieren, nicht aber notwendiger[-] oder auch nur zweckmäßigerweise ein „Kollegium“ mit Abstimmung. Jedenfalls aber beruht der Wunsch danach wesentlich auf der jetzigen mechanischen Scheidung zwischen Bundesrat und Parlament und würde mit Fortfall dieser Schranke gegenstandslos werden. Es ist nicht zu leugnen, daß die Entstehung eines abstimmenden Ministerkollegiums außerhalb des Bundesrats diesen an Bedeutung zurückzudrängen geeignet wäre, und daß es daher vom föderalistischen Standpunkt aus vorzuziehen ist: durch Parlamentarisierung des Bundesrats den Ausgleich der verschiedenen das Reich tragenden Mächte in dessen Mitte hinein zu verlegen.

Erwünscht wäre sicherlich, daß der jetzige Hergang vor politisch wichtigen Entschließungen, welcher zu einem Satrapenkampf der Ämter miteinander führt[7]), dem System regelmäßiger gemeinsamen kollegialen Besprechung wichtiger Fragen des Reichskanzlers mit allen Staatssekretären Platz macht. Aber eine formelle Abschwächung der allgemeinen Verantwortlichkeit des Reichskanzlers und seiner Sonderstellung überhaupt ist jener föderalistischen Bedenken wegen unwahrscheinlich und wäre auch schwerlich nützlich. Dagegen ist gerade vom föderalistischen Standpunkt aus allerdings zu fragen: ob nicht im Reich eine kollegiale Instanz geschaffen werden sollte, welche wichtige Entscheidungen der Reichspolitik, unter Zuziehung der Vertreter der wichtigsten innerpolitischen Machtfaktoren und der sachlich informierten Chefs der Verwaltung *vorberaten* könnte. Die öffentlichen Reden der Parteiführer im Reichstag sind offizielle Parteierklärungen vor dem Lande, welche erst nach Stellungnahme der Partei erfolgen. Die maßgeblichen Parteiberatungen und eventuellen Verhandlungen zwischen den Parteien erfolgen ohne Zuziehung der Vertreter der Einzelstaaten. Die Beratungen im Plenum des Bundesrats endlich, einer Abstimmungskörperschaft, sind unmaßgeblich und im Grunde Zeittotschlag. Es ist erwünscht, daß eine den endgültigen formellen Entschließungen der einzelnen Instanzen nicht vorgreifende, von Rücksichten auf die öffentlichen Wirkungen im Lande freie Aussprache *persönlicher* Ansichten erfahrener Staatsmänner vor der Herbeiführung wichtiger Entscheidungen ermöglicht wird. Wir sind diesem Problem schon wiederholt begegnet und fragen jetzt nur noch: an welche bestehenden oder neu entstehenden Organisationen könnte ein solches Gebilde anknüpfen? und kämen überhaupt eine oder kämen vielleicht mehrere solcher nebeneinander in Betracht?

Der Krieg hat an neuen beratenden Gremien geschaffen: 1. den Hauptausschuß (die ausgestaltete Budgetkommission des Reichstags); – 2. den Siebenerausschuß (seinerzeit bestellt durch die Regierung, aber beschickt von den großen Parteien); – 3. die „interfraktionellen Beratungen" (beschickt anläßlich der letzten Krisen von denjenigen Parteien, welche der jetzigen Regierung die Wege ebneten: Nationalliberalen, Zentrum, Freisinnigen, Sozialdemokraten). Die beiden ersten Gebilde sind schon besprochen. Der offizielle Hauptausschuß des Reichstags mit seinen künftigen Unterausschüssen käme in Friedenszeiten als Träger der laufenden *Verwaltungskontrolle* in Betracht. Interfraktionelle Beratungen der jeweils die Regierung stützenden Parteien würden bei fortschreitender Parlamentarisierung sich zweifellos als das Mittel entwickeln, die Regierung in Konnex mit den betreffenden Parteien zu halten. Sie sind nötig, so lange infolge des Art. 9 Satz 2 die Parteiführer als solche *nicht* innerhalb der Regierung sitzen, und würden insoweit entbehrlich, sobald dies der Fall wäre. Ihre künftige Wichtigkeit oder Unwichtigkeit hängt im übrigen von Umständen ab, die sich

[7]) Noch dazu zu einem solchen mit einer gegenseitigen Pressedemagogie, wie wir sie seit Anfang 1916 und dann wieder 1917 und Anfang 1918 erlebten. Die damaligen Vorgänge konnten jedermann zeigen, daß „Demagogie" schlimmster Art: eine Pöbelherrschaft des Sykophantentums, auch ohne alle Demokratie, ja gerade *infolge* des Fehlens einer *geordneten* Demokratie, sich findet.

jetzt nicht übersehen lassen. Sie waren u.a. auch ein Ausdruck dafür, daß zurzeit überragende Führer in den Parteien *nicht* vorhanden sind. Es ist zu verlangen, daß in Zukunft bei einem Wechsel im Kanzleramt oder einem Staatssekretariat alle Parteiführer, *durch den Monarchen, nicht nur durch den Thronfolger, persönlich angehört* werden, und daß die damalige Rolle des Chefs des Zivilkabinetts sich *nicht* wiederholt[8]): Aber inwieweit die Fraktionen untereinander zu Beratungen zusammentreten, läßt sich nicht bestimmen, und einen „offiziellen" Charakter können diese natürlich nicht gewinnen. Es bleibt: der Siebenerausschuß, der zurzeit tatsächlich eingeschlafen ist und in Wahrheit ja auch nur dem Umstand sein Leben verdankte, daß der Reichskanzler Dr. Michaelis *ohne* vorheriges Einvernehmen mit den Parteien sein Amt übernahm und sich zweideutig äußerte, die Parteien daher eine Art von Überwachungsinstanz über sein Verhalten in der Friedensfrage verlangten. Über die Unzweckmäßigkeit seiner damaligen Gestaltung ist schon geredet. Er würde völlig überflüssig, wenn die Parteiführer im Bundesrat sitzen würden. Immer wieder also läuft das Problem darauf hinaus: den *Bundesrat* in dem Sinne zu „parlamentarisieren", daß die Führer der jeweils die Regierung stützenden Parteien des Reichstags und der großen Einzelparlamente als Bevollmächtigte darin sitzen könnten. Der Bundesrat selbst aber muß dann die Möglichkeit dafür schaffen: daß in Anlehnung an einen oder einige seiner Ausschüsse Körperschaften entstehen, welche in wichtigen politischen Fragen wie ein Staatsrat des Reiches vorberatend mit den militärischen und Verwaltungschefs verhandeln. Es wäre nur erwünscht, daß dies gegebenenfalls auch in der Form eines *Kronrats,* also in persönlicher Anwesenheit des Kaisers und mindestens derjenigen Bundesfürsten geschehen könnte, welche die Kontingentsherrlichkeit über ihr Heer: Offiziersernennung und eigenes Kriegsministerium, behalten haben. Schon gesprochen wurde über die Mindestkompetenz: Vorberatung der Opportunität von *Veröffentlichungen* monarchischer Kundgebungen, insbesondere aller solchen, welche die auswärtige Politik berühren. Im „Bundesratsausschuß für Auswärtige Angelegenheiten" ist die Vertretung der Mittelstaaten schon jetzt verfassungsmäßig vorgesehen: das neue Gebilde könnte, wie vorgeschlagen, an dessen Umbildung anknüpfen. In jedem Fall aber könnte, falls Art. 9 Satz 2 beseitigt wird, diese Neuschöpfung ohne alle Verfassungsänderungen erfolgen. An gesetzlichen Neuordnungen würde dann nur die Bestimmung erforderlich: daß fortan Veröffentlichungen jener Art bei Strafe nur *nach* erfolgter und bescheinigter Gegenzeichnung zulässig sind, und ferner: daß die Gegenzeichnung in solchen Fällen erst nach Anhörung eines beim Bundesrat zu bildenden Staatsrats erfolgen soll.

Die Parlamentarisierung in Verbindung mit solchen aus ihm heraus zu entwickelnden Beratungskörperschaften gibt also bei richtiger Gestaltung dem Föderalismus alles, was ihm nottut: statt bloßer Freiheit *vom* Reich einen ge-

---

[8]) Wenn freilich diesem Beamten der Vorwurf gemacht wird: er habe den Kaiser systematisch vom freien Zutritt „abgesperrt", so konnte die „Ära Stumm" und die „Zuchthausrede" lehren: *welchen Kreisen* dieser „freie Zutritt" und die *verantwortungslose* Beeinflussung des Monarchen zugute kam. *Nur* verantwortliche *Staatsmänner* und verantwortliche *Parteiführer (alle!)* sollen das Ohr des Monarchen haben.

sicherten Einfluß *im* Reich. Ein Wiederaufleben der alten unitarischen Tendenzen wäre durchaus unerwünscht. Die Ideale Treitschkes liegen weit hinter uns. Im Gegensatz zu ihm halten wir heute den Fortbestand der Einzeldynastien nicht nur für rein staatspolitisch nützlich, sondern wünschen sie auch aus allgemein kulturpolitischen Gründen. Die Förderung vor allem der künstlerischen Kultur[9]) in den zahlreichen historischen Zentren des deutschen Kulturlebens, durch deren Existenz es sich von Frankreich unterscheidet, *kann* in weit besserer Obhut stehen, wenn, wie jetzt, in zahlreichen kleinen Residenzen die mit ihnen verwachsenen Dynastien Hof halten, als wenn etwa statt dessen überall ein Präfekt der Zentrale säße. Freilich ist nicht zu leugnen, daß bei der Mehrzahl der deutschen Fürstenhöfe die rein militärische Erziehung, ein Produkt des staatspolitisch ganz wertlosen Wunsches der Fürsten: als General die Stellung eines Militärinspekteurs einzunehmen, dieser naturgemäßen kulturpolitischen Leistung entgegenwirkt. Und nur eine Minderzahl von ihnen hat geschulten Geschmack. So erwünscht nun eine militärische Information und Erziehung des dynastischen Nachwuchses ist, so schafft das ausschließliche Gewicht, welches jetzt auf sie gelegt wird, im Ernstfall doch nur Verlegenheiten. Die mit seltenen Ausnahmen (Prinz Friedrich Carl) doch unbegabten fürstlichen nominellen Oberbefehlshaber an der Spitze von Armeen belasten nutzlos die Bewegungsfreiheit und Zeit des wirklichen Feldherrn und werden gefährlich, wenn sie ihre formalen Rechte ernst nehmen. Ein wirklich militärisch begabter und interessierter Prinz aber gehört in die Stellung, welche seinem Alter und seinen wirklichen Fähigkeiten entspricht. Es ist zu hoffen, daß hier künftig ein Wandel eintritt, wie ihn der verstorbene Thronfolger in Österreich herbeigeführt hatte. Jedenfalls aber besteht doch wenigstens die Möglichkeit jener kulturpolitischen Leistungen und ist in manchen Fällen zur Tatsache geworden. Mit steigender Parlamentarisierung aber würden zweifellos die Interessen der Dynastien zunehmend in diese ihnen angemessene Bahn geleitet werden. Im übrigen gilt auch in den Einzelstaaten bei der Zersplitterung des deutschen Parteiwesens zugunsten des Vorhandenseins einer dynastischen Spitze jenseits des Parteikampfs ähnliches, – wenn auch nicht so zwingend –, wie in der Beziehung Preußens zum Reich.

Auch jemand, dem die deutsche Nation und ihre Zukunft in der Welt turmhoch über allen Fragen der Staatsform steht, wird also den Bestand der Dynastien nicht antasten wollen, selbst wenn das in Frage stände. Aber allerdings wird er beanspruchen müssen: daß die Bahn für eine Neuordnung Deutschlands nicht durch sterile und sentimentale Reminiszenzen an die Regierungsgepflogenheiten des alten Regimes obstruiert werde. Auch nicht durch theoretisches Suchen nach einer spezifisch „deutschen" Staatsform. Der deutsche Parlamentarismus wird zweifellos anders aussehen als der jedes anderen Landes. Aber die literatenhafte Eitelkeit: vor allem darum besorgt zu sein, daß der deutsche Staat den anderen parlamentarischen Staaten der Erde, zu denen fast *alle* ger-

---

[9]) Für die Wissenschaft ist dagegen von einem Eingreifen der Monarchen ebensowenig zu erwarten, wie von einem Hineinziehen des Parlaments. Wo immer ein persönliches Eingreifen der Monarchen in akademischen Stellenbesetzungen sich geltend machte, ist es fast nur bequemen Mittelmäßigkeiten zugute gekommen.

manischen Völker gehören[10]), *nicht* gleiche, entspricht nicht dem Ernst unserer Zukunftsaufgaben. Diese, und diese allein, haben über die Staatsform zu entscheiden. Das Vaterland liegt nicht als Mumie in den Gräbern der Ahnen, sondern es soll leben als das Land *unserer Nachfahren.*

In welcher Art die parlamentarische Machtverteilung sich in der Realität künftig gestalten wird, das wird davon abhängen: an welcher Stelle und in welcher Rolle politische *Persönlichkeiten mit Führerqualitäten* auftreten. Es ist unzweifelhaft nötig, vor allem Geduld zu haben und warten zu können, bis die unvermeidlichen Kinderkrankheiten überwunden sind. Für Führernaturen war bisher in den Parlamenten einfach kein Platz. Es ist das sterile und billige Vergnügen des Ressentiments akademischer Literaten gegen alles nicht von ihnen *examinierte* Menschentum, über alle Fehlschritte, die der, nach dreißigjähriger Unterbrechung, langsam wieder neu in Gang kommende parlamentarische Betrieb in seiner „Regie" tut und noch tun wird, zu jubeln: „Man sieht, die Nation ist nicht reif dafür." Das werden wir noch oft erleben, und darauf ist zu erwidern: 1. wer den deutschen Parlamenten das Machtmittel, sich die Kenntnis der Tatsachen zu verschaffen und das erforderliche Fachwissen zugänglich zu machen: das *Enqueterecht* also, verweigert, und dann doch über „Dilettantismus" und schlechte Arbeit eben dieser Parlamente schilt, – oder wer 2. die nur „negative" Politik der Parlamente benörgelt, ihnen aber den Weg versperrt, überhaupt Führernaturen zu verantwortlicher, auf Parlamentsgefolgschaft gestützter Macht und positiver Arbeit gelangen zu lassen: – der ist *politisch unehrlich.* Über die politische „Reife" aber sind wahrlich die heutigen deutschen Literaten die allerletzten, denen ein Urteil zustände. *Fast alle Fehler* der deutschen Politik vor dem Kriege und allen Mangel an Augenmaß, den während des Kriegs eine verantwortungslose Demagogie nährte, haben sie beifallspendend mitgemacht. *Wo waren sie denn, als die schweren Fehler des alten Regimes gemacht wurden?* so offenkundig schwere Fehler, daß, wie erinnerlich, die *konservativen* Vertrauensmänner Preußens an den Monarchen gemeinsam öffentlich die Bitte richteten: er möge die Politik in Übereinstimmung mit den Ratschlägen seiner berufenen Ratgeber führen? *Damals* war es an der Zeit: Jeder sah, was geschah und wo die Fehler lagen. Ohne allen Unterschied der Parteimeinung waren darüber alle einig. *Wo also blieben sie?* Eine öffentliche Erklärung von einigen tausend akademischen Lehrern wäre damals wohl am Platz und sie wäre zweifellos eindrucksvoll und auch den alten Traditionen entsprechend gewesen. Gewiß: für Staatspfründner ist es weit billiger, auf die Parteien des Reichstags zu schelten, wie jetzt. Alle die Herren haben damals geschwiegen. Also mögen sie gefälligst auch fortan schweigen: „Du hast ausgeläutet, herunter vom Glockenturm." Andere Schichten werden die politische Zukunft Deutschlands in ihre Obhut nehmen müssen. Das Examensdiplom oder die Würde des Professors der Physik oder Biologie oder welches wissenschaftlichen Fachs auch immer verleiht keinerlei politische Qualifikation,

---

[10]) Denn wenn hier wiederholt auf England (statt auf einen dieser anderen Staaten) Bezug genommen wurde, so geschah dies nur: um dem stupiden Haß der „Straße" nicht einmal diese Konzession zu machen.

und noch weniger garantiert sie politischen Charakter. Und wo die Angst um das Prestige der eigenen Schicht: des Diplom-Menschentums, hineinspielt – und *sie* steckt hinter allem Gezeter gegen „Demokratie" und „Parlamentsdilettantismus" –, da war und ist diese Schicht ewig blind, von ihren Instinkten statt von sachlichen Erwägungen geleitet und wird es bei uns, ihrer Masse nach, immer bleiben. –

Kehrt das alte Regime nach dem Krieg zurück – und von selbst kommt die Parlamentarisierung nicht, es gehört allseitiger *guter Wille* dazu –, dann möge man auch die Erwartung begraben, daß die oft beklagte Haltung der Deutschen draußen in der Welt sich ändern werde. Nationaler Stolz ist nun einmal Funktion des Maßes, in welchem die Angehörigen einer Nation, wenigstens der Möglichkeit nach, *aktiv* an der Gestaltung der Politik ihres Landes mitbeteiligt sind.

Daß der Deutsche draußen, wenn er das gewohnte Gehäuse bureaukratischer Bevormundung um sich herum vermißt, meist jede Steuerung und jedes Sicherheitsgefühl verliert, – eine Folge davon, daß er zu Hause sich lediglich als Objekt, nicht aber als Träger der eigenen Lebensordnungen zu fühlen gewohnt ist –, dies eben bedingt ja jene unsichere Befangenheit seines Auftretens, welche die entscheidende Quelle seiner so viel beklagten „Fremdbrüderlichkeit" ist. Und seine politische „Unreife" ist, soweit sie besteht, Folge der Unkontrolliertheit der Beamtenherrschaft und der Gewöhnung der Beherrschten daran, sich ohne eigene Anteilnahme an der Verantwortlichkeit und folglich ohne Interesse an den Bedingungen und Hergängen der Beamtenarbeit ihr zu fügen. *Nur ein politisch reifes Volk* ist ein „Herrenvolk": ein Volk heißt das, welches die Kontrolle der Verwaltung seiner Angelegenheiten in eigener Hand hält und durch seine gewählten Vertreter die Auslese seiner politischen Führer entscheidend mitbestimmt. Das hatte sich die Nation durch die Art, wie sie auf die politische Herrschergröße Bismarcks reagierte, verscherzt. Ein einmal herabgewirtschaftetes Parlament ist nicht von einem zum anderen Tage wieder emporzubringen, auch nicht durch einige Verfassungsparagraphen. Es ist natürlich gar nicht daran zu denken, daß irgendein solcher Paragraph, welcher etwa die Berufung und Entlassung des Reichskanzlers an ein Parlamentsvotum knüpfen würde, plötzlich „Führer" aus der Erde stampfen würde, deren jahrzehntelange Ausschaltung aus dem Parlament durch dessen Machtlosigkeit bedingt war. Wohl aber lassen sich die unerläßlichen *Vorbedingungen* dafür organisatorisch schaffen, und davon, daß dies geschieht, hängt jetzt in der Tat alles ab.

*Nur Herrenvölker haben den Beruf, in die Speichen der Weltentwicklung einzugreifen.* Versuchen das Völker, die diese Qualität nicht besitzen, dann lehnt sich nicht nur der sichere Instinkt der anderen Nationen dagegen auf, sondern sie scheitern an dem Versuch auch innerlich. Unter einem „Herrenvolk" verstehen wir dabei nicht jenes häßliche Parvenügesicht, welches Leute daraus machen, deren nationales Würdegefühl ihnen gestattet, von einem englischen Überläufer, wie Herrn H[ouston] St[ewart] Chamberlain, sich und die Nation darüber unterrichten zu lassen: was „Deutschtum" ist. Aber freilich: eine Nation, die *nur* gute Beamte, schätzbare Bureaukräfte, ehrliche Kaufleute, tüchtige Gelehrte und Techniker und – treue Diener hervorbrächte und im übrigen eine *kontrollfreie Beamtenherrschaft* unter pseudomonarchischen Phrasen über sich ergehen ließe, – die wäre *kein* Herrenvolk und täte besser, ihren Alltagsgeschäften nachzugehen, anstatt die Eitelkeit zu haben, sich um Weltschicksale zu kümmern. Von *„Weltpolitik"* möge man uns, wenn die alten Zustände wiederkehren, *nicht mehr reden. Und vergebens werden Literaten, welche konservativen Phrasen* verfallen sind, darauf warten, daß Deutsche im Ausland echtes Würdegefühl entwickeln, wenn sie im Inland ausschließlich das Betätigungsfeld einer sei es auch rein technisch noch so tüchtigen reinen *Beamten*herrschaft bleiben und sich sogar gefallen lassen, daß satte gelehrte Pfründner darüber diskutieren, ob die Nation für diese oder jene Regierungsform „reif" genug sei.

Der *„Wille zur Ohnmacht"* im Innern, den die Literaten predigen, ist mit dem „Willen zur Macht" in der Welt, den man in so lärmender Weise hinausgeschrien hat, nicht zu vereinigen. Die Frage, ob die Nation sich reif fühlt, die Verantwortung eines Siebzigmillionenvolkes vor den Nachfahren zu tragen, beantwortet sich in gleichem Sinn und Schritt mit der Frage der inneren Neuordnung Deutschlands. Wagt sie das eine nicht, so mag sie auch das andere von sich ablehnen. Denn es führt dann politisch zu nichts. *Dann* in der Tat wäre dieser Krieg: ein Kampf um die Teilnahme auch *unsrer* Nation an der Verantwortung für die Zukunft der Erde, „sinnlos" und ein bloßes Gemetzel gewesen, und jeder künftige deutsche Krieg wäre es erst recht. Wir müßten unsere Aufgaben anderwärts suchen und uns in *diesem* Sinne „umorientieren".

Der typische Snobismus vieler Literaten freilich (auch ganz intelligenter Literaten) findet diese nüchternen Probleme der Parlaments- und Parteireform unendlich subaltern: „technische Eintagsfragen" seien das im Verhältnis zu allerhand Spekulationen über die „Ideen von 1914" oder über den „wahren Sozialismus" und ähnliche Literateninteressen. Nun: eine „Eintagsfrage", die in kurzem erledigt sein wird, ist auch die nach dem Ausgang dieses Kriegs. Die Umgestaltung der Wirtschaftsordnung wird ja, wer auch immer der Sieger sei, ihren Gang gehen. Dafür bedarf es weder des deutschen Sieges noch der freiheitlichen politischen Neuordnung des Reiches. Ein nationaler Politiker wird den Blick gewiß auch auf jene universellen Entwicklungstendenzen gerichtet halten, die über die äußere Ordnung des Lebensschicksals der Massen in Zukunft Gewalt haben werden. Aber wie ihn als Politiker das politische Schicksal *seines* Volkes bewegt (demgegenüber jene universellen Entwicklungstendenzen sich ja völlig gleichgültig verhalten), so rechnet er auch für politische Neugestaltungen mit den nächsten 2–3 Generationen: denen, die über das entscheiden, was aus *seinem* Volk wird. Verfährt er anders, so ist er ein Literat und kein Politiker. Er möge sich dann für die ewigen Wahrheiten interessieren und bei seinen Büchern bleiben, nicht aber auf den Kampfplatz der Gegenwartsprobleme treten. Auf diesem wird darum gerungen: ob *unsere* Nation innerhalb jenes ganz universellen Prozesses entscheidend mitspricht. Der Aufgabe, dies zu können, hat sich die innere Struktur, auch die politische, anzupassen. Die bisherige war dafür nicht geeignet, sondern nur: für eine technisch gute *Verwaltung* und für vorzügliche *militärische* Leistungen. Daß diese für eine rein *defensive* Politik ausreichen, nicht aber für politische Weltaufgaben – *das* hat uns das ungeheure Geschick lehren können, welches über uns hereinbrach.

# Der Sozialismus

Meine hochverehrten Herren!

Wenn ich das erstemal die Ehre habe, im Kreise des Offizierskorps der k.u.k. Armee zu sprechen, so werden Sie verstehen, daß das für mich eine etwas verlegene Situation ist. Vor allem deshalb, weil ich die Vorbedingungen: die inneren Verhältnisse des Betriebes der k.u.k. Armee in gar keiner Weise kenne, diejenigen Vorbedingungen, die auch für eine Einflußnahme des Offizierskorps auf die Mannschaft maßgebend sind. Es ist ja selbstverständlich, daß der Offizier in der Reserve und in der Landwehr immer ein Dilettant ist, nicht nur deshalb, weil ihm die wissenschaftliche Kriegsschulvorbildung, sondern auch deshalb, weil ihm die ständige Fühlung mit dem ganzen inneren Nervensystem des Betriebes fehlt. Aber immerhin, wenn man, so wie es bei mir der Fall war, Jahre lang immer wieder einige Zeit innerhalb der deutschen Armee in sehr verschiedenen Gebieten Deutschlands war, so glaube ich, so viel Anschauung von der Art der Beziehungen zwischen Offizierskorps, Unteroffizierskorps und Mannschaften zu haben, um wenigstens sehen zu können: diese und jene Art der Einflußnahme ist *möglich,* diese und jene Art ist schwierig oder unmöglich. Davon habe ich selbstverständlich für die k.u.k. Armee auch nicht die geringste Vorstellung. Wenn ich überhaupt irgend eine Vorstellung von den inneren Verhältnissen der k.u.k. Armee habe, so ist es nur die von ganz ungeheuren sachlichen Schwierigkeiten, die für mich schon ein- fach aus den sprachlichen Verhältnissen folgen. Es ist von Reserveoffizieren der k.u.k. Armee mehrfach versucht worden, mir auseinanderzusetzen, wie es gelingt, ohne wirkliche Kenntnis der Sprache der Mannschaft doch jenen Kontakt mit ihr aufrechtzuerhalten, der eben erforderlich ist, um eine Einflußnahme irgendwelcher Art über das Dienstliche hinaus auszuüben. Ich selbst kann nur aus deutschen Vorstellungen heraus sprechen und möchte mir zunächst erlauben, einige Bemerkungen über die Art, wie diese Einflußnahme bei uns verlaufen ist, vorauszuschicken.

Diese Bemerkungen sind „aus der Froschperspektive" gemacht. D.h.: ich hatte es mir bei zeitweise häufigen Reisen in Deutschland zum Grundsatze gemacht, wenn es sich nicht um sehr lange Fahrten handelte und wenn ich nicht sehr anstrengende Tätigkeit vor mir hatte, stets dritte Klasse zu fahren, und bin so im Laufe der Zeit mit vielen Hunderten von Leuten, die von der Front kamen oder nach der Front reisten, zusammengekommen, gerade in jener Epoche, wo bei uns das, was man unter Aufklärungsarbeit durch die Offiziere verstand, eingesetzt hat. Da habe ich, ohne daß ich irgendwelchen Anlaß genommen hätte, die Leute auszufragen oder meinerseits zum Sprechen zu bringen, außerordentlich vielfältige Äußerungen darüber von Seite der Leute gehört. Und zwar handelte es sich da fast stets um sehr zuverlässige Leute, für welche die Autorität des Offiziers felsenfest stand, nur selten auch um solche, die eine etwas andere Haltung innerlich einnahmen. Die Sache war nun immer die: daß man sehr bald die große Schwierigkeit jeder Aufklärungsarbeit erkennen mußte. Es war namentlich eines: sobald bei den Leuten irgendwie der Verdacht rege wurde, daß es sich um *Partei*politik handle, die direkt oder indirekt gefördert werden solle, gleichviel, welcher Art sie war, so war bei einem großen Teile von ihnen immer das Mißtrauen da. Sie hatten eben, wenn sie auf Urlaub kamen, Beziehungen zu ihren Parteileuten, und es wurde dann natürlich schwierig, ein wirkliches Vertrauensverhältnis zu ihnen aufrecht zu erhalten. Es war ferner die große Schwierigkeit vorhanden: die Leute erkannten zwar die militärische Fachkunde des Offiziers ganz bedingungslos an – das ist mir nie anders vorgekommen, so selbstverständlich auch in Deutschland gelegentlich geschimpft wurde, bald über die Stäbe, bald über sonst etwas, aber die militärische Autorität ist nie grundsätzlich bezweifelt worden; – dagegen stieß man auf das Empfinden: ja, wenn wir von Seite des Offiziers über unsere privaten Lebensverhältnisse und das, was daraus folgt, belehrt werden, so liegt die Tatsache vor, daß das Offizierskorps doch einer anderen ständischen Schicht angehört als wir und daß es dem Offizier beim besten Willen nicht möglich ist, sich in unsere Lage, die wir hinter der Maschine oder hinter dem Pfluge stehen, so vollständig hineinzuversetzen, wie wir selbst das tun. Das kam in einer Anzahl teilweise naiver Äußerungen immer wieder zum Ausdruck, und ich hatte das Gefühl, daß vielleicht durch eine falsch betriebene Art der Aufklärung die Autorität des Offiziers auch auf dem militärischen Gebiete, wo sie ganz unerschüttert steht, leiden könnte, weil die Leute die Autorität auf jenen Gebieten, wo sie beanspruchen, zu Hause zu sein, nicht unbedingt anerkennen. – Nun ein weiterer, nicht jetzt, aber früher bei Auseinandersetzungen mit dem Sozialismus oft gemachter Fehler. Man ist schon lange mit gutem Grunde davon abgegangen, was man früher auf Seite der parteipolitischen Gegner der Sozialdemokratie getan hat, bezüglich der Gewerkschaftsbeamten und der Parteibeamten den Arbeitern vorzuhalten: „Das sind eigentlich die Leute, die von den Arbeitergroschen im wörtlichen Sinne leben, viel mehr als die Unternehmer." Denn darauf antwortet selbstverständlich jeder Arbeiter: „Gewiß leben die Leute von meinen Groschen. Ich bezahle sie. Aber eben deshalb sind sie mir zuverlässig, sie sind von mir abhängig, ich weiß, daß sie meine Interessen vertreten müssen. Da lasse ich mir nichts dreinreden. Das ist mir die paar Groschen wert." Man ist jetzt mit Recht davon abgegangen, jene Intellektuellen-Schicht, die nun einmal überall die Parolen, die Schlagworte und – sagen Sie getrost: die Phrasen prägt, mit denen in allen Parteien ohne Ausnahme gearbeitet wird, und so auch innerhalb der Parteien der Linken und der sozialdemokratischen Partei, in jener Art diskreditieren zu wollen. Insbesondere aber ist es meiner Meinung nach zu begrüßen, daß man in Deutschland sich mit den Gewerkschaften gut gestellt hat. Man mag zu den Gewerkschaften sonst stehen, wie man will. Sie machen auch ihre Torheiten. Dennoch war diese Haltung gegenüber den Gewerkschaften gerade vom militärischen Standpunkt klug.

Denn sie repräsentieren immerhin etwas, was auch den militärischen Körperschaften eigen ist. Man mag über den Streik denken, wie man will. Er ist meist ein Kampf um Interessen, um Löhne. Sehr oft aber doch nicht nur um Löhne, sondern auch um ideelle Dinge: um Ehre, so wie sie die Arbeiter nun einmal verstehen – und was darunter zu verstehen sei, das beansprucht eben jedermann selbst zu wissen. Das Gefühl der Ehre, der Kameradschaft der Genossen in einer Fabrik oder in ein und derselben Branche hält sie zusammen, und das ist schließlich ein Gefühl, auf welchem, nur in anderer Richtung, auch der Zusammenhalt militärischer Körper beruht. Und da es nun einmal gar kein Mittel gibt, die Streiks aus der Welt zu schaffen – man kann nur wählen zwischen offen anerkannten und geheimen Verbänden dieser Art – so halte ich es für auch vom militärischen Standpunkt klug, wenn man sich auf den Boden dieser Tatsache stellt: Das ist einmal so und, solange man mit den Leuten auskommt und sie nicht *militärische* Interessen gefährden, paktiert man mit ihnen, wie es tatsächlich in Deutschland geschehen ist. Das sind meine subjektiven Eindrücke.

Nun möchte ich mich aber dem Thema zuwenden, zu welchem Sie mir die Ehre gegeben haben, mich hieher zu laden, und welches ja freilich derart ist, daß man ein halbes Jahr ausführlich darüber sprechen müßte (denn in diesem Umfange pflegt man geschulten akademischen Hörern diese Dinge vorzutragen): der Stellung des Sozialismus und der Stellungnahme zu ihm. Zunächst mache ich darauf aufmerksam, daß es „Sozialisten" der allerverschiedensten Art gibt. Es gibt Leute, die sich Sozialisten nennen und die kein einziger Parteisozialist welcher Richtung immer als solche anerkennen würde. Alle *Parteien,* die rein sozialistischen Charakter haben, sind heute *demokratische* Parteien. Auf diesen demokratischen Charakter möchte ich zunächst kurz eingehen. Was ist denn heute Demokratie? Der Punkt gehört durchaus zur Sache. Freilich kann ich ihn heute nur kurz berühren. Demokratie kann unermeßlich Verschiedenes bedeuten. Sie bedeutet an sich nur: daß keine formelle Ungleichheit der politischen Rechte zwischen den einzelnen Klassen der Bevölkerung besteht. Aber welche verschiedenen Konsequenzen hat das! Bei dem alten Typus der Demokratie, in den Schweizer Kantonen Uri, Schwyz, Unterwalden, Appenzell und Glarus, versammeln sich noch heute sämtliche Bürger – in Appenzell sind das 12.000 stimmfähige Leute, sonst sind es 3000 bis 5000 – auf einem großen Platz und stimmen dort über alles, von der Wahl des Landammannes angefangen bis zur Beschlußfassung über ein neues Steuergesetz oder irgend eine Frage der Verwaltung nach erfolgter Diskussion durch Händeaufheben ab. Wenn Sie nun aber die Listen der Landammänner verfolgen, die da in einer solchen Schweizer Demokratie alten Stils durch fünfzig oder sechzig Jahre hindurch gewählt wurden, so werden Sie finden, daß es auffallend häufig dieselben waren oder daß doch bestimmte Familien diese Ämter von altersher in der Hand hatten, daß also zwar eine Demokratie im Rechte bestand, diese Demokratie aber tatsächlich aristokratisch verwaltet wurde. Und zwar aus dem ganz einfachen Grunde, weil das Amt etwa eines Landammannes nicht jeder Gewerbetreibende übernehmen konnte, ohne sich in seinem Gewerbe zu ruinieren. Er mußte im wirtschaftlichen Sinne „abkömmlich" sein, und das ist in der Regel nur ein Mann von einigem Vermögen. Oder man muß ihn hoch bezahlen und durch Pension versorgen. Die Demokratie hat nur die Wahl: entweder billig durch reiche Leute im Ehrenamt verwaltet zu werden oder teuer durch bezahlte Berufsbeamte. Dieses letzte: die Entwicklung eines Berufsbeamtentums, ist nun aber das Schicksal aller modernen Demokratien da geworden, wo das Ehrenamt nicht ausreichte: in den großen Massen-Staaten. Das ist die augenblickliche Situation Amerikas. Der Theorie nach ist dort die Sache ähnlich wie in der Schweiz. Gewählt wird, wenn auch nicht durch Landesversammlungen, so doch nach direktem oder indirektem *gleichen* Wahlrechte, ein großer Teil der einzelstaatlichen Beamten und für die ganze Union: der Präsident. Der Präsident ernennt die anderen Beamten der Union. Man hat dabei die Erfahrung gemacht, daß die vom gewählten Präsidenten *ernannten* Beamten an Qualität der Leistung und vor allen Dingen an Unbestechlichkeit im Ganzen hoch über denjenigen Beamten stehen, die aus den Volkswahlen hervorgehen, weil der Präsident und die hinter ihm stehende Partei selbstverständlich von den Wählern dafür verantwortlich gemacht werden, daß die Beamten, die sie ernennen, wenigstens irgendwie auch die Qualitäten haben, die der Wähler erwartet.

Diese amerikanische Demokratie nun, die auf dem Grundsatze beruht, daß alle vier Jahre, wenn der Präsident wechselt, auch die über 300.000 Beamten, die er zu ernennen hat, wechseln und daß alle vier Jahre alle governors jedes einzelnen Staates und mit ihnen wiederum viele Tausende von Beamten wechseln – diese Demokratie geht ihrem Ende entgegen. Das war eine Verwaltung durch Dilettanten; denn diese Beamten, die da von der Partei bestellt wurden, wurden nach dem Prinzipe ernannt: sie haben der Partei Dienste geleistet und dafür werden sie Beamte. Nach ihrer Fachqualifikation fragte man wenig, eine Prüfung, ein Examen oder etwas derartiges war bis vor einiger Zeit der amerikanischen Demokratie formell unbekannt. Im Gegenteile stand man oft auf dem Standpunkte, daß das Amt gewissermaßen im Turnus von einem zum anderen herumzugehen hätte, damit jeder einmal an die Krippe gelange.

Ich habe nun darüber mehrfach mit amerikanischen Arbeitern gesprochen. Der echte amerikanische Yankeearbeiter steht auf einer hohen Stufe der Löhne und der Bildung. Der Lohn eines amerikanischen Arbeiters ist höher als derjenige manches außerordentlichen Professors einer amerikanischen Universität. Diese Leute haben vollständig die Formen der bürgerlichen Gesellschaft, sie erscheinen in ihrem Zylinder und mit ihrer Frau, die vielleicht etwas weniger Gewandtheit und Eleganz hat, aber im übrigen genau so sich benimmt wie eine andere Lady, während die Einwanderer, die aus Europa kommen, in die Unterschichten einströmen. Wenn ich also mit einem solchen Arbeiter zusammensaß und ihm sagte: Wie könnt ihr euch eigentlich von diesen Leuten regieren lassen, die euch da in die Ämter hineingesetzt werden und die selbstverständlich, da sie der Partei ihr Amt verdanken, da sie von diesem Gehalt, das sie beziehen, soundsoviel als Steuer an die Partei abführen und dann nach vier Jahren aus dem Amte gehen müssen, ohne eine Pensionsberechtigung zu haben, die also doch selbstverständlich aus dem Amte so viel Geld machen, als nur möglich ist, wie könnt ihr euch von dieser korrupten Gesellschaft, die euch notorisch Hunderte von Millionen stiehlt, regieren lassen?, so bekam ich gelegentlich die charakteristische Antwort, die ich wörtlich in ihrer Drastik wiedergeben zu dürfen bitte: „Das tut nichts, es ist genug Geld für das Stehlen da, und es bleibt noch immer genug übrig zum Verdienen für andere – auch für uns. Auf diese ‚professionals', auf diese Beamten speien wir, die verachten wir. Wenn aber eine examinierte studierte Klasse die Ämter einnimmt wie bei euch drüben – die speit auf uns."

Das war bei diesen Leuten das Entscheidende. Die Furcht vor dem Entstehen eines solchen Beamtentums, wie es in Europa tatsächlich besteht, eines ständischen, durch die Universitäten gebildeten, fachgeschulten Beamtenstandes.

Nun ist selbstverständlich längst die Zeit gekommen, wo man auch in Amerika nicht mehr durch Dilettanten verwalten kann. Mit riesiger Geschwindigkeit dehnt sich das Fachbeamtentum aus. Das Fachexamen wurde eingeführt. Formell zunächst obligatorisch nur bei gewissen, mehr technischen Beamten, aber es griff rasch weiter um sich. Es sind jetzt schon ungefähr hunderttausend von den vom Präsidenten zu ernennenden Beamten, die nur nach abgelegten Examen ernannt werden können. Damit ist der erste und wichtigste Schritt getan zur Umgestaltung der alten Demokratie. Und damit hat auch die Universität in Amerika eine ganz andere Rolle zu spielen begonnen und hat sich auch der Geist der Universitäten grundsätzlich gewandelt. Denn, was außerhalb Amerikas nicht immer gewußt wird, die amerikanischen Universitäten und die von ihnen gebildeten Schichten, nicht die Kriegslieferanten, die es in allen Ländern gibt, sind die Urheber des Kriegs gewesen. Als ich im Jahre 1904 drüben war, wurde ich von den amerikanischen Studenten nach nichts so viel gefragt wie darnach: wie eigentlich in Deutschland Mensuren arrangiert werden, wie man das mache, um zu Schmissen zu kommen. Sie hielten das für eine ritterliche Einrichtung: diesen Sport mußten sie auch haben. Das Ernste an der Sache war, daß auf solche Stimmungen die Literatur namentlich in meinem Fache zugeschnitten wurde: gerade bei den damals besten Werken fand ich am Schluß folgende Konklusion: „Es ist ein Glück, daß sich die Weltwirtschaft dahin bewegt, daß der Moment kommt, wo es rentabel („a sound business view") wird, durch den *Krieg* einander den Welthandel abzunehmen; denn dann hört endlich das Zeitalter für uns Amerikaner auf, wo wir würdelose Dollarverdiener sind, dann wird wieder kriegerischer Geist und Ritterlichkeit die Welt beherrschen." Sie stellten sich den modernen Krieg wohl ähnlich vor, wie es in der Schlacht von Fontenoy war, wo der Herold der Franzosen den Feinden zurief: „Meine Herren Engländer, schießen Sie zuerst!" Sie dachten sich den Krieg als eine Art ritterlichen Sports, der wieder ständisches Empfinden, vornehmes Empfinden anstatt dieser schmutzigen Jagd nach dem Gelde setzen würde. Sie sehen: diese Kaste beurteilt Amerika genau so, wie in Deutschland nach meinen Kenntnissen Amerika vielfach beurteilt wird und – zieht ihrerseits die Konsequenzen. Aus dieser Kaste sind die entscheidenden Staatsmänner hervorgegangen. Dieser Krieg wird für Amerika die Konsequenz haben, daß es als ein Staat mit einer großen Armee, einem Offizierskorps und einer Bureaukratie daraus hervorgeht. Ich habe schon damals amerikanische Offiziere gesprochen, die sehr wenig mit den Zumutungen einverstanden waren, die die amerikanische Demokratie an sie stellt. Es passierte z.B. einmal, daß ich in der Familie einer

Tochter eines Kollegen war und daß eben das Dienstmädchen weg war – sie hatten ja drüben bei den Dienstmädchen eine zweistündige Kündigungsfrist. Es kamen gerade die beiden Söhne, die Marinekadetten waren, und die Mutter sagte: „Ihr müßt jetzt hinausgehen, Schnee fegen, sonst kostet mich das täglich 100 Dollar Strafe." Die Söhne – sie waren gerade mit deutschen Seeoffizieren zusammen gewesen – meinten: das schicke sich nicht für sie – worauf die Mutter sagte: „Wenn ihr es nicht tut, so muß ich es tun".

Dieser Krieg wird für Amerika die Entwicklung einer Bureaukratie und damit Avancementschancen für die Universitätskreise zur Folge haben – das steckt selbstverständlich auch dahinter – kurz, er wird eine Europäisierung Amerikas in mindestens dem gleichen Tempo zur Folge haben, wie man von einer Amerikanisierung Europas gesprochen hat. Die moderne Demokratie wird überall, wo sie Großstaatdemokratie ist, eine bürokratisierte Demokratie. Und es muß so sein; denn sie ersetzt die vornehmen adeligen oder anderen Ehrenbeamten durch ein bezahltes Beamtentum. Das geht überall so, das geht auch innerhalb der Parteien so. Das ist unentrinnbar, und diese Tatsache ist die erste, mit der auch der Sozialismus zu rechnen hat: die Notwendigkeit langjähriger fachlicher Schulung, immer weitergehender fachlicher Spezialisierung und einer Leitung durch ein derart gebildetes Fachbeamtentum. Anders ist die moderne Wirtschaft nicht zu leiten.

Insbesondere aber ist diese unentrinnbare universelle Bürokratisierung dasjenige, was sich hinter einem der am häufigsten zitierten sozialistischen Schlagworte verbirgt – dem Schlagwort von der „Trennung des Arbeiters vom Arbeitsmittel". Was heißt das? Der Arbeiter sei – wird uns gesagt – „getrennt" von den sachlichen Mitteln, mit denen er produziere, und auf dieser Trennung beruhe die Lohnsklaverei, in der er sich befinde. Gedacht ist dabei an die Tatsache: daß im Mittelalter der Arbeiter Eigentümer der technischen Werkzeuge war, mit denen er produzierte, während ein moderner Lohnarbeiter das selbstverständlich weder ist noch sein kann, mag es nun ein Unternehmer oder der Staat sein, der das Bergwerk oder die betreffende Fabrik betreibt. Gedacht ist ferner daran: daß der Handwerker die Rohstoffe, die er verarbeitete, selbst einkaufte, während das heute beim Lohnarbeiter nicht der Fall ist und sein kann, und daß dementsprechend das Erzeugnis zwar im Mittelalter und jetzt noch überall dort, wo das Handwerk noch fortbesteht, zur freien Verfügung des einzelnen Handwerkers steht, der es auf dem Markte verkaufen und zu seinem eigenen Gewinn verwerten kann, während es bei der großen Unternehmung nicht zur Verfügung des Arbeiters, sondern desjenigen steht, der das Eigentum an diesen Betriebsmitteln hat, wiederum: mag das der Staat sein oder ein privater Unternehmer. Das ist wahr, aber eine Tatsache, die keineswegs nur dem wirtschaftlichen Produktionsprozeß eigentümlich ist. Es ist dasselbe, was wir z.B. auch innerhalb der Universität erleben. Der alte Dozent und der Universitätsprofessor arbeiteten mit der Bibliothek und den technischen Mitteln, die sie selbst sich anschafften und machen ließen, und produzierten damit, z.B. die Chemiker, diejenigen Dinge, die zum wissenschaftlichen Betriebe erforderlich waren. Die Masse der heutigen Arbeitskräfte innerhalb des modernen Universitätsbetriebes, insbesondere die Assistenten der großen Institute, sind in dieser Hinsicht dagegen genau in der gleichen Lage wie irgendein Arbeiter. Sie können jederzeit gekündigt werden. Sie haben in den Räumen des Institutes kein anderes Recht als der Arbeiter in den Räumen der Fabrik. Sie müssen sich geradeso wie diese nach dem bestehenden Reglement halten. Sie haben kein Eigentum an den Stoffen oder Apparaten, Maschinen usw., die in einem chemischen oder physikalischen Institut, einer Anatomie oder Klinik gebraucht werden; diese sind vielmehr Staatseigentum, werden aber von dem Leiter des Institutes bewirtschaftet, der dafür die Gebühren bezieht, während der Assistent ein Einkommen erhält, das nicht wesentlich anders bemessen ist als das eines gelernten Arbeiters. Ganz das Gleiche finden wir auf dem Gebiete des Heerwesens. Der Ritter der Vergangenheit war Eigentümer seines Pferdes und seiner Rüstung. Er hatte sich auszurüsten und zu verpflegen. Die damalige Heeresverfassung beruhte auf dem Prinzip der Selbstequipierung. Sowohl in den antiken Städten als auch in den Ritterheeren des Mittelalters mußte man seinen Panzer, seine Lanze und sein Pferd selbst stellen und Proviant mitbringen. Das moderne Heer ist in dem Augenblick entstanden, wo die fürstliche Menage einsetzte, wo also der Soldat und der Offizier (der ja etwas anderes als ein anderer Beamter ist, der aber in diesem Sinne dem Beamten durchaus entspricht) nicht mehr Eigentümer der Kriegsbetriebsmittel waren. Darauf beruht ja der Zusammenhalt des modernen Heeres. Deshalb war es ja den russischen Soldaten so lange nicht möglich, aus den Schützengräben zu entkommen, weil dieser Apparat des Offizierskorps, der Intendantur- und der sonstigen Beamten vorhanden war und jedermann im Heere wußte, daß seine ganze Existenz, auch seine Ernährung, davon abhängig war, daß dieser Apparat funktionierte. Sie alle waren „getrennt“ von den Kriegsbetriebsmitteln, ganz ebenso, wie der Arbeiter es von den Arbeitsmitteln ist. Ebenso wie ein Ritter stand ein Beamter der Lehenszeit, ein Vasall also, der mit der Verwaltungs- und Gerichtshoheit belehnt war. Er trug die Kosten der Verwaltung und Gerichtsbarkeit aus eigener Tasche und bezog dafür die Gebühren. Er war also im Besitze der Verwaltungsbetriebsmittel. Der moderne Staat entsteht, indem der Fürst das in die eigene Menage nimmt, besoldete Beamte anstellt und damit die „Trennung“ der Beamten von den Betriebsmitteln vollzieht. Überall also dasselbe: die Betriebsmittel sind innerhalb der Fabrik, der Staatsverwaltung, des Heeres und der Universitätsinstitute mittels eines bürokratisch gegliederten Menschenapparates konzentriert in den Händen dessen, der diesen Menschenapparat beherrscht. Das ist teils rein technisch, durch die Art der modernen Betriebsmittel: Maschinen, Geschütze usw. bedingt, teils aber einfach durch die größere Leistungsfähigkeit dieser Art des Zusammenwirkens von Menschen: durch die Entwicklung der „Disziplin“, Heeres-, Amts-, Werkstatt- und Betriebsdisziplin. Jedenfalls aber ist es ein schwerer Irrtum, wenn diese Trennung des Arbeiters vom Betriebsmittel für etwas nur der Wirtschaft und vollends der *privaten* Wirtschaft Eigentümliches gehalten wird. An dem Grundtatbestand ändert sich ja gar nichts, wenn die Person des Herrn jenes Apparates geändert wird, wenn etwa ein staatlicher Präsident oder Minister statt eines privaten Fabrikanten über ihn verfügt. Die „Trennung“ vom Betriebsmittel besteht in jedem Fall weiter. Solange es Bergwerke, Hochöfen, Eisenbahnen, Fabriken und Maschinen gibt, werden sie nie in dem Sinne Eigentum eines einzelnen oder mehrerer einzelner Arbeiter sein, wie die Betriebsmittel eines Handwerks im Mittelalter Eigentum eines einzelnen Zunftmeisters oder einer örtlichen Werkgenossenschaft oder Zunft waren. Das ist durch die Natur der heutigen Technik ausgeschlossen. –

Was heißt nun gegenüber dieser Tatsache *Sozialismus?* Das Wort ist, wie schon erwähnt, vieldeutig. Aber der Gegensatz zu Sozialismus, an den man gewöhnlich denkt, ist: privatwirtschaftliche Ordnung, d.h. ein Zustand, bei welchem die wirtschaftliche Bedarfsversorgung in den Händen privater Unternehmer liegt, sich also so vollzieht, daß diese Unternehmer sich durch Kaufverträge und Lohnverträge die sachlichen Betriebsmittel, Beamten und Arbeitskräfte beschaffen und daß sie dann auf eigene ökonomische Gefahr und in Erwartung eigenen Gewinns die Güter herstellen lassen und sie auf dem Markte verkaufen.

Diese Privatwirtschaftsordnung hat die sozialistische Theorie mit dem Schlagworte von der „Anarchie der Produktion" belegt, weil sie es darauf ankommen läßt, ob das Eigeninteresse der einzelnen Unternehmer an dem Absatze ihrer Produkte: das Interesse daran, Gewinn zu machen, so funktioniert, daß dadurch eine Versorgung derjenigen, die dieser Güter bedürfen, gewährleistet ist.

Die Frage nun, was innerhalb einer Gesellschaft unternehmungsmäßig, also privatwirtschaftlich und was nicht privatwirtschaftlich, sondern – in diesem weitesten Sinne des Wortes – sozialistisch, das heißt: planvoll organisiert, an Bedarf gedeckt wird, hat geschichtlich gewechselt.

Im Mittelalter haben beispielsweise Republiken wie Genua ihre großen Kolonialkriege auf Zypern durch Aktienkommanditgesellschaften, die sogenannten Maonen, führen lassen. Die schossen das nötige Geld zusammen, mieteten die entsprechenden Söldner, eroberten das Land, bekamen den Schutz der Republik und beuteten selbstverständlich das Land für ihre Zwecke als Plantagenland oder Steuerobjekt aus. Ähnlich hat die Ostindische Kompagnie Indien für England erobert und für sich ausgebeutet. Der Condottiere der spätitalienischen Renaissancezeit gehörte in die gleiche Kategorie. Er warb ebenso wie noch der letzte von ihnen: Wallenstein sein Heer auf seinen Namen und aus seinen Mitteln an, in seine Taschen floß auch ein Anteil der Beute, die das Heer machte, und natürlich pflegte er sich auszubedingen, daß von dem Fürsten oder König oder Kaiser an ihn eine bestimmte Summe als Entgelt für seine Leistung und für Deckung seiner Kosten abgeführt werde. In etwas weniger selbständiger Weise war auch noch im 18. Jahrhundert der Oberst ein Unternehmer, der seinerseits die Rekruten anzuwerben und zu kleiden hatte, zwar teilweise auf die Magazine des Fürsten angewiesen war, immer aber weitgehend auf eigene Gefahr und zu eigenem Gewinn wirtschaftete. Es galt also der privatwirtschaftliche Betrieb der Kriegsführung als ganz normal, was uns heute ungeheuerlich dünken würde.

Auf der andern Seite würde es keine mittelalterliche Stadt oder Zunft jemals für denkbar gehalten haben, daß man die Getreideversorgung der Stadt oder die Versorgung der Zunft mit den zu importierenden unentbehrlichen Rohstoffen für die Arbeit ihrer Meister einfach dem freien Handel überlassen könnte. Sondern von der Antike angefangen, im großen Maßstabe in Rom, hatte durch das ganze Mittelalter hindurch die Stadt dafür zu sorgen, nicht der freie Handel, der nur die Ergänzung war. Ungefähr so wie jetzt in den Zeiten der Kriegswirtschaft ein Zusammenarbeiten, eine „Durchstaatlichung", wie das jetzt gern genannt wird, breiter Zweige der Wirtschaft vorhanden ist.

Das Charakteristische unserer heutigen Situation ist nun, daß die Privatwirtschaft, verbunden mit privater bürokratischer Organisation und also mit Trennung des Arbeiters von den Betriebsmitteln, ein Gebiet beherrscht, welches diese beiden Züge gemeinsam noch niemals in diesem Umfange in der Weltgeschichte getragen hat: das ist die *gewerbliche* Produktion, und daß dieser Prozeß zusammenfällt mit der Schaffung der maschinellen Produktion innerhalb der Fabrik, also mit einer örtlichen Zusammenhäufung von Arbeitskräften innerhalb einer und derselben Räumlichkeit, Gebundenheit an die Maschine und gemeinsamer Arbeits*disziplin* innerhalb des Maschinensaales oder Bergwerkes. Die Disziplin erst gibt der heutigen Art der „Trennung" des Arbeiters von den Arbeitsmitteln ihre spezifische Note.

Aus dieser Lebenslage, aus der Fabriks*disziplin* heraus, ist der moderne Sozialismus geboren. Überall, zu allen Zeiten und in allen Ländern der Erde hat es Sozialismus von den verschiedensten Arten gegeben. Der moderne Sozialismus in seiner Eigenart ist nur auf diesem Boden möglich.

Diese Unterworfenheit unter die Arbeitsdisziplin ist für die gewerblichen Arbeiter deshalb so außerordentlich fühlbar, weil im Gegensatz etwa zu einer Sklavenplantage oder einem Fronhof der moderne gewerbliche Betrieb auf einem außerordentlich scharfen *Auslese*prozeß ruht. Ein heutiger Fabrikant stellt nicht jeden beliebigen Arbeiter, nur weil er etwa zu einem billigen Lohne arbeiten wollte, ein. Sondern er stellt den Mann im Akkordlohn an die Maschine und sagt: „So, jetzt arbeite, ich werde sehen, wie viel du verdienst"; und wenn der Mann sich nicht imstande zeigt, einen bestimmten Mindestlohn zu verdienen, so wird ihm gesagt: „Es tut uns leid, Sie sind für diesen Beruf nicht begabt, wir können Sie nicht brauchen". Er wird ausgeschieden, weil die Maschine nicht voll ausgenützt wird, wenn an ihr nicht ein Mann steht, der sie voll auszunützen versteht. So oder ähnlich verläuft das überall. Jeder moderne gewerbliche Betrieb im Gegensatze zu jedem Sklavenbetrieb der Antike, wo der Herr an die Sklaven gebunden war, die er hatte, – wenn einer von ihnen starb, so war das ein Kapitalsverlust für ihn – beruht auf diesem Prinzip der Auslese, und diese Auslese wird auf der andern Seite auf das außerordentlichste verschärft durch die Konkurrenz der Unternehmer untereinander, welche den einzelnen Unternehmer an bestimmte Lohnmaxima bindet: der Zwangsläufigkeit der Disziplin entspricht die Zwangsläufigkeit des Verdienstes der Arbeiter.

Wenn heute der Arbeiter zu dem Unternehmer kommt und sagt: „Wir können mit diesen Löhnen nicht existieren und du könntest uns mehr zahlen", so ist der Unternehmer in neun von zehn Fällen – ich meine in Friedenszeiten und in den Branchen, in denen wirklich scharf konkurriert wird – in der Lage, den Arbeitern aus seinen Büchern nachzuweisen: das geht nicht; der Konkurrent zahlt die und die Löhne; zahle ich euch auf den Kopf nur so und so viel mehr, so verschwindet aus meinen Büchern jeder Gewinn, den ich den Aktionären zahlen könnte, ich könnte den Betrieb nicht fortführen, denn ich bekäme keinen Kredit von der Bank. Damit sagt er recht oft nur die nackte

Wahrheit. Dazu tritt schließlich noch, daß unter dem Drucke der Konkurrenz die Rentabilität davon abhängt, daß möglichst viel Menschenarbeit und möglichst solche der höchstgelohnten, für den Betrieb teuersten Art durch neue, arbeitsparende Maschinen ausgeschaltet, also „gelernte" Arbeiter durch „ungelernte" oder durch unmittelbar an der Maschine „angelernte" Arbeiter ersetzt werden. Das ist unvermeidlich und vollzieht sich fortwährend.

Das alles ist nun das, was der Sozialismus als „Herrschaft der Dinge über den Menschen", das soll heißen: der Mittel über den Zweck (die Bedarfsdekkung) auffaßt. Er sieht, daß, während man in der Vergangenheit Einzelpersonen hatte, die man für das Schicksal des Klienten, Hörigen oder Sklaven verantwortlich machen konnte, man das heute nicht kann. Deshalb wendet er sich nicht gegen Personen, sondern gegen die Ordnung der Produktion als solche. Ein jeder wissenschaftlich geschulte Sozialist wird es bedingungslos ablehnen, einen einzelnen Unternehmer für das Lebensschicksal, welches dem Arbeiter bereitet wird, verantwortlich zu machen, und wird sagen: das liegt an dem System, an der Zwangslage, in die alle Beteiligten, der Unternehmer wie der Arbeiter, sich gestellt finden. –

Was wäre denn nun aber, positiv gewendet, gegenüber diesem System der Sozialismus? Im weitesten Sinne des Wortes das, was man auch mit „Gemeinwirtschaft" zu bezeichnen pflegt. Also eine Wirtschaft, bei der, erstens, der Profit fehlte: der Zustand also, daß die privaten Unternehmer auf ihre eigene Rechnung und Gefahr die Produktion leiten. Statt dessen läge sie in der Hand von Beamten eines Volksverbandes, der die Leitung übernähme, nach Gesichtspunkten, von denen gleich die Rede sein wird. Zweitens fehlte infolgedessen die sogenannte Anarchie der Produktion, d.h. die Konkurrenz der Unternehmer untereinander. Es ist nun jetzt, namentlich in Deutschland, sehr viel davon die Rede, daß man eigentlich infolge des Krieges schon mitten in der Entwicklung einer solchen „Gemeinwirtschaft" stecke. Angesichts dessen sei nun in Kürze darauf hingewiesen, daß eine organisierte Wirtschaft eines Einzelvolkes in der Art ihrer Organisation zwei prinzipiell verschiedene Prinzipien zugrundelegen könnte. Erstens dasjenige, was man heute als „Durchstaatlichung" bezeichnet und was allen Herren, die in Kriegsbetrieben arbeiten, zweifellos bekannt ist. Sie beruht auf einem Zusammenwirken der zusammengeschlossenen Unternehmerschaft einer Branche mit staatlichen, sei es nun militärischen oder zivilen Beamten. Rohstoffbeschaffung, Kreditbeschaffung, Preise, Kundschaft können dabei weitgehend planvoll reguliert werden, es kann Beteiligung des Staates am Gewinn und an der Beschlußfassung dieser Syndikate stattfinden. Man glaubt nun: der Unternehmer werde dann von diesen Beamten beaufsichtigt und die Produktion vom Staate beherrscht. Man habe also damit schon den „wahren", „eigentlichen" Sozialismus oder sei auf dem Wege zu ihm. In Deutschland besteht aber gegen diese Theorie ein weitgehender Skeptizismus. Ich will es dahingestellt sein lassen, wie es während des Krieges ist. Jedermann aber, der rechnen kann, weiß, daß im Frieden nicht so weitergewirtschaftet werden könnte wie jetzt, wenn wir nicht dem Ruin entgegengehen sollen, und daß im Frieden eine solche Durchstaatlichung, d.h. eine Zwangskartellierung der Unternehmer jeder Branche und die Teilnahme des Staates an diesen Kartellen mit einem Gewinnanteil gegen Einräumung eines weitgehenden Kontrollrechtes in Wirklichkeit nicht etwa die Beherrschung der Industrie durch den Staat, sondern die Beherrschung des Staates durch die Industrie bedeuten würde. Und zwar in einer sehr unangenehmen Art. Innerhalb der Syndikate säßen die Staatsvertreter mit den Fabrikherren an einem Tisch, die ihnen an Branchenkunde, kaufmännischer Schulung und Eigeninteressiertheit weit überlegen wären. Innerhalb des Parlamentes aber säßen die Arbeitervertreter und würden das Verlangen stellen, daß jene Staatsvertreter für hohe Löhne einerseits, für billige Preise andererseits sorgen müßten: die Macht, es zu tun, – würden sie sagen – hätten sie ja. Anderseits wieder: um seine Finanzen nicht zu ruinieren, wäre der Staat, der am Gewinn und Verlust eines solchen Syndikates beteiligt wäre, natürlich interessiert an hohen Preisen und niedrigen Löhnen. Und die privaten Mitglieder der Syndikate schließlich würden von ihm erwarten: daß er ihnen Rentabilität ihrer Betriebe garantiert. In den Augen der Arbeiterschaft würde ein solcher Staat also als ein Klassenstaat im eigentlichsten Sinn des Wortes erscheinen, und ich zweifle, ob das politisch wünschenswert ist; noch mehr aber zweifle ich, ob man klug täte, jetzt den Arbeitern diesen Zustand als den eigentlich „wahren" Sozialismus hinzustellen, was ja gewiß verführerisch nahe zu liegen scheint. Denn die Arbeiter würden sehr bald die Erfahrung machen: Das Schicksal des Arbeiters, der in einem Bergwerk arbeitet, ändert sich in gar keiner Weise, ob nun dieses Bergwerk ein privates oder ein staatliches ist. In den Saar-Kohlengruben ist der Lebensgang eines Arbeiters ganz derselbe wie auf einer privaten Zeche: wenn die Zeche schlecht geleitet ist, also sich schlecht rentiert, dann geht es auch den Leuten schlecht. Aber der Unterschied ist, daß gegen den Staat kein Streik möglich ist, daß also die Abhängigkeit des Arbeiters bei dieser Art von Staatssozialismus ganz wesentlich gesteigert ist. Das ist einer der Gründe, warum die Sozialdemokratie dieser „Durchstaatlichung" der Wirtschaft, dieser Form des Sozialismus im allgemeinen ablehnend gegenübersteht. Sie ist eine Kartellierungs-Gemeinschaft. Maßgebend ist nach wie vor der Profit; die Frage: was verdienen die einzelnen Unternehmer, die zu dem Kartell zusammengeschlossen sind und deren einer nun der Staatsfiskus geworden ist, bleibt bestimmend für die Richtung, in der die Wirtschaft betrieben wird. Und das Peinliche wäre: während jetzt das staatlich-politische und privatwirtschaftliche Beamtentum (der Kartelle, Banken, Riesenbetriebe) als getrennte Körper nebeneinander stehen und man daher durch die politische Gewalt die wirtschaftliche immerhin im Zaum halten kann, wären dann beide Beamtenschaften ein einziger Körper mit solidarischen Interessen und gar nicht mehr zu kontrollieren. Jedenfalls aber: der Profit als Wegweiser der Produktion wäre nicht beseitigt. Der Staat aber als solcher würde nun den Haß der Arbeiter, der heut den Unternehmern gilt, mit zu tragen haben.

Den prinzipiellen Gegensatz dazu könnte in der letztgenannten Hinsicht nur etwa eine Konsumentenorganisation bilden, welche fragte: welche *Bedürfnisse* sollen innerhalb dieses staatlichen Wirtschaftsgebietes gedeckt werden? Sie wissen wohl, daß zahlreiche Konsumvereine, namentlich in Belgien, dazu übergegangen sind, eigene Fabriken zu gründen. Dächte man sich das verallgemeinert und in die Hand einer staatlichen Organisation gelegt, so wäre das eine vollständig und grundsätzlich andere Art: ein Konsumentensozialismus – von dem man heute nur noch nicht im geringsten weiß, wo man die Leiter hernehmen sollte, und von dem es ganz im Dunklen liegt, wo die Interessenten sein sollten, um ihn jemals ins Leben zu rufen. Denn die Konsumenten als solche sind nach allen Erfahrungen nur sehr beschränkt organisationsfähig. Leute, die ein bestimmtes Erwerbsinteresse haben, sind sehr leicht zusammenzuschließen, wenn man ihnen zeigt, daß sie durch diesen Zusammenschluß einen Profit erzielen oder die Rentabilität garantiert bekommen; darauf beruht die Möglichkeit, einen solchen Unternehmer-Sozialismus, wie ihn die „Durchstaatlichung" darstellt, zu schaffen. Es ist dagegen außerordentlich schwer, Leute, die weiter nichts miteinander gemeinsam haben, als daß sie eben einkaufen oder sich versorgen wollen, zusammenzuschließen, weil die ganze Situation des Einkäufers der Sozialisierung im Wege steht; hat doch selbst die Aushungerung jetzt, in Deutschland wenigstens, die Hausfrauen der Masse der Bevölkerung nicht oder nur sehr schwer dazu vermocht, Kriegsküchen-Essen, welches jeder vorzüglich zubereitet und schmackhaft fand, anstelle ihrer dilettantischen Einzelkocherei anzunehmen, obwohl es ungleich billiger war. –

Dies vorausgeschickt, komme ich schließlich zu der Art von Sozialismus, mit der heute die sozialistischen Massenparteien, so wie sie sind, also die sozialdemokratischen Parteien, programmatisch verbunden sind. Das grundlegende Dokument dieses Sozialismus ist das Kommunistische Manifest vom Jahre 1847, publiziert und verbreitet im Jänner 1848, von Karl Marx und Friedrich Engels. Dieses Dokument ist in seiner Art, sosehr wir es in entscheidenden Thesen ablehnen (wenigstens tue *ich* das) eine wissenschaftliche Leistung ersten Ranges. Das läßt sich nicht leugnen, das darf auch nicht geleugnet werden, weil es einem niemand glaubt und weil es mit gutem Gewissen nicht geleugnet werden kann. Es ist selbst in den Thesen, die wir heute ablehnen, ein geistvoller Irrtum, der politisch sehr weitgehende und vielleicht nicht immer angenehme Folgen gehabt hat, der aber für die Wissenschaft sehr befruchtende Folgen gebracht hat, befruchtendere Folgen als oft eine geistlose Korrektheit. Vom Kommunistischen Manifest ist nun von vornherein eines zu sagen: es enthält sich, wenigstens der Absicht, nicht immer der Ausführung nach, des Moralisierens. Es fällt den Urhebern des Kommunistischen Manifestes, wenigstens ihrer Behauptung nach – in Wirklichkeit sind es Menschen gewesen, die sehr leidenschaftlich waren und die sich keineswegs immer daran gehalten haben – gar nicht ein, über die Schlechtigkeit und Niedertracht der Welt zu zetern. Sie sind auch nicht der Meinung, daß es ihre Aufgabe sei, zu sagen: Das und das ist in der Welt so eingerichtet, es müßte anders, und zwar so und so eingerichtet sein. Sondern das Kommunistische Manifest ist ein prophetisches Dokument; es *prophezeit* den Untergang der privatwirtschaftlichen, wie man zu sagen pflegt: der kapitalistischen Organisation der Gesellschaft und prophezeit den Ersatz dieser Gesellschaft zunächst – als Übergangsstadium – durch eine Diktatur des Proletariats. Hinter diesem Übergangszustand aber steht dann die eigentliche Endhoffnung: das Proletariat *kann* sich selbst aus der Knechtschaft nicht befreien, ohne *aller* Herrschaft des Menschen über den Menschen ein

Ende zu machen. Das ist die eigentliche Prophezeiung, der Kernsatz des Manifestes, ohne den es nie geschrieben wäre und ohne den es nie seine große geschichtliche Wirkung erlangt hätte. Wie geht diese Prophezeiung in Erfüllung? Das ist in einem Hauptpunkt im Manifest ausgesprochen: das Proletariat, die Masse der Arbeiterschaft wird sich durch ihre Führer zunächst der politischen Macht bemächtigen. Aber das ist ein Übergangszustand, der zu einer „Association der Individuen", wie es heißt, überführen wird: diese ist also der Endzustand.

Wie diese Assoziation aussehen wird, darüber schweigt das Kommunistische Manifest, darüber schweigen sämtliche Programme sämtlicher sozialistischer Parteien. Wir erhalten die Auskunft, daß man das nicht wissen könne. Man könne nur sagen: diese jetzige Gesellschaft ist zum Untergange verurteilt, sie wird untergehen kraft Naturgesetzes, sie wird abgelöst werden, zunächst durch die Diktatur des Proletariats. Aber das, was dann komme, darüber lasse sich noch nichts voraussagen, außer: Fehlen der Herrschaft von Mensch über Mensch.

Welche Gründe werden nun für den naturgesetzlich unvermeidlichen Untergang der gegenwärtigen Gesellschaft angeführt? Denn streng naturgesetzlich vollzieht sie sich: das war der zweite Kernsatz dieser pathetischen Prophetie, welcher ihr den jubelnden Glauben der Massen zuführte. Engels gebraucht einmal das Bild: daß ebenso, wie seinerzeit der Planet Erde in die Sonne stürzen werde, ebenso diese kapitalistische Gesellschaft zum Untergange verurteilt sei. Welche Gründe werden dafür angeführt?

Der erste ist: Eine Gesellschaftsklasse wie das Bürgertum, worunter in erster Linie immer die Unternehmer und alle diejenigen, die mit ihnen direkt oder indirekt in Interessengemeinschaft leben, verstanden werden, eine solche herrschende Klasse kann nur dann ihre Herrschaft behaupten, wenn sie der unterworfenen Klasse – das sind die Lohnarbeiter – wenigstens die nackte Existenz garantieren kann. Das war bei der Sklaverei der Fall, meinen die Verfasser, das war so auch bei der Fronhofverfassung usw. Da hatten die Leute wenigstens die nackte Existenz gesichert, und deshalb konnte sich die Herrschaft halten. Das kann aber die moderne Bourgeoisie nicht leisten. Und zwar kann sie es deshalb nicht, weil die Konkurrenz der Unternehmer sie zwingt, sich immer weiter zu unterbieten und immer wieder durch Schaffung neuer Maschinen Arbeiter brotlos auf das Pflaster zu werfen. Sie müssen eine breite Schicht von Arbeitslosen – die sogenannte „industrielle Reservearmee" – zur Verfügung haben, aus der sie die geeigneten Arbeiter in jedem Augenblicke in beliebig großer Zahl für ihre Betriebe auslesen können, und eben diese Schicht schafft die zunehmende maschinelle Automatisierung. Die Folge ist aber – so glaubte noch das Kommunistische Manifest –, daß eine stetig wachsende Klasse von ständig Arbeitslosen, von „paupers" erscheint und das Existenzminimum unterbietet, so daß die Proletarierschicht nicht einmal die nackte Lebensexistenz von dieser Gesellschaftsordnung gewährleistet bekommt. Wo das aber der Fall ist, wird eine Gesellschaft unhaltbar, d.h. irgendwann bricht sie im Wege einer Revolution zusammen.

Diese sogenannte Verelendungstheorie ist in *dieser* Form heute ausdrücklich und ausnahmslos von allen Schichten der Sozialdemokratie als unrichtig aufgegeben. Es ist bei der Jubiläumsausgabe des Kommunistischen Manifests von ihrem Herausgeber Karl Kautsky ausdrücklich zugestanden worden, daß die Entwicklung einen anderen Weg und nicht diesen gegangen sei. Die These wird in anderer, umgedeuteter Form aufrechterhalten, die, beiläufig bemerkt, ebenfalls nicht unbestritten ist, jedenfalls aber den früheren pathetischen Charakter abgestreift hat. – Aber wie dem sei, worauf beruhen die Chancen des *Gelingens* der Revolution? Könnte sie nicht zu stets neuem Mißerfolg verurteilt sein?

Damit kommen wir zu dem zweiten Argument: Die Konkurrenz der Unternehmer untereinander bedeutet den Sieg des durch Kapital und durch kaufmännische Fähigkeiten, vor allem aber: durch Kapital Stärkeren. Das bedeutet eine immer kleiner werdende Zahl von Unternehmern, da die schwächeren eliminiert werden. Je kleiner diese Zahl der Unternehmer wird, desto größer wird, relativ und absolut, die Zahl des Proletariates. Irgendwann aber ist die Zahl dieser Unternehmer so zusammengeschrumpft, daß es für sie unmöglich ist, ihre Herrschaft aufrecht zu erhalten, und dann wird man diese „Expropriateure" vielleicht ganz friedlich und in aller Höflichkeit – sagen wir: gegen eine Leibrente – expropriieren können, denn sie werden sehen, daß der Boden unter ihren Füßen so heiß geworden ist, daß sie so wenige geworden sind, daß sie ihre Herrschaft nicht behaupten können.

Diese These wird auch heute, wenn schon in modifizierter Form, aufrechterhalten. Es hat sich aber gezeigt, daß sie, wenigstens heute, in keiner Form *allgemein* richtig ist. Erstens ist sie nicht richtig für die Landwirtschaft, wo im Gegenteil sehr vielfach eine stärkere Zunahme des Bauerntums eingetreten ist. Und ferner: nicht unrichtig, aber in ihren Konsequenzen anders als erwartet, erweist sie sich für breite Zweige des Gewerbes, wo es sich zeigt, daß das einfache Zusammenschrumpfen der Unternehmer auf eine kleinere Zahl den Vorgang nicht erschöpft. Die Eliminierung der Kapitalschwachen vollzieht sich in der Form ihrer Unterwerfung unter Finanzierungskapital, Kartell- oder Trustorganisationen. Begleiterscheinung dieser sehr verwickelten Vorgänge ist aber zunächst die rapide Zunahme der „Angestellten", also der privatwirtschaftlichen *Bürokratie* – sie nimmt statistisch vielfach schneller zu als die Arbeiter – deren Interessen durchaus nicht eindeutig nach der Seite einer proletarischen Diktatur hin liegen. Dann aber: die Schaffung höchst mannigfacher Interessenbeteiligungen von so komplizierter Art, daß man zur Zeit durchaus nicht behaupten kann: die Zahl und Macht der direkten und indirekten Interessenten der bürgerlichen Ordnung sei im Abnehmen begriffen. Jedenfalls stehen die Dinge vorerst nicht so, daß man bestimmt versichern könnte: künftig wird nur ein halbes Dutzend oder ein paar Hundert oder Tausend von Kapitalsmagnaten isoliert Millionen und Abermillionen von Proletariern gegenüberstehen.

Das Dritte endlich war die Rechnung auf die Wirkungen der Krisen. Weil die Unternehmer miteinander konkurrieren – und nun kommt eine wichtige, aber verwickelte Auseinandersetzung in den klassischen sozialistischen Schriften, die ich Ihnen hier ersparen muß – so sei es unvermeidlich, daß immer wieder Zeiten der Überproduktion eintreten, die abgelöst werden von Bankerotten, Zusammenbrüchen und sogenannten „Depressionen". Diese Zeiten folgen – das hat Marx im Kommunistischen Manifest nur angedeutet, später aber ist es zu einer eingehend ausgebauten Theorie geworden – in fester Periodizität gesetzmäßig aufeinander. Tatsächlich hat während fast eines Jahrhunderts eine annähernde Periodizität solcher Krisen bestanden. Woher das kam, darüber sind selbst die ersten Gelehrten unseres Faches noch nicht vollständig einig, deshalb wäre es ganz ausgeschlossen, das jetzt hier zu besprechen.

Auf diese Krisen baute nun der klassische Sozialismus seine Hoffnung. Vor allem darauf, daß diese Krisen naturgesetzlich an Intensität und an zerstörender, beängstigende Revolutionsstimmung erzeugender Gewalt zunehmen, sich häufen und vermehren und irgendwann eine solche Stimmung erzeugen würden, daß die Aufrechterhaltung dieser Wirtschaftsordnung selbst innerhalb der nicht proletarischen Kreise nicht mehr versucht werden würde.

Diese Hoffnung ist heute im wesentlichen aufgegeben. Denn die Krisengefahr ist zwar durchaus nicht geschwunden, hat sich aber an relativer Bedeutung vermindert, seit die Unternehmer von rücksichtsloser Konkurrenz zur Kartellierung geschritten sind, seit sie also dazu übergegangen sind, durch Regulierung der Preise und des Absatzes die Konkurrenz weitgehend auszuschalten und seitdem ferner die großen Banken, z.B. auch die deutsche Reichsbank, dazu geschritten sind, durch Regulierung der Kreditgewährung dafür zu sorgen, daß auch die Überspekulationsperioden in wesentlich schwächerem Maße als früher eintreten. Also auch diese dritte Hoffnung des Kommunistischen Manifestes und seiner Nachfolger hat sich – man kann nicht sagen: „nicht bewährt", wohl aber in ihren Voraussetzungen ziemlich stark verschoben.

Die sehr pathetischen Hoffnungen, die im Kommunistischen Manifest auf einen Zusammenbruch der bürgerlichen Gesellschaft gesetzt waren, sind daher durch sehr viel nüchternere Erwartungen ersetzt worden. Dahin gehört erstens die Theorie, daß der Sozialismus ganz von selbst im Wege der Evolution komme, weil sich die Produktion der Wirtschaft zunehmend „sozialisiere". Darunter wird dann verstanden: daß an Stelle der Person des einzelnen Unternehmers die Aktiengesellschaft mit den angestellten Leitern tritt, daß Staatsbetriebe, Kommunalbetriebe, Betriebe von Zweckverbänden errichtet werden, die nicht mehr auf dem Risiko und Profit eines einzelnen oder überhaupt eines privaten Unternehmers ruhen wie früher. Das ist zutreffend, wennschon hinzugefügt werden muß, daß hinter der Aktiengesellschaft sich sehr oft ein Finanzmagnat oder mehrere verbergen, die die Generalversammlung beherrschen: jeder Aktienbesitzer weiß, daß er kurz vor der Generalversammlung eine Zuschrift seiner Bank bekommt, worin sie ihn bittet, ihr das Stimmrecht dieser Aktie zu übertragen, wenn er nicht selbst kommen und abstimmen will, was für ihn gegenüber einem Kapital von Millionen von Kronen ja gar keinen Zweck hat. Vor allem aber bedeutet diese Art der Sozialisierung einerseits eine Vermehrung des *Beamten*tums, der spezialistisch kaufmännisch oder technisch vorgebildeten Angestellten, andererseits aber eine Vermehrung des *Rentner*tums, der Schichte also, die nur Dividenden und Zinsen bezieht, nicht, wie der Unternehmer, geistige Arbeit dafür leistet, die aber mit all ihren Einkommensinteressen an der kapitalistischen Ordnung engagiert ist. In den öffentlichen und Zweckverbandsbetrieben aber herrscht erst recht und ganz ausschließlich der *Beamte,* nicht der Arbeiter, der hier ja mit einem Streik schwerer etwas ausrichtet als gegen Privatunternehmer. Die Diktatur des Beamten, nicht die des Arbeiters ist es, die – vorläufig jedenfalls – im Vormarsch begriffen ist.

Das Zweite ist die Hoffnung, daß die Maschine, indem sie das alte Spezialistentum, den gelernten Handwerker und jene hochgelernten Arbeiter, wie sie die alten englischen Gewerkschaften, die Trade Unions, füllten, durch ungelernte Arbeiter ersetze und also jeden Beliebigen fähig mache, an jeder Maschine zu arbeiten, eine solche Einheit der Arbeiterklasse herbeiführen werde, daß die alte Spaltung in verschiedene Berufe aufhören, das Bewußtsein dieser Einheit übermächtig werden und dem Kampf gegen die Klasse der Besitzenden zugutekommen würde. Darauf ist die Antwort nicht ganz einheitlich. Es ist richtig, daß die Maschine in sehr weitgehendem Maße gerade die hochbezahlten und gelernten Arbeiter zu ersetzen trachtet, denn selbstverständlich sucht jede Industrie gerade solche Maschinen einzuführen, welche die am schwersten zu beschaffenden Arbeiter ersetzt. Die am häufigsten zunehmende Schichte innerhalb der heutigen Industrie sind die sogenannten „angelernten" Arbeiter, also nicht die im alten Wege durch besonderen Lehrgang eingeschulten gelernten Arbeiter, sondern diejenigen Arbeiter, die unmittelbar an die Maschine gestellt und dort angelernt werden. Immerhin sind auch sie oft noch in weitem Maß Spezialisten. Bis z.B. ein angelernter Weber das Höchstmaß der Gelerntheit erreicht, also die Maschine im Höchstmaß für den Unternehmer ausnützt und selbst den Höchstlohn verdient, vergehen immerhin einige Jahre. Gewiß: bei anderen Kategorien von Arbeitern ist die typische normale Anlernezeit ganz wesentlich geringer als bei der hier angezogenen. Immerhin bedeutet diese Zunahme der angelernten Arbeiter zwar eine fühlbare Abschwächung, aber doch noch keine Beseitigung der Berufsspezialisierung. Und auf der anderen Seite steigert sich die Berufsspezialisierung und das Erfordernis der Fachschulung bei allen innerhalb der Produktion *über* der Arbeiterschicht stehenden Schichten bis hinab zum Vorarbeiter und Werkführer, und es steigert sich zugleich die relative Zahl der zu dieser Schicht gehörenden Personen. Richtig ist: auch sie sind „Lohnsklaven". Aber meist nicht im Akkord- oder Wochenlohn, sondern im festen Gehalt. Und vor allem: selbstverständlich haßt der Arbeiter den Werkmeister, der ihm stets auf dem Leder kniet, viel mehr als den Fabrikanten und den Fabrikanten wieder mehr als den Aktionär, obwohl doch der Aktionär derjenige ist, der wirklich arbeits*loses* Einkommen bezieht, während der Fabrikant sehr starke geistige Arbeit zu leisten hat und der Werkmeister dem Arbeiter noch weit näher steht. Das ist eine Sache, die auch beim Militär vorkommt: im allgemeinen ist der Korporal derjenige, der die stärksten Antipathien auf sich zieht, mindestens die Chancen dazu hat, soviel ich habe beobachten können. Jedenfalls ist die Entwicklung der Gesamtschichtung weit davon entfernt, eindeutig proletarisch zu sein.

Und endlich argumentiert man mit der zunehmenden Standardisierung, d.h. Vergleichmäßigung der Produktion. Überall scheint alles – und namentlich der Krieg fördert das ungemein – einer immer größeren Gleichmäßigkeit und Auswechselbarkeit der Produkte und einer immer weitergehenden Schematisierung der Geschäfte zuzustreben. Nur in der obersten Schichte der Unternehmer, aber auch hier stetig abnehmend, herrscht – sagt man – noch der alte freie

Pioniergeist des bürgerlichen Unternehmertums der Vergangenheit. Folglich steigt ständig – so wird weiter argumentiert – die Möglichkeit, diese Produktion zu lenken, auch ohne die spezifischen Unternehmerqualitäten zu besitzen, von denen die bürgerliche Gesellschaft behauptet, daß sie für den Betrieb unentbehrlich seien. Das gelte namentlich für die Kartelle und Trusts, die ein riesiges Beamtenpersonal an die Stelle von Einzelunternehmern gesetzt haben. Das ist wieder ganz richtig. Aber wieder nur mit dem gleichen Vorbehalte, daß auch durch diese Standardisierung die Bedeutung einer Schichte gefördert wird, eben: der schon oft erwähnten Beamtenschichte, die in ganz bestimmter Art *gebildet* sein muß und die deshalb – das ist nun ergänzend hinzuzufügen – einen ganz bestimmten *ständischen* Charakter trägt. Es ist kein Zufall, daß wir überall die Handelshochschulen, die Gewerbeschulen, die technischen Fachschulen wie Pilze aus der Erde sprießen sehen. Dabei spielt, zum mindesten in Deutschland, der Wunsch mit, auf diesen Schulen in eine Couleur einzutreten, sich Schmisse ins Gesicht hauen zu lassen, satisfaktionsfähig und damit reserveoffiziersfähig zu werden und nachher im Kontor eine Vorzugschance auf die Hand der Tochter des Chefs zu haben: also sich zu assimilieren mit den Schichten der sogenannten „Gesellschaft". Nichts liegt dieser Schichte ferner als die Solidarität mit dem Proletariat, von dem sie sich ja vielmehr gerade zunehmend zu unterscheiden trachtet. In verschieden starkem, aber in sichtbarem Maße gilt Ähnliches auch von vielen Unterschichten dieser Angestellten. Alle streben nach mindestens ähnlichen *ständischen* Qualitäten, sei es für sich selbst oder für ihre Kinder. Eine *eindeutige* Tendenz zur Proletarisierung ist heute nicht festzustellen.

Wie dem nun aber sei, jedenfalls zeigen schon diese Argumente, daß die alte revolutionäre Katastrophenhoffnung, die dem Kommunistischen Manifest seine hinreißende Gewalt verlieh, einer evolutionistischen Auffassung gewichen ist, einer Auffassung also von dem allmählichen Hineinwachsen der alten Wirtschaft mit ihren massenhaften konkurrierenden Unternehmern in eine regulierte Wirtschaft, sei es, daß diese von Beamten des Staates oder durch Kartelle unter Beteiligung von Beamten reguliert ist. Dies, nicht mehr die durch Konkurrenz und Krisen zusammenschmelzenden Einzelunternehmer, erscheint jetzt als die Vorstufe der eigentlichen sozialistischen, herrschaftslosen Gesellschaft. Diese evolutionistische Stimmung, die von dieser langsamen Umbildung die Entwicklung zur sozialistischen Zukunftsgesellschaft erwartet, war vor dem Krieg tatsächlich in der Meinung der Gewerkschaften und auch bei vielen Intellektuellen unter den Sozialisten an die Stelle der alten Katastrophentheorie getreten. Daraus sind die bekannten Konsequenzen gezogen worden. Der sogenannte „Revisionismus" entstand. Seine eigenen Führer sind sich wenigstens zum Teil bewußt gewesen, wie schwerwiegend der Schritt war, den Massen jenen Glauben an die plötzlich hereinbrechende glückliche Zukunft zu nehmen, den ihnen ein solches Evangelium gab, welches ihnen wie den alten Christen sagte: Heute Nacht noch kann das Heil kommen. Man kann ein Glaubensbekenntnis, wie es das Kommunistische Manifest und die spätere Katastrophentheorie war, wohl entthronen, aber es ist dann schwer möglich, es durch ein anderes zu ersetzen. Indessen über diese Auseinandersetzung in diesem aus Gewissensbedenken gegen den orthodoxen Glauben mit der alten Orthodoxie entstandenen Streit ist die Entwicklung längst hinweggegangen. Er verquickte sich mit der Frage: ob und wieweit die Sozialdemokratie als Partei „praktische Politik" in dem Sinne treiben sollte, daß sie Koalitionen mit bürgerlichen Parteien einginge, an der politisch verantwortlichen Leitung durch Übernahme von Ministerstellen sich beteiligte und so die jetzige Lebenslage der Arbeiter zu verbessern trachtete – oder ob das ein „Verrat an der Klasse" und eine politische Ketzerei sei, wie der überzeugte Katastrophenpolitiker selbstverständlich es ansehen mußte. Aber inzwischen sind andere prinzipielle Fragen aufgetaucht, und an diesen spalten sich die Geister. Nehmen wir einmal an, daß im Wege einer allmählichen Evolutionierung, also der allgemeinen Durchkartellierung, Standardisierung und Verbeamtung die Wirtschaft sich so gestaltete, daß irgendwann die technische Möglichkeit gegeben wäre, daß an die Stelle der heutigen unternehmungsweisen Privatwirtschaft und also des Privateigentums an den Produktionsmitteln eine den Unternehmer ganz ausschaltende Regulierung treten könnte. *Wer* soll es dann sein, der diese neue Wirtschaft übernehmen und kommandieren würde? Darüber hat sich das Kommunistische Manifest ausgeschwiegen, oder es hat sich vielmehr sehr vieldeutig ausgedrückt.

Wie soll jene „Assoziation" aussehen, von der es spricht? Was hat insbesondere der Sozialismus an Keimzellen solcher Organisationen aufzuweisen, für den Fall, daß ihm tatsächlich die Chance in die Hand fiele, einmal die Macht an sich zu reißen und nun nach seinem Belieben zu schalten? Im Deutschen Reiche und wohl überall hat er zwei Kategorien von Organisationen. Erstens die politische Partei der Sozialdemokratie mit ihren Abgeordneten, angestellten Redakteuren, Parteibeamten und Vertrauensmännern und den lokalen und zentralen Verbänden, von denen diese gewählt oder angestellt werden. Zweitens die Gewerkschaften. Jede dieser beiden Organisationen kann nun *sowohl* revolutionären wie evolutionistischen Charakter annehmen. Und darnach, welchen Charakter sie haben und welcher ihnen für die Zukunft zugedacht und gewünscht wird, scheiden sich die Geister.

Gehen wir von der revolutionären Hoffnung aus, so stehen sich da zwei Ansichten gegenüber. Die erste war die des normalen Marxismus, die auf der alten Tradition des Kommunistischen Manifestes stand. Sie erwartete alles von der *politischen* Diktatur des Proletariates und glaubte als dessen Träger meist die unvermeidlich auf den *Wahl*kampf zugeschnittene politische *Partei*organisation ansehen zu müssen. Die Partei oder ein auf sie gestützter politischer Diktator sollte die politische Gewalt an sich reißen, und von daher sollte die neue Organisation der Gesellschaft erfolgen.

Die Gegner, gegen die sich diese revolutionäre Richtung wendete, waren erstens diejenigen Gewerkschaften, welche nichts als Gewerkschaften im älteren englischen Sinne waren, welche sich also gar nicht für diese Zukunftspläne interessierten, weil sie in weiter Ferne zu liegen schienen, sondern vor allem solche Arbeitsbedingungen, welche ihnen und ihren Kindern die Existenz ermöglichten: hohe Löhne, kurze Arbeitszeit, Arbeiterschutz usw. erstreiten wollten. Gegen dieses Gewerkschaftlertum wendete sich jener radikale politische Marxismus auf der einen Seite. Auf der anderen Seite gegen die ausschließlich parlamentarische Form der Kompromißpolitik des Sozialismus, gegen das, was man „Millerandismus“ genannt hat, seitdem Millerand in Frankreich Minister wurde. Das sei eine Politik, die dazu führe, daß sich die Führer für ihre Ministerportefeuilles interessieren und die Unterführer dafür, daß sie Beamtenstellen bekommen, weit mehr als für die Revolution; der revolutionäre Geist werde dadurch ertötet. Jener im alten Sinne „radikalen“ und „orthodoxen“ Richtung ist nun im Laufe der letzten Jahrzehnte eine zweite zur Seite getreten, die man als „Syndikalismus“ zu bezeichnen pflegt, von Syndikat, dem französischen Ausdruck für die Gewerkschaft. Wie der alte Radikalismus die revolutionäre Deutung des Zweckes der politischen Parteiorganisation will, so der Syndikalismus die revolutionäre Deutung der Gewerkschaften. Er geht davon aus: nicht die politische Diktatur, nicht die politischen Führer und nicht die Beamten, die von diesen politischen Führern angestellt werden, sondern die Gewerkschaften und ihr Bund sollen es sein, die, wenn der große Moment gekommen ist, die Macht über die Wirtschaft in die Hand nehmen im Wege der sogenannten „action directe“. Der Syndikalismus geht auf eine strengere Auffassung des Klassencharakters der Bewegung zurück. Die Arbeiter*klasse* soll ja der Träger der endgültigen Befreiung sein. Alle die Politiker aber, die sich da in den Hauptstädten herumtreiben und nur darnach fragen, wie es mit diesem und jenem Ministerium steht, was für eine Chance diese und jene parlamentarische Konjunktur hat, sind politische Interessenten und nicht Klassengenossen. Hinter ihren Wahlkreisinteressen stehen immer die Interessen von Redakteuren und Privatbeamten, die an der Zahl der gewonnenen Wählerstimmen verdienen wollen. Alle diese Interessen, die mit dem modernen parlamentarischen Wahlsystem verknüpft sind, weist der Syndikalismus zurück. Nur die wirkliche Arbeiterschaft, die in den Gewerkschaften organisiert ist, kann die neue Gesellschaft schaffen. Fort mit den Berufspolitikern, die für – und das heißt in Wahrheit: *von* – der Politik leben und nicht für die Schaffung der neuen wirtschaftlichen Gesellschaft. Das typische Mittel der Syndikalisten ist der Generalstreik und der Terror. Der Generalstreik, von dem sie hoffen, daß durch eine plötzliche Lahmlegung der ganzen Produktion die Beteiligten, insbesondere die Unternehmer, veranlaßt würden, auf die eigene Leitung der Fabriken zu verzichten und sie in die Hand der von den Gewerkschaften zu bildenden Ausschüsse zu legen. Der Terror, den sie teils offen, teils versteckt verkünden, teils auch ablehnen – darin gehen die Meinungen auseinander – den diese Organisation in die Reihen der maßgebenden herrschenden Schichten tragen soll, um sie auch politisch lahmzulegen. Selbstverständlich ist dieser Syndikalismus derjenige Sozialismus, der wirklich ein ganz rücksichtsloser Gegner jeder Art von Heeresorganisation ist, da jede Art von Heeresorganisation Interessenten schafft, bis zum Unteroffizier, selbst bis zum Soldaten hinunter, der augenblicklich mindestens in seiner Ernährung davon abhängig ist, daß die militärische und staatliche Maschine funktioniert, also teils geradezu an dem Mißlingen des Generalstreiks interessiert, zum mindesten aber Hemmnis für den Generalstreik ist. Seine Gegner sind erstens alle politischen, sozialistischen Parteien, die sich im Parlament betätigen. Das Parlament dürfte von Syndikalisten höchstens als Tribüne benützt werden, um von da aus immer erneut unter dem Schutz der parlamentarischen

Immunität zu verkünden, daß der Generalstreik kommen wird und kommen muß, um die revolutionären Leidenschaften der Massen aufzustacheln. Selbst das lenkt ihn aber von der eigentlichen Aufgabe ab und ist deshalb bedenklich. Im Parlament aber ernsthaft Politik zu treiben, das ist nicht nur Unsinn, sondern von diesem Standpunkt aus einfach verwerflich. Ihre Gegner sind selbstverständlich auch alle Evolutionisten jeder Art. Mögen es nun Gewerkschaftler sein, die nur Kämpfe zur Verbesserung der Arbeitsbedingungen führen wollen: im Gegenteil, müssen die Syndikalisten argumentieren, je schlechter die Löhne, je länger die Arbeitszeit, je übler überhaupt die Verhältnisse, desto größer ist die Chance für den Generalstreik. Oder die Evolutionisten der Parteipolitik, welche sagen: der Staat wächst heute durch die zunehmende Demokratisierung – vor der die Syndikalisten den größten Abscheu haben: der Zarismus ist ihnen lieber, – in den Sozialismus hinein. Das ist für die Syndikalisten natürlich zum mindesten grober Selbstbetrug. Die kritische Frage ist nun die: woher die Syndikalisten die Kräfte zu nehmen hoffen, um die Leitung der Produktion in die Hand zu nehmen. Denn es wäre selbstverständlich ein schwerer Irrtum zu glauben, daß ein noch so geschulter Gewerkschaftler, wenn er auch jahrelang tätig ist und ganz genau die Bedingungen der *Arbeit* kennt, deshalb den Fabriks*betrieb* als solchen kenne, sintemal jeder moderne Fabriksbetrieb ganz und gar auf der Kalkulation, der Warenkunde, der Kunde der Bedarfslage, der technischen Schulung beruht, Dinge, die alle zunehmend spezialistisch geübt sein wollen und die die Gewerkschaftler, die wirklichen Arbeiter, kennen zu lernen schlechterdings keine Gelegenheit haben. Sie werden also, ob sie wollen oder nicht, auch ihrerseits auf *Nicht*-Arbeiter, auf Ideologen aus den Intellektuellenschichten angewiesen sein. Und in der Tat ist es auffallend, daß im vollen Gegensatze zu der Parole: das Heil kann nur von den wirklichen Arbeitern kommen, die sich im Gewerkschaftsbund zusammentun, und nicht von den Politikern oder irgendwelchen Außenseitern, gerade innerhalb der syndikalistischen Bewegung, die vor dem Krieg in Frankreich und Italien ihre Hauptherde hatte, eine Unmasse von studierten Intellektuellen sich befindet. Was suchen sie darin? Die *Romantik* des Generalstreiks und die *Romantik* der revolutionären Hoffnung als solche ist es, die diese Intellektuellen bezaubert. Wenn man sie ansieht, weiß man, daß sie Romantiker sind, dem Alltag des Lebens und seinen Anforderungen seelisch nicht gewachsen oder abgeneigt und daher nach dem großen revolutionären Wunder und – nach Gelegenheit, selbst einmal sich in der Macht zu fühlen, lechzend. Natürlich gibt es unter ihnen auch Männer mit organisatorischen Qualitäten. Die Frage ist nur, ob sich die Arbeiterschaft gerade ihrer Diktatur unterwerfen wird. Gewiß: in einem Kriege kann bei den fabelhaften Umwälzungen, die er mit sich bringt, vermöge der Schicksale, die die Arbeiterschaft da erlebt, zumal unter der Wirkung des Hungers, auch die Masse der Arbeiterschaft von syndikalistischen Vorstellungen ergriffen werden und, wenn sie Waffen zur Hand hat, sich unter der Führung solcher Intellektuellen der Gewalt bemächtigen, wenn ihr der politische und militärische Zusammenbruch eines Staates die Möglichkeit bietet. Aber die Kräfte für die Leitung der Produktion in Friedenszeiten sehe ich nicht, weder bei den Gewerkschaftsmitgliedern selbst noch bei den syndikalistischen Intellektuellen. Das große Experiment ist jetzt: Rußland. Die Schwierigkeit ist die, daß wir heute nicht über die Grenze dort hineinsehen können, um zu erfahren, wie sich darin die Leitung der Produktion in Wirklichkeit vollzieht. Nach dem, was man hört, verläuft die Sache so, daß die Bolschewiki-Regierung, die ja bekanntlich aus Intellektuellen besteht, die zum Teil hier in Wien und in Deutschland studiert haben, unter denen sich überhaupt nur wenige Russen befinden, jetzt dazu übergegangen ist, innerhalb derjenigen Fabriken, die überhaupt funktionieren – nach sozialdemokratischen Nachrichten 10 Prozent der Friedensproduktion – das Akkordlohnsystem wieder einzuführen, mit der Begründung: sonst leide die Leistung. Sie lassen die Unternehmer an der Spitze der Betriebe – weil sie allein die Sachkunde besitzen – und zahlen ihnen sehr erhebliche Subventionen. Sie sind ferner dazu übergegangen, wieder Offiziersgehälter an Offiziere aus dem alten Regime zu zahlen, weil sie ein Heer brauchen und gesehen haben: ohne geschulte Offiziere geht das nicht. Ob diese Offiziere, wenn sie einmal die Mannschaft wieder in der Hand haben, sich dauernd die Leitung durch diese Intellektuellen werden gefallen lassen, scheint mir fraglich; im Augenblicke haben sie das freilich tun müssen. Und schließlich haben sie durch den Entzug der Brotkarte auch einen Teil der Bürokratie gezwungen, für sie zu arbeiten. Aber auf die Dauer läßt sich in dieser Art eine Staatsmaschinerie und Wirtschaft nicht leiten, und sehr ermutigend ist das Experiment bisher nicht.

Das Erstaunliche ist lediglich, daß diese Organisation überhaupt so lange funktioniert. Sie kann dies deshalb, weil sie eine Militärdiktatur, zwar nicht der Generäle, aber der Korporäle ist und weil die kriegsmüden, aus der Front zurückkehrenden Soldaten mit den landhungrigen, an Agrarkommunismus gewöhnten Bauern zusammen gingen – oder die Soldaten mit ihren Waffen sich in gewaltsamen Besitz der Dörfer setzten und dort Kontribution erhoben und jeden niederschossen, der ihnen zu nahe kam. Es ist das einzige ganz große Experiment einer „Diktatur des Proletariats", das bisher gemacht wurde, und man kann mit voller Aufrichtigkeit versichern: Die Auseinandersetzungen in Brest-Litowsk wurden von deutscher Seite in loyalster Weise geführt, in der Hoffnung, wir bekämen mit diesen Leuten einen wirklichen Frieden. Das geschah aus verschiedenen Gründen: diejenigen, die als Interessenten auf dem Boden der bürgerlichen Gesellschaft standen, waren deshalb dafür, weil sie sich sagten: laßt um Himmelswillen die Leute ihr Experiment machen, es wird sicher ins Wasser fallen und dann ist es ein abschreckendes Exempel; wir anderen deshalb, weil wir sagten: wenn dieses Experiment gelänge und wir sehen sollten, daß auf diesem Boden Kultur möglich ist, dann – wären wir bekehrt.

Derjenige, der das verhindert hat, war /Herr Trotzkij, der sich nicht damit begnügen wollte, im eigenen Hause dieses Experiment zu machen und seine Hoffnung darauf zu setzen, daß, wenn es gelang, das eine Propaganda ohnegleichen in der ganzen Welt für den Sozialismus bedeutete, sondern der in der typisch russischen Literaten-Eitelkeit noch mehr wollte und darauf hoffte, durch Redegefechte und Mißbrauch solcher Worte wie „Friede" und „Selbstbestimmung" den Bürgerkrieg in Deutschland zu entfesseln, dabei aber so schlecht informiert war, nicht zu wissen, daß das deutsche Heer zumindest zu zwei Dritteln vom Lande und zu einem weiteren Sechstel aus Kleinbürgern sich rekrutiert, denen es ein wahres Vergnügen sein würde, den Arbeitern, oder wer sonst solche Revolutionen machen wollte, eins auf den Mund zu geben. Mit Glaubenskämpfern ist kein Friede zu schließen, man kann sie nur unschädlich machen, und das war der Sinn des Ultimatums und des erzwungenen Brester Friedens. Das muß jeder Sozialist einsehen, und mir ist auch keiner, gleichviel welcher Richtung, bekannt, der es nicht – innerlich wenigstens – einsähe. –

Wenn man nun in Auseinandersetzungen mit heutigen Sozialisten gerät und dabei *loyal* verfahren will – und das allein ist auch klug – so sind ihnen nach der heutigen Lage zwei Fragen zu stellen: Wie verhalten sie sich zum Evolutionismus? d.h. zu dem Gedanken, der ein Grunddogma des heute als orthodox geltenden Marxismus ist, daß sich die Gesellschaft und ihre Wirtschaftsordnung streng naturgesetzlich, in Altersstadien sozusagen, entwickelt und daß also eine sozialistische Gesellschaft niemals und nirgends entstehen kann, bevor die bürgerliche Gesellschaft voll zur Ausreife gekommen ist, – und das ist selbst nach sozialistischer Meinung noch nirgends der Fall, denn es gibt noch Kleinbauern und Kleinhandwerker, – wie also verhalten sich die betreffenden Sozialisten zu diesem evolutionistischen Grunddogma? Und dann wird sich herausstellen, daß zum mindesten außerhalb Rußlands sie *alle* auf seinem Boden stehen, d.h. also, daß sie alle, auch die radikalsten von ihnen, als einzig mögliche Folge einer Revolution die Entstehung einer *bürgerlichen, nicht* aber einer proletarisch geleiteten Gesellschaftsordnung erwarten, weil für diese noch nirgends die Zeiten reif seien. Diese Gesellschaftsordnung, hofft man nur, werde in einigen Zügen um einige Schritte näher jenem Endstadium stehen, von dem aus, wie gehofft wird, der Übergang zur sozialistischen Zukunftsordnung dereinst erfolgen soll.

Auf das Gewissen gefragt, wird jeder ehrliche sozialistische Intellektuelle das antworten müssen. Es gibt ja infolgedessen eine breite Schichte von Sozialdemokraten innerhalb Rußlands, die sogenannten Menschewiki, welche auf dem Standpunkte stehen: dieses bolschewistische Experiment, auf den heutigen Status der bürgerlichen Gesellschaft bereits eine sozialistische Ordnung von oben aufzupropfen, ist nicht nur ein Unsinn, es ist ein Frevel gegen das marxistische Dogma. Der furchtbare Haß beider Richtungen gegeneinander hat in dieser dogmatischen Verketzerung seinen Grund.

Wenn nun die überwältigende Mehrzahl der Führer, jedenfalls alle, die ich jemals kennen gelernt habe, auf diesem evolutionistischen Boden steht, so ist natürlich die Frage berechtigt: was soll eigentlich unter diesen Verhältnissen eine Revolution, vollends während des Krieges, von ihrem eigenen Standpunkt aus, leisten? Den Bürgerkrieg kann sie bringen und damit vielleicht den Sieg der Entente, aber doch keine sozialistische Gesellschaft; sie kann und wird ferner herbeiführen innerhalb des etwa zusammengebrochenen Staates ein Regiment bäuerlicher und kleinbürgerlicher Interessenten, also der radikalsten Gegner *jedes* Sozialismus. Und sie brächte doch vor allem eine ungeheure Kapitalszerstörung und Desorganisation, also ein Zurückschrauben der vom Marxismus geforderten gesellschaftlichen Entwicklung, die ja eine immer weitere Sättigung der Wirtschaft mit Kapital voraussetzt. Es ist doch zu berücksichtigen, daß der westeuropäische *Bauer* anders geartet ist als der russische Bauer, der innerhalb seines Agrarkommunismus lebt. Dort ist das Entscheidende die Landfrage, die bei uns gar keine Rolle spielt. Der deutsche Bauer zum mindesten ist heute Individualist und hängt am Erbeigentum und an seinem Boden. Er wird sich davon kaum abbringen lassen. Er verbündet sich weit eher mit dem Großgrundbesitzer als mit dem radikal-sozialistischen Arbeiter, wenn er sich darin bedroht glaubt.

Vom Standpunkt der sozialistischen Zukunftshoffnungen aus sind also die Perspektiven einer Revolution während des Krieges jetzt die denkbar übelsten auch dann, wenn sie gelingen sollte. Was sie allergünstigstenfalles brächte: eine Annäherung der *politischen* Verfassung an die von der Demokratie gewünschte Form, das entzöge sie dem Sozialismus durch die *wirtschaftlich* reaktionären Folgen, die sie haben müßte. Auch das darf kein Sozialist loyaler Weise leugnen.

Das Zweite ist das Verhältnis zum *Frieden*. Wir wissen alle, daß sich heute der radikale Sozialismus bei den Massen mit pazifistischen Neigungen, mit dem Wunsche verquickt: daß schleunigst Friede geschlossen werde. Nun steht aber fest und ein jeder Führer der radikalen, also der wirklich revolutionären Sozialdemokratie wird es, wenn gefragt, ehrlich zugeben müssen: Der Friede ist ihm, dem *Führer, nicht* das Entscheidende, worauf es ihm ankommt. Wenn wir die Wahl haben – wird er, wenn er rückhaltlos offen ist, sagen müssen – zwischen einem noch drei Jahre dauernden Kriege und dann der Revolution einerseits und sofortigem Frieden *ohne* Revolution anderseits, dann sind wir natürlich für die drei Jahre Krieg. Mag er das mit seinem Glaubenseifer und seinem Gewissen ausmachen. Die Frage ist doch, ob die Mehrzahl der Truppen, die draußen im Felde zu stehen haben, auch die sozialistischen, der gleichen Meinung sind wie diese Führer, die ihnen etwas derartiges diktieren. Und es ist selbstverständlich durchaus loyal und nur in der Ordnung, wenn man sie zwingt, Farbe zu bekennen. Fest steht und zugegeben ist, daß Trotzkij den Frieden *nicht* gewollt hat. Das bestreitet heute kein mir bekannter Sozialist mehr. Aber das gleiche gilt auch für die radikalen Führer aller Länder. Vor die Wahl gestellt, würden auch sie *nicht* vor allem den Frieden wollen, sondern, wenn er der Revolution, das heißt: dem Bürgerkrieg, zugute käme, den Krieg. Den Krieg im Interesse der Revolution, *obwohl* diese Revolution nach ihrer eigenen Meinung – ich wiederhole das – zur sozialistischen Gesellschaft *nicht* führen kann, sondern höchstens – das ist die einzige Hoffnung – zu einer vom sozialistischen Standpunkt „höheren“ Entwicklungsform der bürgerlichen Gesellschaft, die also der künftig irgendwann einmal eintretenden sozialistischen Gesellschaft um etwas näher steht – um wieviel, läßt sich gar nicht sagen – als die heutige. Gerade diese Hoffnung freilich ist aus dem angegebenen Grunde äußerst zweifelhaft. –

Eine Auseinandersetzung mit überzeugten Sozialisten und Revolutionären ist immer eine mißliche Sache. Man überzeugt sie nach meiner Erfahrung nie. Man kann nur die Leute nötigen, vor ihren eigenen Anhängern Farbe zu bekennen, einerseits zur Frage des Friedens und andererseits zu der Frage, was die Revolution eigentlich bringen soll, zur Frage der stufenweisen Evolution also, die bis heute ein Dogma des echten Marxismus ist und nur in Rußland von einer dort bodenständigen Sekte abgelehnt wurde, welche glaubte, Rußland könne diese Entwicklungsstufen Westeuropas überspringen. Das ist eine durchaus loyale Art und auch die einzig wirksame oder mögliche. Denn ich bin der Meinung: ein Mittel, die sozialistische Überzeugung und die sozialistischen Hoffnungen aus der Welt zu schaffen, gibt es nicht. Jede Arbeiterschaft wird immer wieder in irgendeinem Sinne sozialistisch sein. Die Frage ist nur, ob dieser Sozialismus ein solcher sein wird, daß er vom Standpunkt der Staatsinteressen aus und zur Zeit insbesondere vom Standpunkt der militärischen Interessen aus erträglich ist. Es ist bisher noch keine, auch noch keine proletarische, Herrschaft, wie etwa die der Kommune in Paris oder jetzt die der Bolschewiki, ohne das Standrecht ausgekommen in Fällen, wo die Grundlagen ihrer Disziplin gefährdet waren. Das hat Herr Trotzkij in dankenswerter Aufrichtigkeit zugegeben. Aber je sicherer die Mannschaft das Gefühl hat: daß nur die *sachlichen* Interessen an der Erhaltung der Disziplin und *keine* Partei- oder Klasseninteressen das Verhalten der militärischen Instanzen bestimmen, daß also nur das *sachlich* im Kriege Unvermeidliche geschieht, desto unerschütterter wird die militärische Autorität bleiben.

# Die nächste innerpolitische Aufgabe

Der Bundesrat hat sich auch jetzt nicht entschlossen, durch Aufhebung des letzten Satzes des Artikels 9 der Reichsverfassung die Möglichkeit zu schaffen, daß der Reichskanzler dem Reichstag und daß die zu Staatssekretären ernannten Führer der großen Parteien dem Bundesrat angehören. Vermeintlich „föderalistische" Bedenken scheinen dabei mitzuspielen. Es muß auf das tiefste bedauert werden, daß das Irrtümliche dieser ganzen Vorstellungsweise wiederum nicht erkannt wurde. Die seinerzeit vorausgesagten Folgen des Verhaltens der Bundesstaaten zeigen sich sofort und werden weiterhin ihre Kreise ziehen. Da nämlich die *parlamentarischen Staatssekretäre* nicht im *Bundesrat* sitzen, haben sie sich außerhalb des Bundesrats mit dem Reichskanzler zu einem nicht rechtlich, wohl aber tatsächlich kollegial verhandelnden *„Kabinett"* zusammengeschlossen, dessen politisches Schwergewicht zunehmend bei ihnen, weit mehr als bei dem nicht dem Reichstag angehörigen Reichskanzler, liegen wird und auch liegen muß. Der Bundesrat wird dadurch äußerlich zu einer Art von „Staatenhaus", der Sache nach aber zu einer Abstimmungsmaschinerie, während die wirkliche Reichsregierung sich oberhalb seiner konstituiert hat. Sie kann nunmehr garnicht anders prompt funktionieren, als indem sie ihn ausschaltet, und würde der Bundesrat diesem Zustand Schwierigkeiten bereiten, so würde Preußen, welches den Reichskanzler stellt, kraft der sicheren Mehrheit, welche ihm die von ihm völlig abhängigen Zwergstaaten geben, ihn zum Schweigen bringen müssen. Unser Verlangen, durch eine maßvolle Parlamentarisierung des Bundesrats, diesen zum Mitträger der aktiven Reichspolitik zu machen, war demgegenüber von dem Wunsch bestimmt, den großen Bundesstaaten einen gesicherten positiven Einfluß auf die Leitung des Reichs zu geben. Liebgewordene Gewöhnungen und mißverstandene Prestigesucht der einzelstaatlichen Bureaukratie und wohl auch höfischer Kreise haben vorläufig einmal wieder über das wirkliche politische Interesse die Oberhand behalten. Bleibt es dabei, so gilt es nun, entschlossen die Folgerungen zu ziehen und die improvisierten Neuschöpfungen in geregelte Bahnen zu leiten.

Eine *starke, geschlossene Regierung* ist jetzt dem Reiche unentbehrlicher als irgend etwas anderes. Noch während der ganzen Zeit des Krieges aber und für jedermann sichtbar seit Anfang 1916 hat es in Deutschland mehrere Regierungen nebeneinander gegeben, und niemand, weder das Inland noch das feindliche, noch das neutrale, noch – und das war besonders gefährlich! – das verbündete Ausland wußte, welche von ihnen die für die Führung der Politik ausschlaggebende war. In aller Öffentlichkeit spielten sich in der Presse die Kämpfe dieser Regierungen miteinander ab und, was ebenso schlimm war, vor den Augen unserer Bundesgenossen bot sich z.B. noch in Brest-Litowsk das Schauspiel, daß die deutschen Unterhändler bei jeder Einzelheit am Telegraphendraht nicht etwa zum verantwortlichen Staatsmann, sondern zum „Hauptquartier" hingen und dann von dort aus, im Drang der Geschäfte, Weisungen empfingen, welche oft genug der Sachlage nicht entsprachen und gelegentlich geradezu eine Bloßstellung bedeuteten. *Alle* unsere offiziell amtlichen Schritte und Erklärungen aber, vom Friedensangebot von 1916 angefangen, wurden konterkariert, bei Freund und Feind diskreditiert und in das Licht der Zweideutigkeit gerückt durch die stets erneute Veröffentlichung von *Reden* oder *Telegrammen dynastischer oder militärischer Stellen,* welche dem verantwortlichen Leiter der Politik *nicht zur Billigung vorgelegen* hatten. Ein so geleitetes Reich konnte – und das hat seine Konsequenzen gehabt – auch bei seinen Verbündeten nicht das Vertrauen in Anspruch nehmen: daß seine Politik zum Erfolg und zum Frieden zu führen imstande sei. Gleichviel also, welches politische System bei uns künftig herrschen wird, – *hier* an *diesem* Punkt lag und liegt der Krebsschaden der deutschen politischen Willensbildung, und alles andere bleibt Stückwerk, solange diesem Zustand nicht, und zwar für immer, ein Ende gemacht wird.

Schon nach der bisherigen Verfassung hatten militärische Stellen *überhaupt* nicht politische Erklärungen abzugeben. Und schon nach dem bisherigen System stand dem Monarchen, wenn er mit der Haltung des Reichskanzlers nicht einverstanden war, nur die Befugnis zu, ihn zu entlassen und einen anderen zu berufen. Unter gar keinen Umständen jedoch durfte, auch schon nach dem Geist der bisherigen Verfassung, durch öffentliche oder durch private, aber der Veröffentlichung ausgesetzte monarchische Äußerungen die Politik eines *im Amt* befindlichen Ministers durchkreuzt oder ihr präjudiziert werden, wie es seit einem Menschenalter wieder und wieder und auch in den letzten Kriegsjahren stets erneut geschehen ist und jetzt zu der für unser nationales Selbstgefühl furchtbaren Lage geführt hat, daß wir dem Ausland Erklärungen darüber haben abgeben müssen: wen denn eigentlich unsere Regierung vertritt. Kein Politiker irgend einer Partei konnte über diesen Zustand abweichender Meinung sein, und dies ist auch nicht der Fall gewesen. Dennoch geschah nichts dagegen, und die höfische Umgebung des Monarchen verharrte in verstockter Unbelehrbarkkeit. (Ja es schien in letzter Zeit gelegentlich, als ob sie auf jene ihr wohlbekannte Forderung mit einem: „Nun grade!" reagiere.) Ein Monarch kann heute die politische Tragweite seiner Kundgebungen nicht übersehen. Das ist nicht seines Amts. Jene Stellen aber, insbesondere jener Zivilkabinettschef, welcher derartige politische Äußerungen entwarf oder veröffentlichen ließ, wie wir sie noch im Sommer erlebten, war ein schlechter und ungetreuer Diener seines Herrn nicht nur, sondern: der Monarchie. Ein solches Treiben muß ein- für allemal unmöglich gemacht werden, und dafür gibt es nur den Weg: die Publikation monarchischer oder militärischer Kundgebungen, wenn sie die Politik berühren, an einen *festen Geschäftsgang* und vor allem an die *vorherige Kontrolle des Reichskanzlers* zu binden, wie es der Verfassung entspricht, jeden anderen Weg aber unter schwere Strafe zu stellen. Es ist dies die weitaus dringlichste Reform, deren unser politisches Leben bedarf. Sie schafft ja nur einen Zustand, der *überall* anderwärts völlig selbstverständlich ist, ganz einerlei, ob parlamentarisches System oder welches andere sonst besteht, und ganz einerlei, ob dafür (wie es vereinzelt der Fall ist) ausdrückliche Verfassungsbestimmungen geschaffen sind, was bei uns nach den gemachten Erfahrungen zweifellos unumgänglich ist. Wir erwarten also von den Mehrheitsparteien, daß sie *unverzüglich* mit einem entsprechenden Antrag im Reichstag vorgehen und ihre verantwortliche Beteiligung an der Regierung von der *unverzüglichen* Zustimmung des Bundesrats abhängig machen. Sonst schwebt der Kredit auch dieser Regierung nach außen und innen in der Luft und ist Überraschungen aller Art von seiten unverantwortlicher Stellen ausgeliefert. Es wäre unfaßlich, wenn die Anhänger monarchischer Institutionen auch jetzt noch nicht verstehen sollten, was die Stunde fordert!

# Waffenstillstand und Frieden

Die größte, und dabei von dem guten Willen der deutschen Regierung ganz unabhängige *Schwierigkeit der Situation* dürfte jetzt in folgendem liegen: an Präsident Wilsons Aufrichtigkeit war und ist bei Verständigen in Deutschland kein Zweifel. Es scheint aber, daß er Folgendes nicht genügend übersieht; würde seinem Begehren, daß die deutsche Regierung solche Waffenstillstandsbedingungen annehmen soll, daß ein weiterer militärischer Widerstand *unmöglich* würde, Folge geleistet, so würde damit nicht etwa nur Deutschland, sondern in weitestem Maße *auch er selbst aus der Reihe der für die Friedensbedingungen maßgebenden Faktoren ausgeschaltet*. Seine eigene Stellung als Schiedsrichter der Welt beruhte und beruht darauf, und *nur* darauf, daß die deutsche Militärmacht mindestens soviel bedeutet, daß sie ohne die Mithilfe der amerikanischen Truppen keinesfalls zur Unterwerfung gezwungen werden kann. Würde dies anders, so würden die unzweifelhaft vorhandenen absolut intransigenten Elemente in den Ländern der übrigen feindlichen Staaten die Oberhand gewinnen und in der Lage sein, den Präsidenten mit höflichem Dank für seine bisherige Hilfe glatt beiseite zu schieben. Seine Rolle wäre ausgespielt, es sei denn, daß er sich zum Kriege gegen seine derzeitigen Bundesgenossen entschlösse. Diesen Sachverhalt hätte sich auch die deutsche Regierung gegenwärtig halten sollen. So wünschenswert eine Waffenruhe im Interesse der Vermeidung unnützen Blutvergießens war und ist, so wäre es sicherlich richtiger gewesen, das Waffenstillstandsangebot nicht derart in den Vordergrund der Erörterungen zu rücken, wie es tatsächlich geschehen ist. Friedensverhandlungen konnten und können auch *ohne Waffenstillstand stattfinden, falls die Gegner auf Fortsetzung der Schlächterei bestehen.*

# [Zur Polenfrage]

[Diskussionsbeitrag in der ersten Sitzung des Arbeitsausschusses für Mitteleuropa am 22. Februar 1916]

[Aufzeichnung Arndt von Holtzendorffs]

Weber betonte die polnische Frage und meinte, daß es vor allem notwendig wäre, daß der Ausschuß geeignete Leute nach den betreffenden Industrie-Zentren schickte, um sich an Ort und Stelle über die Wünsche usw. zu informieren. Er machte darauf aufmerksam, daß z.B. ein Separatfrieden mit Rußland die ganze Idee eines Mitteleuropäischen Wirtschaftsbundes unmöglich machen würde.

Darauf wurde ihm von Naumann erwidert, daß das zweifellos richtig wäre, aber man müsse eben trotzdem die Arbeit machen. Er möchte als Vergleich die Arbeit des Generalstabs anführen, der ja auch sich oft auf eine bestimmte militärische Aktion in allen Details vorbereitete, dann aber durch einen Gegenzug des Gegners seine ganze Arbeit über den Haufen werfen müßte. Trotzdem wäre die erste Arbeit notwendig.

Das gab Weber zu und meinte, man müsse aber doch, um das polnische Kartenspiel richtig handhaben zu können, alle Karten genau kennen, und ein wichtiges Atout sei gerade alles das, was wir eventl. durch unsere Beziehungen zu Österreich herausholen könnten.

Hätte man vorher diese Fragen bis ins Einzelne studiert, so wisse man, was die Sache wert wäre und könne im Hinblick auf die *große* Politik mit ruhigem Gewissen sagen, entweder wir machen es oder wir machen es nicht. Nur mit dieser Vorkenntnis aber wären wir in der Lage, die Werte richtig einzuschätzen.

# An der Schwelle des dritten Kriegsjahres

[Bericht des Fränkischen Kuriers]

Obwohl nicht Mitglied des Nationalausschusses und obwohl Preuße, bin ich doch gern hierher gekommen. Wenn etwas in diesem Kriege seine Probe bestanden hat, so ist es die Einheit des Reiches. Wir alle freuen uns, wenn der König von Bayern die deutsche Marine inspiziert, die der Kaiser kommandiert, die aber die Marine auch des Königs von Bayern wie überhaupt die Marine eines jeden deutschen Bundesfürsten ist. Ich fühle mich nicht fremd in einer Stadt, welche Preußen seine Dynastie geschenkt hat. Zu meinem Vortrag muß ich einige Vorbemerkungen machen. Ich werde nicht über Kriegs- und Friedensziele sprechen; denn ich stehe wie jeder andere unter der Zensur. Der Friede ist noch fern, und der Grund dafür ist sehr einfach; die Staatsoberhäupter in Frankreich, Italien usw. fechten mit dem Strick um den Hals, sie dürfen nicht den Frieden schließen, den sie gern schließen möchten, da ihnen sonst etwas geschehen könnte. Dagegen ist die Deutsche Reichsregierung imstande, einen Frieden zu schließen, der unsere Ehre wahrt und niemand bedroht. Den Reichskanzler kenne ich weder direkt noch indirekt, ich kenne keinen seiner Staatssekretäre und keinen Herrn des Auswärtigen Amtes, beziehe keinen Pfennig aus der Staatskasse, bin kein Parteipolitiker und spreche in niemands Auftrag und nach niemands Anweisung, sondern einzig nach meiner Überzeugung. Ich wende mich heute wesentlich mehr an Ihr politisches Denken als an Ihr Fühlen und Empfinden. Letzteres wäre im gegenwärtigen Augenblick, wo niemand der Ermutigung bedarf, unnötig und unverständlich. Anders war es im Winter 1914/15, wo die Russen in Ostpreußen und in den Karpathen standen und Italiens Eintreten in den Krieg nur noch eine Frage der Zeit war. Wenn aber heute die Russen unter Einsatz eines ungeheuren Menschenmaterials uns um einige Kilometer zurückdrängen, so wissen wir, daß unsere Truppen sie wieder dahin zurückjagen werden, wohin sie gehören. Wohl aber ist es heute nützlich, sich an das Denken der Nation zu wenden.

Heute, am Ende des zweiten Kriegsjahres, könnte der Gedanke an unsere Toten nahe liegen. Doch auch hierzu ist noch keine Zeit; erst wenn der Krieg zu Ende ist, gilt es, auch ihnen den Dank des Vaterlandes abzustatten. Der Tod im Felde ist etwas ganz Besonderes. Im Frieden ist der Tod mitten in der Ausübung des Berufs eine Ausnahme; im Felde dagegen ist er die Regel, und jeder einzelne, der den Tod in dieser Gestalt sich nahen sieht, weiß oder kann wissen, wofür er stirbt.

Ja, wofür sterben heute unsere Leute im Felde? „Geistreiche" Personen haben sich zusammengetan und die „Ideen von 1914" erfunden, aber niemand weiß, welches der Inhalt dieser „Ideen“ war. Großartig waren sie, großartiger als jene von 1870, die nur wie ein Rausch waren gegen die majestätische Erhebung des deutschen Volkes zum jetzigen Kampf um seine ganze Existenz. Sich im Kriege zusammenzuschließen und zu organisieren, ist nichts Besonderes; dazu braucht man keine neuen Ideen. Was würden unsere Leute im Felde antworten, wenn man ihnen sagen würde: Ihr laßt euch draußen totschießen, und die daheim erfinden die Ideen? Entscheidend werden die Ideen von 1917 sein, wenn der Friede kommt; jetzt gilt das Recht des Schwertes. Viel schlichter spielt sich der Kampf draußen im Felde ab.

Erster Gedanke ist die Pflicht, und dieses Pflichtgefühl ist deutsch. Es findet sich gewiß auch bei unseren Gegnern; aber bei den Russen muß es gestützt werden durch die in ihrem Rücken aufgestellten Maschinengewehre, bei den Franzosen und Italienern durch hohle Phrasendrescherei, bei den Engländern durch das „Geschäft“. Hingegen nur zu tun, was Pflicht und Schuldigkeit gebietet, ist deutsch. Das ist es auch, was ich persönlich am deutschen Reichskanzler schätze. Ich bin nicht mit allem einverstanden, was er gesagt hat, aber die Leute in den Schützengräben sehen in ihm den Mann, der ihnen die Garantie dafür bietet, daß der Krieg nicht eine Stunde länger geführt wird, als es für unsere Existenz unbedingt notwendig ist. Diese Sicherheit bieten am allerwenigsten diejenigen, die im Frühjahr die Hetze mit den U-Booten begannen und an seine Stelle gern einen der ihrigen setzen möchten. Zum Pflichtbewußtsein kommt der Anblick der schrecklichen Verwüstungen, die es dem Bauer auf ein Menschenalter unmöglich machen werden, ohne die Gefahr der plötzlichen Explosion eines Blindgängers sein Feld zu bestellen, und die unsere Truppen von der Heimat fernhalten möchten. Ein weiterer Beweggrund ist die Ehre des eigenen Truppenkörpers und der ganzen Armee; dieser Grund hält unsere Soldaten im schrecklichsten Feuer und Sturm zusammen.

## *Die Lehren des Krieges*

Was lehrt uns dieser Krieg, der Millionen Menschen dahinrafft? Wir glaubten, wirtschaftliche Interessen beherrschten die Welt, und um ihretwillen werde auch dieser wie schon so mancher Krieg geführt. Bei England trifft dies zu, aber gerade der Krieg selbst zeigt uns, daß dies nur ein Einzelfall ist und daß nicht alle unsere Feinde sich von diesem Grunde leiten lassen. Serbien stand unter dem Einfluß des Größenwahns, auch für Frankreich und Italien waren wirtschaftliche Gründe nicht maßgebend, unser Beweggrund war die Bundestreue zu Österreich-Ungarn. Wenn allerdings der Krieg einmal da ist, treten auch wirtschaftliche Gründe, tritt auch die Sucht nach Kriegsgewinn hinzu, und so möchten unsere Feinde auch aus diesem Krieg einigen Gewinn herausholen. Ein Engländer schrieb schon vor Jahren, die 10 Milliarden der deutschen Ausfuhr seien einen Krieg wohl wert, und vor dem Krieg betrug unsere Ausfuhr 20 Milliarden! Wenn der russische Bauer 10 Hektar hat, von denen ein deutscher Bauer wohl leben kann, glaubt er verhungern zu müssen, weil er ein Wilder ist, der moderne Ackerwerkzeuge nicht anzuwenden versteht; von jeher schreit er daher nach Land, und wie er es früher von seinen Großfürsten und Großgrundbesitzern verlangt hat, so fordert er es heute von Deutschland, ein Kriegsziel, mit dem wir mehrere Generationen zu rechnen haben. Jeder französische Soldat ist ein kleiner Rentner und würde es mit Freude begrüßen, wenn Deutschland eine Kriegsentschädigung zahlen müßte, die ihm eine hübsche jährliche Rentenzulage sichern würde; um Elsaß-Lothringen kümmert sich der französische Bauer verzweifelt wenig. Wer bei uns ein ähnliches Kriegsziel hätte, der wäre gar kein Deutscher; *die deutsche Existenz ist unser Kriegsziel, nicht der Profit.*

Die zweite Lehre dieses Krieges bezieht sich auf die Industrie. Man sagte immer, die Industrie verweichliche das Volk und mache es unfähig zum Kriege. Aber gerade die deutsche Industrie gewinnt uns den Krieg. Wenn die russischen Intellektuellen sagen, unser jetziges Deutschland sei nicht mehr das Deutschland Kants, sondern ein Deutschland Krupps, so nehmen wir dies gern an. Nach Ansicht mancher Deutschen hatten wir umgekehrt zu viel Volksschulbildung. Aber wie der Krieg gezeigt hat, ist unter sonst gleichen Umständen das zivilisierte Heer einem wilden überlegen; nicht die Gurkhas, nicht die Italiener und Russen haben uns erdrückt, sie sind nur Kanonenfutter, und eben dadurch ist Hindenburg zum Nationalhelden geworden, weil er bewiesen hat, daß ein deutscher Soldat, der einen Befehl verstehen und ausführen kann, weit über dem russischen Barbaren steht. Die deutsche Beamtenschaft hat unter Überlastung Doppeltes geleistet, und dies verdient um so mehr Anerkennung, als sie sich vor ganz neue Aufgaben gestellt sah. Doch ohne unsere großen Geschäftsleute wäre die Organisation nicht geglückt, die es uns ermöglichte, den Krieg durchzuhalten; so etwas vermag nur ein Mann zu schaffen, der geschäftlich disponieren kann. Auch das deutsche Bürgertum hat in freier ehrenamtlicher Arbeit seinen Mann gestellt, und die großen Aufgaben, die der fortdauernden Mithilfe des deutschen Bürgertums bedürfen, kommen erst nach dem Kriege. Wenn heute ein Besitzender sein Vermögen betrachtet, findet er, daß eine Menge Aktien verschwunden und daß an ihre Stelle Kriegsanleihen und Rentenpapiere getreten sind; der Unterschied ist ein kolossaler: Die Zinsen der Rentenpapiere holt der Steuerexekutor den Leuten aus der Tasche; die Aktiendividenden bewiesen, daß in kaufmännischen und technischen Büros Leute saßen, die von früh bis spät arbeiteten, denn sonst wären diese Dividenden nicht da gewesen. Ein Hauptproblem nach dem Kriege wird sein: Woher bekommen wir das Kapital für Industrie und Gewerbe und damit für die Arbeiterschaft? Lassen wir daher das Geschimpfe auf Kapital und Bürgertum! *Wir haben nicht zu viel, sondern zu wenig Kapital und große Unternehmer.*

Die dritte Kriegslehre, die wegen ihrer Mißverständlichkeit einer näheren Erläuterung bedarf, betrifft unsere nationale Zukunft. Wenn man sagt, der Staat sei das Höchste und Letzte in der Welt, so ist dies vollständig richtig, wenn es richtig verstanden wird. Der Staat ist die höchste Machtorganisation auf Erden, er hat Gewalt über Leben und Tod nicht nur der Verbrecher, sondern auch seiner Soldaten. Der Gegensatz und der Irrtum aber war, daß man nur vom Staat, nicht von der Nation redete. Am besten wird dies klar am Beispiel Österreich-Ungarns. Die vielen ungerechten Urteile über seine Armee haben ihren Grund besonders darin, daß man übersah, was es bedeutet, wenn der Soldat seinen Offizier nicht mehr versteht. Die Soldaten schlugen sich ausgezeichnet, aber wo es galt, über die 50 verständlichen deutschen Kommandoworte hinauszugehen, Ratschläge zu erteilen, Mitgefühl zu zeigen, etwa auf dem Rückzug, da versagte der Zusammenhang, da offenbarte es sich, was die Nation für den Staat bedeutet. Nach dem Kriege wird es für unseren Nachbarn eine der schwersten Aufgaben sein, das rechte Verhältnis zwischen Staat und Nation, letztere als Sprach- und Kulturgemeinschaft gefaßt, herzustellen. Von den Russen wurden trotz russischer Tapferkeit zwei Millionen gefangen, mehr als die ganze Armee, die jemals unsererseits gegen Rußland im Felde stand. Hätten sie sich wohl fangen lassen, wenn sie geglaubt hätten, für einen nationalen Staat zu kämpfen? Der größte Teil von ihnen bestand ja doch nur aus unterjochten Fremdvölkern. Es ist nicht klug, blindlings große Völker mit starker Eigenart einzuverleiben; das ist nicht Stärke, sondern kann sogar Schwäche sein und zur Demoralisation führen.

Zu dem Sprachschatz unserer Gegner gehört die Behauptung, sie seien für die *Rechte der kleinen Nationen* ins Feld gezogen. Wenn heute ein Friedensangebot auf der Grundlage gemacht würde, daß jedes Volk über seine Zukunft abstimmen dürfte, wäre morgen der Friede fertig. Die Spanier würden Gibraltar, die Italiener Malta, die Mauren Marokko, die Türken Tripolis und Ägypten, die Asiaten Indien, die Ostseedeutschen eine ganze Reihe russischer Provinzen verlangen, auch die Kleinrussen und die Kaukasusvölker würden selbständig sein wollen; kurz, ungefähr 350 Millionen Angehörige „kleiner Nationen" würden sich lieber zu Hause einrichten als in einem Krieg, der sie gar nichts angeht, sich von Maschinengewehren, die hinter ihnen aufgestellt sind, gegen unsere Reihen treiben lassen. Nicht jede politische Grenze kann so gezogen werden, daß sie mit der Sprachgrenze zusammenfällt. Für die weitere Herrschaft über Irland, Malta, Kleinrußland usw. würden sich allenfalls Gründe geltend machen lassen. Aber auch für uns sind im Westen und Osten solche Gründe maßgebend.

## *Drei große Kriegsfragen*

Besonders drei große Fragen tauchen hinsichtlich unserer Grenzregulierung auf; diese Fragen betreffen Elsaß-Lothringen, Belgien und Polen. Was *Elsaß-Lothringen* betrifft, so käme *der* Reichskanzler nicht lebend heim, der auf eine Konferenz ginge, auf welcher diese „Frage" zur Erörterung kommen würde. Leider haben wir es 1870 versäumt, hier endgültige Zustände zu schaffen. Daher wurden die Elsässer selbst und die Franzosen in die Vorstellung gebracht, daß der damals geschaffene Zustand nur ein vorläufiger sei und ein Ende haben müsse. Die Lösung könnte nur eine doppelte sein, entweder die Erhebung Elsaß-Lothringens zu einem eigenen Bundesstaat oder der Anschluß an einen großen deutschen Staat. Groß müßte dieser Staat sein; denn dieses Land wird nach dem Krieg einen jährlichen Zuschuß von 40 Millionen brauchen, den es nicht selbst aufbringen kann und der daher selbst für den größten deutschen Staat eine außerordentlich große finanzielle Belastung wäre. Außerdem wäre noch eine Anleihe von 70 Millionen notwendig. Ich hätte nichts dagegen, wenn man darüber die deutschen Elsaß-Lothringer abstimmen ließe; auf keinen Fall liegt ein Grund zu dynastischer Eifersucht vor.

Die Gründe, die uns zwangen, *Belgiens* Neutralität formell zu verletzen, wurden in der öffentlichen Diskussion, auch in der Rede des Reichskanzlers, nicht bezeichnet. Das belgische Volk hat diese Verletzung als einen Überfall angesehen, aber jedes Volk ist verantwortlich für die Taten seiner Regierung. *Die Belgier wußten nicht, daß englische Offiziere das ganze Land mit Wissen ihrer Regierung topographisch aufgenommen hatten;* aber was jeder wußte, ist dies: Ein neutraler Staat darf nicht seine Tür nach der einen Seite öffnen und nach der anderen Seite schließen. Belgien errichtete aber seine Festungen ausschließlich gegen Deutschland hin, ließ dabei die Grenze nach Frankreich offen und die Grenze nach der See hin völlig ungeschützt. Seine Neutralität war also keine effektive, wie die Schweiz und bisher auch Holland sie wahrten. Die Schweiz schützt alle ihre Grenzen, die Holländer befestigten nicht nur gegen Deutschland hin Maastricht, sondern wollten auch gegen die See hin Vlissingen befestigen, letzteres gegen den Protest Englands, dessen eigentümliche Vorstellung von Neutralität damit nur eine neue Beleuchtung erfährt. Hätte Belgien auch so gehandelt, wäre die Sache ganz anders gelegen. Aber selbst inzwischen noch wurde in den Organen des Königs und seiner Leute Tag für Tag ein größeres Belgien auf Kosten Deutschlands gefordert, und das gleiche geschah auch privatim von den Abgeordneten des belgischen Parlaments, sogar von Mitgliedern der radikal-sozialdemokratischen Partei. Wir brauchen daher auch Belgien gegenüber militärische Garantien solange, bis wir die Sicherheit haben, daß künftig Belgien eine wahre Neutralitätspolitik treiben wird; sonst wollen wir nichts von diesen Herrschaften.

Unsere deutsch-polnischen Mitbürger haben ihr Blut mit uns verspritzt, und daraus werden die Konsequenzen gezogen werden; es wurde versprochen, und wird auch gehalten. Der Kanzler hat aber auch die Autonomie der nichtdeutschen *Polen* versprochen, und auch das muß gehalten werden, wenn uns das Kriegsglück weiter hold bleibt. Militärische Gründe zwingen dazu. Ein Volk von 15 Millionen kann uns nicht gegen 150 Millionen Russen decken, daraus muß die militärische Konsequenz gezogen werden. Es wäre töricht, diesen Polen das Deutschtum aufzwingen zu wollen, aber es muß uns die Garantie dafür gegeben werden, daß die russischen Barbaren nicht wieder nach Ostpreußen kommen und nicht wieder einige Kilometer von der oberschlesischen Grenze entfernt eine schwere Batterie aufstellen können. Wir vertrauen zu Österreich-Ungarn, daß es ebenfalls die Notwendigkeit dieser Konsequenz einsieht. Über Galizien und Serbien hat Österreich-Ungarn zu entscheiden, für Polen aber liegt die Entscheidung bei uns. Das ist die Probe auf Österreichs Bundestreue, und aus dieser Überzeugung habe ich auch in Österreich selbst kein Hehl gemacht. Wie viel wir Polen gewähren können, hängt von der großen Frage ab, ob ein *Mitteleuropa* entsteht, d.h. ein unzerreißbarer, ewiger Staatenbund mit Gemeinsamkeit des Heeres, der Zölle und der Währung. Es ist kein finanzielles Geschäft, das gemacht werden soll, sondern ein politisches Geschäft. Den Polen kann dann weit mehr konzediert werden; ob aber dieses Mitteleuropa geschaffen wird, hängt von Österreich-Ungarn ab. Einen Druck auf dasselbe können wir nicht ausüben. Ihre Forderungen haben die Polen im Jahre 1905 selbst programmatisch zusammengefaßt. Wir könnten sie ihnen gewähren unter der Bedingung, daß unsere Ostgrenze in unserer eigenen militärischen Hand gesichert würde.

### *Wofür führen wir den Krieg?*

Vielleicht kann jemand fragen: Lohnt es sich, für solche Ziele diesen Krieg zwei oder vielleicht drei Jahre lang zu führen? Das ist genau dieselbe Frage, als wenn jemand Friedrich den Großen gefragt hätte, ob es sich gelohnt habe, den Siebenjährigen Krieg zu führen. Unser Krieg hat genau dieselbe Bedeutung. Erst durch den Siebenjährigen Krieg wurde Friedrich II. zum „Großen"; erst danach erkannte die Welt die Entstehung einer neuen Großmacht an. Und so wird man auch erst nach dem siegreichen Ausgang dieses Krieges Deutschland als eine Macht anerkennen, die nicht zu beseitigen ist, während man bisher seinen Bestand als Großmacht für einen Zufall hielt, da niemand glaubte, daß die Nation ihr Letztes daran setzen würde, um das zu bleiben, was sie in großen Tagen geworden ist. Denn unsere bloße Existenz und nichts anderes, keine Charakterschlechtigkeit oder dergleichen, sondern unsere Existenz als Macht ist der Grund dieses Krieges.

War es aber nötig, daß wir ein Machtstaat wurden? So könnte man weiter fragen. Wären wir es nicht, so wäre die Hälfte Deutschlands ein russischer, die andere ein französischer Vasallenstaat, und die Deutschen müßten wieder die Kriege Frankreichs und Rußlands schlagen wie 1812, wo das deutsche Blut für fremde Interessen floß. Ewige Schande wäre es, wenn wir nicht den Mut gehabt hätten, dafür zu sorgen, daß nicht russisches Barbarentum auf der einen, englische Monotonie auf der anderen und französische Phrase auf der dritten Seite die Welt beherrschen. Dafür ist dieser Krieg geführt worden.

Folgt aber daraus, daß der Wert der Völker sich nach ihrer Macht richtet? Die Dänen, die Holländer und die Schweizer sind doch auch keine Macht. Gewiß, auch kleine Völker haben in der Weltgeschichte ihre Mission, und ohne Macht könnte man sogar für Kulturzwecke mehr leisten. Ich betrachte es deshalb als ein Glück, daß es z.B. in der Schweiz Deutsche gibt, die außerhalb der deutschen Grenzen zeigen können, was sie zu leisten vermögen; ein Gottfried Keller usw. wäre nicht auf dem Boden eines großen Heerlagers gewachsen. Aber wenn die Holländer, Dänen usw. von unserem „Militarismus" reden, so sagen wir: Wir tragen den Panzer für euch mit. Ohne uns würde Italien den Tessin nehmen; die anderen Neutralen müssen sich ohnehin vor England jetzt tief genug demütigen. *Ein Volk von 70 Millionen ist vor der Geschichte dafür verantwortlich, daß es für seine Nachfahren die Ehre wahrt, politische Knechtung und Vasallentum abschüttelt.* Diese Verantwortlichkeit scheidet uns nicht nur von den kleineren Völkern, sondern auch von den Vereinigten Staaten; diese kennen so etwas nicht, und darum ist es uns unmöglich, uns mit ihnen zu verständigen. Sie kennen gar nicht, was es heißt, von Todfeinden auf allen

Seiten umlauert zu sein. Krieg können sie auch führen, z.B. mit Mexiko, Spanien, aber nicht einen heiligen Volkskrieg um die ganze Existenz. Dafür haben sie kein Organ.

Eine Frau, deren Mann im Felde steht und die sich mit Mühe und Not durchbringt, lacht vielleicht über die „Verantwortlichkeit vor der Geschichte". Sie hat in ihrer Art ganz recht. Es ist sicherlich nicht schön und deutsch, wenn Maulhelden daheim bestimmen wollen, wofür unsere Truppen zu fechten haben. Aber die Frau ist eingewurzelt in den Boden des deutschen Schicksals, auch ihr Geschick hängt vom Ende dieses Krieges ab. Früher hatte man die Auswanderung, heute aber sind wir drüben Parias und werden in der letzten Höhle Rußlands nicht so behandelt wie in den Fabriken von Pittsburg. Das Schicksal Deutschlands hält in seinen ehernen Armen auch das Schicksal eines jeden einzelnen Deutschen. Seit 23 Jahren versuchte ich vergebens, es durchzusetzen, daß die fremden Arbeiter aus Deutschland ausgewiesen würden. Meine Versuche scheiterten teils am Eigennutz einiger Grundbesitzer, teils an dem radikalsozialdemokratischen Literatentum, das nicht weiß, worauf es ankommt und was diese Konkurrenz für unsere Arbeiter bedeutet. Die Macht Deutschlands ist es, die über das Schicksal unseres Handels und unserer Industrie entscheiden wird. Nach Berichten aus dem neutralen Ausland hat nichts so ungeheuren Eindruck gemacht als die unglaubliche Tatsache, daß Deutschland dieser Welt von Feinden widerstanden hat. Alle Industrien kämpfen gegen die deutsche, doch diese hält sich trotzdem. „Nichts hat eine solche Reklame für die deutsche Industrie gemacht wie dieser Krieg", so schrieb eine neutrale Zeitung. Nach dem Kriege wird es allerdings schwer werden; aber in der letzten Dachstube und im letzten Bauernhaus wird man es spüren, wie viel darauf ankommt, ob Deutschland sich siegreich behauptet hat oder nicht, und wir wollen das Schicksal preisen, das unser Land zu den Bahnen des Ruhmes und der Ehre hinaufgeführt hat. *Unsere Nachfahren werden noch nach Jahrtausenden sprechen von Deutschlands Leistungen in diesem Kriege, desgleichen die Welt noch nie gesehen hat.*

# Deutschlands weltpolitische Lage

[Bericht der Münchner Neuesten Nachrichten]

Der Vortragende erklärte, er wolle nicht als Parteimann sprechen. Er gehöre keinem der verschiedenen in Deutschland existierenden Ausschüsse an, habe keine Beziehung zum Reichskanzler, zu irgend einem Staatssekretär noch zu irgend einer einflußreichen Stelle in Berlin. Er sei Mitglied des Alldeutschen Verbandes gewesen, sei aber aus diesem ausgetreten, nachdem sich gezeigt habe, daß der Verband die Interessen der Großgrundbesitzer über die Interessen der Landarbeiter gestellt habe. Die alldeutsche Politik gegen die Polen habe er nie mitgemacht. Nachdem er Briefe bekommen habe, daß sein Name der Nachwelt gebrandmarkt überliefert werde, wolle er offen seine Auffassung darlegen.

Viele Jahre hat man – so betonte der Vortragende dann – von dem Segen der monarchischen Regierung, von ihrer Kraft und Geschlossenheit gesprochen. In keinem parlamentarisch regierten Lande der Welt erleben wir aber das Unerhörte, daß eine Agitation zugelassen wird über Fragen der militärischen Führung in einem Augenblicke, wo der erste deutsche Soldat an der Spitze unserer Streitkräfte zu Wasser und zu Land steht. Wäre es nicht ein Frevel, in einer lärmenden Agitation den Feind darauf aufmerksam zu machen, daß er sich gegen eine verschärfte U-Bootsgefahr verproviantieren soll?

In der Reichstagskommission ist die Agitation zusammengebrochen, nachdem die Admiralität die einschlägigen Zahlen in Gegenwart von 200 Abgeordneten bekanntgegeben hat. Bald darauf wußten es Tausende und wenige Wochen hernach konnte es der Feind wissen. Ein solcher Vorgang ist unerhört. Den Parteiführern war bereits vorher in vertraulicher Sitzung dasselbe gesagt worden. Trotzdem wurde darauf bestanden, daß dieser Vorgang stattfindet. *Wie soll es auf unsere Leute an der Front wirken, wenn in Denkschriften, in der Presse, durch Briefe und auf alle mögliche sonstige Art ihnen vorgeredet wird, daß es ein Mittel gäbe, dem Krieg in wenigen Monaten ein Ende zu machen.* Wie denkt man, daß unsere Leute auf die Dauer diese psychischen Strapazen aushalten? Es erscheint unbegreiflich, wie die Berliner Zensur diese Agitation gegen den Reichskanzler zulassen kann. Das wäre in einem parlamentarisch regierten Lande nicht möglich.

Es waren nicht Leute mit starker Seele und kräftigen Nerven, die hinter den Demagogen des U-Bootskrieges herliefen, sondern hysterische schwache Seelen, die die Kriegsbürde nicht mehr weiter tragen wollten. Wenn das weiter geduldet wird, kann die Folge nur eine hysterische Demoralisation sein. Der Krieg muß aber noch durchgehalten werden, vielleicht noch jahrelang. Die wirklichen Gründe der U-Bootsagitation liegen ja zum Teil auf dem Gebiete der inneren Politik.

In der Vergangenheit gab es Leute, die England freundlich gesinnt waren, weil sie liberal waren. Die Engländer haben dafür gesorgt, daß das zu Ende ist. Andere wieder waren Russenfreunde, weil sie konservativ waren. Wir sollten aber an der Orientierung nach außerpolitischen Gesichtspunkten festhalten. Wer davon abweicht, macht keine nationale Politik. *Unsere weltpolitische Lage wird zunächst rein geographisch bestimmt.* Für jeden Machtstaat ist ein anderer benachbarter Großmachtstaat eine Unbequemlichkeit. Er ist in seiner Bewegungsfreiheit gehemmt, er muß sich mit ihm verständigen, will er weltpolitisch eine Aktion unternehmen. Für jeden Machtstaat ist es deshalb erwünscht, möglichst von Unmachtstaaten, von kleinen Mächten umgeben zu sein. *Nun ist es das Schicksal Deutschlands und nur Deutschlands, daß es allein an drei große Militärmächte und an die größte Seemacht grenzt. Daraus folgt die Notwendigkeit unserer starken militärischen Rüstung.* Ein Staat in dieser besonderen Lage darf aber auch nicht das tun, was Bismarck als das Einschlagen von Fensterscheiben bezeichnet hat. Er dachte dabei an die Presse. Es ist aber diese keineswegs immer allein, die das tut. Eine der größten Torheiten war die deutsche Burenpolitik, an der die ganze Nation beteiligt war.

Wir dürfen *keine Politik des Gefühls, aber auch keine Politik des blinden Hasses* treiben. In einer Politik, die verantwortlich ist für das Schicksal eines 70-Millionenvolkes, darf nicht die Leidenschaft und auch nicht der begreiflichste Haß das Wort führen. Wir dürfen *auch keine Politik der Eitelkeit* treiben, vor der ebenfalls schon Bismarck in seinen Erinnerungen gewarnt hat.

Alldeutsche Renommistereien können nur schädlich wirken. Man hat gefabelt von der Vernichtung des englischen Weltreiches, als ob dieses auf dem Besitz des Suezkanals beruhe und nicht darauf, daß große Kontinente ganz oder zur Hälfte von Angelsachsen besiedelt sind, die wir nicht verjagen können. Es steht nicht viel anders mit den Reden über die Vernichtung der englischen Seemacht in einem Augenblicke, in dem wir nicht nur die englische Seemacht, sondern fast alle Flotten der Welt gegen uns haben. Es ist das ein Ziel, das wir schwerlich erreichen werden.

*Vernichten können wir England nicht, wohl aber hoffentlich schwer schädigen.* Vor allen Dingen dürfen wir in unserer Lage *keine Politik der Erobererеitelkeit treiben.* Hinsichtlich *Belgiens* spielt die Agitation den Ehrenpunkt aus. Man sagt: Wer Belgien nicht behält, ist besiegt. Das geht über das Maß des Erträglichen hinaus. *Wenn die Armee sich auf den Standpunkt stellen würde, zu sagen: wir geben das Land, das wir erobert haben, nicht mehr her,* so könnte man erwidern: Bedenkt auch ob das klug ist. Wenn sie trotzdem darauf besteht, nun gut. Aber wenn Leute im Lande erklären: Ihr könnt sagen, was ihr wollt – wenn die Landkarte nicht so verändert wird, dann habt ihr umsonst gefochten, – dann kann man nur hoffen, daß sich noch eine deutsche Faust findet, um solchen Leuten auf den Mund zu schlagen. Man darf wohl nicht glauben, daß die Türkei und Bulgarien geneigt sein werden, dafür zu fechten, daß Belgien und Nordfrankreich annektiert werden. Es wird hier der Grundsatz gelten: *Wo Existenzfragen des einzelnen Bundesgenossen auf dem Spiele stehen, dafür wird bis zum letzten Mann eingetreten,* nicht aber für Eitelkeit und noch weniger für das, was sich hinter der Eitelkeit an materiellen Interessen versteckt. Wie jeder Staat, der Weltpolitik treiben will, müssen wir eine weitsichtige Politik führen. Eine solche Politik ist an die Bedingung geknüpft, daß man sich für sein Land die Wahlfreiheit soviel wie möglich gewahrt hat, um eine Verständigung mit der einen oder anderen Macht eingehen zu können.

*Was für Interessenkonflikte* liegen nun *zwischen uns und unseren Gegnern?* Man sagt, *wirtschaftliche Interessen* haben den Krieg hervorgerufen. Waren diese für Frankreich, Italien, Rumänien, Serbien maßgebend? Man weist auf England hin. Aber wir wissen, daß jeder Handelsvertrag mit Rußland eine Kriegsdrohung dieser Macht hervorrief. Rußland verlangt das Opfer unserer Landwirtschaft. Wenn gesagt wird, England richtet sich gegen die Berlin-Bagdad-Verbindung, so kann man ebenso gut darauf hinweisen, daß Rußland Konstantinopel haben und die Türkei vernichten will, an deren Erhaltung wir ein politisches Interesse haben. Wenn wir rein wirtschaftlich die Bilanz aufmachen würden, würde eine Verständigung mit Rußland schwerer möglich sein als nach Westen hin, auch nach England.

Es sind *politische Gegensätze, die uns von dem Westen trennen.* Die Franzosen haben sich wohl überzeugt, daß sie uns nicht vernichten können. Die elsaß-lothringische Frage wäre heute erledigt, wenn dieses Land an einen großen deutschen Staat angeschlossen worden wäre. England hat hauptsächlich die vermeintliche Bedrohung durch unsere Kriegsflotte zum Kriege veranlaßt. England fand es unerträglich, daß es seine Flotte in der Nordsee konzentrieren mußte und daß es daher anderwärts lahm gelegt war. *Die Verständigung mit England ist nicht an der Formel über den Flottenbestand gescheitert,* sondern daran, daß keiner dem anderen traute und daß es auch zu spät war, nachdem England durch die Einkreisungspolitik Eduards VII. schon zu fest engagiert war. *Unmöglich aber ist in der Folge eine Änderung des Verhältnisses zwischen uns und England nicht.*

An *Belgien* haben wir nur das Interesse, daß es *militärisch kein Einfallstor* gegen uns wird. Wenn Belgien und Holland miteinander ein Neutralitätsbündnis abschließen würden, so daß ihre Grenzen nach jeder Richtung hin verteidigt würden, wären unsere Interessen für die Zukunft auch gedeckt. Leider ist es ganz unwahrscheinlich, daß ein solches Bündnis in nächster Zeit zustande kommt.

Deshalb *brauchen wir Garantien,* bis wir sicher sind, daß Belgien nicht die Rolle Griechenlands spielen muß bei einem Einmarsch Frankreichs oder Englands.

Der *Kriegsgrund Rußlands* waren die *Machtinteressen der Großfürstenpartei und der panslavistische Traum.* Diese Legende ist zerbrochen durch das Verhalten der Bulgaren, Polen, Litauer und zum Teil auch der Ruthenen.

Eine Verständigung Rußlands mit Deutschland allein wäre im Bereich des Möglichen. Aber wir dürfen nicht vergessen, daß die *Ostseefrage mit den Alandinseln* eine große Bedeutung hat, die merkwürdigerweise bei uns gering eingeschätzt wird, obwohl die ganze Politik der skandinavischen Staaten daranhängt. Man muß auch darauf aufmerksam machen, ob wir einen Frieden schließen können, bei dem wir Annexionen machen, während die Türkei Armenien den Russen überlassen müßte.

Es würde uns schwer werden, wieder ein kräftiges Bündnis nach einem solchen Vorgang zustande zu bringen. Wir dürfen uns nicht verhehlen, daß die Bedrohung von Rußland her im Gegensatz zur Bedrohung von Frankreich und England aus wegen der raschen russischen Bevölkerungsmehrung eine zunehmende ist. Unsere nationale Existenz könnten weder Frankreich noch England vernichten, wohl aber Rußland. Eine Verständigung mit Rußland könnte daher nur geschehen auf der Grundlage einer tiefgreifenden Änderung der russischen Politik, eines Desinteressements der russischen Politik an den serbischen und polnischen Verhältnissen, und dauernder Garantien von Seite Rußlands. Wir werden uns in diesem Kriege und nach diesem Kriege mit demjenigen verständigen, der uns die besten Garantien gibt, ohne Rücksicht auf Haß, Eitelkeit und auf innerpolitische Verhältnisse. Andere Nationen treiben Realpolitik und schwätzen nicht davon. Nur der Deutsche hat das Eigentümliche, auch über die Realpolitik sich eine Theorie zu machen, an die er mit einer Inbrunst glaubt, die etwas absolut Feminines hat.

*Für jeden deutschen Politiker versteht es sich von selbst, daß er an dem Bündnis mit Österreich-Ungarn festhält.* Doch kommt es hier vor allem auf das militärische Bündnis an, nicht in erster Linie auf die Zölle. Die beiden Heere müssen künftig, wenn ein Fortschritt erzielt sein soll, innerlich so organisiert sein, daß sie ineinander übergreifen, als wären sie ein einheitliches Heer.

Die *polnische Frage* reicht bis vor die Tore der Hauptstadt. Über unsere Grenzen hinaus kann es für uns nur eine westslavische Politik geben. Wir können dem polnischen Staatswesen nicht nur alles zugestehen, was die Polen selbst 1863 in einer Denkschrift von der russischen Regierung verlangten, wir können ihnen volle Kulturfreiheit und volle Freiheit der inneren Verwaltung geben. *Militärisch müssen wir die Garantie haben, daß niemals polnische Waffen sich gegen uns kehren.*

Wir müssen ein Machtstaat sein, weil es uns Schande gebracht hätte vor der Geschichte, keiner zu sein.

Nicht von der Schweiz, von Holland oder Dänemark würde die Geschichte Verantwortung fordern, wenn die Welt zwischen der Langweile der englischen Konvention und zwischen der Gemeinheit der russischen Gewaltherrschaft aufgeteilt würde. Unser 70-Millionen-Volk hätte diesem Schicksal gehorchen müssen, selbst wenn es geglaubt hätte, den Krieg zu verlieren. *Um seiner Ehre willen. Denn um die geht der deutsche Krieg!*

# Vorträge während der Lauensteiner Kulturtagungen

## *[Geistesaristokratie und Parlamentarismus. Entgegnung auf Max Maurenbrecher]*

[Aufzeichnung Wolfgang Schumanns]

Univ.-Prof. M[ax] Weber – Heidelberg vertritt M[aurenbrecher] gegenüber in glänzender Rede einen auf wirtschaftlichem Liberalismus und starkem Realismus fußenden gemäßigten Imperialismus. M[aurenbrecher] ist ihm Romantiker. Nach Weber sind wir auf absehbare Zeit der Mechanisierung verfallen, die sich in der durchaus starken Bürokratie einerseits, in einem wildwachsenden übermächtigen Kapitalismus andrerseits offenbart. Dagegen ist auch in unsern Klassikern kein Kraut gewachsen; die M[aurenbrecher]'sche Staatspartei der Geistigen würde nach W[eber]'s Ansicht, wenn sie zur Macht gelangen wollte, ebenso wie die Sozialdemokratie oder die Gewerkschaften gezwungen sein sich eine Bürokratie zu schaffen und zu versanden. Der Kampf gegen den Materialismus müsse seine Kraft vielmehr aus den nüchternen Tatsachen des Tages ziehen: die bösen Hunde der materiellen Interessengruppen müßten aufeinandergehetzt werden; der Kampfplatz sei das Parlament, aber nicht das jetzige Redeparlament, von dem sich die bedeutenderen Köpfe zurückzögen, weil sie darin zur Bedeutungslosigkeit verdammt wären. M[ax] W[eber] schildert unser heutiges Parlament als eine Stätte, in welcher man sich auf Grund von Bestechungen auf dem Wege der Verteilung subalterner Beamtenstellen an Parteifreunde für die Etatbewilligung bestechen ließe. Er fordert deshalb den reinen Parlamentarismus. Er sieht zwar, daß dann der Ämterhandel auch auf die oberen Beamtenstellen übergreift, sieht aber gleichzeitig darin die Garantie für eine Heranziehung der Fähigsten für den Staat, welche es heute vorziehen, in kapitalistischen Großbetrieben Führer zu sein. Das allgemeine Wahlrecht ist ihm kein ideales aber das einzige real mögliche. Bezüglich der äußeren Politik sieht W[eber] im Weltkriege nicht den Kampf der von M[aurenbrecher] betonten beiden Weltanschauungen, auch nicht die Konsequenz einer gekauften Preßhetze, sondern vielmehr die Folgen einer unkontrollierten, äußeren Politik, welche von einer aus den Kreisen der Bonner Borussen hervorgegangenen, moralisch schwachen Beamtenaristokratie immer wieder gegen bessere Überzeugung gedeckt wurde. Auch hier erblickt er das Heil im Parlamentarismus. Der dadurch entstehende heftige Wahlkampf ist ihm etwa das rechte Element der zur Macht Geborenen. Nicht die Politik verdirbt den Charakter, sondern gewisse Charaktere verderben die Politik. Auch W[eber] kommt von seinen Anschauungen auf einen gewissen Imperialismus, über den er sich jedoch nicht genau ausdrückt. Das, was M[aurenbrecher] Amerikanismus nennt, ist ihm etwas Internationales, auch in Deutschland stark vertretenes. Wie er umgekehrt die angeblich deutsche Staatsauffassung im Auslande vertreten findet.

### *Die Lebensordnungen und die Persönlichkeit*

[Notiz Ferdinand Tönnies' vom 29. September 1917]
Ab[ends] Ankunft auf Burg Lauenstein. Vortrag Max Webers. Regierung (Führung) 1. rational 2. tradition[al] 3. Charisma.
Führerproblem. Sociale Auslese 1. d[as] Material 2. d[ie] Methoden 3. d[ie] Auslesenden

[Notiz Ferdinand Tönnies' vom 1. Oktober 1917]
Fortsetzung. Verhandlungen „d[as] religiöse Problem". *V.* über „Glaube und Wissen".

Wieder Max Weber (i[m] Forum Fortsetzung). Nachm[ittag] ich über „Glauben – Glauben *an* – Gl[aube], Liebe, Hoffnung."

# Was erwartet das deutsche Volk vom Verfassungs-Ausschuß des deutschen Reichstages?

[Bericht der Münchner Neuesten Nachrichten]

An die Spitze seiner Ausführungen stellte Professor Weber die Frage: *Wer herrscht* im modernen Staat? Nicht der *Monarch* ist es, sondern das *Beamtentum.* Unser ganzes öffentliches Leben, das wirtschaftliche Leben nicht zum wenigsten, ist heute auf dem Wege der Bureaukratisierung. Das deutsche Beamtentum in seiner gründlichen Schulung und seiner Unbestechlichkeit hat gerade in diesem Kriege Enormes geleistet; unsere Feinde beginnen jetzt erst, sich nach unserem Vorbild zu organisieren. Aber die Grenzen der Leistungsfähigkeit des Beamtentums treten scharf zutage, wenn die großen Führernaturen fehlen, wie das in Deutschland seit 1890 der Fall war. Darum ist heute das Problem der Stärkung des Einflusses der *Politiker* gegenüber dem Beamtentum in den Vordergrund getreten.

Der Fortschrittliche Volksverein München hat vor einigen Monaten in einer Reihe von Leitsätzen die grundlegenden Forderungen für die *Neuformung des deutschen Verfassungslebens* niedergelegt. Professor Weber erklärte sich mit der Forderung des Verhältniswahlrechts und des Frauenstimmrechts mit kurzen Begründungen einverstanden. Das Problem der Ministerverantwortlichkeit liegt angesichts der Voraussetzungen des föderalistischen Systems schwieriger. Wir wollen alle die *Stammeseigentümlichkeiten* der einzelnen *Bundesstaaten* erhalten wissen; die Schwärmerei Treitschkes für den Einheitsstaat ist überwunden. Es wäre schade, wenn in Weimar statt des Großherzogs nur ein preußischer Polizeipräsident säße oder wenn *München* statt der Residenz der *Wittelsbacher* nur eine preußische Provinzialstadt wäre. In der Gesamtheit der Bundesstaaten hat Preußen die Präsidialgewalt. Da seine Stimmen im Bundesrat das entscheidende Gewicht haben, müssen sie im Einklang mit dem Reichskanzler abgegeben werden. An dieser Notwendigkeit findet also die kollegiale Ministerverantwortlichkeit ihre Grenzen. Die Kontrolle der Tätigkeit des Beamtentums muß dem Parlament offen stehen, der Monarch ist außerstande, sie auszuüben. Er ist Fachmann auf militärischem Gebiet, und hier wollen wir seine Autorität unter keinen Umständen antasten; das Parlament besitzt wohl auch in seiner Gesamtheit nicht das Fachwissen, das zur Prüfung des Verwaltungsapparates notwendig ist, aber es kann Ausschüsse einsetzen, die aus Fachmännern bestehen. *Die Publizität der Verwaltungstätigkeit* ist eine der Grundforderungen für die Modernisierung unseres Verfassungslebens. Das Untersuchungsrecht des Reichstags, auch gewisser qualifizierter Minderheiten, muß sichergestellt werden. Nur die Nation ist wirklich politisch mündig, die die Kontrolle des Verwaltungsapparates durch das Parlament erzwungen hat. Der Deutsche Reichstag muß aus einem Redeparlament –

*ein Arbeitsparlament*

werden können. Sicherlich arbeitet das Parlament heute schon viel mehr, als man vielfach im Volke annimmt; aber die Grenzen dessen, was es zu leisten imstande ist, müssen erweitert werden. Dann wird es auch wieder eine *Auslesestätte politischer Führer* werden. Auch der beste Beamte kann als politischer Führer vollkommen unfähig sein. Uns fehlen heute die großen politischen Führer, im Beamtentum sowohl wie im Parlament. Führertalente suchen sich ihren Wirkungskreis da, wo auch der Einzelne zu der Macht gelangen kann, die seinen Fähigkeiten entspricht, in der Industrie zum Beispiel. Die Machtlosigkeit des Parlaments hat zur Senkung seines geistigen Niveaus geführt. Hier muß der Hebel angesetzt werden; dem Parlamentarier muß der Weg zur Verantwortung offen stehen, zu den obersten leitenden Staatsämtern. Der Beschluß des Verfassungsausschusses, die Bestimmung zu beseitigen, daß niemand gleichzeitig Mitglied des Bundesrats und des Reichstags sein kann, weist den Weg.

Die Gefahr, daß die Machterhöhung des Parlaments eine Herabsetzung der Monarchie bedeute, liegt in Wahrheit nicht vor. Das parlamentarische System kann die Machtstellung eines unfähigen Monarchen unschädlich machen – das ist sicherlich keine Schande; dem *starken* Monarchen ist sie ein Postament, auf dem seine Fähigkeiten erst recht zur Geltung kommen können. Nächst Eduard VII. ist Leopold von Belgien das bezeichnendste Beispiel, der es verstanden hat, dem kleinen Mutterstaat ein so gewaltiges Kolonialreich zu schaffen. Äußerungen des Monarchen wie das Krüger-Telegramm des Kaisers oder die Mahnung an die Völker Europas, ihre heiligsten Güter vor der gelben Gefahr zu wahren, waren subjektiv durchaus berechtigt; aber die Tatsache ihrer Publikation durch das Beamtentum verlieh ihnen den Charakter von nicht wieder gut zu machenden Fehlern. Es ist ein Mißbrauch der schlimmsten Sorte, daß sich die politischen Beamten mit dem Namen des Monarchen zu decken gewohnt sind; hätten wir ein starkes Parlament, so würde jeder Beamte es ablehnen müssen, nach solchen Eingriffen in seine Ressortpolitik noch im Amte zu bleiben.

Dem Reich fehlt eine Behörde, die in entscheidenden Augenblicken den Monarchen und die leitenden Staatsmänner berät. Der Bundesrat ist nur eine Abstimmungsmaschinerie. Der Bundesratsausschuß für auswärtige Politik könnte ein solcher

*Reichskronrat*

werden; ein gewisser Anfang ist im Kriege namentlich dank der Initiative eines der beteiligten Ministerprädidenten zweifellos gemacht.

Über die Leistung des regierenden Beamtentums ist gesagt worden, daß das Schwert glücklicherweise die Niederlage der Politik wieder wettgemacht habe. Das wollen wir nicht wieder erleben. Wir wollen weiter Weltpolitik treiben und zu diesem Ende gerade brauchen wir die

*Demokratisierung unseres Staatslebens.*

Nur ein reifes Volk hat das Recht, Weltpolitik zu treiben, nur *Herrenvölker.*

Darunter verstehen wir nicht die Fratze, die die Alldeutschen aus diesem Begriff gemacht haben, sondern Völker, die die Kontrolle über ihre eigene Regierungsgewalt errungen haben, die mehr sind als bloße Objekte der Gesetzgebung. Leute, die sich von einem englischen Überläufer, Houston Stewart Chamberlain, darüber belehren lassen, was Deutschtum ist, wollen den Monarchen heute davor warnen, daß seine Stellung in Gefahr sei. Wir hoffen, daß der eiserne Frühling, durch den wir hindurch müssen zu einer neuen Mitarbeit der Nation am Staate, auch droben sein Werk tut und daß wir erkennen, daß das Wort: „Der Appell an die Furcht findet in deutschen Herzen keinen Widerhall" auch auf dem Throne Geltung hat!

# Gegen die alldeutsche Gefahr

[Bericht der Münchner Neuesten Nachrichten]

Nachdem sich der starke Beifall, den die Ausführungen des Abg[eordneten] Heine entfesselten, gelegt hatte, sprach als zweiter Redner

*Professor Max Weber* (Heidelberg).

Er stellte fest, daß er nicht als Mann der Wissenschaft, sondern rein als Politiker spreche. Er beanspruche als Hochschullehrer ebensowenig eine besondere Autorität in den Fragen der Politik, wie er sie irgend einem anderen von vornherein zubilligen könne, – auch nicht dem Schöpfer der deutschen Flotte, wenn er nicht durch Augenmaß in den wichtigsten Dingen zu beweisen vermocht hat, daß er mehr von der Politik versteht, als irgend ein bescheidener Arbeiter.

*Die alldeutsche Gefahr*

besteht vor allem darin, daß die Regierung gewohnt ist, auf diese Bewegung die stärksten Rücksichten zu nehmen. Die Alldeutschen rühmen sich, daß sie seit langem den Krieg vorausgesehen hätten. Vorausgesehen haben ihn auch andere, aber die Alldeutschen haben ihn mitveranlaßt. Sie haben geglaubt, man macht *große Politik* mit dem *großen Mund.* Die bescheidenen Erfolge der deutschen Politik in den letzten Jahrzehnten sind mit ungeheurem Lärm erreicht worden; unsere Gegner haben ohne Lärm unendlich viel mehr erreicht. Die alldeutsche Politik z.B. während des Burenkrieges hat es verhindert, daß wir zu einer Verständigung mit England kamen. Der Haß gegen England war in erster Linie ein Haß gegen die englische Verfassung. „Um Gotteswillen kein Bündnis mit England, – das würde uns zum Parlamentarismus führen!" So wurden

*innerpolitische Motive zur Grundlage der Auslandspolitik gemacht.*

Hand in Hand mit dieser Furcht vor der englischen Verfassung ging eine würdelose Umschmeichelung des zaristischen Rußland, die uns den Haß der russischen Liberalen und die Verachtung der autokratischen Machthaber eintrug.

Wie die innerpolitischen Motive mit der äußeren Politik zusammenhängen, bewies auch die *U-Boots-Agitation* der Alldeutschen. Sie hat eingesetzt in dem Augenblick, als die Wahlreform angekündigt wurde. War das Zufall? In beiden Fragen waren dieselben Interessenten die Gegner Bethmanns. Als dann der U-Bootskrieg in dem einzigen Augenblick, in dem er politisch und diplomatisch möglich war, erklärt war, da begannen die *Prophezeiungen.* Niemals haben die militärischen Stellen selber sich daran beteiligt, aber sie haben diesen Unfug geduldet. Sie haben dabei verkannt, daß das Scheitern dieser Prophezeiungen die Stimmung viel mehr beeinträchtigen mußte, als es jemals die Friedensresolution hätte bewirken können. Gleichzeitig mit dem U-Bootskrieg kam das Mexiko-Telegramm. Wer hat Zimmermann nach diesem kapitalen Fehler verteidigt? Es waren immer dieselben Kreise!

Heute werfen sie der Reichstagsmehrheit vor, daß sie einen *Hungerfrieden* heraufbeschwöre. Wir werden

*niemals einen Hungerfrieden schließen*

müssen, aber wenn das Ausland hofft, es doch noch so weit bringen zu können, *so tragen diejenigen Kreise die Verantwortung, die die Politik des Reichstages mit dem Wort Hungerfrieden diskreditieren wollen.*

Die Alldeutschen gebärden sich, als ob wir in diesem *Bündniskrieg* Annexionspolitik ganz ohne Rücksicht auf unsere Verbündeten führen könnten. An den jungen Kaiser Karl war nach der russischen Revolution eine starke Versuchung herangetreten, über die nähere Einzelheiten hier nicht gesagt werden sollen. Kaiser Karl denkt glücklicherweise anders als die Könige von Italien und Rumänien; aber jedenfalls stünde ein Bündnis zwischen Österreich und einem *alldeutschen* Deutschland auf schwachen Füßen. Die Rücksicht auf die Bundesgenossen war eine der wichtigsten Triebfedern der Reichstagsentschließung vom 19. Juli; heute darf das ruhig gesagt werden. Die Gegner der Verständigung wußten, daß die Reichstagsmehrheit über dieses entscheidende Motiv schweigen mußte; ihre Hetze war deshalb um so verwerflicher.

Die Alldeutschen, die sich heute

*Vaterlandspartei*

heißen – schon der Name ist eine Unverschämtheit! – berufen sich mit Vorliebe auf die Stimmung an der Front. Unsere Soldaten haben weder für die Pazifisten noch für die Kriegsredner etwas übrig. Sie sagen: „Wenn die Politik sachlich geführt wird ohne das gottverdammte Geschwätz, so wird der Krieg aufhören in dem Augenblick, wo die nötige Sicherheit für unser Vaterland geschaffen ist!" Man sollte nur einmal versuchen, die Frage des Verständigungsfriedens einer Volksabstimmung und einer Abstimmung an der Front zu unterbreiten!

Das *bureaukratische System,* das bisher bei uns geherrscht hat, hat nun ein Ende gefunden durch die

*Berufung des Grafen Hertling.*

Wir müssen abwarten, ob er in der inneren Politik ein Parteimann oder ein Staatsmann sein wird. Aber wir begrüßen seine Berufung, weil er durch seine Zustimmung zur Antwort auf die Papstnote sich für den Verständigungsfrieden festgelegt hat. Wir begrüßen sie weiterhin, weil nun die stärkste Partei des Reichstages die Verantwortung für die Politik, die ihre erste Persönlichkeit treibt, nicht länger ablehnen kann. Wir erwarten von Graf Hertling auch, daß er *ein festes Rückgrat haben wird gegen jede unverantwortliche Nebenregierung.* Über das Eingreifen der Militärs in die Politik hat schon Bismarck oft geklagt. Unsere militärische Führung ist glänzend; wir haben volles Vertrauen zu ihr in allen militärischen, nicht aber in politischen Fragen.

Wir erwarten vom Grafen Hertling, daß er auch die *enge Verbindung zwischen Regierung und Parlament* aufrecht erhält, so daß Regiefehler wie bei der Entschließung vom 19. Juli vermieden werden. Wenn diese Verbindung zwischen

Regierung und Parlament besteht, dann bedarf es keines Kontrollorgans wie des Siebenerausschusses, dessen Kuratel sich Michaelis gefallen lassen mußte. Wir hoffen, daß Graf Hertling Verständnis für die Notwendigkeiten der Demokratie haben wird. Die Demokratie wird nie einen schmachvollen Frieden schließen; unsere Nachfahren würden ihr das nie verzeihen. Wir wollen *Weltpolitik* treiben, aber dazu ist nur ein *Herrenvolk* fähig, nicht ein Herrenvolk im Sinne der alldeutschen Parvenüphrase, sondern ganz einfach ein Volk, das die Kontrolle seiner Verwaltung fest in der Hand hält. Die alldeutsche Bewegung aber würde von neuem zu einer Entpolitisierung des Volkes führen. Als *ein freies reifes Volk* wollen wir in den Kreis der Herrenvölker der Erde eintreten.

# Aristokratie und Demokratisierung in Deutschland

[Bericht des Berliner Tageblatts]

Im Verein *Berliner Kaufleute und Industrieller* sprach Professor Dr. *Max Weber* (Heidelberg) über *„Aristokratie und Demokratisierung in Deutschland“.* Nicht als Wissenschaftler, sondern als *Politiker* beleuchtete er mit rücksichtsloser Schärfe die gegenwärtige Regierungsweise. Einst habe er einen konservativen Wahlzettel abgegeben. Vor dreißig Jahren! Inzwischen habe er politisch eine vollständige Wandlung durchgemacht; unter dem Gewicht der Erkenntnis, daß die Regierungsweise der letzten Jahrzehnte zum Schiffbruch führen mußte; das habe er schon vor zwanzig Jahren vertreten. Wenn die Politik des heutigen Regimes weiter fortgeführt werde, müßten unbedingt neue Fehlschläge kommen, der Friede möge aussehen, wie er wolle. Zu seinem Thema übergehend, führte der Redner im wesentlichen aus:

*Wir Deutschen sind ein bürgerliches Volk.*

Die Junker der östlichen Provinzen sind keine Aristokratie beispielsweise im Sinne der englischen, die auf Grund kühler Sicherheit des Selbstgefühls und weltmännischer Schulung eine bedeutende staatspolitische Leistung aufzuweisen hat. Die adligen preußischen Junker sind nichts anderes als *landwirtschaftliche Unternehmer;* politisch sind sie wie die industriellen und kaufmännischen Unternehmer mehr oder weniger „unabkömmlich“, an ihre Arbeit gebunden und nicht in der Lage, Politik als Kunst zu treiben. Die Formen der wirklichen Aristokratie sind nachzuahmen, demokratisierbar; die deutschen „Formen“ sind undemokratisierbar; *ihr Träger ist der examinierte Couleurstudent.* Nicht der „Graf“ ist beispielsweise in Argentinien entgleist, sondern der ehemalige Couleurstudent oder der in couleurstudentischen Anschauungen befangene Mensch. *Der Begriff der Satisfaktionsfähigkeit ist grundlegend für die Laufbahn des politischen Beamten.* Das aus dem Couleurstudententum hervorgegangene Beamtentum betrachtet das Deutsche Reich als nichts anderes als *Versicherungsanstalt für Avancement und Herrschaft.* Die Sicherheit gewährleistet das preußische Dreiklassenwahlrecht.

Der fachgeschulte Beamte ist im Staats- und im bürgerlichen Leben ein unentrinnbares Schicksal. Ein Grundfehler für die Führung der deutschen Politik ist aber das Aufrücken des Beamten in den *Ministerposten.* Dieser muß mit einem Politiker besetzt werden, der nur Instruktionen ausführt, die seinen Anschauungen entsprechen, während der Beamte nur Aufträge auszuführen hat ohne Rücksicht auf seine Meinung. *Ein Minister, der anderen Instruktionen folgt, als seiner eigenen politischen Erkenntnis entsprechen, ist Kleber, ist ehrlos.* In der Mißachtung dieser Tatsache liegt *der Grund des Mißgeschickes unserer auswärtigen Politik.*

Die Parlamentarisierung Deutschlands ist

*der einzige Weg zur Vermeidung eines Krieges*

unter einer ähnlich schwierigen Lage wie heute; Parlamentarisierung ist auch das einzige Rettungsmittel für Dynastie und Monarch; denn das gegenwärtige Regime treibt nach innen und außen zur Katastrophe. Parlamentarismus ist Parteiherrschaft und muß es sein. Die Parteien sind gegenwärtig ebenso wie die Verwaltung von der Bureaukratisierung erfaßt. Das bedeutet Beherrschung der Partei vom Zunftgeist; Ursache dafür ist das heutige Regierungssystem. Kommen die Parteien zur Herrschaft, wird in ihnen auch die Bahn für die politischen Talente frei. Mit ihnen kommen Männer an die Spitze, die das Vertrauen der Nation besitzen und denen die Parteien so lange unbedingte Gefolgschaft leisten, wie es der Partei nützt, also so lange die Minister sich das Vertrauen des Volkes erhalten.

Demokratisierung Deutschlands bedeutet nicht Auslieferung an Sozialismus oder Pazifismus, bedeutet vor allem aber nicht Auslieferung an *Demagogie*. Eine so *tolle Demagogie, wie sie jetzt geübt wird,* ist überhaupt nicht wieder denkbar.

*Subalterne Instanzen fingieren heute aus Streberei Konflikte,*

tragen Ressortkämpfe in die Presse – und was für eine Presse! – es beginnt ein Krisengeschrei. Leute, die *schwer bezahlt werden, um „Anstoß zu nehmen“,* werfen der anderen Richtung, zum Beispiel dem „Berliner Tageblatt“ oder der „Frankfurter Zeitung“, vor, in englischem Solde zu stehen. Bedauerlich ist es nur, daß solchen alldeutschen Demagogen *hochachtbare Offiziere aus Arglosigkeit in das Garn gelaufen sind* und nicht merken, was für einer anfechtbaren Sache sie dienen. Der *Parteibetrieb, der jetzt im deutschen Heere eröffnet* ist, muß diesem unbedingt zum moralischen und militärischen Verderb gereichen. Tollste Demagogie sind zum Beispiel auch verleumderische Konstruktionen, wie diese: In Heidelberg ist ein pazifistischer Studentenverein gegründet. Der Verleger des „Berliner Tageblatt“ hat von der Heidelberger Universität den Ehrendoktortitel erhalten. Er soll 100 000 Mark gestiftet haben. Für den Verein? Und so weiter in der Reihe verwegener und demagogischer Schlußfolgerungen. Wahrheit ist, daß der Verein nicht existiert, daß Rudolf Mosse, nach allem was ich weiß, den Ehrendoktortitel schon längst verdient hätte. Und der in Heidelberg den Antrag dazu stellte, war ein Konservativer.

Gerade zur Erstickung der gegenwärtigen heillosen Demagogie brauchen wir Parteiherrschaft: Parlamentarisierung und Demokratisierung. Der wesentlichste Schritt dazu ist die *Beseitigung des Dreiklassenparlamentes* in Preußen; sein Einfluß auf die Regierung des Reichs, über den Bundesrat, auf den sich die Parlamentarisierung ebenfalls erstrecken muß, war bisher schon überaus lästig und müßte nach dem Friedensschluß vollends unerträglich werden: denn Deutschland will nicht dem

*Parlament von Kriegsgewinnlern*

unterworfen sein, zu dem das Dreiklassenhaus jetzt werden würde. Die Vorlage über das sogenannte „Herrenhaus" beurteile ich als Appell an die Furcht, als *Feigheitsprodukt,* bestimmt als Bremse gegen die demokratische Entwicklung, die uns so bitter notwendig ist. Furcht vor unausweichlichen Notwendigkeiten galt aber bisher nicht als deutsche Mannestugend.

# Demokratie und Aristokratie im amerikanischen Leben

[Bericht der Heidelberger Neuesten Nachrichten]

Die hiesige Ortsgruppe des *Volksbundes für Freiheit und Vaterland* veranstaltete am Samstag abend in der Turnhalle am Klingenteich ihren zweiten Vortragsabend, der von Herrn Geh. Hofrat Prof. Dr. *Oncken* eröffnet und geleitet wurde. Herr Prof. Max *Weber*, lebhaft begrüßt, nahm hierauf das Wort zu seinem Vortrag über *„Demokratie und Aristokratie im amerikanischen Leben"*.

Der Redner weilte im Jahre 1904 anläßlich eines internationalen Gelehrtenkongresses mehrere Monate in Amerika und hat sich in den verschiedenen Staaten und Städten umgesehen, das Land durchreist, die Menschen beobachtet, ihre Lebenssitten studiert und so eine Fülle von Eindrücken gesammelt. Aus dem bunten Mosaik dieser Impressionen, Erlebnisse und Erfahrungen, das Prof. Weber in seinem Vortrage bot, ergab sich ein deutliches Bild dessen, was man unter „Amerika" zu verstehen hat. Er zeigte die Bruchstellen des demokratischen Charakters Amerikas in der Behandlung der Neger, die auf der Bahn in gesonderten Abteilen befördert werden und für die man besondere Wartesäle und sogar eigene Stadtparks geschaffen hat. Der Neger ist von jedem Stimmrecht ausgeschlossen, eine Ehe zwischen Weißen und Schwarzen streng verboten. Weiter warf der Redner interessante Streiflichter auf das Puritanertum, das das Land regiert, auf das Sektenwesen und die höchst seltsame Verquickung religiöser Grundauffassungen mit dem merkantilen Geschäftsbetrieb: Es erscheint uns fremd, daß die Zugehörigkeit zu einer bestimmten Sekte (z.B. zu den Baptisten) den weitgehendsten geschäftlichen Kredit eröffnet. Die amerikanische Demokratie besteht, wie Prof. Weber darlegte, aus einem Gewirr von lauter exklusiven Vereinen und Verbänden, zu denen man nur auf dem Wege der Ballotage Zutritt erhält und in denen sich jeder Einzelne behaupten muß im Kreise von seinesgleichen. Demokratie heißt dort drüben Respektlosigkeit gegenüber allen Erscheinungen des Lebens, ausgenommen vor der persönlichen Leistung. Die Autonomie beginnt schon in der Schulklasse, und bereits den Kindern wird der Geldstandpunkt eingeimpft. Die *Frau* gilt dem Amerikaner als Kultobjekt, und es war interessant, gerade hierüber die Eindrücke des Redners zu hören. Ferner beleuchtete der Vortragende den *amerikanischen Sozialismus*, der in Gompers einen Führer hat, der jeder Art von Bestechung zugänglich ist. Es ist sehr bemerkenswert, daß die amerikanischen Arbeiter seit einiger Zeit Einwanderungsbeschränkungen verlangen, um das Lohnniveau hochzuhalten. Der Aufstieg der unteren Schichten sei heute schwieriger als je; und gerade deshalb hat der Amerikaner eine unbegrenzte Achtung vor dem Selfmade-man.

Aber aus dieser höchst merkwürdigen Demokratie wächst nun allmählich eine *Aristokratie,* eine Society auf, zu der man gehört, wenn man ihren Formen und Gesetzen sich unterordnet, wenn man sich stets nach der neuesten Mode kleidet und in der „Street" wohnt. Der Adelskoller treibt recht seltsame Blüten, und der Nativismus (der Ehrgeiz, als eingeborener Amerikaner zu gelten) ist bedeutend gestiegen. Innerhalb der amerikanischen Verwaltung ist eine vollkommene Umgestaltung im Gange. Die Abhängigkeit des Beamtentums von der jeweils regierenden Partei (Republikaner oder Demokrat) soll abgelöst werden durch einen Berufsbeamtenstand nach deutschem Muster, der nicht bei jeder Präsidentenwahl wechseln soll, sondern von dem Wechsel des Regimes unabhängig ist. Man hofft, mit dieser Reorganisation auch die Korruption der Beamtenschaft zu beseitigen. Der Redner beleuchtete in diesem Zusammenhang auch das Leben an den Universitäten und die Sportleidenschaft des Amerikaners, die auch die Stellung des Yankees zum gegenwärtigen Kriege beeinflußt hat. *Amerika europäisiert sich,* so erklärte der Redner, und es ist Tatsache, daß wir von der alten Demokratie Amerikas nichts zu lernen haben. Dort drüben beherrscht die *Romantik der Quantität* die Seelen, und eine starke Hoffnung auf die Zukunft lebt in jedem Amerikaner. Was das Ziel der Hoffnung ist, weiß eigentlich niemand. Was diesem Lande fehlt, ist das *geschichtliche Schicksal.* Amerikas Existenz ist von keiner Seite bedroht, und der Amerikaner kann sich nicht in unsere Lage hineindenken, er sieht nicht die Ungunst unserer geographischen Lage, sieht nicht die unruhigen Nachbarn an unseren Grenzmarken. Der Amerikaner, der jetzt im Westen kämpft, weiß eigentlich *nicht,* wofür er stirbt. Aber *unsere* Soldaten *wissen es,* und das ist das Majestätische, daß der deutsche Krieger das Gefühl hat, für die Heimat und die Sicherheit des Landes zu kämpfen und zu bluten. Unsere Pflicht wird es sein, so schloß der Redner, die Heimat so einzurichten, wie sie unsere Soldaten zu finden hoffen, wenn sie aus dem Kriege heimkehren. Wir wünschen die *Demokratisierung des Wahlrechts* und eine *Steigerung des Parlamentsrechts.*

# [Die politische Lage Ende 1918]

[Aufzeichnung Ernst Fraenkels]

## *I. Weltpolitisch*

Noch ist es heute nicht an der Zeit, an das Gefühl zu appellieren, Weber will sich ausschließlich an unseren Verstand wenden. Ob unser Gefühl bald aufgerufen werden muß, läßt er dahingestellt. Wir stehen vor der Tatsache, einen Krieg weltpolitisch und, was schlimmer ist, auch militärisch gegen das Angelsachsentum verloren zu haben. Ihn mit Würde verlieren zu können ist die nächste Aufgabe, die heutige Stimmung ist unerhört. Wie auch der Krieg ausgegangen sein mag, wir müssen es sein und sind auch davon durchdrungen, daß wir ihn führen *mußten*. Denn, seiner ganzen Tendenz, seinem Sinne nach, war es ein Krieg gegen Ost, gegen den Zarismus – und diesen Krieg haben wir gewonnen. Bei uns wird verkannt, wie ganz Rußland – abgesehen von kleinen Schichten bei Hof – einig war in dem Willen, sich mit Deutschland zu schlagen. Der Führer der russischen Kadettenpartei hat das Weber selbst zugestanden. Unser Verhängnis war und ist, daß dieser Krieg auch ein Krieg gegen West, gegen das Angelsachsentum wurde. Hier liegt ein grundlegender Fehler unserer Politik in der Vorkriegszeit, Weber ist stets für ein Bündnis mit England eingetreten. Zwar haben wir den Zarismus zerschlagen, aber die Auseinandersetzungen im Osten werden nie aufhören. Im Westen haben wir England zwar empfindlich geschwächt, Weber sieht aber keinen Vorteil für uns darin, daß Amerika statt England die führende angelsächsische Nation geworden ist. Traten wir schon mit einer weltpolitisch verfehlten Politik in den Krieg ein, so haben wir während des Krieges dreimal durch politische Verfehlungen das Schicksal geradezu herausgefordert:

a) Unser Verhängnis wurde der Tauchbootkrieg. Weber ist Januar 1917, als das Wilsonsche Friedensangebot erschienen war, dafür eingetreten, daß man erkläre: Wir garantieren mit den Versenkungen aufzuhören, sobald die Friedenskonferenz auf Grund der Wilsonschen Vorschläge zusammengetreten ist. Der deutsche Stolz bäumte sich auf, den gewiß nicht unparteiischen Neutralen, aber immerhin neutralen Wilson zum Schiedsrichter anzurufen. Daß Bethmann bei der damals erfolgten Erklärung des Ubootkrieges nicht sofort zurückgetreten ist, ist seine Schuld, dieser Mangel an Verantwortlichkeitsgefühl läßt ihn für Weber als politisch abgetan erscheinen. Und heute – ist Wilson doch Schiedsrichter, aber – als Feind.

b) Wir haben das Schicksal herausgefordert, als wir den Schritt Kerenskis ablehnten. Kerenski scheint den Ehrgeiz und den guten Willen gehabt zu haben, Weltfriedensstifter zu werden. Noch sind die Umstände nicht ganz klar, es scheint aber, daß die deutsche Forderung auf Annexion der sogenannten Schwarte – einen Landstrich an der preußisch-polnischen Grenze – die Verhandlungen von vornherein unmöglich gemacht hatte.

c) Nach der Niederwerfung Rußlands hatte man das Augenmaß für das Erreichbare verloren. Verhängnisvoll wurde Ludendorffs Einfluß in Brest. Kühlmann mußte sich für alles Instruktion im G[roßen] H[aupt] Q[uartier] holen, seine Schuld ist, daß er den Umschwung in Brest (General Hoffmann!) zuließ, ohne zurückzutreten. Die Instruktionen aus dem G[roßen] H[aupt] Q[uartier] waren derart, daß Fachleute gelacht haben – aber sie wurden befolgt. Wer der Ratgeber dort gewesen ist, weiß man nicht, verantwortlich zeichnet stets Ludendorff. Wollte er die Verhandlungen leiten, dann hätte er nach Brest gehen müssen, nebenbei aus der Ferne dies Geschäft besorgen, dazu war der Friede zu wichtig.

## *II.*

Wie es tatsächlich *militärisch* heute aussieht, wir wissen es nicht, eins aber erscheint Weber sicher, die Panik, die heute herrscht, ist unerhört – und in dem Maße ungerechtfertigt. An einer Stelle, sei es an der Maas oder an der Grenze, ist die Front seinem Gefühl nach zu halten. Denn der ganze Umschwung, das Waffenstillstandsangebot, das ja von den Militärs gefordert wurde, scheint auf eine Nervosität der Führung zurückzuführen zu sein. Denn, entweder hat Ludendorff nach der Offensive die Lage falsch eingeschätzt, das aber kann von solch genialem Strategen nicht ohne weiteres angenommen werden, oder aber, er hat die Nerven verloren. Die Stimmung der Truppen ist infolge des Umschwungs schlecht, denn *zu* groß ist die Enttäuschung. Die Aufklärungsarbeit durch Offiziere war von vornherein keine glückliche Lösung, unbedingt zu verwerfen ist aber die Art, mit der man die Truppen belogen hat. Gewiß, der Defaitismus muß bekämpft werden – aber, nur mit ehrlichen Mitteln. Wie lange die Front zu halten sein wird? Jedenfalls, bis diese Krise überstanden sein wird. Sollte der Kampf aber weitergehen – Weber nimmt es als fast sicher an – dann müssen die Vertrauensleute des Volkes, ob es nun die sozialdemokratischen Abgeordneten oder andere Demagogen sind, dem Volk und vor allem den Truppen zeigen, worum es geht, und sagen, wie es tatsächlich steht. Nur die Aufklärung ist von Nutzen. Taktisch sind wir durch das Aufkommen der Tanks ins Hintertreffen geraten. Wir standen vor der Wahl, ob wir Tanks oder Uboote bauen sollten. Für uns bleibt nur übrig, die Gegentaktik gegen den Tank zu finden, die gefunden werden kann.

## *III. Das Ende*

Was den Frieden angeht, so ist von uns verkannt worden, sobald wir über das Ende sprachen, daß wir einen Koalitionskrieg führen. Der Admiral richtet sich in der Seeschlacht nach der Kampfkraft und Geschwindigkeit des *schwächsten* Schiffes, wir aber waren mit zwei kranken Männern verbündet, ohne daraus die Konsequenzen zu ziehen. Ein Staat, der seine Kinder verhungern sieht, der national zerklüftet ist, muß über kurz oder lang Separatfrieden schließen. Hier trifft auch uns Schuld. Wir sind dem gegebenen Versprechen, Wien mit Getreide zu versorgen, erst in allerletzter Stunde nachgekommen. So ist heute die schwarz-gelbe Partei in Habsburg verschwindend. Ein Ausscheiden Österreichs würde uns von den Petroleumquellen abschließen und den Ubootkrieg unmöglich machen. Nach W[ebers] Ansicht könnten wir Waffenstillstand unter der Bedingung schließen, daß die besetzten Westgebiete geräumt werden, daß aber das neutrale Belgien nur von belgischen Armeen besetzt werden darf. Über Elsaß-Lothringen werden wir Wilson als Schiedsrichter anerkennen müssen. Es ist besser, einen Fetzen Land abzutreten, den kann man sich ja später einmal wiederholen, als Schuldsklave zu werden. 40 Milliarden können wir ihnen nicht zugestehen. Einerseits stärkte der Gedanke, die Feinde kämpften um Geld, uns moralisch im Widerstande. Die Auszahlung würde uns aber als Nation vernichten. Für den Osten werden wir unser Desinteressement erklären müssen. Daß wir in Brest keine von den beiden mit dem Verständigungsfrieden vereinbaren Möglichkeiten angenommen haben, wurde unser Unglück. Wir hätten unsere Politik auf das Nationalitätenprinzip aufbauen können, einen Bund von freien Völkern, alle in Anlehnung an deutsche Kultur und Wirtschaft, oder die Neutralisierung mit Kurland und Polen im Verhältnis Luxemburg zu uns, während Rußland im gleichen Verhältnis zu Estland und Livland gestanden hätte.

# Nachwort

## *I. Max Weber als Politiker und Publizist*

Es ist nicht einfach, den Stellenwert der politischen Schriften und Reden Max Webers im Rahmen seines Gesamtwerks zuverlässig zu bestimmen. In seinem Selbstverständnis war Max Weber zeitlebens Wissenschaftler, und als solcher stand er in innerer Distanz zum politischen Tagesgeschäft. Als Soziologe hat er den Charakter des politischen Betriebs in modernen Großstaaten mit souveräner Meisterschaft beschrieben und dabei selbst immer wieder hervorgehoben, daß der erfolgreiche Politiker gerade auch unter parlamentarischen Verhältnissen stets zu taktischen Verhaltensweisen greifen und zu Kompromissen bereit sein muß, um sich durchzusetzen und konkrete Erfolge zu erzielen; und Erfolg ist ein wesentliches Element politischen Handelns schlechthin. In gewissem Sinne enthält auch Webers Lehre von der „Verantwortungsethik", die stets auch die Folgen des eigenen Tuns in die Entscheidungsfindung einzubeziehen hat, als der spezifischen Ethik des Politikers, eine sublime Rechtfertigung dieses Sachverhalts. Aber als Denker und kritischer Wissenschaftler neigte Max Weber eher zu einer entgegengesetzten Haltung; er sah seine Aufgabe in der unbedingten, bis zu den Grenzen des jeweils Denkmöglichen vorstoßenden Analyse, die keinesfalls an gleichviel welchen, durch politische Umstände oder taktische Rücksichten gebotenen Haltepunkten stehenbleiben darf, während dies für den Politiker fast immer unvermeidlich ist. Im April 1920, kurz vor seinem Tode, hat Max Weber einmal emphatisch erklärt, in Abwehr des Ansinnens, für die Deutsche Demokratische Partei in der Zweiten Sozialisierungskommission tätig zu werden: „Der Politiker soll und *muß* Kompromisse schließen. Aber ich bin von Beruf: *Gelehrter.*" Gleichwohl hat sich mehrmals in seinem Leben die Chance aufgetan, in die aktive Politik hinüberzuwechseln. Daß es dann doch nicht dazu gekommen ist, ist gewiß vornehmlich auf die jeweiligen äußeren Umstände zurückzuführen; aber letzten Endes scheute Max Weber selbst davor zurück, diesen folgenreichen Schritt mit voller Konsequenz zu vollziehen. Auf die kontroverse Frage, ob Max Weber zum politischen Führer berufen und nur wegen des Unverständnisses der Politiker nicht zum Zuge gekommen sei, soll hier nicht näher eingegangen werden.

Dennoch war Max Weber zeitlebens eine politisch stark engagierte Persönlichkeit und wenn er in seinem theoretischen Werk seit 1909 eine rigorose Trennungslinie zwischen Wissenschaft und Politik zog, so geschah dies auch aus dem Bedürfnis heraus, eine Art intellektueller Barriere gegenüber den immer wieder an ihn persönlich herantretenden Versuchungen der Politik zu errichten.

Dennoch hat er sich, wenn in kritischen politischen Situationen eine persönliche Stellungnahme geboten erschien, den Forderungen der Tagespolitik nicht entzogen. Ebenso läßt sich sein weitgespanntes wissenschaftliches Werk nicht völlig von seinem politischen Werk trennen. Obschon Weber in äußerster intellektueller Redlichkeit stets danach getrachtet hat, beide Sphären seines Wirkens auseinanderzuhalten, sind von der Politik, und teilweise auch von seinen persönlichen politischen Werthaltungen her, Impulse auch auf sein wissenschaftliches Werk ausgegangen, die dieses in vieler Hinsicht fundamental geprägt haben. In diesem Punkt ist Karl Jaspers' Wort zu beachten, der Max Weber aus nächster Nähe erlebt hat: „Sein Denken war die Wirklichkeit eines in jeder Faser politischen Menschen, war ein dem geschichtlichen Augenblick dienender politischer Wirkungswille."

Schon Webers frühe wissenschaftliche Arbeiten, insbesondere seine große Untersuchung über *Die Lage der Landarbeiter im ostelbischen Deutschland* aus dem Jahre 1892 waren in nicht unerheblichem Maße politisch motiviert. Noch stärker gilt dies von seiner Freiburger akademischen Antrittsrede *Der Nationalstaat und die Volkswirtschaftspolitik* aus dem Jahre 1895 und seiner Stellungnahme zur Flottenvorlage von 1898. Gerade in den 90er Jahren finden wir in seinem Werk eine enge Verzahnung von Politik und Wissenschaft. Aber die Schwelle, die ihn vom aktiven Politiker trennte, hat Max Weber nie überschritten. In aller Regel hat er in den zweieinhalb Jahrzehnten vor dem Ersten Weltkrieg nicht direkt in die Tagespolitik eingegriffen. Wenn er mit politischen Stellungnahmen hervortrat, so geschah dies meist in einem durch wissenschaftliche Veranstaltungen, Tagungen oder amtliche oder private Enquêten gesetzten Rahmen, wie etwa seinen Stellungnahmen zur Novellierung des Börsengesetzes von 1896 oder den zahlreichen, zuweilen hochpolitischen Diskussionsbeiträgen auf den Tagungen des Vereins für Sozialpolitik. Nur in beschränktem Umfang hat Max Weber daneben die Rolle eines politischen Beraters Friedrich Naumanns und späterhin der Fortschrittlichen Volkspartei gespielt, der er sich politisch zunehmend näherte, ohne doch eine aktive Parteimitgliedschaft zu erwägen. Nur in wenigen Fällen hat er sich im ersten Jahrzehnt nach der Jahrhundertwende in publizistischer Form zu den politischen Ereignissen des Tages zu Wort gemeldet, obschon ihm in der „Frankfurter Zeitung" bereits damals ein einflußreiches Forum zur Verfügung stand.

Dies änderte sich vom Ausbruch des Ersten Weltkrieges an in grundlegender Weise. Obzwar Max Weber über die politischen Umstände, unter denen es zum Kriege gekommen war, höchst beunruhigt war und bitter über die „entsetzliche Unfähigkeit unserer Diplomatie" klagte, teilte er doch die nationale Aufbruchstimmung der ersten Kriegsmonate. Er fühlte sich verpflichtet, seinerseits zu den Kriegsanstrengungen der Nation beizutragen. Demgemäß meldete er sich unmittelbar nach Kriegsausbruch freiwillig zum Militärdienst, wenn er auch wegen beschränkter Tauglichkeit nur als Reserveoffizier im Heimatdienst eine Verwendung finden konnte. Persönlich empfand er es als „ein elendes Gefühl, nicht dabei zu sein", das heißt nicht an der Front sein zu können. Seine Tätigkeit als Militärisches Mitglied der Reserve-Lazarettkommission Heidelberg, aus der die in diesem Band, soweit überliefert, vollständig veröffentlichten *Erfahrungs-*

*berichte* hervorgingen, erwies sich freilich schon bald als ziemlich unbefriedigend und war seinen Fähigkeiten und Kenntnissen in der Tat in keiner Weise angemessen.

Bis zum 30. September 1915 hat Max Weber gleichwohl bei der Reserve-Lazarettkommission ausgeharrt, bei der er unter anderem für die Aufrechterhaltung der Disziplin unter den Verwundeten zuständig war. Anschließend hat er monatelang nach einer amtlichen Verwendung gesucht, in der er seine wissenschaftlichen Kenntnisse zugunsten der deutschen Kriegsanstrengungen einsetzen könne. Doch mußte er schließlich Ende 1915 resigniert feststellen, daß eine geeignete Stellung nirgends zu finden war. So blieb eigentlich nur die Möglichkeit, als freier, politisch ungebundener Wissenschaftler von Fall zu Fall seine Expertise in Form der wissenschaftlichen Beratung von ihm nahestehenden Politikern einzubringen. In diesem Zusammenhang ist insbesondere seine Mitwirkung an Friedrich Naumanns „Arbeitsausschuß für Mitteleuropa" zu nennen. Daneben aber eröffnete sich Max Weber die Chance zu publizistischem Wirken, da ihm die „Frankfurter Zeitung", vermutlich durch Vermittlung ihres leitenden Redakteurs, Heinrich Simon, bereitwillig ihre Spalten öffnete. Seit Ende Dezember 1915 hat Max Weber dann in der „Frankfurter Zeitung" immer wieder zu zentralen Fragen der deutschen Politik während des Ersten Weltkrieges Stellung genommen. Schon bald ergab sich daneben die Möglichkeit, auch an anderer Stelle zu Worte zu kommen, so namentlich in Friedrich Naumanns Wochenschrift „Die Hilfe", und in den der Fortschrittlichen Volkspartei nahestehenden „Münchener Neuesten Nachrichten".

Darüber hinaus hat sich Max Weber seit 1916 bei den verschiedensten Anlässen öffentlich zu politischen Tagesfragen geäußert. Eine Sonderstellung nimmt dabei die Rede *An der Schwelle des Dritten Kriegsjahres* ein, die Max Weber im Auftrag des „Deutschen National-Ausschusses für einen ehrenvollen Frieden" gehalten hat, einer von amtlicher Seite ins Leben gerufenen, jedoch der Form nach privaten Organisation, die der vergleichsweise gemäßigten Kriegszielpolitik der Regierung Bethmann Hollweg im Zuge der Freigabe der öffentlichen Kriegszielerörterungen Flankenschutz gewähren sollte. Inhaltlich am bedeutsamsten waren eine Rede für die Fortschrittliche Volkspartei in München am 27. Oktober 1916 über *Deutschlands weltpolitische Lage,* aus welcher die Abhandlung *Deutschland unter den europäischen Weltmächten* hervorgegangen ist, sowie ein Vortrag über *Sozialimus* vor österreichischen Offizieren in Wien am 13. Juni 1918, im Auftrag der Feindespropaganda-Abwehrstelle des Armeeoberkommandos der österreichisch-ungarischen Armee.

Max Weber hat darüber hinaus in kritischen Augenblicken auch unmittelbar auf die politischen Entscheidungen einzuwirken versucht, teilweise unter Ausnutzung seiner Verbindungen zu führenden Politikern der Fortschrittlichen Volkspartei. In diesem Zusammenhang ist besonders die große Denkschrift *Der verschärfte U-Boot-Krieg* zu nennen, die Max Weber möglicherweise unter Mitarbeit von Felix Somary in der zweiten Märzwoche 1916 verfaßte, als die Frage eines Übergangs zum unbeschränkten U-Boot-Krieg erstmals auf des Messers Schneide stand. Desgleichen hat Max Weber anläßlich der Einsetzung eines Verfassungsausschusses des Reichstages, der Vorschläge für eine Reform der Reichsverfassung mit dem Ziel der Stärkung des Einflusses der Volksvertretung auf die Reichsleitung ausarbeiten sollte, Conrad Haußmann Anfang 1917 eine Reihe von *Entwürfen zur Änderung der Verfassung des Deutschen Reiches* nebst ausführlichen Begründungen zugeleitet, die als Grundlage entsprechender Vorstöße der Vertreter der Fortschrittlichen Volkspartei im Verfassungsausschuß dienen sollten. Von diesen Texten wurden jüngst Abschriften im Nachlaß Hajo Holborn aufgefunden. Andere Denkschriften vergleichbarer Art, so besonders die Denkschrift mit dem so erwähnten Titel *Zur Frage des Friedenschließens* vom 4. Februar 1918, sind hingegen, wie es scheint, unwiederbringlich verloren.

Im großen und ganzen war die unmittelbare Wirkung dieser Versuche, auf die politischen Entscheidungsprozesse Einfluß zu nehmen, relativ gering. Dies kann hingegen keinesfalls von Max Webers zahlreichen publizistischen Äußerungen, so namentlich der großen Artikelserie in der „Frankfurter Zeitung" von Mai bis Juni 1917 über *Parlament und Regierung im neugeordneten Deutschland*, gesagt werden. Ihre Wirkung war außerordentlich, wie sich nicht zuletzt aus der Tatsache ergibt, daß die „Frankfurter Zeitung" wegen des besonders scharfen Artikels vom 24. Juni 1917 zeitweilig unter Präventivzensur gestellt wurde; diese wurde erst nach einer parlamentarischen Anfrage seitens der Fortschrittlichen Volkspartei im Reichtstag und im Haushaltsausschuß des Reichstages wieder aufgehoben. Allerdings waren Webers Vorschläge vielfach zu eigenwillig und vor allem nicht selten so weitgehend, daß keine der Parteien, auch nicht die Fortschrittliche Volkspartei, sie uneingeschränkt zur Basis ihrer eigenen Politik hat machen wollen.

Insgesamt wird man festhalten müssen, daß die politische Publizistik Max Webers während des Weltkrieges vor allem langfristige Wirkungen gehabt hat, obschon seine Artikel fast stets „heiße Eisen" anrührten und überdies fast immer den Nagel auf den Kopf trafen. Sie gehören ebensosehr in die geistige Vorgeschichte der Entstehung der demokratischen Republik von Weimar wie in die Geschichte der deutschen Innenpolitik während des Ersten Weltkrieges. Weber verstand es, die politischen Probleme unter grundsätzlichen Gesichtspunkten und in einer über den Augenblick weit hinausreichenden Bedeutung zu beleuchten. Darin liegt ihre Wirkung bis in unsere Gegenwart hinein. Jedoch muß man sie gleichwohl als Texte lesen, die ganz bewußt auf die politischen Kämpfe und Auseinandersetzungen des Tages gemünzt waren und demgemäß nicht selten taktisch argumentierten; anders würde man ihnen nicht gerecht.

Im übrigen war Max Webers publizistische Tätigkeit keineswegs kontinuierlicher Natur. Ganz im Gegenteil: angesichts der Unmöglichkeit, auf politischem Gebiet – von publizistischen Stellungnahmen abgesehen – etwas Vernünftiges tun zu können, vergrub sich Weber immer wieder über lange Monate hinweg in harte wissenschaftliche Arbeit. Er tat dies nicht zuletzt auch, um der ihn bedrükkenden politischen Wirklichkeit zeitweise zu entfliehen. Namentlich die Aufsätze zur *Wirtschaftsethik der Weltreligionen* und wesentliche Teile von *Wirtschaft und Gesellschaft* sind während der späteren Kriegsjahre entstanden, vornehmlich 1916/17, und auch der große Vortrag *Wissenschaft als Beruf* ist am 7. November 1917 gehalten worden. Mit der Übernahme eines Lehrstuhls an der Universität Wien für das Sommersemester 1918 sowie der Übersiedlung dorthin im April 1918 versiegte Webers publizistische Aktivität für einige Monate nahezu vollständig. Er sah diesen Schritt mit der Notwendigkeit des Ausscheidens aus aller aktiven Teilnahme an der Politik verknüpft. Erst nach seiner Rückkehr aus Wien im Juli 1918, als sich die Niederlage bereits abzeichnete, trat er langsam wieder aus seiner Reserve heraus, ohne doch sogleich wieder jene Resonanz und jene Wirkungsmöglichkeiten zu finden, über die er besonders im Sommer 1917 verfügt hatte.

Mit dem Zusammenbruch und der Revolution beginnt dann eine neue Periode fieberhafter politischer Aktivität, die nicht nur in zahlreichen Artikeln insbesondere in der „Frankfurter Zeitung", sondern auch in einer großen Zahl von Wahlreden für die Deutsche Demokratische Partei ihren Niederschlag gefunden hat. Dies ist allerdings bereits Gegenstand eines weiteren Bandes: „Zur Neuordnung Deutschlands".

## *II. Der zeitgeschichtliche Kontext*

Max Webers weitgespannte publizistische und politische Tätigkeit während des Ersten Weltkrieges stand unter dem selbstgewählten Primat des deutschen nationalen Interesses. Mit rigoristischer Konsequenz setzte er das Ideal des nationalen Machtstaats allen konkurrierenden Idealen voran, die Wertkonflikte, die dies mit sich bringen mußte, nicht scheuend. Wie kritisch er auch über die Ursachen des Krieges dachte, nun kam nach seiner Meinung alles darauf an, alle inneren Kräfte der Nation zu sammeln, um diesen Krieg, auf den es die deutsche Politik letzten Endes habe ankommen lassen müssen, siegreich zu bestehen. Von Anbeginn war Max Weber freilich beunruhigt über die Hybris und den Mangel an Augenmaß, mit dem die Fragen der politischen Zukunft Deutschlands in der Öffentlichkeit und in kaum geringerem Maße in den regierenden Kreisen behandelt wurden. Es ist die steigende Flut der annexionistischen Agitation der Rechten gewesen, die nach seiner eigenen Aussage den Anstoß dazu gegeben hat, daß er die Stille der Gelehrtenstube verließ und wortgewaltig in den Streit der Meinungen eingriff. Er war dabei durchgängig erfüllt von der Sorge, daß die für eine realistische, zugleich weitsichtige deutsche Machtpolitik gegebenen Möglichkeiten durch die Verfolgung uferloser Kriegsziele verspielt werden könnten. Zugleich aber befürchtete er, daß durch die rücksichtslose Agitation der Rechten und ihrer Sympathisanten und Helfer vor allem in militärischen Kreisen die innenpolitische Atmosphäre vergiftet würde und darob die Einigkeit aller Schichten der Nation im Zeichen des „Burgfriedens" und des gemeinsamen Abwehrkampfes gegen den äußeren Feind zerbrechen könnte. Zunehmend sah sich Max Weber darüber hinaus in seiner Überzeugung bestätigt, daß nur durch eine Parlamentarisierung der Verfassung des Deutschen Reichs, die dem Reichstag wirkliche Macht gebe und den Führern der großen Parteien des Reiches den Aufstieg in leitende Stellungen eröffne, der Misere des bestehenden pseudokonstitutionellen Regiments wirklich ein Ende bereitet werden könne. Sein Plädoyer für eine parlamentarische Auslese der leitenden

Politiker, welche allein eine kraftvolle Führung des Reiches sicherzustellen vermöge, fand starken Widerhall und weithin Zustimmung; es war dies (unter den gegebenen Umständen) das stärkste Argument überhaupt, mit dem sich ein Übergang zur parlamentarischen Demokratie rechtfertigen ließ. Demgemäß standen in jenen Jahren vor allem fünf Gegenstandsbereiche im Mittelpunkt der politischen Erwägungen Max Webers:

(1) Die Frage der Kriegsziele und der Zielsetzungen einer realistischen deutschen Außenpolitik,
(2) damit unmittelbar zusammenhängend die Frage des „verschärften" bzw. des „unbeschränkten" U-Boot-Krieges,
(3) die Reform des preußischen Dreiklassenwahlrechts sowie schließlich, alles andere überragend,
(4) die Reform der Reichsverfassung, zwecks Durchsetzung der Parlamentarisierung in einem weiterhin förderalistisch verfaßten System und, damit untrennbar verbunden,
(5) die Beseitigung des sog. „persönlichen Regiments" Wilhelms II.

Hinzu trat seit dem Ausbruch der russischen Februarrevolution 1917 die Analyse der revolutionären Entwicklungen in Rußland, freilich ebenfalls überwiegend unter dem Gesichtspunkt, welche Auswirkungen diese auf die ohnehin kriegsmüden Massen der Bevölkerung in den Mittelmächten haben könnten. Gerade die Rußland-Aufsätze der Kriegszeit waren in hohem Maße taktisch bedingt. Sie zielten in erster Linie darauf ab, der russischen Friedenspropaganda, die sich insbesondere an die Adresse der Arbeiterschaft richtete, entgegenzutreten. Bei allem muß berücksichtigt werden, daß unter den Bedingungen des „Burgfriedens" und der Pressezensur seitens der Stellvertretenden Generalkommandos, die bekanntlich ziemlich einseitig zugunsten der Rechten gehandhabt wurde, eine wirklich offene Diskussion der zentralen politischen Probleme nicht möglich war. Für Max Weber war es darüber hinaus ebenfalls ein wichtiger Leitgedanke, daß durch die Art der Erörterung politischer Probleme bei den Entente-Mächten keinesfalls der Eindruck der Schwäche erweckt und diesen dergestalt in die Hände gearbeitet werden dürfe. Dieser Umstand muß bei der Lektüre der vorstehenden Texte durchgängig beachtet werden. Dies gilt insbesondere für jene Texte, die sich mit Fragen der Kriegsziele des Deutschen Reiches bzw. den Möglichkeiten einer weitsichtigen Bündnispolitik auch nach dem Kriege beschäftigen. Bis zum November 1916 war die öffentliche Erörterung der Kriegsziele verboten, und auch die innenpolitischen Fragen durften nur in so allgemeiner Weise behandelt werden, daß dadurch der „Burgfrieden" nicht gefährdet wurde. Obschon diese Verbote teilweise nur auf dem Papier standen und namentlich von seiten der extremen Annexionisten mit mehr oder minder offener Billigung der Militärbehörden immer wieder in vielfältiger Weise umgangen wurden, bedingten sie doch sowohl die Themenwahl wie die Art der Präsentation der Probleme in einer im einzelnen schwer zu rekonstruierenden Weise.

Max Weber selbst hielt sich prinzipiell an die Bedingungen des „Burgfriedens", obschon diese zunehmend mehr zu einer Farce wurden. Namentlich die Abhandlung über *Bismarcks Außenpolitik und die Gegenwart* dürfte ihre äußere

Form nicht zuletzt dem Umstand verdanken, daß sich die aktuellen Probleme der deutschen Kriegspolitik am unverfänglichsten vor der historischen Folie der Außenpolitik des ersten Reichskanzlers darstellen ließen. Daneben dürfte freilich eine Rolle gespielt haben, daß es taktisch höchst wirksam war, der Rechten gegenüber das Prestige des Reichsgründers für die eigenen Vorschläge in Anspruch zu nehmen. Im übrigen hat Max Weber nur sehr zurückhaltend auf die Denkschriftenflut reagiert, die seit Anfang des Krieges immer mehr anschwoll und durch „vertrauliche" Versendung von Kriegszielmemoranden verschiedenster Art an zahlreiche Persönlichkeiten des öffentlichen Lebens das Verbot der Diskussion der Kriegsziele weitgehend zu unterlaufen vermochte.

Max Weber war keineswegs ein prinzipieller Gegner von Annexionen; jedoch wirkte er seit Kriegsbeginn gegen die maßlosen Kriegszielprogramme der Rechten. Insbesondere wandte er sich gegen die Bestrebungen zur Annexion Belgiens, weil er überzeugt war, daß dies zum einen den Krieg ins Unabsehbare verlängern und zum anderen außenpolitische Eckdaten schaffen würde, die eine jede realistische deutsche Bündnispolitik auf absehbare Zukunft zu einer Unmöglichkeit machen würden. Hinsichtlich des Ostens bezog er eine elastischere Position indirekter Herrschaft. In vergleichsweise gemäßigter Form vollzog auch Weber die Schwenkung der „liberalen Imperialisten", denen er zugerechnet werden muß, hin zu einer vorwiegend auf Ostmitteleuropa ausgerichteten kontinentalen Hegemonialpolitik. Seine Beiträge zur preußischen und deutschen Polenpolitik während des Krieges sollten eine solche „liberale" Hegemonialpolitik vorbereiten helfen, die die neu zu begründenden ostmitteleuropäischen Staaten zwar außenpolitisch fest an die Mittelmächte binden, aber ihnen ansonsten volle Freiheit gewähren wollte. Friedrich Naumanns bekannten Mitteleuropaplänen, die sich mit Tendenzen innerhalb der Reichsleitung berührten, das Bündnis zwischen dem Deutschen Reich und Österreich-Ungarn auf Dauer zu stellen und zu einem nach Südosteuropa gerichteten kontinentalen Hegemonial-Systems auszubauen, vermochte Weber allerdings nicht viel Geschmack abzugewinnen. Vor allem aufgrund taktischer Erwägungen beteiligt er sich gleichwohl an entsprechenden Beratungen des Ende 1915 von Friedrich Naumann begründeten „Arbeitsauschusses für Mitteleuropa" und des „Vereins für Sozialpolitik". Die Frage des unbeschränkten U-Boot-Krieges war mit den Kriegszielfragen insofern unmittelbar verknüpft, als die Vertreter weitreichender Kriegsziele seit Anfang 1916, als deutlich geworden war, daß eine baldige militärische Entscheidung zu Lande mit einiger Sicherheit nicht mehr zu erwarten stand, die Karte des rücksichtslosen Einsatzes der U-Boot-Waffe ausspielen wollten, um auf diese Weise doch noch den ersehnten Siegfrieden zu erzwingen. Max Weber gehörte zu jenen, die sich nicht von illusionären Erwartungen hinsichtlich der Leistungsfähigkeit der U-Boot-Waffe hinreißen ließen, sondern nüchtern die Vor- und Nachteile eines solchen Schrittes abwogen. Er hatte in dieser Hinsicht keinerlei Zweifel; der Kriegseintritt der USA müsse unter allen Umständen verhütet werden. Im Februar 1916 beschloß die Reichsleitung, zum „verschärften" U-Boot-Krieg zurückzukehren. Da darüber hinaus der Übergang zum unbeschränkten U-Boot-Krieg in den höchsten Führungsgremien des Reiches, ungeachtet der amerikanischen Proteste, zur Entscheidung anstand, arbeitete Max Weber möglicherweise in Zusammenarbeit mit Felix Somary eine auführliche Denkschrift *Der verschärfte U-Boot-Krieg* aus, die vor allem dazu dienen sollte, der Agitation in der Öffentlichkeit für eine rücksichtslose Kriegsführung mit U-Booten entgegenzuwirken und damit der gemäßigten Linie Bethmann Hollwegs die Bahn freizumachen.

Seit dem Frühjahr 1917 trat die Frage der Reform des preußischen Dreiklassenwahlrechts in ein neues Stadium. Die ursprüngliche Absicht der Regierung Bethmann Hollweg, diese Frage während des Krieges gänzlich ruhen zu lassen und eine Reform allenfalls nach Kriegsende in Angriff zu nehmen, ließ sich nicht länger aufrechterhalten. Die Sozialdemokratie und die Fortschrittliche Volkspartei drängten immer stärker darauf, daß die Regierung konkrete Schritte in diese Richtung unternehme, statt die Parteien der Linken weiterhin mit vagen Versprechungen auf Reformen nach Kriegsende abzuspeisen. Die Sozialdemokraten drohten schließlich offen damit, ihrerseits den „Burgfrieden" aufzukündigen und der Regierung ihre bisherige stillschweigende Unterstützung zu entziehen. Umgekehrt leisteten die preußischen Konservativen, einschließlich des preußischen Staatsministeriums selbst, erbitterten Widerstand gegen jedwede wirkliche Reform. Die an entscheidender Stelle zweideutige „Osterbotschaft" des Kaisers vom 7. April 1917, in der eine Reform des preußischen Wahlrechts nach Kriegsende in Aussicht gestellt wurde, vermochte die innenpolitische Auseinandersetzungen nicht zu beschwichtigen. Die Frage der Reform des preußischen Dreiklassenwahlrechts wurde demgemäß immer mehr zu einem Streitpunkt, an dem die innere Geschlossenheit der Parteien und des Volkes zu zerfallen drohte. Wesentlich unter dem Gesichtspunkt, eine solche Entwicklung mit ihren weitreichenden Folgen für die deutsche Kriegsführung vermeiden zu helfen, trat Max Weber seit März 1917 in einer ganzen Reihe von Artikeln mit großem Nachdruck für eine unverzügliche Beseitigung dieses, die breiten Schichten der preußischen Bevölkerung benachteiligenden, Wahlrechts ein.

Max Weber verlangte eine schleunige Änderung dieser Verhältnisse auch deshalb, weil er die preußische Wahlrechtsfrage mit dem Problem einer Reform der Reichsverfassung, die eine unbedingt notwendige Stärkung des Einflusses der Parteien auf die Reichsleitung bringen sollte, unmittelbar verknüpft sah. Er wies nachdrücklich darauf hin, daß verfassungsrechtlich der Bundesrat, das Vertretungsgremium der „Verbündeten Regierungen", innerhalb des komplizierten Verfassungsgebäudes des Deutschen Reiches eine Schlüsselstellung einnahm; eine Parlamentarisierung des Verfassungssystems des Reiches, unter gleichzeitiger Erhaltung seines föderativen Charakters, war daher nach seiner Überzeugung nur zu erreichen, wenn man den Führern der Parteien nicht nur die Möglichkeit zur Übernahme der Ämter von Reichsstaatssekretären einräumte, sondern auch den Zugang zum Bundesrat öffnete. Deshalb war für ihn die Aufhebung der Unvereinbarkeit der Mitgliedschaft im Reichtstag und im Bundesrat der Eckstein der längst überfälligen Reform der Reichsverfassung. Daneben stand die Einführung des allgemeinen, gleichen und direkten Wahlrechts auch in allen Bundesstaaten gerade auch deshalb, weil diese über den Bundesrat einen direkten Anteil an der Politik des Reiches besaßen. Ganz unabhängig davon war Max Weber längst zu der Auffassung gelangt, daß nur ein machtvolles Parlament in einem parlamentarischen System auch starke, verantwortungsbewußte Führernaturen hervorzubringen in der Lage sei, wie sie die deutsche Nation in ihrer bedrängten Lage so dringlich brauchte.

Obschon Max Weber sich alle Mühe gab, in Artikeln in der „Frankfurter Zeitung" und in der „Hilfe" dazu beizutragen, die Erschütterungen abzufangen, die von der russischen Februarrevolution auch auf die politischen Verhältnisse innerhalb der Mittelmächte ausgingen, war doch auch für ihn unzweifelhaft, daß mit dem Sturz der zaristischen Autokratie eine Demokratisierung des politischen Systems des Kaiserreiches unabweisbar geworden war. Im März und April 1917 wurde der Ruf nach Verfassungsreformen in der Öffentlichkeit immer lauter. Ende März 1917 beschloß eine Reichstagsmehrheit, bestehend aus Sozialdemokratie, Fortschrittlicher Volkspartei, Zentrum und Nationalliberalen, die Einsetzung eines Verfassungsausschusses, um dem Verlangen nach einer Steigerung des Einflusses des Reichstages auf die politischen Entscheidungen nunmehr konkrete verfassungsrechtliche Gestalt zu geben. Dies bildete den Auftakt für eine Periode intensiver innenpolitischer Auseinandersetzungen, in deren Verlauf das bestehende halbkonstitutionelle Regierungssystem immer stärker unter Beschuß geriet. Aus jenen Wochen datiert Max Webers große Artikelserie zum Thema *Deutscher Parlamentarismus in Vergangenheit und Zukunft* sowie eine ganze Reihe begleitender Artikel und öffentlicher Reden zu Einzelfragen der Reform der Reichsverfassung; sie haben wesentlich mit dazu beigetragen, jener Bewegung zugunsten einer Parlamentarisierung des Reiches eine starke Rückendeckung in der Öffentlichkeit zu verschaffen, die dann im Juli 1917 in dem Vorstoß der Reichstagsparteien in der Friedensfrage ihren ersten großen Niederschlag fand. Die Artikelserie *Deutscher Parlamentarismus in Vergangenheit und Zukunft* erschien nur wenig später in überarbeiteter und erweiterter Form als selbständige Broschüre unter dem Titel *Parlament und Regierung im neugeordneten Deutschland: Zur politischen Kritik des Beamtentums und Parteiwesens.* Obschon Max Weber diese Schrift ausdrücklich als „politische Streitschrift" bezeichnete und auch so verstanden sehen wollte, enthält sie nahezu alle entscheidenden Elemente seiner Parteien- und Staatssoziologie.

In der Situation des Spätsommers 1917 blieb Webers leidenschaftlichem Plädoyer für weitreichende Verfassungsreformen jedoch zunächst jeder konkrete Erfolg versagt. Nach dem Rücktritt Bethmann Hollwegs am 13. Juli 1917, der gleichsam in schiefer Frontordnung, nämlich im Zusammenspiel der Mehrheitsparteien des Reichtstags mit der Obersten Heeresleitung, erfolgte, versandete die Bewegung für eine Parlamentarisierung der Reichsverfassung zunächst weitgehend. Allerdings wurde damals in Form des „Interfraktionellen Ausschusses" der Grund für die zukünftige Zusammenarbeit der Parteien der späteren „Weimarer Koalition" gelegt. Die Verhältnisse wurden vorerst durch die informelle Diktatur der OHL unter Hindenburg und Ludendorff bestimmt, der gegenüber sich weder der neue Reichskanzler Michaelis noch sein Nachfolger Graf Hertling durchzusetzen vermochten; die Aufnahme einer Reihe von Parlamentariern in die Reichsleitung als Minister ohne Portefeuille kam daher einem Pyrrhussieg der Parteien gleich. Schon bald sollte sich herausstellen, daß weder die neue, behutsam mit Vertretern der Parteien angereicherte, „zivile“ Reichsleitung noch die Mehrheitsparteien gegen die mit den Rechtsparteien verbündete OHL anzukommen vermochten.

Max Weber war angesichts dieser Entwicklung einigermaßen entmutigt, nicht zuletzt deshalb, weil nach seiner Meinung die Frage der Parlamentarisierung namentlich durch Matthias Erzberger in höchst unglücklicher Weise mit der Hoffnung auf einen baldigen Verhandlungsfrieden verknüpft worden war. So hatte er sein Eintreten für weitreichende Verfassungsreformen nicht verstanden wissen wollen; höchst erbittert meinte er, daß, wenn nun der Frieden doch nicht komme, dann auch die Idee der Parlamentarisierung der Diskreditierung ausgesetzt sein werde. Ganz abgesehen davon glaubte Weber feststellen zu müssen, daß durch die verworrenen Vorgänge im Juli 1917 die Siegeszuversicht der Gegner gestärkt worden sei. Demgemäß setzte er seine publizistische Kampagne für die Parlamentarisierung zunächst nur mit einigem Zögern fort. Um so energischer machte Weber gegen die am 2. September 1917 gegründete „Vaterlandspartei“ Front, die, als eine Sammlungspartei der Rechten, außenpolitisch ein Programm extremer Kriegsziele vertrat und im Innern einer autoritären Rückwärtsrevidierung der Verfassungsordnung das Wort redete. Aus seiner Sicht war diese Agitation gänzlich unverantwortlich, da sie die Gefahr in sich schloß, den vollständigen Zusammenbruch der inneren Einheitsfront herbeizuführen, die angesichts der wirtschaftlichen Not und der Ausstrahlungen der russischen Oktoberrevolution ohnehin immer stärkeren Belastungen ausgesetzt war. Wenig später erschien seine Abhandlung *Wahlrecht und Demokratie in Deutschland,* ein politisches Traktat von hohem Rang, das seine Argumente für eine konsequente Demokratisierung der Staatsverfassung Preußens und des Deutschen Reiches in geballter Wucht zusammenfaßte. Doch im Augenblick bestand keine Chance dafür, mit dergleichen Auffassungen durchzudringen; der Zusammenbruch Rußlands gab den Verfechtern eines extremen Gewaltfriedens nochmals ein Übergewicht in der öffentlichen Meinung und in den regierenden Kreisen. Erst unmittelbar vor dem Zusammenbruch des kaiserlichen Deutschlands, als die Frage der Parlamentarisierung überraschend wieder akut geworden war, als innenpolitisches Pendant eines Waffenstillstandsgesuchs an den amerikanischen Präsidenten Woodrow Wilson, hat Weber dann erneut, wortgewaltig wie stets, öffentlich zu den Verfassungsfragen Stellung genommen.

Düsseldorf, im August 1987 Wolfgang J. Mommsen

# Anhang

# Zur Textkonstitution

Die hier vorliegende Ausgabe beruht auf dem entsprechenden Band I/15 der Max Weber-Gesamtausgabe (MWG); sie enthält die *Schriften* sowie *Berichte über die Reden und Diskussionsbeiträge* Max Webers zu politischen Fragen während des Ersten Weltkrieges. Mit der Teilung des Bandes in zwei Teile wird dem unterschiedlichen Status der hier mitgeteilten Texte auch äußerlich Rechnung getragen.

Im Ersten Teil: *Schriften* sind durchweg Fassungen „letzter Hand" zum Abdruck gebracht, d.h. es sind all jene Texte aufgenommen, für die wir entweder auf Manuskripte zurückgreifen können, oder, falls uns solche nicht oder nicht mehr zur Verfügung stehen, auf die Druckfassung von Artikeln, Abhandlungen und sonstigen Stellungnahmen zu politischen Fragen, die von Max Weber selbst zum Druck gebracht oder doch von ihm für eine Veröffentlichung autorisiert wurden. Allerdings muß davon ausgegangen werden, daß aus Rücksicht auf die Zensur oder aus anderen Gründen an einigen Texten redaktionelle Eingriffe vorgenommen worden sind, die sich im einzelnen nicht mehr genau feststellen lassen. Auf die Wiedergabe der Varianten wurde hier verzichtet; diese sind in MWG I/15 im Textkritischen Apparat präsentiert.

Im Zweiten Teil: *Berichte über Reden und Diskussionsbeiträge* werden vor allem die politischen Reden Max Webers, soweit sie sich aus Berichten in den einschlägigen überregionalen, regionalen, und lokalen Zeitungen bisweilen auch aus privaten Korrespondenzen oder sonstigen privaten Quellen von dritter Seite erschließen lassen, in der jeweils zuverlässigsten Überlieferung wiedergegeben. Für die parallelen, nicht selten ebenfalls wertvollen Textzeugen sei hier auf Band I/15 der MWG verwiesen. Obschon bereits Marianne Weber mit der Aufnahme der Rede Max Webers über *Das neue Deutschland* vom 1. Dezember 1918 in Frankfurt (vgl. Weber, Max, Gesammelte Politische Schriften, 1. Aufl., München 1922, S. 377–389) einen ersten Schritt in diese Richtung unternommen hatte, stellt dies eine grundsätzliche Neuerung dar, durch die freilich unsere Kenntnis der politischen Wirksamkeit Max Webers auf eine wesentlich breitere Quellengrundlage gestellt werden konnte. Allerdings sollte man sich über den Charakter dieser Textzeugen, die indirekter Natur sind und im Einzelfall sehr unterschiedliche Qualität besitzen, stets im klaren sein; es sind dies *keine originalen Äußerungen* Max Webers und sollten daher nur mit Vorsicht für eine Interpretation seiner Auffassungen herangezogen werden. Im Zweifelsfall wird es sich empfehlen, zur Kontrolle der betreffenden Passagen auch die in MWG I/15 mitabgedruckten Parallelüberlieferungen zu konsultieren.

Auf die Aufnahme der Anhänge I und II in MWG I/15 ist hier verzichtet worden. Anhang I vereinigt von Max Weber mitunterzeichnete, aber wohl durchweg nicht von ihm selbst verfaßte Eingaben und Aufrufe. Anhang II enthält zwar nachgewiesene, aber nicht überlieferte Schriften und Reden.

Die Textkonstitution folgt durchweg den Grundsätzen der MWG. Insbesondere wurden die dort an den Texten vorgenommenen Emendationen übernommen; für deren Nachweis sei auf den Textkritischen Apparat von MWG I/15 verwiesen. Darüber hinaus sind in folgenden Fällen stillschweigende Texteingriffe, ebenfalls gemäß den Verfahren der MWG vorgenommen worden:

a) Bei der Gestaltung von Überschriften, Zwischentiteln, anderen Gliederungsmerkmalen (z.B. Paragraphen) sowie Hervorhebungen: Sie werden typographisch vereinheitlicht.

b) Bei Umlauten: Sie werden – soweit sie Folge der zu Webers Zeiten üblichen Drucktechniken sind – der heutigen Schreibweise angeglichen (Ä statt Ae). Die Schreibweise ss für ß wird zu ß vereinheitlicht.

c) Bei Abkürzungen: Sie werden, sofern sie schwer verständlich und heute nicht mehr üblich sind, in eckigen Klammern ausgeschrieben.

d) Bei offensichtlichen Druckfehlern: Sie werden korrigiert (z. B. „Erleicherung", „aucht").

e) Bei Interpunktionsfehlern: Sie werden bei der Reihung von Hauptsätzen, Aufzählungen, Relativsätzen und „daß"-Sätzen korrigiert.

f) Bei der Numerierung von Anmerkungen: Sie werden text- oder kapitelweise durchgezählt. Entsteht dadurch eine Abweichung gegenüber Webers Zählung, so wird dies im Textnachweis vermerkt. Sofern Titel oder Untertitel verwendet werden, die nicht auf Max Weber selbst zurückgehen, ist, soweit sich dies nicht von selbst ergibt, in den Textnachweisen das Notwendige gesagt.

# Zur Entstehung und Überlieferung der Texte

Im folgenden wird für alle Texte dieses Bandes ein Überblick über Entstehung und Überlieferung gegeben. In Fällen komplizierter Textüberlieferung, insbesondere, wenn eine Mehrzahl von Textvarianten vorliegt, wird zusätzlich auf die Max Weber-Gesamtausgabe (MWG) verwiesen. In deren Editorischen Berichten wird die Überlieferungslage vollständig dargelegt und die Entscheidung für den Druck einer bestimmten Textfassung begründet. Soweit erforderlich, wird in den Textnachweisen auf sprachliche oder orthographische Besonderheiten eines Textes hingewiesen.

## *Erfahrungsberichte über Lazarettverwaltung (Seite 1–16)*

Am 2. August 1914, einen Tag nach Ausbruch des Ersten Weltkrieges, meldete sich Max Weber als Premier-Lieutenant der Reserve freiwillig beim Garnisonskommando in Heidelberg und wurde als Militärisches Mitglied in der Heidelberger Reserve-Lazarettkommission eingesetzt. Die Kommission unterstand dem Stellvertretenden Generalkommando des XIV. preußischen Armeekorps in Karlsruhe, welches zugleich mit der Zivilverwaltung betraut war. Weber war für die Einrichtung und den Aufbau einer ordnungsgemäßen Verwaltung der Reservelazarette im Amtsbezirk Heidelberg zuständig. Darüber hinaus übertrug ihm das Heidelberger Garnisonskommando den Posten des Disziplinoffiziers.

Von Webers Tätigkeit sind uns einige wenige Berichte und Eingaben aus dem dienstlichen Schriftverkehr mit den vorgesetzten militärischen Behörden überliefert. Es handelt sich dabei um einen Bericht über Disziplinarfragen vom 11. November 1914 (1.), eine Eingabe betreffend die Erhaltung der Disziplin in Militärlazaretten vom 28. November 1914, nebst Anlagen (2.), sowie einen Bericht über Disziplinarangelegenheiten in den Lazaretten der Reservelazarettkommission in Nordbaden vom 6. Januar 1915 (3.). Diese kommen hier zum Abdruck. Da der größte Teil des Aktenbestandes des preußischen XIV. Armeekorps und seiner Sanitätseinrichtungen vernichtet ist, ist weder über die Umstände und Anlässe der Abfassung dieser Texte noch über die darin angesprochenen Vorgänge, Bezüge und Personen Näheres bekannt.

Max Weber beschreibt sein Aufgabengebiet und seine dienstliche Tätigkeit detailliert in dem abschließenden Erfahrungsbericht über seine Heidelberger Lazarettätigkeit (4.), der zwar für das stellvertretende Generalkommando bestimmt war, jedoch, wie Marianne Weber berichtet, unvollendet blieb und nicht abgesandt wurde.

Da militärische und zivile Stellen bei der Verwaltung des Sanitätswesens konkurrierten, besaß diese keine klaren Strukturen. Dies führte zur Auflösung der Reservelazarettkommission am 30. September 1915. Zwar suchte das stellvertretende Generalkommando nach einer Weiterverwendung für Weber, aber dieser stellte dennoch ein Gesuch auf Entlassung aus dem militärischen Dienst. Wohl im Oktober, unmittelbar nach seinem Ausscheiden, dürfte Weber dann den abschließenden Erfahrungsbericht (4.) verfaßt haben.

Angesichts ihres inneren Zusammenhanges kommen die Texte gemeinsam zum Abdruck. Die Texte 1 bis 3 bilden den Rest eines ursprünglich weit umfangreicheren Schriftverkehrs mit dem Kgl. stellv. Generalkommando, speziell dem stellv. Sanitätsamt des XIV. Armeekorps in Karlsruhe. Sie fanden sich in einem Aktenkonvolut im GLA Karlsruhe, Abt. 456 E.V. 113: 103, 5,1, betreffend „Disziplin, Tatberichte, Strafbücher ‚spez'“. Dort sind die drei folgenden Berichte und Eingaben nebst Anlagen und Anschreiben überliefert; die Überschriften sind der Übersichtlichkeit halber vom Herausgeber hinzugefügt worden:

1. Der [Bericht über Disziplinarfragen]. Dieser Bericht ist von fremder Hand, vermutlich als Diktat Webers, ausgeführt und von Weber eigenhändig unterschrieben.

2. Die [Eingabe betreffend die Erhaltung der Disziplin in Militärlazaretten, nebst Anlagen]. Die Eingabe und die Anlagen sind von fremder Hand ausgeführt, jedoch trägt erstere die Unterschrift Max Webers, während die Anlagen nicht gesondert unterzeichnet sind. Im folgenden wird die Eingabe nebst den Anlagen 1 und 2 veröffentlicht. Die der Eingabe nachrichtlich beigefügte Anlage 3 geht nicht auf Weber zurück und kann daher hier vernachlässigt werden.

3. Der [Bericht über Disziplinarangelegenheiten in den Lazaretten der Reserve-Lazarettkommission in Nordbaden]. Dieser Bericht ist von fremder Hand ausgeführt und trägt die eigenhändige Unterzeichnung „Max Weber Militärisches Mitglied".

4. Der [Abschließende Erfahrungsbericht über die Lazarettverwaltung] ist uns nur posthum durch Marianne Weber, und zwar in einer unvollständigen Fassung, überliefert, die 1926 in der 1. Auflage des *Lebensbildes* auf Seite 545–560 veröffentlicht worden ist. In der 2. Auflage des *Lebensbildes* wurde der Text stark gekürzt. Der Abdruck hier folgt der Fassung der 1. Auflage. Es muß davon ausgegangen werden, daß Marianne Weber bei der Drucklegung zahlreiche kleinere Eingriffe in den Wortlaut vorgenommen hat; insbesondere sind die Namen, wie in anderen Fällen, von ihr abgekürzt und vermutlich die Initialen verändert worden. Marianne Weber vermerkt am Schluß des von ihr veröffentlichten Textteils: „Es folgen noch detaillierte Ausführungen über die Urlaubsgewährung und ein Abschnitt über die Beziehungen der Militärbehörden zum Roten Kreuz, die aber nicht zu Ende gebracht sind". Dieser Schlußteil muß als verloren gelten.

## *Zur Frage des Friedenschließens (Seite 17–25)*

Seit Beginn des Krieges war jegliche Erörterung der Kriegsziele in der Öffentlichkeit untersagt, desgleichen die kontroverse Behandlung innenpolitischer Fragen, sofern diese den „Burgfrieden" gefährden könnten. Die Zensur ließ zwar hin und wieder publizistische Äußerungen zu Kriegszielfragen, namentlich solche betont nationaler Ausrichtung, passieren, aber im ganzen wurde bis zum Herbst 1916, wenn auch mit nachlassender Intensität und bei zunehmender Begünstigung der Rechten, die Erörterung von Kriegszielfragen in der Öffentlichkeit effektiv unterdrückt. Dennoch war schon bald nach Kriegsausbruch eine massive Kampagne zugunsten weitreichender Annexionen in Gang gekommen, die sich vornehmlich des Mittels der „vertraulichen" Versendung von Denkschriften an zahlreiche Persönlichkeiten des öffentlichen Lebens bzw. an die Reichsbehörden bediente. Nachdem die Kriegszielagitation im Frühjahr 1915, mit dem Kriegseintritt Italiens und Rumäniens an der Seite der Alliierten, zweitweise etwas nachgelassen hatte, flammte sie in der zweiten Hälfte des Jahres erneut auf. Im Mittelpunkt der Auseinandersetzungen stand die Frage der Zukunft Belgiens, für dessen Annexion breite Gruppen nicht nur der Rechten, sondern auch der bürgerlichen Parteien eintraten. Seit dem Spätherbst 1915, nach den großen militärischen Erfolgen im Osten, fand dann auch die Frage der künftigen Gestaltung der Verhältnisse im Osten zunehmend Beachtung in der deutschen Öffentlichkeit. Trotz der vergleichsweise günstigen militärischen Lage der Mittelmächte war aber eine Kriegsentscheidung nirgends in Sicht. Die Abhandlung „Zur Frage des Friedenschließens" ist vor diesem politischen Hintergrund entstanden.

Über den Zeitpunkt und die Umstände der Niederschrift der Abhandlung ist uns nichts Näheres bekannt. Doch ergibt sich aus textimmanenten Gesichtspunkten, daß diese nach dem Abschluß der Zeichnung der 3. Kriegsanleihe am 22. September 1915, in jedem Falle aber noch bevor die Frage des sogenannten „verschärften U-Boot-Krieges" im Februar 1916 in den Vordergrund der öffentlichen Diskussion über die deutsche Kriegspolitik und die deutschen Kriegsziele trat, niedergeschrieben worden sein muß. Ihre sachliche und stilistische Nähe zu dem Artikel über *Bismarcks Außenpolitik und die Gegenwart*, der am 25. Dezember 1915 in der Frankfurter Zeitung erschienen ist, läßt eine Entstehung in unmittelbarem Zusammenhang mit diesem vermuten.

Weber hielt sich vom 17. November bis zum 18./19. Dezember in Berlin auf, um sich dort nach einer politischen Tätigkeit umzusehen. Vieles spricht dafür, daß die Abhandlung *Zur Frage des Friedenschließens* unmittelbar vor dieser Reise oder während des Berliner Aufenthalts verfaßt worden ist. Darauf deutet besonders ein Brief an Friedrich Naumann vom 2. November 1915 hin, in dem Weber auf das Problem eines künftigen Friedensschlusses hinwies: „Zur Zeit ist die Frage: wie es denn überhaupt *möglich* sein soll, jemals einen ‚Frieden' zu schließen, das Wichtigste." Ähnlich heißt es in einem Schreiben an Frieda Groß vom 16. November 1915: „Hoffentlich ist dann [d. h. im Frühjahr] ein Ende des Krieges abzusehen, was bis jetzt nicht der Fall ist." Einen Monat später schrieb Weber an Rickert: „Könnte man nur den Frieden absehen und einen Staatsmann finden, der ihn zu schließen verstände." Dies ist der Leitgedanke auch der nachstehenden Abhandlung. Daß sich Weber in diesen Wochen mit den Kriegszielfragen intensiv beschäftigte, geht auch aus dem bereits zitierten Schreiben an Naumann hervor, dessen Darlegungen sich eng mit den Schlußpassagen des nachstehenden Textes berühren:

„Denn dieses Hinschleppen des Krieges bedeutet:

1) Vermehrung des *Rentnertums*: 40–50 Milliarden *mehr in festen Renten* angelegtes Vermögen in Deutschland!
2) Fehlen des Kapitals zur *Nutzung* etwa angegliederter Gebiete.
3) Entwöhnung der Nation von der Anpassung an die Arbeit.
4) Übergang der ökonomischen Suprematie auf Amerika. – Und dann: Man darf sich nicht täuschen: im Kriege sind Frankreich und England finanziell relativ gegenüber uns im Nachteil. *Nach dem Frieden* wird man – je länger der Krieg dauert, desto mehr – das Gegenteil erleben, die gleiche Überraschung wie nach 1870/71."

Es spricht viel dafür, daß die Abhandlung für eine Veröffentlichung in der Frankfurter Zeitung vorgesehen war. Darauf deutet ein undatiertes, von Marianne Weber auf Ende 1915 datiertes Schreiben Webers an die Redaktion der Frankfurter Zeitung hin. In diesem Schreiben wird eingangs ein „Bericht" erwähnt – die Bezeichnung bzw. der Titel desselben ist von Marianne Weber beim Abdruck weggelassen worden –, in dem von Webers Stellung zu den deutschen Kriegszielen die Rede gewesen sein muß. Es ist denkbar, daß es sich bei diesem „Bericht" um eine Stellungnahme zu Webers nachstehendem Text gehandelt haben könnte, die von der Frankfurter Zeitung von dritter Seite eingeholt wurde, um feststellen zu lassen, ob der Text für eine Veröffentlichung in Frage komme und gegebenenfalls von den Zensurbehörden durchgelassen würde. Jedenfalls bemerkte Weber zu diesem, uns unbekannten „Bericht" in seinem Schreiben an die Redaktion: „Ich bin noch zu freundlich von ihm angesehen. Denn ich bin gegen *jede* (europäische) Annexion, auch im Osten", und er umriß im folgenden kurz und prägnant seine Position, in sachlicher Übereinstimmung mit den Ausführungen der Abhandlung *Zur Frage des Friedenschließens*, aber wesentlich pointierter: „Also nur das *militärisch* Unentbehrliche, keinerlei ‚Annexionen'." Möglicherweise hat der – von Webers defensiver Reaktion her zu schließende – ablehnende Tenor des „Berichts" die Redaktion bewogen, von einer Veröffentlichung der Abhandlung *Zur Frage des Friedenschließens* abzusehen. Weber schloß seinen Brief an die Redaktion mit der resigniert klingenden Bemerkung: „Der Eindruck, den ich in Berlin gewann und sehr einfache politische Erwägungen bestimmen mich dazu. Aber ich gebe es völlig auf, gegen abweichende Ansichten – die Ihrige kenne ich nicht – zu polemisieren." Weber dürfte dieses Schreiben, wie aus der zitierten Schlußbemerkung hervorgeht, unmittelbar nach seiner Rückkehr aus Berlin am 19. Dezember verfaßt haben. Aller Wahrscheinlichkeit nach ist es dem Schreiben an den Redakteur der Frankfurter Zeitung, Heinrich Simon, vom 25. Dezember vorangegangen. Letzteres Schreiben stellt eine Antwort auf ein uns nicht überliefertes Schreiben Simons dar, welches dieser wohl in Kenntnis des am 25. Dezember erschienenen Artikels über *Bismarcks Außenpolitik und die Gegenwart* verfaßt haben dürfte, worauf bestimmte inhaltliche Parallelen schließen lassen.

Für die Annahme, daß die Abhandlung *Zur Frage des Friedenschließens* für eine Veröffentlichung in der Frankfurter Zeitung bestimmt gewesen, dann aber, höchstwahrscheinlich wegen der bestehenden Zensurbestimmungen, unterblieben ist, spricht schließlich auch die stilistische Nähe zu dem Artikel über *Bismarcks Außenpolitik und die Gegenwart*.

Über eine nichtöffentliche Verwendung der Abhandlung, gegebenenfalls durch Versendung an Vertreter der öffentlichen Meinung, Politiker und Staatsmänner an verantwortlicher Stelle, ist uns nichts bekannt. Weder in den einschlägigen Nachlässen möglicher Adressaten noch in den

Akten der Reichskanzlei, die hunderte von Denkschriften ähnlicher Art enthalten, läßt sich dieser Text nachweisen. Der Titel *Zur Frage des Friedenschließens* hilft in dieser Beziehung nicht weiter; es ist unwahrscheinlich, daß dieser auf Max Weber selbst zurückgeht; er dürfte von Marianne Weber anläßlich der Veröffentlichung eingeführt worden sein.

Die Abhandlung *Zur Frage des Friedenschließens* entstand im November bzw. der ersten Hälfte Dezember 1915, noch vor Webers Rückkehr aus Berlin und noch vor der Abfassung des Bismarck-Artikels. Dazu paßt auch die Mitteilung Marianne Webers im *Lebensbild*, daß sich Weber „seit Weihnachten einige Wochen zu Hause in seine gelehrte Arbeit vertieft" habe, sich also in dieser Zeit von den politischen Tagesfragen zurückgezogen haben dürfte. Doch läßt sich Endgültiges aufgrund der bruchstückhaften Überlieferung nicht mit Sicherheit sagen.

Ein Manuskript ist nicht überliefert. Der Abdruck folgt dem Text, der erstmals von Marianne Weber in der 1. Auflage der GPS, S. 48–59, veröffentlicht wurde.

## *Bismarcks Außenpolitik und die Gegenwart (Seite 26–38)*

Der am 1. Weihnachtstag 1915 erschienene Artikel *Bismarcks Außenpolitik und die Gegenwart* steht in engstem zeitlichen und sachlichen Zusammenhang mit der Abhandlung *Zur Frage des Friedenschließens*. Dort hatte Weber in sehr entschiedener Form gegen extreme Annexionsbestrebungen Stellung bezogen; wohl hauptsächlich, weil die Erörterung der Kriegsziele und die kontroverse Behandlung innenpolitischer Fragen, sofern sie den „Burgfrieden" hätten gefährden können, untersagt war, war eine Veröffentlichung dieser Abhandlung unterblieben.

Mit dem Bismarck-Artikel, den Weber einem Brief Mariannes an Helene Weber zufolge am 20. Dezember, unmittelbar nach seiner Rückkehr aus Berlin, diktiert hat, wählte er daraufhin einen unverfänglichen Ausweg. Er konfrontierte die amtliche Außen- und insbesondere die Kriegszielpolitik, vor allem aber die Kriegszielvorstellungen der Rechten, mit den Maximen der Bismarckschen Außenpolitik. Diese Methode erlaubte es, die Zensurbestimmungen zu umgehen und zugleich die Autorität Bismarcks gegen die von ihm bekämpften Positionen ins Feld zu führen.

Gleichwohl nahm Weber an, seine gemäßigte Haltung in den Kriegszielfragen auch auf solche Weise dezidiert genug herausgestellt zu haben. In einem Brief an Heinrich Simon vom 25. Dezember, der auf den am gleichen Tag erschienenen Artikel *Bismarcks Außenpolitik und die Gegenwart* Bezug genommen haben dürfte, betonte Weber noch einmal ausdrücklich seine ablehnende Haltung gegenüber direkten Annexionen und kam abschließend auf die Funktion zu sprechen, die seine publizistische Stellungnahme in der Kriegszieldebatte haben sollte:

„Vor allem aber gilt es, die ‚Erwartungen' und den ‚Appetit' bei uns herunterzuschrauben. Der Friede darf nicht – nicht zu stark wenigstens – hinter den erregten Erwartungen zurückbleiben. Und das ist der Erfolg der bisherigen Haltung der Regierung. (Ich habe schon im September 1914 verlangt, daß man den Ausdruck ‚Faustpfand' gebrauchen solle.) Die Redaktion der Frankfurter Zeitung dagegen darf m. E. dem Ausland gegenüber die Forderungen *nicht* zu weit und zu zweifellos einschränken. Das schwächt die Position der Regierung. Ein Privatmann wie ich steht da anders."

Im Vordergrund der innenpolitischen Auseinandersetzungen um die Kriegsziele stand die belgische Frage. Weber hatte eine Annexion Belgiens von Kriegsbeginn an konsequent abgelehnt. Angesichts der großen militärischen Erfolge im Osten vom Herbst 1915, die zur Verdrängung der russischen Streitkräfte aus ganz Kongreßpolen geführt hatten, war darüber hinaus nun auch die Frage der Zukunft Polens akut geworden.

Weber ging von der Annahme aus, daß die Absicht einer Angliederung Kongreßpolens an Österreich-Ungarn bestehe. Wesentlich deshalb schwenkte er auf die Linie eines Mitteleuropa-Programms ein, das einen engen wirtschaftlichen und zollpolitischen Zusammenschluß zwischen dem Deutschen Reich und Österreich-Ungarn vorsah. Nur unter solchen Bedingungen hielt er es für vertretbar, Kongreßpolen zu einem gemeinsamen „Schutzstaat" beider Mächte zu machen. Weber stand dabei nicht zuletzt unter dem Einfluß von Friedrich Naumanns im Oktober 1915 erschienenen Buch „Mitteleuropa". Obwohl Weber im Prinzip gegenüber der Idee eines mitteleuropäischen Wirtschaftsverbandes eher skeptisch eingestellt war, teilte er doch in einem

Punkt die Bemühungen Naumanns und des gemäßigten Flügels im Regierungslager, nämlich an Stelle offener, weitreichender Annexionen vornehmlich mit indirekten, speziell wirtschaftlichen Mitteln eine informelle Vorherrschaft des Deutschen Reiches auf dem europäischen Kontinent anzustreben. Dies bestimmte auch Webers Ausführungen in der Frage der deutschen Kriegsziele im Westen.

Ein Manuskript ist nicht überliefert. Der Abdruck folgt dem Text, der unter der Überschrift *Bismarcks Außenpolitik und die Gegenwart* und mit den Zwischentiteln „I. Dreibund und Westmächte" sowie „II. Dreibund und Rußland" in der Frankfurter Zeitung, Nr. 357 vom 25. Dezember 1915, 3. Mo. Bl., S. 1f., erschienen ist.

## *Zwischen zwei Gesetzen (Seite 39–41)*

Im Oktoberheft 1915 hatte Gertrud Bäumer einen Aufsatz unter dem Titel „Zwischen zwei Gesetzen" veröffentlicht. Darin analysierte sie das Verhältnis der Gesetze des Christentums und der des „Vaterlandes". Unbeschadet der Widersprüchlichkeit beider Normensysteme rechtfertigte Gertrud Bäumer Kriege allgemein und insbesondere die Kriegführung des Deutschen Reiches als unvermeidliche Konfliktentladungen im Zusammenhang des Bestrebens der Nationen, ihre geschichtlich begründeten und für notwendig erachteten Machtinteressen zu verfolgen.

Im Januarheft 1916 wurde Gertrud Bäumer daraufhin von der Schweizerin Gesine Nordbeck aus christlich-pazifistischer Perspektive heftig angegriffen. Gesine Nordbeck bestritt, daß die Alternativen von christlichem Gesetz und Vaterlandspflicht gleichermaßen Berechtigung besäßen. Ein Christ erfahre den Befehl zum Kriegseinsatz für sein Land als einen „Zwang von außen", denn er habe „den Willen zum Frieden statt des Willens zur Macht".

Max Weber sah Anlaß, der Position Gertrud Bäumers in Form eines Offenen Briefes zu Hilfe zu kommen. Dem Abdruck stellte die Redaktion die folgende Vorbemerkung voran:

„Zu diesem Thema teilen wir unseren Lesern die folgenden Ausführungen aus einem Brief von Professor Max Weber, Heidelberg an Dr. Gertrud Bäumer mit, weil sie uns als eine sehr wertvolle Ergänzung der Erörterung erscheinen."

Dem Offenen Brief Webers schloß sich eine abschließende Bemerkung der Herausgeberin Helene Lange an, in der sie betonte, daß der Einzelmensch auch als Christ der Staatsnotwendigkeit Opfer zu bringen habe, da der Staat Aufgaben „als irdische Schutzwehr für geistige Dinge" wahrnehme.

Es ist nicht anzunehmen, daß die Überschrift des Textes von Max Weber stammt. Vermutlich hat die Redaktion diesen Titel gewählt, um den Zusammenhang mit der vorausgegangenen Auseinandersetzung für den Leser deutlich zu machen.

Der Brief ist nicht im Original überliefert. Der Abdruck folgt dem Text, der unter der Überschrift *Zwischen zwei Gesetzen* in: „Die Frau", Monatsschrift für das gesamte Frauenleben unserer Zeit, hg. von Helene Lange, 23. Jg., H. 5, Februar 1916, S. 277–279, erschienen ist.

## *Der verschärfte U-Boot-Krieg (Seite 42–48)*

Seit Kriegsbeginn war der Handelskrieg mit U-Booten zunächst in der Form des „Kreuzerkrieges" gemäß der internationalen Prisenordnung geführt worden. Unter dem Eindruck der englischen Blockademaßnahmen ging das Deutsche Reich ungeachtet scharfer Proteste der neutralen Staaten Anfang 1915 zum sogenannten „verschärften U-Boot-Krieg" über, der die warnungslose Versenkung bewaffneter Handelsschiffe vorsah. Die Versenkung der „Lusitania" am 7. Mai 1915 führte jedoch zu einer schweren Krise im Verhältnis zu den Vereinigten Staaten von Amerika. Die Reichsleitung sah sich gezwungen, diese verschärfte Form der Kriegführung mit U-Booten wieder weitgehend aufzugeben. Doch verstummten sowohl innerhalb wie auch außerhalb der Regierung die Stimmen nicht, die eine unverzügliche Wiedereröffnung des „verschärften U-Boot-Krieges", ja dessen uneingeschränkte Führung forderten. Anfang Februar 1916 verstärkte sich der Druck der Befürworter des uneingeschränkten U-Boot-Krieges, zu denen seit Dezember 1915 auch der Generalstabschef von Falkenhayn übergegangen war, so sehr, daß die Reichsleitung sich am 11. Februar entschloß, mit Wirkung vom 1. März die Wiederaufnahme des „verschärften U-Boot-Krieges", wenn auch in geringfügig abgemilderten Formen, anzukündigen. Erneute heftige amerikanische Proteste, verbunden mit der Drohung eines Kriegseintritts an der Seite der Alliierten, veranlaßten den Reichskanzler, sich einem solchen Schritt mit aller Kraft zu widersetzen.

Anfang März 1916 spitzten sich die Auseinandersetzungen über diese Frage erneut zu. Auf einer Kronratssitzung vom 4. März 1916 gelang es dem Reichskanzler von Bethmann Hollweg jedoch, eine Entscheidung des Kaisers zugunsten des „uneingeschränkten U-Boot-Kriegs", wie ihn Seekriegsleitung und Generalstab nunmehr forderten, zu verhindern und zu erreichen, daß auch der „verschärfte U-Boot-Krieg" weitgehend eingeschränkt wurde. Zugleich erzwang Bethmann Hollweg den Rücktritt des Staatssekretärs des Reichsmarineamtes Alfred von Tirpitz wegen dessen Presseagitation zugunsten einer rücksichtslosen U-Boot-Kriegführung. Dennoch kam die U-Boot-Frage auch in den folgenden Wochen nicht zur Ruhe. Überall, unter den Parteien des preußischen Abgeordnetenhauses und des Reichstages wie in der Öffentlichkeit, erhob sich erneut die Forderung nach sofortiger Eröffnung des uneingeschränkten U-Boot-Krieges.

Max Weber verfolgte diese Entwicklungen bereits seit einiger Zeit mit großer Sorge. Er hielt sich seit Februar wegen der Beratungen des „Arbeitsausschusses für Mitteleuropa" wieder in Berlin auf und dürfte dort einiges über die Hintergründe der U-Boot-Agitation in Erfahrung gebracht haben. Zahlreiche briefliche Äußerungen belegen seine Befürchtung, daß die U-Boot-Frage zum Bruch mit den Vereinigten Staaten führen und daß dies verhängnisvolle Auswirkungen haben werde.

Um so beunruhigter war er über die ständige Zunahme der halböffentlichen Agitation, wie er sie um sich herum beobachten konnte. Am 6. März stand nach seinen Beobachtungen „die Gefahr mit Amerika auf dem Höhepunkt". Allerdings hat ihn Heinrich Simon, mit dem Weber am selben Tag diese Frage telefonisch besprochen hatte und mit dem er vermutlich am gleichen Abend zusammengetroffen war, zeitweilig wieder etwas beruhigt: „Heinrich Simon telefoniert: es stände zur Zeit etwas besser." Vermutlich hatte dieser in Umrissen von dem Ergebnis des Kronrats am 4. März erfahren. Dennoch sah Weber den steigenden Druck auf die Regierung für so gefährlich an, daß er sich in eben diesen Tagen, offenbar ziemlich rasch, dazu entschloß, seine Bedenken in einer Denkschrift niederzulegen und so den Versuch zu machen, auf den Gang der Dinge Einfluß zu nehmen.

Der Zeitpunkt der Ausarbeitung der Denkschrift läßt sich anhand der uns überlieferten Korrespondenz Max Webers näher bestimmen. In einem Schreiben an Marianne Weber vom 6. März ist von einer Denkschrift noch nicht die Rede, obwohl er in diesem ebenso wie in vorausgegangenen Briefen ausführlich auf die Folgen des „verschärften U-Boot-Krieges" und die Gefahr eines Kriegseintritts der Vereinigten Staaten von Amerika eingeht. Am 10. März 1916 übersandte Weber dann die Denkschrift dem Auswärtigen Amt, mit einem vermutlich an den Staatssekretär des Äußeren von Jagow (im Anschreiben wird kein Name genannt), möglicherweise aber auch nur an den Unterstaatssekretär Zimmermann gerichteten ausführlichen Anschreiben, in dem er es als Zweck derselben bezeichnete, „lediglich und ganz allein: dem Druck der teilweise geradezu hysterisch erregten sogenannten ‚öffentlichen Meinung' (eines Teils der Parlamentarier und anderer Kreise) entgegen zu wirken". Demnach dürfte die Denkschrift zwischen dem 8. und dem 10. März 1916 niedergeschrieben worden sein.

In seinen allerdings erst in den späten fünfziger Jahren entstandenen und posthum erschienenen Lebenserinnerungen gibt *Felix Somary* einen in einigen Punkten abweichenden Bericht über die Entstehung und die Wirkungen der Denkschrift. Felix Somary arbeitete damals mit Max Weber im „Arbeitsausschuß für Mitteleuropa" zusammen und war speziell für Kartellprobleme innerhalb des künftigen mitteleuropäischen Wirtschaftsraumes zuständig. Laut dem Originalmanuskript seiner Lebenserinnerungen, das nur in erheblich gekürzter Form zum Druck gelangt ist, hat Somary „unter dem Eindruck der Unzulänglichkeit" der Denkschrift Helfferichs zum U-Boot-Krieg (die mit der amtlichen Denkschrift des Reichskanzlers vom 29. Februar 1916 identisch ist) „mit Max Weber im Arbeitsausschuß über die Notwendigkeit eines sofortigen Memorandums" gesprochen, „das mit Hammerschlägen auf die Gefahrenpunkte einzuhauen hatte, die ein U-Boot-Krieg zur Folge haben müßte". Es müßte dies, sofern wir Somary folgen, entweder angelegentlich der konstituierenden Sitzung des „Arbeitsausschusses für Mitteleuropa" am 22. Februar 1916 oder wahrscheinlicher anläßlich der 2. Sitzung desselben am 28. Februar geschehen sein.

Weiter berichtete Somary, daß er auch dem ungarischen Ministerpräsidenten Graf Stephan Tisza ein Exemplar der Denkschrift übersandt und daß dieser ihm darauf eine persönliche Audienz bei Kaiser Franz Joseph vermittelt habe, über deren Zustandekommen freilich strengstes Stillschweigen gewahrt worden sei.

Dieser Version der Entstehung und Wirkungsgeschichte der Denkschrift zufolge müßte sie bereits am 28./29. Februar 1916 verfaßt worden sein, und wäre dann, von dem über Ballin dem Kaiser zugeleiteten Exemplar abgesehen, über eine Woche liegen geblieben, bevor sie dann am 10. März zunächst dem Auswärtigen Amt und am folgenden Tage einer größeren Zahl von Parlamentariern zugesandt wurde. Doch erheben sich Zweifel an der Zuverlässigkeit dieser Schilderung. Zum einen dürfte zumindest Max Weber damals keine erschöpfende Kenntnis der amtlichen Denkschrift des Reichskanzlers zur U-Boot-Frage gehabt haben. Denn die Denkschrift über den „verschärften U-Boot-Krieg" ging noch davon aus, daß es um die Fortführung des „verschärften U-Boot-Krieges" gehe, während die amtliche Denkschrift bereits von der Möglichkeit einer „rücksichtslosen Führung" des U-Boot-Krieges sprach. Schwerer wiegt, daß Ballin den Kaiser in den fraglichen Tagen zwischen dem 28. Februar und dem 4. März gar nicht gesehen haben kann, und daß Somary darüber hinaus mit Ballin, wenn überhaupt in jenen Tagen, dann erst nach dem 5. März zusammengetroffen sein dürfte. Nachgewiesen ist eine Unterredung Somarys mit Ballin erst am 22. März 1916, und in dieser war von der U-Boot-Frage überhaupt nicht die Rede. Auch für die Audienz Somarys bei Kaiser Franz Joseph finden sich in den Akten des Haus-, Hof- und Staatsarchivs keine Hinweise.

Somarys Angaben lassen sich mit den sonst bekannten Quellen nicht vereinbaren. Dies gilt nicht allein hinsichtlich des zeitlichen Ablaufs, sondern auch hinsichtlich der Übergabe der Denkschrift an den Kaiser. Sie ist unter den gegebenen Umständen wenig wahrscheinlich. Wenn, wie Somary berichtet, Wilhelm II. die Denkschrift vor dem 4. März, oder wie dies allenfalls möglich wäre, zu einem späteren Zeitpunkt zugegangen sein sollte, so müßte dies ohne Wissen Max Webers erfolgt sein. Angesichts dieser Sachlage wird man weiterhin davon ausgehen müssen, daß die Denkschrift zwischen dem 8. und 10. März verfaßt worden ist. Sie ist mit derselben Schreibmaschine geschrieben wie der Begleitbrief an das Auswärtige Amt vom 10. März. Der Brief trägt im Kopf die Anschrift „Charlottenburg, Marchstraße 7F"; dies war Helene Webers Wohnung, und die Denkschrift dürfte demnach dort und nicht in Somarys Wohnung verfaßt worden sein. Über Felix Somarys Anteil an der Abfassung der Denkschrift läßt sich bei Lage der Dinge nichts Sicheres aussagen. Max Weber selbst erwähnt in der uns erhaltenen, ziemlich dicht überlieferten Korrespondenz jener Wochen die Mitarbeit Somarys mit keinem Wort, und auch sonst findet diese in den zeitgenössischen Quellen keinerlei Erwähnung. Im Grunde beruht unser Wissen über die Mitautorschaft Somarys ausschließlich auf den posthum erfolgten Angaben Marianne Webers und Felix Somarys selbst, und es ist durchaus möglich, daß erstere ihrerseits auf nachträgliche Informationen Somarys zurückgehen.

Über die Versendung der U-Boot-Denkschrift liegen uns hingegen präzise Angaben vor. Diese wurde, wie bereits erwähnt, am 10. März dem Auswärtigen Amt in einer Fassung zugeleitet, die deutlich die Spuren einer äußerst eiligen Herstellung trug. Das in den Akten des PA AA überlieferte Exemplar ist maschinengeschrieben, weist jedoch eine größere Zahl von Korrekturen von Webers Hand auf und trägt die von ihm handschriftlich hinzugefügte Überschrift *Der verschärfte U-Boot-Krieg*. Dieses Exemplar der Denkschrift ist am 11. März von Unterstaatssekretär Zimmermann bearbeitet und noch am gleichen Tage Staatssekretär von Jagow mit dem folgenden Aktenvermerk vorgelegt worden:

„Die Denkschrift ist sehr lesenswert. Ich habe H[err]n Weber empfohlen, sie möglichst vielen Scharfmachern aus dem Reichstag und vor allem auch dem Professor Ed[uard] Meyer mitzuteilen, der die öffentl[iche] Meinung in weitem Umfang *gegen* unseren Standpunkt zu beeinflussen sucht."

Die Denkschrift trägt die Paraphe Jagows vom gleichen Tage, sie wurde darüber hinaus am Montag, dem 13. März, dem Reichskanzler Bethmann Hollweg vorgelegt und am folgenden Tag von Graf Montgelas zu den Akten verfügt, wie aus deren Paragraphen hervorgeht.

Noch am 11. März ließ Zimmermann Max Weber durch Boten ein Schreiben zukommen, in dem er die Versendung der Denkschrift begrüßte und insgesamt 17 Parlamentarier sowie den Grafen Hertling, der damals bayerischer Ministerpräsident, zugleich aber einer der bedeutendsten Zentrumsführer war, als Adressaten benannte.

Max Weber hatte schon vor Erhalt dieser Nachricht die Herstellung einer größeren Zahl von Exemplaren der Denkschrift mit Hilfe eines Hektographiergerätes in die Wege geleitet. Seiner Frau schrieb er noch am gleichen Tage, daß er „morgen eine Denkschrift an die Parteihäupter" schicken werde. Als Vorlage für die Herstellung dieser Exemplare diente eine Abschrift des dem Auswärtigen Amt am 10. März übersandten Exemplars, die offenbar recht eilig vorgenommen wurde und eine ganze Reihe von Abschreibfehlern und Auslassungen enthält, die nur zum Teil korrigiert worden sind. Sie trägt nunmehr die diesmal maschinengeschriebene Überschrift *Der verschärfte U-Boot-Krieg*. Diese Vorlage ist uns als solche nicht überliefert, dagegen insgesamt 6 hektographierte Exemplare. Eines von diesen letzteren Exemplaren übersandte Max Weber mit einem ausführlichen Anschreiben an Unterstaatssekretär Zimmermann. Letzteres ist undatiert, dürfte aber am 13. März verfaßt worden sein; es trägt den Eingangsvermerk und den Präsentationsstempel des Auswärtigen Amtes vom 13. März.

Offenbar am Sonntag, dem 12. März 1916, hat Max Weber die Denkschrift insgesamt 18 führenden Parlamentariern zugesandt. Damit sollte vermutlich einem seitens der Konservativen, der Nationalliberalen und eines Teils des Zentrums verabredeten gemeinsamen Vorstoß zugunsten des „uneingeschränkten U-Boot-Krieges" anläßlich der am 15. März bevorstehenden Eröffnung des Reichstages entgegengewirkt und die durch den am 12. März erfolgten Rücktritt des Staatssekretärs des Reichsmarineamts von Tirpitz in der Öffentlichkeit geschwächte Stellung des Reichskanzlers gestützt werden. Am 14. März fand eine Parteiführerbesprechung in der Reichskanzlei statt, die Bethmann Hollweg zum Anlaß nahm, um die Führer der Reichstagsparteien von einer öffentlichen Initiative für den unbeschränkten U-Boot-Krieg abzuhalten. Es ist zu vermuten, daß Weber diese Bemühungen mit der Versendung der Denkschrift seinerseits hat unterstützen wollen. Den im wesentlichen gleichlautenden Vermerken auf den versandten, sorgfältig numerierten Exemplaren zufolge hatte Weber 18 Exemplare an die Parteiführer und Herren der Parlamente sowie eines an Zimmermann versandt und die Gesamtzahl der Ausfertigungen mit 20 angegeben. Doch sind, da das Exemplar an Jastrow die Nummer 24 trägt, mindestens 24 Exemplare in Umlauf gekommen.

Max Weber schrieb der Denkschrift nur beschränkte Wirkungen zu, wie wir einem Brief an seine Frau vom 19. März 1916 entnehmen können:

„Der *Regierung* habe *ich* sicher nichts Neues gesagt, sondern ihr nur einen Dienst erwiesen. Die Sache ging an die Abgeordneten. *Vielleicht* hat sie den Abg[eordneten] Schiffer und einige wenige andere beeinflußt, vielleicht auch *etwas* die Centrumsleute, die aber auch an sich klug und bei der Regierung No. 1 sind. Aber wirklichen Effekt hat sie nur in *sehr* geringem Maße geübt, wenn überhaupt irgend welchen. Die Sache bei der Regierung *war* schon entschieden."

Immerhin hatte er die Genugtuung, daß der Vorstoß der Rechtsparteien im Reichstag zugunsten des unbeschränkten U-Boot-Krieges, der die Entscheidung vom 4. März noch einmal hätte ins Wanken bringen können, schließlich erfolgreich abgefangen wurde durch Annahme einer farblosen Erklärung, die freilich alles weiterhin in der Schwebe ließ.

Wir haben es im vorliegenden Fall mit einer relativ komplexen Überlieferungslage zu tun. Insgesamt liegen uns drei verschiedene Gruppen von Texten vor, die sowohl untereinander als auch in ihrer jeweiligen Gesamtheit mehr oder minder voneinander abweichen, nämlich

1. das dem Auswärtigen Amt am 10. März übersandte maschinenschriftliche Exemplar.
2. Sechs Exemplare der hektographierten „Reinschrift", nämlich das dem Unterstaatssekretär Zimmermann am 13. März 1916 zugesandte Exemplar, das sich in den Akten der Reichskanzlei befindet, sowie die für Matthias Erzberger, Friedrich Payer, Eugen Schiffer, Ignaz Jastrow und Gustav Stresemann bestimmten Exemplare (die sich in den jeweiligen Nachlässen gefunden haben – das Exemplar für Stresemann [PA AA Bonn, Nl. Stresemann, Bd. 162, H. 130ff., S. 481–496] wurde erst vor kurzem, nach Erscheinen von MWG I/15, entdeckt).
3. Die Druckfassung in der 1. Auflage der GPS S. 64–72, die vermutlich auf ein Marianne Weber vorliegendes Exemplar der hektographierten Reinschrift zurückgeht, sowie die von Felix Somary in seinen „Erinnerungen aus meinem Leben". – Zürich: Manesse-Verlag o. J.

[1959], S. 367–377, unter dem Titel *Warnung an Deutschland vor dem U-Boot-Krieg und seinen Folgen für Reich und Dynastie* veröffentlichte Fassung, in der er die als von ihm selbst herrührend bezeichneten Passagen gesondert ausgewiesen hat.

Der von Max Weber in seinem Schreiben an Zimmermann vom 13. März 1916 ausdrücklich als Exemplar der „Reinschrift" bezeichnete Teil ist eine offenbar von fremder Hand angefertigte maschinenschriftliche Abschrift des dem Auswärtigen Amt zugesandten Exemplars, in der eine ganze Reihe von Korrekturen vorgenommen worden sind, in die aber andererseits neue Schreibfehler und Auslassungen hineingekommen sind, welche nur teilweise bereits vor der Vervielfältigung verbessert wurden. Infolgedessen mußten die hektographierten Exemplare jedes für sich noch einmal nachträglich durchkorrigiert werden, und zwar teils von einer uns unbekannten dritten Hand, teils eigenhändig von Max Weber. Diese Korrekturen weichen in den uns überlieferten Exemplaren geringfügig voneinander ab.

Die Passagen, auf deren Urheberschaft Somary Anspruch erhebt, und die er in der von ihm veröffentlichten Fassung hervorgehoben hat, werden hier nicht besonders gekennzeichnet.

Dem Abdruck ist hier das dem Unterstaatssekretär Zimmermann zugesandte Exemplar der „Reinschrift" zugrundegelegt worden, unbeschadet der Tatsache, daß die Exemplare dieser Gruppe sämtlich geringfügig voneinander abweichen. Offensichtliche Verschreibungen wurden emendiert und die Numerierung der römisch paginierten Unterabschnitte im Text vereinheitlicht. Für die Textkonstitution und die Textvarianten vgl. MWG I/15, S. 112–14.

## *Protokoll der dritten Sitzung des Arbeitsausschusses für Mitteleuropa (Seite 49–50)*

Ende 1915 wurde von Friedrich Naumann die Gründung einer privaten, regierungsunabhängigen Vereinigung von Wirtschaftsführern, Politikern und Wirtschafts- und Sozialwissenschaftlern vorgeschlagen, in der Annahme, daß die amtliche Politik auf die Schaffung eines Wirtschafts- und Zollverbandes mit Österreich-Ungarn hinarbeite. Er sollte der Regierung mit Sachinformationen und der Analyse von Detailproblemen zuarbeiten. Max Weber verhielt sich ursprünglich zurückhaltend, bekundete dann aber Anfang Dezember 1915 seine Bereitschaft zur Mitarbeit.

Am 22. Februar 1916 nahm Weber an der konstituierenden Sitzung des „Arbeitsausschusses für Mitteleuropa" in Berlin teil. Laut Protokoll wurde ihm in der folgenden Sitzung am 28. Februar 1916 die Vorbereitung einer Untersuchung über die „wirtschaftlichen und finanziellen Verhältnisse von Kongreß-Polen und überhaupt die Wirtschaftsverhältnisse des gesamten polnischen Sprachgebietes" übertragen.

Die dritte Sitzung fand am 14. März 1916, „nachmittags 5 Uhr in den Räumen der Deutsch-Türkischen Vereinigung, Berlin, Schöneberger Ufer Nr. 36a" unter der Leitung von Max Weber statt und hatte die mitteleuropäischen Aspekte der austro-polnischen Lösung zum Gegenstand. Zu diesem Zeitpunkt war Max Weber bereits darüber informiert, daß die deutsche Regierung eine Angliederung Polens an Österreich-Ungarn nicht zulassen werde. Damit verringerte sich sein Interesse am Mitteleuropaprojekt entscheidend. Zwar verfaßte er noch das Protokoll über die dritte Sitzung, zog sich dann aber von der aktiven Mitwirkung am Arbeitsausschuß zurück.

Ein Manuskript ist nicht überliefert. Das hier zum Abdruck kommende *Protokoll der dritten Sitzung des Arbeitsausschusses für Mitteleuropa* folgt der dreiseitigen maschinenschriftlichen Fassung, die sich im Nachlaß Friedrich Naumann, ZStA Potsdam Nr. 29, Bl. 53–55, befindet.

## *Der Berliner Professoren-Aufruf (Seite 51)*

Die Frankfurter Zeitung veröffentlichte am 27. Juli 1916 einen Aufruf der Professoren Otto von Gierke, Wilhelm Kahl, Eduard Meyer, Dietrich Schäfer, Reinhold Seeberg, Adolph Wagner und Ulrich von Wilamowitz-Möllendorf unter dem Titel „Der Wille zum Sieg. Ein Aufruf Berliner Universitätsprofessoren". Darin hieß es u. a.:

„Wir haben das Schwert nicht in die Hand genommen, um es zu erobern. Nun wir es haben ziehen müssen, wollen, können und dürfen wir es nicht in die Scheide stecken, ohne einen Frieden gesichert zu haben, den auch die Feinde zu halten gezwungen sind. Der ist aber nicht zu erlangen ohne Mehrung unserer Macht, Ausdehnung des Bereiches, in dem unser Wille über Krieg und Frieden entscheidet. Dazu bedarf es sicherer Bürgschaften, ‚realer Garantien'. [. . .] Sollten wir der kleinen Entbehrungen wegen, die uns der Tag auferlegt, unsere Zukunft in Frage stellen können, sollten wir das tun, obgleich wir Sieger sind? Wir verdienen nicht ein Volk zu heißen und ein Reich zu haben, wenn es so wäre. So wollen wir denn *‚durchhalten'*, unverzagt und unerschüttert durchhalten und siegen, weil, wollen wir uns selber aufgeben, wir gar nicht anders können."

Dieser Aufruf war, wie aus einem Schreiben Max Webers an die Redaktion der Frankfurter Zeitung vom 27. Juli 1916 hervorgeht, zuvor u. a. an den Lehrkörper der Universität Heidelberg und auch an Max Weber selbst versandt worden. Er wurde in mehreren anderen großen deutschen Tageszeitungen, u. a. auszugsweise in der Vossischen Zeitung vom 27. Juli 1916, nachgedruckt. Mit dem Ziel, die Bedeutung des Aufrufs der Berliner Professoren herunterzuspielen, verfaßte Max Weber daraufhin den folgenden Aufruf. Dieser erschien, wohl aus taktischen Gründen, ohne Namensnennung, doch steht Webers Autorschaft außer Zweifel.

Ein Manuskript ist nicht überliefert. Eine von Marianne Weber veranlaßte maschinenschriftliche Abschrift, vermutlich des jetzt nicht mehr vorhandenen Originalmanuskripts, befindet sich im ZStA Merseburg, Rep. 92, Nl. Max Weber Nr. 30/10. Der Abdruck folgt dem Text, der unter der Überschrift „Der Berliner Professoren-Aufruf" in der Frankfurter Zeitung, Nr. 207 vom 28. Juli 1916, 1. Mo. Bl., S. 3, erschienen ist. Er wurde von der Frankfurter Zeitung mit der Vorbemerkung „Aus akademischen Kreisen schreibt man uns:" veröffentlicht.

## *Die wirtschaftliche Annäherung zwischen dem Deutschen Reiche und seinen Verbündeten (Seite 52–60)*

Nachdem Max Webers Bemühungen um eine amtliche Verwendung gescheitert waren, äußerte er die Absicht, sich an *„(privaten)* Vorarbeiten und Überlegungen über die Zukunft der Beziehung zu Österreich zu beteiligen, *wenn* das möglich ist". Neben der Teilnahme an den Sitzungen des Arbeitsausschusses für Mitteleuropa bot der Verein für Sozialpolitik (VfSP) eine Plattform, um die Möglichkeiten eines wirtschaftlichen Zusammenschlusses mit der Donaumonarchie zu diskutieren. In der Sitzung vom 24. März 1915 hatte der Ausschuß des Vereins beschlossen, Gutachten über die zentralen Probleme eines Zoll- und Wirtschaftsbündnisses zu erstellen. Als Ergebnis erschien Anfang 1916 der umfangreiche zweiteilige Band 155 der Schriften des VfSP mit dem Titel *Die wirtschaftliche Annäherung zwischen dem Deutschen Reiche und seinen Verbündeten*, der dezidierte Stellungnahmen sowohl für als auch gegen eine Zollbündnispolitik beinhaltete. In der Ausschußsitzung des VfSP am 6. April 1916 fand darüber hinaus eine ausgiebige „Aussprache" über die Mitteleuropafrage statt. Das vom Schriftleiter des VfSP, Franz Boese, erstellte Sitzungsprotokoll vermerkt dazu nur: „Die Aussprache gestaltete sich sehr angeregt und umfangreich. Sie dauert bis zur Mittagspause um 2 Uhr und setzt sich nach dieser von 4¼ bis um 6 Uhr fort." Am Vortage hatte Reichskanzler von Bethmann Hollweg erstmals die Absicht einer Angliederung ganz Kongreßpolens an das Deutsche Reich angedeutet. Dies stellte die Versammlung vor eine neue Ausgangslage und stärkte im einzelnen die Position Webers, dessen Votum für eine zollpolitische Annäherung Österreich-Ungarns an das Deutsche Reich gerade durch seine Vorbehalte gegen eine austro-polnische Lösung ausgelöst worden war.

Die Aussprache wurde vom stellvertretenden Vorsitzenden des VfSP, Heinrich Herkner, eröffnet. Als erster Redner sprach sich Othmar Spann als Österreicher für eine Zollvereinigung aus, allein schon aus rein volkswirtschaftlichen Gründen, da ein erweiterter Binnenmarkt zur Erhöhung der Nachfrage führen werde. Dessen Ergebnis werde nicht die Zerstörung von

Industrien durch überlegene deutsche Ausfuhren sein, sondern zunehmende Spezialisierung, also Wachstum. Im übrigen müsse sich die Volkswirtschaft den gemeinsamen politisch-nationalen Interessen Österreichs und des Deutschen Reiches unterordnen, auch wenn kurzfristige Einbußen für die deutsche Volkswirtschaft nicht auszuschließen seien.

Karl Diehl hielt als nächster Redner dagegen, daß eine Entscheidung ausschließlich unter „objektiven" volkswirtschaftlichen Gesichtspunkten gefällt werden dürfe. Bei dem großen Ungleichgewicht der Wirtschaftsverhältnisse sei einem Handelsvertrag der Vorzug vor einem engen Zollbündnis zu geben. Ergänzend betonte Julius Pierstorff, daß Österreich angesichts der Überlegenheit der deutschen Wirtschaft nicht auf Zölle verzichten könne, während umgekehrt die Rücksichtnahme der deutschen Wirtschaft auf den schwächeren Partner im Zollverband deren Handelspolitik nur behindere. Dagegen unterstützte Edgar Jaffé die Ansicht Spanns mit dem Hinweis, daß vor allem die Zukunft die Kartellpolitik der großen Verbände einen wirtschaftlichen Zusammenschluß notwendig mache. Walther Lotz stellte die prinzipielle Frage, ob überhaupt die Erkenntnis gesichert sei, daß beide Länder ihre Bevölkerung „selbstgenügsam" versorgen könnten, oder ob das gesamte Problem nicht auf die Ebene weltwirtschaftlicher Beziehungen gehoben werden müsse. Georg Gothein verwies auf die staatsrechtlichen Konsequenzen eines Zusammenschlusses. Da besonders die Arbeitsleistung einer gemeinsamen parlamentarischen Instanz nicht zu hoch zu veranschlagen sei, wäre der Ertrag in politischem Sinne gering. Im übrigen sei in den Erörterungen des Vereins die Valutafrage noch völlig unberücksichtigt.

Unmittelbar vor Max Weber sprach sich Ludo Moritz Hartmann, ebenso wie eingangs Spann, generell für das Zollbündnis aus, gab aber aufgrund seiner Einschätzung der gesellschaftlichen Verhältnisse Österreich-Ungarns folgendes zu bedenken: die Arbeiterschaft habe die Annäherung propagiert, werde aber bei Herabsetzung der Zölle zwischen Österreich und Deutschland kein Hinaufsetzen gegenüber Drittländern befürworten. Ferner gebe es interne Schwierigkeiten mit den Ungarn, die um ihre Eigenständigkeit fürchteten. Würden diese Aspekte hinreichend bedacht, so Hartmanns Fazit, werde sich an ein Zollbündnis die positive Erwartung einer Modernisierung auf industriellem, administrativem und politischem Gebiet knüpfen. Auf die Polenfrage zurückkommend, lieferte Max Weber dann den nachstehend abgedruckten Beitrag [1. Über Mitteleuropa und die polnische Frage]. In der anschließenden Spezialdebatte wurde u. a. das Thema „Bedenken gegen eine Erleichterung des Güteraustausches" aufgeworfen und zunächst Stellungnahme „a) von seiten der agrarischen Interessenten" erbeten. Daraufhin meldete sich als erster Max Weber mit den unten abgedruckten Ausführungen [2. Zum agrarischen Aspekt eines deutsch-österreichischen Zollbündnisses] zu Wort. Lebhafter wurde die Diskussion über die Einwände „b) von seiten der industriellen Interessenten". Als entschiedenster Opponent eines Zollbündnisses nahm Eulenburg als erster das Wort, und zwar unter direkter Bezugnahme auf Webers Darlegung über das polnische Problem. Eine politische Angliederung Polens an das Deutsche Reich stelle eine völlig neue Lage für die gesamte Volkswirtschaft dar und müsse gesondert behandelt werden. Unter rein wirtschaftlichen Gesichtpunkten sei er gegen ein Zollbündnis und bestenfalls für Handelsverträge, und zwar aus einem einfachen Grunde. Nicht weil deutsche Unternehmen ihre Absatzchancen geschmälert sehen – sie seien im Gegenteil von der Zugkraft neuer Märkte überzeugt –, sondern weil die österreichisch-ungarische Volkswirtschaft sich erst von innen heraus grundlegend reformieren müsse. Vorbedingungen einer Zollvereinigung seien Modernisierung im Schulwesen, im Kreditwesen und bei den Transportverhältnissen sowie zu deren Stützung Reformen der Verwaltung, der Steuergesetzgebung und des Aktienrechts, notfalls auch eine Änderung der politischen Machtverhältnisse. Vor allem hinsichtlich Ungarns seien ausreichende Kapitalinvestitionen Grundlage aller Reformen, beide Länder aber seien für Investitionen nicht attraktiv. Nur so sei eine Intensivierung der Landwirtschaft, verknüpft mit dem Gewerbe- und Industriebereich möglich, und dies erst mache Zollverhandlungen mit der deutschen massenverarbeitenden Industrie erfolgversprechend. Die Ausführungen Eulenburgs nahm Weber zum Anlaß, mit dem unten abgedruckten Beitrag [3. Über Ungarn und die Wünschbarkeit eines deutsch-österreichischen Zollbündnisses] erneut in die Debatte einzugreifen. Am Fortgang der Debatte, die noch die Themenkreise „3. Konkurrenz der Verbündeten Reiche auf den Orientmärkten" und „4. Verkehrspolitische Mittel zum Zwecke der Annäherung" behandelte, beteiligte er sich dann nicht mehr.

Im Anschluß an die „Aussprache" hat sich Weber gegen eine Veröffentlichung der Verhandlungen ausgesprochen, drang damit jedoch nicht durch. Vielmehr wurde beschlossen, die Ausführungen zu veröffentlichen, aber den Rednern Gelegenheit zu geben, ihre Ausführungen im Hinblick auf die politischen Rücksichten zu überarbeiten oder zu kürzen. Die stenographische Mitschrift der Aussprache wurde von Franz Boese redigiert und dann den Teilnehmern zur Überarbeitung zugestellt. Weber war mit der gekürzten Fassung seiner Beiträge überaus unzufrieden, wie aus einem Brief von Ende April an Boese hervorgeht:

„Ich mußte *so* viel ändern, daß der ganze Ton und Inhalt arg verschoben ist. Aber hätte ich nicht nunmehr, entsprechend den Streichungen des ausführlich Gesagten, kurz Angedeutetes weiter ausgesponnen, so wäre das Ganze eine absolute Nichtigkeit gewesen."

Weber hat seinen Text also eigenhändig überarbeitet; demnach darf die Druckfassung als von ihm autorisiert gelten. Für die zeitliche Einordnung ist demgemäß das Veröffentlichungsdatum vom 26. Oktober 1916 maßgebend.

Ein Manuskript ist nicht überliefert. Der Abdruck erfolgt nach den von Weber überarbeiteten stenographischen Protokollen: Die wirtschaftliche Annäherung zwischen dem Deutschen Reiche und seinen Verbündeten. Hg. im Auftrage des VfSP von Heinrich Herkner, 3. Teil, Aussprache in der Sitzung des Ausschusses vom 6. April 1916 zu Berlin (Schriften des VfSP Bd. 155, 3. Teil). – München und Leipzig: Duncker & Humblot 1916, S. 28–37, 42, 57–59.

## *Deutschland unter den europäischen Weltmächten (Seite 61–78)*

Im Sommer 1916 wurde Max Weber von zunehmender Erbitterung über die Agitation der äußersten Rechten erfaßt, die sich immer stärker gegen die Reichsregierung wandte und für extreme Kriegsziele eintrat. Im Mittelpunkt stand für ihn dabei die „U-Boot-Hysterie" weiter Kreise der Rechten, die die Regierung, ohne Rücksicht auf die schwerwiegenden außenpolitischen Folgen, insbesondere den mit Sicherheit zu erwartenden Kriegseintritt der Vereinigten Staaten von Amerika, durch eine forcierte Agitation dazu zwingen wollten, nunmehr, koste es was es wolle, zum uneingeschränkten U-Boot-Krieg überzugehen. Dies geschah in der Erwartung, England dann binnen kurzem in die Knie zwingen und einen Siegfrieden erreichen zu können, der die Durchsetzung der eigenen, weitgesteckten Kriegsziele erlauben würde. Max Weber hielt es für notwendig, diesen Bestrebungen mit allem Nachdruck entgegenzutreten. Dazu ergab sich im Herbst 1916 eine Gelegenheit. Der Vorsitzende der Fortschrittlichen Volkspartei in München, Georg Hohmann, gewann ihn für eine Rede.

Die Fortschrittliche Volkspartei meldete die Rede unter der Themenstellung „Deutschlands Interessen im Kriege und nach dem Kriege" beim Bayerischen Kriegsministerium an. In dem dort geführten Register der politischen Veranstaltungen ist dazu vermerkt: „ Skizze wird geschickt werden". Dies läßt vermuten, daß das überlieferte Stichwortmanuskript zugleich der Vorlage bei der Pressezensur gedient hat. Die Rede fand am 27. Oktober 1916 in München im Rahmen einer öffentlichen Versammlung der Fortschrittlichen Volkspartei über *Deutschlands weltpolitische Lage* statt.

Auf Bitten Friedrich Naumanns hat Weber den Vortrag anschließend auf der Grundlage des Stichwortmanuskripts für die Veröffentlichung in der Wochenschrift „Die Hilfe" ausgearbeitet. Der Vortrag erschien am 9. November 1916 in der „Hilfe". Allerdings wurden dort Webers Ausführungen über militärische Fragen, insbesondere seine scharfe Kritik an der U-Boot-Agitation der Konservativen und des Alldeutschen Verbandes, mit Rücksicht auf die Zensur ausgelassen.

Darüber hinaus wurde der Vortrag Ende 1916 in einem Sonderheft der „Hilfe", das von Friedrich Naumann herausgegeben wurde, neben Naumanns „Rede über den Krieg" und Wilhelm Heiles „Deutscher Siegeswille" erneut abgedruckt. Die Anregung dazu ging auf Heinrich Herkner zurück. Max Weber ergriff diese Gelegenheit, um den Vortrag nochmals geringfügig zu überarbeiten. Die seinerzeit ausgelassenen Passagen über die U-Boot-Agitation wurden auch hier nicht aufgenommen.

Das Stichwortmanuskript, das dem Vortrag zugrunde lag und vermutlich zuvor der Zensurbehörde zugeleitet wurde, ist uns überliefert. Es gelangte über Eduard Baumgarten in das Max Weber-Archiv München und befindet sich heute im Max Weber-Depot der Bayerischen Staatsbibliothek München. Es wurde im Vorstehenden zunächst abgedruckt.

Der Vortrag als solcher ist erstmals erschienen in: Die Hilfe, Wochenschrift für Politik, Literatur und Kunst, hg. von Friedrich Naumann, 22. Jg., Nr. 45 vom 9. November 1916, S. 735–741. Er trägt die Überschrift: *Deutschland unter den europäischen Weltmächten*. Dem Text ist folgende redaktionelle Bemerkung vorangestellt, die allerdings den Vortrag irrtümlich auf den 22. Oktober datiert:

„Dieser Aufsatz gibt den Inhalt eines Vortrages wieder, den Professor Dr. Max Weber am 22. Oktober in München gehalten hat. Mit Rücksicht auf die Zensur sind die Ausführungen gegen die Demagogie in rein militärischen Fragen fortgelassen."

Eine leicht überarbeitete Fassung erschien anschließend in: Deutscher Kriegs- und Friedenswille. Drei Reden (Die Hilfe. Wochenschrift für Politik, Literatur und Kunst, hg. von Friedrich Naumann, Sonderheft). – Berlin-Schöneberg: Verlag der „Hilfe", o. J. [1916], S. 7–13. Diese, laut Ankündigung in der „Hilfe", Nr. 49 vom 7. Dezember 1916, S. 807, in der zweiten Dezemberwoche ausgelieferte, Veröffentlichung liegt dem vorstehenden Abdruck zugrunde.

## *Deutschlands äußere und Preußens innere Politik* *I. Die Polenpolitik (Seite 79–83)*

Nicht zuletzt unter dem Einfluß der OHL, die hoffte, in Polen zusätzliche Truppen rekrutieren zu können, proklamierten die Mittelmächte am 5. November 1916 die Errichtung eines Königreichs Polen, das zwar im Innern weitgehende Autonomie genießen sollte, aber militärisch und außenpolitisch im Verband mit den Mittelmächten sein sollte. Die vorstehende Stellungnahme Max Webers entstand vor dem politischen Hintergrund der Bildung dieses polnischen Satellitenstaats. Unmittelbarer Anlaß war freilich die Polendebatte im preußischen Abgeordnetenhaus, die am 20. November 1916 ihren Anfang nahm und in der die amtliche Polenpolitik von seiten der Konservativen scharf angegriffen wurde. Die Auseinandersetzungen erreichten am 19. Januar 1917 einen vorläufigen Höhepunkt mit dem Rededuell zwischen dem Sprecher der Polen, Adalbert von Korfanty, und dem preußischen Innenminister, Friedrich Wilhelm von Loebell. Daraufhin sah sich Weber veranlaßt, in den nunmehr öffentlich ausgetragenen Konflikt über die zukünftige Politik in den polnischen Gebieten Preußens einzugreifen. In einem Schreiben an Friedrich Naumann vom 3. Februar 1917 heißt es u. a.: „Ich schreibe dieser Tage einige scharfe Bemerkungen zu v. Loebell's *Polen*rede. Nachher auch über diese Fideikommißsache. [...] Der ‚Burgfriede' ist ja doch vorbei." Webers Ausführungen lehnen sich eng an die Parlamentsreden Loebells und Korfantys an. Er dürfte sich dabei auf die Berichte in der Frankfurter Zeitung gestützt haben, welche die Novemberdebatte unter der Überschrift „Die Polenfrage im Landtag" und das Rededuell zwischen Korfanty und von Loebell im Januar unter der Überschrift „Fortsetzung der ersten Lesung des Etats" im Wortlaut abgedruckt hatte.

Der Artikel ist demnach wohl in der ersten Februarwoche 1917 verfaßt worden. Der Obertitel *Deutschlands äußere und Preußens innere Politik* dürfte von der Redaktion der Frankfurter Zeitung stammen. Er stand am 1. März auch über Webers Beitrag *Die Nobilitierung der Kriegsgewinne*, obgleich dieser eine selbständige Abhandlung darstellt. Da auch die Frankfurter Zeitung selbst beim Abdruck dieses Artikels ohne Erwähnung des Obertitels auf den Artikel *Die Polenpolitik* als einen selbständigen Beitrag zurückverwies, erscheint es angemessen, die beiden Artikel als selbständige Beiträge und nicht als Artikelfolge zu behandeln, auch wenn der gemeinsame, jedoch vermutlich nicht auf Max Weber selbst zurückgehende Obertitel dies zunächst nahelegt.

Ein Manuskript ist nicht überliefert. Der Abdruck folgt dem Text, der unter dem Obertitel *Deutschlands äußere und Preußens innere Politik* mit dem Titel *I. Die Polenpolitik* in der Frankfurter Zeitung, Nr. 55 vom 25. Februar 1917, 1. Mo. Bl., S. 1f., erschienen ist.

## *Deutschlands äußere und Preußens innere Politik*
## *II. Die Nobilitierung der Kriegsgewinne (Seite 84–89)*

Mehr noch als in der Polenfrage sah Max Weber durch die von den preußischen Konservativen erneut angestrengte Fideikommißvorlage die Grundsätze des Burgfriedens verletzt. Die bereits vor Kriegsausbruch eingebrachte und in erster Lesung beratene Vorlage hatte schon im Frühjahr 1915 behandelt werden sollen, doch war auf eine Intervention der Fortschrittspartei hin die weitere Beratung für die Dauer des Krieges von der preußischen Staatsregierung ausgesetzt worden. Im Herbst 1916 verlangten die Mitglieder des Herrenhauses Graf Heinrich Yorck und Leopold von Buch gleichwohl eine Wiedervorlage des Gesetzentwurfs, in offener Desavouierung der preußischen Staatsregierung. Der preußische Innenminister, Friedrich Wilhelm von Loebell, schloß sich in der Sitzung des Staatsministeriums am 24. Oktober 1916 diesem Votum mit dem Argument an, daß zu der durch die Neuordnungspolitik erfolgten „Linksorientierung" ein Gegengewicht geschaffen werden müsse. Um gemäß seiner Devise der „Politik der Diagonale" auch den Konservativen Entgegenkommen zu zeigen, ließ Bethmann Hollweg daraufhin die Wiedervorlage des Entwurfs zu. Dieser wurde am 16. Januar 1917 im preußischen Abgeordnetenhaus eingebracht. Die Absicht einer Wiedervorlage war in der linksliberalen und sozialdemokratischen Presse scharfer Kritik unterzogen worden; sie verdichtete sich nach dem 16. Januar zu einer regelrechten Pressekampagne.

Max Weber hatte 1904 bereits, anläßlich der damaligen Regierungsvorlage, im Archiv für Sozialwissenschaft und Sozialpolitik die Institution des Fideikommiß einer grundlegenden Kritik unterzogen: sie stelle ein prinzipielles Hindernis für die notwendige Kapitalisierung der Landwirtschaft dar. Jetzt kam hinzu, daß er von dem Vorstoß eine weitere Verschärfung der innenpolitischen Gegensätze erwartete, zum Schaden der Geschlossenheit der Nation.

Unter dem gleichen Obertitel *Deutschlands äußere und Preußens innere Politik* war am 25. Februar 1917 der Artikel *I. Die Polenpolitik* in der Frankfurter Zeitung erschienen. Eine Fußnote, die mit einem Sternchen an den Obertitel anbindet, stellt den Zusammenhang mit diesem Artikel her. Die beiden Beiträge stehen selbständig nebeneinander, der gemeinsame Obertitel dürfte von der Redaktion der Frankfurter Zeitung stammen.

Ein Manuskript ist nicht überliefert. Der Abdruck folgt dem Text, der unter dem Obertitel *Deutschlands äußere und Preußens innere Politik* mit dem Titel *II. Die Nobilitierung der Kriegsgewinne* in der Frankfurter Zeitung, Nr. 59 vom 1. März 1917, 1. Mo. Bl., S. 1f., erschienen ist.

## *Ein Wahlrechtsnotgesetz des Reichs (Seite 90–93)*
### *Das Recht der heimkehrenden Krieger*

Beeinflußt durch die zugespitzte innere Lage, dann aber auch durch die revolutionäre Entwicklung in Rußland, rückte die Frage der Reform des preußischen Dreiklassenwahlrechts im Frühjahr 1917 in den Mittelpunkt der innenpolitischen Auseinandersetzungen in Preußen und Deutschland. Schon in der Thronrede vom 13. Januar 1916 und in einer entsprechenden Erklärung des preußischen Innenministers, Friedrich Wilhelm von Loebell, war offiziell zugesagt worden, unmittelbar nach Friedensschluß mit den Arbeiten an der Reform des preußischen Dreiklassenwahlrechts zu beginnen. Die preußischen Konservativen waren über diese Entwicklung alarmiert und suchten sich ihr mit allen Mitteln entgegenzustellen. Die Speerspitze der Opposition war das preußische Herrenhaus. Am 9. März 1917 unterzogen Graf Heinrich Yorck und Leopold von Buch unter dem Beifall der großen Mehrheit der Mitglieder des Herrenhauses die Politik der „Neuorientierung" einer grundsätzlichen Kritik. Die allgemeine Empörung über diesen Bruch des „Burgfriedens" führte in der Umgebung des Reichskanzlers zu dem Schluß, daß eine eindeutige Erklärung der Regierung zugunsten der Wahlrechtsrefom nunmehr unabdingbar geworden sei, wolle diese nicht jeglichen Kredit in breiten Bevölkerungsschichten verlieren. Am 14. März 1917 gab Bethmann Hollweg die gewünschte Erklärung im preußischen Abgeordnetenhaus ab, betonte aber, daß angesichts der Kriegsverhältnisse eine Umgestaltung nicht sofort möglich sei. Die Linke begrüßte zwar die Worte des Reichskanzlers, war aber nach den Initiativen der Konservativen im preußischen Abgeordneten- und Herrenhaus nicht länger geneigt, ihrerseits in der Wahlrechtsfrage stillzuhalten.

Vor diesem Hintergrund entstand der Artikel *Ein Wahlrechtsnotgesetz des Reichs*. Die Grundlinie seiner Position hatte Max Weber bereits Anfang Februar in einem Brief an Friedrich Naumann skizziert:

„Und dann die Anregung: daß das *Reich gesetzlich* bestimmt: ‚jeder im Felde stehende hat, nach Großjährigkeit, in seinem Bundesstaat das Wahlrecht *bester Klasse* für jede gesetzgebende aus allgemeinen Wahlen hervorgehende Körperschaft'. (Es ist Anstandspflicht,) löst *praktisch* die Wahlrechtsfrage und greift, *formell*, nur *temporär* in die Verfassungen ein."

Weber gab diesem Artikel die Form einer rein privaten, von ihm mit „Prof. Max Weber, (Heidelberg)" gezeichneten Leserzuschrift, wie auch aus der von der Redaktion der Frankfurter Zeitung hinzugefügten Vorbemerkung „Wir erhalten folgende Zuschrift:" hervorgeht.

Ein Manuskript ist nicht überliefert. Der Abdruck folgt dem Text, der unter der Überschrift „Ein Wahlrechtsnotgesetz des Reichs" mit dem Untertitel „Das Recht der heimkehrenden Krieger" in der Frankfurter Zeitung, Nr. 86 vom 28. März 1917, 1. Mo. Bl., S. 2, erschienen ist.

## *Das preußische Wahlrecht (Seite 94–101)*

Mit seiner Leserzuschrift an die Frankfurter Zeitung vom 28. März 1917 hatte Max Weber erstmals direkt in die öffentlichen Auseinandersetzungen über die Reform des preußischen Dreiklassenwahlrechts eingegriffen. Vermutlich unmittelbar im Anschluß daran verfaßte er eine Analyse der preußischen Wahlrechtsfrage, die wohl von vornherein für die Publikation im Rahmen einer Artikelserie der „Europäischen Staats- und Wirtschafts-Zeitung" über „Die preußische Wahlrechtsreform" bestimmt gewesen ist. Die „Europäische Staats- und Wirtschafts-Zeitung" wurde von Heinrich von Frauendorfer und Edgar Jaffé, dem Max Weber durch die gemeinsame Herausgeberschaft des „Archivs für Sozialwissenschaft und Sozialpolitik" eng verbunden war, herausgegeben. Sie stand dem „Deutschen National-Ausschuß für einen ehrenvollen Frieden" nahe, der für eine gemäßigte Linie in der Kriegszielpolitik eintrat.

Der Artikel „Das preußische Wahlrecht" erschien als Teil 1 einer dreiteiligen Erörterung über „Die preußische Wahlrechtsreform". Es folgten Artikel von Freiherr Oktavio von Zedlitz und Neukirch sowie von Ludwig Quessel. Er entstand unter dem unmittelbaren Eindruck der revolutionären Vorgänge in Rußland im März und des drohenden Kriegseintritts der Vereinigten Staaten. Es darf davon ausgegangen werden, daß das Manuskript noch vor dem Erlaß der sog. „Osterbotschaft", in der formell die Einführung des geheimen, direkten und allgemeinen, nicht aber des gleichen Wahlrechts in Preußen in Aussicht gestellt wurde, also vor dem 7. April 1917, abgeschlossen war.

Ein Manuskript ist nicht überliefert. Der Abdruck folgt dem Text, der unter der Überschrift *Das preußische Wahlrecht* in: „Europäische Staats- und Wirtschafts-Zeitung", hg. von Heinrich von Frauendorfer und Edgar Jaffé, II. Jg., Nr. 16 vom 21. April 1917, S. 398–402, erschienen ist.

## *Die russische Revolution und der Friede (Seite 129–132)*

Am 8. März (23. Februar) 1917 brach in Petersburg die sog. Februarrevolution aus. Sie führte binnen weniger Tage zu einem vollständigen Sieg der revolutionären Kräfte. Bereits am 14. März wurde eine provisorische Regierung gebildet, der Fürst L'vov als Ministerpräsident und Innenminister, der Führer der liberalen Kadettenpartei, Miljukov, als Außenminister und Kerenskij als Justizminister angehörten. Einen Tag später unterzeichnete Zar Nikolaus II. seine Abdankungsurkunde. Gleichzeitig etablierte sich der Petersburger Arbeiter- und Soldatenrat als eine Art proletarischer Nebenregierung, die zwar den Bürgerlichen einstweilen die Exekutive überließ, deren politische Schritte jedoch scharf überwachte und zugleich die weitere Entwicklung agitatorisch beeinflußte. Am bedeutsamsten war in diesem Zusammenhang der Aufruf vom 27. (14.) März 1917, in dem der sofortige Abschluß eines allgemeinen Friedens „ohne

Annexionen und Kontributionen" gefordert wurde. Die atmosphärische Wirkung der Vorgänge in Rußland auf die übrigen kriegführenden Staaten, besonders auf Deutschland und Österreich-Ungarn, war außerordentlich groß. Die Sozialdemokraten machten sich binnen weniger Tage die Friedensformel des Petersburger Arbeiter- und Soldatenrats zu eigen.

Vor diesem politischen Hintergrund entstand der folgende Artikel. Weber bezweifelte, daß sich die politischen Verhältnisse grundlegend ändern würden, vielmehr rechnete er damit, daß aus der Revolution ein gestärktes konservatives Rußland hervorgehen würde: „So oder so kommt, da das Proletariat zu schwach und die Besitzenden *alle* (auch die ‚Kadetten') daran interessiert sind, Herstellung einer Monarchengewalt und damit die alte Lage, nur mit einem *stärkeren* Rußland. Dagegen gibt es absolut kein Mittel. Ich weiß nicht, ob Scheidemann das deutlich genug sieht." Mit dem Argument, daß sich nunmehr in Rußland eine „Scheindemokratie" etabliert habe, knüpfte Weber zugleich an seine Analysen der Revolution von 1905 an.

Ein Manuskript ist nicht überliefert. Der Abdruck folgt dem Text, der unter der Überschrift *Rußlands Übergang zur Scheindemokratie* in: „Die Hilfe", Wochenschrift für Literatur, Politik und Kunst, hg. von Friedrich Naumann, 23. Jg., Nr. 17 vom 26. April 1917, S. 272–279, erschienen ist.

## *Vorschläge zur Reform der Verfassung des Deutschen Reiches (Seite 116–128)*

Während der Haushaltsverhandlungen im Reichstag Ende März 1917 war von den Parteien der Linken, einschließlich der Nationalliberalen, eine Steigerung des Einflusses der Volksvertretung auf die Reichsleitung gefordert worden. In diesem Zusammenhang verständigten sich die Nationalliberalen, die Fortschrittliche Volkspartei und die Sozialdemokratie auf die Einsetzung eines Verfassungsausschusses, dem alle diesbezüglichen Einzelanträge zur Beratung überstellt werden sollten. Besonders Gustav Stresemann hatte sich in seiner Reichstagsrede vom 29. März 1917 für ein solches Vorgehen ausgesprochen. Am 30. März 1917 beschloß der Reichstag gegen den Widerstand der Regierung „einen besonderen Ausschuß von 28 Mitgliedern (Verfassungsausschuß) zu bilden für die Prüfung verfassungsrechtlicher Fragen, insbesondere der Zusammensetzung der Volksvertretung und ihres Verhältnisses zur Regierung". Der Verfassungsausschuß trat am 2. Mai zu seiner ersten, konstituierenden Sitzung zusammen und tagte dann in dichter Folge am 4., 5., 7., 8., 9., 10. und 11. Mai 1917. Außerordentlich starke Erregung bei Hofe über die Beratungen des Verfassungsausschusses, die zu einer Gefährdung der Stellung des Reichskanzlers Bethmann Hollweg führte, hat dann wohl dazu Anlaß gegeben, von weiteren Beratungen zunächst abzusehen.

Die Fortschrittliche Volkspartei war im Verfassungsausschuß durch Conrad Haußmann, Ernst Müller-Meiningen und Hermann Pachnicke vertreten und beabsichtigte, dort weitreichende Initiativanträge zur Parlamentarisierung des Reiches zu stellen. Zu diesem Zweck hatte sich Conrad Haußmann an Max Weber gewandt und um Vorschläge gebeten, die ihm dieser in einem Brief vom 29. April 1917 umgehend zusagte. Darin kündigte Weber an, er wolle, nach Konsultation eines Heidelberger Kollegen, dem Staatsrechtler Gerhard Anschütz, Vorschläge zu drei Punkten unterbreiten, nämlich zur Instruktion der Präsidialstimme im Bundesrat durch den Reichskanzler, zum Enqueterecht und zur Veröffentlichung kaiserlicher Äußerungen.

Mit Schreiben vom 1. Mai 1917 leitete Max Weber Haußmann „einen ausgearbeiteten Vorschlag" zu, „in welcher Form evtl. das dem Reichstag heute fehlende *Enqueterecht* in die Reichsverfassung und Reichsgesetzgebung eingeführt werden könnte, da dies kaum auf anderem Wege, insbesondere nicht, wie in England, durch eine bloße Änderung der heute geltenden Geschäftsordnung des Reichtag[s] möglich" sei. Darüber hinaus kündigte Max Weber weitere Gesetzentwürfe an; im selben Brief heißt es: „Über die beiden andren Punkte, welche ich mir gestattete[,] in meinem Brief zu berühren, werde ich mir erlauben[,] in einigen Tagen Ihnen einige Vorschläge zur Prüfung vorzulegen." Sie sind Haußmann nebst ausführlichen Begründungen mit einem auf den 5. Mai 1917 datierten Schreiben zugegangen. Es ist allerdings anzunehmen, daß die Entwürfe erst zwei Tage nach diesem Datum fertiggestellt und abgesandt worden sind. In einem auf den 7. Mai 1917 zu datierenden Schreiben Webers an Mina Tobler heißt es nämlich: „Ich saß in sehr atemloser Arbeit (Verfassungs-Gutachten – voraussichtlich ohne allen Erfolg, aber schließlich doch nötig, – man thut, was man kann) –, die heut früh fertig wurde".

Wenig später hat Max Weber seine Vorschläge zur Reform der Reichsverfassung dann auch öffentlich vorgetragen (möglicherweise im Benehmen mit Conrad Haußmann), zunächst in dem Artikel in der Frankfurter Zeitung *Die Abänderung des Artikels 9 der Reichsverfassung* und dann in seiner großen Artikelserie in der Frankfurter Zeitung, die später zur Broschüre *Parlament und Regierung im neugeordneten Deutschland. Zur politischen Kritik des Beamtentums und Parteiwesens* umgearbeitet wurde.

Manuskripte sind nicht überliefert. Auch die Originale der hier erstmals zum Abdruck kommenden Entwürfe haben sich weder im Nachlaß Conrad Haußmanns im HStA Stuttgart noch in Privatbesitz auffinden lassen. Dagegen befinden sich die beiden dazugehörigen Begleitschreiben im Privatbesitz des Sohnes, Robert Haußmann. Das Schreiben Max Webers vom 1. Mai 1917 trägt einen um 1920 vorgenommenen Vermerk von fremder Hand: „Je 1 Abschrift d. Schreiben v. 1. u. 5. Mai 17 herstellen *ohne Anlagen*. NB: Die umfangreichen Denkschriften liegen hier." Die Entwürfe befanden sich damals also noch im Besitz Conrad Haußmanns. Da Marianne Weber Einzelheiten der Entwürfe im *Lebensbild*, die nicht den Begleitschreiben entnommen werden konnten, mitteilt, sind ihr von Haußmann Exemplare der Texte, möglicherweise die Originale selbst, zur Verfügung gestellt worden. Das Konvolut Nr. 16 im Nachlaß Max Weber, im ZStA Merseburg, trägt den Vermerk: „Briefe an C. Haußmann", doch ist dieses heute leer. Wahrscheinlich sind die Briefe demnach zu einem späteren Zeitpunkt von Marianne Weber an Conrad Haußmann zurückgegeben worden.

Dagegen haben sich in dem jüngst erschlossenen Nachlaß von Hajo Holborn Abschriften von Webers Vorschlägen zur Änderung der Verfassung des Deutschen Reichs sowie der beiden Begleitschreiben vom 1. und 5. Mai 1917 gefunden, die Holborn Ende der 20er Jahre anläßlich seiner Vorarbeiten zu einer Studie über die Weimarer Reichsverfassung veranlaßt oder selbst angefertigt haben dürfte. Nach Schöllgen, dem wir den Hinweis auf diesen wichtigen Quellenfund verdanken, sind ihm die Entwürfe von Marianne Weber zugänglich gemacht worden. Die Abschriften befinden sich im Nachlaß Hajo Holborns in der Yale University Library, New Haven, Connecticut, group No. 579, No. 2/38, Bl. 1–13 und Bl. 1–10. Der Vergleich der Briefabschriften mit den Originalen, ebenso wie die Tatsache, daß die Abschriften eine Reihe von auf die 20er Jahre hinweisenden Abschreibfehlern (z. B. „Reichspräsident" statt „Reichstagspräsident") aufweisen, verdeutlichen, daß diese Abschriften nicht auf die Entstehungszeit der Texte selbst zurückgehen, sondern wesentlich später vorgenommen worden sind. Auf dem ersten Blatt des Konvoluts, betreffend das Enquete-Recht, steht der Vermerk: *„– Abschrift – 1. Mai 1917 – Max Weber an Haußmann*". Das zweite Konvolut vom 5. Mai 1917 trägt auf dem ersten Blatt nur den Vermerk: *„Abschrift.* Max Weber an Haußmann".

Diese Abschriften sind dem Druck hier zugrundegelegt. Dabei sind eine Reihe sinnentstellender Abschreibfehler emendiert worden.

## *Die russische Revolution und der Friede (Seite 129–132)*

Im März 1917 geriet die Provisorische Regierung Rußlands über der Frage der Bündnisverpflichtungen Rußlands gegenüber den Alliierten Mächten in einen schwerwiegenden Konflikt mit dem Petersburger Arbeiter- und Soldatenrat. Während die Provisorische Regierung an den Kriegszielvereinbarungen der Zaristischen Regierung mit den Alliierten Mächten festhielt, appellierte der Petersburger Arbeiter- und Soldatenrat in seinem Aufruf vom 27. (14.) März 1917 an alle kriegführenden Völker, einen sofortigen Frieden ohne Annexionen und Kontributionen zu schließen. Gleichwohl versicherte Miljukov, der Außenminister der Provisorischen Regierung, noch Ende April/Anfang Mai sowohl gegenüber den Botschaftern der Alliierten Mächte als auch gegenüber der internationalen Presse, daß sich „der nationale Wille, den *Weltkrieg bis zum entscheidenden Siege fortzusetzen*", noch verstärkt habe. Weber nahm diese sog. „April-Krise" angesichts der starken Wirkung des Aufrufs des Arbeiter- und Soldatenrats zugunsten eines unverzüglichen Friedensschlusses auf die öffentliche Meinung in den Mittelmächten zum Anlaß einer entschiedenen Stellungnahme gegen nach seiner Ansicht unangebrachte Friedenserwartungen in der damals wohl einflußreichsten liberalen Zeitung in Deutschland, dem Berliner Tageblatt.

Als Informationsgrundlage für seine Ausführungen dürfte Weber im wesentlichen ein am 8. Mai 1917 in der Frankfurter Zeitung veröffentlichter Bericht über „Die Friedensfrage in Rußland" gedient haben. Am 10. Mai 1917 schrieb er an Ludo Moritz Hartmann mit einem Seitenhieb auf die Berichterstattung der Wiener sozialdemokratischen „Arbeiterzeitung": „Was es mit der russischen ‚Freiheit' auf sich hat – der Duma, den Herren Gutschkow, Rodsjanko, Miljukow, den ärgsten Kriegshetzern und Imperialisten – könnte schließlich auch V[ictor] Adler wissen". Der Artikel dürfte in eben diesen Tagen entstanden sein.

Das Berliner Tageblatt stellte dem – mit „Nachdruck verboten" gekennzeichneten – Artikel folgende redaktionelle Bemerkung voran: „Obgleich wir nicht in allen Punkten die hier dargelegten Ansichten Professor Max Webers teilen[,] halten wir es doch für geboten, die Ausführungen des geistvollen Heidelberger Gelehrten wiederzugeben. Die Redaktion."

Ein Manuskript ist nicht überliefert. Der Abdruck folgt dem Text, der unter der Überschrift *Die russische Revolution und der Friede* im Berliner Tageblatt, Nr. 241 vom 12. Mai 1917, Ab.Bl., S. 1f., erschienen ist.

## *Die Lehren der deutschen Kanzlerkrisis (Seite 133–136)*

Am 6. Juli 1917 erklärte der Zentrumsabgeordnete Matthias Erzberger in einer großen Rede im Hauptausschuß des deutschen Reichstags die Erwartungen, die der Admiralstab und die Regierung in die Wirkungen des uneingeschränkten U-Boot-Krieges gesetzt hatten, für völlig unrealistisch. Im Hintergrund stand dabei Erzbergers Befürchtung, daß ein Zusammenbruch des Habsburgerreiches nicht mehr auszuschließen sei. Angesichts dieser Situation forderte Erzberger eine Initiative des Reichstags, um den Weg für einen Verständigungsfrieden freizumachen. Diese Rede gab den Anstoß zur Bildung einer Koalition von Sozialdemokraten, Fortschrittspartei und Zentrum, dem sich mit gewissen Einschränkungen auch die Nationalliberale Partei anschloß, die sich in dem sog. Interfraktionellen Ausschuß einen gemeinsamen Aktionsausschuß schuf. Dieser befaßte sich in seiner ersten Sitzung am 6. Juli 1917 sogleich mit der Beratung einer öffentlichen Erklärung zugunsten eines Verständigungsfriedens. Diese wurde als „Juliresolution" am 19. Juli 1917 im Reichstag angenommen.

Am 13. Juli 1917 war es, infolge eines quer zu den politischen Fronten verlaufenden Zusammenspiels zwischen den Parlamentariern der Reichstagsmehrheit und der OHL unter Hindenburg und Ludendorff, zum Sturz des Reichskanzlers Bethmann Hollweg gekommen. In der Folge unternahm die Reichstagsmehrheit jedoch nicht den Versuch, ihrerseits einen ihr nahestehenden Kandidaten, der als aussichtsreich hätte gelten können, ins Spiel zu bringen. Am Ende wurde Georg Michaelis, bisher Unterstaatssekretär im Preußischen Finanzministerium, der sich zwar als hervorragender Verwaltungsfachmann einen Namen gemacht hatte, aber ansonsten politisch kaum hervorgetreten war, zum Reichskanzler berufen.

Max Weber war mit den Zielen der Reichstagsmehrheit, besonders was die Steigerung des Einflusses der Parteien auf die Regierung anging, vollkommen einverstanden. Allerdings bedauerte er die Verquickung von Verfassungs- und Friedensfrage, da dies im gegnerischen Lager als ein erstes Anzeichen für einen bevorstehenden inneren Zusammenbruch gewertet werden könnte. Am 21. Juli 1917 meinte er in einem Brief an seine Frau Marianne zum Sturz des Kanzlers: „Ja *weshalb* Bethmann gestürzt ist? Man übersieht die Situation von hier aus absolut nicht. Aber den *Schluß*stein bildete die *Wahlrechts*-Order. Man fand, daß die in einem Augenblick allgemeiner Verwirrung nicht am Platz war und daß der Nachfolger sie hätte erlassen sollen (oder B[ethmann] selbst *nach* Lösung der Krisis). Im Übrigen: Unentschlossenheit. Das Benehmen Erzberger's war ja *nicht* schön, und nun suchte man nach einem Sündenbock. Völlig versagt hat natürlich der Kaiser. Ebenso Helfferich. Die allgemeine Grundlage war die Wuth über die irreführenden U-Boot-Versprechungen. – Der ‚neue Mann' ist sicher ein glänzender *Beamter*. Ob auch ein Staatsmann? Die erste [Stunde] beweist es noch *nicht*, eher das Gegenteil: ein Bethmann mit mehr Willenskraft. Das ist ja ein Vorteil, aber genügt doch nicht."

Etwa zur gleichen Zeit oder wenige Tage später muß die Frankfurter Zeitung mit der Bitte um einen Artikel zur Kanzlerkrisis an Weber herangetreten sein, denn Weber schrieb am 1. August an Marianne: „Gar nichts fällt mir ein. Nicht einmal der der ‚Frankf[urter] Zeitung' zugesagte Artikel über die ‚*Krise*' will gelingen, trotz Telegrammen, die mich dringend mahnen: es geht nicht." Der Artikel ist erst fünf Wochen später, am 7. September 1917, erschienen.

Ein Manuskript ist nicht überliefert. Der Abdruck folgt dem Text, der unter der Überschrift *Die Lehren der deutschen Kanzlerkrisis* in der Frankfurter Zeitung, Nr. 247 vom 7. September 1917, 1. Mo. Bl., S. 1, erschienen ist.

## *Die Abänderung des Artikels 9 der Reichsverfassung (Seite 137–139)*

Max Weber hatte für Conrad Haußmann, den Sprecher der Fortschrittlichen Volkspartei im Verfassungsausschuß des Reichstages, einige *Vorschläge zur Reform der Verfassung des Deutschen Reiches* ausgearbeitet. Im wesentlichen regte Weber die folgenden Maßnahmen an: Kontrolle der Veröffentlichung politischer Äußerungen des Monarchen; Gewährung des Enqueterechts an den Reichstag; Schaffung eines Kronrats zur Kontrolle des „persönlichen Regiments" des Kaisers; die verfassungsmäßige Festschreibung der Verbindung des Amtes des Reichskanzlers mit jenem des preußischen Außenministers sowie schließlich die Abschaffung des zweiten Satzes des Artikels 9 der Reichsverfassung, welcher lautete: „Niemand kann gleichzeitig Mitglied des Bundesrathes und des Reichstages sein." Max Weber hielt dies für eine der problematischsten Bestimmungen der Reichsverfassung, weil damit die Möglichkeit blokkiert wurde, daß die Vertreter der Parteien, unter Beibehaltung ihres Reichstagsmandats, in Minister- bzw. Staatssekretärsstellen aufsteigen konnten, da für eine effektive Ausfüllung dieser Ämter fast zwangsläufig die Ernennung zu preußischen Bevollmächtigten im Bundesrat erforderlich war. Ohne Streichung dieser Bestimmung schien eine Reform der Verfassung sinnlos zu sein. Die Fortschrittliche Volkspartei brachte dann auch im Verfassungsausschuß den Antrag ein, die Inkompatibilität zwischen der Mitgliedschaft im Reichstag und im Bundesrat aufzuheben. Jedoch erhoben sich dagegen im Reichstag und ebenso in der Öffentlichkeit, insbesondere von konservativer Seite, erhebliche Widerstände.

In der Sitzung des Hauptausschusses des Reichstags vom 25. August 1917 kam die Frage der eventuellen Aufhebung des zweiten Satzes des Artikels 9 erneut zur Sprache. Der neue Reichskanzler Michaelis äußerte sich dahingehend, daß mit der soeben erfolgten Berufung von führenden Parlamentariern in preußische sowie in Reichsämter ein entscheidender Reformschritt erfolgt sei, daß aber der konstitutionelle Rahmen des Reichsaufbaus nicht weiter verändert werden solle. Die Mehrheitsparteien des Reichstags sahen darin den Versuch, ihre Bestrebungen, einen schrittweisen Übergang zum Parlamentarismus in die Wege zu leiten, erneut abzublocken. Unter diesen Umständen beantragte der Abgeordnete der Fortschrittlichen Volkspartei Friedrich von Payer erneut die Aufhebung des umstrittenen Artikels. In dieser zugespitzten Situation ersuchte Conrad Haußmann Max Weber am 3. September 1917 um eine neuerliche Stellungnahme zu dieser Frage. Dieser antwortete umgehend: „Es würde genügen, die Bestimmung *so* zu fassen: (*Zusatz* zu Art. 9) ‚*Der vorstehende Satz findet auf den Reichskanzler und die Staatssekretäre des Reiches keine Anwendung*'," und kündigte gleichzeitig an, daß er zum selben Thema einen Artikel in der Frankfurter Zeitung erscheinen lassen werde, „voraussichtlich unter Chiffre". Dieser Artikel erschien anonym unter der Überschrift *Die Abänderung des Artikels 9 der Reichsverfassung.*

Ein Manuskript ist nicht überliefert. Der Abdruck folgt dem Text, der unter der Überschrift *Die Abänderung des Artikels 9 der Reichsverfassung* in der Frankfurter Zeitung, Nr. 248 vom 8. September 1917, 1. Mo. Bl., S. 1, erschienen ist.

## *Die siebente deutsche Kriegsanleihe (Seite 140–142)*

Das Deutsche Reich brachte die Mittel zur Finanzierung des Krieges nicht durch Erhebung besonderer Kriegssteuern, sondern durch Anleihen auf. Bis zum Sommer 1917 waren sechs

Kriegsanleihen aufgelegt worden, die insgesamt 59 Milliarden Reichsmark erbracht hatten. Die siebte Kriegsanleihe wurde vom 19. September bis zum 18. Oktober zur Zeichnung aufgelegt.

Max Webers werbender Aufruf in der Frankfurter Zeitung zugunsten der Zeichnung, verbunden mit Polemik gegen die Kriegsführung der Alliierten, war nicht zuletzt eine Reaktion auf die Diskussionen, zu denen es in Folge der Auseinandersetzungen über die Friedensresolution des Reichstags in der Öffentlichkeit gekommen war. Weber fürchtete, daß zu hoch gespannte Friedenserwartungen negative Auswirkungen auf den Durchhaltewillen der Nation haben könnten. Privat hatte er in diesen Wochen – der Zeit der Brusilov-Offensive – wiederholt vor einem Bloßstellen gegenüber den gegnerischen Mächten gewarnt. Er hatte es aus diesem Grunde auch abgelehnt, in München auf einer Kundgebung „Für einen Verständigungsfrieden gegen einen Machtfrieden" zu sprechen.

Ein Manuskript ist nicht überliefert. Der Abdruck folgt dem Text, der unter der Überschrift *Die siebente deutsche Kriegsanleihe* in der Frankfurter Zeitung, Nr. 258 vom 18. September 1917, 1. Mo. Bl., S. 1f., erschienen ist.

## *Vaterland und Vaterlandspartei (Seite 143–145)*

Am 23. August 1917 wurde die „Deutsche Vaterlandspartei" als eine dem Anspruch nach überparteiliche Sammlungsbewegung der Rechten gegründet. Gründungsmitglied war u. a. der Führer der gegen Bethman Hollweg gerichteten Kanzlerfronde, Wolfgang Kapp; zum ersten Vorsitzenden wurde, zusammen mit Johann Albrecht Herzog zu Mecklenburg, der Großadmiral Alfred von Tirpitz bestellt; der Vorsitzende des Alldeutschen Verbandes, Heinrich Claß, und der Berliner Historiker Dietrich Schäfer gehörten ihr ebenfalls an. Der Vaterlandspartei gelang es, binnen kurzem in 2500 Ortsgruppen ca. 1,25 Millionen Mitglieder zu organisieren. Die Vaterlandspartei trat am 2. September mit einem Gründungsaufruf an die Öffentlichkeit, der sich in scharfer Form gegen den Gedanken eines Verständigungsfriedens und die Idee der inneren Neuordnung erklärte.

Damit wurde die gemäßigte Position der Mehrheitsparteien des Reichstags grundsätzlich und in durchaus bedrohlicher Weise in Frage gestellt. Max Weber sah sich veranlaßt, sie mit dem nachstehend abgedruckten Artikel zu unterstützen. Wie aus einem Brief des Hauptschriftleiters der Münchner Neuesten Nachrichten, Ernst Posselt, an Max Weber hervorgeht, wurden aus politischen Erwägungen heraus einige Änderungen am Manuskript vorgenommen: „Mit Ihrer Erlaubnis haben wir nur einige Sätze über die Nationalliberalen weggelassen, und zwar aus taktischen Gründen mit Rücksicht auf die bayerischen Angehörigen dieser Partei, die ja doch mit einem anderen Maß zu messen sind als ihre norddeutschen Genossen und die wir doch noch immer für die geeinigte Linke in Bayern zu gewinnen hoffen."

Ein Manuskript ist nicht überliefert. Der Abdruck folgt dem Text, der unter der Überschrift *Vaterland und Vaterlandspartei* in den Münchner Neuesten Nachrichten, Nr. 494 vom 30. September 1917, S. 1f., erschienen ist.

## *Bayern und die Parlamentarisierung im Reich (Seite 146–151)*

Gegen die von den Mehrheitsparteien geforderte Parlamentarisierung der Verfassung des Deutschen Reiches äußerten die Bundesstaaten, insbesondere Bayern, schwerwiegende Bedenken. Sie wiesen darauf hin, daß im Falle einer Parlamentarisierung der Reichsverfassung die Reichsregierung nicht mehr von den im Bundesrat zusammengeschlossenen verbündeten Regierungen getragen, sondern allein vom zentral gewählten Reichstag abhängig sein würde. Dadurch würde die Mitwirkung der Bundesstaaten an der Exekutive in unzulässiger Weise beschnitten. Besonders heftig waren die bayerischen Reaktionen. Der bayerische Ministerpräsident Graf Hertling fuhr am 12. Juli nach Berlin, um gegen die befürchtete Mediatisierung der Einzelstaaten zu protestieren. Gleichzeitig veröffentlichte die Bayerische Staatszeitung am 12. Juli einen vielbeachteten Leitartikel unter der Überschrift: „Der Ruf nach einer Parlamentarisierung", in dem detailliert die über eine Einführung des Reichstagswahlrechts in Preußen hinausgehenden Programmpunkte der „Neuorientierung“ in ihren negativen Konsequenzen für die Bundesstaaten aufgezeigt wurden. Vermutlich veranlaßte dieser Artikel auf dem Höhepunkt der Julikrise Weber dazu, für die Münchner Neuesten Nachrichten eine Widerlegung der föderalistischen Bedenken Bayerns zu verfassen. Daß Weber mit den Münchner Neuesten Nachrichten ein einflußreiches bayerisches Zeitungsorgan zur Verfügung stand, dürfte durch den Herausgeben-den Chefredakteur, Karl Eugen Müller, vermittelt worden sein. So jedenfalls äußerte sich Weber Anfang September 1917. In diesem Brief berichtete er zugleich über eine vertrauliche Mitteilung Conrad Haußmanns, wonach die Krise im Juli/August auch unter dem Einfluß seines Artikels in der Frankfurter Zeitung vom 24. Juni gestanden habe: „Aber *Erzberger* ist ein Esel. Es handelt sich jetzt darum, die Sache auch unter *föderalistischen* Gesichtspunkten zu behandeln. Natürlich *sehr* vorsichtig und unter dem Vorbehalt, daß *jede* Korrektur, welche Dr. Müller für opportun hält, vorgenommen wird. Hertling's Einspruch gegen die Parlamentarisierung war ein rechtes Unglück. Der legitime Einfluß Bayerns auf die Politik des Reichs muß in anderer Art gewahrt werden.“

Ein Manuskript ist nicht überliefert. Der Abdruck folgt dem Text, der in zwei Teilen unter den Überschriften *Bayern und die Parlamentarisierung im Reich I.* und *Bayern und die Parlamentarisierung im Reich II.* jeweils in den Münchner Neuesten Nachrichten, Nr. 522 vom 15. Oktober 1917, Ab. Bl., S. 1 und Nr. 525 vom 17. Oktober 1917, Mo. Bl., S. 1f., erschienen ist.

## *„Bismarcks Erbe in der Reichsverfassung“ (Seite 152–154)*

Der Nachfolger Bethmann Hollwegs, Reichskanzler Georg Michaelis, hatte mit der Aufnahme einer beschränkten Zahl von Parlamentariern in das preußische Staatsministerium bzw. deren Berufung zu Staatssekretären ohne Portefeuille einen ersten Schritt zur Parlamentarisierung der Reichsverfassung getan. Gleichzeitig hatte der sog. „Interfraktionelle Ausschuß“ seit seiner Konstituierung im Juli 1917 in kontinuierlichen Beratungen eine effektive Koordinierung des politischen Vorgehens der Mehrheitsparteien im Reichstag erreicht. Vor diesem Hintergrund erschien im Frühherbst 1917 die Schrift des Berliner Staatsrechtlers Erich Kaufmann, „Bismarcks Erbe in der Reichsverfassung“, die sich mit der Eigenart der Bismarckschen Verfassungskonstruktion unter dem Gesichtspunkt der von den Mehrheitsparteien gewünschten Parlamentarisierung beschäftigte.

Max Weber selbst hatte sich bereits in seinem Artikel über *Die Erbschaft Bismarcks* vom 27. Mai 1917 mit diesen Problemen auseinandergesetzt. Das Buch von Kaufmann gab ihm Anlaß, in Form einer Rezension erneut in die Debatte einzugreifen.

Ein Manuskript ist nicht überliefert. Der Abdruck folgt dem Text, der unter der Überschrift *Bismarcks Erbe in der Reichsverfassung* in der Frankfurter Zeitung, Nr. 298 vom 28. Oktober 1917, 1. Mo. Bl., S. 3, erschienen ist.

## *Wahlrecht und Demokratie in Deutschland (Seite 155–189)*

Im November 1917 begannen Wilhelm Heile und Walther Schotte mit der Herausgabe der Schriftenreihe „Der deutsche Volksstaat. Schriften zur inneren Politik“. In dieser Reihe sollten laut Verlagsankündigung im wesentlichen Repräsentanten der Nationalliberalen, der Fortschrittspartei und der Mehrheitssozialdemokratie zu den wichtigsten Fragen der innenpolitischen Neuorientierung zu Wort kommen. Als erstes Heft erschien um den 20. November „Der Kaiser im Volksstaat“ von Friedrich Naumann. Als Heft 2 dieser Reihe erschien kurz vor dem 6. Dezember Max Webers Aufsatz *Wahlrecht und Demokratie in Deutschland*. Dabei konnten die Herausgeber auf ein Manuskript Webers zurückgreifen, das „schon vor längerer Zeit geschrieben worden“ war, wie Wilhelm Heile anläßlich eines auszugsweisen Vorabdrucks in der „Hilfe“ in einer redaktionellen Vorbemerkung mitteilte. Jedoch hat Weber diese Abhandlung mit Sicherheit erst nach der Julikrise 1917 in Angriff genommen, setzt sie doch den kaiserlichen

Erlaß vom 11. Juli 1917 als bekannt voraus. Einiges spricht dafür, daß er sie noch vor der dritten Beratungsrunde des Verfassungsausschusses am 27. September fertiggestellt hat, denn an diesem Tag beschloß der Ausschuß auf Antrag Conrad Haußmanns, den Schlußsatz des Artikels 9 der Reichsverfassung, „Niemand kann gleichzeitig Mitglied des Bundesrathes und des Reichstages sein", zu streichen. Weber selbst hatte stets auf eine solche Verfassungsänderung gedrängt und hätte vermutlich auf den Beschluß des Ausschusses Bezug genommen.

Ungeachtet des kaiserlichen Reformerlasses vom 11. Juli 1917 hatten sich Herren- wie Abgeordnetenhaus und die Mehrheit der preußischen Staatsminister der Gewährung des gleichen Wahlrechts widersetzt. Die alten Pläne für ein Pluralwahlrecht wurden erneut hervorgeholt, und die Konservative Partei setzte Anfang August eine Wahlrechtskommission ein, die weitere Alternativvorschläge ausarbeiten sollte. Sie trat schließlich im September mit dem Vorschlag eines berufsständischen Wahlrechts an die Öffentlichkeit. Webers Aufsatz setzt sich damit direkt auseinander und dürfte demnach in jenen Wochen entstanden sein.

Ein Manuskript ist nicht überliefert. Der Abdruck folgt dem Text, der als eigenständige Broschüre: Wahlrecht und Demokratie in Deutschland (Der deutsche Volksstaat. Schriften zur inneren Politik, hg. von Wilhelm Heile und Walther Schotte, Heft 2). – Berlin-Schöneberg: Fortschritt (Buchverlag der „Hilfe" GmbH) 1917, erschienen ist.

Webers eigene Anmerkungen, dort auf jeder Seite neu gezählt, sind hier fortlaufend durchnumeriert.

## *Schwert und Parteikampf (Seite 190)*

Auf Einladung der Fortschrittlichen Volkspartei hielt der Berliner Reichstagsabgeordnete Julius Kopsch am 1. Dezember 1917 in Heidelberg einen Vortrag über „Friedenskundgebung des Reichstages, Vaterlandspartei, Kanzlerwechsel". In der anschließenden Diskussion unterzog Max Weber die Ziele der Vaterlandspartei einer scharfen Kritik. Am Tag darauf fand in Heidelberg eine Versammlung der Vaterlandspartei statt. In ihrer Ausgabe vom 8. Dezember 1917 druckte das Heidelberger Tageblatt eine anonyme Zuschrift ab, die mit „Ein Bürger, der in beiden Versammlungen war" unterzeichnet war; deren zentrale Passage lautete: „Der Satz, daß die Feder wieder gut macht, was das Schwert verdorben hat, – ein Satz, der in der letzten Versammlung der fortschrittlichen Volkspartei von einem hiesigen Universitätsprofessor öffentlich ausgesprochen wurde, gereicht weder der Universität noch der fortschrittlichen Volkspartei zur Ehre. Eine solch frivole Äußerung, zumal aus dem Munde eines Universitätsprofessors, ist bedauerlich." Diese anonyme Zuschrift beantwortete Weber mit der nachstehenden Erklärung. Zuvor hatte Weber den Heidelberger Professor der Archäologie, Friedrich von Duhn, dem diese Anschuldigung zugeschrieben wurde, in einem Schreiben vom 5. Dezember 1917 schriftlich um Aufklärung des Vorgangs gebeten: „Sie sollen diese (oder eine im Sinn nach Dem entsprechende) Äußerung als ‚durchaus frivol' bezeichnet und entweder *mir* zugeschrieben oder in einer Art weitergegeben haben, welche die Annahme nahe gelegt habe, daß sie (so oder ähnlich) von *mir* gemacht worden sei."

Offensichtlich hat es wegen dieser Äußerung noch weitere Zuschriften an das Heidelberger Tageblatt gegeben, denn dieses stellte dem Abdruck der Weberschen Erklärung die Bemerkung nach: „Die übrigen Eingesandts in dieser Angelegenheit sind durch die vorstehende Erklärung Prof. Max Webers erledigt." Die Frankfurter Zeitung druckte die im Heidelberger Tageblatt veröffentlichte Zuschrift Webers drei Tage später nach und stellte ihr folgende redaktionelle Bemerkung voran: „In Heidelberg hat kürzlich Prof. *Max Weber* in einer Versammlung gegen die Vaterlandspartei gesprochen. Darauf bezieht sich eine Erklärung, die er in Heidelberger Blättern veröffentlicht und die von allgemeinem Interesse ist. Sie lautet".

Ein Manuskript ist nicht überliefert. Das Heidelberger Tageblatt veröffentlichte die Erklärung Max Webers in ihrer Nr. 289 vom 10. Dezember 1917, S. 4, überschrieben mit „Eingesandt". Drei Tage später druckte die Frankfurter Zeitung in ihrer Nr. 344 vom 13. Dezember 1917, 1. Mo. Bl., S. 2, Webers Erklärung unter dem Titel *Schwert und Parteikampf* ab. Nicht auszuschließen ist, daß Max Weber an dieser Fassung redaktionelle Änderungen vorgenommen hat. Sie hat daher als Text „letzter Hand" zu gelten und wird dem Abdruck zugrunde gelegt.

## *Innere Lage und Außenpolitik (191–201)*

Die politische Tagesdiskussion wurde im Januar 1918 hauptsächlich von drei Themen beherrscht: den Friedensverhandlungen von Brest-Litovsk, die Ende Dezember ausgesetzt worden waren und erst am 9. Januar wieder aufgenommen wurden; den Beratungen der Regierungsvorlagen vom 25. November 1917 in den beiden preußischen Kammern, deren Kernpunkt die Reform des preußischen Dreiklassenwahlrechts darstellte; schließlich einer in ihrem Ausmaß alle bisherigen Streikbewegungen übertreffenden Streikwelle, die nahezu alle größeren Industriestädte des Deutschen Reiches und Österreichs erfaßte und von Ende Januar bis zum 4. Februar anhielt. Dabei waren erstmals politische Forderungen ganz in den Vordergrund getreten, insbesondere der Ruf nach einem Frieden ohne Annexionen und Kontributionen und nach einer unverzüglichen Beseitigung des preußischen Dreiklassenwahlrechts. Die Streiks, die bei den Feindmächten den Eindruck hervorzurufen geeignet waren, daß mit einem inneren Zusammenbruch des Deutschen Reiches zu rechnen sei, und die Tatsache, daß die sozialdemokratische Parteiführung und die Gewerkschaften erstmals dem Streik nicht kategorisch entgegentraten, sondern sich in allerdings sehr vorsichtiger Form mit den Streikenden solidarisierten, gaben den unmittelbaren Anstoß zu der hier abgedruckten Artikelserie. Der erste Artikel erschien noch während der Streikbewegung, der zweite Artikel unmittelbar nach Beendigung der Streiks, der dritte Artikel dann drei Tage später.

Max Weber ging darin insbesondere auf die zum Teil in der Öffentlichkeit geführten Auseinandersetzungen zwischen der OHL unter Hindenburg und Ludendorff und der politischen Leitung ein. Es war ein Machtkampf nicht nur um die Verhandlungsführung in Brest-Litovsk, sondern um die Führungsrolle in der deutschen Politik überhaupt. Dieser erreichte seinen Höhepunkt Mitte Januar, als Ludendorff mit der Androhung seines Rücktritts die Entlassung des Staatssekretärs des Auswärtigen, Richard von Kühlmann, erzwingen wollte und dabei von einer Presse- und Telegrammkampagne der Rechten unterstützt wurde. Weber mißbilligte diese Vorgänge scharf. „Es ist unerhört, wie gegen v. Kühlmann Sturm gelaufen wird, Alles aus innerpolitischen Gründen", schrieb er am 9. Januar 1918 an Mina Tobler. Zwischen dem 9. und 20. Januar hielt sich Weber in Berlin auf und konnte so die Krise aus nächster Nähe beobachten. Für wie bedrohlich er die Eingriffe der OHL in die deutsche Innenpolitik einschätzte, verdeutlicht das Schreiben, mit welchem Weber der Frankfurter Zeitung den ersten Teil seines Artikels übersandte:

„Ich sende anbei die erste Hälfte eines Artikels über die gegenwärtige Lage. Ich kann natürlich nicht wissen, ob er Ihren Intentionen entspricht. Stellen, die etwa besonders schwere Bedenken erregen sollten, ermächtige ich Sie zu streichen. Der Schluß soll sich in möglichst vorsichtiger aber deutlicher Art mit den Intriguen in Berlin und der *Hineinzerrung der Militärs* in die Politik und ihren Konsequenzen auf das Verhalten Österreichs sowohl wie auf unsere Verhältnisse befassen. Sie würden ihn in etwa zwei Tagen erhalten."

Weber hatte demnach die Veröffentlichung einer Artikelfolge von zwei, nicht wie dann geschehen, drei Artikeln, beabsichtigt. Mit den „Intriguen in Berlin" bezieht sich Weber auf die neuerwachten Annexionserwartungen speziell der Alldeutschen seit Beginn der Verhandlungen in Brest-Litovsk, besonders seit der „Faustschlag"-Rede des Vertreters der OHL bei den Friedensverhandlungen, Generalmajor Hoffmann. Diese Intervention ließ auf tiefgreifende Differenzen zwischen militärischer und politischer Führung schließen und war besonders in Österreich-Ungarn auf herbe Kritik gestoßen; Weber fürchtete deshalb um den Fortbestand des Bündnisses.

Manuskripte sind nicht überliefert. Der Abdruck folgt dem Text, der in der Folge von drei Artikeln jeweils unter der Überschrift *Innere Lage und Außenpolitik* – in der Frankfurter Zeitung, Nr. 34 vom 3. Februar 1918, 1. Mo. Bl., S. 1 (I.); – in der Frankfurter Zeitung, Nr. 36 vom 5. Februar 1918, 2. Mo. Bl., S. 1 (II.); – in der Frankfurter Zeitung, Nr. 38 vom 7. Februar 1918, 1. Mo. Bl., S. 1f. (III.), – erschienen ist.

## *Parlament und Regierung im neugeordneten Deutschland (Seite 202–302)*

### *Zur politischen Kritik des Beamtentums und Parteiwesens*

Der Kriegseintritt der Vereinigten Staaten von Amerika als Folge des Übergangs zum uneingeschränkten U-Boot-Krieg und die dramatische Zuspitzung der Versorgungslage in den industriellen Ballungsräumen führten im Frühjahr 1917 zu einer erheblichen Verschärfung der innenpolitischen Auseinandersetzungen. Während die Durchhalteappelle und der Zweckoptimismus der Regierung mehr und mehr ihre Wirkung einbüßten, wurden die konservativen und annexionistischen Kräfte von seiten des Reichsmarineamtes in ihrer Überzeugung bestärkt, daß der uneingeschränkte U-Boot-Krieg ein unfehlbares Mittel sei, um den Krieg zu einem siegreichen Ende zu führen, noch bevor die Vereinigten Staaten ihre militärische Macht effektiv würden zur Geltung bringen können. Innenpolitische Konzessionen, sei es in der Wahlrechtsfrage, sei es auf verfassungspolitischem Gebiet, hielten sie weniger denn je für nötig. Umgekehrt gewann im Zentrum und bei den Nationalliberalen die Einsicht an Raum, daß nunmehr substantielle politische Konzessionen an die Linke, insbesondere die Abschaffung des preußischen Dreiklassenwahlrechts, notwendig seien. Gustav Stresemann machte sich zum Sprecher einer Politik, die unter dem Eindruck des offensichtlichen Versagens der Regierung auch in außenpolitischen Fragen eine Kompetenzerweiterung des Reichstags gerade unter dem Gesichtspunkt einer erfolgreichen Kriegsführung für erforderlich hielt.

Anläßlich der Reichstagsdebatte vom 29. und 30. März 1917 kamen diese neuen Tendenzen erstmalig deutlich zum Ausdruck; es formierte sich eine, einstweilen noch lose, Koalition von Nationalliberalen, Zentrum, Fortschrittlicher Volkspartei und Sozialdemokratie, die eine stärkere Beteiligung der Parteien an den politischen Entscheidungen verlangte. Am dringlichsten schien dabei die parlamentarische Kontrolle der Tätigkeit der Stellvertretenden Generalkommandos, die im Kriege die vollziehende Gewalt innehatten und insbesondere die Pressezensur ausübten. Politisch am brisantesten war die Forderung nach unverzüglicher Einführung des Reichstagswahlrechts für Preußen.

Die Regierung des Reichskanzlers von Bethmann Hollweg war sich im klaren, daß man diesen Bestrebungen bis zu einem gewissen Grade werde entgegenkommen müssen, um die Sozialdemokraten „bei der Stange zu halten" und eine noch stärkere Zuspitzung der innenpolitischen Krise zu verhindern; andererseits waren die Widerstände bei Hofe und in konservativen Kreisen gegen die Politik der „Neuorientierung" viel zu stark, um nennenswerte Konzessionen zuzulassen. Das einzige, was Bethmann Hollweg erreichen konnte, war der Erlaß der sog. Osterbotschaft Wilhelms II. vom 7. April 1917, die in vagen Formulierungen eine Reform des Wahlrechts für die beiden Kammern des preußischen Parlaments nach dem Ende des Krieges in Aussicht stellte. Darin war von der Einführung des allgemeinen, direkten und geheimen, nicht aber des *gleichen* Wahlrechts die Rede, mit anderen Worten, die entscheidende politische Frage blieb weiterhin in der Schwebe.

Unter dem Einfluß der russischen Februarrevolution nahm die Unruhe in großen Teilen der Bevölkerung spürbar zu, während sich die preußischen Konservativen gegenüber den Reformforderungen auf eine Weise uneinsichtig zeigten, die weithin als provokativ aufgefaßt wurde. Am 30. März 1917 war auf Antrag der Nationalliberalen Partei ein 28köpfiger Reichstagsausschuß zur Prüfung und Beratung verfassungsrechtlicher Fragen, gemeinhin Verfassungsausschuß genannt, eingesetzt worden, der konkrete Vorschläge zur politischen Neuordnung ausarbeiten sollte. Er begann am 4. Mai 1917 mit seiner Arbeit und beschäftigte sich mit Anträgen zur verfassungsrechtlichen Fixierung der Verantwortlichkeit des Reichskanzlers und der Staatssekretäre des Reichs gegenüber dem Bundesrat und dem Reichstag, der Einrichtung eines Staatsgerichtshofs als Instanz zur Wahrnehmung einer justizförmigen Verantwortlichkeit des Reichskanzlers und seiner Staatssekretäre und mit der Gegenzeichnung des preußischen Kriegsministers bei Ernennungen von Offizieren. Besonders die letzte Forderung, die einen direkten Eingriff in die sog. Kaiserliche Kommandogewalt darstellte und eine Stärkung der parlamentarischen Kontrolle über die Armee zum Ziel hatte, stieß auf entschiedenen Protest nicht nur bei der OHL und in konservativen Kreisen, sondern auch bei Wilhelm II. selbst, der in einem Telegramm gegen die Beschlüsse des Verfassungsausschusses Einspruch erhob. In mühsamen Verhandlungen mit dem Verfassungsausschuß erreichte die Regierung daraufhin die einstweilige

Zurückstellung der Wahlrechtsreform; die starke Bewegung zugunsten verfassungspolitischer Reformen war jedoch nicht mehr aufzuhalten. Die Erörterungen Max Webers über „Vergangenheit und Zukunft des deutschen Parlamentarismus" sind vor diesem politischen Hintergrund entstanden.

Max Weber hatte sich schon zuvor unmißverständlich auf den Boden der Politik der Neuordnung gestellt. Am 5. Mai 1917 übersandte er Conrad Haußmann, dem führenden Vertreter der Fortschrittlichen Volkspartei im Verfassungsausschuß, konkrete Vorschläge zur Abänderung der Reichsverfassung, die allerdings keinen unmittelbaren Niederschlag in entsprechenden Beschlüssen des Verfassungsausschusses fanden, da dieser seine Beratungen am 11. Mai 1917 vorläufig einstellte und erst nach der Julikrise wieder aufgenommen hat; späterhin hat Haußmann den wichtigsten der Vorschläge Webers, die Aufhebung der Inkompatibilität von Mitgliedschaft in Bundesrat und Reichstag, im Ausschuß zur Annahme gebracht. Webers Vorschläge für eine Änderung der Verfassung des Deutschen Reiches nahmen wichtige Punkte der nachfolgenden Artikelserie über „Vergangenheit und Zukunft des deutschen Parlamentarismus" vorweg; sie betrafen 1. Strafbestimmungen gegen die Veröffentlichung von Reden oder sonstigen Äußerungen des Monarchen ohne ausdrückliche Genehmigung des Reichskanzlers; 2. die Gewährung des Enqueterechts an den Reichstag; 3. die Aufhebung des Art. 9, Satz 2 der Reichsverfassung; 4. die Schaffung eines „Kronrats" als Kontrollinstanz gegenüber dem „persönlichen Regiment" sowie 5. die verfassungsmäßige Fixierung der personellen Verbindung der Position des Reichskanzlers und des preußischen Außenministers.

Bereits im April 1917 hatte Max Weber damit begonnen, seine Vorstellungen über die notwendigen verfassungspolitischen Reformen im Reich und in Preußen in der Frankfurter Zeitung systematisch zu entwickeln und zugleich die einer Parlamentarisierung entgegenstehenden Argumente von konservativer Seite zu widerlegen. Innerhalb eines Monats folgte im Mai/Juni eine Serie von vier Artikeln unter dem sich wiederholenden, allerdings leicht variierenden Obertitel „Deutscher Parlamentarismus in Vergangenheit und Zukunft" bzw. „Vergangenheit und Zukunft des deutschen Parlamentarismus". Insgesamt waren es die folgenden fünf Zeitungsartikel:

1. *Der preußische Landtag und das Deutsche Reich* in der FZ vom 26. April 1917;
2. *Die Erbschaft Bismarcks* in der FZ vom 27. Mai 1917;
3. *Beamtenherrschaft und politisches Führertum, Teil I* in der FZ vom 9. Juni 1917;
4. *Beamtenherrschaft und politisches Führertum, Teil II* in der FZ vom 10. Juni 1917;
5. *Verwaltungsöffentlichkeit und politische Verantwortung* in der FZ vom 24. Juni 1917.

Die Artikel, deren Hauptthesen Weber auch in einer Rede am 8. Juni 1917 in München vertreten hatte, erschienen auf dem Höhepunkt der innenpolitischen Auseinandersetzungen über die Parlamentarisierungsbestrebungen der Reichstagsmehrheit. Schon deshalb fanden sie allgemein große Beachtung, nicht nur in den einer Politik der Neuorientierung positiv gegenüberstehenden Kreisen. Dies gilt insbesondere für den Artikel vom 24. Juni 1917 über „Verwaltungsöffentlichkeit und politische Verantwortung", der schwere Angriffe auf das sog. „persönliche Regiment" Wilhelms II. enthielt und bei Hofe zu heftigen Reaktionen führte.

Die Frankfurter Zeitung wurde daraufhin unter Präventivzensur gestellt. Die Redaktion teilte Max Weber diesen Sachverhalt unverzüglich telefonisch mit. Weber antwortete umgehend und rechtfertigte die scharfe Sprache, die er in seinen Artikeln bewußt angeschlagen habe: „Persönlich hatte ich, mit rein wissenschaftlichen Arbeiten befaßt, keinerlei Bedürfnis nach irgendwelchen politischen Äußerungen während des Kriegs. Es ist erst durch gewisse Vorkommnisse, von denen ich alsbald sprechen werde, in Verbindung mit der infamen Agitation der Gegner entstanden, von denen Graf Reventlow m. E. bei weitem noch der ehrlichste ist. Solange der von der Schwerindustrie gekauften Presse ihr Handwerk nicht gründlich gelegt wird, ist die ebenso rücksichtslose Vertretung der entgegengesetzten Ansichten Anstandspflicht." Gegenüber Haußmann kritisierte Weber in scharfer Form die Zensurmaßnahmen und forderte, man solle ihn selbst und nicht die Frankfurter Zeitung unter Präventivzensur stellen.

Sowohl die Redaktion der Frankfurter Zeitung wie Sigmund Hellmann schlugen Weber vor, die Artikelserie als Broschüre gesondert zu veröffentlichen. Letzterer gedachte sie in seiner Reihe „Die innere Politik" herauszugeben. Auf die Anfrage Hellmanns vom 11. Juni 1917 antwortete Weber am 14. Juni ausweichend und dann am 27. Juni, er habe der Frankfurter Zeitung bereits die Zusage zum Separatdruck einer erweiterten und veränderten Fassung erteilt.

Um Zensurschwierigkeiten zu vermeiden, verzichtete die Frankfurter Zeitung einige Wochen später auf ihr Vorhaben, wovon Weber Hellmann sogleich in Kenntnis setzte und dabei in einem Schreiben vom 21. Juli 1917 Vorschläge zur Änderung der ursprünglichen Fassung machte: „Zu *tilgen* wären die scharfen Angriffe auf die Gegner, *nicht* zu tilgen dagegen m. E. der Charakter als politische *Streitschrift,* – denn das bleibt sie und soll sie auch sein. Ich bitte auch darüber um Ihre Ansicht. Im Übrigen würden auch die *jetzt* eingetretenen Ereignisse (Wahlrechtsversprechen, Erzberger-Krise) zu würdigen sein. Also: Umarbeitung, d.h. 1) *Erweiterung* und 2) Milderung der Form."

Der Entschluß zur Herausgabe der Artikel in gesammelter Form führte zu einer gründlichen stilistischen wie auch inhaltlichen Überarbeitung sowie zur Umstellung einzelner Abschnitte. Insbesondere wurde der zuerst veröffentlichte Artikel „Der Preußische Landtag und das Deutsche Reich" an das Ende der Ausführungen gesetzt; dieser Artikel hatte ursprünglich außerhalb der eigentlichen Parlamentarismus-Serie gestanden und wurde erst nachträglich in die Broschüre einbezogen. Das Kapitel über „Parlamentarisierung und Demokratisierung" wurde ganz neu verfaßt und eingearbeitet.

Die geplante Veröffentlichung geriet dennoch in Gefahr, von der Zensur unterdrückt zu werden. Am 30. Juli mahnte das Stellvertretende Generalkommando beim Badischen Ministerium des Kultus und Unterrichts an, „daß das Gr. Ministerium in der Lage ist, durch eine persönliche Einwirkung auf Herrn Professor Weber eine freiwillige Abstandnahme von der Veröffentlichung zu erreichen. Es wäre außerordentlich bedauerlich, wenn das Generalkommando genötigt wäre, zwangsweise gegen eine erneute Veröffentlichung vorzugehen". Auf eine diesbezügliche Anfrage des Kultusministeriums antwortete Weber: „Ich habe dies [die Separat-Veröffentlichung der Artikel] unter dem Vorbehalt zugesagt, daß sie teilweise umgearbeitet und erweitert werden, der in einem Zeitungsartikel – zumal angesichts der von der Zensur zugelassenen unerhörten Demagogie der Alldeutschen gegen Reichs- und Heeresleitung – durchaus angebrachte, rücksichtslos polemische, Ton ausgemerzt und das Ganze dem Charakter einer mehr ‚akademischen' politischen Abhandlung entsprechend geändert werden müsse und bin bei dieser Ansicht entgegen seinem [Hellmanns] Wunsche, möglichst wenig zu ändern, auch geblieben. Die Umarbeitung ist im wesentlichen schon vorgenommen und in einer kurzen Vorbemerkung ausdrücklich mit Rücksichten auf den Burgfrieden und die Zensurvorschriften motiviert."

Aus der Korrespondenz Webers mit dem Verlag geht hervor, daß das Manuskript dem Verlag Ende August/Anfang September zugestellt wurde. Am 13. September sandte der Verlag sämtliche Kapitel dem bayerischen Kriegsministerium als zuständiger Behörde zur Vorzensur. Die Pressezensurstelle gab das Manuskript der schwer lesbaren Handschrift wegen jedoch zurück und verlangte eine Maschinenfassung oder aber die Druckfahnen, wies aber bereits jetzt darauf hin, daß die Veröffentlichung des Kapitels 4 „Die Beamtenherrschaft in der auswärtigen Politik", das mit dem seinerzeit von der Zensur inkriminierten Artikel in der Frankfurter Zeitung vom 24. Juni 1917 weitgehend identisch sei, schwerlich hingenommen werden könne.

Der Verlag stimmte sich nun mit Weber dahingehend ab, die Schrift erst nach Satz und Fahnenkorrekturen durch den Verfasser erneut der Zensur vorzulegen. Hinsichtlich des besonders monierten 4. Kapitels ließ Weber den Verlag wissen: „Das betreffende Kapitel ist natürlich eines der wichtigsten, und *gerade um seinetwillen* werde ich stets erneut um baldige Publikation angegangen." Am 1. Dezember 1917 schickte Weber dem Verlag eine vollständige maschinenschriftliche Fassung zu; dieser begann unverzüglich mit der Drucklegung und legte die Fahnen am 24. Januar 1918 zur Vorzensur vor. Am 25. Februar konnte der Verlag Weber mitteilen: „Heute kamen die Fahnen [...] von der Zensur unverändert genehmigt zurück".

Im Oktober hatte Weber dem Verlag folgende Titel zur Wahl gestellt: „‚Vergangenheit u. Zukunft des deutschen Parlamentarismus' *oder:* ‚Das Problem des P[arlamentarismus] in Deutschland'. Die ‚Demokratie' ist doch nur *nebenher* behandelt." Später spezifizierte Weber seine Titelwünsche:

„Für den Titel stelle ich zur Wahl:

1. ‚Vergangenheit und Zukunft des deutschen Parlamentarismus.' (Möglich wäre bei diesem Titel, daß er die Zensur ärgerte und mißtrauischer machte, da er seinerzeit der Titel der Aufsätze in der Frankfurter Zeitung war.) Oder
2. ‚Probleme der Parlamentarisierung in Deutschland.' (bezw. ‚*Bedeutung* der Probleme d[er] P[arlamentarisierung] in Deutschland'). Oder

3. einfach: ‚Der deutsche Parlamentarismus‘ (an sich nicht gerade besonders geeignet für eine derart aktuelle Schrift, aber möglich.) Oder
4. ‚Reichsverfassung und Parlamentarisierung.‘

Ich stelle Ihnen die Wahl oder andre Vorschläge gänzlich anheim. Der Titel ‚Parlamentarisierung und Demokratisierung‘ wäre m. E. zu eng.“

Auf Vorschlag des Verlags und des Herausgebers vom 11. März 1918 wurde *Parlament und Regierung im neugeordneten Deutschland* als endgültiger Titel gewählt. Der gleichzeitig vorgeschlagene Untertitel „Soziologie des Beamtentums und Parteiwesens“ wurde von Weber geändert in: „Zur politischen Kritik des Beamtentums und Parteiwesens“. Im März 1918 war die endgültige Druckfassung fertiggestellt; die Broschüre erschien Anfang Mai 1918 im Buchhandel.

Manuskripte sind nicht überliefert. Der Abdruck folgt dem Text, der als eigenständige Broschüre: Parlament und Regierung im neugeordneten Deutschland. Zur politischen Kritik des Beamtentums und Parteiwesens (Die innere Politik, hg. von Sigmund Hellmann). – München und Leipzig: Duncker & Humblot 1918, erschienen ist. Dieser Text ist aus fünf Artikeln hervorgegangen, die zwischen April und Juni 1917 in der Frankfurter Zeitung veröffentlicht wurden.

Webers eigene Anmerkungen, die auf jeder Seite neu gezählt sind, sind hier kapitelweise durchnumeriert. Die unterschiedliche Schreibweise „Büro“ bzw. „bürokratisch“ und „Bureau“ bzw. „bureaukratisch“ wurde vereinheitlicht.

## *Der Sozialismus (Seite 303–326)*

Für das Sommersemester 1918 hatte Max Weber sich bereit erklärt, probeweise den Lehrstuhl für Nationalökonomie an der Wiener Universität in der Nachfolge von Eugen von Philippovich zu übernehmen. Er lehrte von April bis Juli 1918 in Wien, trat aber schon Mitte des Semesters von dem Angebot einer Berufung auf Dauer zurück. Während dieser Zeit erhielt er von der durch das k. u. k. Armeeoberkommando soeben eingerichteten „Feindespropaganda-Abwehrstelle“ die Einladung, einen Vortrag über „Sozialismus“ zu halten. Die F. A. St. war nach der russischen Oktoberrevolution ins Leben gerufen worden, um Auflösungstendenzen vornehmlich in den nicht-deutschen Teilen des Heeres durch „vaterländische Bildungsarbeit“ entgegenzuwirken. Die dazu vorgesehenen Offiziere wurden in zentralen „Informationskursen“ geschult. Im Rahmen des zweiten Kurses, der vom 26. Mai bis zum 15. Juni 1918 unter Beteiligung von 118 Offizieren stattfand, hielt Max Weber am 13. Juni morgens den Vortrag „Sozialismus“.

Webers Vortrag und die anschließende Diskussion waren mitstenographiert worden. Weber überarbeitete den Text geringfügig und überließ der F. A. St. diese Fassung zur Veröffentlichung. Dazu bemerkte er in einem Begleitschreiben: „Ich habe nur gestrichen, was *allzu persönlich* war und was für den geschlossenen Kreis gegolten[,] und einige verbesserte Formulierungen beigefügt, die das ersetzen [...].“ Das Manuskript wurde am 7. Juli der k. u. k. Ministerial-Kommission weitergereicht und anschließend der zur F. A. St. im Kommissionsverhältnis stehenden Verlagsbuchhandlung Dr. Viktor Pimmer zum Abdruck als selbständige Broschüre zugeleitet. Aus einer Bestellung von 50 Exemplaren durch das k. u. k. Generalkommando vom 21. August ergibt sich, daß diese zu diesem Zeitpunkt bereits erschienen war.

Die stenographische Mitschrift des Vortrages ebenso wie die Mitschrift der Diskussion konnten in den Akten der F. A. St. nicht mehr aufgefunden werden. Auch die Verlagskorrespondenz ist nicht mehr vorhanden. Das Manuskript mit den handschriftlichen Korrekturen Max Webers ist wahrscheinlich nach Erscheinen der Druckfassung vernichtet worden. Der Abdruck folgt dem Text, der als eigenständige Broschüre: Der Sozialismus. – Wien: „Phöbus“ Kommissionsverlag Dr. Viktor Pimmer o.J. [1918], erschienen ist.

Austriazismen wie „heut“, „anderseits“, „Schichte“, stammen wahrscheinlich vom Stenographen oder von der Setzerei des Erstdrucks. Auf deren Emendation wurde verzichtet.

## *Die nächste innerpolitische Aufgabe (Seite 327–329)*

Angesichts des drohenden militärischen Zusammenbruchs hatte die OHL am 28. September 1918 die Reichsregierung aufgefordert, unverzüglich ein von den Mehrheitsparteien getragenes Kabinett zu bilden, das die Parlamentarisierung der Reichsverfassung in die Wege leiten, vor allem aber auf der Stelle ein Waffenstillstandsersuchen an die Alliierten Mächte ergehen lassen sollte. Parallel dazu hatten die Mehrheitsparteien des Reichstags ultimativ den Rücktritt des Reichskanzlers Graf Hertling verlangt und sich erneut entschieden für eine Parlamentarisierung der Verfassung des Deutschen Reiches ausgesprochen. Dabei war u. a. die Abschaffung des Artikels 9 Satz 2 der Reichsverfassung („Niemand kann gleichzeitig Mitglied des Bundesrathes und des Reichstags sein") als einer der notwendigsten Schritte auf diesem Wege bezeichnet worden. Diese Bestimmung habe es bisher verhindert, daß Reichstagsabgeordnete ohne Verzicht auf ihr Mandat in Minister- oder Staatssekretärsposten aufsteigen konnten. Nicht zuletzt unter dem Druck der Noten des amerikanischen Präsidenten Woodrow Wilson bemühte sich der am 3. Oktober zum Nachfolger Hertlings berufene Reichskanzler Prinz Max von Baden, diese Forderungen unverzüglich in die Tat umzusetzen. Jedoch blockierte des Bundesrat in seiner Sitzung vom 8. Oktober die Abschaffung der Inkompatibilität der Mitgliedschaft im Reichstag und im Bundesrat. Max Weber, der die Forderung nach Abänderung des Artikels 9 der Reichsverfassung schon seit Mai 1917 immer wieder erhoben hatte, verfaßte in Kenntnis und als Reaktion auf diesen Beschluß den hier abgedruckten Artikel. Allerdings hatte er noch am 11. Oktober an Friedrich Naumann geschrieben, daß er einstweilen nicht öffentlich hervorzutreten gedenke: „Wenn ich vorläufig öffentlich gänzlich schweige, bisher wenigstens, so hat das seinen Grund darin, daß ich, wie wir Alle draußen, absolut nicht im Bilde bin und Desavouierung durch die Ereignisse und Schritte fürchte." Der Artikel muß demnach nach dem 11. Oktober verfaßt worden sein. Andererseits war er vor dem Bekanntwerden der zweiten Note Wilsons vom 14. Oktober fertiggestellt, wie aus einer redaktionellen Anmerkung der Frankfurter Zeitung, die dem Artikel Webers beigegeben war, hervorgeht: „Der nachstehende Aufsatz war geschrieben, *bevor* die letzte amerikanische Note [d. h. die Note vom 14. Oktober] in Deutschland bekannt wurde. D[ie] Red[aktion]". Demnach dürfte der Artikel am 12. oder 13. Oktober entstanden sein.

Ein Manuskript ist nicht überliefert. Der Abdruck folgt dem Text, der unter der Überschrift *Die nächste innerpolitische Aufgabe* in der Frankfurter Zeitung, Nr. 288 vom 17. Oktober 1918, 1. Mo. bl., S. 1, erschienen ist.

## *Waffenstillstand und Frieden (Seite 330)*

Der Notenwechsel zwischen der deutschen Regierung und dem amerikanischen Präsidenten Woodrow Wilson im Oktober 1918, der sich im Anschluß an das deutsche Waffenstillstandsersuchen vom 3. Oktober ergeben hatte, ließ immer deutlicher erkennen, daß sich die alliierten und assoziierten Mächte offenbar nur auf einen Waffenstillstand einlassen wollten, der die völlige Entmachtung des deutschen Reiches sicherstellte. Die dritte Note Wilsons vom 23. Oktober, die zunächst in der Schweiz veröffentlicht worden war und am 25. Oktober auch in der deutschen Presse abgedruckt wurde, ließ dies nahezu zur Gewißheit werden, hieß es doch u. a. darin, daß der einzige Waffenstillstand, den „zur Erwägung vorzuschlagen er [der amerikanische Präsident] sich für berechtigt erachten würde, ein solcher wäre, der die Vereinigten Staaten und die mit ihnen assoziierten Mächte in einer Lage lassen würde, in der sie jeder Abmachung, welche getroffen werden müßte, genügend Kraft beizusetzen vermögen, um eine Wiederaufnahme der Feindseligkeiten seitens Deutschlands unmöglich zu machen."

Es ist anzunehmen, daß der Artikel eine unmittelbare Reaktion auf diese Note war. Der Artikel wurde in Form einer anonymen Zuschrift mit der redaktionellen Vorbemerkung: „Von politisch unabhängiger Seite wird uns geschrieben", veröffentlicht; die Autorschaft Webers ergibt sich aus der Darstellung in Marianne Webers *Lebensbild*.

Ein Manuskript ist nicht überliefert. Der Abdruck folgt dem Text, der unter der Überschrift *Waffenstillstand und Frieden* in der Frankfurter Zeitung, Nr. 298 vom 27. Oktober 1918, 2. Mo. Bl., S. 1, erschienen ist.

## *Zur Polenfrage (Seite 331)*

*Diskussionsbeitrag in der ersten Sitzung des Arbeitsausschusses für Mitteleuropa am 22. Februar 1916*

Der auf Anregung Friedrich Naumanns gegründete „Arbeitsausschuß für Mitteleuropa" trat am 22. Februar 1916 in Berlin zu seiner konstituierenden Sitzung zusammen. Anwesend waren neben Max Weber Arndt von Holtzendorff, Franz Boese, Wilhelm Heile, Ernst Jäckh, Friedrich Naumann, Hermann Rinkel, Gustav Roesicke, Robert Schmidt, Felix Somary, Philipp Stein und Adolf Wermuth. Das von Friedrich Naumann angefertigte Protokoll dieser Sitzung informiert knapp auf zwei maschinenschriftlichen Seiten über die wesentlichen Ergebnisse. Demnach wurde im Anschluß an Naumanns Eingangsreferat in der Aussprache als „Zweck des Arbeitsausschusses [...] die freiwillige Unterstützung der Verhandlungen der deutschen Reichsregierung über die künftigen politischen, militärischen und insbesondere wirtschaftlichen Beziehungen zwischen dem Deutschen Reich, Österreich-Ungarn, Bulgarien und der Türkei" bezeichnet. Redebeiträge Max Webers sind in dem Protokoll nicht erwähnt.

Ausführlichere Informationen über die erste Sitzung des Arbeitsausschusses lassen sich aus zwei Berichten gewinnen, die Arndt von Holtzendorff, der Direktor der Hamburg-Amerika Linie, seinem Vorgesetzten Albert Ballin erstattet hat. Aus seinem ersten Bericht vom 22. Februar 1917 geht hervor, daß es Vorbesprechungen zwischen Friedrich Naumann, Max Weber, Ernst Jäckh, Franz Boese, Felix Somary und dem in der Sitzung selbst nicht anwesenden Hjalmar Schacht gegeben hatte. In seinem Eingangsreferat habe Naumann die polnische Frage als eines der wesentlichsten Arbeitsgebiete für den Ausschuß bezeichnet: „Selbstverständlich ist unsere staats- und handelspolitische Stellung gegenüber Österreich außerordentlich von dem künftigen Schicksal von Kongreß-Polen abhängig."

Holtzendorffs zweiter Bericht vom folgenden Tag, dem 23. Februar, über die anschließende Aussprache enthält konkrete Mitteilungen über Äußerungen Webers, obschon er betonte, daß es nicht seine Absicht sei, ein Gesprächsprotokoll als solches zu geben. Darin heißt es u. a.: „An die interessanten Naumann'schen Ausführungen schloß sich eine längere Diskussion [an], an der Wermuth, Rintelen, Rösicke, Weber, Stein und Schmidt sich beteiligten."

Die einschlägigen, Webers Äußerungen enthaltenden, Passagen werden hier aufgrund des maschinenschriftlich verfaßten Berichts Arndt von Holtzendorffs an Albert Ballin, BA Koblenz, Nachlaß Albert Ballin, R 1, Bericht Nr. 358 vom 23. Februar 1916 wiedergegeben. Diese befinden sich dort auf Blatt 2–3.

## *An der Schwelle des dritten Kriegsjahres (Seite 332–338)*

*Rede am 1. August 1916 in Nürnberg*

Seit dem Frühjahr 1916 drängten die Parteien immer stärker darauf hin, die öffentliche Erörterung von Kriegszielfragen nicht länger mit dem Mittel der militärischen Zensur zu unterdrücken. Die Freigabe dieser Diskussion war nunmehr nur noch eine Frage des Zeitpunkts. Um für diesen Fall den extrem annexionistisch denkenden Gruppen nicht allein das Feld zu überlassen, wurde in der Umgebung des Reichskanzlers der Plan entwickelt, sich in der Öffentlichkeit durch die Gründung eines formell selbständigen, faktisch aber der Regierungslinie folgenden Propagandavereins eine Basis für eine vergleichsweise gemäßigte Politik in den Kriegszielfragen zu verschaffen. Dabei griff man u. a. auf Vorschläge Matthias Erzbergers zurück. Bereits im April 1916 hatte Erzberger in einer großen Denkschrift für den Reichskanzler darauf hingewiesen, daß es notwendig sei, geeignete Instrumente zu schaffen, um die Regierungspolitik in der Öffentlichkeit angemessen zur Geltung zu bringen: „Bei der öffentlichen Erörterung der Kriegsziele muß die *Regierung* unbedingt die Führung in der Hand haben. Wenn die Regierung die öffentliche Meinung nicht führt, werden einzelne mächtige Interessentengruppen die Führung an sich reißen und das deutsche Volk gegen die Regierung aufmarschieren lassen, oder auf Wege bringen, die zur Verlängerung des Krieges führen." Demgemäß regte Erzberger neben der Organisation einer regierungskonformen Presse die *„Gewinnung geeigneter Redner,* besonders in *akademischen Kreisen,"* an.

Im Sommer 1916, nachdem die Freigabe der Kriegszielerörterung für den Oktober des Jahres in Aussicht genommen worden war, wurde von der Reichskanzlei unter führender Beteiligung des Unterstaatssekretärs Arnold von Wahnschaffe sowie Kurt Riezlers und Ulrich Rauschers von der Presseabteilung des Auswärtigen Amtes eine derartige überparteiliche Propagandaorganisation ins Leben gerufen. Dabei war man darauf bedacht, möglichst viele Persönlichkeiten des öffentlichen Lebens, insbesondere aus Kreisen der Wirtschaft und der Wissenschaft, zur Mitarbeit zu gewinnen. Der „Deutsche National-Ausschuß für einen ehrenvollen Frieden" konstituierte sich am 6. Juli 1916 unter dem Vorsitz des Fürsten Wedel in Berlin. Mitte Juli veröffentlichte er einen ersten programmatischen Aufruf, in dem er sich für gemäßigte Kriegsziele, zugleich aber auch für die Freigabe der Kriegszieldiskussion einsetzte. Von einem gleichzeitigen Hervortreten des „Deutschen National-Ausschusses" in allen größeren deutschen Städten, unter Heranziehung von möglichst bekannten Rednern, erwartete man eine starke Wirkung auf die öffentliche Meinung und die Initiierung einer neuen nationalen Sammlungsbewegung. Am 1. August 1916 trat der National-Ausschuß demgemäß in nicht weniger als 39 Städten mit gleichzeitig angesetzten Kundgebungen an die Öffentlichkeit, die unter dem gemeinsamen Thema „An der Schwelle des dritten Kriegsjahres" standen. In diesem Zusammenhang hielt Max Weber die vorstehend abgedruckte Rede.

Auf diese Veranstaltungen war am 29. Juli 1916, unter Ankündigung sämtlicher Redner, in der Tagespresse hingewiesen worden. Als Redner hatte man eine große Zahl von bekannten Wissenschaftlern und Vertretern des öffentlichen Lebens gewonnen, u.a. neben Martin Rade, Adolf von Harnack, Gerhart von Schulze-Gävernitz, Hermann Oncken, Karl Rathgen, Friedrich Naumann, Erich Marcks auch Max Weber. Warum Max Weber für diese Aufgabe gewählt wurde und auf welchem Weg man an ihn herangetreten ist, ist uns nicht bekannt. Doch wird Weber bereits in einer vermutlich von Ulrich Rauscher verfaßten Denkschrift über die Gründung des National-Ausschusses vom Juni 1916 als möglicher Redner genannt. Es ist denkbar, daß er von Kurt Riezler, der von Conrad Haußmann über Webers politische Position informiert gewesen sein dürfte, vorgeschlagen worden ist. Obwohl Weber keineswegs dem National-Ausschuß angehörte, erklärte er sich bereit, die ihm angetragene Aufgabe zu übernehmen. Da Heidelberg bereits an Hermann Oncken vergeben war, wurde er für Nürnberg vorgesehen.

Die Reichsregierung hatte in letzter Minute versucht, die Redner zu möglichster Zurückhaltung zu veranlassen, weil sie befürchtete, daß ein allzu prononciertes Auftreten des National-Ausschusses zugunsten gemäßigter Kriegsziele zu erheblichen innenpolitischen Spannungen führen könnte. Schon am 18. Juli 1916 hatte Bethmann Hollweg in einem Schreiben an den National-Ausschuß Mäßigung in diesem Punkte empfohlen. Demgemäß wurde den Rednern, also auch Max Weber, Ende Juli 1916 in einem „Allgemeinen Anschreiben an die Redner" nahegelegt, die Kriegsziele nur in sehr allgemeiner Form zu erörtern und sich auf das Ziel der inneren Einigung der Nation zu konzentrieren. Alle Redner wurden schließlich ausdrücklich darauf verpflichtet, „unter keinen Umständen Friedensreden" zu halten. Weber hat sich unmittelbar vor seinem Nürnberger Auftritt gegenüber Mina Tobler ziemlich kritisch zu diesen Einschränkungen geäußert: „Wenn ich an der ganzen Veranstaltung etwas mehr innere Freude hätte, wollte ich schon etwas Gutes sagen. Aber man darf andere Ansichten nicht brüskieren und überhaupt nicht zu deutlich werden – und das ist nicht meine Art."

Ein Manuskript der Rede Webers ist nicht überliefert. Dagegen sind uns zahlreiche Berichte über die Beiträge der Hauptredner überliefert, in der Vossischen Zeitung vom 2. August 1916, 1. Beiblatt, in den Akten der Reichskanzlei, in einer vom Deutschen National-Ausschuß selbst zusammengestellten Übersicht über die einzelnen Veranstaltungen, vor allem aber im Fränkischen Kurier (Nr. 391 vom 2. Aug. 1916, Ab.Bl.), in der Fränkischen Tagespost (Nr. 179 vom 2. Aug. 1916) und der Nürnberger Zeitung (Nr. 212 vom 2. Aug. 1916). Der Bericht des Fränkischen Kuriers, der bei weitem am ausführlichsten ist, ist im Vorstehenden abgedruckt. Für die

Berichte der Reichskanzlei, der Fränkischen Tagespost und der Nürnberger Zeitung siehe MWG I/15, S. 656ff.

## *Deutschlands weltpolitische Lage (Seite 339–342)*

*Rede am 27. Oktober 1916 in München*

Die Rede *Deutschlands weltpolitische Lage* wurde am Freitag, dem 27. Oktober 1916, in einer öffentlichen Versammlung der Fortschrittlichen Volkspartei in München gehalten. Damals hatte sich die militärische Lage durch den Kriegseintritt Rumäniens wesentlich zuungunsten der Mittelmächte verschoben. Andererseits stand die Regierung zunehmend unter dem Druck der äußersten Rechten, die im bedingungslosen Einsatz der U-Boot-Waffe das einzig wirkungsvolle Mittel sah, um ihre weitgesteckten Kriegsziele doch noch durchzusetzen.

Weber hat die Rede, von der uns ein Stichwortmanuskript überliefert ist, anschließend für den Druck ausgearbeitet und in der Wochenzeitschrift „Die Hilfe“ sowie in leicht veränderter Form in einem Sonderheft der „Hilfe“ unter der Überschrift „Deutschland unter den europäischen Weltmächten“ veröffentlicht. Beide Texte sind oben, S. 61–78 abgedruckt. Darüber hinaus sind zwei Presseberichte überliefert.

1. „Deutschlands weltpolitische Lage“, Münchner Neueste Nachrichten, Nr. 551 vom 28. Oktober 1916, Ab. Bl., S. 3;

2. „Die weltpolitische Lage Deutschlands“, Münchener Zeitung, Nr. 299 vom 28. Oktober 1916, S. 4.

Diese Presseberichte stellen eine wertvolle Ergänzung der vorgenannten Texte dar, da sie Passagen über die U-Boot-Agitation enthalten, welche mit Rücksicht auf die Zensur gestrichen worden waren. Im vorstehenden ist der Bericht der Münchner Neuesten Nachrichten abgedruckt. Für den Bericht der Münchener Zeitung siehe MWG I/15, S. 699ff.

## *Vorträge während der Lauensteiner Kulturtagungen (Seite 343–344)*

*30. Mai und 29. September 1917*

Auf Anregung des Jenaer Verlegers Eugen Diederichs hatten die „Comeniusgesellschaft“, der „Dürerbund“ und die „Vaterländische Gesellschaft für Thüringen 1914“ etwa 70 Persönlichkeiten des Geisteslebens, darunter auch Max Weber, vom 29. bis zum 31. Mai 1917 zu einer „vertraulichen geschlossenen Besprechung über Sinn und Aufgabe unserer Zeit“ auf die Burg Lauenstein in Thüringen (bei Ludwigsstadt im nördlichsten Oberfranken) eingeladen. Der Einladung war ein „Plan der Tagung“ beigefügt, dem Themen und leitende Fragestellungen zu entnehmen waren. Im Anschluß an den Eröffnungsvortrag von Max Maurenbrecher, „Über die deutsche Staatsidee“, waren für die folgenden Tage Erörterungen der „inneren und auswärtigen Politik, Steuerreform, Soziale Fragen, Erziehungsfragen“ vorgesehen. An der Tagung haben ca. 60 Personen unterschiedlicher politischer, intellektueller und sozialer Herkunft teilgenommen, darunter auch Max Weber.

Federführend war die erst Ostern 1917 gegründete „Vaterländische Gesellschaft für Thüringen 1914“. Ihre Ziele hatten Maurenbrecher in einem Aufsatz in der „Tat“ „Der Krieg als Ausgangspunkt einer deutschen Kultur“ (Jg. 1917, S. 97–107) knapp umrissen: nicht Tagesfragen, sondern Selbstbesinnung auf die Grundlagen einer deutschen Kultur, sollten in Vorträgen und Arbeitskreisen behandelt werden. Einen Einstieg dazu sollte der Lauensteiner Kongreß bieten. Maurenbrecher schlug u. a. vor, den marxistisch orientierten Arbeitern „den staatlichen Realismus im Sinne Rankes und die Idee einer organisierten Volkswirtschaft im Sinne Fichtes, Lists, Lassalles und Bismarcks als eine höhere Stufe gegenüber seiner bisherigen Gefühlsweise“ zu vermitteln, durch Auslegung der Klassiker aus Literatur und Wissenschaft ein neues Nationalbewußtsein zu schaffen und das deutsche Geistesleben dem in der Aufklärung wurzelnden „demokratischen Individualismus Westeuropas“ als überlegen darzustellen.

In seinem Eröffnungsvortrag sprach sich Maurenbrecher unter Bezugnahme auf diesen Aufsatz gegen den Parlamentarismus und für die altpreußische Staatstradition aus, für die Überwindung „kapitalistischer Mechanisierung“ durch einen idealistischen Staat, der durch eine „Partei der Geistigen“ errichtet werden solle. Neben dem Sozialdemokraten Paul Lensch und dem Genossenschaftler Franz Staudinger sprach Max Weber am darauffolgenden Tag. Nach übereinstimmenden Urteilen der Teilnehmer trat Weber dabei den Ausführungen Maurenbrechers in äußerst publikumswirksamer Form entgegen. Über Webers Darlegungen besitzen wir einen Bericht des Dresdner Schriftstellers und Schriftführers des Dürerbundes, Wolfgang Schumann, der im Vorstehenden unter dem Titel [1. Geistesaristokratie und Parlamentarismus. Entgegnung auf Max Maurenbrecher] veröffentlicht ist. Am letzten Tag der Veranstaltung griff Weber noch einmal in knapper Form in die Diskussion ein, und zwar in Entgegnung auf die Ausführungen eines Vertreters der akademischen Freischaren, Knud Ahlborn, der über die Suche der Jugend nach Sinnkriterien jenseits staatsphilosophischer Systeme, kapitalistischer Interessen und dekadent-bürgerlicher Lebensgewohnheiten gesprochen hatte.

Dieser ersten von insgesamt drei Lauensteiner Tagungen folgte vom 29. September bis 3. Oktober 1917 eine zweite Tagung, die unter dem Thema „Das Führerproblem im Staate und in der Kultur“ stand. Max Weber hatte sich bereit erklärt, den einleitenden Vortrag zu halten. Er hatte als Thema ursprünglich „Die Persönlichkeit und deren Lebenswirkung“ vorgeschlagen (vgl. Eugen Diederichs Schreiben an Marianne Weber vom 23. Juni 1917, veröffentlicht in Diederichs, Eugen, Leben und Werk. Ausgewählte Briefe und Aufzeichnungen, hg. von Lulu von Strauß und Torney-Diederichs – Jena: Diederichs 1936, S. 292), doch wurde daraus dann „Die Persönlichkeit und die Lebensordnungen“ (vgl. den Plan der Tagung im Nachlaß Friedrich Naumann, Nr. 10, Zentralarchiv der DDR I, Potsdam). Allerdings ist auch die Formulierung „Die Lebensordnungen und die Persönlichkeit“ bezeugt. Über diese Rede fanden sich stichwortartige Eintragungen im Notizkalender von Ferdinand Toennies, die im Vorstehenden unter Ziffer 2 und dem Titel „Die Persönlichkeit und die Lebensordnungen“ wiedergegeben sind. Die vom Veranstalter der Tagung herausgegebene Zeitschrift „Die Tat“ (in Jg. 9, 1917/18, S. 737) brachte lediglich eine knappe Notiz: „Es waren etwa achtzig Gelehrte, Künstler und Praktiker versammelt, die drei Tage lang, anschließend an einige Vorträge, über das Führerproblem debattierten. Von besonderer Bedeutung war der Vortrag *Max Webers* über ‚Die Lebensordnungen und die Persönlichkeit‘.“

Der Abdruck von 1. *[Geistesaristokratie und Parlamentarismus. Entgegnung auf Max Maurenbrecher]* folgt dem maschinenschriftlichen Protokoll Wolfgang Schumanns im Verlagsarchiv Eugen Diederichs, Köln. Dieses ist überschrieben: „Darstellung der Haupttendenzen, welche auf der Lauensteiner Tagung der Vaterländischen Gesellschaft zu Tage traten.“ Der Bericht über die Rede Webers findet sich auf Blatt 3–4.

Der nachfolgende Text 2. *Die Lebensordnungen und die Persönlichkeit* beruht auf den handschriftlichen Eintragungen, die Ferdinand Tönnies unter den Daten vom 29. September und 1. Oktober 1917 in seinem Notizbuch vorgenommen hat (Schleswig-Holsteinische Landesbibliothek Kiel, Nl. Ferdinand Tönnies, Cb 54. 11:15).

## *Was erwartet das deutsche Volk vom Verfassungs-Ausschuß des deutschen Reichstages? (Seite 345–347)*

*Rede am 8. Juni 1917 in München*

Die Rede *Was erwartet das deutsche Volk vom Verfassungs-Ausschuß des deutschen Reiches* wurde am 8. Juni 1917 in München auf Einladung des Fortschrittlichen Volksvereins, dem Münchner Ortsverein der Fortschrittlichen Volkspartei, gehalten. Gegenstand war die Würdigung der Reformvorschläge, die Gegenstand der Beratungen des im April eingesetzten Verfassungsausschusses des Reichstags in seiner ersten Sitzungsperiode vom 4. bis 11. Mai 1917 waren. Dabei ging es in erster Linie um die verfassungsrechtliche Festlegung der Verantwortlichkeit des Reichskanzlers gegenüber dem Reichstag, die Aufhebung des Schlußsatzes des Artikels 9 der Reichsverfassung, der die Unvereinbarkeit der Mitgliedschaft im Reichstag und im Bundesrat betraf sowie die Ausdehnung der Kontrollrechte der parlamentarischen Körperschaften gegenüber der Armee. Insgesamt handelte es sich um erste behutsame Vorstöße in Richtung auf eine Parlamentarisierung der Verfassung des Deutschen Reiches.

Webers Ausführungen berühren sich eng mit den Darlegungen in seiner Artikelserie *Vergangenheit und Zukunft des deutschen Parlamentarismus*, die am 9. und 10. Juni in der Frankfurter Zeitung erschien. Eine Korrespondenz mit den Münchner Veranstaltern ist nicht überliefert.

Über seine Rede liegen ausführliche Berichte der Münchner Neuesten Nachrichten, der München-Augsburger Abendzeitung und der Münchener Zeitung vor. Im Vorstehenden wird der Bericht der Münchner Neuesten Nachrichten mitgeteilt. Dieser ist unter dem Titel „Neue Wege für die Mitarbeit der Nation am Staat", Münchner Neueste Nachrichten, Nr. 286 vom 10. Juni 1917, S. 1f., erschienen. Für die übrigen Berichte siehe MWG I/15, S. 714ff.

Die Münchner Neuesten Nachrichten leiteten die Wiedergabe der Rede Webers mit den folgenden Bemerkungen ein: „Der Heidelberger Nationalökonom *Max Weber* ist dem politischen München kein Fremder mehr. Mit einem scharf umrissenen Bild der heutigen Stellung Deutschlands unter den Weltvölkern hatte er zu Beginn des letzten Winters tiefe Wirkungen erzielt; heute war eine außerordentlich zahlreiche Zuhörerschaft der Einladung des Fortschrittlichen Volksvereins gefolgt, um ihn über das Thema ‚Das deutsche Volk und der Verfassungsausschuß' reden zu hören. Es war überaus fesselnd, über die künftigen Wege unserer staatlichen Entwicklung einmal das Urteil eines Politikers zu vernehmen, der außerhalb des parlamentarischen Getriebes steht und mit dem unbefangenen Urteil über die Arbeit des Verfassungsausschusses zugleich eine so starke eigene Produktivität verbindet, wie sie dem berühmten Heidelberger Gelehrten eigen ist."

## *Gegen die alldeutsche Gefahr (Seite 348–350)*

*Rede am 5. November 1917 in München*

Auf Drängen Edgar Jaffés und Georg Hohmanns hatte sich Max Weber bereits im Juli 1917 bereit erklärt, gemeinsam mit dem sozialdemokratischen Abgeordneten Wolfgang Heine auf einer überparteilichen Massenveranstaltung in München gegen die Alldeutschen aufzutreten. Unter dem Eindruck der Kanzlerkrise und der Friedensresolution des Reichstags vom 19. Juli hatte er dann aber seine Zusage, Anfang August zum Thema „Für einen Verständigungsfrieden gegen einen Machtfrieden" zu sprechen, zurückgezogen, um dem Ausland nicht den Eindruck von Schwäche und Mangel an Durchhaltevermögen zu vermitteln. Ein mehrwöchiger Wiener Aufenthalt im September/Oktober 1917, der ihm einen direkten Einblick in die politisch-militärische Verfassung Österreich-Ungarns ermöglichte, ließ ihn dann zu einer veränderten Einschätzung der Lage gelangen. Nunmehr vertrat er die Ansicht, daß der aktive Einsatz der Reichstagsmehrheit für einen Verständigungsfrieden vor allem im Hinblick auf den Bündnispartner richtig gewesen sei. Darüber hinaus hatte sich die Lage der Mittelmächte im Spätherbst angesichts des militärischen Zusammenbruchs Rußlands wesentlich gebessert, so daß Webers seinerzeitiges Hauptbedenken, ein Eintreten für den Verständigungsfrieden signalisiere den Alliierten einen baldigen deutschen Zusammenbruch, gegenstandslos geworden zu sein schien. Seiner Ansicht nach kam es nun darauf an, von einer der Parlamentarisierung verpflichteten und demgemäß innenpolitisch stabilisierten Position aus die deutschen Interessen nach außen zu vertreten. Infolgedessen erklärte sich Weber nun dazu bereit, an der für den 5. November neu angesetzten Veranstaltung mitzuwirken. Als deren Veranstalter ist in den Versammlungszensurakten des Bayerischen Kriegsministeriums der Münchner Sozialdemokratische Verein eingetragen. Als Themen sind dort notiert: „Gegen die alldeutsche Gefahr – Weber", „Der Verständigungsfriede und seine Gegner – R[eichs]T[ags]Abg[eordneter] Heine".

Diese „Volksversammlung" wurde von der sozialdemokratischen „Münchener Post" folgendermaßen angekündigt:

„*Volksversammlung.*
Am Montag den 5. November, abends 8 Uhr, im Restaurant Wagnersäle (Trefler), Sonnenstr[aße]:
Große Volksversammlung.
Tagesordnung:
1. Der Verständigungsfriede und seine Gegner.
2. Gegen die alldeutsche Gefahr.
Referenten: Reichstagsabg[eordneter] Gen[osse] Wolfgang Heine, Berlin; Universitätsprofessor Max Weber, Heidelberg.
Arbeiter, Gewerkschaftler und Parteigenossen! Es gilt, Protest zu erheben gegen die reaktionären Machenschaften der Alldeutschen und der Vaterlandspartei. Agitiert für einen Massenbesuch!"

Dieser Ankündigung, der Anmeldung im Bayerischen Kriegsministerium und einem Vergleich der Berichte der Münchner Neuesten Nachrichten, der München-Augsburger Abendzeitung, der Münchener Post und des Bayerischen Kuriers läßt sich entnehmen, daß Heine zum ersten und Weber zum zweiten Punkt der Tagesordnung sprechen sollte. Webers Thema lautete demnach „Gegen die alldeutsche Gefahr".

Dem Versammlungsverlauf entsprechend, geben die Berichte zuerst die Rede Wolfgang Heines wieder. Heine ging von der Voraussetzung aus, daß im Volk die Friedenssehnsucht weit größer sei als die Bereitschaft, weiterhin für Annexionsziele einzutreten, daß aber die Annexionisten an ihren Zielen festhielten, weil für sie eine Niederlage den Verlust ihres innenpolitischen Einflusses bedeuten würde. Die Sozialdemokratie aber setze sich für einen Verständigungsfrieden ein, nicht nur, weil sie das Selbstbestimmungsrecht der Nation gewahrt wissen wolle, sondern weil sie darin auch ein Instrument zum „Gewinn innerer Einheit" sehe.

Unmittelbar nach Heine folgte die Rede Max Webers.

Ein Manuskript der Rede ist nicht überliefert. Über die Versammlung gibt es die folgenden Presseberichte:
1. „Für den Verständigungsfrieden, gegen die alldeutsche Gefahr", Münchner Neueste Nachrichten, Nr. 562 vom 6. November 1917, S. 2;
2. „Alldeutschtum und Verständigungsfriede. Politische Volksversammlung", München-Augsburger Abendzeitung, Nr. 576 vom 6. November 1917, S. 2;
3. „Gegen die alldeutsche Gefahr und gegen die Feinde des Verständigungsfriedens", Münchener Post, Nr. 258 vom 6. November 1917, S. 4f.;
4. „Der Verständigungsfriede und seine Gegner", Bayerischer Kurier, Nr. 311 vom 7. November 1917, S. 5.

Im Vorstehenden sind Webers Ausführungen nach dem vergleichsweise ausführlichen Bericht der Münchner Neuesten Nachrichten mitgeteilt. Für die übrigen Berichte siehe MWG I/15, S. 728–52.

## *Aristokratie und Demokratisierung in Deutschland (Seite 351–353)*

*Vortrag am 15. Januar 1918 in Berlin*

Der Vortrag *Aristokratie und Demokratisierung in Deutschland* wurde am 15. Januar 1918 in Berlin vor dem „Verein Berliner Kaufleute und Industrieller" gehalten. Über die näheren Umstände seines Zustandekommens ist uns nichts bekannt. Damals befanden sich die Friedensverhandlungen von Brest-Litovsk in einer kritischen Phase, und nicht wenige befürchteten ein vollständiges Scheitern derselben mit unabsehbaren Auswirkungen auf die von Friedenssehnsucht erfaßten breiten Schichten der Bevölkerung. Weber schrieb am 16. Januar 1918 an seine Frau, daß Berlin in jenen Tagen einem „politischen Irrenhaus" gleiche, und beanstandete insbesondere das Zusammenspiel zwischen Militärs und Alldeutschen: „Was im Osten zu stande kommt weiß Niemand, ebenso nicht, wie lange Kühlmann und selbst Hertling sich gegen die Intrigen der Bande: Schwerindustrie + Alldeutsche, die immer den Anschluß an die Heeresleitung finden, noch behaupten werden." Das wirksamste Mittel, um diese nach seiner Überzeugung verhängnisvolle Demagogie zum Schweigen zu bringen, sah Max Weber im Übergang zu zum parlamentarischen System.

In der Morgenausgabe des Berliner Tageblatts vom 17. Januar 1918 erschien ein Bericht über Webers Vortrag. Er trägt den in der Regel unüblichen Vermerk „Nachdruck verboten", was darauf schließen läßt, daß diesem Text seitens der Redaktion besondere Bedeutung zugemessen wurde. Aufgrund seiner Struktur ist zu vermuten, daß dem Druck entweder eine wörtliche stenographische Mitschrift oder sogar ein von Weber selbst verfaßter Kurzbericht zugrunde gelegen hat. Dafür spricht zunächst die Diktion des Hauptteils, die Webers Sprachgebrauch sehr nahekommt. Darüber hinaus enthält der Bericht Einzelheiten, über die ein Dritter kaum in gleicher Präzision hätte berichten können, insbesondere die Vorgänge bei der Verleihung des Ehrendoktortitels an den Verleger des Berliner Tageblatts, Rudolf Mosse.

Ein Manuskript ist nicht überliefert. Der Abdruck folgt dem Bericht, der unter der Überschrift *Aristokratie und Demokratisierung in Deutschland* im Berliner Tageblatt, Nr. 30 vom 17. Januar 1918, Mo. Bl., S. 3, erschienen ist.

## *Demokratie und Aristokratie im amerikanischen Leben (354–355)*

*Vortrag am 23. März 1918 in Heidelberg*

Der Vortrag *Demokratie und Aristokratie im amerikanischen Leben* wurde am 23. März 1918 in Heidelberg vor der dortigen Ortsgruppe des „Volksbundes für Freiheit und Vaterland" gehalten. Der „Volksbund" war Anfang Dezember 1917 in Berlin gegründet worden, um der Agitation der „Deutschen Vaterlandspartei" entgegenzutreten. Max Weber war Mitglied des Ausschusses im „Volksbund" und hatte in dieser Eigenschaft auch den Gründungsaufruf vom 20. Dezember 1917 mit unterzeichnet. Anfang 1918 wurde die Heidelberger Ortsgruppe des „Volksbundes" gegründet. Der Gründungsaufruf wurde bei dieser Gelegenheit wortgetreu in den Heidelberger Zeitungen abgedruckt, unterzeichnet von sechsundsechzig Mitgliedern der Heidelberger Ortsgruppe, unter ihnen auch Max Weber.

In einem Bericht der Heidelberger Zeitung vom 26. Februar 1918 über die erste öffentliche Versammlung der Heidelberger Ortsgruppe am 23. Februar 1918, auf der Hermann Oncken über „Zwecke und Ziele des Volksbundes" gesprochen hatte, wurden auch die Referenten und Themen der nächsten beiden Vortragsabende mitgeteilt. Danach waren in Aussicht genommen ein Vortrag des Staatsrechtlers Gerhard Anschütz über die Wahlrechtsfrage und derjenige Max Webers über „Aristokratie und Demokratie". Der Vortrag Max Webers zum Thema „Demokratie und Aristokratie im amerikanischen Leben" fand am 23. März 1918 statt. Max Weber nahm damit einen Gegenstand wieder auf, über den er schon zwei Jahre zuvor, am 3. April 1916, vermutlich unter dem Titel „Demokratie im amerikanischen Leben", in der „Deutschen Gesellschaft von 1914" gesprochen hatte; von diesem älteren Vortrag sind uns allerdings weder ein Text noch Berichte überliefert. Einzelne inhaltliche Übereinstimmungen im Bericht des Heidelberger Tageblatts mit einer brieflichen Äußerung Webers vom 5. April 1916 über seinen damaligen Vortrag lassen jedoch den Schluß zu, daß er zumindest teilweise inhaltlich auf seine seinerzeitigen Ausführungen zurückgegriffen hat, auch wenn der unterschiedliche politische Kontext und die unterschiedliche Zuhörerschaft in Rechnung gestellt werden müssen. Weber konnte sich für seine Ausführungen über die amerikanische Gesellschaft auf die persönlichen Erfahrungen stützen, die er während seines viermonatigen Aufenthaltes in den Vereinigten Staaten im Jahre 1904 im Zusammenhang mit seiner Teilnahme an dem International Congress of Arts and Sciences in St. Louis gesammelt hatte. Es war damals quer durch die Vereinigten Staaten gereist und hatte zahlreiche persönliche Kontakte knüpfen können, unter anderem mit der New Yorker Fabrikinspektorin Florence Kelley und mit Booker T. Washington, dem schwarzen Vorkämpfer für eine bessere Erziehung der schwarzen Minderheit, als Mittel zur Erlangung der Gleichberechtigung. Späterhin hatte sich Weber im Zuge seiner Studien des modernen Parteienwesens intensiv mit dem amerikanischen Parteiensystem befaßt und sich dabei insbesondere auf James Bryce und Maurice Ostrogorsky gestützt.

Ein Manuskript ist nicht überliefert. Über den Vortrag gibt es die folgenden Presseberichte:

1. „Demokratie und Aristokratie in Amerika", Heidelberger Neueste Nachrichten, Nr. 71 vom 25. März 1918, S. 5;
2. „Der Volksbund für Freiheit und Vaterland", Heidelberger Tageblatt, Nr. 71 vom 25. März 1918, S. 3;
3. „Demokratie und Aristokratie im amerikanischen Leben", Heidelberger Zeitung, Nr. 72 vom 26. März 1918, S. 3.

Im vorstehenden sind Webers Ausführungen nach dem vergleichsweise ausführlichsten Bericht der Heidelberger Neuesten Nachrichten wiedergegeben. Für die übrigen Berichte siehe MWG I/15, S. 745–49

## *Die politische Lage Ende 1918 (Seite 356–358)*

*Rede im Oktober/November 1918 in Frankfurt*

Die Rede *Die politische Lage Ende 1918* – das Thema ist nicht bekannt und der Titel vom Herausgeber hinzugefügt – ist im Spätherbst 1918 in Frankfurt gehalten worden, und zwar nach dem Bekanntwerden des deutschen Friedensersuchens vom 4. Oktober 1918 an den amerikanischen Präsidenten Wilson. Damals schien noch die Möglichkeit gegeben, den Krieg für den Fall, daß die Alliierten auf ungünstigen Waffenstillstandsbedingungen bestehen würden, als verzweifelten Verteidigungskampf fortzuführen. In der Rede wird Bezug genommen auf die unmittelbaren militärischen Hintergründe der dramatischen Forderung der OHL unter Hindenburg und Ludendorff vom 29. September 1918, wonach unverzüglich eine parlamentarische Regierung gebildet und ein Waffenstillstandsersuchen an die Alliierten gerichtet werden müsse, insbesondere auf die Folgen des alliierten Tankangriffs bei Amiens vom 8. August 1918, der die deutsche Westfront in einem breiten Abschnitt ins Wanken gebracht hatte. Die Anspielung auf die österreichisch-ungarischen Separatfriedensbestrebungen sowie der Hinweis darauf, daß eine Fortführung des Krieges ohne Österreich-Ungarn unmöglich sein würde, erlaubten den Schluß, daß die Rede jedenfalls vor dem 3. November gehalten worden ist, dem Tag, an dem der Waffenstillstand zwischen den Alliierten Mächten und Österreich-Ungarn abgeschlossen wurde, wahrscheinlich aber schon vor dem 27. Oktober, dem Tag, an dem Kaiser Karl ankündigte, daß Österreich-Ungarn binnen 24 Stunden einen Waffenstillstand abschließen müsse.

Über die Rede ist uns nur eine Niederschrift Ernst Fraenkels in einem undatierten Brief an einen „Verwandten" überliefert. Dieser Niederschrift sind die folgenden Ausführungen Fraenkels vorangestellt: „Ich will versuchen, Dir den Eindruck des gestrigen Abends wiederzugeben. Der äußere Anblick: Der Saal voll, ich schätze 150 Personen. Weber, ein hochgewachsener Mann Mitte 60, graumellierter Bart, durchfurchtes Gesicht, nervöses Zucken in der Erregung um Mund und Nase. Seine Redeweise sehr pathetisch, dabei stellenweise sehr schwer verständlich. Sein Referat nahm fast den ganzen Abend in Anspruch, die Diskussionsredner Prof. Goldstein, Dr. Feiler, von jedem einzelnen hatte man den Eindruck des seelischen Leidens, daß er – namentlich Goldstein – mit innerster Erregung sein letztes böte." Der Herausgeber hat 1958 eine Abschrift des siebenseitigen Originals erstellt und dieses anschließend an Ernst Fraenkel zurückgegeben. Es ist jedoch heute im Nachlaß Fraenkel nicht mehr aufzufinden. Dem Druck liegt diese Abschrift zugrunde, die sich heute in der Arbeitsstelle der Max Weber-Gesamtausgabe an der Universität Düsseldorf befindet.

# Personenverzeichnis

Dieses Verzeichnis berücksichtigt nur Personen, die in den Texten Max Webers selbst Erwähnung finden, mit Ausnahme allgemein bekannter Persönlichkeiten.

**Andràssy von Csik-Szent Király** und **Krozna Horko,** Julius Graf (3. 3. 1823–18. 2. 1890) österreichisch-ungarischer Staatsmann; 1867–71 Ministerpräsident von Ungarn; 1871–79 Außenminister der k. u. k. Monarchie.

**Anschütz,** Gerhard (10. 1. 1867–14. 4. 1948) liberaler Staatsrechtslehrer; 1899 o. Prof. in Tübingen, 1900–08 in Heidelberg, 1908–16 in Berlin, seit 1916 wieder in Heidelberg; Kommentare zur preußischen und zur Reichsverfassung.

**Bäumer,** Gertrud (12. 9. 1873–25. 3. 1954) Schriftstellerin; Volksschullehrerin; Mitarbeiterin an Friedrich Naumanns Zeitschrift „Die Hilfe"; zusammen mit Helene Lange Herausgeberin der Zeitschrift „Die Frau" und des „Handbuchs der Frauenbewegung" (1901–06, 5 Bde.); 1916–20 Leiterin des Sozialpädagogischen Instituts Hamburg; 1919–20 Mitglied der verfassunggebenden Nationalversammlung, 1920–32 MdR für die DDP; stand in persönlichem Kontakt zu Max und Marianne Weber.

**Ballin,** Albert (15 8. 1857–9. 11. 1918) Unternehmer; seit 1899 Generaldirektor der Hamburg-Amerika-Linie; verfügte über gute Beziehungen zu Wilhelm II.; Vermittler bei den deutsch-englischen Flottenverhandlungen vom Frühjahr 1912, besaß enge Verbindungen zur englischen Hochfinanz.

**Ballod,** Carl (20. 6. 1864–13. 1. 1931) Statistiker; 1899 Privatdozent in Berlin; seit 1905 Mitglied des Preußischen Statistischen Landesamts; seit 1908 Mitarbeiter des Reichsschatzamts; 1914 ordentlicher Honorarprofessor in Berlin, 1920 ordentlicher Honorarprofessor in Riga; 1918 Mitwirkung in der Sozialisierungskommission.

**Bamberger,** Ludwig (22. 7. 1823–14. 3. 1899) liberaler Politiker und Publizist; 1868–71 Mitglied des Norddeutschen Reichstags; 1871–93 MdR, zunächst für die Nationalliberalen; 1880 Mitbegründer der „Liberalen Vereinigung" („Sezession"), betrieb 1884 deren Zusammenschluß mit der Deutschen Fortschrittspartei zur „Deutschen Freisinnigen Partei"; Tätigkeit als finanzpolitischer Berater Bismarcks, später Gegner seiner Schutzzoll- und Kolonialpolitik.

**Bebel,** August (22. 2. 1840–13. 8. 1913) sozialdemokratischer Politiker; 1867–69 Mitglied des Norddeutschen Reichstags für die von ihm mitbegründete Sächsische Volkspartei, 1869 Mitbegründer der Sozialdemokratischen Arbeiterpartei; ab 1871 MdR, ab 1875 Führer der deutschen Sozialdemokratie.

**Bennigsen,** Rudolf von (10. 7. 1824–7. 8. 1902) liberaler Politiker und Jurist; mit Johannes von Miquel Gründer des Deutschen Nationalvereins; 1867–71 Mitglied des Norddeutschen Reichstags, 1871–83 MdR; 1867–83 Mdpr. AH, dessen Präsident 1873–79; führender Repräsentant des um Ausgleich mit Bismarck bemühten Nationalliberalismus; seit 1871 in der Fraktionsspitze der Nationalliberalen im Reichstag; lehnte 1877/78 ein Angebot Bismarcks auf Übernahme eines Ministeramts ab; 1883 Mandatsniederlegung; 188–97 Oberpräsident von Hannover; Rückkehr in den Reichstag nach den „Kartellwahlen" von 1887, MdR bis 1898.

**Bernhard,** Ludwig (4. 7. 1875–16. 1. 1935) Nationalökonom; seit 1908 o. Prof. in Berlin; stand dem preußischen Großgrundbesitz nahe; Gegner der Polenpolitik der preußischen Regierung und der Sozialpolitik des Reiches.

**Bernstein,** Eduard (6. 1. 1850–18. 12. 1932) sozialdemokratischer Politiker und Theoretiker; 1881–90 Herausgeber der Zeitschrift „Der Sozialdemokrat“; 1887 Übersiedlung nach London, Mitarbeiter der Wochenschrift „Die Neue Zeit“ und der „Sozialistischen Monatshefte“; Führer des revisionistischen Flügels der deutschen Sozialdemokratie; 1902–07, 1912–18, 1920–28 MdR; 1917–19 Mitglied der USPD; Max Weber bemühte sich um seine Mitarbeit am „Archiv für Sozialwissenschaft und Sozialpolitik“ und an der Zeitungsenquête von 1910.

**Bethmann Hollweg,** Theobald von (29. 11. 1856–2. 1. 1921) deutscher Staatsmann; 1905 preußischer Innenminister; 1907 Staatssekretär des Reichamtes des Innern; 14. 7. 1909 Reichskanzler und preußischer Ministerpräsident; seine Demission am 13. 7. 1917 stellte den Höhepunkt der sog. „Julikrise“ dar, die durch die geplante Friedensresolution der Reichstagsmehrheit ausgelöst worden war.

**Bethusy-Huc,** Eduard Georg Graf von (3. 9. 1829–19. 11. 1893) konservativer Politiker; 1866 Mitbegründer der Freikonservativen Vereinigung; seit 1862 Mdpr. AH; 1867–71 Mitglied des Norddeutschen Reichstags; 1871–80 MdR für die Freikonservativen (Deutsche Reichspartei).

**Boese,** Franz († 3. 8. 1939) Schriftführer des Vereins für Sozialpolitik; enger Mitarbeiter Gustav Schmollers.

**Bosch,** Robert (23. 9. 1861–12. 3. 1942) Industrieller; Gründer der „Werkstätte für Feinmechanik und Elektroindustrie, Robert Bosch“; engagierte sich sozialpolitisch und erstrebte eine soziale Demokratie; förderte Friedrich Neumanns Arbeitsausschuß für Mitteleuropa und im Februar 1919 die Arbeitsgemeinschaft für Politik des Rechts (Heidelberger Vereinigung).

**Botha,** Louis (27. 9. 1862–27. 8. 1919) südafrikanischer General und Staatsmann; 1899–1902 General im Burenkrieg; 1910–19 Premierminister der Südafrikanischen Union.

**Boyen,** Hermann von (23. 6. 1771–15. 2. 1843) preußischer General; führte im Rahmen der Preußischen Reformen 1807–1814 zusammen mit Gneisenau und Scharnhorst die Heeresreform durch; vertrat dabei die Einheit von Wehr- und Staatsverfassung und setzte als Kriegsminister im Wehrgesetz vom September 1814 neben allgemeiner Wehrpflicht und Landwehrordnung die Öffnung der Offizierslaufbahn für das gebildete Bürgertum durch.

**Bülow,** Bernhard Fürst von (3. 5. 1849–28. 10. 1929) deutscher Diplomat und Staatsmann; seit 1897 Staatssekretär des Auswärtigen; 16. 10. 1900–16. 7. 1909 Reichskanzler und preußischer Ministerpräsident; führender Exponent der deutschen „Weltpolitik“; 1915 Sonderbotschafter in Rom, um den Kriegseintritt Italiens noch abzuwenden.

**Bulygin,** Alexander G.; Tl.: Bulygin, Aleksandr G. (1851–1919) russischer Innenminister 4. 2.–4. 11. 1905.

**Burckhardt,** Jacob (25. 5. 1818–8. 8. 1897) Schweizer Kultur- und Kunsthistoriker; 1855–58 o. Prof. für Kunstgeschichte in Zürich, ab 1858 o. Prof. für Geschichte und Kunstgeschichte in Basel; Begründer der wissenschaftlichen Kunstgeschichte; als Historiker der abendländischen Kulturentwicklung analysierte er in den kulturpessimistischen „Weltgeschichtlichen Betrachtungen“ (1905) die politischen und gesellschaftlichen Tendenzen seiner Zeit vom Standpunkt eines konservativ geprägten Humanismus.

**Busch,** Moritz (13. 1. 1821–21. 11. 1899) Journalist und Kriegsberichterstatter; 1871–73 Anstellung im Auswärtigen Amt, offiziöser Publizist im Dienst Bismarcks.

**Caprivi,** Leo Graf von (24. 2. 1831–6. 2. 1899) deutscher Staatsmann; 1871 Abteilungsleiter im Kriegsministerium; 1878 Brigadekommandeur; 1883–88 als Nachfolger Stoschs Chef der kaiserlichen Admiralität; 20. 3. 1890 Reichskanzler und preußischer Ministerpräsident; Anhänger einer industriestaatlichen Ausrichtung der Wirtschaftspolitik des Deutschen Reiches; setzte 1892–94 die Politik der Handelsverträge durch, bei gleichzeitiger Reduzierung des Schutzzollsystems; 24. 3. 1892 Rücktritt vom Posten des preußischen Ministerpräsidenten; 26. 10. 1894 Rücktritt als Reichskanzler wegen Differenzen mit Wilhelm II. und zunehmender Widerstände bei den Konservativen gegen seine Politik.

**Carducci,** Giosuè (27. 7. 1835–16. 2. 1907) italienischer Lyriker und Literaturwissenschaftler; wurde als politischer Dichter der nationalstaatlichen Einigung Italiens berühmt; in den 70er Jahren zeitkritische Lyrik, die die große Vergangenheit Italiens gegenüber der als dekadent empfundenen Gegenwartskultur feierte; erhielt 1906 den Literaturnobelpreis.

**Chamberlain,** Houston Stewart (9.9. 1855–9. 1. 1927) englischer Schriftsteller, Kulturhistoriker und Publizist; Vertreter eines deutsch-völkischen Nationalismus; seit 1916 deutscher Staatsangehöriger mit Wohnsitz Bayreuth; setzte sich im 1. Weltkrieg publizistisch für die Kriegsziele der Alldeutschen ein.

**Chamberlain,** Joseph (8.7. 1836–2. 7. 1914) englischer Staatsmann; 1873–76 Bürgermeister von Birmingham; 1876, nach neuartiger Wahlkampfführung – der systematischen Lenkung des Wählerverhaltens durch den Parteiapparat („caucus") – als liberaler Abgeordneter ins Unterhaus gewählt; 1880–85 Handelsminister; nach Überwechseln zu den Unionists 1895–1903 Kolonialminister.

**Delcassé,** Théophile (1. 3. 1852–21. 2. 1923) französischer Staatsmann; 1884 Abgeordneter der Radikalen; 1893–94 Unterstaatssekretär; 1894–95 Kolonialminister; 1898–1905 Außenminister; bewirkte durch seine Bündnispolitik die Herauslösung Frankreichs aus seiner diplomatischen Isolation; 1905 in der ersten Marokkokrise unter deutschem Druck zum Rücktritt gezwungen; 1911–13 Marineminister; 1914–15 erneut Außenminister.

**Diehl,** Karl (27. 3. 1864–12. 5. 1943) Nationalökonom; 1898 o. Prof. in Rostock, 1899 in Königsberg und ab 1908 in Freiburg; Mitglied im Verein für Sozialpolitik; gehörte wie Max Weber zur sog. mittleren Generation des Vereins und vertrat als Gegner einer reinen, „exakten" Nationalökonomie eine empirisch-realistische Methode.

**Dragomanow,** Michael P.; Tl.: Dragomanov, Michail P. (30. 9. 1841–2. 7. 1895) ukrainischer Publizist und Historiker; bis 1875 Privatdozent an der Universität Kiev; emigrierte 1876 in die Schweiz und lehrte ab 1889 als Professor in Sofia; vertrat das Programm einer kulturellen Autonomie der Völker Rußlands und der föderativen Umgestaltung des russischen Reiches.

**Erzberger,** Matthias (20. 9. 1875–26. 8. 1921) Zentrumspolitiker und Publizist; 1903–1918 MdR; im Weltkrieg Gegner des uneingeschränkten U-Boot-Kriegs und, nach anfänglicher annexionistischer Haltung, Befürworter des Verständigungsfriedens; Einsatz für Verfassungsreformen; maßgebliche Mitwirkung an der Friedensresolution des Reichstags vom Juli 1917 und am Sturz Bethmann Hollwegs; Anfang Oktober 1918 Ernennung zum Staatssekretär ohne Portefeuille; 1919–20 Mitglied der verfassunggebenden Nationalversammlung, ab 1920 MdR; Leiter der deutschen Delegation zum Abschluß des Waffenstillstandes; ab 21. 6. 1919 Reichsfinanzminister; 1921 Opfer eines Femeattentats.

**Eulenberg,** Franz (29. 6. 1867–28. 12. 1943) Nationalökonom; 1899–1905 Privatdozent, 1905–17 außerordentlicher Prof. in Leipzig; 1917 o. Prof. an der Technischen Hochschule Aachen, 1919 in Kiel, ab 1921 an der Wirtschaftshochschule Berlin; Mitglied im Verein für Sozialpolitik; gehörte wie Max Weber zur sog. mittleren Generation des Vereins.

**Ferry,** Jules (5. 4. 1832–17. 3. 1893) französischer Staatsmann; 1873–89 Abgeordneter, 1879–83 Unterrichtsminister; 1880–81 und 1883–85 Ministerpräsident; führender Exponent des französischen Imperialismus.

**Forckenbeck,** Max von (23. 10. 1821–26. 5. 1892) nationalliberaler Politiker; 1861 Mitbegründer der Deutschen Fortschrittspartei und des Nationalvereins; 1866 Mitbegründer der Nationalliberalen Partei; ab 1858 Mdpr. AH, 1866–73 dessen Präsident; 1867–71 Mitglied des Norddeutschen Reichstags, ab 1871 MdR, 1874–79 dessen Präsident; legte 1879 das Reichstagspräsidium infolge von Differenzen über Bismarcks Schutzzollpolitik nieder; 1881 Führer der Sezession; 1884 Anschluß an die Deutsche Freisinnige Partei.

**Franckenstein,** Georg Freiherr von und zu (2. 7. 1825–22. 1. 1890) Zentrumspolitiker; seit 1847 Mitglied der Bayerischen Ersten Kammer; 1868–71 Mitglied des Norddeutschen Reichstags, 1871 bis zu seinem Tod MdR, zuerst fraktionslos, ab 1872 für das Zentrum, ab 1875 dessen Fraktionsvorsitzender; 1879 Ausarbeitung der sog. „Franckensteinschen Klausel", welche vorsah, daß das Reich Überschüsse aus indirekten Steuern und Zöllen an die Einzelstaaten zurücküberweisen müsse; 1879–87 Vizepräsident des Reichstags.

**Friesen,** Richard Freiherr von (9. 8. 1808–25. 2. 1884) Politiker; 1849–52 sächsischer Innenminister, 1859 Finanzminister; 1866 Minister des Auswärtigen und sächsischer Bundesratsbevollmächtigter; 1870 Kommissar bei den Versailler Verhandlungen mit den Süddeutschen Staaten über den Eintritt in den Norddeutschen Bund; 1871 Vorsitzender im sächsischen Gesamtministerium; 1876 Rücktritt von allen Ämtern.

**Gerber,** Karl von (11. 4. 1823–23. 12. 1891) Staatsrechtslehrer und Politiker; 1846 o. Prof. in Erlangen, 1851 in Tübingen, 1862 in Jena, 1863 in Leipzig; Februar – August 1867 Mitglied des Norddeutschen Reichstags, zuerst für die Altliberalen, dann fraktionslos; 1871–81 sächsischer Kultusminister, März – Dezember 1891 sächsischer Ministerpräsident.

**Gerlach,** Ernst Ludwig von (7. 3. 1795–18. 2. 1877) konservativer Politiker; Bruder Leopold von Gerlachs; 1848 Mitbegründer der „Neuen Preußischen Zeitung" (Kreuzzeitung); Berater Friedrich Wilhelms IV. von Preußen; 1849 Mitglied der Ersten preußischen Kammer; 1850 Abgeordneter im Erfurter Unionsparlament; bis 1858 Mdpr. AH; 1877 MdR für das Zentrum.

**Gneisenau,** August Wilhelm Anton Graf Neidhardt von (27. 10. 1760–23. 8. 1831) preußischer General; führte im Rahmen der Preußischen Reformen zusammen mit Scharnhorst und Boyen die Heeresreform durch und vertrat wie diese das Prinzip der Einheit von Volk und Armee; setzte sich besonders für den Abbau ständischer Vorrechte und für den Gedanken des Volkskriegs ein.

**Goluchowski,** Graf Agenor (25. 3. 1849–28.3. 1921) österreichischer Diplomat und Politiker; 1895–1906 Minister des Äußeren; unterstützte in der ersten Marokkokrise auf der Konferenz von Algeciras 1906 das verbündete Deutsche Reich; im Weltkrieg Verfechter einer Angliederung Kongreßpolens an die Donaumonarchie.

**Gompers,** Samuel (27. 1. 1850–13. 12. 1924) amerikanischer Gewerkschaftsführer; 1886–1924 (Unterbrechung 1895) Präsident der von ihm mitbegründeten American Federation of Labour; 1918 Vorsitzender des Ausschusses für Internationale Arbeitergesetzgebung auf der Versailler Konferenz.

**Grey,** Sir Edward (25. 4. 1862–7. 9. 1933) englischer Staatsmann; seit 1885 Mitglied des Unterhauses; in der liberalen Regierung Rosebery 1892–95 Unterstaatssekretär im Außenministerium; im Kabinett Campbell-Bannerman und dann im Kabinett Asquith 1905–16 Außenminister; Vertreter der liberalen Imperialisten; während des Burenkrieges Mitglied der „liberal league"; Verfechter eines außenpolitichen Kurses der Anlehnung an Frankreich, ohne die Politik der freien Hand aufzugeben.

**Groener,** Wilhelm (22. 11. 1867–3. 5. 1939) General; seit 1912 Chef der Eisenbahnabteilung im Großen Generalstab; 1918 Nachfolger Ludendorffs als Erster Generalquartiermeister; 1918/19 zusammen mit Hindenburg Leitung des Rückmarsches und der Demobilmachung; 1920 Verkehrsminister im Kabinett Ebert.

**Gutschkow,** Alexander I.; Tl.: Gučkov, Aleksandr I. (26. 10. 1862–14. 2. 1936) Moskauer Industrieller und Politiker; Gründer und Führer der Partei der Oktobristen, zu deren rechtem Flügel er gehörte; seit 1907 Mitglied der Duma; März 1910 Vorsitzender der Duma; November 1911 Vorsitzender der Fraktion der Oktobristen; 1915–17 Vorsitzender des zentralen Kriegsindustriekomitees; einer der Führer der bürgerlichen Opposition; in der 1. Provisorischen Regierung 15. 3.–15. 5. 1917 Kriegs- und Marineminister.

**Haller,** Johannes (16. 10. 1865–24. 12. 1947) Historiker; 1902 o. Prof. in Marburg, 1904 in Gießen und seit 1913 in Tübingen; während des Krieges zeitkritischer Publizist von konservativer Haltung.

**Heile,** Wilhelm (18. 12. 1881–17. 8. 1969) Redakteur und Politiker; 1906–08 Herausgeber der „Deutschen Hochschule"; seit 1912 leitender Redakteur der Zeitschrift „Die Hilfe"; 1918 Begründer der Staatsbürgerschule „Freie Hochschule für Politik" in Berlin; 1919–20 Mitglied der verfassunggebenden Nationalversammlung, 1920–24MdR für die DDP.

**Henckel von Donnersmarck,** Guido Fürst (10. 8. 1830–18. 12. 1916) schlesischer Großgrund- und Bergwerksbesitzer; 1867–68 Mitglied des Norddeutschen Reichstags für die Nationalliberalen.

**Hertling,** Georg Graf von (31. 8. 1843–4. 1. 1919) deutscher Staatsmann; 1875–1900 und 1903–12 MdR für das Zentrum; ab 1912 bayerischer Ministerpräsident; 1. 11. 1917–30. 9. 1918 deutscher Reichskanzler und preußischer Ministerpräsident; bemühte sich vergeblich um einen Ausgleich zwischen der Reichstagsmajorität und der OHL.

**Herzen,** Alexander I.; Tl.: Gercen, Alexsandr I. (6. 4. 1812–21. 1. 1870) russischer sozialistischer Schriftsteller und Publizist; wurde stark vom deutschen und französischen Geistesleben geprägt; verließ 1847 Rußland und nahm an den revolutionären Bewegungen Westeuropas teil; gab 1857–67 in London die Zeitschrift „Die Glocke" heraus, die, nach Rußland eingeschmuggelt, Einfluß auf die öffentliche Meinung besaß; vertrat eine Kulturzyklenlehre, nach der die slawische Welt jünger als das übrige Europa ist.

**Heydebrand und der Lasa,** Ernst von (20. 7. 1852–15. 11. 1924) konservativer Politiker; seit 1888 Mdpr. AH und langjähriger Fraktionsführer der Deutschkonservativen; 1903–18 MdR; Opposition gegen die geplante Reichsfinanzreform von 1909, wodurch er den Sturz Bülows bewirkte; im Weltkrieg führender Gegner der preußischen Wahlrechtsreform und der Parlamentarisierung.

**Hindenburg,** Paul von Beneckendorff und von (2. 10. 1847–2. 8. 1934) Generalfeldmarschall; 1903–13 Kommandierender General; 1914 Oberbefehlshaber der 8. Armee; gemeinsam mit Ludendorff Sieger von Tannenberg; vom 29. 8. 1916 bis November 1918 Chef der OHL; gewann bestimmenden Einfluß auf die deutsche Kriegspolitik und wirkte am Sturz Bethmann Hollwegs mit; 1925–34 Reichspräsident.

**Hoetzsch,** Otto (14. 2. 1876–27. 8. 1946) Osteuropahistoriker und Politiker; 1906 o. Prof. in Posen, 1915 in Berlin; 1910–14 Herausgeber der „Zeitschrift für Osteuropäische Geschichte"; 1920–30 MdR zunächst für die Deutschnationale Volkspartei, ab 1929 für die Volkskonservative Vereinigung.

**Hoffmann,** Max (25. 1. 1869–8. 7. 1927) preußischer General; seit 1916 Chef des Generalstabs beim Oberbefehlshaber Ost; Vertreter der OHL bei den Friedensverhandlungen von Brest-Litovsk.

**Hohenlohe-Schillingsfürst,** Chlodwig Fürst zu (31. 3. 1819–6. 6. 1901) deutscher Staatsmann; 1867–70 bayerischer Ministerpräsident; 1871–81 MdR für die Freikonservativen (Deutsche Reichspartei); ab 1880 Geschäftsführung des Auswärtigen Amtes als interimistischer Staatssekretär; ab 1885 kaiserlicher Statthalter des Reichslandes Elsaß-Lothringen; 29. 10. 1894–7. 10. 1900 deutscher Reichskanzler und preußischer Ministerpräsident.

**Hoiningen-Huene,** Karl Freiherr von (24. 10. 1837–13. 3. 1900) Zentrumspolitiker; seit 1872 Mdpr. AH; 1884–93 MdR, brachte dort am 14. 5. 1885 ein Gesetz ein (sog. Lex Huene), das Städten und Gemeinden einen Anteil an den preußischen Agrarzöllen sichern sollte.

**Holtzendorff,** Arndt von (10. 11. 1859–24. 10. 1935) Jurist; nach dem Studium tätig beim Kammergericht, später beim Amtsgericht Berlin; 1898 Eintritt in die Hamburg-Amerika-Linie, dort zunächst Chef der Ausrüstungs-Abteilung, dann bis zu seinem Ausscheiden 1924 Direktor und Mitglied des Vorstands; enger Vertrauter Albert Ballins.

**Hugenberg,** Alfred (19. 6. 1865–12. 3. 1952) Industrieller und deutschnationaler Politiker; 1907–08 Direktor der Berg- und Metallbank in Frankfurt; 1909–18 Vorsitzender des Direktoriums der Firma Krupp; 1916 Gründung des Hugenberg-Konzerns; seit 1891 führendes Mitglied des Alldeutschen Verbandes; 1919–20 Mitglied der verfassunggebenden Nationalversammlung, 1920–45 MdR, zunächst für die Deutschnationale Volkspartei, ab 1933 für die NSDAP.

**Jäckh,** Ernst (22. 2. 1875–17. 8. 1959) politischer Publizist; arbeitete an verschiedenen liberaldemokratischen südwestdeutschen Zeitungen und Zeitschriften mit; enge Verbindung zu Friedrich Naumann; einer der besten Kenner des Osmanischen Reiches; gründete im Weltkrieg die Deutsche Gesellschaft 1914, ferner die Deutsch-türkische Vereinigung, in deren Geschäftsräumen der Arbeitsausschuß für Mitteleuropa tagte; Mitherausgeber der Zeitschriften „Deutsche Politik" und „Das größere Deutschland"; 1920 Gründer der Hochschule für Politik in Berlin, deren Präsident bis 1933.

**Kaufmann,** Erich (21. 9. 1880–5. 11. 1972) Staats- und Völkerrechtler; 1913 o. Prof. in Königsberg, 1916 in Berlin und 1920 in Bonn; im Weltkrieg Verteidiger der bestehenden konstitutionellen Reichsverfassung.

**Kautsky,** Karl (16. 10. 1854–17. 10. 1938) sozialdemokratischer Politiker und Theoretiker; 1875 Mitglied der Sozialdemokratischen Partei in Wien; 1883–1917 Leitung der sozialdemokratischen Zeitschrift „Die Neue Zeit"; 1891 Mitverfasser des Erfurter Programms; 1917 Anschluß an die USPD; während der Regierung des Rats der Volksbeauftragten 1918–19 Beigeordneter im Auswärtigen Amt; Mitglied der Sozialisierungskommission; 1919 mit der deutschen Aktenpublikation zur Kriegsschuldfrage beauftragt.

**Kerenski,** Alexander F; Tl.: Kerenskij, Aleksandr F. (4. 5. 1881–11. 6. 1970) russischer Staatsmann, seit 1912 Abgeordneter der sozialistishen Partei der Trudoviki in der Duma; nach Ausbruch der Februarrevolution 1917 einer der stellvertretenden Vorsitzenden des Exekutivkomitees der Sowjets und Justizminister in der Provisorischen Regierung; Mai 1917 Kriegsminister in der Koalitionsregierung; unter seiner Leitung Vorbereitung und Durchführung der den Alliierten zugesagten russischen Offensive vom Sommer 1917 (Kerenskij-Offensive); vom Juli bis zur Oktoberrevolution 1917 Ministerpräsident.

**Kirdorf,** Emil (8. 4. 1847–13. 7. 1938) führender Repräsentant der rheinisch-westfälischen Eisen- und Stahlindustrie; 1873 Vorstandsvorsitzender der neugegründeten Gelsenkirchener Bergwerks-AG, seit den 90er Jahren Verfechter der Kartell-Politik; im I. Weltkrieg Engagement für weitreichende Annexionen.

**Korfanty,** Adalbert (Wojciech) von (20. 4. 1873–17. 8. 1939) Journalist und Politiker; ab 1905 MdR und Mdpr. AH als Abgeordneter der polnischen Fraktion; seit 1905 Herausgeber der Tageszeitung ‚Polak'; starkes Engagement für die Wiederherstellung eines selbständigen Polen einschließlich der preußischen Ostprovinzen.

**Krüger,** Paulus (10. 10. 1825–14. 7. 1904) südafrikanischer Staatsmann; 1883–1900 Präsident der Südafrikanischen Republik; Führer der Buren im Krieg mit Großbritannien 1899–1902.

**Krupp von Bohlen und Halbach,** Gustav (7. 8. 1870–16. 1. 1950) Diplomat und Industrieller; 1899–1906 im diplomatischen Dienst tätig; 1906 Leitung der Krupp-Werke Essen; 1909–19 Mdpr.HH.

**Kühlmann,** Richard von (3. 5. 1873–6. 2. 1948) Diplomat und Politiker; seit 1900 im diplomatischen Dienst; 1916–17 Botschafter in Konstantinopel; seit August 1917 Staatssekretär des Auswärtigen Amtes; Leiter der deutschen Friedensdelegation bei den Verhandlungen von Brest-Litovsk, war aufgrund seiner gemäßigten Haltung in diesen Verhandlungen den Angriffen der OHL und der Rechtsparteien ausgesetzt; Rücktritt im Juli 1918 als Folge der Auseinandersetzungen um seine Bemühungen, einen Verständigungsfrieden zu erreichen.

**Kullmann,** Eduard Franz Ludwig (14. 7. 1853–16. 3. 1892) Böttchergeselle, verübte am 13. Juli 1874 in Kissingen ein Attentat auf Bismarck.

**Lansdowne,** Lord Henry Charles Keith Petty-Fitzmaurice (14. 1. 1845–3. 6. 1927) englischer Staatsmann; 1895–1900 Kriegsminister im konservativen Kabinett Salisbury; 1900–05 Außenminister; seit 1903 Führer der konservativen Majorität im Oberhaus; 1915–16 Minister ohne Portefeuille; setzte sich seit 1900 erfolglos für eine Verständigung mit dem deutschen Kaiserreich ein.

**Lasker,** Eduard (14. 10. 1829–5. 1. 1884) Jurist und liberaler Politiker; 1865–79 Mdpr. AH; 1867–71 Mitglied des Norddeutschen Reichstags, 1871–84 MdR; bis 1866 Mitglied der Fortschrittspartei, 1866/67 Mitbegründer der Nationalliberalen Partei, dort Führer des linken Flügels und innerparteilicher Opponent Bennigsens; schied nach Bismarcks Übergang zum Schutzzollsystem 1880 aus der Fraktion aus und trat der liberalen Vereinigung („Sezession") bei.

**Lassalle,** Ferdinand (11. 4. 1825–31. 8. 1864) einer der Begründer der deutschen Arbeiterbewegung; 1849 Mitarbeiter der „Neuen Rheinischen Zeitung"; 1863 Gründung des „Allgemeinen Deutschen Arbeitervereins"; demokratisch-sozialistisches Programm; Verfechter der Schaffung von Produktivassoziationen mit Staatshilfe; Befürworter eines preußisch-deutschen Nationalstaates.

**Lieber,** Ernst (16. 11. 1838–31. 3. 1902) Jurist und preußischer Zentrumspolitiker; ab 1870 Mdpr. AH; ab 1871 MdR; nach Windthorsts Tod 1891 Führer des Zentrums.

**Liebknecht,** Karl (13. 8. 1871–15. 1. 1919) sozialdemokratischer Politiker; seit 1908 Mdpr. AH, seit 1912 MdR; führender Repräsentant der äußersten Linken; stimmte im Dezember 1914 gegen die Bewilligung der Kriegskredite und veranstaltete nach seiner Einberufung am 1. Mai 1916 in Berlin eine öffentliche Kundgebung gegen den Krieg; wegen Hochverrats zu Zuchthaus verurteilt; nach seiner Begnadigung im Oktober 1918 mit Rosa Luxemburg Führer des Spartakusbundes; nach dessen Aufstand vom Januar 1919 in Berlin ermordet.

**Lloyd George of Dwayfar,** David (17. 1. 1863–26. 3. 1945) englischer Staatsmann; gelangte 1890 als Kandidat der liberalen Partei ins Unterhaus, dort Anhänger des äußersten linken Flügels; 1905–08 Handelsminister, 1908–15 Schatzkanzler und Initiator der englischen Reformpolitik; 1915–16 Munitionsminister; 1916 Heeresminister; Dez. 1916–18 Premierminister und Leiter des neugebildeten Kriegskabinetts; 1918–1922 Premierminister einer Koalitionsregierung mit den Konservativen.

**Ludendorff,** Erich (9. 4. 1865–20. 12. 1937) General; 1908–12 Chef der Operationsabteilung im Großen Generalstab; ab 1914 Oberquartiermeister im Armeeoberkommando 2; Ende August 1914 Generalstabschef der 8. Armee im Osten; ab August 1916 als 1. Generalquartiermeister neben Hindenburg mit der militärischen Gesamtleitung des Krieges beauftragt; setzte im Januar 1917 den uneingeschränkten U-Boot-Krieg durch; im Juli 1917 maßgeblich beteiligt am Sturz Bethmann Hollwegs; verfolgte mit den Verhandlungen von Brest-Litovsk eine weitreichende Annexionspolitik; verlangte Ende September 1918 den sofortigen Waffenstillstand; Entlassung am 26. Oktober 1918; Teilnahme am Kapp-Putsch im März 1920 und am Hitler-Putsch im November 1923.

**Mallinckrodt,** Hermann von (5. 2. 1821–26. 5. 1874) Publizist und Zentrumspolitiker; 1852–63 und 1868 Mdpr.AH; 1867–71 Mitglied des Norddeutschen Reichstags, 1871–74 MdR.

**Manteuffel,** Otto Freiherr von (29. 11. 1844–4. 3. 1913) konservativer Politiker; 1877–98 MdR; seit 1883 Mdpr.HH; 1892–97 Vorsitzender der Konservativen Partei im Herrenhaus und im Reichstag; seit 1891 Vizepräsident, seit 1911 Präsident des Herrenhauses.

**Mendelssohn** Franz von (9. 7. 1865–12. 12. 1935) Bankier; leitete bis 1933 das Bankhaus Mendelssohn in Berlin; 1913 Berufung ins preußische Herrenhaus.

**Merton,** Wilhelm (14. 5. 1848–15. 12. 1916) Unternehmer und Sozialpolitiker; gründete 1881 die Frankfurter Metallgesellschaft; stiftete 1890 das Institut für Gemeinwohl in Frankfurt a. M.; erwog nach dessen Umwandlung in eine GmbH 1896, Max Weber mit der Leitung zu betrauen; 1901 Mitbegründer der Akademie für Sozial- und Handelswissenschaften, aus der 1914 die Universität Frankfurt hervorging.

**Messer,** August (11. 2. 1867–11. 7. 1937) 1910–33 Professor für Philosophie an der Universität Gießen.

**Michaelis,** Georg (8. 9. 1857–24. 7. 1936) deutscher Staatsmann; seit 1889 im preußishen Staatsdienst; 1909 Unterstaatssekretär im Finanzministerium; Februar 1917 preußischer Staatskommissar für Volksernährung; ab Juli 1917 als Nachfolger Bethmann Hollwegs deutscher Reichskanzler und preußischer Ministerpräsident; Oktober 1917 Rücktritt von beiden Ämtern, da er an der Aufgabe scheiterte, die Differenzen zwischen OHL und Reichstagsmehrheit beizulegen.

**Miljukow,** Pawel N.; Tl.: Miljukov, Pavel N. (27. 1. 1859–31. 3. 1943) russischer Historiker und liberaler Politiker; 1905 einer der Gründer der liberal-bürgerlichen „konstitutionellen Demokraten" (Kadetten); 1907 Sprecher der Kadetten in der Duma; März bis Mai 1917 Außenminister der Provisorischen Regierung.

**Millerand,** Alexandre (10. 2. 1859–6. 4. 1943) französischer Politiker; 1899–1902 als Handelsminister erster sozialistischer Minister Frankreichs; wegen seiner reformistischen Grundhaltung 1905 von der Vereinigten Sozialistischen Partei ausgeschlossen.

**Minnigerode,** Wilhelm Freiherr von (28. 11. 1840–10. 11. 1913) konservativer Politiker und Rittergutsbesitzer; 1871–84 MdR als Abgeordneter der Konservativen Partei.

**Miquel,** Johannes von (21. 2. 1829–8. 9. 1901) nationalliberaler Politiker; Mitbegründer und Ausschußmitglied des Nationalvereins; 1867–82 Mdpr.AH; 1867–71 Mitglied des Norddeutschen Reichstags, 1871–90 MdR; in den 70er und 80er Jahren Oberbürgermeister von Osnabrück und Frankfurt; 1882 Mdpr.HH; seit 1890 preußischer Finanzminister und Vizepräsident des Staatsministeriums; 1901 wegen Differenzen mit Bülow über den Bau des Mittellandkanals zurückgetreten; führend beteiligt an der Reform des Verwaltungs-, Justiz- und Steuerwesens.

**Möller,** Theodor (10. 8. 1840–6. 12. 1925) **nationalliberaler Politiker** und Industrieller; 1890–95 und 1898–1901 Mdpr.AH; 1893–1901 MdR; 1901–05 preußischer Handelsminister.

**Moltke,** Helmuth Karl Graf von (26. 10. 1800–24. 4. 1891) Generalfeldmarschall; 1871 Konflikt mit Bismarck im deutsch-französischen Krieg hinsichtlich der Beschießung von Paris, aber auch wegen grundsätzlicher Differenzen über das Verhältnis von politischer und militärischer Führung; 1858–88 Chef des preußischen Generalstabs; 1867–71 Mitglied des Norddeutschen Reichstags, 1871–91 MdR für die Konservative Partei.

**Moltke,** Helmuth Graf von (25. 5. 1848–18. 6. 1916) General; Neffe des Vorstehenden; 1906–14 Generalstabschef als Nachfolger Schlieffens; Verfechter eines deutschen Präventivkrieges gegen Rußland vor 1914; Rücktritt nach der verlorenen Marneschlacht am 14. 9. 1914.

**Morosow,** Tl.; Morozov, russische Unternehmerfamilie.

**Mosse,** Rudolf (9. 5. 1843–8. 9. 1920) Verleger; gründete 1867 eine Zeitungsannoncen-Expedition und 1871 einen Zeitungsverlag, zu dem vor allem das liberale „Berliner Tageblatt" gehörte, das ähnlich wie die „Frankfurter Zeitung" im Weltkrieg eine gemäßigte Richtung vertrat.

**Naumann,** Friedrich (25. 3. 1860–24. 8. 1919) evangelischer Theologe und liberaler Politiker;

1895 Gründung der Wochenschrift „Die Hilfe“, die erheblichen Einfluß auf das protestantische Bürgertum gewann; 1896 Gründung des Nationalsozialen Vereins; nach dessen Scheitern 1903 Beitritt zur Freisinnigen Vereinigung; seit 1907 MdR, zunächst als Abgeordneter der Freisinnigen Vereinigung, dann der Fortschrittlichen Volkspartei; förderte den Zusammenschluß der Linksliberalen zur Fortschrittlichen Volkspartei (1910); im Weltkrieg Verfechter eines mitteleuropäischen Staatenblocks; 1919 Vorsitzender der DDP in der verfassunggebenden Nationalversammlung; enge persönliche und politische Verbindung mit Max Weber und Zusammenarbeit in tagespolitischen Fragen.

**Nikolai** Nikolajewitsch; Tl.: Nikolaj Nikolaewič (18. 11. 1856–5. 1. 1929) Großfürst; 1914/15 Oberkommandierender des russischen Heeres; 1915–17 Statthalter und Oberbefehlshaber im Kaukasus.

**Payer,** Friedrich von (12. 6. 1847–14. 7. 1931) liberaler Politiker und Rechtsanwalt; 1894–1912 Mitglied der württembergischen Abgeordnetenkammer, ab 1894 deren Präsident; 1877–1917 MdR für die südwestdeutsche Deutsche Volkspartei, bzw. ab 1910 für die Fortschrittliche Volkspartei; im Krieg als Fraktionsvorsitzender Einsatz für Wahlrechtsreform und Parlamentarisierung; Mitinitiator des in der Julikrise 1917 begründeten Interfraktionellen Ausschusses; 1917–18 Vizekanzler unter Graf Hertling und Prinz Max von Baden; 1919 Mitbegründer der DDP.

**Pierstorff,** Julius (9. 3. 1851–1928) Nationalökonom; seit 1883 o. Prof. in Jena; Mitglied im Verein für Sozialpolitik, gehörte wie Max Weber zur sog. mittleren Generation des Vereins.

**Plechanow,** Georgi W.; Tl.: Plechanov, Georgij V. (11. 12. 1856–30. 5. 1918) Theoretiker der russischen Sozialdemokratie; Mitbegründer der marxistischen „Gruppe zur Befreiung der Arbeit“; forderte im Gegensatz zu agrarsozialistischen Tendenzen eine marxistische Arbeiterpartei; 1903 auf dem 2. Parteikongreß der russischen Sozialdemokratie in London auf Seiten Lenins und der Bolschewiki, später Übergang zu den Menschewiki; 1917 publizistischer Opponent zu Lenins Aprilthesen; danach Rückzug nach Finnland.

**Posadowsky-Wehner,** Arthur Graf von (3. 6. 1845–23. 10. 1932) seit 1893 Staatssekretär des Reichsschatzamtes, seit 1897 Staatssekretär des Reichsamts des Innern sowie preußischer Staatsminister; 1882–85 Mdpr.AH; 1912–18 MdR als fraktionsloser Abgeordneter; 1919–20 Mitglied der verfassunggebenden Nationalversammlung und Fraktionsvorsitzender der Deutschnationalen Volkspartei.

**Puttkamer,** Robert von (5. 5. 1828–15. 3. 1900) konservativer preußischer Verwaltungsbeamter und Politiker; 1879 preußischer Kultusminister; 1881 preußischer Innenminister; 1891–99 Oberpräsident von Pommern; 1874–85 MdR, 1882–85 Mdpr.AH für die Konservative Partei.

**Rathenau,** Walter (29. 9. 1867–29. 6. 1922) Industrieller und Politiker; seit 1915 Vorsitzender des AEG-Aufsichtsrates; während des Krieges Leiter der Kriegsrohstoffabteilung im Kriegsministerium; 1919 Mitglied der DDP; als Sachverständiger Teilnahme an der Friedenskonferenz 1919, an der Konferenz von Spa 1920 und an der Vorbereitung der Londoner Konferenz 1921; von Februar 1922 bis zu seiner Ermordung Reichsaußenminister.

**Rathgen,** Karl (19. 12. 1856–6. 11. 1921) Nationalökonom; 1895 o. Prof. in Marburg, 1900 in Heidelberg und ab 1907 am deutschen Kolonial-Institut in Hamburg; Kolonialpolitiker.

**Rechenberg,** Albrecht Freiherr von (15. 9. 1861–26. 2. 1935) 1900 Konsul in Moskau; 1905 Generalkonsul in Warschau; 1906–12 Gouverneur in Deutsch-Ost-Afrika; 1913–18 MdR für das Zentrum.

**Rhodes,** Cecil (5. 7. 1853–26. 3. 1902) bedeutendster Repräsentant des britischen Imperialismus der Vorkriegszeit; 1884 Finanzminister, 1890–1896 Ministerpräsident der Kapkolonie; Begründer der British South African Company 1889 und Eroberer Rhodesiens; Initiator des Jameson Raid 1895.

**Richter,** Eugen (30. 7. 1838–10. 3. 1906) linksliberaler Politiker und Journalist; 1867–71 Mitglied des Norddeutschen Reichstags, ab 1871 MdR, zunächst für die Fortschrittspartei, ab 1884 für die Deutsche Freisinnige Partei und 1893 für die Freisinnige Volkspartei; seit 1869 auch Mdpr.AH; als Finanzexperte der Fortschrittspartei führender Oppositionspolitiker gegen Bismarck.

**Rickert,** Heinrich (27. 12. 1833–3. 11. 1902) liberaler Politiker und Publizist; seit 1870 Mdpr.Ah; seit 1874 MdR, zunächst für die Nationalliberale Partei, ab 1880 für die Liberale

Vereinigung („Sezession"), ab 1884 für die Deutsche Freisinnige Partei, ab 1893 für die Freisinnige Vereinigung.

**Rinkel,** Hermann (14. 6. 1854–?) Bankier; Delegierter des Deutschen Handelstages bei der Bankenenquête; 1908 Sachverständiger für die Fragen der Diskontpolitik der Reichsbank; während des Krieges Chef des Zivilkabinetts des Generalgouverneurs von Bissing in Brüssel.

**Rodsjanko,** Michael W.; Tl.: Rodzjanko, Michail V. (12. 4. 1859–19. 1. 1924) Politiker und Unternehmer; Mitglied der Oktobristen; Mitglied der 3. und Vorsitzender der 4. Duma; 1917 Vorsitzender des Provisorischen Dumakomitees; 1920 Emigration.

**Roesicke,** Gustav (15. 7. 1856–25. 2. 1924) konservativer Politiker; ab 1893 Vorsitzender des Bundes der Landwirte; 1898–1918 MdR, 1913–18 Mdpr.AH für die Konservative Partei; 1919–20 Mitglied der verfassunggebenden Nationalversammlung, 1920–24 MdR für die Deutschnationale Volkspartei; 1921–24 Präsident des Reichslandbundes.

**Saucken-Tarputschen,** Curt von (17. 6. 1825–1. 3. 1890) Gutsbesitzer und Politiker; 1862–87 Mdpr.AH; während des preußischen Verfassungskonflikts einer der Wortführer des linken Flügels der Fortschrittspartei; 1874–84 MdR für die Fortschrittspartei.

**Schacht,** Hjalmar (22. 1. 1877–3. 6. 1970) Bankier; 1908 Direktor der Dresdner Bank; 1914–15 der Bankabteilung des Generalgouvernements in Brüssel zugeteilt; 1916 Direktor der „Nationalbank für Deutschland"; 1918 Mitbegründer der DDP; seit 1923 Reichswährungskommissar und Reichsbankpräsident.

**Scharnhorst,** Gerhard Johann David von (12. 11. 1755–28. 6. 1813) preußischer General; führte im Rahmen der Preußischen Reformen zusammen mit Boyen und Gneisenau die Heeresreform durch; als Chef des neugeschaffenen Kriegsministeriums leitete er 1807–10 die Einrichtung von Landwehr und allgemeiner Wehrpflicht und die Öffnung der Offizierslaufbahn für das gebildete Bürgertum ein.

**Schiffer,** Eugen (14. 2. 1860–5. 9. 1954) Jurist und liberaler Politiker; 1903–18 Mdpr.AH; 1912–17 MdR für die Nationalliberale Partei; ab August 1917 Unterstaatssekretär im Reichsschatzamt; 1919–20 Mitglied der verfassunggebenden Nationalversammlung, 1920–24 MdR für die DDP; Februar – April 1919 Reichsfinanzminister und Vizekanzler, Oktober 1919 – März 1920 Reichsjustizminister und Vizekanzler; im Mai 1921 erneut Reichsjustizminister.

**Schmidt,** Robert (15. 5. 1864–16. 9. 1943) sozialdemokratischer Politiker und Gewerkschaftssekretär; 1893–1903 Schriftleiter des „Vorwärts"; 1893–98 und 1903–18 MdR; 1919–20 Mitglied der verfassunggebenden Nationalversammlung, 1920–30 MdR für die Sozialdemokratie; Oktober 1918 Unterstaatssekretär, Februar 1919 – August 1922 Vizekanzler und Reichswirtschaftsminister.

**Schmoller,** Gustav von (24. 6. 1838–27. 6. 1917) Nationalökonom; 1864 o. Prof. für Staatswissenschaften in Halle, 1871 in Straßburg, ab 1882 in Berlin; seit 1884 Mdpr. Staatsrats; Vertreter der Universität Berlin im preußischen Herrenhaus seit 1899; beeinflußte sowohl als führender Vertreter der Historischen Schule der Nationalökonomie als auch als Mitbegründer und Vorsitzender des Vereins für Sozialpolitik (seit 1890) die staatliche Sozialpolitik.

**Singer,** Paul (16. 1. 1844–31. 1. 1911) Fabrikbesitzer und sozialdemokratischer Politiker; 1884–1911 MdR und Fraktionsvorsitzender zusammen mit August Bebel; gemeinsam mit Bebel ab 1890 auch Parteivorsitzender; schied 1887 aus der zusammen mit seinem Bruder gegründeten Textilfabrik aus und widmete sich ausschließlich der Parteiarbeit; mit seinen finanziellen Mitteln wurde 1884 das „Berliner Volksblatt" gegründet, aus dem 1891 das SPD-Organ „Vorwärts" hervorging.

**Skalon,** Georgi A.; Tl.: Skalon, Georgij A. (1848–1914) russischer General; 1905–14 Generalgouverneur in Warschau.

**Somary,** Felix (20. 11. 1881–11. 7. 1956) Bankier und Finanzpolitiker; nach Studium der Rechts- und Staatswissenschaften in Wien 1905 Finanzsekretär bei der Wiener Anglo-Austrian Bank; 1910–14 Prof. an der Hochschule für staatswissenschaftliche Fortbildung sowie Bankier in Berlin; im Weltkrieg 1914–15 Leiter der Bankabteilung Belgien und Mitglied der Zivilverwaltung; 1916–18 Mitarbeit im Arbeitsausschuß für Mitteleuropa, dort Zusammenarbeit mit Max Weber; seit 1919 Bankier in Zürich.

**Spahn,** Peter (22. 5. 1846–31. 8. 1925) Jurist und Zentrumspolitiker; 1882–1917 MdR, bis 1918 Mdpr.AH; August 1917 – November 1918 preußischer Justizminister; 1919–20 Mitglied der verfassunggebenden Nationalversammlung, 1920–25 MdR.

**Stahl,** Friedrich Julius (16. 1. 1802–10. 8. 1861) Staatsrechtslehrer und konservativer Politiker; Verfechter des monarchischen Prinzips und des christlichen Ständestaats; ab 1840 o. Prof. in Berlin; übte großen Einfluß auf die Politik Friedrich Wilhelms IV. und auf den preußischen Konservatismus aus; 1849 Mitglied der Ersten preußischen Kammer, 1850 des Erfurter Unionsparlaments; 1848 Mitbegründer der „Neuen Preußischen Zeitung" (Kreuzzeitung).

**Stauffenberg,** Franz Schenk von (3. 8. 1834–2. 6. 1901) liberaler Politiker; 1868–71 Mitglied des Norddeutschen Reichstags, 1871–93 MdR, zunächst für die Nationalliberale Partei, 1880–84 für die Liberale Vereinigung; 1884–93 Führer der Deutschen Freisinnigen Partei; 1874–79 Vizepräsident des Reichstages.

**Stein,** Philipp (7. 1. 1870–5. 2. 1932) Jurist und Sozialpolitiker; Mitglied in zahlreichen Bankausschüssen; Honorarprofessor in Frankfurt und wissenschaftlicher Berater Wilhelm Mertons.

**Stinnes,** Hugo (12. 2. 1870–10. 4. 1924) Großindustrieller; Begründer des Stinnes-Konzerns; 1920–24 MdR für die DVP; als Wirtschaftssachverständiger Teilnehmer an der Konferenz von Spa 1920.

**Stolypin,** Pjotr A.; Tl.: Stolypin, Petr A. (14. 4. 1862–18.9. 1911) russischer Staatsmann; 1906–11 Ministerpräsident; initiierte eine umfassende Agrarreform, die sich zum Ziel setzte, die Sozialverhältnisse durch die Schaffung selbständiger und leistungsfähiger landwirtschaftlicher Einzeleigentümer zu stabilisieren.

**Stresemann,** Gustav (10. 5. 1878–3. 10. 1929) liberaler Politiker und Staatsmann 1902–18 Syndikus des Verbandes Sächsischer Industrieller; führend im Bund der Industriellen tätig; 1907–12 und 1914–18 MdR für die Nationalliberale Partei; ab 1917 deren Fraktionsvorsitzender; Mitglied des Alldeutschen Verbandes und Verfechter eines Siegfriedens mit weitgehenden Annexionen; setzte sich zugleich für den Übergang zum parlamentarischen Regierungssystem ein; wirkte in der Julikrise 1917 am Sturz Bethmann Hollwegs mit; gründete im Dezember 1918 die DVP; als deren Vorsitzender 1919–20 Mitglied der verfassunggebenden Nationalversammlung, 1920–29 MdR; 13. 8. 1923–22. 11. 1923 Reichskanzler und Außenminister; bis 1929 Außenminister.

**Struwe,** Pjotr B.; Tl.: Struve, Petr B. (7. 2. 1870–26. 2. 1944) russischer Ökonom und Politiker; 1903 Gründungsmitglied des „Bundes der Befreiung", 1905 Mitglied der Konstituionellen Demokratischen Partei; 1920 Minister in der Regierung P. N. Vrangel'.

**Studt,** Konrad von (5. 10. 1838–29. 10. 1921) Jurist und konservativer Politiker; 1882 Regierungspräsident in Königsberg; 1887 Unterstaatssekretär im Ministerium für Elsaß-Lothringen; 1899 Oberpräsident von Westfalen; 1899–1907 preußischer Kultusminister.

**Stumm-Halberg,** Karl Freiherr von (30. 3. 1836–8. 3. 1901) Schwerindustrieller; führendes Mitglied der Freikonservativen (Deutsche Reichspartei); 1867–71 Mitglied des Norddeutschen Reichstags, 1871–81 und ab 1889 MdR; ab 1882 Mdpr.HH; während der 1890er Jahre einer der schärfsten Kritiker der evangelisch-sozialen Bewegung und des Vereins für Sozialpolitik, in diesem Zusammenhang heftige Auseinandersetzung mit Max Weber.

**Taaffe,** Eduard Graf (24. 2. 1833–29. 11. 1895) österreichischer Staatsmann; 1867 Minister für Landesverteidigung und Polizei; 1867, 1870–71, 1879 Innenminister; 1868–70, 1879–93 Ministerpräsident; stützte sich auf eine aus slawischen und deutschen Parteien gebildete konservative Koalition, die von den Liberalen stark bekämpft wurde.

**Thyssen,** August (17. 5. 1842–4. 4. 1926) Industrieller; Gründer der Thyssen & Co KG 1871, die sich zu einem der größten deutschen Montankonzerne entwickelte; im Weltkrieg Verfechter weitreichender Kriegsziele; unterhielt enge Verbindungen zu Matthias Erzberger und zur Zentrumspartei.

**Tirpitz,** Alfred von (19. 3. 1849–6. 3. 1930) Großadmiral; 1865 Eintritt in die deutsche Marine; 1892–95 Chef des Stabes beim Oberkommando der Flotte; 1897 Staatssekretär des Reichsmarineamtes, in dieser Stellung in hohem Maße verantwortlich für den Aufbau der deutschen Marine und die gegen England gerichtete Schlachtflottenpolitik; im Krieg starkes Engagement für den uneingeschränkten U-Boot-Krieg, dabei Gegensatz zu Bethmann Hollweg und Rücktritt am 15. März 1916; September 1917 Mitbegründer der Deutschen Vaterlandspartei.

**Treitschke,** Heinrich von (15. 9. 1834–28. 4. 1896) Historiker und Politiker; 1871–84 MdR, zunächst nationalliberal, später parteilos; setzte sich für die deutsche Einheit unter preußischer Führung ein; führender Vertreter der Idee eines deutschen Machtstaats; seit 1874 o. Prof. in Berlin; 1886 Historiograph des preußischen Staates; 1866–89 Hg. der Preußischen Jahrbücher.

**Trotzki** (seit 1902 für Bronstein), Leo D.; Tl.: Trockij, Lev D. (7. 11. 1879–21. 8. 1940) russischer Politiker und Revolutionär; 1902–04 führende Stellung innerhalb der russischen Sozialdemokratie als Redakteur der „Iskra“; 1905 führende Stellung im Petersburger Sowjet; 1907–17 Emigrant in Wien, Paris und den USA; Mai 1917 Rückkehr nach Rußland und Anschluß an die Bolschewiki; seit Oktober 1917 Mitglied des Politbüros; organisierte an der Spitze des Militärischen Revolutionskomitees den Aufstand der Bolschewiki gegen die Regierung Kerenskij vom 7. 11. 1917; 8./9. 11. 1917 Außenkommissar; seit Ende 1917 Leiter der russischen Delegation bei den Friedensverhandlungen mit den Mittelmächten in Brest-Litovsk; März 1918 Ernennung zum Kriegskommissar; nach dem Tode Lenins Gegnerschaft zu Stalin; 1929 Ausweisung aus der UdSSR.

**Tscheidse,** Nikolai S.; Tl.: Čcheidze, Nikolaj S. (1864–1926) russischer sozialdemokratischer Politiker; 1907 Mitglied der 3. Duma; Führer der Fraktion der Menschewiki in der 4. Duma; 1917 Mitglied des provisorischen Duma-Komitees; nach der Februar-Revolution Vorsitzender des Petersburger Sowjets; 1921 Emigration.

**Völk,** Joseph (9. 5. 1819–22. 1. 1882) liberaler Politiker und Jurist; 1868–71 Mitglied des Norddeutschen Reichstags; 1871–81 MdR, erst fraktionslos, dann für die Liberale Reichspartei, für die Nationalliberalen und zuletzt für die Liberale Vereinigung.

**Vollmar,** Georg von (7. 3. 1850–30. 6. 1922) sozialdemokratischer Politiker und Schriftsteller; Führer der bayerischen Sozialdemokratie; Exponent des reformistischen Flügels; 1881–87 und 1890–1918 MdR; 1883–89 MdL in Sachsen, 1893–1918 MdL in Bayern.

**Waldeck,** Franz Leo Benedikt (31. 7. 1802–12. 5. 1870) preußischer Politiker; 1848 Führer der demokratischen Linken in der preußischen Nationalversammlung; dort Vorsitzender des Verfassungsausschusses und Verfasser der sog. Charte Waldeck; einer der Führer der Deutschen Fortschrittspartei im preußischen Verfassungskonflikt; 1861–69 Mdpr.AH, 1867–69 Mitglied des Norddeutschen Reichstags.

**Waldersee,** Alfred Graf von (8. 4. 1832–5. 3. 1904) preußischer General; als Nachfolger Moltkes 1889–91 Chef des Großen Generalstabs; 1900 im chinesischen Boxeraufstand Oberbefehlshaber der europäischen Interventionstruppen.

**Wermuth,** Adolf (23. 3. 1851–12. 10. 1927) Politiker; 1909–1912 Staatssekretär des Reichsschatzamts; trat aus Protest gegen die Wehrvorlage von 1912 zurück; 1912–20 Oberbürgermeister von Berlin.

**Wilson,** Thomas Woodrow (28. 12. 1856–3. 2. 1924) amerikanischer Staatsmann und Politikwissenschaftler; 1902–1912 Präsident der Universität Princeton; 1911–12 demokratischer Gouverneur in New Jersey; 1912–21 Präsident der Vereinigten Staaten. Trat für eine demokratische Weltfriedensordnung ein; seine 14 Punkte vom Januar 1918 sollten die Grundlage eines europäischen Friedensschlusses bilden.

**Windthorst,** Ludwig (17. 1. 1812–14. 3. 1891) Zentrumspolitiker; 1851–53 und 1862–65 hannoverscher Justizminister; ab 1867 Mdpr.AH; 1867–71 Mitglied des Norddeutschen Reichstags als fraktionsloser Abgeordneter, ab 1871 MdR für das Zentrum; als dessen Führer Gegenspieler Bismarcks im Kulturkampf; einer der bedeutendsten Parlamentarier der Bismarckzeit.

**Witte,** Sergei J.; Tl.: Vitte, Sergej J., Graf (29. 6. 1849–13. 3. 1915) russischer Staatsmann; 1892–1903 Finanzminister, verantwortlich für wirtschaftliche Reformen; 1903 Vorsitzender des Komitees der Minister; Oktober 1905 – April 1906 Ministerpräsident.

**Zedlitz und Trützschler,** Robert Graf von (8. 12. 1837–24. 10. 1914) konservativer Politiker; 1881 Regierungspräsident in Oppeln; 1886 Oberpräsident von Posen; 1891–92 preußischer Kultusminister; 1898 Oberpräsident von Hessen-Nassau, 1903–09 von Schlesien.

**Zimmermann,** Arthur (5. 10. 1864–7. 6. 1940) Diplomat; 1911–16 Unterstaatssekretär im Auswärtigen Amt; November 1916 – August 1917 Staatssekretär des Äußeren; Repräsentant einer aggressiven Richtung in der Außenpolitik des Deutschen Reiches.

# Siglen, Zeichen, Abkürzungen

**[ ]** Hinzufügung des Editors
**[1]), [2]), [3])** Indices bei Anmerkungen Max Webers

**AA** Auswärtiges Amt
**Abg.** Abgeordneter
**a. D.** außer Dienst
**Ab.Bl.** Abendblatt, Abendausgabe
**Abs.** Absatz
**AfSS** Archiv für Sozialwissenschaft und Sozialpolitik
**Art.** Artikel
**BA** Bundesarchiv
**BayHStA** Bayerisches Hauptstaatsarchiv
**Bd.** Band
**betr.** betreffend
**bezw., bzw.** beziehungsweise
**Bl.** Blatt
**D.** Doktor der evangelischen Theologie
**DDP** Deutsche Demokratische Partei
**d.h.** das heißt
**DStB** Deutsche Staatsbibliothek
**DVP** Deutsche Volkspartei
**F.A.St.** Feindespropaganda-Abwehrstelle
**Frhr.** Freiherr
**FZ** Frankfurter Zeitung
**gefl.** gefällig
**Geh.** Geheimer
**ggf.** gegebenenfalls
**GLA** Generallandesarchiv
**GPS[1]** Weber, Max, Gesammelte Politische Schriften, hg. von Marianne Weber. – München: Drei Masken Verlag 1921[1].
**GPS[2,3,4]** Weber, Max, Gesammelte Politische Schriften, hg. von Johannes Winckelmann., – Tübingen: J. C. B. Mohr (Paul Siebeck) 1958[2], 1971[3], 1980[4].
**GW** Gesammelte Werke
**H.** Heft
**Hg.** Herausgeber
**HStA** Hauptstaatsarchiv
**i.A.** im Auftrag
**Jg.** Jahrgang
**Kgl., königl.** Königlich
**Kons.** Konservativ(e)
**k. u. k.** kaiserlich und königlich
**Leg.Per.** Legislaturperiode
**MdL** Mitglied des Landtags
**MdR** Mitglied des Reichstags
**Mdpr.AH** Mitglied des preußischen Abgeordnetenhauses
**Mdpr.HH** Mitglied des preußischen Herrenhauses
**Mk.** Mark
**Mo.Bl.** Morgenblatt, Morgenausgabe
**MWG** Max Weber-Gesamtausgabe
**NB** Notabene
**Nl.** Nachlaß
**No, N°, Nr.** Nummer
**OHL** Oberste Heeresleitung
**o. J.** ohne Jahr
**PA AA** Politisches Archiv des Auswärtigen Amtes
**pr. AH** preußisches Abgeordnetenhaus
**Pr. Jbb.** Preußische Jahrbücher
**pr. HH** preußisches Herrenhaus
**Pst.** Poststempel
**Rep.** Repertorium
**resp.** respektive
**RGBl** Reichsgesetzblatt
**RK** Reichskanzlei
**RV, R.V., RVerf.** Reichsverfassung
**S.** Seite
**Sess.** Session
**sog., sogen.** sogenannt
**Sp.** Spalte
**stellv.** stellvertretend
**s. Zt.** seiner Zeit
**Tl.** Transliteration
**u.a.** unter anderem
**Univ.-Prof.** Universitätsprofessor
**USPD** Unabhängige Sozialdemokratische Partei Deutschlands
**v.** von
**VA** Verlagsarchiv
**VfSP** Verein für Sozialpolitik
**Weber, Marianne, Lebensbild[1]** Weber, Marianne, Max Weber. Ein Lebensbild. – Tübingen: J. C. B. Mohr (Paul Siebeck) 1926[1].
**Weber, Marianne, Lebensbild[2]** Weber, Marianne, Max Weber. Ein Lebensbild. – Heidelberg: L. Schneider 1950[2].
**Z.** Zeile
**ZStA** Zentrales Staatsarchiv der DDR

# Personenregister

# Sachregister